Albach · Unternehmen im Wettbewerb

Horst Albach

Unternehmen im Wettbewerb

Investitions-, Wettbewerbs- und Wachstumstheorie als Einheit

Den Freunden in Wissenschaft und Praxis

GABLER

Prof. Dr. Dr. h. c. mult. Horst Albach ist Professor der Betriebswirtschaftslehre an der Freien Universität Berlin und Direktor am Wissenschaftszentrum Berlin.

CIP-Titelaufnahme der Deutschen Bibliothek

Albach, Horst:
Unternehmen im Wettbewerb:
Investitions-, Wettbewerbs- und Wachstums-
theorie als Einheit - Wiesbaden: Gabler, 1991

ISBN 978-3-409-13898-7 ISBN 978-3-322-83618-2 (eBook)
DOI 10.1007/978-3-322-83618-2

Ursprünglich erschienen bei Betriebswirtschaftlicher Verlag Dr. Th. Gabler GmbH, Wiesbaden 1991
Softcover reprint of the hardcover 1st edition 1991

Lektorat: Gudrun Böhler

ISBN 978-3-409-13898-7

Vorwort

1. In den letzten 30 Jahren sind in der Betriebswirtschaftslehre bedeutende Wandlungen eingetreten. Während in den 60er Jahren die Entwicklung von Optimierungsmodellen die Forscher faszinierte und beschäftigte, sind es heute Konzepte der strategischen Führung von Unternehmen, die die Diskussion im Fach tragen.

2. Für die Betriebswirtschaftslehre scheint also auch zu gelten, was Erich Gutenberg für die Produktionsplanung im Unternehmen postuliert hatte: das Ausgleichsgesetz der Planung. Danach stellt sich die Produktionsplanung auf den jeweiligen Engpaß ein.

In den 60er Jahren war die Produktion der Engpaß. Die Optimierung der Produktionsplanung stand daher auch im Mittelpunkt des Interesses der Betriebswirte. Das änderte sich etwas in den 70er Jahren, als der Nachholbedarf der Bevölkerung weitgehend gedeckt und der Wiederaufbau der Fertigungskapazitäten abgeschlossen war. Die Kunden, inzwischen auch mit mehr verfügbarem Einkommen ausgestattet, waren wählerischer und wohl auch launischer geworden: nun rückte das Marketing in das Zentrum des betriebswirtschaftlichen Forschungsinteresses. Das Marketing richtete sein Augenmerk allerdings stärker auf die Ergründung der Psyche des Konsumenten als auf die Operationalisierung des Theorems vom Ausgleich der Grenzerträge bei der Suche nach der optimalen Kombination der Marketinginstrumente.

In den 80er Jahren mußten die deutschen Marktforscher nicht ohne Erschrecken feststellen, daß das Käuferverhalten richtig zu verstehen keinesfalls die Domäne deutscher Marktforscher oder Unternehmen ist. Auch die Betriebswirtschaftslehre wurde von diesem Schrecken erfaßt. Japanische Unternehmen faßten vor allem mit Produkten der Unterhaltungselektronik und mit Automobilen rasch Fuß in Deutschland. Allerdings hatten die Japaner nicht nur den deutschen Verbraucher gründlich studiert, sondern auch den deutschen Wettbewerber. Die Analyse des Wettbewerbers wurde in den 80er Jahren zum zentralen Forschungsobjekt in der Betriebswirtschaftslehre. Nun war es die Psyche des Wettbewerbers, die die Forschung zu beschäftigen begann. Corporate Culture und Corporate Identity sind die Ausdrücke, die für die Psyche des Wettbewerbers geprägt wurden.

3. Für die Formulierung einer Wettbewerbsstrategie gegenüber den Wettbewerbern kommt es nach der Auffassung von Unternehmensberatern im wesentlichen

darauf an, den stärksten Wettbewerber zu identifizieren und sich an ihm zu messen. Wer der stärkste Wettbewerber sei, wird unter Hinweis auf die „Branche“ beantwortet. Die Branche bildet das „Umfeld“ des Unternehmens. Folglich besteht „die Formulierung einer Wettbewerbsstrategie wesentlich darin, ein Unternehmen in bezug zu seinem Umfeld zu setzen“ (Porter). Die „Branche“ ist gegeben, wenn auch veränderbar. Diese Sicht steht in der Tradition der Industrieökonomik, die Struktur, Verhalten und Ergebnis von Anbietern und Nachfragern in einer Branche analysiert. Branchen können jung, schrumpfend, zersplittert und weltweit sein, aber sie sind vorhanden.

Die Analyse der Branche stellt zweifellos eine Erweiterung der engen Fokussierung auf Produktion, Kunden und Wettbewerber dar. Als Triebkräfte des Branchenwettbewerbs werden sowohl die Abnehmer als auch die Konkurrenten, und zwar sowohl bestehende Unternehmen als auch potentielle neue Wettbewerber, aber auch Ersatzprodukte und Lieferanten gesehen. Mehr noch: Die Analyse wird auf das gesamte Geschäftssystem, also die Abnehmer der Abnehmer und die Lieferanten der Lieferanten und die Konkurrenten der Konkurrenten ausgedehnt. Unternehmen können mithin auch in Branchen „eintreten“. Das geschieht durch „interne Entwicklung“ oder durch Unternehmenserwerb in einer Branche. Die Vorstellung aber, daß neue Branchen entstehen, daß Unternehmen als „Market Makers“ auftreten, ist dieser Sicht des Wettbewerbs fremd.

4. Entstehen und Untergang von Märkten sind aber durchaus Gegenstände der mikroökonomischen Institutionentheorie, die nach der Wiederentdeckung des Coase-Theorems einen bedeutenden Aufschwung genommen hat. Hier geht es um die Frage, wann die Institution „Markt“ die Koordination der wirtschaftlichen Aktivitäten in einer Gesellschaft besser bewerkstelligt als die Institution „Unternehmen“ oder auch die Institution „Staat“. Wenn die Kosten der Koordination von Angebot und Nachfrage bei hierarchischer Anordnung niedriger sind als bei vertraglicher Aushandlung, verschwindet der Markt, und das Unternehmen wächst, z. B. durch vertikale Integration. Wenn die Kosten der internen Koordination größer werden als bei vertraglicher Regelung, entsteht ein Markt, z. B. bei Ausgliederung der Werbeabteilung. Nach dieser Auffassung entsteht ein Markt also stets dann, wenn zwei Partner miteinander in Vertragsverhandlungen über die Regelung der Verteilung von knappen Ressourcen treten. Der Staat beeinflußt das Einstehen derartiger Verhandlungssituationen, genannt Märkte, durch die Verteilung von Verfügungsrechten und den Erlaß von Verwaltungsvorschriften (Handlungsbeschränkungen).

Im Mittelpunkt dieses Konzepts steht die Transaktion, also die rechtliche Regelung von Anordnungen und Verhandlungen. Diese Vorstellung ist der Analyse von Punktmärkten in der klassischen Preistheorie sehr viel näher als dem Konzept der „Branche“. Wettbewerb entsteht aus der Suche nach Möglichkeiten, die Transaktionskosten zu senken. Derartige Möglichkeiten lassen sich vielfach nur durch

Mitwirkung des Staates realisieren. Der Wettbewerb um die Verminderung von Transaktionskosten ist stets durch den Staat beeinflußt. Die Ökonomie des Rechts untersucht die Rolle des Staates in diesem Wettbewerb.

Während in der Analyse des Käuferverhaltens, in der Konkurrentenanalyse und in der Branchenforschung der Staat als Triebkraft des Wettbewerbs übersehen wird, steht er in der Institutionentheorie im Zentrum der Forschung.

5. Aus den drei genannten Wurzeln, der Betriebswirtschaftslehre, der Industrieökonomik und der Institutionentheorie, hat sich in den letzten Jahren eine Theorie des dynamischen Wettbewerbs in Ansätzen entwickelt. Sie untersucht die Veränderung der Marktstruktur, die Veränderung des Verhaltens und die Veränderung des Marktergebnisses. Die Veränderung des Verhaltens von Anbietern und Abnehmern wird entscheidend auch durch die Organisationsstruktur beeinflußt. Wir haben zeigen können, daß mit steigendem Diversifikationsgrad eines Unternehmens der Wettbewerb den Übergang von der funktionalen Organisationsstruktur zur divisionalen Organisationsstruktur erzwingt. Umgekehrt erleichtern divisionale Organisationsstrukturen von Unternehmen die Vornahme von Innovationen, die dann ihrerseits neue Märkte entstehen lassen.

Die Analyse des dynamischen Wettbewerbs hat dazu geführt, daß traditionelle Konzepte der Marktanalyse aufgegeben werden müssen. Wir wissen schon lange, daß der „Marktpreis" nur etwas klar Definiertes in den Lehrbüchern der Mikroökonomie ist. Dort wird er mit dem Buchstaben „p" bezeichnet, was mathematische Präzision zum Ausdruck bringen soll. Bei der Untersuchung dynamischer Märkte stellt man allerdings fest, daß es Listenpreise, Bruttopreise, Vertragspreise, Nettopreise und Nettissimopreise gibt, Preise, die durch Rabatte, Skonti, Treueprämien, Jahresboni, Einführungsabschläge, Kulanzgewährleistungen, Verkaufshilfen, Lagerbeihilfen und Fangprämien (für den Kundenfang) modifiziert werden.

Aber auch der Produktbegriff verliert im dynamischen Wettbewerb seine klaren Konturen. Die Abgrenzung von Produktinnovation und Produktverbesserung bereitet der Marketingtheorie seit langem erhebliche Schwierigkeiten. Schon Reinhold Henzler hatte in den 60er Jahren darauf hingewiesen, daß Produkte eigentlich Bündel von Leistungen sind, die sie dem Konsumenten abgeben. Dieses Konzept liegt der Analyse des dynamischen Wettbewerbs zugrunde. Produkte sind individuelle Kombinationen von Hardware und Software. Sie beinhalten in immer stärkerem Maße Know-how, das durch Forschung, Entwicklung, Design und Fertigungs-Know-how entsteht und in das Produkt einfließt. Dieses vielfältige Know-how wird beim Kunden zu Leistungen, die der Kunde in unterschiedlicher Weise abruft und in Anspruch nimmt. Es handelt sich um komplexe Produkte, die aus einer Vielzahl von Komponenten bestehen. Man kann ein Auto als eine Summe von Einzelteilen verstehen, von Motorhauben, Rädern, Motoren und Sitzen. Das Auto kann aber auch verstanden werden als ein Potential an individuellen Transportleistungen und individuellen Erlebniswelten, das während mehrerer Jahre vom Kunden nach seinen individuellen Wünschen abgerufen wird. Schließlich kann man das Auto auch als Komponente in einem Verkehrsnetzwerk verstehen, das aus Straßen, Tankstellen, Verkehrsregelungen, Verkehrsfunk, Rettungshubschraubern, Unfallkrankenhäusern und Abschleppdiensten besteht. Die alte Frage „What business am I in?", läßt sich ganz offenbar mit Hinweis auf die „Branche" nicht mehr zutreffend beantworten. Der Staat schafft durch seine Verteilung von Verfügungsrechten und Handlungsbeschränkungen das Produkt. Sieht er z. B. das Auto als Summe von Einzelteilen, dann sind die Unternehmen, die Motorhauben als Originalersatzteile nachbauen, im Wettbewerb auf dem Markt für Motorhauben zu schützende Anbieter. Sieht der Staat dagegen das Auto als ein Potential an individuellen Dienstleistungen an, dann ist der Anbieter von Originalersatzmotorhauben ein Trittbrettfahrer und Schmarotzer, der Handlungsbeschränkungen zu unterwerfen ist. Sieht der Staat schließlich das Auto als Teil eines Netzwerks, als ein Netzprodukt an, dann dürften Kooperationen zwischen Automobilherstellern zur gemeinsamen Entwicklung von Software- und Hardwarestandards nicht Handlungsbeschränkungen unterworfen werden, und Fusionen zwischen großen Automobilherstellern und Elektronikherstellern müßten zugelassen werden.

Damit aber verändert sich bei dynamischem Wettbewerb auch die Analyse der Angebotsstruktur. Der Begriff des Anbieters selbst wird unscharf. Anbieter des jeweiligen „Produkts" ist eine je andere Kombination von Unternehmenseinheiten. Produzent und Zulieferer bilden einen „Anbieter" im einen Falle, Produzent, Zulieferer und Serviceunternehmen sind ein Anbieter im anderen Falle. Die jeweilige „Unternehmensfamilie" ist Anbieter auf einem dynamischen Markt. Die Kontur der Unternehmensfamilie mag schärfer sein, wie in Japan, oder weniger scharf, wie bei uns. Sie mag mit sehr unterschiedlichen Bezeichnungen auftreten, Zaibatsu, Keiretsu, Joint Venture oder strategische Allianz. Sie mag überhaupt keinen Namen haben und nur bei der Analyse von personellen Verflechtungen in den Leitungsgremien der Unternehmen sichtbar werden.

6. Die Triebkräfte des dynamischen Wettbewerbs sind vielfältiger Natur. Sicherlich lassen sie sich nicht durch das genannte Branchenschema beschreiben.

Auf der einen Seite sind es die Anforderungen, die Verbraucher und Staat an die von einem Produkt abgegebenen Leistungen stellen. Mode, Wirksamkeit im Gebrauch, Sicherheit in der Handhabung, Ubiquität im Einsatz und Umweltfreundlichkeit sind die Anforderungen an „Produkte", die Abnehmer und Staat heute stellen. Wer heute einen neuen Straßenbahnwagen entwickelt, stellt die technischen Möglichkeiten und die Kosten des Recyclings der Einzelteile mit in Rechnung. Wer heute einen neuen Herd konstruiert, berücksichtigt mögliche Verschärfungen der gesetzlichen Regelung der Produkthaftung.

Auf der anderen Seite sind es die Vorleistungen, die die Anbieter tätigen, um den zukünftigen Anforderungen von Staat und Abnehmern entsprechen zu können, die als Triebkräfte des dynamischen Wettbewerbs anzusehen sind. Ich unterscheide drei Arten von Vorleistungen: Innovation, Information und Investition.

Innovationen sind in den letzten Jahren zu einem großen Forschungsgebiet in den Wirtschaftswissenschaften geworden. Konzentrierte sich das Interesse der Forscher zunächst auf Fragen, die sich aus der Wiederentdeckung Schumpeters ergaben: auf die Analyse von Basisinnovationen und die von ihnen ausgelösten langen Wellen der wirtschaftlichen Entwicklung sowie auf die Frage, ob Innovationen deshalb in periodischen Schwärmen auftreten, weil die Unternehmen entweder nur in Krisenzeiten - oder aber in Zeiten guter Gewinne Innovationen tätigen, so stehen heute interdisziplinäre Analysen des Innovationsverhaltens von Unternehmen im Mittelpunkt der Forschung. Kulturvergleichende Studien sollen die länderspezifisch unterschiedliche Innovationsdynamik von Unternehmen erklären.

Informationen spielen in der Theorie des dynamischen Wettbewerbs eine wichtige Rolle. Das gilt nicht nur für die Theorie der Industrieökonomik, die durch die Einbeziehung von positiven Informationskosten in die spieltheoretischen Modelle revolutioniert worden ist. Das gilt auch nicht nur für die Preis- und Mengenmeldestellen, die die Wirtschaftsverbände, aber auch der Staat zur Information über Märkte einrichten und die das geltende Wettbewerbsrecht stets mit Argwohn beobachtet hat. Das gilt vor allem für Fragen des „information network“ in der Forschung, für das „Know-how-Trading“ zwischen Konkurrenten und für die Entwicklung von Standards für Kommunikationsnetzwerke in Zusammenarbeit von Unternehmen und Staat.

Investitionen sind bei dynamischem Wettbewerb mehr als das Ergebnis von kapitalwert-maximierenden Entscheidungen. Sie sind strategische Signale an die Abnehmer wie an die Konkurrenten. Anbieter, die den „First Mover-Vorteil“ konsequent ausnutzen wollen, signalisieren durch den Bau von Fertigungskapazitäten, aus denen ein sehr großer Anteil des erwarteten Bedarfs befriedigt werden kann, den Abnehmern, daß sie mit großem Absatz rechnen (es sich also lohnt, bei den „early adopters“ zu sein). Den nachstoßenden Wettbewerbern signalisieren sie, daß sie Erfahrungseffekte konsequent nutzen und daher stets Wettbewerbsvorteile haben werden.

Massive Investitionen in Humankapital sind nicht nur für das strategische „information networking“ notwendig, sondern haben auch eine strategische Signalwirkung. Die Sorge, der unglückliche „Zweitanmelder“ werden zu können, weil nicht vergleichbar hohe Mittel zur Verfügung stehen, um schnell entwickeln zu können, mag manchen Wettbewerber von einer Konfrontationsstrategie abhalten und zur Anwendung einer Nischenstrategie bewegen.

7. Diese grobe Skizzierung der Forschung über „das Unternehmen im Wettbewerb" weist einmal auf die Arbeiten hin, die ich in Zukunft am Wissenschaftszentrum Berlin für Sozialforschung (WZB) durchführen werde. Der Schwerpunkt IV des WZB beschäftigt sich mit der Interdependenz von „Marktprozeß und Unternehmensentwicklung". Zum anderen aber zeigt sie auf, wie sich frühere Arbeiten nun wie in einem Brennpunkt zusammenfügen. Die drei Gebiete Investitionstheorie, Wettbewerbstheorie und Wachstumstheorie des Unternehmens bilden in der Theorie des dynamischen Wettbewerbs eine Einheit.

In der Investitionstheorie ging die Forschung schon gegen Ende der 60er Jahre über die Frage nach dem richtigen Verfahren der Wirtschaftlichkeitsrechnung bei Unsicherheit und über die Bestimmung des optimalen Investitionsbudgets bei Sicherheit und Unsicherheit hinaus und bezog Fragen der staatlichen Finanzpolitik, insbesondere der Steuerpolitik, mit ein. Die Analyse der Finanzierungsmöglichkeiten führt nicht nur zur Analyse der richtigen Kapitalstruktur, sondern auch zur Untersuchung des Kapitalmarkts für Eigenkapital und Wagniskapital. Bessere Finanzierungsmöglichkeiten haben Unternehmen, die über „Finanzkraft" verfügen.

Die Finanzkraft von Unternehmen hat aber auch eine wettbewerbsrechtliche Bedeutung. Finanzmacht eines Unternehmens dient als Kriterium für den Nachweis einer marktmächtigen Stellung im Wettbewerb. Auch Investitionen selbst haben wettbewerbsrechtliche Aspekte. Erhöht ein Unternehmen bei rückläufiger Kapazitätsausnutzung seine Preise, um die Vollkosten zu decken, dann wird es sogleich mit der Vermutung konfrontiert, es brauche in seinen Preisentscheidungen die Konkurrenten nicht zu beachten. Die Preiserhöhung sei daher der Prüfung durch die Mißbrauchsaufsicht zugänglich. Überkapazitäten wecken aber auch sogleich den Verdacht der Wettbewerbshüter, daß Versuche zu Preisabsprachen unternommen worden seien oder werden könnten. Daß dieser Verdacht umso weniger begründet sein könnte, je weniger Überkapazitäten durch staatliche Subventionen für wirtschaftlich obsolete Anlagen durchgehalten werden, interessiert den Theoretiker mehr als die Kartellgerichte. Investitionspolitik des Unternehmens und Preispolitik sind interdependent. Investitionen werden heute im allgemeinen getätigt, um Produkte herstellen zu können, die sich von denen der Konkurrenten unterscheiden. Bei heterogenen Produkten existieren Preisspielräume, die durch unternehmerische Preispolitik ausgeschöpft werden. Die Abgrenzung preispolitischer Spielräume bei heterogener Konkurrenz von monopolistischer Preispolitik bereitet den Wettbewerbspolitikern erhebliche Schwierigkeiten. Die doppelt geknickte Preis-Absatzkurve hat sich als Instrument der Wettbewerbsanalyse heterogener Märkte im Wettbewerbsrecht noch nicht voll durchgesetzt.

Für die unternehmerische Innovationspolitik aber sind diese preispolitischen Spielräume bei heterogener Konkurrenz von ausschlaggebender Bedeutung. Sie ermöglichen die Erzielung von Gewinnen, die zur Finanzierung der Innovationstätigkeit des Unternehmens benötigt werden. Sie schaffen aber auch die Gewinnanreize, die die Neigung beflügeln, Innovationsprozesse im Unternehmen durchzuführen.

Die Entwicklung neuer Produkte durch Forschung und Entwicklung und der Produktlebenszyklus von Produkten nach erfolgreicher Markteinführung (Innovation) sind die beiden zentralen Elemente einer Theorie des wachsenden Unternehmens. So gesehen, ist das Wachstum von Unternehmen das Ergebnis von Investitionen und Innovationswettbewerb.

8. Die Idee, Aufsätze aus den drei zusammenhängenden Gebieten, also der Investitionstheorie, der Wettbewerbstheorie und der Wachstumstheorie in diesem Band zusammenzufassen, entstand aus dem Wunsch, allen denjenigen, mit denen ich auf diesen Gebieten in der Vergangenheit besonders eng zusammengearbeitet habe und die meine Arbeiten besonders nachhaltig beeinflußt haben, aus Anlaß meines 60. Geburtstages Dank zu sagen. Dieses Buch ist daher ein Geschenk an meine wissenschaftlichen Freunde. Je einzeln habe ich meine Verbundenheit mit ihnen über die Jahre hinweg durch Beiträge zu Festschriften zum Ausdruck gebracht, die ihnen aus besonderem Anlaß gewidmet worden sind. Wissenschaftliche Freundschaften sind aber mehr als bilaterale Beziehungen. Sie sind Bestandteil eines wissenschaftlichen Netzwerkes, in dem jeder einzelne steht und aus dem von vielen Seiten vielfältige Anregungen gegeben und Einflüsse ausgeübt werden. Ich bin dem Betriebswirtschaftlichen Verlag Dr. Th. Gabler dankbar, daß er die Idee, denjenigen Ausschnitt aus meinem wissenschaftlichen Netzwerk, der sich auf die drei genannten Theoriegebiete bezieht, in einem Buch sichtbar zu machen, aufgegriffen hat. Im Verzeichnis aller meiner Festschriftbeiträge wird das gesamte Netzwerk, soweit es sich in Festschriftbeiträgen ausdrückt, sichtbar.

Das Netzwerk der wissenschaftlichen Freunde, denen die Festschriftbeiträge gewidmet wurden, weist drei Dimensionen auf: die fachliche Dimension, die anwendungsbezogene Dimension und die regionale Dimension.

Natürlich ist der Kreis der Freunde in der Betriebswirtschaftslehre besonders groß. Aber die enge Verbindung mit Freunden in der Volkswirtschaftslehre wird doch deutlich sichtbar. Das Netzwerk umfaßt aber auch Juristen, Mathematiker, Psychologen und einen Moraltheologen.

Betriebswirte leben aus der Anschauung ihres Erfahrungsobjektes Unternehmen. Der Wunsch, in der Praxis Verbesserungen einzuführen und Veränderungen zu bewirken, ist bei ihnen sicherlich ausgepräger als bei Volkswirten, nicht zuletzt wohl deshalb, weil bei ihnen die Aussicht auf Erfolg größer ist oder zumindest schneller sichtbar wird. Der Kreis der wissenschaftlichen Freunde umfaßt daher auch sogenannte „Praktiker". Freilich, manche Beiträge für sogenannte „Theoretiker" sind aus der Anwendung der Theorie in der Praxis entstanden, vor allem in den letzten Jahren.

Regional liegt der Schwerpunkt der hier abgedruckten Beiträge auf Bonn. Meinen Kollegen in der Rechts- und Staatswissenschaftlichen Fakultät der Rheinischen Friedrich-Wilhelms-Universität Bonn, der ich dreißig Jahre lang angehört habe, bin ich wissenschaftlich wie menschlich besonders eng verbunden. Neben dem Bonner Freundeskreis ist es der internationale Kollegenkreis, der in den Beiträgen zu diesem Buch deutlich hervortritt. Die wissenschaftlichen Freunde in Finnland, Schweden, in Griechenland, in den Niederlanden, der Schweiz, in Japan und den USA haben die Entwicklung auf den Gebieten der Investitionstheorie, der Wettbewerbstheorie und der Theorie des Unternehmenswachstums nachhaltig beeinflußt. Meine Generation hatte das Glück, unmittelbar nach dem Kriege internationale wissenschaftliche Beziehungen knüpfen zu können und wissenschaftliche Freunde in den verschiedensten Ländern der Welt zu finden. Wir mußten nicht unter der Isolierung Deutschlands und dem Kriege leiden wie die Generation der Betriebswirte vor uns. Es ist eine große Freude, daß in den letzten Jahren auch wissenschaftliche Freundschaften mit Kollegen in Polen und der Sowjetunion geknüpft werden konnten. Ohne diese Freundschaften wäre ein tieferes theoretisches Verständnis des Weges von der sozialistischen Planwirtschaft zur sozialen Marktwirtschaft, den diese Länder jetzt gehen, für mich wohl nicht möglich gewesen.

9. Festschriften gelten einerseits als besondere Ehrungen für den Adressaten der Festschrift, andererseits werden sie häufig als ein Grab guter Aufsätze angesehen.

Dies führt den Autor von Festschriftbeiträgen in eine Moral Hazard-Situtation. In der Erwartung, daß die Ergebniskontrolle durch die Fachöffentlichkeit nicht wirksam ausgeübt wird, mag er versucht sein, seine Anstrengungen bei der Abfassung des Festschriftbeitrages zu minimieren und den Jubilar durch ein paar nette persönliche Worte am Anfang und am Ende seines Beitrages milde zu stimmen. „Opportunistisches Verhalten" ist der Ruin des Marktes; es ist aber auch der Ruin jeder Freundschaft. Ich habe mich stets bemüht, das Beste zu bieten, das ich jeweils liefern konnte. Mit der Veröffentlichung dieser Zusammenfassung von Festschriftbeiträgen setze ich mich nun auch dem Risiko einer umfassenden Ergebniskontrolle aus. Ich hoffe, daß diese Kontrolle nicht negativ ausfällt. Die Schrift richtet sich an Studenten, die an der Theorie des Unternehmenswachstums besonderes Interesse haben. Die hier versammelten Bausteine einer solchen Theorie sollten zu kreativem Zusammensetzen reizen. Die Schrift richtet sich aber auch an Fachwissenschaftler, die in der Fülle der Konzepte, die ihnen von Wissenschaftlern und Unternehmensberatern als Orientierungshilfe angeboten werden, nach mehr Praxisnähe und differenzierterer Betrachtung suchen. Die Schrift versteht sich schließlich auch als ein methodischer Beitrag im Kampf gegen den Ausschließlichkeitsanspruch mancher

Theorien und Konzepte. In der Theorie des Wettbewerbs ebenso wie in der Theorie des wachsenden Unternehmens „paßt" nicht nur eine Theorie auf die Realität. Wer die Realität erfassen will, sollte sie nicht durch eine einzige methodische oder konzeptionelle Brille betrachten. Daß die Realität aus einem einzigen Punkt zu verstehen und zu kurieren sei, ist eben doch letztlich nur eine mephistophelische Weisheit.

HORST ALBACH

Inhaltsverzeichnis

Einleitung

Vertrauen in der ökonomischen Theorie

I. Einleitung

Von Robert Bosch heißt es, er habe den Geschäftsgrundsatz aufgestellt: Lieber Geld verlieren als Vertrauen. Die Schaffung und Aufrechterhaltung des Vertrauenskapitals der Firma bei den Kunden und Lieferanten war ihm mehr wert als die Nutzung kurzfristiger Gewinnchancen. In dem Verfahren gegen die Firma Merck, Darmstadt, erhob das Bundeskartellamt den später vom Bundesgerichtshof als unbegründet zurückgewiesenen Vorwurf, das Unternehmen habe sein Vertrauenskapital ausgenutzt, um von seinen Kunden mißbräuchlich hohe Preise zu verlangen. Vertrauen ist also offenbar eine wichtige Einflußgröße für die Unternehmenspolitik und ein bedeutsames Kriterium für die wettbewerbspolitische Beurteilung von Märkten.

Gleichwohl hat die ökonomische Theorie dieses Phänomen nicht in ihr Gebäude einzuordnen vermocht. Dies gilt mit zwei Ausnahmen. In der Theorie des akquisitorischen Potentials von Gutenberg spielt die Kundentreue als Ausdruck des Vertrauens, das das Unternehmen bei seinen Kunden genießt, eine zentrale Rolle. In der von Sauermann begründeten experimentellen Wirtschaftsforschung kommt dem Vertrauen unter den Verhandlungspartnern entscheidende Bedeutung zu. Die Faszination, die von der experimentellen Wirtschaftsforschung auf den Betriebswirt ausgeht, liegt sicher auch darin begründet, daß Sauermann und sein Kreis in ihren Arbeiten wichtige Einsichten in den Prozeß vermittelt haben, wie Vertrauen oder akquisitorisches Potential entsteht und möglicherweise auch wieder vergeht. Es sei daher gestattet, aus der Fülle der Anregungen, die die Arbeiten zur experimentellen Wirtschaftsforschung vermittelt haben, das Thema „Vertrauen in der experimentellen Wirtschaftsforschung" herauszugreifen. Ich widme diesen Beitrag Heinz Sauermann zu seinem 75. Geburtstag mit herzlichem Dank für die Anregungen und Einsichten, die sein Werk vermittelt, und in dankbarer Erinnerung an die Zeit, in der er Vorsitzender des Wissenschaftlichen Beirats beim Bundeswirtschaftsministerium war.

II. Vertrauen in der Theorie des unvollkommenen Marktes

1. Vertrauen als Goodwill

1.1 Vertrauenskapital in der Marketingtheorie

In der Theorie des vollkommenen Marktes bei Sicherheit braucht man kein Vertrauen. Für den homo oeconomicus sind alle Partner gleich – und gleich gute Optimierungsmaschinen. Am Markt werden ihre Entscheidungen so schnell und reibungslos koordiniert, daß alle denselben Preis erzielen. In der Theorie des unvollkommenen Marktes gilt es zu erklären, warum Nachfrager ihre Entscheidungen nicht revidieren, obwohl Preisunterschiede bestehen, und warum die einen Anbieter höhere Preise verlangen können als die anderen. In der Theorie des unvollkommenen Marktes wird die Erklärung dieser Phänomene auf unterschiedliche „Präferenzen" zurückgeführt, die die Käufer für die einzelnen Anbieter haben. Es wird zwischen örtlichen, sachlichen und personellen Präferenzen unterschieden. Vor allem die personellen Präferenzen wirken wie ein deus ex machina in dieser Theorie. Warum sollten rationale Käufer einzelne Anbieter mehr präferieren als andere? Die „Psychologie des ersten Eindrucks" muß zur Erklärung ebenso herhalten wie die zur Markentreue umfrisierte Gefolgschaftstreue. Überzeugende ökonomische Begründungen für die Aufrechterhaltung von Preisunterschieden auf Wettbewerbsmärkten vermögen diese psychologischen Lehnbegriffe nicht zu liefern. Sie bleiben black boxes.

Gutenberg hat den Versuch unternommen, diese Präferenzen auf das akquisitorische Potential eines Unternehmens zurückzuführen: „Oft führt dieses akquisitorische Potential mit den Präferenzen, die es *auf seiten der Käuferschaft schafft* (Hervorhebung von mir), zu einer Kundschaft, die sich in ihren Kaufentscheidungen weitgehend *auf das Ansehen des Unternehmens verläßt*, bei dem sie *aufgrund eigener oder fremder Erfahrungen* glaubt, günstig zu kaufen" (GUTENBERG [1955], S. 200; [1979], S. 243). Das akquisitorische Potential wird durch den Einsatz des absatzpolitischen Instrumentariums, der Produktgestaltung, der Vertriebsorganisation und der Werbung, mit denen „ein möglichst enger Kontakt mit den Kunden hergestellt wird", geschaffen. Das Vertrauenskapital eines Unternehmens ist nicht ein anderer Ausdruck für im Grunde der ökonomischen Theorie fremde psychologische Tatbestände, sondern Ergebnis rationaler Marketingentscheidungen auf der einen und bewußter Kaufentscheidungen auf der anderen Seite. In diesem Sinne könnte man akquisitorisches Potential als die auf die Gegenwart aufgezinsten Konsumentenrenten der Vergangenheit definieren, die die Käufer bei Inanspruchnahme der Leistungen eines Anbieters erzielt haben. Die Konsumentenrente heterogener Güter ist dabei definiert als die Differenz zwischen dem Preis der Konkurrenten, bezogen auf eine Leistungseinheit. und dem tatsächlich gezahlten Preis je Leistungseinheit. In der Absatztheorie Gutenbergs basiert Vertrauenskapital mithin auf den

Erfahrungen mit früheren Leistungen des Unternehmens gegenüber seinen Kunden.

In der amerikanischen Marketingtheorie ist die Theorie des akquisitorischen Potentials weitgehend unbekannt geblieben. Vertrauenskapital erscheint hier in der Form des "Goodwill". Dieser Ausdruck geht ursprünglich wohl auf NERLOVE and ARROW [1962] zurück, hat sich inzwischen aber verselbständigt. Bei Nerlove und Arrow ist "Goodwill" ein Bestand an Vertrauenskapital, der durch Werbeausgaben gebildet wird und durch Vergessensprozesse abgebaut wird. Zwar postuliert auch dieses Modell einen Zusammenhang zwischen dem Einsatz eines absatzpolitischen Instruments, nämlich der Werbung, und dem akquisitorischen Potential, aber der Aufbau des Vertrauenskapitals hängt nur von der Höhe der Werbeausgaben und nicht von der Konsumentenrente der durch Werbung veranlaßten Kaufentscheidungen ab, und die Vergessensrate erscheint als eine psychologische Konstante und ist nicht abhängig von den – positiven oder negativen – Erfahrungen des Kunden mit dem Produkt. In der heutigen amerikanischen Marketingtheorie hat sich der Goodwill zu einem Faktor verselbständigt, der von den Kunden auf neue Produkte übertragen wird. Mit dem Ausdruck "Goodwill-Transfer" wird das beobachtbare Phänomen beschrieben, daß Kunden bereit sind, das Vertrauen, das sie einem Produkt entgegengebracht haben, auf ein anderes zu übertragen, wenn es von demselben Hersteller kommt. Warum dies so ist, bleibt offen. Goodwill ist damit der deus ex machina der dynamischen Absatztheorie. Er entspricht den persönlichen Präferenzen in der statischen Preistheorie.

1.2 Vertrauenskapital in der Informationsökonomie

In den jüngeren Entwicklungen der Gleichgewichtstheorie für Märkte mit Unsicherheit spielen die Erfahrungen der Käufer eine wichtige Rolle. Man könnte also meinen, daß gerade in dieser Theorie das Vertrauen der Marktpartner zueinander ein wichtiger Theoriebestandteil wäre. Tatsächlich aber steht im Mittelpunkt dieser theoretischen Ansätze das Mißtrauen der Kunden in den Lieferanten. Die Tatsache, daß ein Anbieter etwas verkaufen will, statt es selber zu behalten, ist schon ein Signal dafür, daß das Gut seinen Preis nicht wert ist, und rechtfertigt daher Mißtrauen gegenüber dem Verkäufer.

Dieses Prinzip der adversen Selektion beherrscht die Informationsökonomie. Das Greshamsche Gesetz ist ein allgemeines Gesetz: Die schlechten Produkte, Akerlofs Lemons, vertreiben die guten Produkte vom Markt. So erscheint es folgerichtig, daß in einer Wirtschaft, in der Mißtrauen nicht nur vorhanden, sondern auch begründet ist, in der die Organisation der Märkte moral hazards schafft statt Vertrauen, schließlich die Koordination der Partner durch den Markt ersetzt wird durch die innerbetriebliche Lenkung des monopolistischen Anbieters (WILLIAMSON [1975]) oder die Partner eine Robinson-Crusoe-Wirtschaft der Selbstversorgung (ROTHSCHILD [1973]) der arbeitsteiligen Marktwirtschaft vorziehen.

Im Gegensatz zu dieser ökonomischen Theorie des Mißtrauens baut von Weizsäcker seine Überlegungen auf gegenseitigem Vertrauen auf (VON WEIZSÄCKER [1978]). Marktunvollkommenheiten aufgrund fehlender Informationen z. B. über die Qualität von Produkten können überwunden werden, indem der Käufer Erfahrungen aus der Vergangenheit auf die gegenwärtige Entscheidungssituation überträgt. Die Stelle der (nicht vorhandenen oder nur zu prohibitiv hohen Kosten gewinnbaren) Qualitätsinformationen nimmt der Analogieschluß ein. Der Kunde extrapoliert vergangene Erfahrungen auf das neue Produkt. Dieser Vertrauensvorschuß zahlt sich in doppelter Weise aus: Die Anbieter erhalten eine „Goodwill-Prämie", und die Käufer werden mit Produkten stets hoher Qualität belohnt (vgl. auch KUHL [1979]). So kommt von Weizsäcker mit dem Extrapolationsprinzip zu Ergebnissen, die sich mit den Aussagen Gutenbergs decken. Vertrauenskapital wird von den Unternehmen selbst durch ihre Absatzleistungen geschaffen. Auf gegenseitigem Vertrauen aufbauende Beziehungen zwischen Marktpartnern führen letztlich zu höheren Qualitäten, höheren Preisen und auch höheren Gewinnen.

2. *Vertrauen in der Oligopoltheorie*

Daniel Ellsberg hat in seiner Harvarder Dissertation einen Oligopolisten auf den Vorwurf seiner Konkurrenten, er hielte sich nicht an die Spielregeln des oligopolistischen Wettbewerbs, antworten lassen: „So, what!" Man hört darin förmlich den erstaunten Ton dessen, der es höchst verwunderlich findet, daß ein Konkurrent Vertrauen in ein den Spielregeln der Oligopoltheorien folgendes Verhalten eines Wettbewerbers setzen soll. Geht es in der Marketingtheorie und in der Informationsökonomie um die Frage des Vertrauens zwischen Lieferanten und Kunden, so geht es in der Theorie des unvollkommenen Oligopols um die Frage des Vertrauens der Konkurrenten untereinander: auf die Friedlichkeit des Verhaltens oder doch zumindest auf die Konstanz des Verhaltens.

Die Oligopoltheorie ist zu einem bemerkenswerten Ergebnis gekommen. Je größer das Vertrauen auf die Einhaltung der Spielregeln unter den Konkurrenten ist, um so kleiner ist der Lösungsbereich. Er schrumpft auf einen Punkt zusammen. Je größer dagegen das Mißtrauen der Oligopolisten gegenüber ihren Konkurrenten ist, um so größer ist das Lösungsgebiet. Freilich: Die Oligopoltheorie ist die Antwort auf die Frage schuldig geblieben, unter welchen Bedingungen Vertrauen zwischen den Oligopolisten entsteht und aufrechterhalten werden kann. Für unvollkommene Oligopole mit heterogenen Gütern konnte zwar gezeigt werden, daß Mißtrauen um so eher gerechtfertigt ist, je größer das Vertrauen in die Vertrauensseligkeit der Stammkundschaft ist, die weiterhin hohe Preise akzeptiert, obwohl von anderen – potentiellen – Abnehmern viel niedrigere Preise gefordert werden, um sie zum Lieferantenwechsel zu bewegen. Aber diese Theorie der „Schnibbeloasen" berücksichtigte die in einem solchen Prozeß der Ausnutzung von Vertrauensseligkeit und der Bestätigung von Mißtrauen zweifellos einsetzenden Veränderungen des Vertrauenskapitals nicht.

Auch die spieltheoretische Formulierung der Oligopoltheorie führte hier zunächst nicht weiter. Sie deckte zwar auf, daß viele Oligopolprobleme die Struktur des Prisoner's Dilemma haben, bot jedoch als Lösungsbegriff nur den an, daß derartige Spiele persönlichkeitsbestimmte Lösungen hätten. Welche der Entscheidungen die Spieler treffen, hängt von dem Maß an Vertrauen ab, das die Spieler ineinander setzen. Und damit haben wir ihn auch in der Oligopoltheorie wieder, den deus ex machina der ökonomischen Theorie, das Vertrauen.

III. Vertrauen in der experimentellen Wirtschaftsforschung

1. Vertrauen als Ergebnis des Verhandlungsprozesses

Es ist das Verdienst der experimentellen Wirtschaftsforschung, daß sie sich mit der Reduktion der ökonomischen Theorie auf das nicht näher erklärte Vertrauen der Partner ineinander nicht begnügt, sondern versucht hat, es aus dem Prozeß der Verhandlungsführung zu erklären. Daß dies geschah, indem spieltheoretische Lösungskonzepte einer experimentellen Überprüfung in Verhandlungsspielen unterzogen wurden, mag nahegelegen haben; die Konsequenz und die methodische Strenge, mit der das geschah, sind nach wie vor beeindrukkend.

Vertrauen wird in den Arbeiten des Kreises um Sauermann in zwei Formen ökonomisch erklärt: einmal als Ergebnis der Organisation der Verhandlung, zum anderen als Voraussetzung der Entscheidungen in der Verhandlung bei begrenzter Rationalität.

Drei Faktoren sind es, die die Organisation der Verhandlungsführung bestimmen: die Dauer der Geschäftsbeziehung mit einem Partner, die Legitimation der Verhandlungspartner und die Spielregeln der Verhandlung.

In einem eindrucksvollen Experiment haben DEUTSCH and KOTIK [1978] zeigen können, daß das Verhalten der Partner von der Häufigkeit der Interaktionen mit demselben Partner abhängt. Die Bereitschaft, dem Partner mit einem Vertrauensvorschuß zu begegnen, steigt mit der erwarteten Dauer der Geschäftsbeziehungen. In Gelegenheitsgeschäften legen die Partner Hemmungen, ihre Machtpositionen zu gebrauchen, eher ab als in auf Dauer angelegten Geschäftsbeziehungen. Auch LEVINSOHN and RAPOPORT [1978] haben in ihren Experimenten gefunden, daß sich ein stärker auf Gerechtigkeit und Fairness ausgerichtetes, vertrauenschaffendes Verhalten durchsetzt, wenn die Zahl der Spielrunden erhöht wird. Erhebliche Machtunterschiede bringen den stärksten Partner jedoch in ein Dilemma. Auf der einen Seite kann es sich für ihn auszahlen, ein Vertrauensverhältnis mit dem schwächsten Partner aufzubauen, wenn dieser die Stabilität der Zusammenarbeit mit dem mächtigen Partner und das heißt einen niedrigeren, aber sicheren Gewinn einem unsicheren höheren Gewinn vorzieht. Zum anderen erhöht sich durch eine solche stabile Koordination die Wahrscheinlichkeit, daß die Konkurrenten untereinander Vertrauensverhältnisse aufbauen und dadurch der Gesamtgewinn der Kooperation zwischen dem stärksten und dem schwächsten Partner vermindert wird. Es kann daher für den mächtigen Partner strategisch besser sein, das Entstehen von Vertrauen unter den Konkurrenten zu verhindern, als selbst eine vertrauensvolle Beziehung mit einem Partner aufzubauen. Ist häufiger Wechsel des Geschäftspartners zugelassen, dann ist dies vielfach die beste Strategie im Verhandlungsprozeß. Zu diesem Ergebnis ist auch Maschler aufgrund seiner Experimente gekommen (Maschler [1978]).

Der Aufbau von Vertrauen unter den Partnern hängt zweitens von der Legitimation des Partners ab. Wall hat zeigen können (Wall [1978]), daß die Bereitschaft, durch Zugeständnisse Vertrauen aufzubauen, dann am größten ist, wenn die Verhandlungspartner auf eigene Rechnung arbeiten. Dagegen verhandeln sie hart und kompromißlos, wenn sie auf fremde Rechnung verhandeln und dabei gegebenenfalls noch eine ihnen vorgegebene Verhandlungsstrategie befolgen müssen. Die Experimente von Pruitt et al. bestätigen die Bedeutung der Legitimation des Verhandlungspartners für den Aufbau von Vertrauen (Pruitt et al. [1978]). Sind die Partner dazu verpflichtet, Rechenschaft über ihr Verhandlungsergebnis abzulegen, dann kommt es in signifikant weniger Fällen zu fairen Verhandlungslösungen, als wenn diese Verpflichtung nicht besteht. Ja, die Verhandlungspartner befürchten geradezu, in ein zu enges Vertrauensverhältnis zum Partner zu geraten. Sie achten auf eine größere Distanz. Das bemerkenswerte an diesen Experimenten ist, daß die Verhandlungspartner auch dann kein Vertrauen untereinander aufbauen, wenn sie erkennen, daß Vertrauen ineinander alle Beteiligten besser stellen würde. Auch in den Experimenten von Lamm [1978] wird nachgewiesen, daß gewählte Verhandlungspartner zwar mit größerer Härte verhandeln, im Ergebnis aber doch im allgemeinen schlechter abschneiden als andere. Lamm schließt, daß die soziale Rolle der gewählten Verhandlungspartner den Druck verstärkt, höhere Gewinne zu erzielen, aber genau das Gegenteil bewirkt. Die soziale Rolle verhindert, daß Vertrauensverhältnisse unter den Verhandlungspartnern entstehen.

Der Schluß, daß „kapitalistische" Verhandlungssituationen (mit Eigentümer-Partnern) „bürokratischen" Verhandlungssituationen (mit Manager-Partnern) überlegen seien, erscheint jedoch allzu voreilig. Er wird auch in den genannten Untersuchungen nicht gezogen. Arbeiten von Cohen et al. [1978] stützen die Vermutung, daß sich in „bürokratischen" Verhandlungssituationen das Vertrauen von der Ebene der Verhandlungspartner auf die Ebene der Organisation des Verhandlungsprozesses verlagert. Die Einigung auf eine bestimmte Tagesordnung bestimmt das Verhandlungsergebnis weitgehend, und der Einfluß der Tagesordnung wird auch durch die Erkenntnis dieses Einflusses während der

Verhandlungen und durch Aussprachemöglichkeiten darüber nicht mehr aufgehoben. Interpretiert man die Einigung auf eine Tagesordnung ohne volle Information über den Einfluß dieser Einigung auf das Endergebnis als Vertrauen in demokratische Spielregeln, dann wirken die Experimente von Cohen et al. als eine sinnvolle Ergänzung der Untersuchungen von Wall, Pruitt et al. und Lamm. An die Stelle des Vertrauens zu dem Verhandlungspartner – der ja ohnehin nur die Marionette seiner Wählerschaft ist – tritt das Vertrauen in die Organisation des Verhandlungsprozesses.

2. *Vertrauen als Proxy-Variable bei begrenzter Rationalität*

Selten und Tietz [1980] haben in dem nachstehenden Aufsatz darauf hingewiesen, daß die experimentelle Wirtschaftsforschung von der Theorie eingeschränkt rationalen Verhaltens stark beeinflußt worden ist. Für diese Theorie ist maßgebend, daß Entscheidungen angesichts begrenzter zeitlicher Kapazität, begrenzter Information und begrenzter Fähigkeiten getroffen werden müssen. Naturgegeben und unverrückbar sind diese Grenzen freilich nicht. In den ursprünglichen Formulierungen der Theorie begrenzt rationalen Verhaltens blieb jedoch weitgehend ungeklärt, warum nicht mehr Anstrengungen darauf gerichtet werden, diese Grenzen zu verschieben, und alle Anstrengung darauf konzentriert wird, unter Berücksichtigung dieser Grenzen sinnvolle Entscheidungen zu treffen. Ich sehe einen wichtigen Beitrag der experimentellen Wirtschaftsforschung darin, daß sie einerseits das Informationsverhalten der Entscheidenden zu erhellen sucht, andererseits darin, daß sie aufzeigt, unter welchen Bedingungen es zulässig ist, Vertrauen als Proxy für die mangelnde kognitive Kapazität einzusetzen. Je größer das Vertrauen ist, um so eher ist es dem rational Entscheidenden akzeptabel, die gegebenen kognitiven Grenzen zu respektieren.

Nach den Untersuchungen von Harnett [1978] nimmt die Verhandlungsdauer mit der Härte und Rücksichtslosigkeit der Partner in den Verhandlungen zu. Ein Vertrauensverhältnis zwischen den Partnern trägt dazu bei, den zeitlichen Kapazitätsgrenzen besser gerecht zu werden. Bei gegebener Verhandlungsdauer hängt die Wahrscheinlichkeit, daß es überhaupt zu einer Einigung kommt, von dem Maß an Vertrauen zwischen den Verhandlungspartnern ab. Dies belegen nicht nur die Experimente von Harnett, sondern auch die von Hamner [1978].

Je größer die Erfahrungen des Verhandlungspartners sind, um so weniger machen sich kognitive Grenzen bei seinen Entscheidungen bemerkbar. Je sicherer ein Verhandlungspartner sein kann, aufgrund seiner Erfahrungen die richtige Lösung zu treffen, um so weniger ist er auf kooperative Lösungen angewiesen. Der Aufbau von Vertrauensverhältnissen unter den Verhandlungspartnern ist daher um so weniger bedeutsam, je mehr Erfahrungen bei einem Verhandlungspartner vorliegen. Für eine solche These lassen sich die Experimente von Crott et al. [1978] als Beleg ebenso heranziehen wie die Arbeiten von Hogatt et al. [1978]. Mit steigender Erfahrung steigt das Verhandlungsergebnis. Mehr Erfahrung bei einzelnen Verhandlungspartnern wirkt also in die gleiche Richtung wie mehr Vertrauen untereinander. In diesen Experimenten wird die Bedeutung des Vertrauens als Proxy-Variable für Erfahrung und Information besonders deutlich.

Kognitive Grenzen machen sich schließlich drittens um so weniger bemerkbar, je mehr ein Verhandlungspartner die Umwelt kontrolliert. Mächtige Verhandlungspartner bedürfen des Vertrauens ihrer Verhandlungspartner nicht. Die Experimente von Cole and Barnett [1978] belegen diese Vermutung. Je mächtiger ein Verhandlungspartner ist, um so geringer ist die Wahrscheinlichkeit, daß er in eine Koalition mit anderen weniger mächtigen Verhandlungspartnern eintritt. Unter den schwächeren Partnern spielt Vertrauen dagegen eine große Rolle. Vertrauen ersetzt die Information über das voraussichtliche Verhalten des Partners in Konkurrenzsituationen. Das haben die Experimente von Selten und Berg [1970] besonders eindrücklich nachgewiesen. In ihnen wird auch angedeutet, daß Vertrauen Macht substituieren kann: „Die Idee der Machtangemessenheit, die das spieltheoretische Denken beherrscht, tritt in den Hintergrund. Gerechtigkeitsvorstellungen, die sich über die strategische Situation hinwegsetzen, treten an ihre Stelle.“ Einen Trend zur Solidarität unter den kleinen Verhandlungspartnern weisen die Experimente von Albers nach (Albers [1978]).

IV. Schluß

In der Theorie der eingeschränkt rationalen Entscheidungen spielen Erfahrung, Macht und Vertrauen eine wichtige Rolle. Sie scheinen weitgehend substitutiv zu sein. Die Annahme der Substitutivität erklärt auch die Rolle des Vertrauens im Verhandlungsprozeß. Der mächtige Partner ist bemüht, das Entstehen von Vertrauen zu verhindern, „bürokratische“ Partner identifizieren Statusmacht mit Ressourcenmacht und substituieren Vertrauen gegenüber dem Verhandlungspartner durch Vertrauen in von allen bürokratischen Partnern befolgte bürokratische Regeln.

Die Ergebnisse der experimentellen Wirtschaftsforschung gewinnen ihre Überzeugungskraft nicht nur aus der methodischen Strenge der Anlage der Experimente und dem Einfallsreichtum – man ist versucht, in einigen Fällen auch zu sagen: der Genialität – des Untersuchungsaufbaus, sondern auch aus der Tatsache, daß die Ergebnisse erfahrbar und reproduzierbar sind. Wer je miterlebt hat, wie mächtige Verhandlungspartner im Verlaufe des Verhandlungsprozesses erkannten, daß sie nicht mächtig genug waren, und sich dann bereitfanden, eine „Goodwill-Prämie“ als klingenden Vertrauensvorschuß auf die Koalitionstreue des Partners zu bezahlen, der wird Heinz Sauermann und seinem Kreis nicht nur dankbar sein für die Entwicklung einer ökonomischen

Theorie des engen Oligopols, sondern der wird ihm auch Dank wissen dafür, daß er mit der experimentellen Wirtschaftsforschung ein pädagogisches Instrument geschaffen hat, das ökonomische Einsichten spielerisch vermittelt – auch wenn das Spiel gelegentlich bitterer Ernst wird – nämlich immer dann, wenn das Vertrauenskapital verspielt ist.

Summary

Confidence and Economic Theory

This is an essay in honor of Heinz Sauermann on the occasion of his 75th birthday. Volumes 8 and 9 on the "Contributions to Experimental Economics", edited by Heinz Sauermann, are reviewed in order to demonstrate the explanatory power of experimental research in economics. Confidence is a subject of controversy in marketing theory, information economics and oligopoly theory. It is shown that the two volumes under review make significant contributions to explain confidence as a determinant factor in economic processes.

Literatur

ALBERS, W. [1978], "Bloc Forming Tendencies as Characteristics of Bargaining Behavior in Different Versions of Apex Games"; S. 172–206, in: SAUERMANN (Hrsg.) [1978b].

COHEN, L. et al. [1978], "Communication and Agenda Influence: The Chocolate Pizza Design"; S. 329–357, in: SAUERMANN (Hrsg.) [1978b].

COLE, S., and BARNETT, L. [1978], "The Subjective Distribution of Achieved Power and Associated Coalition Formation Behavior"; S. 40–54, in: SAUERMANN (Hrsg.) [1978b].

CROTT, H. et al. [1978], "The Influence of the Aspiration Level, of the Level of Information and Bargaining Experience on the Process and Outcome in a Bargaining Situation"; S. 211–230, in: SAUERMANN (Hrsg.) [1978a].

DEUTSCH, M., and KOTIK, P. [1978], "Altruism and Bargaining"; S. 20–40, in: SAUERMANN (Hrsg.) [1978a].

GUTENBERG, E. [1955], *Grundlagen der Betriebswirtschaftslehre, II. Band: Der Absatz,* Berlin – Göttingen – Heidelberg.

-- [1979], *Grundlagen der Betriebswirtschaftslehre, II. Band: Der Absatz,* Berlin – Heidelberg – New York.

HAMNER, W., and BAIRD, L. [1978], "The Effect of Strategy, Pressure to Reach Agreement and Relative Power on Bargaining Behavior"; S. 247–269, in: SAUERMANN (Hrsg.) [1978a].

HARNETT, D., and VINCELETTE, J. [1978], "Strategic Influence on Bargaining Effectiveness"; S. 231–246, in: SAUERMANN (Hrsg.) [1978a].

HOGATT, A. et al. [1978], "Bargaining Experiments with Incomplete Information"; S. 127–178, in: SAUERMANN (Hrsg.) [1978a].

KUHL, H. [1979], *Vertikale Integration als informationsökonomisches Problem – Ansätze in der Literatur zur Industrial Organization,* Diplomarbeit Bonn (Betriebswirtschaftliches Seminar I).

LAMM, H. [1978], "Group-Related Influences on Negotiation Behavior: Two-Person Negotiation as a Function of Presentation and Election"; S. 284–309, in: SAUERMANN (Hrsg.) [1978a].

LEVINSOHN, J., and RAPOPORT, A. [1978], "Coalition Formation in Multistage Three-Person Cooperative Games"; S. 107–143, in: SAUERMANN (Hrsg.) [1978b].

MASCHLER, M. [1978], "Playing an N-Person Game – An Experiment"; S. 231–328, in: SAUERMANN (Hrsg.) [1978b].

NERLOVE, M., and ARROW, K. [1962], "Optimal Advertising Policy Under Dynamic Conditions", *Economica*, N.S. 29, 129–142.

PRUITT, D. et al. [1978], "The Effect of Accountability and Surveillance on Integrative Bargaining"; S. 310–342, in: SAUERMANN (Hrsg.) [1978a].

ROTHSCHILD, M. [1973], "Models of Market Organization with Imperfect Information", *Journal of Political Economy*, 81, 1283–1308.

SAUERMANN, H. (Hrsg.) [1970], *Beiträge zur Experimentellen Wirtschaftsforschung*, Band 2, Tübingen.

-- (Hrsg.) [1978a], *Bargaining Behavior*, Band 7 der Beiträge zur Experimentellen Wirtschaftsforschung, Tübingen.

-- (Hrsg.) [1978b], *Coalition Forming Behavior*, Band 8 der Beiträge zur Experimentellen Wirtschaftsforschung, Tübingen.

SELTEN, R., und BERG, C. [1970], „Drei experimentelle Oligopolserien mit kontinuierlichem Zeitablauf"; S. 162–221, in: SAUERMANN (Hrsg.) [1970].

SELTEN, R., und TIETZ, R. [1980], „Zum Selbstverständnis der experimentellen Wirtschaftsforschung im Umkreis von Heinz Sauermann", *Zeitschrift für die gesamte Staatswissenschaft*, 136, 13–27.

WALL, J. JR. [1978], "A Negotiator's Bargaining: The Effects of Representation and the Opponent's Sex"; S. 270–283, in: SAUERMANN (Hrsg.) [1978a].

VON WEIZSÄCKER, C.C. [1978], *Efficiency, The Invisible Hand, Information and Extrapolation*, Manuskript Bonn.

WILLIAMSON, O. [1975], *Markets and Hierarchies: Analysis and Antitrust Implications*, New York 1975.

Über Loyalität in der Universität

Gedanken zum strategischen Management von Universitäten

I.

Unter Wirtschaftswissenschaftlern, insbesondere unter Betriebswirten, ist der Begriff „Kölner Schule" allgemein bekannt. Fragt man, was darunter zu verstehen sei, so stellt man fest, daß damit die Ausbildung von Betriebswirten in der Zeit zwischen 1919 und 1955 gemeint ist: die Zeit, in der Eugen Schmalenbach in Köln lehrte und seine Kollegen beherrschte. Nur wenige würden den Begriff „Kölner Schule" auf seinen Nachfolger auf dem Kölner Lehrstuhl, Erich Gutenberg, übertragen, obwohl Gutenberg nicht minder bedeutend für die Entwicklung des Faches und die Ausbildung von Studenten war als Eugen Schmalenbach. Die Assistenten Eugen Schmalenbachs, die sein geistiges Erbe verwalten und mehren wollten, gründeten die „Schmalenbach Gesellschaft"; die Schüler Gutenbergs finden sich in der „Gutenberg Arbeitsgemeinschaft". **Es ist also in Deutschland ganz offenbar die Person des großen Lehrers und Forschers, die institutionenbildend wirkt, gegebenenfalls sogar der Institution „Universität" ihren Stempel aufdrückt.**

Wenn man in einflußreichen englischen Zirkeln in der Politik, aber auch in der Wirtschaft nach der Herkunft der Personen fragt, ist die Antwort ganz selbstverständlich: „He is an Eton Boy, he is an Oxford Man". Man sagt nicht, „Er hat bei Keynes in Cambridge studiert". – Glanz und Elend der südamerikanischen Wirtschafts- und Finanzpolitik wird mit dem Begriff der „Chicago Boys" verbunden. Man bezeichnet damit zu Einfluß und politischen Ämtern gekommene ehemalige Studenten Milton Friedmans an der Universität von Chicago. – Es ist also in den USA ganz offenbar die Institution Universität selbst, die den Studenten prägt, nicht primär der Professor, und sei er noch so herausragend. An der Harvard University stellen die Professoren sich die Frage, ob ihre Arbeit zum Ruhme der Universität gereiche. – Als im vergangenen Jahr Roger Smith, der Präsident von General Motors, in der Kellogg Graduate School of Management der Northwestern University darauf hinwies, daß die Kellogg School nach einer Umfrage des Wall Street Journal die Nummer 1 unter den amerikanischen Universitäten für Unternehmensführung sei, erhielt er donnernden Beifall der siebenhundert Absolventen und ihrer Eltern. – Als ich vor zwei Jahren einen Aufsatz von Lerbinger über die Rangfolge deutscher betriebswirtschaftlicher Ausbildungsgänge an Universitäten veröffentlichte, wurde ich von dem Dekan der Karlsruher Fakultät des Rufmordes an seiner Universität geziehen. Und kein Student, kein Elternpaar hat einem der Bonner Professoren ein Dankschreiben dafür geschickt, daß Bonn nach einer Umfrage im Manager Magazin im vergangenen Jahr die Nummer 1 unter den deutschen wirtschaftswissenschaftlichen Fakultäten war.

Diese Beispiele mögen zur Einstimmung auf das Thema, das ich mit Ihnen behandeln möchte, reichen. **Wir haben es ganz offenbar in Deutschland und in den USA mit unterschiedlichen Einstellungen von Studenten, Ehemaligen und Eltern zu ihrer Universität zu tun Soweit es sich um eine stark emotionale, aber auch rational begründbare positive Einstellung handelt,möchte ich sie als Loyalität bezeichnen. Ich möchte mit Ihnen der Frage nachgehen, warum sich in Deutschland keine Loyalität zur Universität entwickelt und warum andererseits die amerikanischen Universitäten auf die Loyalität ihrer Studenten und Ehemaligen in so besonderem Maße bauen können. Ich möchte diese Frage in drei Abschnitten behandeln, die sozusagen die historische Entwicklung nachzeichnen:**

- Loyalität in der Gemeinschaft der Lehrenden und Lernenden
- Verlust der Loyalität durch hierarchische Forschung und Massenuniversität
- Schaffung von Loyalität durch strategische Führung der Universität

II.

Die deutsche Universität ist als eine Gemeinschaft der Lehrenden und Lernenden konzipiert. Dabei ist diese Gemeinschaft nicht auf kollegiale Abstimmung der Interessen und Verteilung der Aufgaben hin angelegt, sondern auf die kollegiale Nutzung der Freiräume für Forschung und Lehre, die die Universität als ein dem politisch-normativen Geschäft entrücktes Gebilde bietet. Die Freiheit des Studenten ist begründet in der Teilhabe an diesem Freiraum. Nun mag dieses Verständnis keineswegs immer gegolten haben, und es hat sicher auch in seiner konkreten Ausprägung die Mitte dieses Jahrhunders nicht überdauert. Gleichwohl lohnt es sich, dieses Verständnis näher zu betrachten.

In der Geschichte der europäischen Universität ist die Verwirklichung humanistischer Ideale durch Lehre und Forschung eng verbunden mit der Schulung des Studierenden für einen Beruf. Nahm der Student im ersten Falle an der Entwicklung der Gedanken des Professors im wissenschaftlichen Diskurs mit ihm teil, so war die berufliche Ausbildung sicher nicht unähnlich der patriarchalischen Beziehung zwischen dem Meister und seinem Lehrling in der Handwerksausbildung. In Goethes Faust wird das lebendig. In beiden Fällen kam es auf das personale Verhältnis zwischen Lehrendem und Lernendem an. Dabei war die Freiheit dieser Beziehung von äußerer Bevormundung – sei es in der Forschung durch kirchliche oder staatliche Dogmen, sei es in der Ausbildung durch staatliche Studienordnungen – zunächst noch keineswegs gesichert. Das Grundrecht auf Freiheit von Lehre und Forschung ist erst im 19. Jahrhundert erstritten worden. **Entscheidend aber war bis in das 20. Jahrhundert hinein, daß der Prozeß der Erkenntnisgewinnung durch Forschung an der Universität sich im Dialog mit den Studenten vollzog und daß die Ausbildung in einer unmittelbaren Beziehung zwischen Lehrer und Schüler geschah.** So entstanden ganz enge Beziehungen zwischen Professor und Student, die in Loyalität des Schülers und in Fürsorge des Professors ihren bleibenden Ausdruck fanden. Wie weit Loyalität und Fürsorge gingen, zeigt die Geschichte der „Bonner Professoren und Studenten in den Revolutionsjahren 1848/49" von Max Braubach. Für Ludwig Meyer, der ein enger Freund und Mitstreiter von Carl Schurz war, setzte sich in dem Prozeß wegen staatsgefährdender Umtriebe sein Lehrer, der Mediziner Neumann, mit solcher Wärme ein, daß Meyer freigesprochen wurde.

Die Institution Universität dagegen wurde zwar von den Studenten als Alma Mater bezeichnet, und in dem bekannten Studentenlied wird sie sogar vor den Professoren genannt (vivat academia, vivant professores), gleichwohl scheint sie den Studenten eher als Herrschaftsgewalt mit väterlicher Strenge, denn als fürsorgliche Heimstatt mit mütterlicher Liebe entgegengetreten zu sein. Dies ist nicht verwunderlich, wenn man sich vergegenwärtigt, daß die Universitäten in Deutschland staatliche Gründungen waren, in denen die Staatsmacht durch Regierungsbevollmächtigte und Kuratoren ausgeübt wurde. **Die Universität war den Studenten gegenüber Ordnungsmacht, nicht Familienersatz. – Man wird nicht fehlgehen in der Behauptung, daß die Rolle der Institution bei den privaten Hochschulen der Vereinigten Staaten von Amerika eine andere war und ist.** Hier übernahm die Institution die Fürsorgepflicht für die jungen Menschen, übte sozusagen Elternrecht aus. Die zahlenden Eltern erwarteten von der Universität als Institution, daß sie stellvertretend für die Familie handelte. Diese Stellvertretung bezieht sich nicht nur auf die Auswahl der akademischen Lehrer, sondern auch auf die persönliche Betreuung der Studenten. Die Fürsorgepflicht einer amerikanischen Privatuniversität geht weit. Als betrunkene Studenten meiner amerikanischen Universität eines Nachts Autoreifen durch die Fenster in

Wenn hier von Interesse gesprochen wird, dann ist natürlich ein ökonomisches Interesse gemeint.

Der **Student** wird eine engere Beziehung zu seiner Universität nur entwickeln, wenn er auch während seines ganzen Studiums, von Auslandssemestern einmal abgesehen, an einer und derselben Universität bleibt. Das ist sicher heute der Fall. Zu dem Bild des klassischen deutschen Studenten gehörte jedoch, daß er häufiger die Universität wechselte, um bei verschiedenen Koryphäen seines Faches seinen Horizont zu erweitern. Heute wird der Verbleib an einer Universität vielfach durch die Unterschiedlichkeit der Studienordnungen, durch die Unterschiede in den Prüfungsinhalten und durch den Kampf um Arbeitsplätze in den Labors erzwungen. Freilich: die lange Verweildauer an einer Universität ist nicht nur Chance für Loyalität, sie ist auch Risiko: die Qualitätsmängel einer Ausbildung werden auch stärker empfunden, wenn man sich länger an einer einzigen Universität aufhält. Alle äußeren Umstände sprechen heute dagegen, daß Loyalitätsgefühle entstehen. Alle Studienbedingungen an den Universitäten heute lassen es eher wahrscheinlich erscheinen, daß die Leidenszeit des Studiums eher länger als kürzer dauert. Und zu allem Überfluß steht dann am Ende eines langen Studiums bei einem großen Prozentsatz von Studenten noch das Negativerlebnis, im Examen durchzufallen, und bei einem noch größeren Prozentsatz die Enttäuschung, nach langem Studium nicht mit einer guten Note abzuschneiden. Und selbst diejenigen, die eine gute Note erhalten, bekommen diese mit dem Zeugnis per Post zugeschickt und sehen sich plötzlich allein in der freien Wildbahn des Job Seeker. Gar mancher mag dann feststellen, daß er mit seinem Diplom keinen Freifahrschein in eine gute berufliche Position besitzt. All das macht eher wahrscheinlich, daß der Student sich seiner Universität gegenüber eher nach dem Romantitel von John Steinbeck „Blick zurück im Zorn" als loyal verhält. Wenn die Universität dem Studenten dagegen Dienstleistungen erbrächte, die für ihn einen Wert haben, dann könnte Loyalität entstehen. Solche Leistungen könnten sein: Persönliche Betreuung, Vermittlung von Erfolgserlebnissen, Stellenvermittlung, Verbesserung der Lebenschancen auch im weiteren Lebens- und Berufsweg. Halten wir also fest: Der Student könnte durchaus Loyalitätsbeziehungen zu seiner Universität entwickeln, auch in der heutigen Zeit.

Könnte die **Gesellschaft** als Ganzes an Loyalität zwischen Student und Universität Interesse haben? Alles, was wir an Hochschulpolitik in den Jahren seit 1964 erlebt haben, scheint dagegen zu sprechen. Nivellierung statt Differenzierung, Anonymität statt Sichtbarkeit, Senkung des Leistungsniveaus statt Erhöhung der Leistungsanforderungen, Provinzialisierung statt intellektueller Herausforderung – das ist schlaglichtartig die Kennzeichnung der hochschulpolitischen Entwicklung. Nun ist in den vergangenen Jahren zweifellos die Hochschulpolitik stärker unter ideologischen als unter sachlichen Gesichtspunkten betrieben worden, und die Erfahrung hat uns inzwischen gelehrt, daß dies weder zum Besten der Universität noch zum Besten der Gesellschaft war. Aber auch fernab von hochschulpolitischer Ideologie ist ja in der Gesellschaft nicht weit verbreitet der Gedanke, daß die Entwicklung von Loyalitätsbeziehungen zwischen den Menschen einer bestimmten Ausbildungsinstitution das Gesamtwohl fördere. „Vitamin B" wird eher als ein ungerechtfertigter Wettbewerbsvorteil der Begünstigten gegenüber den anderen angesehen, gegen den sich die Benachteiligten, aber auch die Gesellschaft insgesamt zur Wehr zu setzen habe. Es ist daher interessant festzustellen, daß die jüngere Entwicklung in der mikroökonomischen Organisationstheorie zu einer neuen Sicht dieser Phänomene geführt hat. Gruppen, die durch enge Loyalitätsbande zusammengehalten werden, Eliten insbesondere, sind dann von gesellschaftlichem Nutzen, wenn sie der Gesellschaft in verantwortlichen Positionen altruistisch dienen. Altruismus liegt andererseits auch im Interesse dieser Eliten, wenn sie damit die Sicherheit ihres Einflusses in der Gesellschaft trotz Konkurrenz festigen. Das können sie natürlich nur durch strikte Qualitätskontrolle ihrer Mitglieder. Altruismus als sublimierter Eigennutz dient dem Gemeinnutz. Auf die heutige Universität übertragen, heißt das: Die sichtbare Zugehörigkeit zu einer Universität und die Loyalität zu dieser Institution liegen im gesellschaftlichen Interesse, wenn die Aufgaben, die die Gesellschaft den Absolventen der Universität überträgt, besser und eher mit dem Ziel des Gemeinwohls als des Eigennutzes erledigt werden. Eine Universität, die ihren Studenten eine vorzügliche Berufsausbildung mitgibt und die darüber hinaus bei ihren Studenten gesellschaftliche Verantwortung als Verhaltensnorm einübt, ist eine solche Institution.

Liegt es schließlich auch im Interesse der **Universität**, daß Loyalität der Studenten zu der Institution Universität oder zumindest Fachbereich entsteht? Die Antwort fällt ganz leicht und lautet „Ja". Loyale Studenten und Ehemalige verschaffen der Universität eine ganz andere Verhandlungsposition im politischen Raum, als es heute der Fall ist, da die Universität als nachgeordnete Behörde des Ministeriums behandelt wird. Loyale Studenten und Ehemalige verschaffen der Universität darüber hinaus ein gewisses Maß an finanzieller Unabhängigkeit, die für die Verfolgung im Gesamtinteresse liegender wissenschaftlicher und politischer Ziele nützlich ist.

Ist es nun aber nicht nur wünschenswert, sondern auch möglich, daß in unserer Hochschullandschaft Loyalität in der Universität entsteht? Die Antwort ist ein bedingtes „Ja". Voraussetzung wäre, daß die Beteiligten die Institution vor die Person stellen, Hochschullehrer und Studenten müßten gemeinsam an einer strategischen Konzeption für den Fachbereich bzw. für die gesamte Universität arbeiten. Die Erfahrung der amerikanischen Privatuniversitäten, aber auch einer Reihe von englischen und skandinavischen Universitäten zeigt, daß sie das **Instrument der strategischen Führung** nutzen, um nach innen und außen ihre Einzigartigkeit oder auch nur ihre besonderen Vorzüge herauszuarbeiten und daß sie versuchen, diese „strategischen Wettbewerbsvorteile" durch Setzung von Prioritäten für Lehrstühle und Mittel systematisch auszubauen. Wir haben im Bonner wirtschaftswissenschaftlichen Fachbereich in den sechziger Jahren mit Erfolg Prioritäten gesetzt. Es ist sicher auch darauf zurückzuführen, daß wir heute in der Rangfolge der wirtschaftswissenschaftlichen Fakultäten so weit oben stehen. Studenten, die wissen, was ihre Universität will, können sich mit der Institution besser identifizieren. Es enstehen Loyalitäten, die auch später aufrechterhalten und gepflegt werden können.

Für deutsche Universitäten ist strategische Planung ein unbekanntes Konzept. Sie paßt nicht in ihr Konzept. Sie widerspricht herkömmlicher Vorstellung. Deshalb tun wir uns auch so schwer damit, in der Universität den Gedanken einer strategischen Führung zu verankern. Nach zweijähriger Überzeugungsarbeit haben Altrektor Böckle und ich schließlich eine Gruppe von Professoren mit dem Ziel zusammengebracht, strategische Konzepte für die Entwicklung der Universität Bonn zu entwickeln. Nachdem wir dann in vier Sitzungen aneinander vorbeigeredet hatten, verfiel die Gruppe in Untätigkeit. **In der Wisschenschaftlichen Hochschule für Unternehmensführung in Koblenz dagegen haben wir ein solches strategisches Konzept entwickelt.** Dieses Konzept ist unabhängig von den Personen, die dort wirken, seien es nun der König oder Pfähler oder der Albach. Die Gesellschaft, die Arbeitgeber wissen: Die Koblenzer Hochschule hat ein klares Ausbildungs- und Forschungsprofil. Leistung, Internationalität, Technikorientierung sind die drei strategischen Wettbewerbsfaktoren. Der Student wird durch Ausbildung des Geschichtsbewußtseins, durch Entscheidungstraining in kleinen Gruppen und durch Praxisprojekte zu einer verantwortlich handelnden Persönlichkeit erzogen. Wirtschaftsethische Diskussionen schärfen sein Bewußtsein für verantwortliches Handeln in der Gesellschaft. Die Erfahrungen zeigen, daß sich die Studenten mit dieser klar profilierten Hochschule identifizieren. Sie arbeiten mit an der Verwirklichung und Weiterentwicklung dieses strategischen Konzeptes. Die Erfahrung muß zeigen, wie stark die Loyalitätsbeziehungen, die sich dabei entwickeln, in der Zukunft tragfähig bleiben.

An einer Massenuniversität ist das sicher nicht so einfach wie an einer kleinen Hochschule, die sich ihre Studenten auswählen kann. Aber unmöglich ist es auch hier nicht. Ich möchte die studentischen Verbindungen, ich möchte Sie aufrufen, an einer solchen Entwicklung mitzuarbeiten. Sie wissen, was Loyalität der Aktivitas und der Altherrenschaft bedeuten. Sie haben erfahren, daß sich die studentischen Verbindungen, die schlagenden allemal, nicht außerhalb der Universität stellen dürfen, wenn sie nicht selbst Schaden nehmen wollen. Die studentischen Verbindungen könnten und sollten aber eine aktivere Rolle übernehmen. Sie sollten an dem strategischen Dialog in ihrer Universität aktiv mitwirken. Er wird in den Fachbereichen zu beginnen haben, darf aber dabei die Gesamtuniversität nicht aus dem Blick verlieren, wenn es nicht zu falschen Prioritäten kommen soll. Und sie könnten über ihre Altherrenschaft die Unterstützung für die gesamte Universität mobilisieren, die sie dringend nötig hat, wenn sie ihr strategisches Konzept zum Teil sicher auch im Kampf gegen die Bürokratie durchsetzen will.

Die kommenden Jahre werden eine Herausforderung für die Universität werden. Haushaltskürzungen werden zu Konflikten in der Universität um Prioritäten und zwischen den Universitäten um knappe Mittel der öffentlichen Hand und der Wirtschaft führen. Das wird den Wettbewerb der Fachbereich und Fakultäten untereinander und zwischen Universitäten intensivieren. In diesem Wettbewerb werden vor allem diejenigen Universitäten bestehen, die durch ein klares strategisches Konzept die Konflikte in der Institution klein halten und die nach außen geschlossen auftreten. Dazu bedarf es der Loyalität der Studenten wie der Professoren zu ihrer Universität. **Loyalität läßt sich aber nicht befehlen. Man muß daran arbeiten. Die Universitäten müssen das lernen. Ich meine, die studentischen Verbindungen könnten ihnen dabei helfen.**

das Postgebäude warfen und daraufhin wegen Beschädigung öffentlichen Eigentums und Widerstands gegen die Staatsgewalt ins Gefängnis geworfen wurden, holte sie der Rektor der Universität höchstpersönlich morgens um 3.00 Uhr heraus..

Ich ziehe ein erstes Fazit: Loyalität von Studenten gegenüber Personen oder Institutionen entsteht, wenn diese ihnen Lebenschancen vermitteln. Das geschieht durch Training des Verstandes, durch eine gute Berufsausbildung und durch den Verweis auf den berühmten Namen des akademischen Lehrers, bei dem man studiert hat. Loyalitätsbeziehungen bilden sich mithin zwischen Student und Professor heraus, der in allen diesen drei Punkten die zentrale Figur ist. Die Universität als Institution ist lediglich die Anstalt, die im Normalfall die Möglichkeiten bereitstellt, um das Bedürfnis nach einer solchen personalen Regelung zwischen Student und Professor zu befriedigen, im ungünstigsten Falle als Ordnungsmacht diese Beziehung in unangemessener Weise reglementiert oder gar stört. Da die Finanzierung der Universität in den Händen des Staates liegt, haben auch der Student oder seine Eltern keinen Einfluß auf die Gestaltung der Beziehungen zwischen Universität und Student. Der Student ist Benutzer einer Anstalt, nicht Mitglied eines Vereins, einer Kooperation, die er selbst mitgestalten könnte. – Loyalität entsteht, so habe ich gesagt, wenn Lebenschancen vermittelt werden. **Lebenschancen vermittelt aber nicht nur die personale Beziehung zwischen Student und Professor. Lebenschancen vermitteln auch Institutionen, die die menschliche Gemeinschaft pflegen, entwickeln, „Vitamin B" verabreichen.** Das tun deutsche Universitäten nicht. Zwar kommt es vor, daß Universitäten Lebenschancen vereiteln, wie etwa die Universität Bremen in den ersten Jahren ihres Bestehens, aber einen Corpsgeist können und wollen deutsche Universitäten nicht pflegen. Ganz anders ist das in Japan, wo die Universitäten sich ihre studentischen Mitglieder in einem rigorosen Auswahlverfahren aussuchen und dann den Corpsgeist pflegen, da die Lebenschancen bereits mit dem Eintritt in die Universität und nicht erst mit dem Abschlußexamen verteilt sind. Amerikanische Universitäten legen gleicherweise Wert auf die Entwicklung eines starken Zugehörigkeitsgefühls zwischen Studierenden und Ehemaligen.

Natürlich füllt sich das institutionelle Vakuum, das deutsche Universitäten in dieser Hinsicht entstehen lassen. Die Tatsache, daß bei uns studentische Verbindungen nach wie vor und trotz aller Entwicklungen in unserer Gesellschaft Zulauf haben, zeigt, daß die studentischen Verbindungen eine mögliche Institution sind, die das Bedürfnis nach Verbesserung der Lebenschancen durch Zugehörigkeit zu einer Gemeinschaft befriedigen. Der Zusammenschluß über die Verbindung am Ort hinaus mag die Lebenschancen weiter verbessern. Wenn es schon keinen Bundesbruder gibt, der die gewünschte Protektion erteilen könnte, dann ist möglicherweise auch ein Kartellbruder hilfreich. – Meine These lautet also: **Loyalität ist das Entgelt für die Verbesserung von Lebenschancen, und zwar im durchaus ökonomischen Sinne. In der deutschen Universität wurden die Lebenschancen einerseits durch den Professor, andererseits durch die studentischen Verbindungen verbessert.**

III.

In den späten sechziger und frühen siebziger Jahren wurden **Zweifel der Studenten** daran erkennbar, daß ihnen die Universität nach wie vor bessere Lebenschancen vermittelte. Dieser Zweifel äußerte sich in der vielfältigsten Weise. Einmal wurden in der **Diskussion um die Praxisferne der Ausbildung** Zweifel erkennbar, ob die Universitäten überhaupt Berufschancen eröffneten. Zweitens wurden in dem **Schreckgespenst vom akademischen Proletariat** Zweifel erkennbar, ob die Universität für den richtigen Beruf ausbildet. Drittens sank mit der **Vermehrung der Zahl der Professoren** die Sichtbarkeit des einzelnen Professors in der Öffentlichkeit und in der Berufswelt mit der Folge, daß die Berufung auf einen Doktorvater geringere Aussichten auf Honorierung am Arbeitsmarkt bot. Schließlich wurde in dem **Schlagwort von der Verschulung des Studiums** die Sorge sichtbar, daß das Training des Verstandes als Voraussetzung für die Bewältigung von Führungsaufgaben in der Wirtschaft durch die stupide Vorbereitung auf multiple choice-Fragen ersetzt würde. Nun kamen alle diese Befürchtungen ja nicht von ungefähr. Sie hatten ihren Grund in der **Veränderung der Berufswelt** und in der **Veränderung des Forschungsprozesses an den Universitäten.**

In der **Berufswelt** war eine erhebliche Verwissenschaftlichung eingetreten. Dies bedeutete große Spezialisierung mit der Folge, daß sich auch die Wissenschaften an den Universitäten immer weiter ausdifferenzierten, immer speziellere Studiengänge entwickelten und dennoch nicht in der Lage waren, die Verwendbarkeit des Absolventen in der Praxis zu garantieren. Traineerprogramme der Unternehmen und lange Einarbeitungszeiten in der Praxis belegen, daß die Berufschancen der Studenten von der Universität allein nicht mehr gewährleistet werden können. – Gleichzeitig war auch der **Forschungsprozeß** selbst komplexer geworden. Erkenntnis – vor allem in Bereich der Naturwissenschaften, der Technikwissenschaften, der Wirtschaftswissenschaften und der empirischen Sozialwissenschaften – läßt sich nicht mehr am Schreibtisch des Gelehrten und im wissenschaftlichen Diskurs mit seinen Schülern gewinnen. Sie entsteht in einem komplizierten Produktionsprozeß unter Einsatz von hochwertigen Apparaturen, Rechenanlagen und einer Vielzahl von Menschen, die in einem arbeitsteiligen, hierarchisch organisierten Prozeß zusammenwirken. Die alte kollegiale Struktur der Forschung wurde durch die hierarchische Organisation der Universitätsinstitute ersetzt. In diesem komplexen Produktionsprozeß der Forschung konnten die Studenten nicht mehr oder nur noch in untergeordneten Hilfsarbeiterfunktionen eingesetzt werden. Sie verfügten nicht über das Spezialwissen, das erforderlich ist, um erfolgreich mitarbeiten zu können, und man kann ihnen auch nicht die Bedienung hochwertiger Forschungsapparaturen übertragen.

Damit entstanden für das Studium zwei verschiedene und jedenfalls nicht in jedem Fach leicht zu verbindende Aufgaben: **Vorbereitung auf einen Beruf einerseits und Ausbildung von Mitarbeitern für den Forschungsprozeß an der Universität andererseits.** Studenten, die nicht in die Forschung wollen, werden für die Professoren zur Last; Ausbildungsinhalte, die auf die Forschung vorbereiten, werden für die Studenten zum Ballast. Eine strikte Trennung von Studiengängen in berufsbezogene und forschungsbezogene gelang trotz vielfältiger Versuche nicht. – **So war es eine Verkennung der Tatsachen, wenn die Studenten Ende der sechziger Jahre gegen den Muff von 1000 Jahren zu Felde zogen.** Tatsächlich zogen sie gegen eine ganz junge Entwicklung aus, gegen die Bürokratisierung und Hierarchisierung des Universitätsbetriebes. Ihr Ziel war es einerseits, die großen hierarchisch gegliederten Institute aufzubrechen, und andererseits in den alten kollegialen Organen der Universität, in den Fakultäten und im Senat, Mitentscheidungsrechte zu erlangen. Dort, wo es gelang, die großen Institute zu zerschlagen, wie etwa in der Medizin, war die Folge eine weitere Spezialisierung der Lehrstühle, eine weitere Ausdifferenzierung des Vorlesungsbetriebes. Die große Vorlesung verschwand vom Studienplan, die Studenten verloren den Überblick über das Fach, das sie beherrschen sollten, und manche merkten das nicht einmal, weil auch in den Prüfungen immer speziellere und ausgefallenere Fragen gestellt wurden. Dort, wo es der Sache nicht angemessen war, die Institute zu teilen, kam es zur Abwanderung der Forschung aus der Universität. Die Großforschungseinrichtungen öffnen sich nur in begrenztem Maße für Studenten.

Der Einzug in die akademischen Gremien schließlich war ein Pyrrhus-Sieg. Zwar wurde die Gruppenuniversität vielerorts verwirklicht, aber die Gruppen sind an der Entscheidung in Gremien beteiligt, die keine Machtzentren mehr sind. Die Fakultäten haben ihre Macht an die Bürokratie der Wissenschaftsministerien verloren. Sie sind zu Verwaltungsorganen geworden. Die kollegialen Gremien sind auf der Strecke geblieben bzw. ausgewandert in private Zirkel oder Faculty Clubs. Die Studentenschaft hat das natürlich ebenso erkannt wie die Professorenschaft. Es kam zum Verlust der Loyalität nicht nur der Studenten, sondern auch vieler Professoren zu ihrer Universität. Wer gegen seinen Arbeitgeber jahrelang Prozesse zu führen gezwungen ist, entwickelt ein eher unterkühltes Verhältnis zu seiner Universität und zu seinem Arbeitgeber, dem Wissenschaftsminister. **Das Ergebnis des Loyalitätsverlustes bei Studenten und Professoren war die Herrschaft der Bürokratie über die Universität einerseits und waren ganz dilettantische Versuche von Professoren und Studenten andererseits, Geldmittel für die Finanzierung wichtiger Aufgaben einzuwerben.**

IV.

All das ist natürlich zum Schaden der Ausbildung und der Forschung an den Universitäten gewesen. **Die Frage lautet daher: ist es möglich, die Loyalität wiederherzustellen?** Die Prüfung dieser Frage wird in drei Schritten vorgenommen:

- Kann der Student ein Interesse daran haben, daß er Loyalität gegenüber seiner Universität entwikkelt?
- Kann die Gesellschaft als Ganzes ein Interesse an Loyalität zwischen Universität und Studenten haben?
- Kann die Universität ein Interesse daran haben, daß die Studenten ihr gegenüber Loyalität empfinden?

Erster Teil

Investitionstheorie

Zur Verbindung von Produktionstheorie und Investitionstheorie

I. Problemstellung

1. Vor elf Jahren erschien der erste Band der „Grundlagen der Betriebswirtschaftslehre“ von Gutenberg[1]). In dem Jahr, in dem sein Autor den 65. Geburtstag feiert, liegt das Buch in der 7. Auflage vor[2]). Das Kernstück dieses Werkes bildet die Aussage, daß das Ertragsgesetz in der industriellen Produktion keine Gültigkeit besitzt. Für die industrielle Produktion ist vielmehr eine Produktivitätsbeziehung repräsentativ, die Gutenberg als Produktionsfunktion vom Typ B bezeichnet. In der ersten Auflage faßte Gutenberg diese Aussage noch verhältnismäßig vorsichtig: „Wird die Einsatzmenge eines Faktors variiert und ändert sich im Zusammenhang hiermit die Leistungsabgabe eines bestandsmäßig konstanten Faktors, dann gilt das Ertragsgesetz nicht. Denn der konstante Faktor ist in diesem Falle zwar bestandsmäßig als Träger eines bestimmten Leistungspotentials, aber nicht leistungsmäßig konstant. Hier liegt der neuralgische Punkt der Ertragstheorie. Diesen Sachverhalt kann man mit Hilfe der Komponente g auch so ausdrücken: Tritt bei der Veränderung der Einsatzmenge variabler Faktoren die Komponente g auf und bewirkt sie, daß die Leistungsabgaben der bestandsmäßig konstanten Faktoren variieren, dann sind die Voraussetzungen für eine Geltung des Ertragsgesetzes auch bei kleinsten Faktoreinsatzmengen nicht gegeben“, und in einer Fußnote heißt es: „Im übrigen ist das Ertragsgesetz mit Hilfe statistisch einwandfreier empirischer Beobachtungen im industriebetrieblichen Bereich noch nicht nachgewiesen worden. Und es wird auch wohl, des komplexen Charakters wegen, den die betrieblichen Vorgänge aufweisen, kaum möglich sein, dieses Gesetz in der Fülle sich überschneidender betrieblicher Prozesse aufzudecken[3]).“ In der zweiten Auflage heißt es dann sehr prägnant: „Unsere Untersuchungen haben uns also zu dem Ergebnis geführt, daß die Produktionsfunktion vom Typ A, also das Ertragsgesetz, für die industrielle Produktion nicht als repräsentativ anzusehen ist. Wir müssen deshalb nach einem anderen Kombinationsgesetz suchen[4]).“ Diese Aussage ist seither nicht revidiert worden[5]).

Das „andere Kombinationsgesetz“, nach dem sich die industrielle Produktion vollzieht, ist die Produktionsfunktion vom Typ B, die durch Limitationalität der produktiven Faktoren gekennzeichnet ist. Die Ertragsfunktion folgt nach diesem Gesetz nicht mehr einem eindeutig vorgeschriebenen s-förmigen Verlauf, sondern ergibt sich aus den technischen Eigenschaften der Aggregate. Diese technisch determinierten Produktionsbedingungen lassen sich in den

---

[1]) E. Gutenberg, Grundlagen der Betriebswirtschaftslehre, 1. Band: Die Produktion, Berlin-Göttingen-Heidelberg 1951.

[2]) E. Gutenberg, Grundlagen der Betriebswirtschaftslehre, 1. Band: Die Produktion, 7. Aufl., Berlin-Göttingen-Heidelberg 1962.

[3]) E. Gutenberg, Grundlagen, a. a. O., 1. Aufl., S. 237.

[4]) E. Gutenberg, Grundlagen, a. a. O., 2. Aufl., 1955, S. 216.

[5]) Vgl. E. Gutenberg, Grundlagen, a. a. O., 3. Aufl., 1957, S. 216; 4. Aufl., 1958, S. 217; 5. Aufl., 1960, S. 217; 6. Aufl., 1961, S. 217; 7. Aufl., 1962, S. 217.

Verbrauchsfunktionen der Aggregate zum Ausdruck bringen, die die Einsatzmengen der produktiven Faktoren je Ausbringungseinheit als abhängig von der Aggregatleistung (Ausbringung pro Zeiteinheit) angeben. Der Aufbau der Produktionstheorie aus den konkreten, empirisch nachprüfbaren Verbrauchsfunktionen der Betriebsmittel stellt die eigentliche Leistung und den entscheidenden Beitrag Gutenbergs zur Produktionstheorie dar. Es ist danach nicht mehr erforderlich, den ertragsgesetzlichen Verlauf „aus den Erfahrungen des betrieblichen Lebens[6])" zu erklären. Indem Gutenberg auf die einzelnen Aggregate und die technischen Bedingungen ihrer Leistungsabgabe zurückging[7]), füllte er die „leeren Schachteln[8])" der Produktionstheorie. Für Gutenberg gilt in besonderem Maße, was Beckmann in anderem Zusammenhang sagt: Sein „Beitrag kann als der Versuch einer Neubegründung der Theorie der Produktion aufgefaßt werden[9])". Die Produktionsfunktion selbst ist nicht mehr Ausgangspunkt der produktionstheoretischen Analyse, sondern sie wird aus den technischen Prozessen aufgebaut und erklärt. An die Stelle der Produktivitätsbeziehung der klassischen Produktionsfunktion, die eine unmittelbare Beziehung zwischen Faktoreinsatz und Ausbringung annahm, setzt Gutenberg eine mittelbare Produktivitätsbeziehung: Die produktiven Faktoren lassen sich nur nach Maßgabe der technischen Eigenschaften der Betriebsmittel kombinieren. Folglich hängt die Ausbringung entscheidend von diesen technischen Daten ab, die in dem System von Verbrauchsfunktionen ausgedrückt werden können. Die Produktionsfunktion vom Typ B, die Gutenberg der ertragsgesetzlichen Produktionsfunktion gegenüberstellt, wird aus diesen technischen Verbrauchsfunktionen aufgebaut. Damit gelingt es Gutenberg, Produktions- und Kostentheorie „als ein aus einem Guß bestehendes, naht- und bruchlos gefügtes Ganzes[10])" zu entwickeln.

2. Der Aufbau der Produktionstheorie aus den Verbrauchsfunktionen der Betriebsmittel führt nun aber zu einer Einteilung der produktiven Faktoren, die der klassischen Produktionstheorie fremd ist: der Unterscheidung von produktiven Faktoren, die in einer Periode restlos in die Produktion eingehen,

[6]) K. Mellerowicz, Kostenkurven und Ertragsgesetz, Zeitschrift für Betriebswirtschaft (ZfB) 1953, S. 329 ff., hier besonders S. 344 f.

[7]) Vgl. hierzu auch E. Gutenberg, Über den Verlauf von Kostenkurven und seine Begründung, Zeitschrift für handelswissenschaftliche Forschung (ZfhF) 1953, S. 1 ff., bes. S. 17.

[8]) J. H. Clapham, On Empty Economic Boxes, Economic Journal (EJ) 1922, S. 305; A. C. Pigou, Empty Economic Boxes, A Reply, EJ 1922, S. 458; J. H. Clapham, The Economic Boxes, A Rejoinder, EJ 1922, S. 560; E. Schiff, Ertragsgesetz und industrielle Kostenverrechnung, Zeitschrift für Nationalökonomie (ZfN) 1931, S. 418; O. Morgenstern, Offene Probleme der Kosten- und Ertragstheorie, ZfN 1931, S. 481.

[9]) M. Beckmann, Aktivitätsanalyse der Produktion und des Wirtschaftens, Besprechung von T. C. Koopmans (Hrsg.), Activity Analysis of Production and Allocation, Cowles Commission Monograph Nr. 13, New York und London 1951, in Zeitschrift für die gesamte Staatswissenschaft (ZfdgSt) 1953, S. 629 ff., hier S. 633 in bezug auf Koopmans Beitrag „Analysis of Production as an Efficient Combination of Activities".

[10]) Etwas verfrüht hatte diese Behauptung Haller bereits 1949 aufgestellt: H. Haller, Der symmetrische Aufbau der Kostentheorie, ZfdgSt 1949, S. 429.

also vor allem Werkstoffen, und von produktiven Faktoren, die in ihrem Bestand erhalten bleiben und nur von ihrem Leistungspotential Leistungen in die Produktion geben, also vor allem Betriebsmitteln. Diese Faktoren nennt Gutenberg Potentialfaktoren.

Die klare Unterscheidung zwischen Verbrauchsfaktoren und Potentialfaktoren führt Gutenberg zu einer neuen Begründung des fixen Faktors in der Produktionstheorie. Mit Recht bezeichnet Gutenberg die Lehre vom konstanten Faktor als den „neuralgischen Punkt in der Ertragstheorie[11])". Grundsätzlich kann jeder bei der Produktion mitwirkende Faktor konstant sein. Das eigentliche Problem der industriellen Produktionstheorie resultiert aber aus der Konstanz der Potentialfaktoren[12]). Potentialfaktoren gehen im Gegensatz zu den anderen produktiven Faktoren nicht unmittelbar in die erzeugten Produkte ein. Sie wirken vielmehr bei der Produktion mit, indem sie lediglich Teile ihres Leistungspotentials in die Produktion abgeben. Bestandsmäßig erscheinen sie daher während einiger Perioden als konstant. Ihr gesamtes Leistungspotential wird aber im Laufe ihrer Nutzungsdauer durch die Produktion aufgezehrt. „Man kann jedes Aggregat als ein Bündel von Leistungen auffassen, aus dem es solange Nutzungen abzugeben in der Lage ist, als sich seine Leistungsfähigkeit noch nicht erschöpft. Wann diese Erschöpfung eintritt, hängt zwar nicht allein, aber doch wesentlich von seiner Inanspruchnahme ab. Verlangt man von einem Betriebsmittel eine hohe Leistungsintensität, dann gibt es in einer Zeiteinheit mehr Leistungen oder Nutzungen in den Produktionsprozeß hinein, als das bei geringerer Intensität der Fall sein würde (Potentialfaktoren)[13])." Das Vorhandensein solcher Potentialfaktoren sichert die Betriebsbereitschaft und damit die Möglichkeit der Produktion. Ihr Bestand und das darin verkörperte Leistungspotential gewährleisten also potentielle Produktion. „Typische Beispiele solcher Potentialfaktoren sind der Zeitverschleiß von Betriebsmitteln, der Fabrikationsraum, der Einsatz von Angestellten und die Entgegennahme von Dienstleistungen, für die innerhalb bestimmter Zeitabschnitte feste Mieten, Pachten, Gebühren oder Beiträge anfallen[14])." Potentialfaktoren kennzeichnen sich also dadurch, daß sie ein bestimmtes Leistungspotential für die Produktion zur Verfügung stellen, daß aber dieses Leistungspotential in einer Produktionsperiode nicht restlos aufgezehrt wird.

Die klare Definition der Potentialfaktoren führt zu zwei Erklärungsmöglichkeiten für den fixen Faktor, der für die Begründung des ertragsgesetzlichen Verlaufes der Produktionsfunktion entscheidend ist: Die Konstanz kann als bestandsmäßige Konstanz oder als Konstanz der eingesetzten Mengen ver-

---

[11]) E. Gutenberg, Grundlagen, a. a. O., 1. Aufl., S. 237.

[12]) Vgl. hierzu auch G. Lassmann, Die Produktionsfunktion und ihre Bedeutung für die betriebswirtschaftliche Kostentheorie, Köln und Opladen 1958, S. 22 ff.

[13]) E. Gutenberg, Grundlagen, a. a. O., 1. Aufl., S. 221.

[14]) W. Kilger, Produktions- und Kostentheorie, in: Die Wirtschaftswissenschaften, Wiesbaden 1958, S. 60.

standen werden. Gutenbergs entscheidende Aussage besteht darin, daß die Produktionsfunktion nur aus Faktor e i n s a t z mengen abgeleitet werden darf und folglich eine Bestandskonstanz von Potentialfaktoren für die Begründung von Produktions- und Kostenfunktionen unerheblich ist.

Faktoreinsatzmengenkonstanz der Potentialfaktoren ist nun aber nur denkbar, wenn die Produktionszeit und die Produktionsgeschwindigkeit des Potentialfaktors konstant gehalten werden. Die technischen Eigenschaften der maschinellen Aggregate (bzw. allgemein der Potentialfaktoren) lassen in der Regel eine Variation der Produktionsgeschwindigkeit innerhalb bestimmter Grenzen zu. Bestandsmäßige Konstanz der Potentialfaktoren schließt also nicht aus, daß die Leistungsabgaben variiert werden können. Je intensiver ein Potentialfaktor in einer Periode genutzt wird, desto weniger zukünftige Nutzungsmöglichkeiten sind am Ende der Produktionsperiode noch vorhanden. Potentialfaktoren stehen damit im Gegensatz zu den unmittelbar in die Produktion eingehenden produktiven Faktoren in einem zeitlichen Wirkungszusammenhang. Diese zeitliche Interdependenz sprengt aber den Rahmen der statischen Theorie der Produktion, in deren Gewand auch Gutenberg seine Produktions- und Kostentheorie vorträgt.

Mithin ergibt sich: Indem Gutenberg klar zwischen restlos in die Produktion eingehenden produktiven Faktoren und Potentialfaktoren unterscheidet, erkennt er, daß die klassische Produktionstheorie den „fixen Faktor“ nur als Faktoreinsatzmengenkonstanz erklären kann. Diese Erklärung ist dann nicht plausibel, wenn nicht die in die Produktion eingehenden Faktoren in begrenzten Mengen vorhanden sind, sondern wenn Potentialfaktoren als der fixe Faktor angesehen werden, wie es die ertragsgesetzliche Formulierung der landwirtschaftlichen Produktion hinsichtlich des Faktors Boden und Marshall bei der Übernahme des Gesetzes für die industrielle Produktion hinsichtlich des Faktors „the firm“ tun, denn gerade die Potentialfaktoren kennzeichnen sich durch in Grenzen variable Leistungsabgabemöglichkeiten. Der Einbau der Verbrauchsfunktionen in die Produktionstheorie durchbricht aber die Annahme zeitlicher Wirkungsindifferenz, die einer statisch formulierten Produktionstheorie zugrunde liegen muß.

Eine Analyse der Potentialfaktoren in der Produktionstheorie ohne eine Untersuchung des zeitlichen Wirkungszusammenhanges, in dem diese Faktoren stehen, erscheint mithin unvollständig. Die Lösung der Frage, wie das Zeitmoment in der Kostentheorie behandelt werden kann, ist wichtig.

Eine solche Analyse des Zeitmoments in der Kostentheorie kann kritisch herausarbeiten, welche Wege die Produktionstheorie gegangen ist, um das Zeitmoment, das über die Potentialfaktoren eigentlich zwingend als selbständige Variable in die Theorie eingehen müßte, so auszuschalten, daß der Apparat der statischen Produktionstheorie nicht aufgegeben zu werden brauchte. Es liegt auf der Hand, daß die Zerlegung des einheitlichen Leistungspotentials der Potentialfaktoren in konstante Leistungspotentiale jeder Produktionsperiode v o r Bestimmung der optimalen Produktionsbedingungen in jeder Periode eine Einheit auseinanderreißt. Dabei ist aber nicht gewährleistet, daß die Summe der Einzeloptima das Gesamtoptimum über die Zeit ergibt. Hier liegt nun die Nahtstelle zwischen der Produktionstheorie und der Investitionstheorie. Die Produktionstheorie in ihrer traditionellen Form untersucht lediglich die Bedingungen der Produktion in einer einzigen Produktionsperiode. Dabei geht sie von gegebener Nutzungsdauer der Potentialfaktoren und gegebener zeitlicher Aufteilung dieses Leistungspotentials auf die einzelnen Perioden aus. Unter dieser Annahme analysiert sie die optimale Produktionsmenge und die optimalen Produktionsbedingungen[15]). Die Investitionstheorie dagegen sieht gerade diese Entscheidungen als gegeben an und ermittelt hieraus das optimale Investitionsprogramm und die optimale Nutzungsdauer der Aggregate. Mithin geben sowohl die Produktionstheorie als auch die Investitionstheorie nur Teillösungen, weil sie als bekannt voraussetzen, was offenbar nicht als bekannt vorausgesetzt werden darf.

Erst eine Verbindung von Produktions- und Investitionstheorie kann eine echte Lösung dieses wirtschaftlichen Problems bringen. Die Analyse der Potentialfaktoren in der Zeit stellt diese Verbindung von Produktions- und Investitionstheorie dar. Sie soll hier hergestellt werden. Das „missing link" wird in der Produktionsfunktion vom Typ B gesehen. Eine solche Verbindung von Produktions- und Investitionstheorie auf der Grundlage der Produktionsfunktion vom Typ B stellt nicht nur ein interessantes theoretisches Experiment dar, sondern zeigt Interdependenzen auf, welche die bisherigen Formen der Investitionstheorie nicht analysiert haben. Das gilt insbesondere für die Frage nach der optimalen intensitätsmäßigen Inanspruchnahme von Betriebsmitteln unter Berücksichtigung zukünftiger Nutzungsmöglichkeiten und des technischen Fortschritts.

Die vorliegende Arbeit will drei Thesen beweisen:

1. Die traditionelle Produktions- und Kostentheorie schaltet das Zeitmoment dadurch aus, daß sie das gesamte Leistungspotential der Potentialfaktoren von vornherein auf die einzelnen Perioden der erwarteten Nutzungsdauer aufteilt.

[15]) Bezeichnend ist hier vor allem die Bemerkung Schneiders: „Das Problem der Bestimmung der günstigsten Lebensdauer eines Kapitalgegenstandes, etwa einer Maschine, ist hier von ganz untergeordneter Bedeutung, ja existiert überhaupt nicht, weil im allgemeinen bei einer Maschine eine Änderung der Lebensdauer nur innerhalb eines sehr kleinen, praktisch kaum bedeutsamen Bereiches möglich ist. Die für das Maschinenkapital relevante Frage ist vielmehr die nach dem günstigsten Automatismus." Damit spricht Schneider sehr deutlich aus, daß Verfahrensauswahl, d. h., die Bestimmung des günstigsten „Automatismus", im Rahmen der Produktionstheorie ohne explizite Berücksichtigung des Zeitmoments möglich ist. Vgl. E. Schneider, Das Zeitmoment in der Theorie der Produktion, Jahrbücher für Nationalökonomie und Statistik (JbfNuSt) Band 143 (1936), S. 52 f.

2. Die traditionelle Produktions- und Kostentheorie ist letztlich nicht Produktionstheorie, sondern Investitionstheorie. Dabei handelt es sich um die spezielle Form der Investitionstheorie, die als Theorie der optimalen Prozeß- bzw. Verfahrensauswahl bekannt ist.

3. Die moderne Investitionstheorie hat gezeigt, daß die Theorie der optimalen Verfahrensauswahl eine unzulängliche Form der Investitionstheorie darstellt. Es ist folglich erforderlich, den zeitlichen Wirkungszusammenhang der Potentialfaktoren sichtbar zu machen. Die dynamische Produktionsfunktion vom Typ B stellt die notwendige Verbindung zwischen Produktions- und Investitionstheorie her.

Die beiden ersten Thesen werden in Teil II begründet. Teil III entwickelt die Investitionstheorie auf der Basis der Produktionsfunktion vom Typ B, wie sie die dritte These fordert.

3. Die Untersuchung geht von drei grundlegenden, empirisch belegbaren Aussagen über die Produktionsbedingungen in der Industrie aus:

a) Limitationalität der industriellen Produktionsvorgänge,

b) Linearhomogenität der Produktionsprozesse,

c) Kombinationsmöglichkeiten zwischen mehreren Prozessen.

a) Unter Limitationalität der Produktionsvorgänge versteht man die Tatsache, „daß sich für einen gegebenen output die Faktoreinsatzmengen nicht frei variieren lassen, sondern in einer eindeutigen Beziehung zum Ertrag (zur Ausbringung) stehen[16]". „Die moderne Technologie führt immer mehr zu einer festen Koppelung aller Faktoren in einem bestimmten Verhältnis. ... Man kann die Produktion nicht durch vermehrten Arbeiter- oder Rohstoffeinsatz vergrößern, sobald die optimale Kombination einmal erreicht ist; kein Faktor ist gegen den anderen substituierbar, jeder ist genau auf den anderen eingepaßt. Nur alle gemeinsam können vermehrt oder vermindert werden[17])." Diese technisch eindeutige Beziehung zwischen den Faktoreinsatzmengen und der Ausbringung hängt von den zugrunde liegenden technischen Verbrauchsfunktionen der im Produktionsprozeß mitwirkenden Betriebsmittel ab. „Die Produktion einer beliebigen Menge x erfordert stets den Einsatz der n Faktoren im Verhältnis $\alpha_1 : \alpha_2 : \ldots : \alpha_n$[18])", oder allgemeiner: in dem durch die Verbrauchsfunktionen determinierten Mengenverhältnis. Jede über die dadurch bestimmten Faktoreinsatzmengen hinausgehende Menge eines produktiven Faktors kann bei der Produktion nicht wirksam werden, sondern wird verschwendet.

---

[16]) E. Gutenberg, Grundlagen, a. a. O., 6. Aufl., S. 195.

[17]) W. Krelle, Preistheorie, Tübingen und Zürich 1961, S. 58.

[18]) E. Schneider, Einführung in die Wirtschaftstheorie, II. Teil, Wirtschaftspläne und wirtschaftliches Gleichgewicht in der Verkehrswirtschaft, 6. Aufl., Tübingen 1960, S. 164.

Mathematisch wird diese Gesetzmäßigkeit limitationaler Produktionsfaktoren durch die Faktoreinsatzfunktion (1) zum Ausdruck gebracht[19]).

(1) $$r_{ij} = a_{ij}x \qquad (i = 1, \ldots, n; j = 1, \ldots, m)$$

Darin sind:

x = Ausbringungsmenge.

r_{ij} = Einsatzmenge des i-ten Faktors am j-ten Aggregat zur Produktion der Ausbringungsmenge x.

a_{ij} = Produktionskoeffizient für den i-ten Faktor am j-ten Aggregat.

Der Produktionskoeffizient a_{ij} wird durch die folgende technische Relation definiert

(2) $$a_{ij} = f_{ij}(d_j),$$

wobei d_j die Leistung (Ausbringung pro Zeiteinheit) des j-ten Aggregates ausdrückt.

Den Ausdruck $f_{ij}(d_j)$ bezeichnet man als Verbrauchsfunktion für den i-ten Faktor am j-ten Aggregat. Die Faktoreinsatzfunktion (1) besagt, daß der Verbrauch an produktiven Faktoren durch den Wert der Verbrauchsfunktionen und die Ausbringungsmenge bestimmt wird. Der Wert der Funktion f_{ij} ist durch ihr Argument d_j festgelegt. Die Produktionsbedingungen bei Limitationalität der Produktionsvorgänge können in den maximal $m \cdot n$ Verbrauchsfunktionen der n benötigten produktiven Faktoren für die m im Unternehmen eingesetzten Aggregate zum Ausdruck gebracht werden.

b) Eine Produktionsfunktion wird als homogen vom Grade s bezeichnet, wenn sich bei Vermehrung aller eingesetzten Faktoren um das λ-fache die Ausbringung um das λ^s-fache erhöht. Die hier als empirisch begründete Aussage vorausgesetzte Bedingung der Linearhomogenität der Produktionsprozesse bedeutet also, daß sich die Ausbringung z. B. auf das Doppelte erhöht, wenn bei der Produktion alle eingesetzten Mengen verdoppelt werden. Das ist gleichbedeutend mit der Aussage, daß in der industriellen Produktion der Homogenitätsgrad s stets gleich eins ist. Die folgenden Erörterungen bauen also auf der Produktionsfunktion auf:

(3) $$\lambda x(r_1, \ldots, r_n) = x(\lambda r_1, \ldots, \lambda r_n) \qquad (\lambda > 0)$$

Eine solche Produktionsfunktion bezeichnet man als homogen von der ersten Ordnung. „Wenn wir tatsächlich alle Faktoren, die für die Produktion eines Gutes von Bedeutung sind, explizit aufführen, so muß bei einem Gedanken-

---

[19]) Ein Verzeichnis der benutzten Symbole befindet sich am Ende des Beitrages (vgl. unten S. 202 f.).

experiment, das alle diese Faktoren verdoppelt, auch das Produkt genau zu verdoppeln sein. Man kann sozusagen neben eine bestehende Fabrik genau dieselbe Fabrik noch einmal bauen und hätte dann logischerweise genau dasselbe Produkt noch einmal. Wenn das nicht möglich ist, sei es, weil etwa derselbe Grund und Boden oder dieselben Fachkräfte nicht noch einmal da sind, so sind es eben Seltenheiten von bestimmten Faktoren, die das Ertragsgesetz zur Geltung bringen. Nur wenn diese seltenen Faktoren nicht explizit aufgeführt werden, entsteht das Phänomen von Produktionsfunktionen, die nicht homogen von der ersten Ordnung sind[20]).“ Sogenannte „economies“ oder „diseconomies of scale“ sind nach dieser Annahme nicht auf einen von eins abweichenden Homogenitätsgrad oder gar die Inhomogenität der Produktionsfunktion, sondern vielmehr auf die Knappheit produktiver Faktoren zurückzuführen[21]).

c) Die Unternehmen sind in der Lage, Produktionsprozesse zu kombinieren. Die gesamte Ausbringung eines Unternehmens kann also z. B. entweder auf 20 Maschinen des einen Typs (Prozeß 1) oder 10 Maschinen eines anderen Typs (Prozeß 2) hergestellt werden; das Unternehmen kann aber auch die gleiche Ausbringung mit 10 Maschinen des einen Typs und 5 Maschinen des anderen Typs ($^1/_2$ Prozeßniveau 1 + $^1/_2$ Prozeßniveau 2) produzieren. Diese Voraussetzung mag nicht wesentlich erscheinen; sie hat aber für die darauf aufbauenden Ableitungen Bedeutung.

Neben diesen drei empirisch begründeten Voraussetzungen werden in der Untersuchung drei Prämissen gesetzt:

1. Die Faktorpreise und die Produktpreise sind Daten für die Unternehmung.

2. Die Produktionsfaktoren und die Ausbringungsmengen sind beliebig teilbar. Diese Bedingung wird im Laufe der Untersuchung für Potentialfaktoren aufgehoben.

3. Die Produktion wird auf einer Fertigungsstufe durchgeführt.

Diese drei Prämissen sind für die Ableitungen zwar bequem, aber nicht notwendig. Sie können aufgegeben werden, ohne daß sich wesentliche Schwierigkeiten ergeben. Sie werden lediglich gewählt, um die formale Darstellung nicht über Gebühr zu komplizieren. Die gewonnenen Ergebnisse sind von der Gültigkeit dieser Prämissen nicht abhängig.

---

20) W. Krelle, Preistheorie, a. a. O., S. 60; vgl. jedoch kritisch hierzu in Anlehnung an Samuelson neuerdings W. Wittmann, Über Faktoreigenschaften und Bedingungen beim Ertragsgesetz, ZfdgSt 1962, S. 385 ff., hier S. 404 f.

21) Möglicherweise ferner auf die Unteilbarkeit der Produktionsfaktoren.

Die drei empirischen Aussagen und die drei Prämissen sind aber auch deshalb sinnvoll, weil sie die hier vorgetragenen Ansätze einer allgemeinen Investitionstheorie mit den traditionellen und modernen Untersuchungen über die Bedingungen der industriellen Produktion vergleichbar erscheinen lassen. Diese Untersuchungen bauen ebenfalls auf den genannten Aussagen und Annahmen auf[22]).

II. Die Produktionsfunktion als Grundlage optimaler Verfahrensauswahl

1. Investitionsentscheidungen als Problem optimaler Verfahrensauswahl

Investitionsentscheidungen im Unternehmen müssen berücksichtigen, daß die Anlagegüter, die zur Produktion eingesetzt werden sollen, längere Zeit nutzbar sind. Der Untersuchungszeitraum, der Investitionsüberlegungen zugrunde liegen muß, umfaßt mithin die gesamte Nutzungsdauer der Investitionsobjekte. Nur wenn es gelingt nachzuweisen, daß das Investitionsobjekt in

[22]) Vgl. zur neueren Diskussion über die Bedingungen industrieller Produktion z. B.: B. Blaschka, Betrachtungen zur industriellen Produktionsfunktion, ZfB 1957, S. 436 ff.; K. Brandt, Zur theoretischen Begründung linearer Kostenkurven und ihrer Wirkungen, in: Festschrift für Waffenschmidt, Meisenheim a. Glan 1958, S. 55 ff.; N. Georgescu-Roegen, The Aggregate Linear Production Function and Its Application to von Neumann's Economic Model, in: T. C. Koopmanns (Hrsg.), Activity Analysis, a. a. O., S. 98 ff.; E. Schneider, Einführung, II. Teil, a. a. O., von der 5. Aufl. ab; O. Morgenstern, Offene Probleme der Kosten- und Ertragstheorie, ZfN 1931, S. 481 ff.; M. Timmermann, Traditionelle Produktionstheorie und mathematische Programmierung in der Theorie der Unternehmung, Diss. Kiel 1961; C. Menger, Bemerkungen zu den Ertragsgesetzen, ZfN 1936, S. 35 ff.; H. Koch, Untersuchungen über den Gültigkeitsbereich des Gesetzes vom abnehmenden Ertragszuwachs, ZfdgSt 1950, S. 309 ff.; H. Jacob, Das Ertragsgesetz in der industriellen Produktion, ZfB 1960, S. 455 ff.; ders., Zur neueren Diskussion um das Ertragsgesetz, ZfhF 1957, S. 598 ff.; K. Förstner, Betriebs- und volkswirtschaftliche Produktionsfunktionen, ZfB 1962, S. 264. — Nur implizite werden diese Bedingungen auch von Lassmann, Meyer, Kühn und Dlugos gesehen, vgl.: G. Lassmann, Die Produktionsfunktion und ihre Bedeutung für die betriebswirtschaftliche Kostentheorie, Köln und Opladen 1958; A. Meyer, Das Ertragsgesetz in der Industrie, Bern 1951; U. Kühn, Betrachtungen zur Theorie des Kostenverlaufs und des Ertragsgesetzes, Betriebswirtschaftliche Forschung und Praxis (BFuP) 1956, S. 389 ff.; G. Dlugos, Kritische Analyse der ertragsgesetzlichen Kostenaussage, Veröffentlichungen des Instituts für Industrieforschung der Freien Universität Berlin, Band 15, Berlin 1961. — Die Argumentationen von Hermann, Weller, Mellerowicz, Müller, v. Navratil, Rudolph und Weddigen beruhen auf einer Verkennung dieser Prämissen; vgl.: K. Hermann, Zur Interpretation des Ertragsgesetzes, ZfB 1958, S. 409 ff. und S. 485 ff.; Th. Weller, Errechnung der Minimalkostenkombination als Grundlage für unternehmerische Entscheidungen, ZfB 1957, S. 172 ff.; K. Mellerowicz, Kostenkurven und Ertragsgesetz, ZfB, 1953, S. 329 ff.; H. Müller, Zur ökonomischen Problematik des Ertragsgesetzes, ZfdgSt 1955, S. 71 ff.; A. v. Navratil, Die richtige Deutung der Ertragsgesetze, JbfNuSt 1936, S. 257 ff.; H. Rudolph, Die Kostenabhängigkeit vom Produktionsumfang in der Kostenanalyse und das Ertragsgesetz, BFuP 1956, S. 676 ff.; W. Weddigen, Die Ertragstheorie in der Betriebswirtschaftslehre, ZfB 1960, S. 1 ff. und S. 65 ff.; ders., Theorie des Ertrages, Jena 1927; zu dem letztgenannten Werk vgl. besonders die vernichtende Kritik von O. Morgenstern, a. a. O., S. 489.

jeder Periode seiner Nutzungsdauer die gleichen Leistungen abgibt, das heißt also, zeitliche Wirkungsindifferenz der Potentialfaktoren besteht[23]), oder wenn die einzelnen Perioden in zulässiger Weise auf eine „Durchschnittsperiode" zurückgeführt werden können, kann sich die Analyse der Vorteilhaftigkeit von Investitionsvorhaben auf eine einzelne Produktionsperiode beschränken. Alterung und technische Überholung der Aggregate schließen den Nachweis gleicher Wirkungen in der Zeit im allgemeinen aus. Mithin bleibt nur übrig, die unterschiedlichen Werte der einzelnen Jahre in einem Durchschnittswert aufgehen zu lassen und dadurch das Zeitmoment in Investitionsrechnungen auszuschalten[24]). Damit ist bereits eine notwendige Bedingung für die Gültigkeit der ersten These gefunden: eine statische Theorie der Verfahrensauswahl kann widerspruchsfrei nur auf der Basis von Durchschnittswerten aufgebaut werden. Die ‹hinreichende› Bedingung dafür kann erst abgeleitet werden, wenn nachgewiesen ist, daß die Produktions- und Kostentheorie eine Theorie der Verfahrensauswahl ist. Dieser Nachweis ist bisher noch nicht geführt worden[25]).

Auch in denjenigen Arbeiten, die die Produktionstheorie als Entscheidungstheorie zur Bestimmung zulässiger und optimaler Prozesse ansehen[26]), wird auf die Annahmen, die bei Verwendung von Potentialfaktoren in den Produktionsprozessen gemacht werden müssen, nicht eingegangen.

2. Verfahrensauswahl bei unendlich vielen Produktionsprozessen

a) Produktionstheoretische Grundlagen

(1) Produktive Faktoren und Produktionsprozesse

a) Produktionspunkte

Die ältere Literatur nennt als Eigenschaften der Produktionsfunktion ihre

[23]) Vgl. hierzu auch G. Dlugos, a. a. O., S. 56.

[24]) Vgl. die Versuche, diese Durchschnittsbildung theoretisch zu rechtfertigen, bei Lücke und Philipp: W. Lücke, Investitionsrechnungen auf der Grundlage von Ausgaben oder Kosten, ZfhF 1955, S. 310 ff.; F. Philipp, Unterschiedliche Rechnungselemente in der Investitionsrechnung, ZfB 1960, S. 26 ff. — Vgl. aber die besondere Art der Durchschnittsbildung bei V. L. Smith, The Theory of Investment and Production, Quarterly Journal of Econ. (QJE) Vol. LXXIII (1959), S. 61 ff., hier S. 67.

[25]) So werden noch in der 7. Auflage von Gutenbergs Grundlagen der Betriebswirtschaftslehre die Probleme der Verfahrensauswahl getrennt behandelt; vgl. E. Gutenberg, Grundlagen, a. a. O., 7. Aufl., S. 83 ff. E. Schneider spricht erst seit der 5. Aufl. (1958) von einer Substitution zwischen „Prozessen" (E. Schneider, Einführung, a. a. O., 5. Aufl., S. 214 ff.; 6. Aufl., 1960, S. 214 ff.); vgl. aber seinen Beitrag Das Zeitmoment in der Theorie der Produktion (JbfNuSt Band 142 (1935), S. 271 ff., Band 143 (1936), S. 45 ff., Band 144 (1936), S. 129 ff., hier vor allem Band 143, S. 53 ff.), in dem die Frage nach dem günstigsten „Automatismus" des Maschinenkapitals untersucht wird.

[26]) Vgl. z. B.: M. Timmermann, a. a. O.; K. Förstner, Betriebs- und volkswirtschaftliche Produktionsfunktionen, ZfB 1962, S. 264; T. C. Koopmans, a. a. O.; M. Beckmann, Lineare Planungsrechnung, Ludwigshafen 1959.

Linearhomogenität und die Substitutionalität der Produktionsfaktoren[27]). Die Bedingung der Linearhomogenität der Produktionsfunktion stimmt mit den empirischen Bedingungen der industriellen Produktion überein. Die Substitutionsmöglichkeit zwischen den produktiven Faktoren scheint dagegen der empirischen Aussage zu widersprechen, daß sich die Produktionsfaktoren in industriellen Produktionsvorgängen limitational verhalten. Dieser scheinbare Widerspruch läßt sich jedoch überwinden, wenn man den Produktionsprozeß in die Analyse einführt. In einem Produktionsprozeß werden die produktiven Faktoren in technisch eindeutig festgelegten Relationen eingesetzt. Sie sind also, bezogen auf einen bestimmten Prozeß, limitational. Lassen sich nun aber unendlich viele Produktionsprozesse beliebig austauschen, dann e r s c h e i n t das als Substitutionsmöglichkeit der produktiven Faktoren in einer Analyse, die die technischen Produktionsbedingungen vernachlässigt. Diese Behauptung, daß Substitutionalität der produktiven Faktoren lediglich eine Aussage über die Wählbarkeit von Produktions p r o z e s s e n bedeutet, soll im folgenden näher begründet werden. Der Nachweis bildet den ersten Schritt bei dem Beweis, daß die Produktionstheorie eine statische Theorie der Verfahrensauswahl ist (These 2).

Der Einfachheit halber wird davon ausgegangen, daß an der Produktion nur zwei produktive Faktoren beteiligt sind. In Abbildung 1 ist eine Anzahl von Punkten eingezeichnet, die unterschiedliche Kombinationen der beiden produktiven Faktoren wiedergeben, mit denen aber die gleiche Ausbringung $\bar{x}$ hervorgebracht wird.

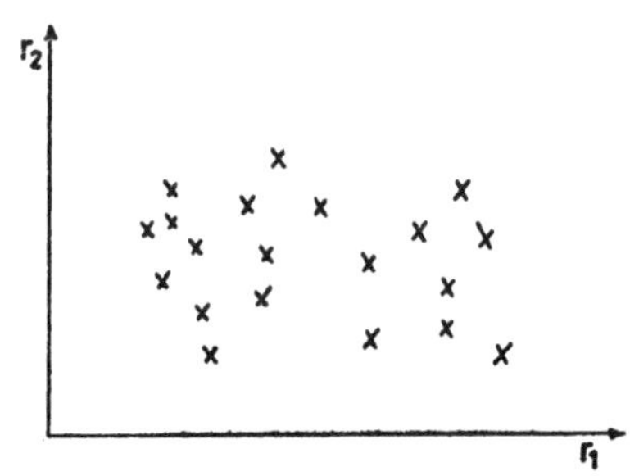

Abb. 1

Diese unterschiedlichen Kombinationen können auf zwei produktionstechnische Gründe zurückgeführt werden.

1. Jedem Kombinationspunkt entspricht eindeutig ein limitationaler Produktionsprozeß.

2. Jeder Kombinationspunkt wird durch eine bestimmte Kombination von eingesetzten und verschwendeten Faktormengen erreicht.

27) Vgl. hierzu E. Schneider, Einführung, a. a. O., 1. — 4. Aufl., z. B. 2. Aufl., Tübingen 1953, S. 90 ff.; vgl. ferner den Hinweis bei W. Krelle, Preistheorie, S. 51 ff.

Produktive Faktoren können tatsächlich verschwendet werden. Darauf ist in der Praxis häufig die Abweichung des Ist-Einsatzes von dem geplanten Faktoreinsatz zurückzuführen. In der theoretischen Betrachtung aber scheiden Kombinationspunkte, die durch Verschwendung von produktiven Faktoren erreicht werden, als zwar tatsächlich mögliche, aber ineffiziente Produktionspunkte für die Überlegung aus[28]). Mithin bleiben nur diejenigen Kombinationspunkte, die durch tatsächliche Verwendung der beiden produktiven Faktoren in einem Produktionsprozeß die Ausbringung $\bar{x}$ erzeugen, übrig. Diese seien in Abbildung 2 zusammengefaßt.

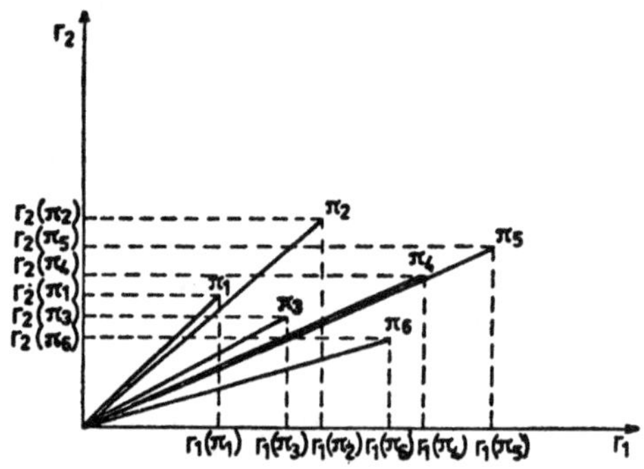

Abb. 2

Jeder Strahl durch die Punkte π_1 bis π_6 bezeichnet einen Produktionsprozeß. Ein Produktionsprozeß weist folgende Eigenschaften auf: Für alle Faktoreinsatzmengen r_1, r_2 gilt:

1. Das Verhältnis der Faktoreinsatzmengen ist konstant[29]).

2. Der Produktionskoeffizient a_{ij} ist konstant. Die Produktionskoeffizienten legen das Maß der Ausbringung ($x = 1$) auf den Prozeßstrahlen fest.

3. Die Leistungsabgabe der Produktionsfaktoren ist konstant[30]). Das gilt insbesondere für die Betriebsmittel.

4. Die Qualität der Produktionsfaktoren ist konstant[31]).

---

[28]) Die Frage, ob brachliegender Boden Verschwendung darstellt, kann an dieser Stelle noch nicht beantwortet werden, da hier die Verschwendung als Vernichtung von Faktoreinsatzmengen gemeint ist und noch nicht geklärt ist, ob die Nichtausnutzung des Leistungspotentials eines Potentialfaktors Verschwendung in diesem Sinne darstellt. Vgl. aber hierzu: O. Morgenstern, a. a. O., S. 499; A. Meyer, a. a. O., S. 86.

[29]) Schneider bezeichnet einen solchen Produktionsprozeß als linearlimitational.

[30]) Diese Bedingung ist zusätzlich zu der Bedingung 2 erforderlich, weil es auch Potentialfaktoren geben kann, die einen konstanten Produktionskoeffizienten bei Variationsmöglichkeit der Leistungsabgabe aufweisen.

[31]) Qualitätsvariationen stellen einen Wechsel zu anderen Produktionsprozessen dar.

Der Produktionsprozeß ist der kleinste Baustein der Produktionstheorie. Er sei mit Krelle als Leontief-Produktionsfunktion bezeichnet[32]). Ist die Produktionszeit t konstant, dann ergibt sich aus der Beziehung $x = d \cdot t$ wegen der dritten Eigenschaft eines Produktionsprozesses stets ein eindeutiges Produktionsniveau. Eine Variation des Prozeßniveaus ist nur bei gleichzeitiger Variation aller Faktoreinsatzmengen möglich. Es gilt also:

Alle effizienten Kombinationspunkte produktiver Faktoren in bezug auf einen Produktionsprozeß liegen bei gegebener Produktionsdauer auf einer Geraden Π. Diese Gerade heißt Prozeßstrahl und ist das Bild der Leontief-Produktionsfunktion.

Ein effizienter Kombinationspunkt wird von keinem anderen Kombinationspunkt der produktiven Faktoren auf demselben Produktionsprozeß dominiert. Ein Kombinationspunkt dominiert einen anderen (stets bezogen auf denselben Prozeß), wenn er dasselbe Produktionsniveau $\bar{x}$ mit geringerem Faktoreinsatz von mindestens einem Faktor realisiert. Ineffiziente Kombinationspunkte sind Punkte, bei denen mindestens ein Faktor verschwendet wird.

b) Produktionsprozesse

Die gegebenen Produktionsprozesse Π_1 bis Π_6 seien nun genauer betrachtet. Vergleicht man Π_2 mit Π_1, so erkennt man, daß Π_2 mehr Einsatzmengen der beiden produktiven Faktoren zur Produktion von $\bar{x}$ erfordert als Π_1. In bezug auf Π_6 dagegen ist Π_2 zwar ungünstiger im Verbrauch von r_2, jedoch wird für die Produktion von $\bar{x}$ weniger r_1 eingesetzt. Ähnliche Überlegungen zeigen, daß die Produktionsprozesse Π_2, Π_4, Π_5 gegenüber einem der Produktionsprozesse Π_1, Π_3 und Π_6 mehr von den beiden an der Produktion beteiligten produktiven Faktoren verbrauchen, um die Menge $\bar{x}$ zu erzeugen. Diejenigen P r o z e s s e, die von beiden produktiven Faktoren mehr Einsatzmengen für die Herstellung der gleichen Menge benötigen als irgendein anderer Produktionsprozeß, werden als ineffiziente Produktionsp r o z e s s e bezeichnet. Ganz allgemein ist ein Produktionsprozeß Π_ϱ gegenüber einem Produktionsprozeß Π_σ ineffizient, wenn gilt:

$$\Pi\sigma > \Pi\varrho, \text{ wenn}^{33)} \begin{cases} a_{i\sigma} \leq a_{i\varrho} & \text{für alle i} \\ a_{i\sigma} < a_{i\varrho} & \text{für mindestens ein i.} \end{cases} \tag{4}$$

Ineffiziente Produktionsprozesse scheiden für die weiteren Überlegungen aus. Die effizienten Produktionsprozesse zeigt Abbildung 3.

---

[32]) W. Krelle, Preistheorie, a. a. O., S. 58.

[33]) $\Pi_\sigma > \Pi_\varrho$ bedeutet: Π_σ dominiert Π_ϱ, oder: Π_ϱ ist gegenüber Π_σ ineffizient.

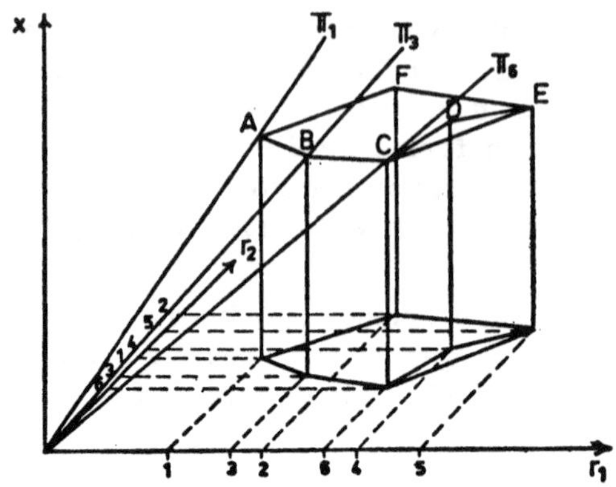

Abb. 3

Abbildung 3 veranschaulicht den aus (4) und der Linearhomogenität der Produktionsprozesse unmittelbar folgenden Satz:

Alle effizienten Produktionsprozesse liegen auf der Oberfläche eines aus allen möglichen Prozessen gebildeten Ertragsgebirges.

Die Verbindungslinie der Projektionen effizienter Prozeßpunkte bei einem gegebenen Prozeßniveau auf die (r_1, r_2)-Ebene ergibt die bekannten Ertragsisoquanten.

c) Prozeßkombinationen

Die Isoquante für $\bar{x}$ hat in dem Beispiel der Abbildungen 2 und 3 die in Abbildung 4 wiedergegebene Form.

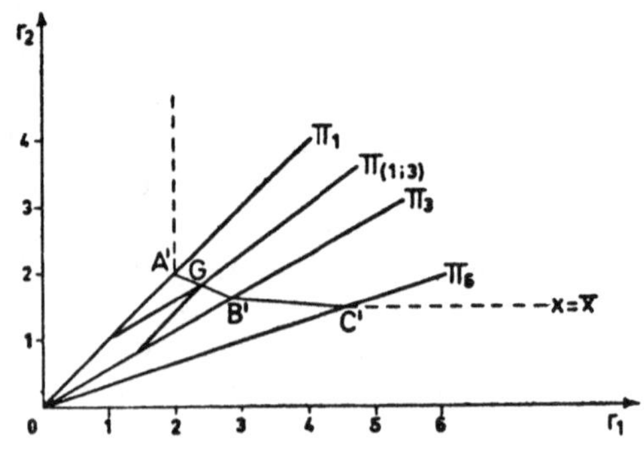

Abb. 4

Die Isoquante ist $\overline{A'B'C'}$. Die Punkte A', B' und C' auf der Isoquante sind die Punkte der effizienten Produktionsprozesse Π_1, Π_3 und Π_6, die die Ausbringung $\bar{x}$ darstellen. Das durch den Punkt G wiedergegebene Einsatzmengenverhältnis wird nun dadurch erreicht, daß die beiden Prozesse Π_1 und Π_3 gemeinsam auf halbem Niveau durchgeführt werden. Das Einsatzmengenverhältnis $\Pi_{(1,3)}$ ergibt sich also nur durch eine Kombination der Prozesse Π_1 und Π_3[34]). Ich bezeichne die Prozesse Π_1, Π_3 und Π_6 als reine Prozesse. Jeder „Prozeßstrahl", der durch die Verbindungslinien von A' und B' bzw. B' und C' geht, ist dagegen eine Prozeßkombination. Der Beweis dafür, daß die Prozeßkombination $\Pi_{(1,3)}$ in G den Ertrag $\bar{x}$ erbringt, ist unmittelbar einleuchtend[35]). Er folgt aus der Linearhomogenität der Produktionsfunktion und der beliebigen Teilbarkeit der Produktionsfaktoren. Es gibt mithin unendlich viele Prozeßkombinationen neben der in diesem Fall begrenzten Anzahl reiner effizienter Prozesse. Wird ein nach (4) effizienter reiner Produktionsprozeß von einer Prozeßkombination dominiert, so ist er ineffizient. Das Dominanz-Kriterium (4) wird also auf den Fall von Prozeßkombinationen ausgedehnt.

Aus den produktionstheoretischen Erörterungen über Produktionsprozesse folgt die für die optimale Verfahrensauswahl wichtige Definition:

Das zulässige Feld der Verfahrensauswahl wird durch effiziente Produktionsprozesse gebildet.

Gelingt es, die gesamte Produktionstheorie aus effizienten Produktionsprozessen abzuleiten, dann ist die zweite These bewiesen.

(2) Produktionsverfahren

Nun ist aber der Fall, daß ein Aggregat nur mit einer Intensität in Anspruch genommen werden kann, wie es die Leontief-Produktionsfunktion unterstellt, selten. Im allgemeinen besitzen die Betriebsmittel einen Spielraum der möglichen Leistungsabgabe. Dieser Spielraum wird von den technischen Eigenschaften des jeweiligen Potentialfaktors bestimmt. Innerhalb dieses Intensitätsspielraumes kann die Produktion pro Zeiteinheit variiert werden. Im Gegensatz zum Produktionsprozeß, der sich durch konstante Produktionskoeffizienten und nicht variierbare Leistungsabgabe kennzeichnet, sei hier von Produktionsverfahren gesprochen. Produktionsverfahren haben folgende Eigenschaften:

1. Das Verhältnis der Faktoreinsatzmengen zueinander bei gegebener Produktionszeit wird eindeutig von der verlangten Leistung bestimmt.

---

[34]) Vgl. hierzu auch E. Schneider, Einführung, a. a. O., 6. Aufl., S. 216 ff.

[35]) Vgl. auch E. Schneider, Einführung, a. a. O., 6. Aufl., S. 218.

2. Die Produktionskoeffizienten werden in einem abgeschlossenen Intervall der möglichen Leistungsabgabe durch die Verbrauchsfunktionen definiert.

3. Die Leistungsabgabe der Potentialfaktoren ist innerhalb bestimmter, technisch gegebener Grenzen entweder stetig oder sprunghaft variierbar.

4. Die Qualität der Produktionsfaktoren ist bei jeder Leistung gleich.

Ein so definiertes Produktionsverfahren nennt Gutenberg Produktionsfunktion vom Typ B. „Wir wollen eine solche Produktionsfunktion als Ertragsfunktion mit nicht frei variierbaren Faktoreinsatzmengen, aber variablen Produktionskoeffizienten bezeichnen (Produktionsfunktion vom Typ B)[36]." Da Gutenberg als erster die Bedeutung einer Variation der Leistungsabgabe bei den Potentialfaktoren systematisch untersucht und darauf seine produktionstheoretischen Überlegungen aufgebaut hat, nenne ich die mathematische Beschreibung eines Produktionsverfahrens „Gutenberg-Produktionsfunktion".

Bei Gutenberg-Produktionsfunktionen läßt sich eine Abhängigkeit der Ausbringung von den eingesetzten Faktormengen nicht mehr unmittelbar nachweisen. „Denn die Verbrauchsmengen sind nicht unmittelbar, sondern mittelbar von der Ausbringung abhängig, und zwar über die ‚zwischengeschalteten' Produktionsstätten (Betriebsmittel, Arbeitsplätze, Anlageteile). In ihnen werden die Beziehungen zwischen Produktmengen und Verbrauchsmengen wie in einem Prisma gebrochen. Es sind die technischen Eigenschaften der Aggregate und Arbeitsplätze, die den Verbrauch an Faktoreinsatzmengen bestimmen. Und zwar in durchaus gesetzmäßiger und keineswegs willkürlicher Weise[37]." Diese Gesetzmäßigkeiten kommen in den Verbrauchsfunktionen (2) zum Ausdruck. Derartige Verbrauchsfunktionen weisen je nach Art und Typ des Betriebsmittels und der eingesetzten produktiven Faktoren unterschiedliche Formen auf. Sie können konstant verlaufen, eine lineare Funktion der Inanspruchnahme sein oder irgendeine andere Form annehmen. Generelle Aussagen über die Formen der Verbrauchsfunktionen lassen sich nicht machen.

Im folgenden wird der für die Theorie der Verfahrensauswahl wichtige Nachweis geführt, daß ein Produktionsverfahren aus unendlich vielen effizienten Produktionsprozessen besteht. Abbildung 5 gibt zwei mögliche Verbrauchsfunktionen für ein Produktionsverfahren wieder, an dem zwei produktive Faktoren mitwirken. Die beiden Verbrauchsfunktionen erreichen ihre Minima bei unterschiedlicher Inanspruchnahme des Aggregats.

---

[36]) E. Gutenberg, Grundlagen, a. a. O., 1. Aufl., S. 226.
[37]) E. Gutenberg, Grundlagen, a. a. O., 6. Aufl., S. 220.

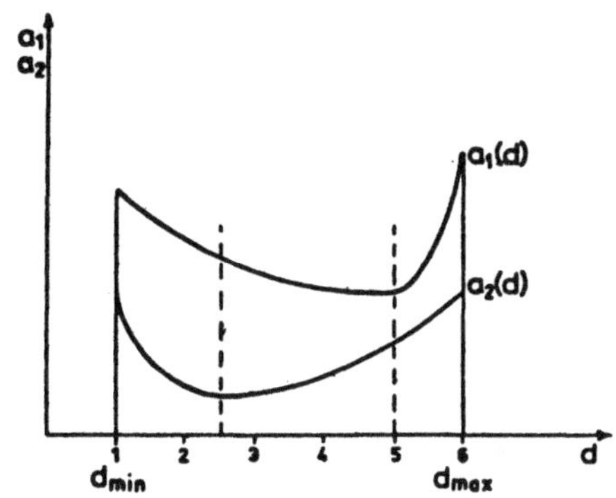

Abb. 5

Abbildung 5 zeigt, daß die Leistungsabgabe des Aggregates kontinuierlich zwischen 1 und 6 Einheiten je Zeiteinheit variiert werden kann. Gedanklich kann man dieses Produktionsverfahren als Zusammenfassung unendlich vieler Produktionsprozesse mit festen Produktionskoeffizienten ansehen. Von diesen unendlich vielen Produktionsprozessen seien sieben herausgegriffen, und zwar für die Leistungen 1; 2; 2,5; 3; 4; 5 und 6 Einheiten in der Zeiteinheit[38]). Diese Prozesse werden in ein (r_1, r_2) Koordinatensystem eingetragen (Abbildung 6).

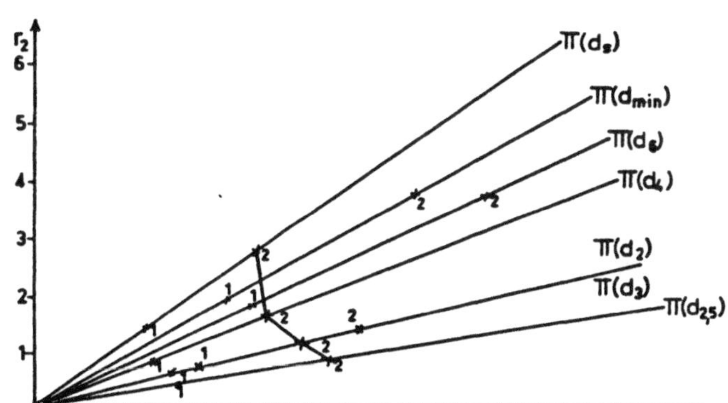

Abb. 6

Die Prozesse $\Pi(d_5)$ und $\Pi(d_{2,5})$ begrenzen das Möglichkeitsfeld. Trägt man das Prozeßniveau $\bar{x} = 2$ auf den Prozeßstrahlen ab, so zeigt sich, daß einige Punkte auf einer Umhüllungskurve, andere dagegen im Inneren des Möglichkeitsfeldes liegen. Da die Verbrauchsfunktionen kontinuierlich sind,

[38]) Ich habe dieses auf Kilger zurückgehende Verfahren bereits in meiner Arbeit „Produktionsplanung auf der Grundlage technischer Verbrauchsfunktionen" (in: Arbeitsgemeinschaft für Forschung des Landes Nordrhein-Westfalen, Heft 105, Köln und Opladen 1962) angewandt. Neuerdings spricht auch Förstner von „m-tupeln von inputs der einzelnen Produktionsfaktoren"; vgl K. Förstner, a. a. O., S. 279; W. Kilger, Produktions- und Kostentheorie, Wiesbaden 1958, S. 64.

erhält man auch eine kontinuierliche Isoquante. Diese steckt den Bereich effizienter Prozesse innerhalb des gegebenen Produktionsverfahrens zwischen den Intensitätsstufen 2,5 und 5 ab. Wendet man als Entscheidungskriterien nur den Verbrauch beider Faktoren pro Stück auf die Auswahl der effizienten Prozesse an, dann ist es einleuchtend, daß die anderen Prozesse ausscheiden müssen, denn sie benötigen zur Herstellung einer Produkteinheit von beiden Faktoren mehr Einsatzmengen als die Prozesse innerhalb des Bereiches zwischen $d_{2,5}$ und d_5.

Bilden für ein gegebenes Aggregat nur die Faktoreinsatzmengen je Stück (a_i) Entscheidungskriterien, gilt:

Innerhalb des Bereichs möglicher Intensitätsvariation eines gegebenen Produktionsverfahrens sind nur die Intensitäten effizient, die im Bereiche nicht gleichlaufender Verbrauchsfunktionen liegen. Das heißt, es muß für jede effiziente Intensität die Steigung mindestens einer Verbrauchsfunktion ein anderes Vorzeichen haben als die irgendeiner anderen Verbrauchsfunktion bei derselben Intensität.

Dieser Satz gilt, wenn alle anderen Einflußgrößen konstant gehalten werden können. Die Fertigungszeit t und die Ausbringung x können aber nur dann konstant bleiben, wenn die „Größe" des eingesetzten Aggregats variiert wird. Das folgt unmittelbar aus der Beziehung $x = t \cdot d \cdot z$ für konstante t und x, wobei z die Anzahl der eingesetzten Aggregate bzw. die „Größe" des eingesetzten Aggregats ist. Der Satz gilt mithin nur unter der Prämisse beliebiger Teilbarkeit der einzelnen Aggregate.

Wird die Prämisse beliebiger Teilbarkeit der Potentialfaktoren aufgehoben (wird also z konstant gehalten), dann ändert sich bei gegebenem t mit Veränderung von d auch x. Abbildung 7 zeigt die mögliche Ausbringungsmenge in Abhängigkeit von der Inanspruchnahme bei alternativer Laufzeit des Aggregats.

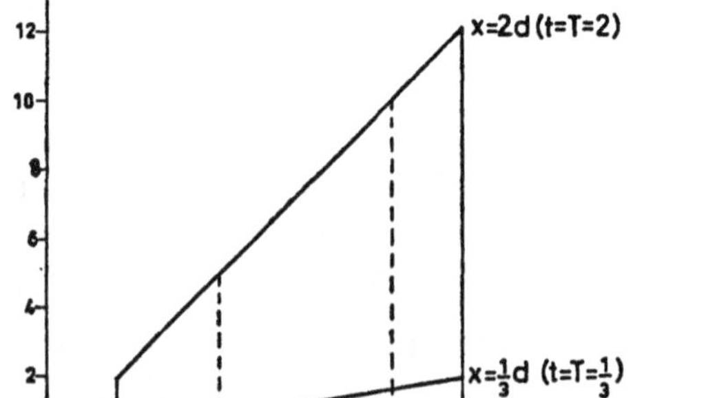

Abb. 7

Bei Unteilbarkeit des Potentialfaktors muß die in der gegebenen Zeit mögliche Ausbringung $\bar{x}$ als zusätzliches Effizienzkriterium neben dem Faktorverbrauch pro Stück berücksichtigt werden. Die Prozeßstrahlen sind durch die Produktionszeit auf ein bestimmtes Prozeßniveau, über das sie nicht hinausgehen können, begrenzt. Trägt man diese zeitliche Kapazitätsgrenze für $T = 1/3$, also Einschichtbetrieb, in Abbildung 6 ein, so erhält man Abbildung 8.

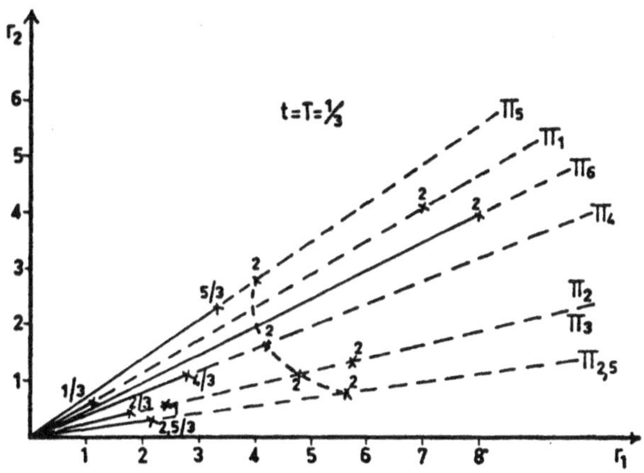

Abb. 8

Die Endpunkte der ausgezogenen Prozeßstrahlen geben das erreichbare Produktionsvolumen an. Der Satz, daß die Prozesse außerhalb des Bereichs gegenläufiger Verbrauchsfunktionen ineffiziente Prozesse sind, gilt bei unteilbaren Potentialfaktoren nicht. Π_1, Π_6 und Π_2 werden zwar von den anderen Prozessen in bezug auf das Mengenkriterium (a_1, a_2) dominiert, Π_6 ist aber hinsichtlich des zusätzlichen Kriteriums „Ausbringungsmenge x" nicht ineffizient. In bezug auf die drei Kriterien (a_1, a_2, x) werden also nur Π_1 und Π_2 von anderen Prozessen dominiert. Ist nun aber für die Entscheidung relevant zu wissen, daß auch Ausbringungsmengen zwischen Null und 2,5 produziert werden können (bei $t = T = 1$), dann sind offenbar nur Π_1 und Π_2 in der Lage, Ausbringungen innerhalb dieses Bereiches hervorzubringen. Ist also der gesamte Leistungsspielraum Entscheidungskriterium, dann ergibt sich:

Bei konstanter Produktionszeit ist jede Intensitätsstufe eines unteilbaren Potentialfaktors ein effizienter Prozeß.

Durch diesen Satz wird das Feld der zulässigen Prozeßauswahl erheblich ausgedehnt.

Für Produktionsverfahren gelten demnach folgende Sätze über den zulässigen Bereich der Prozeßauswahl:

1. **Bei beliebiger Teilbarkeit der Potentialfaktoren sind diejenigen möglichen Produktionsprozesse effizient, für die (4) gilt.**
2. **Bei Unteilbarkeit der Potentialfaktoren sind alle möglichen Produktionsprozesse effiziente Prozesse.**

Diese Sätze stecken den Bereich zulässiger Prozeßwahl innerhalb eines Produktionsverfahrens ab. Der Bereich der Verfahrensauswahl wird durch die zulässigen Produktionsverfahren gebildet. Ein Produktionsverfahren ist zulässig, wenn es nicht von einem anderen Produktionsverfahren dominiert wird. Ein Produktionsverfahren dominiert ein anderes, wenn mindestens eine der zwei Bedingungen erfüllt ist:

1. Keine seiner Verbrauchsfunktionen für die eingesetzten Faktoren verläuft in dem Bereich zulässiger Leistungsvariation in einem Punkte oberhalb der entsprechenden Verbrauchsfunktionen der andern Produktionsverfahren, und mindestens eine der Verbrauchsfunktionen verläuft in mindestens einem Punkte unterhalb der entsprechenden Verbrauchsfunktion des anderen Produktionsverfahrens.
2. Der Bereich effizienter Prozesse überdeckt den Bereich effizienter Prozesse des anderen Produktionsverfahrens.

Damit ist das Möglichkeitsfeld der Verfahrensauswahl bestimmt. Seine Ausdehnung hängt von den technischen Informationen[39]) über die effizienten Produktionsprozesse (Leontief-Produktionsfunktion) und über die effizienten Produktionsverfahren (Gutenberg-Produktionsfunktion) ab. Innerhalb dieses technischen Wahlbereichs wird die Verfahrenswahl nach ökonomischen Kriterien getroffen.

Die Analyse der produktionstheoretischen Grundlagen hat ergeben: Die Bausteine der Produktions- und Kostentheorie sind effiziente Produktionsprozesse (Leontief-Produktionsfunktionen), in denen stets Potentialfaktoren mitwirken. Diese Bausteine sind auch Elemente der Theorie optimaler Verfahrensauswahl. Mithin ist die notwendige Bedingung für die zweite These erarbeitet: Die Elemente der Theorien sind identisch. Die hinreichende Bedingung für die zweite These lautet: Alle Aussagen der Produktionstheorie

[39]) Die technische Information ist meines Wissens erstmals von Brandt in die Produktionstheorie eingeführt worden. Vgl. K. Brandt, a. a. O., S. 55 ff.; neuerdings auch M. Timmermann, a. a. O., bes. S. 76 ff. Sofern die technische Information sich auf die Volkswirtschaft bezieht, beschreibt sie den technologischen Stand der Volkswirtschaft und kann natürlich Grundlage für volkswirtschaftliche Entscheidungen sein.

sind Aussagen über optimale Produktionsprozesse. Diese Bedingung wird im folgenden Abschnitt abgeleitet.

b) Prozeßauswahl auf der Grundlage von Leontief-Produktionsfunktionen

Man kann zwei Typen von Produktionsfunktionen unterscheiden, die sich aus Leontief-Produktionsfunktionen ergeben[40]):

1. Produktionsfunktionen bei totaler Faktorvariation.
2. Produktionsfunktionen bei partieller Faktorvariation.

Von Produktionsfunktionen bei totaler Faktorvariation wird gesprochen, wenn alle an der Produktion mitwirkenden produktiven Faktoren beliebig vermehrbar sind. Produktionsfunktionen bei partieller Faktorvariation ergeben sich dagegen, wenn mindestens ein Faktor nur in begrenzter Menge vorhanden ist. An diesen beiden Fällen sollen die Probleme der Prozeßauswahl auf der Grundlage klassischer Produktionsfunktionen dargestellt werden.

(1) Prozeßauswahl auf der Grundlage von Produktionsfunktionen bei totaler Faktorvariation

Die klassische Produktionsfunktion enthält die Annahme, daß es eine unendliche Anzahl effizienter reiner Produktionsprozesse gibt. In Verbindung mit der Linearhomogenität der Produktionsprozesse bedeutet das:

1. Das Möglichkeitsfeld der Prozeßauswahl ist konvex.
2. Alle Prozeßkombinationen sind ineffiziente Prozesse[41]).

Diese beiden Eigenschaften der klassischen Produktionsfunktion sind gleichbedeutend mit der besonderen Form der Isoquanten, die konvex, stetig und differenzierbar sind. Die klassische Produktionsfunktion ist also die Beschreibung einer unendlichen Anzahl von Leontief-Produktionsfunktionen. Aus der unendlichen Anzahl effizienter Produktionsprozesse muß der günstigste ausgewählt werden. Kriterien der Prozeßauswahl sind die Kosten, die der Produktionsprozeß verursacht.

Für den Fall von n produktiven Faktoren ergibt sich die Gesamtkostenfunktion des j-ten Prozesses:

---

[40]) Diese Unterscheidung stimmt mit der Unterscheidung Schneiders in Produktionsfunktionen bei Niveauvariation und Produktionsfunktionen bei partieller Faktorvariation praktisch überein. Die abweichende Benennung wird jedoch der Methode der optimalen Prozeßauswahl ohne Knappheit eines Faktors besser gerecht, die mit g e g e b e n e m Produktionsniveau und totaler Faktorvariation arbeitet. Vgl. E. Schneider, Einführung, a. a. O., 6. Aufl., S. 74 ff. und S. 79 ff.

[41]) Vgl. hierzu auch M. Timmermann, a. a. O., S. 66 f.

(5) $$K_j(x) = \sum_{i=1}^{n} r_{ij}(x) \cdot v_i \qquad (j = 1,\ldots,m; i = 1,\ldots, n)$$

v_i = Preis je Einheit des i-ten Faktors

Die Faktoreinsatzfunktionen haben in Leontief-Produktionsfunktionen die Form:

(6) $$r_{ij} = a_{ij}x$$

Durch Einsetzen von (6) in (5) und Umformen erhält man

(7) $$K_j(x) = \sum_{i=1}^{n} a_{ij} \cdot v_i \cdot x$$

Da a_{ij} und v_i wegen der zweiten Eigenschaft von Leontief-Produktionsfunktionen (S. 150) und Prämisse 1 (S. 146) für gegebenes j Konstante sind, ist die Kostenfunktion der Leontief-Produktionsfunktion in bezug auf die Ausbringung linear. Das ist nur ein anderer Ausdruck für die Linearhomogenität der zugrunde liegenden Produktionsfunktionen bei konstanten Faktorpreisen. Fixe Kosten lassen sich aus einer Leontief-Produktionsfunktion nicht erklären. Der Koeffizient von x in (7) gibt die Stückkosten wieder.

Die Stückkosten der Produktion einer Erzeugniseinheit sind also

(8) $$k_j = \frac{K_j(x)}{x} = \sum_{i=1}^{n} a_{ij} \cdot v_i$$

für nur zwei produktive Faktoren

(9) $$k_j = a_{1j}v_1 + a_{2j} \cdot v_2$$

Wegen der Annahme unendlich vieler Produktionsprozesse der klassischen Produktionsfunktion existieren auch unendlich viele Kostenfunktionen. Die Koeffizienten aller effizienten Produktionsprozesse seien beschrieben durch den Ausdruck

(10) $$a_i = a_i(\Pi)$$

(10) ist wegen der Eigenschaften der klassischen Produktionsfunktionen stetig und differenzierbar. Dann gilt für die Stückkosten in Abhängigkeit von dem angewandten Produktionsprozeß Π:

(11) $$k(\Pi) = \sum_{i=1}^{n} a_i(\Pi) \cdot v_i$$

bzw. für zwei produktive Faktoren

(12) $$k(\Pi) = a_1(\Pi)v_1 + a_2(\Pi)v_2$$

Derjenige Prozeß ist optimal, dessen Stückkosten ein Minimum sind. Da $a_i(\Pi)$ stetig und differenzierbar ist, gilt

(13) $$\frac{dk(\Pi)}{d\Pi} = v_1 \cdot \frac{da_1(\Pi)}{d\Pi} + v_2 \cdot \frac{da_2(\Pi)}{d\Pi}$$

Notwendige Bedingung dafür, daß die Stückkosten minimal sind, ist

(14) $$\frac{dk(\Pi)}{d\Pi} = 0$$

Diese Bedingung ist erfüllt, wenn

(15) $$\frac{v_1}{v_2} = -\frac{da_2(\Pi)}{da_1(\Pi)}$$

Das ist aber die bekannte Bedingung[42]) für die Minimalkostenkombination[43]). Damit ist nachgewiesen, daß eine entscheidende Aussage der Produktionstheorie (Minimalkostenkombination) eine Entscheidungsregel für die optimale Prozeßauswahl bei totaler Faktorvariation ist.

Für die optimale Prozeßauswahl auf der Grundlage von Leontief-Produktionsfunktionen bei totaler Faktorvariation gilt: Bei gegebenen Faktorpreisen ist ein und nur ein Produktionsprozeß optimal. Dieser Satz gilt unabhängig von der Ausbringungsmenge x[44]) und der Anzahl möglicher Erzeugnisse[45]). Entsprechend gelten:

---

[42]) Die hinreichende Bedingung ist natürlich

$$\frac{d^2k(\Pi)}{d\Pi^2} > 0 \text{ beim optimalen Prozeß.}$$

$$\text{Oder:} \quad v_1 \frac{d^2a_1(\Pi)}{d\Pi^2} + v_2 \frac{d^2a_2(\Pi)}{d\Pi^2} > 0$$

Daß diese Bedingung ebenfalls erfüllt ist, braucht hier nicht nachgewiesen zu werden.

[43]) Vgl. z. B. E. Gutenberg, Grundlagen, a. a. O., 7. Aufl., S. 207 f.

[44]) Das folgt aus der Linearhomogenität und der Bedingung totaler Faktorvariation.

[45]) Das ist leicht einzusehen, denn man kann für jedes mögliche Erzeugnis zunächst den optimalen Produktionsprozeß nach obigen Bedingungen ermitteln und dann das Erzeugnis bzw. den Prozeß mit dem höchsten Stückgewinn auswählen, wobei man natürlich von der klassischen Annahme unbeschränkten Ein- und Verkaufs auszugehen hat.

Der optimale Produktionsprozeß gibt die Produktionsbedingungen für ein und nur für ein Erzeugnis wieder,

und:

Unter den Bedingungen klassischer Produktionsfunktionen bei totaler Faktorvariation wird ein und nur ein Produkt in einem und nur einem Produktionsprozeß hergestellt.

(2) Prozeßauswahl auf der Grundlage von Produktionsfunktionen bei partieller Faktorvariation

a. Der Bereich möglicher Prozeßauswahl

Produktionsfunktionen bei partieller Faktorvariation beschreiben die technischen Produktionsmöglichkeiten, die unter der einschränkenden Annahme gegeben sind, daß die Einsatzmengen einer Gruppe von produktiven Faktoren beliebig vermehrt werden können, die einer anderen jedoch begrenzt sind. Bei nicht beliebig vermehrbaren Faktoreinsatzmengen eines produktiven Faktors ist ein (genügend groß gewähltes) Produktionsvolumen nicht mehr mit allen Produktionsprozessen erreichbar. Der optimale Produktionsprozeß hängt folglich nicht nur von den Stückkosten, sondern auch von der verlangten Ausbringung ab.

Die effizienten Prozesse, die die klassische Produktionsfunktion bilden, können ein begrenztes oder ein unbegrenztes Feld der Prozeßauswahl bilden. Von einem unbegrenzten Feld wird gesprochen, wenn für beliebig kleine Mengen eines produktiven Faktors stets noch mindestens ein Produktionsprozeß bekannt ist, mit dem eine beliebig große Menge output hergestellt werden kann (Abbildung 9).

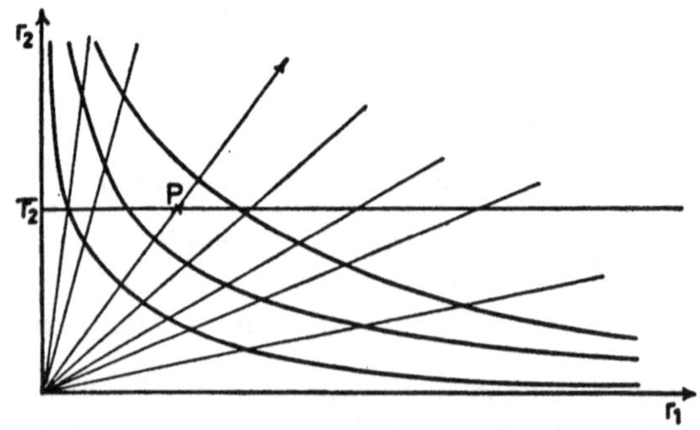

Abb. 9

Ein Feld der Prozeßauswahl heißt begrenzt, wenn die Produktion einer beliebig vorgegebenen Menge output eine bestimmte, nicht beliebig kleine Menge eines produktiven Faktors voraussetzt (Abbildung 10).

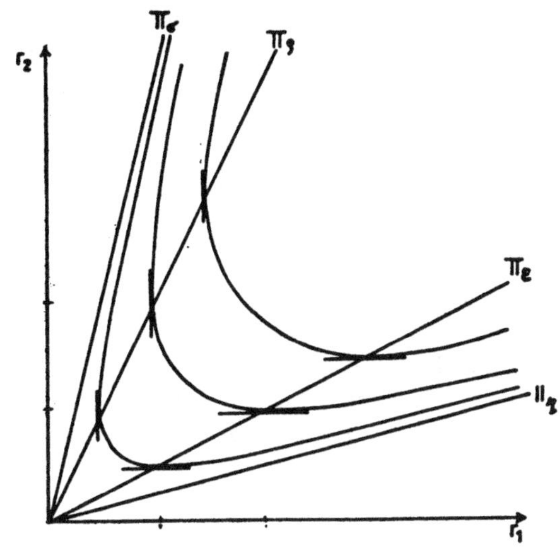

Abb. 10

Aus der Linearhomogenität effizienter Produktionsprozesse klassischer Produktionsfunktionen folgt:

Bei gegebenem Produktionsprozeß ist jedem Produktionsniveau x eine und nur eine Faktoreinsatzmengenkombination zugeordnet[46]).

---

[46]) Dieser Satz impliziert, daß ein begrenztes Möglichkeitsfeld der in Abbildung 11 a (vgl. Fig. 77 bei E. Schneider, Einführung, a. a. O., 6. Aufl., S. 173) wiedergegebenen Form nicht existiert.

Wegen der Eigenschaft klassischer Produktionsfunktionen, daß alle Prozeßkombinationen ineffizient sind, scheidet auch das Möglichkeitsfeld der Abbildung 11 b aus, das bei linear homogenen Produktionsprozessen einen s-förmigen Ertragsverlauf ergeben würde.

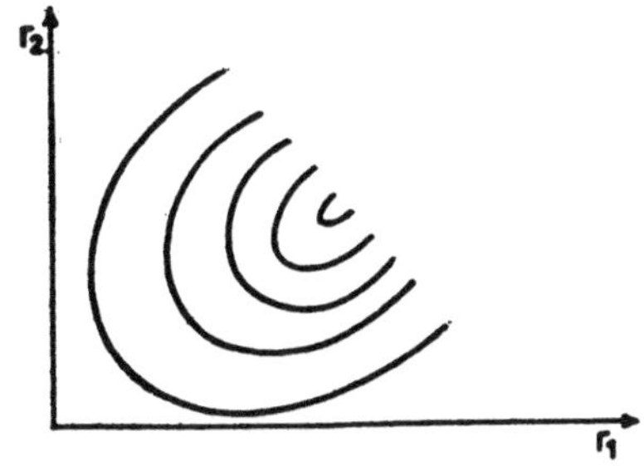

Abb. 11 a

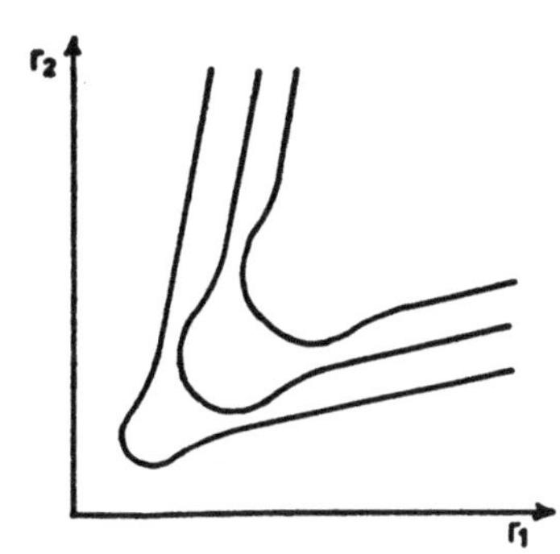

Abb. 11 b

Die Frage, ob die Aussagen der Produktionstheorie Aussagen über optimale Prozeßauswahl sind, braucht mithin nur noch an Hand der in Abbildung 9 und Abbildung 10 wiedergegebenen Informationen über die vorhandenen Prozesse geprüft zu werden.

b. Prozeßauswahl bei unbegrenztem Wahlbereich

Für den Fall des unbegrenzten Möglichkeitsfeldes der Prozeßauswahl ist sofort ersichtlich: Alle reinen Prozesse sind effizient. Das zulässige Feld der Prozeßauswahl wird von allen Prozessen, die die Oberfläche des Ertragsgebirges bilden, dargestellt. Bei beschränkter Einsatzmenge von r_2, z. B. $\bar{r}_2$ (Abb. 9), ist für jeden Produktionsprozeß eine einzige maximale Ausbringung definiert. Die Verbindungslinie dieser Punkte maximaler Ausbringung bei gegebener Produktionszeit[47]) ist in Abbildung 12 wiedergegeben.

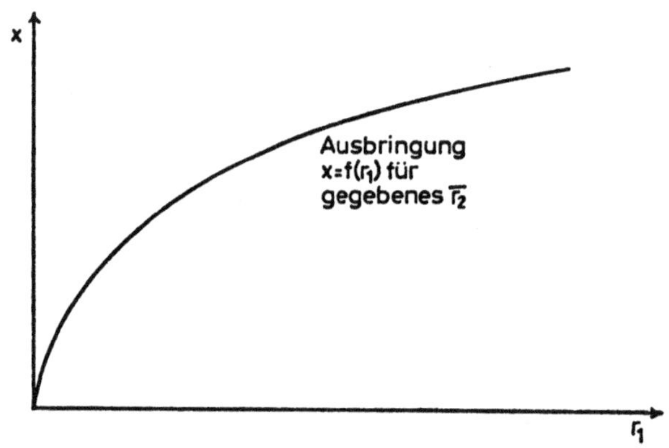

Abb. 12

Diese Linie begrenzt den Bereich möglicher Ausbringungsmengen bei unterschiedlichen Faktoreinsatzmengen r_1. Ausbringungspunkte unterhalb des Kurvenzuges sind ineffiziente Produktionspunkte, Ausbringungen oberhalb des Kurvenzuges sind nicht definiert. Damit gibt die Verbindungslinie der Punkte maximaler Ausbringung den Bereich zulässiger Produktionsprozesse wieder. Sie beschreibt den bei einer gewünschten Variation der Ausbringung erforderlichen Prozeßwechsel oder[48]):

Unter der Bedingung konstanter Produktionszeit ist eine Variation der Ausbringung durch einen Prozeßwechsel und nur durch einen Prozeßwechsel möglich.

[47]) Koch hat nachgewiesen, daß die Ableitungen der Produktionstheorie für konstante Produktionszeit gelten. Vgl. H. Koch, a. a. O.

[48]) In diesem Sinne kann man vielleicht auch die erweiterte Form des Ertragsgesetzes interpretieren, die Jacob entwickelt. H. Jacob, Zur neueren Diskussion, a. a. O., S. 614 f.: „Faßt man das Ertragsgesetz so weit, wie eben beschrieben, dann begibt man sich auf das Gebiet des Verfahrensvergleichs ... es handelt sich hier um eine Substitution im Zuge eines Verfahrenswechsels."

Durch Umkehrung ergibt sich:

Für gegebene Produktionszeit und Ausbringung $\bar{x}$ ist der optimale Produktionsprozeß eindeutig bestimmt.

Bei der in Abbildung 12 dargestellten Funktion handelt es sich um die Produktionsfunktion bei partieller Faktorvariation, die die klassische Produktionstheorie für den Fall eines „unbegrenzten Substitutionsgebietes" ableitet. Die Produktionsfunktion bei partieller Faktorvariation ist mithin nichts anderes als eine Aussage über die optimalen Prozesse für alternative Ausbringungsmengen $\bar{x}$.

Sollen die optimale Ausbringungsmenge x^* und der optimale Produktionsprozeß gleichzeitig bestimmt werden, so ergibt sich, wenn G der Gesamtgewinn und w der Verkaufspreis des Produktes sind

(16) $$G(r_1) = wx(r_1) - r_1 v_1 - \bar{r}_2 v_2$$

(17) $$\frac{dG}{dr_1} = w \frac{dx}{dr_1} - v_1 = 0$$

(18) $$w \frac{dx}{dr_1} = v_1$$

(18) enthält die bekannte Bedingung, daß im Gewinnmaximum die Grenzerlöse gleich den Grenzkosten sein müssen. Aus (18) folgt wegen der Tatsache, daß die Produktionsfunktion eine streng monoton wachsende Funktion ist, unmittelbar, daß eine eindeutige Lösung für r_1 existiert. Damit sind die optimale Ausbringung und der optimale Produktionsprozeß eindeutig bestimmt.

Für klassische Produktionsfunktionen bei partieller Faktorvariation und unbegrenztem Feld der Prozeßauswahl gilt also:

Im Einproduktunternehmen ist ein und nur ein Produktionsprozeß optimal.

Entsprechend den früher angestellten Überlegungen läßt sich nachweisen, daß dieser Satz auch für n mögliche Produkte gilt. Allgemein erhält man also:

Ist nur ein produktiver Faktor knapp, dann existiert ein und nur ein optimaler Produktionsprozeß, mit dem ein und nur ein Produkt hergestellt wird.

Unter der Annahme, daß alle produktiven Faktoren beliebig teilbar sind, brauchen keine näheren Angaben über die Gründe der Knappheit des einen produktiven Faktors gemacht zu werden. Es kann sich um die Einsatzmenge eines Potentialfaktors oder eines anderen Faktors handeln.

Diese Aussagen folgen unmittelbar aus der Produktionsfunktion bei partieller Faktorvariation. Damit ist die Übereinstimmung von Produktionstheorie und Theorie optimaler Prozeßauswahl für den unbegrenzten Wahlbereich von Produktionsprozessen nachgewiesen.

c. *Prozeßauswahl bei begrenztem Wahlbereich*

Für den Fall des begrenzten Möglichkeitsfeldes (Abbildung 10) wird die Oberfläche des Ertragsgebirges von den Prozessen Π_σ bis Π_η gebildet. Unter diesen Prozessen werden die Prozesse zwischen Π_σ und Π_ϱ sowie zwischen Π_ε und Π_η von den Prozessen zwischen Π_ϱ und Π_ε in bezug auf die Faktoreinsatzmengen dominiert. Folglich gilt:

Bei begrenztem Möglichkeitsfeld der Prozeßauswahl ist nur ein Teil der möglichen Produktionsprozesse, die die Oberfläche des Ertragsgebirges bilden, in bezug auf die eingesetzten Faktormengen pro Stück effizient.

Sind nur die Faktoreinsatzmengen Kriterien der Prozeßauswahl, dann ist das Feld der Prozeßauswahl durch Π_ϱ und Π_ε eindeutig festgelegt.

Unter der Bedingung konstanter Produktionszeit können nun zwei Fälle unterschieden werden:

1. Der in begrenzter Menge vorhandene Faktor ist unteilbar. Er muß also in der vorhandenen Menge eingesetzt werden. Diese Bedingung bezeichnet Kilger als die Bedingung des Annahmezwangs[49]).
2. Der in begrenzter Menge vorhandene Faktor ist teilbar.

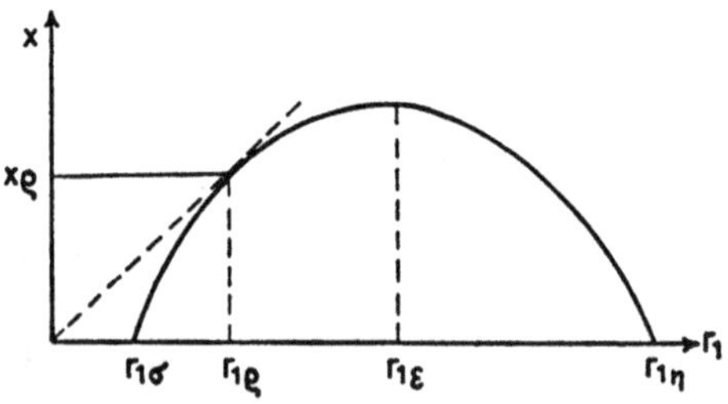

Abb. 13

Für den Fall des Annahmezwangs ergibt sich der in Abbildung 13 dargestellte Ertragsverlauf. Aus ihm folgen unmittelbar die Sätze:

Die Produktionsprozesse zwischen Π_ε und Π_η sind in bezug auf die Faktoreinsatzmengen und die Ausbringung ineffizient. Der Bereich negativer Ertragszuwächse scheidet aus der ökonomischen Analyse aus.

[49]) W. Kilger, Produktions- und Kostentheorie, a. a. O.

In bezug auf die Kriterien Faktoreinsatzmengen und Ausbringung sind alle Produktionsprozesse zwischen Π_σ und Π_ε effizient. Bei Annahmezwang sind nämlich nur die Prozesse zwischen Π_σ und Π_ϱ in der Lage, die Ausbringungen $0 \leq x \leq x_\varrho$ zu produzieren.

Die Ertragsfunktion hat keinen s-förmigen Verlauf; sie ist nicht identisch mit dem „Ertragsgesetz", sondern mit dem „Gesetz vom nicht zunehmenden Ertragszuwachs"[50]).

Für jede gewünschte Ausbringung x wird der optimale Prozeß durch die Ertragsfunktion definiert. Der gewinnmaximale Prozeß bei gleichzeitiger Bestimmung der optimalen Ausbringung wird wie in (16) bis (18) ermittelt. Die Optimumbedingung (18) ist in höchstens einem Punkt erfüllt. Daraus folgt:

Der relevante Bereich der Prozeßauswahl bei gleichzeitiger Optimierung der Ausbringung wird von den auf Grund des Kriteriums der Faktoreinsatzmengen pro Stück effizienten Produktionsprozessen gebildet. Effizient sind alle Prozesse zwischen Π_σ und Π_ε.

Ist der in begrenzter Menge vorhandene Faktor teilbar, dann dominiert bei Annahmezwang die Realisation eines ineffizienten Kombinationspunktes

---

[50]) Vgl. die Ertragskurve, die Dlugos in Anlehnung an Turgot und Schmidt-Kraepelin bei $r_1 = 0$ und $x > 0$ beginnen läßt: G. Dlugos, a. a. O., S. 18; E. Schmidt-Kraepelin, Untersuchungen zur Konstituierung des Produktionsmodells in der Landwirtschaft, Diss. Mannheim 1956. Auch Wicksell und Cassels unterstellen eine Produktionsfunktion, die bei $x > 0$ beginnt; vgl.: K. Wicksell, Über einige Fehlerquellen bei der Verifikation des Bodengesetzes, Thuenen Archiv 1909, S. 354; John M. Cassels, On The Law of Variable Proportions, Readings in the Theory of Income Distribution, Vol. III der Blakiston Series of Republished Articles on Economics, Philadelphia und Toronto 1949, S. 103 ff., hier S. 109. Siehe hierzu auch K. Menger, The Logic of the Laws of Return — A Study in Meta-Economics, in: O. Morgenstern (Hrsg.), Economic Activity Analysis, New York und London 1954, S. 419 ff., hier S. 462 ff.; eine solche Ertragsfunktion entbehrt natürlich jeder theoretischen Rechtfertigung. Bezeichnenderweise läßt Black landwirtschaftliche Produktionsfunktionen im Nullpunkt beginnen; vgl. dazu J. D. Black, Production Economics, London-Calcutta-Sidney 1926, S. 275 ff. — Es ist auch bemerkenswert, daß die sozialistische Literatur das Ertragsgesetz gerade mit dem Hinweis darauf ablehnt, daß es sowohl als historisches als auch als zeitloses Gesetz der Produktion die technischen Eigenschaften der Produktionsprozesse zu wenig beachte. So hat Marx bereits darauf hingewiesen, daß das Bodenertragsgesetz mit einer Ausbeutung der Bodenfruchtbarkeit verbunden ist und dann nicht gilt, wenn die Bodenfruchtbarkeit wieder erhöht werden kann; vgl. dazu K. Marx, Das Kapital, 1. Bd., Berlin 1955, S. 532. Ferner sagen Arnold-Borchert-Schmidt (Arnold-Borchert-Schmidt, Ökonomik der sozialistischen Industrie in der DDR, 7. Aufl., Berlin 1961, S. 352): „Die Haltlosigkeit des ‚Ertragsgesetzes' und damit der ‚Theorie von der optimalen Betriebsgröße' wurde schon von Lenin aufgedeckt. Er wies nach, daß dieses sog. Gesetz das wichtigste beiseite läßt, nämlich das technische Niveau, den Stand der Produktivkräfte." Vgl. dazu auch: W. I. Lenin, Werke, Bd. 4., Berlin 1955, S. 139; ders., Die proletarische Revolution und der Renegat Kautsky, in: Ausgewählte Werke, Bd. II, Stuttgart o. J., S. 411 ff., hier S. 490; F. Behrens, Über das sogenannte Ertragsgesetz in der bürgerlichen Ökonomie, in: Wirtschaftswissenschaft, Heft 6, Berlin 1954, S. 674 ff.; Autorenkollektiv, Politische Ökonomie, Düsseldorf 1955, S. 355: „Lenin entlarvte die bürgerlichen Ökonomen, die das pseudowissenschaftliche Gesetz vom abnehmenden Bodenertrag propagierten."

(Anwendung eines effizienten Produktionsprozesses, z. B. Π_ϱ, und Verschwendung eines Teils von $\bar{r}_2$, hier $\bar{r}_2 - r_{2\varrho}$) die Anwendung der Produktionsprozesse zwischen Π_σ und Π_ϱ, da diese bei gleichem Einsatz von $\bar{r}_2$ und gleicher Ausbringung mehr Einsatzmengen r_1 benötigen. Die Verbindungslinie der zulässigen Produktionspunkte bei beliebiger Teilbarkeit und Annahmezwang des einen Faktors hat folglich den in Abbildung 14 wiedergegebenen Verlauf. Diese Funktion ist identisch mit der Produktionsfunktion auf der Grundlage des Gesetzes vom nicht zunehmenden Ertragszuwachs[51]).

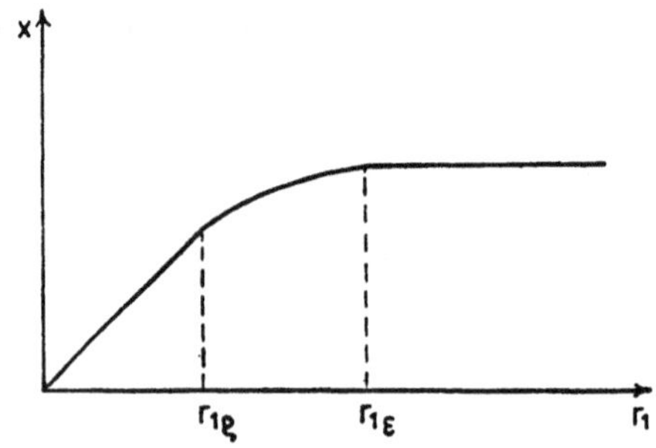

Abb. 14

Die Produktionsfunktion ist auch in diesem Falle der geometrische Ort der optimalen Produktionsprozesse bei gegebener Faktoreinsatzmenge des nur in beschränkter Menge vorhandenen Faktors und gewünschter Ausbringung x. Die Bedingung für den gewinnoptimalen Prozeß (18) ist in diesem Falle eindeutig.

Damit sind die Beziehungen zwischen Produktionstheorie und Theorie der optimalen Prozeßauswahl bei begrenztem Wahlbereich dargestellt. Die Ertragsfunktion des Gesetzes vom nicht zunehmenden Ertragszuwachs beschreibt den zulässigen Bereich der Prozeßauswahl, ist mithin Teil der Theorie der Verfahrensauswahl. Sofern die Produktionstheorie aus den gleichen Prämissen andere Ertragsverläufe folgert als in Abbildung 13 und 14, ist sie in sich widersprüchlich formuliert und insoweit überhaupt keine Theorie. Damit ist nachgewiesen, daß Produktionstheorie und Theorie der Verfahrensauswahl auch in diesem Bereich übereinstimmen.

Exkurs: Zum Problem der Potentialfaktoren in klassischen Produktionsfunktionen

Die gefundenen Sätze über die optimale Prozeßauswahl der klassischen Produktionsfunktionen unterscheiden nicht zwischen Potentialfaktoren und Verbrauchsfaktoren[52]). Diese Unterscheidung ist für die klassische Produktionstheorie aus zwei Gründen irrelevant:

[51]) Vgl. hierzu auch K. Menger, The Logic of the Laws of Return, a. a. O., besonders S. 471 ff.; siehe auch M. Beckmann, Lineare Planungsrechnung, Linear Programming, Ludwigshafen 1959, S. 41 f.

[52]) Es ist sehr bezeichnend, daß Salveson das Problem der Potentialfaktoren

1. In die Prozeßfunktion gehen nur die verbrauchten Faktoreinsatzmengen ein. Konstanz eines produktiven Faktors bedeutet also stets Einsatzmengenkonstanz.

2. Die Potentialfaktoren werden nur durch einen einzigen Produktionsprozeß gekennzeichnet. Das bedeutet, daß die klassische Produktionstheorie keine Gutenberg-Produktionsfunktionen kennt.

Diese beiden Punkte sind spezielle Formulierungen der allgemeineren These klassischer Produktionsfunktionen: Eine Unterscheidung zwischen Potentialfaktoren und anderen produktiven Faktoren wird deshalb nicht vorgenommen, weil sie überflüssig ist. In produktionstheoretischen Überlegungen werden nicht vorhandene, sondern eingesetzte Ressourcen analysiert, mithin ergibt sich bei Potentialfaktoren keine Besonderheit. Im einzelnen bedeutet das:

Zu 1.

In der Produktionstheorie ist die Konstanz des fixen Faktors vielfach mit der bestandsmäßigen Konstanz von Potentialfaktoren identifiziert worden[53]). Diese Annahme ist aber mit der Bedingung der zeitlichen Wirkungsindifferenz nur dann vereinbar, wenn Bestandskonstanz in einer Periode gleich Faktorverbrauchsmengenkonstanz ist. Je nach dem Faktorverbrauch des Potentialfaktors in einer Periode bleibt am Ende der Periode ein unterschiedlicher Rest an Leistungspotential für die kommenden Perioden übrig. Unter der noch zu beweisenden Gültigkeit des Satzes, daß die Potentialfaktoren in

---

1952 als ein wichtiges Gebiet zukünftiger Forschung herausstellte, indem er forderte: „Collection and organization of data on the industrial economy not only in terms of input-output coefficients of the existing commodities, but also and especially in terms of the ability of the productive facilities.“ M. E. Salveson, On a Quantitative Method in Production Planning and Scheduling, Econometrica 1952, S. 554 ff., hier S. 589.

[53]) Auch Stackelberg ist dieser Verwechslung unterlegen. „Die indirekten Produktionsmittel bleiben voraussetzungsgemäß in ihrem Bestand erhalten. Dies muß im allgemeinen dazu führen, daß von irgendeiner Produktionsgeschwindigkeit ab der Betrieb verhältnismäßig unergiebiger wird, d. h., durch jeweils gleiche Gesamtkostenvermehrung nur eine mit steigender Produktionsgeschwindigkeit sinkende Produktionsvermehrung erzielt werden kann. Diese Konsequenz aus der Unveränderlichkeit der indirekten Produktionsmittel ist nicht zwingend nachzuweisen. Sie ist jedoch in hohem Maße plausibel. Sie leuchtet ein, wenn man folgendes bedenkt: Die indirekten Produktionsmittel bilden eine notwendige Bedingung für die Produzierbarkeit der Produkte. Bleiben sie unverändert, so ändert sich bei steigender Produktionsgeschwindigkeit das Zusammensetzungsverhältnis der Komponenten der Aufwandsfaktoren zu Ungunsten der indirekten Produktionsmittel. Es ist zu erwarten, daß dieser Umstand sich in der beschriebenen Weise auf die Produktivität des Betriebes auswirkt. Besonders deutlich ist diese Tatsache in der Landwirtschaft zu erkennen. Betrachten wir den Boden als unveränderliches Produktionsmittel und stellen ihm die übrigen Produktionsmittel als veränderlich gegenüber (wobei wir unser Blickfeld über eine entsprechend lange Zeitperiode ausdehnen), so ergibt sich in sehr einleuchtender Weise das „Gesetz vom abnehmenden Bodenertrag“ oder, wie es Brinkmann treffend bezeichnet, „das Gesetz des abnehmenden Ertragszuwachses.“ Vgl. H. v. Stackelberg, Grundlagen einer reinen Kostentheorie, Wien 1932, S. 20 f., vgl. auch S. 39.

der klassischen Produktionsfunktion nur mit einer Intensität arbeiten, bedeutet das: Entweder wird die Lebensdauer des Aggregates infolge geringeren Faktorverbrauchs gegenüber der Lebensdauer bei „durchschnittlichem" Faktorverbrauch entsprechend verlängert. In diesem Falle sind nur die Faktoreinsatzmengen, nicht aber die vorhandenen Bestände relevant, weil anderenfalls Faktoreinsatzmengen, die in zukünftigen Perioden eingesetzt werden, bereits als Verbrauch dieser Periode angesehen würden. Oder die Lebensdauer des Aggregates ändert sich trotz geringerer Ausnutzung der Maschinen nicht. Dann ist nur ein Teil des vorhandenen Leistungspotentials bei der Produktion eingesetzt, der Rest aber verschwendet worden. Auch in diesem Falle handelt es sich um Faktoreinsatzmengen, die in die Produktionsfunktion eingehen. Im ersten Falle werden von dem Potentialfaktor variable Leistungsmengen abgegeben, im zweiten dagegen konstante. „Konstanz" des fixen Faktors kann also nur Faktorverbrauchsmengenkonstanz bedeuten.

Verbrauchsmengenkonstanz kann nun sein: Konstanz der Faktoreinsatzmengen oder Konstanz von Summe aus Faktoreinsatzmengen und verschwendeten Faktormengen. Bei unbegrenztem Wahlbereich der Prozeßauswahl (d. h. der Möglichkeit, den Potentialfaktor in unendlich vielen Produktionsprozessen eines unbegrenzten Prozeßfeldes einzusetzen) gibt es nach dem bereits Gesagten keine verschwendeten Faktormengen. Folglich ist hier Faktorverbrauchsmengenkonstanz gleich Faktoreinsatzmengenkonstanz. Bei begrenztem Wahlbereich folgt das nicht sofort. Für diesen Fall ist jedoch bereits abgeleitet worden, daß ineffiziente Kombinationspunkte effizienter Produktionsprozesse ineffiziente Produktionsprozesse dominieren. Bei gegebenen Produktpreisen und unbegrenzter Absatzmöglichkeit muß es mindestens einen effizienten Produktionsprozeß geben, für den gilt, daß seine Stückkosten kleiner als die Produktpreise sind. Dann lohnt es sich aber auch, die Faktoreinsatzmengen so weit zu erhöhen, wie es das bestandsmäßige Potential des Potentialfaktors zuläßt. Folglich gilt auch im Fall begrenzten Wahlbereichs: Faktorverbrauchsmengenkonstanz ist gleich Faktoreinsatzmengenkonstanz.

Allgemein gilt also:

1. Bestandsmäßige Konstanz eines Potentialfaktors bedeutet stets Faktoreinsatzmengenkonstanz.

2. Der relevante Bereich der Prozeßauswahl bei Beschäftigung von Potentialfaktoren liegt in dem Bereich der Vollbeschäftigung der Potentialfaktoren.

Zu 2.

Wir sind bisher davon ausgegangen, daß d e r s e l b e Potentialfaktor in unendlich vielen Produktionsprozessen eingesetzt werden kann. Das würde bedeuten, daß die gleiche Faktoreinsatzmenge des Potentialfaktors mit verschiedenen Faktoreinsatzmengen der unmittelbar in die Produktion eingehenden Faktoren kombiniert werden kann bzw. daß zu einem Potentialfaktor unendlich viele Produktionsprozesse gehören. Diese Bedingung steht nur dann nicht in Widerspruch zu der Limitationalitätsbedingung der produktiven Faktoren, wenn die unendlich vielen möglichen Prozesse zu einem Produktionsverfahren gehören oder wenn es sich tatsächlich um unendlich viele Potentialfaktoren handelt, die jedoch alle mit einer Maßeinheit (z. B. Fertigungsstunden) gemessen werden.

Ein Produktionsverfahren wird durch seine Verbrauchsfunktionen eindeutig definiert. Konstanz der Faktoreinsatzmengen bei steigender Ausbringung impliziert sinkende Faktoreinsatzmengen je Ausbringungseinheit. Das ist gleichbedeutend mit der Aussage:

Die klassische Produktionsfunktion auf der Grundlage unendlich vieler Leontief-Produktionsfunktionen kann dann und nur dann auch eine Gutenberg-Produktionsfunktion sein, wenn die Verbrauchsfunktion des Potentialfaktors in dem gesamten betrachteten Intervall der Leistungsabgabe monoton abnimmt.

Die Möglichkeit, daß es sich bei der klassischen Produktionsfunktion um eine Gutenberg-Produktionsfunktion handelt, läßt sich mithin allein aus der Analyse des Potentialfaktors nicht ganz ausschließen. Steigt die Verbrauchsfunktion des Potentialfaktors in dem Bereich zwischen optimaler und maximaler Leistungsintensität, dann gehört sie insoweit nicht mehr zum relevanten Definitionsbereich.

Der analysierte Verlauf der Produktionsfunktion bei unbegrenztem und begrenztem Wahlbereich beinhaltet eine Aussage über die Verbrauchsfunktionen der anderen eingesetzten Faktoren. Bei unbegrenztem Wahlbereich muß die Verbrauchsfunktion des anderen produktiven Faktors linear oder progressiv steigen. Bei begrenztem Wahlbereich muß die Verbrauchsfunktion linear steigen oder in bestimmter Weise konvex verlaufen. Da jedoch die Verbrauchsfunktionen der eingesetzten produktiven Faktoren eine große Mannigfaltigkeit und Verschiedenheit in ihren Verläufen aufweisen, ergibt sich:

Der Verlauf klassischer Produktionsfunktionen läßt sich nicht mit dem Verlauf einer Gutenberg-Produktionsfunktion identifizieren. Folglich ist jeder in der klassischen Produktionsfunktion auf der Grundlage von Leontief-Produktionsfunktionen analysierte Prozeß im allgemeinen technisch selbständig. Den klassischen Produktionsfunktionen liegt also die Annahme zugrunde, daß die konkreten Potentialfaktoren nur mit einer einzigen Intensität in Anspruch genommen werden.

Der Übergang von einem Produktionsprozeß zu einem anderen ist also im Rahmen klassischer Produktionsfunktionen im allgemeinen nicht durch einen Wechsel im Grad der Inanspruchnahme eines Potentialfaktors möglich, sondern nur durch Übergang zu einem neuen, selbständigen Produktionsprozeß. Er stellt also Prozeßauswahl dar[54]).

Die klassische Produktionstheorie ist folglich eine Theorie der optimalen Prozeßauswahl unter unendlich vielen reinen effizienten Produktionsprozessen.

Damit ist die zweite These bewiesen. Die klassische Produktionstheorie und die Theorie der optimalen Verfahrensauswahl stimmen in den Elementen und Theoremen überein. Soweit die klassische Produktionstheorie mit der Annahme unendlich vieler selbständiger Prozesse arbeitet, ist sie jedoch als einzelbetriebliche Theorie der Verfahrensauswahl ungeeignet, weil die Informationen der Unternehmen über mögliche Prozesse endlich sind[55]). Betriebswirtschaftliche Bedeutung als Theorie der Verfahrensauswahl hat daher vor allem die Produktionstheorie auf der Grundlage einer Produktionsfunktion mit endlich vielen Produktionsverfahren.

Im folgenden Abschnitt kann daher die Produktionstheorie bei endlich vielen Produktionsverfahren unmittelbar als Theorie optimaler Verfahrensauswahl vorgetragen werden.

3. Verfahrensauswahl bei endlich vielen Produktionsverfahren

a) Produktionstheoretische Grundlagen

Der Fall unendlich vieler effizienter Produktionsprozesse, die nicht als unterschiedliche Intensitätsgrade eines einzigen Produktionsverfahrens erklärt werden können, ist für betriebswirtschaftliche Probleme der Verfahrensauswahl irrelevant[56]). Für die Investitionsentscheidungen im Unternehmen muß im allgemeinen von enger begrenzten technischen Informationen ausgegangen werden[57]). Hierbei sind zwei Fälle zu unterscheiden:

[54]) Neuerdings versucht auch Wittmann, den ertragsgesetzlichen Verlauf der Produktionsfunktion durch intensitätsmäßige Anpassung des Potentialfaktors zu erklären, ohne dabei auf die Verbrauchsfunktionen des produktiven Faktors zurückzugehen. Seine Argumente sind nach den hier vorgetragenen Ergebnissen nicht überzeugend. Vgl. W. Wittmann, Über Faktoreigenschaften und Bedingungen beim Ertragsgesetz, ZfdgSt 1962, S. 385, bes. S. 395, vgl. auch S. 401.

[55]) Als Produktionstheorie eines sehr speziellen Verfahrens verdient sie kaum die allgemeine Beachtung, die ihr geschenkt worden ist.

[56]) Das bedeutet natürlich nicht, daß er als Aggregationsmodell nicht eine sinnvolle Beschreibung der in einer Volkswirtschaft angewandten Produktionstechnik sein könnte.

[57]) Vgl. in diesem Zusammenhang auch die sehr interessante Gegenüberstellung von linearer Programmierung und traditioneller Produktionstheorie bei W. Wittmann, Lineare Programmierung und traditionelle Produktionstheorie, ZfhF 1960,

1. Die Auswahl muß zwischen endlich vielen Leontief-Produktionsfunktionen getroffen werden.
2. Die Auswahl muß zwischen endlich vielen Gutenberg-Produktionsfunktionen getroffen werden.

(1) Leontief-Produktionsfunktionen

Die Zusammenstellung der technischen Möglichkeiten der Produktion für den Fall endlich vieler Produktionsverfahren bezeichnen wir als die allgemeine Produktionsfunktion. Diese hat für Leontief-Produktionsfunktionen im Fall eines Einproduktunternehmens mit 2 produktiven Faktoren die durch (19) wiedergegebene Form:

$$\begin{matrix} \Pi_1 & \Pi_2 \dots \Pi_m \end{matrix}$$

(19) $$\begin{pmatrix} a_{11} & a_{12} \dots a_{1m} \\ a_{21} & a_{22} \dots a_{2m} \end{pmatrix} \begin{pmatrix} x_1 \\ x_m \end{pmatrix} = \begin{pmatrix} r_1 \\ r_2 \end{pmatrix}$$

oder allgemein für ein Einproduktunternehmen, das unter m Produktionsprozessen, die mit n produktiven Faktoren arbeiten, eine Wahl treffen muß:

(20) $$\begin{pmatrix} a_{11} & \dots & a_{1m} \\ \dots & \dots & \dots \\ \dots & a_{ij} & \dots \\ \dots & \dots & \dots \\ a_{n1} & \dots & a_{nm} \end{pmatrix} \begin{pmatrix} x_1 \\ \cdot \\ \cdot \\ \cdot \\ x_m \end{pmatrix} = \begin{pmatrix} r_1 \\ \cdot \\ \cdot \\ \cdot \\ r_n \end{pmatrix}$$

Dafür schreiben wir in Matrix-Schreibweise

(21) $$\underline{A}\underline{x} = \underline{r}$$

Wir bezeichnen $\underline{A}$ als die Produktionsmatrix, $\underline{x}$ als den Vektor der mit den verschiedenen effizienten[58]) Fertigungsprozessen hergestellten Ausbringungsmengen und $\underline{r}$ als den Vektor der bei der Produktion eingesetzten Faktormengen der n produktiven Faktoren. Der Vektor

(22) $$\Pi'_j = (a_{ij}, \dots, a_{nj})$$

wird als Prozeßvektor bezeichnet. Die Leontief-Produktionsfunktion lautet dann

---

S. 1 ff., sowie die vergleichende Darstellung bei Wu und Kwang: Yuan-Li Wu und Ching-Wen Kwang, An Analytical and Graphical Comparison of Marginal Analysis and Mathematical Programming in the Theory of the Firm, in: K. E. Boulding und W. A. Spivey, Linear Programming and the Theory of the Firm, New York 1961, S. 94 ff.

[58]) Ineffiziente Produktionsprozesse sind natürlich in der Prozeßmatrix nicht mehr enthalten. Kein Spaltenvektor der Prozeßmatrix $\underline{A}$ enthält also n Elemente, von denen mindestens eins größer und alle anderen mindestens so groß wären wie die irgendeines anderen Spaltenvektors.

$$(23) \qquad x = \Pi'_j{}^{-1}\underline{r}$$

Sind alle Elemente des Vektors $\underline{r}$ variabel, dann ist (23) die Produktionsfunktion bei totaler Faktorvariation. Das ist unmittelbar einleuchtend: Durch Multiplikation von (23) mit einem Skalar λ ergibt sich:

$$(24) \qquad \lambda x = \Pi'_j{}^{-1}(\lambda\underline{r}) \qquad \text{für alle j}$$

(24) definiert also m Produktionsfunktionen bei totaler Faktorvariation.

Ist dagegen ein Element oder eine Anzahl von Elementen des Vektors $\underline{r}$ konstant, so ergibt sich die Produktionsfunktion bei partieller Faktorvariation. Angenommen, das i-te Element sei eine Konstante $\bar{r}_i$. Dann kann man sich den Zeilenvektor $\underline{a}'_i$ so geordnet vorstellen, daß die Elemente des Vektors $\underline{a}'_i$ in abnehmender Größe aufgeführt sind. Dieser Vektor sei $\underline{a}_i{}^{*\prime}$. Die entsprechend umgeformte Zeile aus (21) lautet also:

$$(25) \qquad \underline{a}_i{}^{*\prime}\underline{x} = \bar{r}_i$$

Daraus ergibt sich die Produktionsfunktion bei partieller Faktorvariation

$$(26) \qquad \underline{x} = \bar{r}_i\underline{a}_i{}^{*-1}$$

Da der Vektor $\underline{a}_i{}^{*\prime}$ aus endlich vielen Elementen besteht, besteht auch der Vektor (26) aus derselben Anzahl von Elementen. Die Produktionsfunktion bei partieller Faktorvariation ist in diesem Falle also nur in einzelnen Punkten definiert. Diese Punkte bringen die Anwendung reiner Prozesse zum Ausdruck. Will man dagegen auch Prozeßkombinationen in die Definition einbeziehen, dann muß der Vektor $\underline{a}_i{}^{*\prime}$ in der Form geschrieben werden:

$$(27) \qquad \underline{a}_i{}^{*} = (ha_{ij} + [1-h]a_{i,\,j+1}) \qquad (0 \leq h \leq 1;\ j = 1, \ldots, m-1)$$

Leontief-Produktionsfunktionen beziehen die technische Situation des Unternehmens allein über die Prozeßmatrix in die Überlegungen ein. Das bedeutet, daß die Zeit und die Produktionsintensität nicht explizite als variable Produktionsbedingungen in Erscheinung treten. Leontief-Produktionsfunktionen kennen mithin nur eine einzige Anpassungsmöglichkeit: die quantitative Anpassung. Produktionszeit und Produktionsintensität sind konstant. Folglich schließen die Produktionsfunktionen (24) und (27) die Bedingung beliebiger Teilbarkeit auch der Potentialfaktoren (Betriebsmittel) ein.

(2) Gutenberg-Produktionsfunktionen

Gutenberg-Produktionsfunktionen beziehen neben der quantitativen Anpassung beliebig teilbarer Potentialfaktoren auch die zeitliche und intensitätsmäßige Anpassungsmöglichkeit sowie die quantitative Anpassung bei Unteilbarkeit der Potentialfaktoren ein. Verfahrensauswahl auf der Grundlage von Gutenberg-Produktionsfunktionen gewährleistet daher, daß bei der Auswahl des Produktionsverfahrens alle technischen Produktionsbedingungen berücksichtigt worden sind, die für eine optimale Entscheidung relevant sein könnten.

Die allgemeine Form der Gutenberg-Produktionsfunktion lautet

(28)
$$\begin{pmatrix} f_{11}(d_1) & f_{12}(d_2) & \ldots\ldots & f_{1m}(d_m) \\ . & . & \ldots\ldots & . \\ . & . & \ldots\ldots & . \\ . & . & \ldots\ldots & . \\ f_{n1}(d_1) & f_{n2}(d_2) & \ldots\ldots & f_{nm}(d_m) \end{pmatrix} \begin{pmatrix} x_1 \\ . \\ . \\ . \\ x_m \end{pmatrix} = \begin{pmatrix} r_1 \\ . \\ . \\ . \\ r_n \end{pmatrix}$$

oder

(29)
$$\underline{F}(d)\underline{x} = \underline{r}$$

In dieser Produktionsfunktion ist sowohl die Möglichkeit der intensitätsmäßigen Anpassung (über den Ausdruck $\underline{F}(d)$) als auch die der quantitativen Variation der eingesetzten produktiven Faktoren (über den Ausdruck $\underline{r}$) berücksichtigt.

Da $d = x : t$ ist, kann man (29) auch schreiben:

(30)
$$\underline{F}(x, t)\underline{x} = \underline{r}$$

In (30) wird bei dem Vektor $\underline{r}$ nicht ausdrücklich zwischen unmittelbar in die Produktion eingehenden Faktoren und Potentialfaktoren unterschieden. Das ist aber für die Gutenberg-Produktionsfunktionen erforderlich. Angenommen, in (30) seien nur die Verbrauchsfunktionen der unmittelbar in die Produktion eingehenden Faktoren enthalten. Dann müssen die Verbrauchsfunktionen für die Potentialfaktoren noch entwickelt werden.

Das gesamte Leistungspotential einer Maschine des Typs j sei p_j Ausbringungseinheiten bei gegebener Inanspruchnahme. Dieses Leistungspotential wird durch die Produktion aufgezehrt. „Wann diese Erschöpfung eintritt, hängt zwar nicht allein, aber doch wesentlich von seiner (des Aggregats, d. Verf.) Inanspruchnahme ab[59]).“ Die Inanspruchnahme des Leistungspotentials pro Stück Ausbringung sei gegeben durch

(31)
$$q_j = \psi_j(d_j)$$

Die gesamte Ausnutzung des Leistungspotentials eines Potentialfaktors während der Produktionsperiode ist folglich

(32)
$$l_j = \psi_j(d_j)x$$

[59]) E. Gutenberg, Grundlagen, a. a. O., 6. Aufl., S. 218.

Dabei muß wiederum beachtet werden, daß

$$l_j \leq \frac{p_j}{N_j} \tag{33}$$

(33) unterstellt, daß das gesamte Leistungspotential einer Maschine, das dem Unternehmen bei Anschaffung zur Verfügung gestellt wird, so auf die einzelnen Perioden der Nutzungsdauer N_j aufgeteilt ist, daß die Bedingung der zeitlichen Wirkungsindifferenz gewahrt bleibt. Tatsächlich liegt hier aber der schwächste Punkt einer Investitionstheorie, die sich in Form der Verfahrensauswahl auf die Analyse einer einzigen Produktionsperiode beschränken zu können glaubt.

Die Vorstellung, daß ein Potentialfaktor (Betriebsmittel) durch die Nutzung verzehrt wird, ist in der betriebswirtschaftlichen Abschreibungslehre herrschend[60]). Es handelt sich hierbei um die Abschreibungsursache technischer Verschleiß. Daneben ist aber noch der Verzehr des Leistungspotentials durch ruhenden Verschleiß zu beachten. Das soll jedoch nur in der dynamischen Analyse geschehen[61]).

Faßt man die Produktionsbedingungen an den Potentialfaktoren zusammen, so erhält man

$$\begin{pmatrix} \psi_1(d_1) & & & \\ & \psi_2(d_2) & & \\ & & \ddots & \\ & & & \psi_m(d_m) \end{pmatrix} \begin{pmatrix} x_1 \\ \vdots \\ x_m \end{pmatrix} = \begin{pmatrix} l_1 \\ \vdots \\ l_m \end{pmatrix} \tag{34}$$

Hierfür wird kurz geschrieben

$$\underline{G}(d)\underline{x} = \underline{l} \tag{35}$$

Das Leistungspotential, das für die Produktion auf dem j-ten Maschinentyp zur Verfügung steht, hängt von der Anzahl der Maschinen dieses Typs z_j ab, die zur Produktion eingesetzt werden. Das gesamte Leistungspotential eines Produktionsverfahrens, das dem Unternehmen zur Verfügung steht, ist mithin $p_j z_j$ bzw. bei Analyse einer einzelnen Periode $\frac{p_j}{N_j} z_j$. Die Anzahl der einzusetzenden Maschinen ist Entscheidungsvariable für das Unternehmen. Bezeichnet $\underline{z}$ einen Vektor der eingesetzten Maschinen

[60]) Vgl. E. Gutenberg, Artikel Abschreibungen, Handwörterbuch der Sozialwissenschaften (HdSW), S. 20 ff.

[61]) Vgl. unten S. 186 ff.

(36) $$\underline{z}' = (z_1, \ldots, z_m),$$

so wird die gesamte Einsatzmenge der Potentialfaktoren in der Produktionsperiode definiert durch

(37) $$\underline{G}(d)\underline{x} - \underline{1}'\underline{z} = \underline{0}$$

$\underline{1}'\underline{z}$ ist die gesamte während einer Produktionsperiode eingesetzte Menge aller Potentialfaktoren.

Damit sind alle Produktionsbedingungen, die von Gutenberg-Produktionsfunktionen erfaßt und der Verfahrensauswahl zugrunde gelegt wurden, ermittelt.

Da alle technisch möglichen Verfahren in $\underline{x}$ und $\underline{z}$ zusammengefaßt sind, schließt diese Formulierung die beiden Fälle quantitativer Anpassung, nämlich multiple und mutative Betriebsgrößenvariation[62]), ein. Die Ausdrücke (29) und (37) beschreiben das gesamte Möglichkeitsfeld der Verfahrensauswahl mit allen produktionstechnischen Varianten, die bei Gutenberg-Produktionsfunktionen zu beachten sind.

b) Verfahrensauswahl bei endlich vielen Produktionsfunktionen ohne betriebliche Disproportionalitäten

(1) Prozeßauswahl bei Leontief-Produktionsfunktionen

Unter den m Produktionsprozessen der allgemeinen Leontief-Produktionsfunktion (21) soll der beste Prozeß unter der Annahme ausgesucht werden, daß die Faktoreinsatzmengen beliebig vermehrbar sind. Bei gegebenen Produkt- und Faktorpreisen ist offenbar der Produktionsprozeß mit den niedrigsten Stückkosten der optimale Prozeß. Optimale Prozeßauswahl bei Leontief-Produktionsfunktionen ohne betriebliche Disproportionalitäten beruht also auf einem Stückkostenvergleich der zulässigen Produktionsprozesse. Der so ermittelte optimale Prozeß ist für jedes Produktionsniveau optimal. Existieren mehrere Prozesse mit minimalen Stückkosten, dann gibt es mehrere optimale Prozesse, und zwar nicht nur die reinen Prozesse mit den gleichen minimalen Kosten, sondern auch alle Kombinationen dieser reinen Prozesse.

---

[62]) Die Gleichsetzung von quantitativer Anpassung und Betriebsgrößenvariation ist bei linearhomogenen Produktionsfunktionen zwangsläufig. Vgl. dazu aber auch E. Gutenberg, Offene Fragen der Produktions- und Kostentheorie, ZfhF 1956, S. 429.

(2) Verfahrensauswahl bei Gutenberg-Produktionsfunktionen

a. Verfahrensauswahl bei Teilbarkeit der Potentialfaktoren

Bei Gutenberg-Produktionsfunktionen läßt sich die Verfahrensauswahl nicht auf Grund eines Stückkostenvergleichs durchführen, weil die Stückkosten von der unbekannten Inanspruchnahme der Aggregate abhängig sind. Um das gewinngünstigste Produktionsverfahren ermitteln zu können, müssen daher die Gesamtkosten bestimmt werden. Diese sind aus den dargestellten Produktionsbedingungen abzuleiten. Hierbei sind nun zwei Fälle zu unterscheiden:

1. Verbrauchsfaktoren und Potentialfaktoren sind beliebig vermehrbar.
2. Nur die Verbrauchsfaktoren sind beliebig vermehrbar.

Die Fertigungszeit t ist nur bis zur maximalen Produktionszeit T variabel. Hierbei sind zwei Fälle zu unterscheiden:

1. Überstunden verursachen keine Überstundenzuschläge.
2. Überstunden verursachen Überstundenzuschläge.

Da die Kostenfunktion bei quantitativer und zeitlicher Anpassung gleich ist, wenn keine Überstundenzuschläge zu zahlen sind, sei hier nur der zweite Fall der Verfahrensauswahl diskutiert: Die Faktoreinsatzmengen der Verbrauchs- und Potentialfaktoren sind beliebig vermehrbar, und Überstunden verursachen Kosten. Dann ergeben sich zwei Möglichkeiten:

1. Die Kosten der Potentialfaktoren werden periodenweise in einem Block pro eingesetzte Maschine errechnet.
2. Die Kosten der Potentialfaktoren werden über die Verbrauchsfunktionen der Potentialfaktoren (31) proportionalisiert und dann proportional verrechnet.

Beide Verfahren werfen erhebliche Probleme auf, da in keinem Falle gewährleistet ist, daß auch tatsächlich die gesamten Anschaffungsausgaben in den Kosten verrechnet werden. Bei der Verrechnung nach dem ersten Verfahren besteht die Gefahr, daß das Aggregat nicht die geschätzte Nutzungsdauer erreicht und mithin noch Buchwerte verbleiben, die nicht verrechnet worden sind. Bei der Berechnung periodenfixer Kosten für die Potentialfaktoren sind zwei Risiken zu berücksichtigen, daß die Anschaffungsausgaben nicht in den Kosten verrechnet werden: Erstens das Risiko, daß das Leistungspotential durch starke Inanspruchnahme in den ersten Jahren bereits vor Erreichen der geschätzten Nutzungsdauer erschöpft ist, und zweitens das Risiko technischer Überholung durch den technischen Fortschritt. Bei dem zweiten Verfahren ist dagegen nur dem Risiko der Unwirtschaftlichkeit durch den technischen Fortschritt Rechnung zu tragen. Immer dann, wenn Feierschichten gefahren werden, verlängert sich die Nutzungsdauer, oder es müßten zusätzlich Kosten der Verschwendung berechnet werden.

Beide Verfahren sind nicht voll befriedigend. Es gibt aber mit Sicherheit auch kein „richtiges" Verfahren der Kostenrechnung für Potentialfaktoren, weil die Zukunft unsicher ist und bei Verteilung von Ausgaben auf die Zukunft immer Fehler eintreten können. Befriedigend läßt sich das Problem nur im Rahmen einer dynamischen Investitionsrechnung lösen, die nicht mit Kosten und Erträgen, sondern mit Zahlungsströmen arbeitet. Die Investitionsrechnung ist daher stets der Wirtschaftlichkeitsrechnung in Form des Verfahrensvergleichs überlegen. Im folgenden wird im Gegensatz zu dem Vorgehen der Produktionstheorie nicht mit sprungfixen Kosten gerechnet. Vielmehr wird das zweite Verfahren angewandt, nach dem die Kosten der Aggregate proportionalisiert und gemäß den Verbrauchsfunktionen der Potentialfaktoren verrechnet werden.

Die Gesamtkosten der Produktionsverfahren sind dann linear in x, wenn nachgewiesen werden kann, daß ein Aggregat jeweils nur mit einer einzigen Intensität genutzt wird. Eine einfache Überlegung läßt erkennen, daß jedes Aggregat nur mit der optimalen Intensität genutzt wird: r_i und z_j sind beliebig vermehrbar (für alle i und j). Die Kosten der quantitativen Anpassung sind in die proportionalen Kosten verrechnet, führen also nicht zu Sprungkosten in der üblichen Form der Darstellung. Folglich liegt die Gesamtkostenkurve bei Produktion mit optimaler Intensität und quantitativer Anpassung stets niedriger als die Kostenkurven bei zeitlicher Anpassung und Überstundenzuschlägen oder intensitätsmäßiger Anpassung. Das zeigt Abbildung 15.

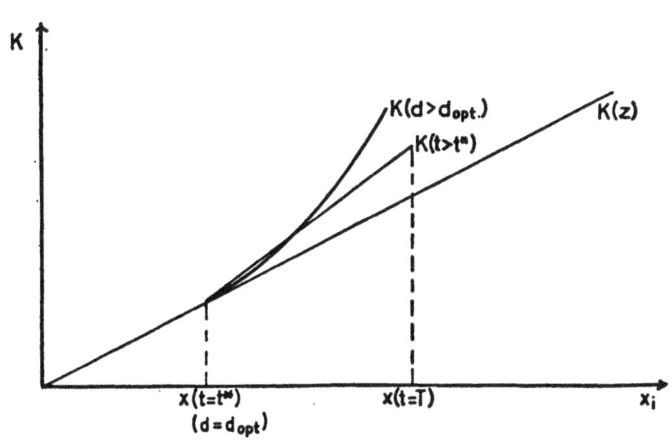

Abb. 15

Die Aggregate werden also bei beliebig variierbaren r_i und z_j nur mit der optimalen Intensität genutzt; die anderen Punkte der Verbrauchsfunktion sind für die Verfahrensauswahl irrelevant. Folglich kann die Gutenberg-Produktionsfunktion in diesem Falle wie eine Leontief-Produktionsfunktion behandelt werden. Damit ist auch das Problem der Verfahrensauswahl auf der Grundlage von Gutenberg-Produktionsfunktionen bei beliebiger Variationsmöglichkeit von r_i und z_j auf das Problem der Prozeßauswahl bei Leontief-Produktionsfunktionen zurückgeführt. Es gibt einen und nur einen optimalen Produktionsprozeß.

b. *Verfahrensauswahl bei Unteilbarkeit der Potentialfaktoren*

Die eigentliche Bedeutung der Gutenberg-Produktionsfunktion liegt darin, daß die Unteilbarkeit der Potentialfaktoren explizite in die Produktionsfunktion aufgenommen wird. Mit Recht sagt Krelle: „Dieses Ganzzahligkeitsphänomen bei Faktoren (insofern als immer nur ganze Vielfache eines großen Aggregates möglich sind) verdient besondere Beachtung[63])." Für den Fall, daß quantitative Anpassung jeweils nur in Sprüngen vorgenommen werden kann, während intensitätsmäßige und zeitliche Anpassung kontinuierlich durchgeführt werden können, erhält die Verfahrensauswahl auf der Grundlage von Gutenberg-Produktionsfunktionen besondere Bedeutung.

Es sei zunächst angenommen, Unteilbarkeit bedeute, daß von jedem Aggregattyp nur eine einzige Maschine angeschafft werden kann. Mit diesem einen Potentialfaktor sind aber zeitliche und intensitätsmäßige Anpassungen möglich. Freilich muß beachtet werden, daß die Kapazitätsgrenzen bei jedem Aggregat verschieden liegen. Ein Aggregat kann einen großen Variationsbereich der Leistungsabgabe haben, ein anderes einen relativ kleinen. Hinzu kommt, daß innerhalb des Variationsbereichs die Verbrauchsfunktionen flach oder steil verlaufen können. „Es ist charakteristisch für sehr viele moderne Maschinen, daß jeder Typ nur in einem kleinen Bereich günstig arbeitet[64])." Die Verfahrensauswahl erfolgt nun in zwei Stufen: Erstens muß die Kurve geringster Kosten für ein gegebenes Verfahren gefunden werden. Das bedeutet die Bestimmung der optimalen Anpassungsformen für gegebene Ausbringung. Im zweiten Schritt werden diese Geringstkostenkurven der Verfahren miteinander verglichen, oder es werden an Hand der Erlösfunktionen und der Geringstkostenkurven die gewinnmaximale Ausbringung dieses Verfahrens und der dazugehörige Gesamtgewinn bestimmt. Diese Gesamtgewinne können dann miteinander verglichen werden.

Der erste Schritt ist für ein bestimmtes Produktionsverfahren in Abbildung 16 wiedergegeben.

---

[63]) W. Krelle, Preistheorie, a. a. O., S. 60 f.

[64]) R. Dorfman, Mathematical, or „Linear" Programming: A Non-Mathematical Exposition, American Economic Review (AER) 1953, S. 797 ff., hier S. 803.

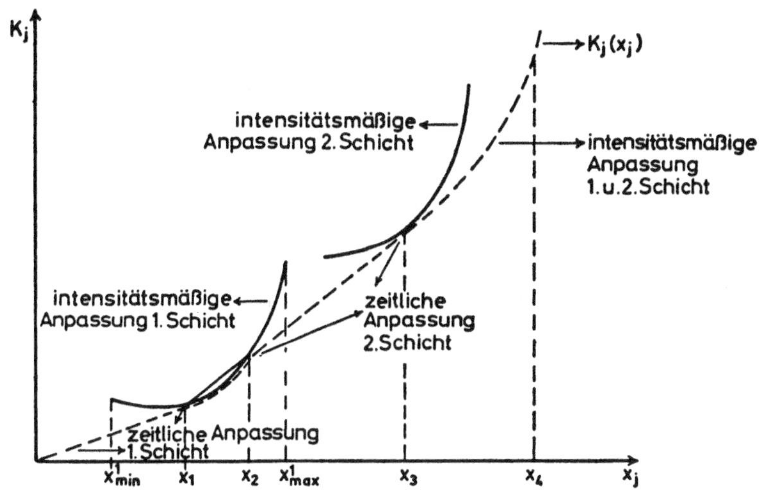

Abb. 16

Abbildung 16 stellt die Geringstkostenkurve $K_j(x_j)$ (gestrichelt eingezeichnet) eines Potentialfaktors im Zweischichtbetrieb dar. Zwischen x_1 und x_2 ist es sinnvoll, sich zunächst intensitätsmäßig anzupassen, weil die Überstundenzuschläge bei zeitlicher Anpassung größer sind als die Grenzkosten bei intensitätsmäßiger Anpassung. Zwischen x_2 und x_3 arbeitet die zweite Schicht mit optimaler Intensität, während die erste Schicht weiter auf einer höheren als der optimalen Intensität gefahren wird. Zwischen x_3 und x_4 wird dann eine intensitätsmäßige Anpassung auch der zweiten Schicht zusammen mit der weiteren intensitätsmäßigen Anpassung der ersten Schicht vorgenommen.

Die Geringstkostenkurve ist also dadurch gekennzeichnet, daß auf ihr die Grenzkosten der Anpassungsformen stets gleich sind.

Wird ein solches Verfahren nun mit einem anderen Produktionsverfahren verglichen, dann sind zwei Fälle denkbar:

1. Ein Verfahren wird von einem anderen dominiert. Das ist dann der Fall, wenn in seinem gesamten Ausbringungsintervall die Kosten des anderen Verfahrens definiert und niedriger sind. In diesem Fall ist die Verfahrensauswahl einfach.

2. Beide Verfahren sind zulässig. Das ist entweder der Fall, wenn ein Verfahren zwar in seinem gesamten Produktionsbereich kostengünstiger ist, sein Produktionsbereich jedoch kleiner als der des anderen Verfahrens ist oder wenn bis zu einer kritischen Menge x^* das eine Verfahren, danach das andere Verfahren kostengünstiger ist.

Diese Entscheidungsregeln gelten für alternative Verfahrensauswahl.

Können auch Kombinationen der beiden Verfahren eingesetzt werden, gilt: Ist ein Verfahren in dem Produktionsbereich seiner optimalen intensitätsmäßigen Nutzung kostengünstiger als ein anderes Verfahren, so kann, wenn überhaupt, eine Kombination beider Verfahren nur im Bereich der Überbeschäftigung des günstigeren Verfahrens effizient sein. Die Kombination ist dann günstiger als die Produktion mit einem Verfahren, wenn die Grenzkosten der Überbeschäftigung (zeitlich oder intensitätsmäßig) des einen Verfahrens über den Durchschnittskosten des zweiten Verfahrens bei optimaler Nutzung liegen. Die kritische Menge ist durch die Gleichheit von Grenzkosten der Überbeschäftigung und Durchschnittskosten (= Grenzkosten) der optimalen Nutzung des zweiten Aggregats gekennzeichnet.

Daraus folgt der Satz:

In einer Kombination unterschiedlicher Produktionsverfahren sind die Grenzkosten der Produktion auf den einzelnen Aggregaten gleich.

Das bedeutet:

Sieht die Verfahrensauswahl den Einsatz verschiedener Produktionsverfahren im Unternehmen vor, die für die gleichen Aufgaben eingesetzt werden sollen, dann kann nur ein Verfahren mit optimaler Intensität arbeiten, während die anderen überbeansprucht werden.

Oder:

Wird durch eine Verfahrensauswahl entschieden, neue Potentialfaktoren anzuschaffen, die im Leistungsoptimum niedrigere Stückkosten haben als die bisher beschäftigten Aggregate, ohne daß die alten Maschinen ersetzt werden sollen, dann müssen die neuen Aggregate überbeschäftigt werden.

Die Annahme, daß jeweils nur ein Aggregat eines bestimmten Typs angeschafft werden kann, ist wenig plausibel. Gibt man sie auf, zeigt sich: Bei Auslastung eines Aggregats mit optimaler Nutzungsintensität ist es stets sinnvoll, sich quantitativ anzupassen und im Rahmen der erweiterten Betriebsgröße zeitliche Anpassung vorzunehmen (Abbildung 17).

Dieses Ergebnis ist auf zwei Faktoren zurückzuführen:

1. In die Analyse sind keine betrieblichen Disproportionalitäten eingegangen. Es wird also z. B. angenommen, daß die zusätzlich erforderlichen Arbeitskräfte vorhanden sind usw.
2. Es wird unterstellt, daß Unterbeschäftigung keine Verschwendung von Kapazität des Potentialfaktors zur Folge hat.

Der erste Punkt ist Prämisse dieses Abschnitts und wird im folgenden Abschnitt aufgehoben. Der zweite Punkt dagegen zeigt die Notwendigkeit einer

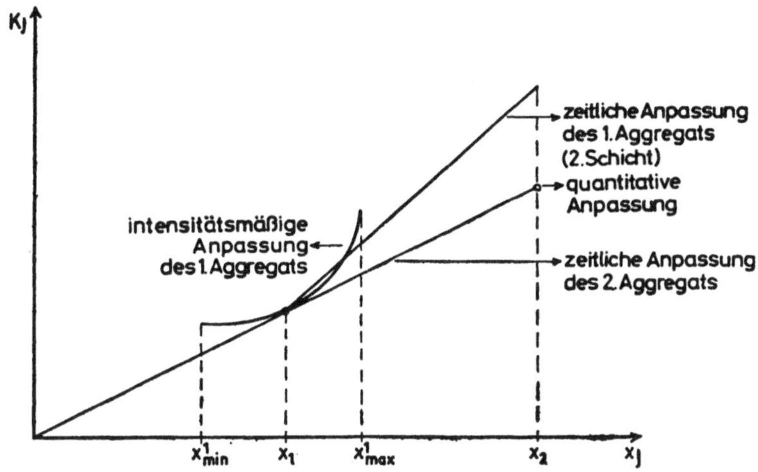

Abb. 17

Verbindung von Investitionstheorie und Theorie der Verfahrensauswahl besonders deutlich: Zwei gegensätzliche Annahmen können der Formulierung zugrunde gelegt werden:

1. Die Kapazität eines Potentialfaktors ist die Summe der tatsächlichen Nutzungen, gleichgültig, in welcher Periode sie abgegeben werden.

2. Die Kapazität eines Potentialfaktors ist die Summe der anteiligen jährlichen Leistungspotentiale, gleichgültig, ob diese durch die Produktion des Jahres ausgenutzt werden oder nicht.

Die erste Annahme wurde hier zugrunde gelegt. Sie kennt keine sprungfixen Kosten, sondern nur proportionale Kosten der Potentialfaktoren. Die zweite Annahme liegt der traditionellen Produktionstheorie zugrunde. Sie kennt nur sprungfixe Kosten. Die Aufteilung auf Nutz- und Leerkosten kann nachträglich gemacht werden, hat aber für die theoretischen Aussagen keine Bedeutung. Beide Annahmen stellen extreme Hypothesen dar, mit denen das Zeitproblem aus der Produktionstheorie ausgeschaltet werden soll. Die erste Annahme geht von völliger Freiheit in der zeitlichen Disposition über das Leistungspotential des Potentialfaktors aus. Sie löst das Problem der zeitlichen Gebundenheit der Potentialfaktoren dadurch, daß die Aufteilung des Gesamtpotentials auf die Zeit völlig beliebig erfolgen kann. Die zweite Annahme geht von absolutem Annahmezwang für den auf eine Zeiteinheit entfallenden Teil des Leistungspotentials aus. Sie löst das Problem der zeitlichen Gebundenheit durch eine fest vorgegebene zeitliche Aufteilung. Beide Auffassungen werden der Eigenheit und dem Wesen der Potentialfaktoren nicht gerecht. Weder völlig beliebige Aufteilung des Leistungspotentials auf die Zeit (ausschließlich leistungsbedingte Lebensdauer der Potentialfaktoren) noch von vornherein determinierte Aufteilung des Leistungspotentials auf die Zeit (ausschließlich zeitbedingte Lebensdauer der Potentialfaktoren) kennzeichnen die Potentialfaktoren. Vielmehr besteht eine bedingte Dispositionsfreiheit über die Nutzung der Potentialfaktoren: Ihre Lebensdauer ist sowohl leistungsbedingt als auch zeitbedingt. Diese Erkenntnis, die in der betriebswirtschaftlichen Theorie der Abschreibungsbemessung allgemein akzeptiert wird, zwingt dazu, das Zeitmoment in die Theorie der optimalen Verfahrensauswahl einzubeziehen.

c) Verfahrensauswahl bei endlich vielen Produktionsverfahren mit betrieblichen Disproportionalitäten

In dem Planungsansatz ist die Möglichkeit quantitativer Anpassung bei den variablen Faktoren bzw. im Rahmen des Leistungspotentials einer Periode bei den Potentialfaktoren unterstellt worden. Diese Annahme läßt sich im allgemeinen nur in der langen Periode aufrechterhalten. In der kurzen Periode muß vielmehr damit gerechnet werden, daß ein oder einige produktive Faktoren nur in begrenzten Mengen vorhanden sind. In einem solchen Falle entstehen Disproportionalitäten zwischen den Absatz- und Beschaffungsmöglichkeiten.

(1) Prozeßauswahl bei Leontief-Produktionsfunktionen

Gegeben seien wiederum m verschiedene Produktionsprozesse. Die Produktionsbedingungen sind in der Prozeßmatrix $\underline{A}$ wiedergegeben. Bezeichnet nun d_j den Gewinn pro Ausbringungseinheit, den der j-te Produktionsprozeß erbringt ($d_j = w - k_j$) und ist $\underline{d}$ der Vektor dieser Deckungsbeiträge, so erhält man als Problem der Verfahrensauswahl folgenden Ansatz:

$$G(x, \Pi_j) = \underline{d}'\underline{x} \rightarrow \max! \tag{38}$$

unter Beachtung der Nebenbedingungen

$$\underline{Ax} \leq \underline{\bar{r}} \tag{39}$$

$$\underline{x} \geq \underline{0} \tag{40}$$

Angenommen, nur das i-te Element des Vektors $\underline{\bar{r}}$ sei fixiert. Dann gibt es einen einzigen optimalen Prozeß. Dieser Prozeß ist nicht derjenige, der den geringsten Stückverbrauch des knappen Faktors aufweist, sondern derjenige, der das größte Verhältnis von Deckungsbeitrag zu Stückverbrauch des knappen Faktors hat. Das Verhältnis $\frac{d_j}{a_{ji}}$ ist also bei dem optimalen Prozeß am größten. Wenn mehr als ein produktiver Faktor knapp sind, scheitert dieses einfache Kriterium, und der optimale Produktionsprozeß muß mit anderen Methoden berechnet werden. Diese sind in der mathematischen Programmierung hinlänglich bekannt und bieten für den Fall von Leontief-Produktionsfunktionen keine Schwierigkeiten[65]). Bei mehreren knappen Faktoren kann auch die Verwendung mehrerer Produktionsprozesse die optimale Entscheidung der Prozeßauswahl sein.

(2) Verfahrensauswahl bei Gutenberg-Produktionsfunktionen

Für Gutenberg-Produktionsfunktionen lautet der Ansatz entsprechend:

(41) $$G(x, d, \Pi^*_j) = \underline{d}(d)\underline{x} \rightarrow \max!$$

unter Beachtung der Nebenbedingungen

(42) $$\underline{F}(d)\underline{x} \leq \overline{\underline{r}}$$

(43) $$\underline{G}(d)\underline{x} \leq \underline{1}$$

(44) $$\underline{x} \geq \underline{0}$$

Die rechnerische Behandlung dieses Ansatzes ist nicht einfach, da eine nichtlineare Zielfunktion unter nichtlinearen Nebenbedingungen maximiert werden muß. Für einen relativ einfachen Fall, in dem nur eine Wahl zwischen zwei Aggregaten getroffen werden muß und in dem nur ein produktiver Faktor knapp ist, kann eine graphische Lösung gegeben werden (Abbildung 18).

Abbildung 18 zeigt die Gewinnkurven der beiden Verfahren in Abhängigkeit von der Inanspruchnahme unter der Voraussetzung, daß die Fertigungszeit konstant gehalten wird. Die ausgezogenen Linien deuten die realisierbaren Gewinne an, während die gestrichelten Linien der Gewinnkurven zeigen, daß diese Gewinne nur mit vermehrtem Einsatz des konstanten Faktors erzielt werden könnten. Das zweite Aggregat wird also nicht eingesetzt. Diese Gewinnkurven gelten aber nur für eine konstante Fertigungszeit. Eine Reduktion der Fertigungszeit bewirkt ein Sinken der Gesamtkostenfunktionen nach links unten. Die Faktoreinsatzfunktionen sinken entsprechend. Wird die Fertigungszeit genügend gesenkt, wirkt sich die Knappheit des Rohstoffes nicht mehr aus, und es ist möglich, daß sich die Vorteilhaftigkeit der beiden Verfahren ändert. Um nun aber das produktionstechnische

---

[65]) Vgl. hierzu auch: R. Dorfman, Application of Linear Programming to the Theory of the Firm, Berkeley and Los Angeles 1951; R. Dorfman, T. A. Samuelson und R. N. Solow, Linear Programming and Economic Analysis, New York-Toronto-London 1958, bes. S. 130 ff.; J. Lesourne, Technique Économique et Gestion Industrielle, Paris 1958, bes. Kap. XII.

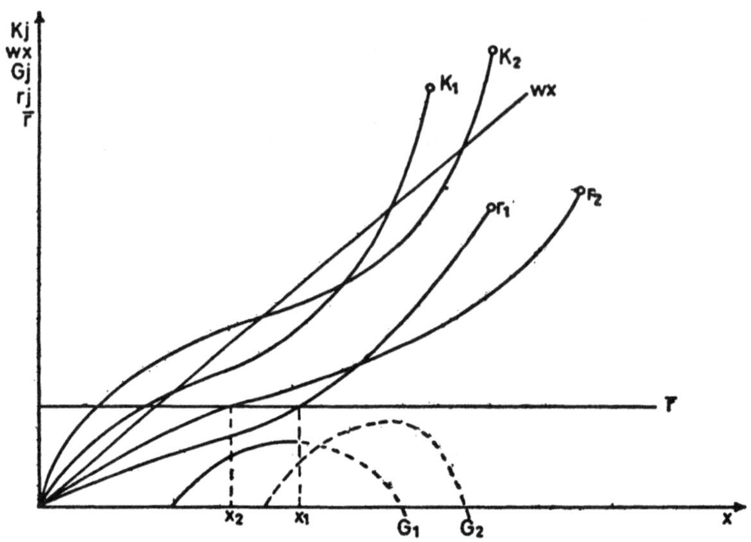

Abb. 18

Maximum Maximorum finden zu können, müssen alle Kombinationen zeitlicher und intensitätsmäßiger Anpassung miteinander verglichen werden. Diese Arbeit läßt sich durch Aufzählung der einzelnen Möglichkeiten nicht leisten. Das Problem der Verfahrensauswahl läßt sich selbst in diesem einfachen Fall eines Einprodukt-Unternehmens nur noch mit den Methoden der mathematischen Programmierung lösen.

Ein entscheidendes Problem ist aber in dem Ansatz der Verfahrensauswahl unberücksichtigt und mithin nur durch Annahmen gelöst: das Problem der optimalen Ausnutzung der Potentialfaktoren während ihrer optimalen Nutzungsdauer. Diese Frage läßt sich in dem gewählten theoretischen Rahmen auch nicht beantworten, da die Verfahrensauswahl stets von der Betrachtung nur einer Produktionsperiode ausgeht, das Problem der optimalen zeitlichen Ausnutzung der Potentialfaktoren aber eine Analyse erfordert, die sich über mehrere Perioden erstreckt. Die Verfahrensauswahl liefert daher wertvolle Instrumente und Anhaltspunkte für eine optimale Wahl der Fertigungsausstattung, sie muß aber dadurch erweitert werden, daß der Zeitablauf explizite in den Ansatz hereingenommen wird. Das ist das traditionelle Anliegen der Investitionstheorie, die nun durch die Ergebnisse der Produktionstheorie ergänzt wird.

III. Die Produktionsfunktion als Grundlage optimaler Investitionsentscheidungen

1. Potentialfaktoren und variable Faktoren im Zeitablauf

Die Zeit entfaltet zwei Wirkungen, die für Investitionsüberlegungen relevant sind:

1. Sie wirkt durch Zeitverschleiß auf die vorhandenen Maschinen ein.
2. Sie bringt neue Maschinen hervor, die die früher angeschafften Maschinen wertlos machen können.

Die erste Wirkung pflegt man als ruhenden Verschleiß, die zweite als Überholung der vorhandenen Anlagen durch technischen Fortschritt zu bezeichnen. Diese Wirkungen werden getrennt analysiert.

Variable Faktoren, die unmittelbar in die Produktion eingehen, sind diesen Wirkungen der Zeit nicht ausgesetzt. Potentialfaktoren aber werden nicht in einer einzigen Produktionsperiode verbraucht, und daher ist es weder möglich, die Prämisse von der zeitlichen Wirkungsindifferenz aufrechtzuerhalten, noch denkbar, eine „Durchschnittsperiode“ zu finden, auf die die Analyse bezogen werden kann. Die Potentialfaktoren der Produktionstheorie können sinnvoll nur in einer Investitionstheorie untersucht werden.

Bei Anschaffung eines Aggregats wird dem Unternehmen ein Leistungspotential in Höhe von p Leistungseinheiten zugeführt. Dieses wird im Laufe der Zeit vor allem durch zwei Faktoren aufgezehrt:

1. Durch die Inanspruchnahme des Aggregats (verbrauchsbedingter Verzehr).
2. Durch den Zeitablauf (zeitbedingter Verzehr).

Die Wirkung des Zeitablaufs auf das Leistungspotential eines Potentialfaktors läßt sich in der folgenden Form darstellen. Wenn eine Maschine zu Beginn der ersten Periode angeschafft wird, so hat sie ein Leistungspotential p_1. Wird sie nun während dieser Periode nicht genutzt, dann verringert sich ihr Leistungspotential durch ruhenden Verschleiß um den Bruchteil $\varkappa p_1$. Zu Beginn des zweiten Jahres beträgt also das vorhandene Leistungspotential nur noch $p_2 = p_1 - \varkappa p_1$ Einheiten. Im allgemeinen ist es vertretbar, eine lineare Abnahme des Leistungspotentials mit der Zeit zu unterstellen. Folglich gilt allgemein: Das Leistungspotential eines im Zeitpunkt 1 angeschafften und in der Zwischenzeit nicht betrieblich genutzten Aggregats ist im Zeitpunkt *t*

(45) $$p_t = p_1[1 - \varkappa(t-1)] \qquad (t = 1, \ldots, T;\ T = \text{Planungshorizont})$$

Bezieht man nun die Gesamtplanungsperiode in die Überlegung ein, so kann man die einfache Durchschnittsbildung, wie sie für die Methoden der Verfahrensauswahl typisch ist, durch eine genauere und wirklichkeitsnähere

Überlegung ersetzen. Die Inanspruchnahme eines Aggregats in einer Produktionsperiode t kann nie größer sein als das zu Beginn der Periode noch vorhandene Leistungspotential. Folglich gilt

$$l_t \leq p_t \tag{46}$$

Das zu Beginn einer Periode noch vorhandene Leistungspotential ist aber nicht nur eine Funktion der Zeit, sondern auch der früher abgegebenen Leistungen. Der verbrauchsbedingte Verschleiß ist sogar der weit wichtigere Faktor für die allmähliche Abnahme der Nutzungsmöglichkeit.

Die Leistungsabgabe eines Aggregats in einer Periode wurde mit l_t bezeichnet. Da das Leistungsbündel, das ein Aggregat repräsentiert, durch (47) definiert werden kann

$$p_1 = \sum_{t=1}^{N} l_t, \qquad (N \leq T) \tag{47}$$

kann man das Leistungspotential zu Beginn des t^*-ten Jahres durch den Ausdruck

$$p_{t^*} = p_1 - \sum_{t=1}^{t^*-1} l_t \tag{48}$$

wiedergeben. Hierbei ist allerdings der Einfluß des ruhenden Verschleißes vernachlässigt worden. Die Beziehung (47) gilt also — strenggenommen — nur in der ersten Periode nach der Anschaffung. Nimmt man nun an, daß der zeitbedingte Verschleiß unabhängig vom technischen Verschleiß ist, so ergibt sich als endgültiger Ausdruck für das Leistungspotential eines Potentialfaktors zu Beginn einer Periode t^*

$$p_{t^*} = p_1[1 - \varkappa(t^* - 1)] - \sum_{t=1}^{t^*-1} l_t \tag{49}$$

Die entscheidende Größe für die Bestimmung dieses Ausdrucks ist p_1, das Leistungspotential bei Anschaffung der Maschine, denn alle anderen Größen wie die Restnutzungsmöglichkeiten und die Leistungsabgaben des Aggregats sind in Einheiten dieses Leistungspotentials im Zeitpunkt der Anschaffung auszudrücken. p_1 ist das gesamte Leistungspotential des Betriebsmittels, bezogen auf eine bestimmte Intensität der Inanspruchnahme. Als Bezugsintensität wird die optimale Nutzungsintensität gewählt. p_1 bringt dann zum Ausdruck, wieviel Fertigungseinheiten bei Produktion mit dieser Intensität insgesamt ausgebracht werden könnten, wenn kein ruhender Verschleiß zu berücksichtigen wäre. Hat also eine technische Anlage den günstigsten Wirkungsgrad bei 50 Leistungseinheiten in der Stunde, dann wäre p_1 die Anzahl der

Stücke, die mit dieser Maschine bei 50 Stück je Stunde insgesamt gefertigt werden könnte. Angenommen, das seien 100 000 Stück. Würde nun die Inanspruchnahme z. B. auf 60 Stück je Stunde erhöht oder auf 35 Stück gesenkt werden, dann würde die Gesamtausbringung etwa nur 80 000 Stück betragen. Das Leistungspotential ist also eine Funktion der Inanspruchnahme. Um nun aber das Leistungspotential p_1 konstant halten zu können, macht man sich die Gleichung (47) zunutze und definiert nicht das Leistungspotential, sondern die Einsatzmenge des Potentialfaktors als abhängig von einer gegebenen Inanspruchnahme. Wenn das Aggregat mit der optimalen Intensität genutzt wird, ist die Einsatzmenge pro Stück geringer, als wenn es mit niedrigerer oder höherer Intensität genutzt wird. Ersetzt man l_t in (47) durch die Beziehung (32), so ergibt sich

(50) $$p_1 = \sum_{t=1}^{N} \Psi_t(d_t)x_t \qquad (N \leq T)$$

Bei einer Inanspruchnahme des Aggregats mit einer Intensität von 50 Stück je Stunde ist das Leistungspotential p_1 durch die Gesamtausbringungsmenge $\sum_{t=1}^{N} x_t = 100\,000$ Stück definiert. Die Faktoreinsatzmenge des Potentialfaktors pro Stück habe bei dieser Nutzungsintensität den Wert 1. Bei einer höheren Produktionsgeschwindigkeit, z. B. 60 Stück in der Stunde, können nur 80 000 Stück produziert werden. Folglich ist der Faktoreinsatz des Potentialfaktors pro Stück bei dieser Intensität 1,25. Derselbe Produktionskoeffizient ergibt sich für eine Leistungsabgabe von nur 35 Stück in der Stunde. Liegen nun weitere derartige Angaben über den Intensitätsbereich vor, dann kann man diese zu einer Funktion zusammenfassen, wie die Abbildung 19 zeigt.

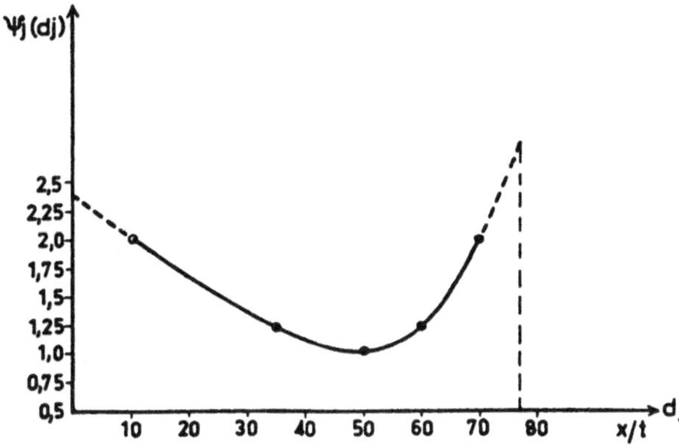

Abb. 19

Auf diese Weise haben wir die Verbrauchsfunktion des Aggregats ermittelt. Diese Verbrauchsfunktion ist in Einheiten des Leistungspotentials im Jahre der Anschaffung ausgedrückt. Sie hat nur Gültigkeit für die Periode unmittelbar nach Anschaffung des Aggregats. In zukünftigen Perioden könnte sich die Lage der Verbrauchsfunktion aus zwei Gründen verändern:

1. Infolge Zeitablaufs sind mehr Faktoreinsatzmengen erforderlich, um die gleiche Menge herstellen zu können.

2. Infolge sehr starker Nutzung in den Vorperioden sind mehr Faktoreinsatzmengen erforderlich, um die gleiche Menge herzustellen, da die Maschine stärker technisch abgenutzt worden ist.

Die erste Möglichkeit ist indirekt durch den Faktor $\varkappa$ berücksichtigt, in dem der Zeitverschleiß zum Ausdruck gebracht worden ist. Dadurch wird eine additive Vergrößerung des Faktoreinsatzes pro Stück um $\varkappa$ Einheiten in jeder Periode dargestellt. Eine solche Annahme über die Entwicklung des mengenmäßigen Verbrauchs mit der Zeit erscheint sinnvoll. Die zweite Möglichkeit einer zeitlichen Veränderung der Verbrauchsfunktionen muß dann berücksichtigt werden, wenn die Nutzungsdauer der Maschine nicht eine Funktion der Zeit und der Gesamtnutzung ist, unabhängig davon, wann diese Nutzungen erbracht werden, sondern wenn die Nutzungsdauer von der zeitlichen Verteilung der Nutzungsabgabe über die Lebensdauer und der Häufigkeit von Intensitätswechseln abhängt. Diese Möglichkeiten werden hier in den Prämissen ausgeschlossen, so daß mit einer über die Nutzungsdauer des Aggregats konstanten Verbrauchsfunktion der Potentialfaktoren gearbeitet werden kann.

Im Zeitablauf ändern sich die technischen Eigenschaften der Potentialfaktoren. Die Toleranzen der Aggregate werden im Zeitablauf größer, die Dichtungen werden schlechter, die Verschmutzung steigt usw. Daher steigen die Verbrauchsmengen der Verbrauchsfaktoren pro Stück. Die Verbrauchsfunktionen der an der Produktion beteiligten Verbrauchsfaktoren können also nur im Spezialfall als während der Zeit konstant angesehen werden. Im allgemeinen verändern sie sich mit dem Zeitablauf und dem technischen Verschleiß.

Die entscheidenden Elemente einer dynamischen Theorie der Verfahrensauswahl, die die wesentlichen Erkenntnisse der Produktionstheorie einbezieht, bestehen also in Verbrauchsfunktionen für die Potentialfaktoren und die Verbrauchsfaktoren, die an dem Potentialfaktor eingesetzt werden. Die Verbrauchsfunktion des Potentialfaktors wird hier als zeitinvariant angenommen und hat die Form $\psi_t(d_t)$ für alle t, die Verbrauchsfunktion der Verbrauchsfaktoren ist zeitabhängig und wird durch (51) wiedergegeben.

(51) $$a_{it^*} = f_{it}(d_{t^*}) = f_{i1}(d_1)[1 + w(t^*-1)] + v \sum_{t=1}^{t^*-1} f_{it}(d_t)x_t \qquad \text{für alle } t^*$$

v = Trendfaktor der Verbrauchsfunktion von Verbrauchsfaktoren (Nutzungsverschleiß)

w = Trendfaktor der Verbrauchsfunktion von Verbrauchsfaktoren (Zeitverschleiß)

Eine Verbrauchsfunktion der in (51) wiedergegebenen Form enthält die Wirkungen des Zeitverschleißes auf den Faktorverbrauch und die Wirkungen des Nutzungsverschleißes auf die Faktoreinsatzmengen pro Stück. (51) ist eine dynamische Verbrauchsfunktion für die Verbrauchsfaktoren. Sie zeigt, daß die Verbrauchsfunktionen nicht nur Elemente einer statischen Produktions- und Kostentheorie, sondern auch einer dynamischen Investitionstheorie sind.

Die zeitliche Verzahnung der Produktionsperioden wird durch die Potentialfaktoren bewirkt. Die Verbrauchsfunktionen für die Potentialfaktoren selbst sind hier zeitinvariant formuliert worden. Dennoch sind auch sie Teil einer dynamischen Analyse der Potentialfaktoren. Das Zeitelement ist hier indirekt in der Kapazitätsbeschränkung eingefangen. Allgemein gilt, daß die Nutzung einer Maschine einer Periode nicht größer sein kann als die zu Beginn des Jahres vorhandene Kapazität. Die Kapazität des Potentialfaktors in einer bestimmten Periode ist abhängig von der seit der Anschaffung vergangenen Zeit und von der seitherigen Inanspruchnahme, also nach (49) und (50) in Verbindung mit (32)

(52) $$p_{t^*} = p_1[1-\varkappa(t^*-1)] - \sum_{t=1}^{t^*-1} \Psi_t(d_t)x_t \qquad \text{für alle } t^*$$

Die Kapazitätsbeschränkung, der die Inanspruchnahme eines Potentialfaktors in einer bestimmten Periode unterliegt, ist ein dynamischer Ausdruck. In der Kapazitätsbeschränkung kommt die gesamte „Investitions- und Nutzungsgeschichte" des Potentialfaktors von seiner Anschaffung bis zum Beginn der laufenden Periode zum Ausdruck.

2. Investitionstheorie auf der Grundlage von Leontief-Produktionsfunktionen und Unteilbarkeit der Potentialfaktoren

Da in Leontief-Produktionsfunktionen die Produktionskoeffizienten konstant sind, lassen sich die Einzahlungen und Auszahlungen als lineare Funktionen der Ausbringungsmenge in den einzelnen Planperioden angeben. Die auf den Planungszeitpunkt diskontierte Differenz der Einzahlungen und Auszahlungen eines Prozesses ist

$$(53) \qquad C_0 = \sum_{t=1}^{N} q^{-(t-1)}(w_t - b_t)x_t - u \qquad (N \leq T)$$

Darin sind

u = Anschaffungsausgaben
q = Diskontierungsfaktor
w = Produktpreis
b = Auszahlungen für die eingesetzten Verbrauchsfaktoren je Stück der Ausbringung

Ein Prozeß ist um so vorteilhafter, je höher der durch (53) definierte Kapitalwert ist.

Die Kapazität des Investitionsobjekts schwindet im Zeitablauf, und die Auszahlungen für die Verbrauchsfaktoren steigen infolge des technischen Verschleißes von Jahr zu Jahr. Diese Faktoren beeinflussen die Berechnung des Kapitalwertes C_0. Muß die Kapazität eines jeden Jahres voll genutzt werden, ist die Rechnung trivial. Die jährliche Produktionshöhe ist durch die Produktionszeit bestimmt. Folglich ist durch

$$(54) \qquad p_1[1 - \varkappa(t^* - 1)] - \sum_{t=1}^{t^*} q_t x_t = 0$$

(q = Inanspruchnahme des Leistungspotentials je Stück Ausbringung)

die Nutzungsdauer t^* des Aggregats eindeutig bestimmt, und die Berechnung des Kapitalwertes bereitet keine Schwierigkeiten. Der Prozeß mit dem höchsten Kapitalwert ist optimal.

Dieses Ergebnis muß in zwei Richtungen qualifiziert werden. Erstens muß die Annahme voller Ausnutzung der Kapazität in jeder Periode aufgegeben werden. Da auch bei konstanten Produktionskoeffizienten die Produktionsprozesse zeitlich angepaßt werden können, kann Produktionskapazität für zukünftige Perioden dadurch „aufgespart" werden, daß das Aggregat überhaupt nicht oder unterbeschäftigt wird. Man erhält für diesen Fall, daß (53) unter den Bedingungen

$$(55) \qquad \sum_{t=1}^{t^*} q_t x_t \leq p_1[1 - \varkappa(t^* - 1)] \qquad \text{für alle } t^* \text{ mit } 0 \leq t^* \leq N \leq T$$

und

$$(56) \qquad 0 \leq x_t \leq \bar{x}_t$$

berechnet werden muß. Dabei ist $\bar{x}_t$ die Menge, die in der während der Produktionsperiode zur Verfügung stehenden Fertigungszeit höchstens ausgebracht werden kann.

Aus diesem Ansatz müssen die Produktionsmengen jeder Periode und die optimale Nutzungsdauer simultan bestimmt werden. Dieses Problem ist erheblich komplizierter als der scheinbar ähnliche Fall, den Schneider behandelt[66]). Schneider untersucht das Problem gegebener bzw. konstanter „Breite des Absatzstromes". In der hier gegebenen Formulierung soll die Vorteilhaftigkeit eines Investitionsobjektes bei variabler Breite des Absatzstromes bestimmt werden.

Unterliegt das Aggregat nicht dem Zeitverschleiß ($\varkappa = 0$) und sind die Produktionskoeffizienten der Verbrauchsfaktoren im Zeitablauf konstant ($a_{it} = a_{it+1}$ für alle i, t), dann ist die Lösung ohne weiteres durch Maximieren einer linearen Nebenbedingung zu finden. Ist der Zeitverschleiß unbedeutend, verändern sich aber die Produktionskoeffizienten der Verbrauchsfaktoren im Zeitablauf analog (51) für konstante Produktionskoeffizienten, dann ergibt sich eine nichtlineare Zielfunktion unter linearen Nebenbedingungen, da die Auszahlungen einer Periode t^* durch (57) wiedergegeben werden können.

$$b_{t^*} x_{t^*} = \sum_{i=1}^{n} a_{it^*} v_i x_{t^*} \tag{57}$$

bzw. unter Verwendung von (51)

$$b_{t^*} x_{t^*} = \sum_{i=1}^{n} v_i a_{i1} x_{t^*} [1 + w(t^* - 1)] + v \sum_{i=1}^{n} \sum_{t=1}^{t^*-1} v_i a_{it} x_t x_{t^*} \tag{58}$$

Sind die Produktionskoeffizienten für die Verbrauchsfaktoren konstant und unterliegt die Maschine dem Zeitverschleiß, dann kompliziert sich die Lösung deshalb, weil nun zusätzlich die optimale Nutzungsdauer der Anlage zu bestimmen ist, d. h., die Zahl der Nebenbedingungen (55) ist selbst Problem. Hier ist nach folgendem Prinzip vorzugehen: Angenommen, man produziert in jeder Periode unter Auslastung der Kapazität, dann ist das Ende der Nutzungsdauer nach z. B. drei Perioden erreicht (Abbildung 20).

Die Kurve $p_1 (1 - \varkappa t)$ in Abbildung 20 gibt die in jedem Punkte t verfügbare Kapazität an, wenn bisher nicht produziert worden ist. Die Kurve $q_t x_t t$ ist die Kurve des bisher in Anspruch genommenen Leistungspotentials unter der Annahme, daß in jeder Periode die gesamte Periodenkapazität voll ausgenutzt wird. Da wegen des konstanten Produktionskoeffizienten der Potentialfaktoren die Ausbringung pro Zeiteinheit gegeben ist, ist das Steigungsmaß dieser Kurve des tatsächlich in Anspruch genommenen Leistungspoten-

[66]) Vgl. E. Schneider, Wirtschaftlichkeitsrechnung, 1. Aufl., Bern und Tübingen 1951, S. 80 f.

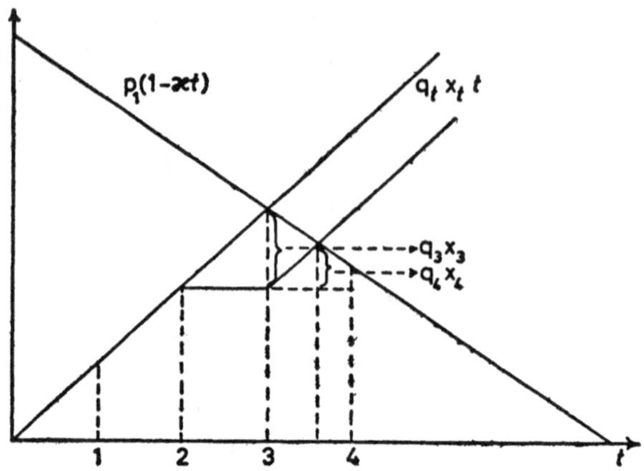

Abb. 20

tials konstant. Abweichungen von dem Verlauf dieser Kurve können also nur dadurch eintreten, daß Produktionsunterbrechungen vorgenommen werden, die die Kurve parallel nach rechts um die Zeit der Unterbrechung verschieben. Eine solche Unterbrechung ist z. B. in der dritten Periode lohnend, wenn die entgehenden Produktionsmöglichkeiten q_3x_3 weniger wert sind als die zusätzlichen Produktionsmöglichkeiten q_4x_4. Wegen des Zeitverschleißes ist aber auf jeden Fall x_4 kleiner, als x_3 hätte sein können. Eine zeitliche Verschiebung zwischen den beiden Perioden ist immer dann vorteilhaft, wenn

(59)
$$\frac{d_3q^{-2}}{d_4q^{-3}} < \frac{q_3x_3}{\varkappa p + q_3x_3}$$

das heißt, wenn das Verhältnis der diskontierten Nettostückerlöse der Perioden kleiner ist als das Verhältnis der in der dritten Periode benutzbaren Kapazität zu der um den Jahresverschleiß erhöhten Kapazität der dritten Periode. Ist $\varkappa = 0$, dann ist eine Zeitpunktverschiebung offenbar schon immer dann vorteilhaft, wenn der diskontierte Gewinn einer späteren Periode größer ist als der diskontierte Gewinn einer früheren Periode. Man kann diese Bedingung auch so formulieren: Eine Zeitpunktverschiebung der Produktion lohnt sich immer dann, wenn der Wert der durch den Zeitverschleiß verschwendeten Kapazität kleiner ist als der Grenzgewinn infolge Zeitpunktverschiebung auf die in der Periode nicht genutzte Kapazität, also:

(60)
$$d_3\varkappa pq^{-2} < q_3x_3(d_4q^{-3} - d_3q^{-2})$$

Dieses Problem kann man graphisch darstellen. In Abbildung 21 ist zusätzlich zu den Kapazitätsbedingungen der Abbildung 20 der diskontierte Gewinn pro Zeiteinheit eingetragen. Wegen der konstanten Produktionskoeffi-

zienten und der gegebenen Produkt- und Faktorpreise pro Periode ist der diskontierte Stückgewinn eine Konstante.

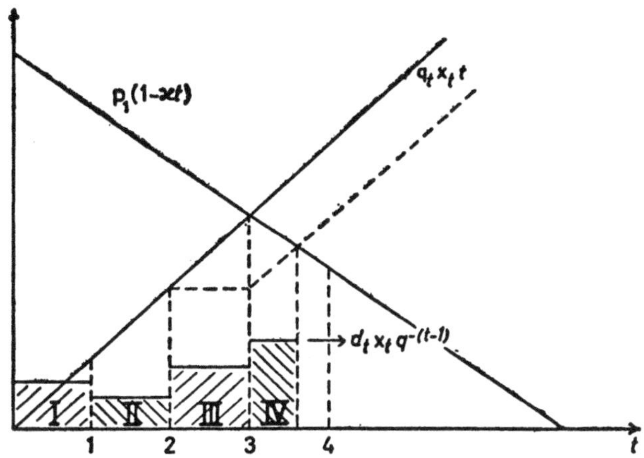

Abb. 21

Die schraffierte Fläche unter der Kurve $d_t x_t q^{-(t-1)}$, ist der gesamte diskontierte Gewinn bei der gegebenen zeitlichen Beanspruchung des Potentialfaktors. Wird nun in jeder Periode mit voller Kapazität produziert, dann ist der Kapitalwert die schraffierte Fläche bis zum Punkte $t = 3$. Offenbar ist es sinnvoll, die Produktion in der dritten Periode einzustellen, wenn die Fläche IV größer ist als die Fläche III. Dabei liegt die Annahme zugrunde, daß bei Produktionseinstellungen (Periode III) ebenso wie in den Differenzperioden (Periode IV, wenn in Periode III produziert wird) mindestens der Kalkulationszinsfuß erwirtschaftet werden kann. Diese Annahme ist für die Differenzperiode sicher leichter aufrechtzuerhalten als für die Zeit der Produktionseinstellung. Der Gesamtkapitalwert des Potentialfaktors ist also die größtmögliche Fläche unter einer zu bestimmenden Kurve $d_t x_t q^{-(t-1)}$. Diese größte Fläche ist bereits unter den strengen Bedingungen von Leontief-Produktionsfunktionen nicht einfach zu bestimmen.

Allgemein kann aus dem Gesagten gefolgert werden, daß der Gesamtgewinn, den ein Investitionsobjekt mit konstanten Produktionskoeffizienten in jeder Periode erzielen kann, von der optimalen zeitlichen Verteilung der Produktion abhängt. Die zeitliche Verteilung ist dann optimal, wenn die Grenzkosten einer zeitlichen Verschiebung der Produktion gleich dem Grenzerlös einer Zeitpunktverschiebung sind.

Diese Bedingung gilt auch für den Fall, daß die Produktionskoeffizienten der direkt eingesetzten Faktoren sich mit der Zeit verändern.

Damit ist die Analyse der Vorteilhaftigkeit einzelner Investitionsobjekte bei Leontief-Produktionsfunktionen abgeschlossen. Sie zeigt, daß bei Berücksichtigung dynamischer Produktionsbedingungen bei den Potentialfaktoren bereits in dem relativ einfachen Fall von nicht variierbaren Produktionskoeffizienten sehr komplizierte Probleme der Bestimmung des optimalen Produktionsprozesses auftreten können. Die Vorteilhaftigkeit eines einzelnen Investitionsobjektes hängt von der optimalen Nutzungsdauer des Potentialfaktors ab. Diese wiederum wird vom Zeitablauf und der zeitlichen Nutzung des Aggregats bestimmt. Damit ist nachgewiesen, daß die der Produktionstheorie auf der Basis von Leontief-Produktionsfunktionen zugrunde liegende Annahme der zeitlichen Wirkungsindifferenz hinsichtlich der Potentialfaktoren nicht aufrechterhalten werden kann, wenn diese Theorie mikroökonomische Bedeutung haben soll.

Geht man von bestandsmäßiger Konstanz der Potentialfaktoren aus, wird ein weiteres Ergebnis der kurzfristigen Produktionstheorie des Einprodukt-Unternehmens fragwürdig. Dabei handelt es sich um den Satz, daß im Einproduktunternehmen stets ein und nur ein Produktionsprozeß optimal sei. Für die Prozeßauswahl in der kurzfristigen Analyse sind lediglich die aus den konstanten Produktionskoeffizienten abgeleiteten Stückkosten maßgebend. In der dynamischen Analyse kommen zu diesem Entscheidungskriterium noch der Zeitverschleiß $\varkappa$ und die Veränderung der Produktionskoeffizienten in Abhängigkeit von der Zeit und der Nutzung hinzu. So kann es sinnvoll sein, einen Produktionsprozeß mit geringem Zeitverschleiß, aber relativ hohem Nutzungsverschleiß als Reserveaggregat neben einem Produktionsprozeß einzusetzen, der relativ geringen Nutzungsverschleiß bei größerem Zeitverschleiß aufweist. Diese Kombination von Aggregaten erlaubt es dem Unternehmen, sich in Perioden mit hohen Preisen an die Nachfrage durch ein elastisches Angebot anzupassen, eine Möglichkeit, der um so größere Bedeutung zukommt, als es auf Grund der in den einzelnen Perioden konstanten Produktionskoeffizienten nicht möglich ist, sich intensitätsmäßig anzupassen.

3. Investitionstheorie auf der Grundlage von Gutenberg-Produktionsfunktionen

In der dynamischen Analyse von Gutenberg-Produktionsfunktionen ist neben der Variationsmöglichkeit der Produktionskoeffizienten in jedem Zeitpunkt in Abhängigkeit von der Inanspruchnahme die Veränderung der Produktionskoeffizienten mit der Zeit zu beachten.

Eine einfache Überlegung zeigt, wie wichtig es ist, Veränderungen der Produktionsgeschwindigkeit in die Investitionsüberlegungen einzubeziehen: Über die Vorteilhaftigkeit einer Investition entscheidet ihr Rentabilitätsbeitrag. Dieser richtet sich nach der Gesamtausbringungsmenge, die mit dieser Anlage hergestellt werden kann, und nach den einmaligen und laufenden Auszahlungen des Investitionsobjektes. Die Verringerung des Leistungspotentials durch den zeitbedingten Verschleiß hat zur Folge, daß durch stärkere intensitätsmäßige Nutzung in den ersten Jahren dann eine insgesamt größere Produktionsmenge mit der Anlage hervorgebracht werden kann, wenn der Zeitverschleiß relativ stärker wirkt als der technische Verschleiß bei Überbeanspruchung. Bei flachen Verbrauchsfunktionen der Potentialfaktoren und hohem Wert für $\varkappa$ wird daher der Rentabilitätsbeitrag des Investitionsobjektes durch Überbeanspruchung in den ersten Perioden der Nutzung erhöht werden können. Das gilt besonders dann, wenn nicht nur der Zeitverschleiß die Nutzungsmöglichkeiten des Aggregats in den zukünftigen Jahren senkt, sondern wenn auch Rationalisierungserfindungen die wirtschaftliche Nutzungsfähigkeit des Investitionsobjektes mit der Zeit herabdrücken.

Die mit dem Investitionsobjekt hergestellten Erzeugnisse werden am Markt abgesetzt und erzielen in den einzelnen Perioden unterschiedliche Preise. Lassen die technischen Eigenschaften des Aggregats es zu, daß die Inanspruchnahme variiert wird, dann kann sich das Unternehmen weit elastischer den Nachfrageverhältnissen anpassen, als wenn die Produktionsgeschwindigkeit der Aggregate weitgehend konstant gehalten werden muß. Ob diese zusätzliche Elastizität wirklich effizient ist, hängt von den Kosten der anderen Anpassungsformen, insbesondere der zeitlichen Anpassung, ab. Im allgemeinen darf jedoch davon ausgegangen werden, daß ein Aggregat mit einer Bandbreite möglicher Inanspruchnahme bei sonst gleichen Daten vorteilhafter ist als ein Aggregat mit unveränderlicher Produktionsgeschwindigkeit.

Bei hohen Kosten der Stillegung in mehrstufigen Betrieben kann der Gesamtgewinn auch dadurch erhöht werden, daß die Aggregate der vorgeschalteten Produktionsstufe unterbeschäftigt werden[67]). Dadurch kann die Bildung von Zwischenlagern vermieden werden. Ist die zeitliche Anpassung mit hohen Kosten der Stillegung und der Wiederinbetriebnahme verbunden, ist es auch vielfach sinnvoller, die Aggregate nicht zeitlich, sondern intensitätsmäßig anzupassen. Alle diese Vorteile eines elastischen Betriebsmittels können von der Investitionstheorie, die mit konstanten Produktionskoeffizienten arbeitet, nicht berücksichtigt werden.

Diese Überlegungen rechtfertigen es, die Produktionsbedingungen der Gutenberg-Produktionsfunktion systematisch in die Invesitionstheorie einzubauen. Kernstück einer solchen Investitionstheorie sind die dynamischen Verbrauchsfunktionen der Verbrauchsfaktoren und der Potentialfaktoren.

Das Entscheidungskriterium der dynamischen Verfahrensauswahl ist auch in diesem Fall der Kapitalwert der Einzahlungen und Auszahlungen eines Investitionsobjektes. Der Kapitalwert hängt wiederum von der zeitlichen Verteilung der Produktion und darüber hinaus von der Intensität der Nut-

[67]) Vgl. hierzu die Beispiele bei H. Albach, Produktionsplanung auf der Grundlage technischer Verbrauchsfunktionen, a. a. O., S. 89 ff.

zung des Potentialfaktors in jedem Zeitpunkt ab. Die zusätzliche Dimension, die bei Gutenberg-Produktionsfunktionen zu beachten ist, läßt sich am einfachsten in einer Abbildung wiedergeben, die der Abbildung 21 für Leontief-Produktionsfunktionen entspricht (Abbildung 22).

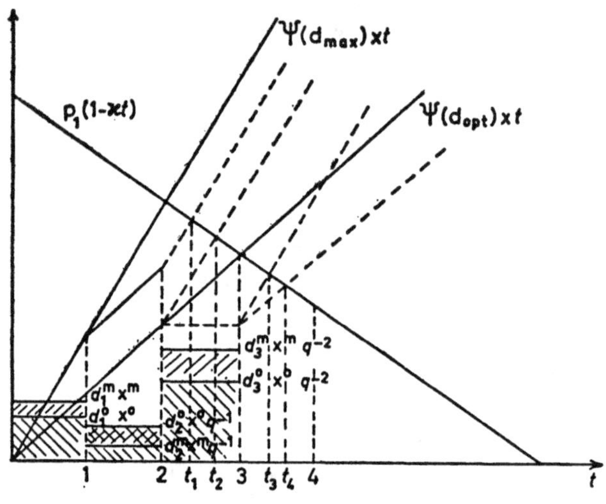

Abb. 22

In Abbildung 22 sind die Verbrauchsstrahlen für die optimale und die maximale Inanspruchnahme des Potentialfaktors eingezeichnet. (Im einstufigen Unternehmen ohne fixe Kosten der zeitlichen Anpassung sind die Intensitätsbereiche unter dem Optimum ineffizient.) Zwischen diesen Intensitäten sind in jeder Periode alle Intensitätsstufen denkbar. Je nach den Marktpreisen für das Produkt ist es nun sinnvoll, mit hoher Intensität zu produzieren, wenn die Preisdifferenz größer ist als die Grenzkosten der intensitätsmäßigen Anpassung. Gleichzeitig gehen aber zukünftige Nutzungsmöglichkeiten verloren. Abbildung 22 zeigt das Problem. Für jede Periode ist der diskontierte Gewinn bei maximaler und optimaler Inanspruchnahme und zeitlicher Vollbeschäftigung eingezeichnet. Der Kapitalwert des Investitionsobjekts hängt von der Nutzung und von dem in jedem Jahr der Nutzungsdauer erzielten Gewinn ab. Die Nutzungsdauer wird analog (54) durch den Schnittpunkt der Kurven der tatsächlichen Leistungsabgabe und des Zeitverschleißes bestimmt. Die Kurve des Zeitverschleißes ist gegeben. Der Verlauf der Kurve der tatsächlichen Leistungsabgabe hängt dagegen von der Entscheidung der Unternehmensleitung über die zeitliche und intensitätsmäßige Nutzung des Aggregats ab. Die mögliche Nutzungsdauer der Anlage liegt in dem Beispiel der Abbildung 22 zwischen etwas über 2 und etwas über 7 Jahren. Bei einer Nutzungsdauer von t_3 Zeiteinheiten müßte z.B. auf der Maschine in den ersten beiden Jahren mit optimaler Intensität, in der dritten Periode gar nicht und in der vierten Periode fast die Hälfte der Periode mit maximaler Intensität produziert werden. Der höchste Kapitalwert, der

mit dem Investitionsobjekt erzielt werden kann, läßt sich also nur aus der simultanen Berechnung der Nutzungsdauer und der optimalen Nutzung des Aggregats in der Zeit ableiten.

Die analytische Bestimmung des optimalen Produktionsverfahrens unter Berücksichtigung intensitätsmäßiger Anpassungsmöglichkeiten bereitet große Schwierigkeiten. Allgemein lautet der Ansatz für ein einzelnes Investitionsobjekt

(61) $$C_0 = \sum_{t=1}^{N} q^{-(t-1)} \left[w_t - \sum_{i=1}^{n} f_{it}(d_t) v_{it} \right] x_t - u \rightarrow \max!$$

$$\text{mit } 0 \leq t \leq N \leq T$$

unter der Nebenbedingung:

(62) $$\sum_{t=1}^{t^*-1} \Psi_t(d_t) x_t \leq p_1[1 - \varkappa(t^* - 1)] \qquad \text{für alle relevanten } t^*$$

Es sei angenommen, daß die Verbrauchsfunktionen bei einer bestimmten Leistung so steigen, daß keine zusätzlichen Beschränkungen für die zeitliche Produktionskapazität einer Periode angegeben zu werden brauchen.

Geht man wiederum von dem einfachsten Fall aus, bei dem der Zeitverschleiß Null ist und die Verbrauchsfunktionen der Verbrauchsfaktoren sich nicht in Abhängigkeit von t ändern, so lassen sich die notwendigen Bedingungen für den optimalen Kapitalwert in bezug auf x_t angeben:

(63) $$w_t q^{-(t-1)} = \nu \Phi'_t + b'_t q^{-(t-1)} \qquad \text{für alle } t$$

Darin ist $\Phi_t = \Psi_t(d_t) x_t$.

Das bedeutet: In jeder Periode muß der diskontierte Grenzerlös in bezug auf x_t gleich den diskontierten Grenzausgaben sein. Die diskontxierten Grenzausgaben bestehen aus den tatsächlichen Grenzauszahlungen und dem bewerteten Grenzverzehr an Leistungspotential in der Periode. Der Bewertungsfaktor ist ν. Die Höhe von ν wird von den Nutzungsmöglichkeiten in allen anderen Perioden bestimmt. Man hat mithin $t+1$ Gleichungen mit $t+1$ Unbekannten. Die rechnerischen Schwierigkeiten bei der Lösung des Problems sind aber beträchtlich. Bei parabolischen Verbrauchsfunktionen ergeben sich kubische Gleichungen, so daß es in diesem Falle erforderlich ist, (63) für alternative vorherbestimmte ν zu lösen und die Lösungen so lange zu verändern, bis die Lebensdauerbedingung erfüllt ist.

Die Bedingungen für einen optimalen Kapitalwert ändern sich auch bei zeitabhängigen Verbrauchsfunktionen für die direkt eingesetzten Faktoren nicht. Wird auch der Zeitverschleiß in die Bestimmung des optimalen Verfahrens einbezogen, dann erweitert sich die Optimumbedingung. Sie lautet verbal: Der auf den Absatzstrom bezogene diskontierte Grenzerlös muß gleich den auf x_t bezogenen diskontierten Grenzausgaben und dem auf x_t bezogenen bewerteten Grenzverkehr infolge Inanspruchnahme und Zeitverschleiß sein.

Damit erhalten wir folgendes Ergebnis: Die Vorteilhaftigkeit eines einzelnen Verfahrens hängt von der optimalen Kombination der Anpassungsformen an die Nachfrageverhältnisse jedes Jahres ab. Bei konstanten Verkaufspreisen und konstanten bzw. steigenden Faktorpreisen ist die Vorteilhaftigkeit eines Potentialfaktors mit variablem Produktionskoeffizienten gegenüber einem Potentialfaktor mit konstantem Produktionskoeffizienten (der dem optimalen Produktionskoeffizienten des Potentialfaktors mit variablem Produktionskoeffizienten entsprechen möge) um so größer, je kleiner das Verhältnis von konstantem Produktionskoeffizienten zur Verschleißquote, je höher der Kalkulationszinsfuß und je flacher die Verbrauchsfunktion des Potentialfaktors ist. Bei konstanten Preisen bewirken diese Faktoren, daß ein Aggregat in den ersten Jahren mit überoptimaler Intensität beschäftigt und in den letzten Jahren der Nutzung mit optimaler Intensität beansprucht werden muß. Dieses Ergebnis stimmt mit dem an anderer Stelle gezogenen Schluß überein, daß in einer Kombination von alten und neuen Maschinen die neuen stärker beansprucht werden müssen als die alten. Bei steigenden Produktpreisen gleicht sich die Vorteilhaftigkeit der Aggregate um so stärker an, je mehr die Preissteigerungen sich dem bewerteten Zeitverschleiß nähern. Bei stark schwankenden Preisen erhöht die Möglichkeit intensitätsmäßiger Anpassung bei zyklischer Investitionspolitik (d. h. bei Anschaffung im Aufschwung) die Vorteilhaftigkeit des Investitionsobjektes, bei antizyklischer Investitionspolitik (d. h. bei Anschaffung im Abschwung) schwindet dieser Vorteil um so stärker, je länger die Phasen des Preiszyklus sind und je länger die Lebensdauer des Investitionsobjektes ist.

Damit ist die fertigungstechnische Elastizität auf Grund von Gutenberg-Produktionsfunktionen als eine entscheidende Determinante der Vorteilhaftigkeit von Produktionsverfahren erkannt. In der Praxis der Investitionsentscheidungen wird dieser Faktor „Elastizität" der Maschinen und Aggregate meist als imponderable Größe behandelt und, wenn überhaupt, dann erst nach Durchführung einer Rechnung, die von der Variationsmöglichkeit der Inanspruchnahme abstrahiert, als gefühlsmäßige Korrektur der Rechnung in die endgültige Investitionsentscheidung eingefügt[68]). Hier ist nun

[68]) Vgl. hierzu auch: E. Gutenberg, Zur neueren Entwicklung der Wirtschaftlichkeitsrechnung, ZfdgSt 1952, S. 630 ff., bes. S. 637; ders., Der Stand der wissenschaftlichen Forschung auf dem Gebiet der betrieblichen Investitionsplanung, ZfhF 1954, S. 557 ff., bes. S. 561 ff.; E. Schneider, Wirtschaftlichkeitsrechnung, 1. Aufl., Tübingen 1951, S. 129; G. Terborgh (Leitfaden der betrieblichen Investitionspolitik, Wiesbaden 1962, S. 149) berücksichtigt die fertigungstechnische Elastizität in seinem Verfahren der Investitionsrechnung ausdrücklich, weist aber darauf hin, daß dieser Punkt häufig nicht beachtet wird.

ein Weg gezeigt, mit dem die fertigungstechnische Elastizität meßbar gemacht werden kann: Die Differenz zwischen dem Kapitalwert des Verfahrens mit variablem Produktionskoeffizienten und dem Kapitalwert desselben Verfahrens bei ausschließlich optimaler Nutzung ist der Kapitalwert der fertigungstechnischen Elastizität. Dieses Maß ist aber nicht selbständig bestimmbar. Es läßt sich immer erst ermitteln, wenn die Gesamtanalyse abgeschlossen ist, d. h. der Wert der fertigungstechnischen Elastizität ist Teil des Ergebnisses und kann nicht vor der Analyse berechnet werden.

Bezieht man Gutenberg-Produktionsfunktionen in die Investitionstheorie ein, zeigt sich die Vielfalt der praktisch relevanten Möglichkeiten, von denen die Vorteilhaftigkeit industrieller Produktionsverfahren abhängt. Für praktische Investitionsprobleme ergeben sich daraus gewisse Konsequenzen. Das gesamte Investitionsprogramm läßt sich kaum simultan festlegen. Die Prüfung aller fertigungstechnischen Möglichkeiten, die Gutenberg-Produktionsfunktionen aufweisen, ist nur sinnvoll, wenn ein Produktionsverfahren bereits als in der Nähe des Optimums liegend erkannt ist. Folglich erscheint es zweckmäßig, allgemeine Richtlinien für die betriebliche Unternehmenspolitik anhand von Gesamtmodellen auf der Grundlage dynamischer Leontief-Produktionsfunktionen zu ermitteln und die endgültige Entscheidung anhand einer Einzelprüfung der durch die Globalanalyse ermittelten Produktionsverfahren unter Berücksichtigung der dynamischen Verbrauchsfunktionen und der vorliegenden Informationen über die Kosten- und Ertragsentwicklung vorzunehmen.

Verzeichnis der benutzten Symbole

Indizes:

i	Nummer des Faktors; i = 1, . . ., n
j	Nummer des Verfahrens, gleichbedeutend mit „Nummer des Prozesses" bei Leontief-Produktionsfunktionen, mit „Nummer des Aggregats" bei Gutenberg-Produktionsfunktionen; j = 1, . . ., m
$\varepsilon, \eta, \varrho, \sigma, \psi$	Indizes bestimmter Prozesse

a	Produktionskoeffizient
b	Auszahlungen für die eingesetzten Faktoren je Stück der Ausbringung
d	Leistung = Ausbringung pro Zeiteinheit
f	Funktionszeichen für die Verbrauchsfunktionen der variablen Faktoren
h	Konstante
k	Stückkosten bzw. Durchschnittskosten
l	Gesamtausnutzung des Leistungspotentials eines Potentialfaktors während der Produktionsperiode
p	Leistungspotential eines Potentialfaktors
q	Inanspruchnahme des Leistungspotentials je Stück der Ausbringung
r	Faktoreinsatzmenge
s	Homogenitätsgrad der Produktionsfunktion
t	Fertigungszeit
u	Anschaffungsausgabe
v	Faktorpreis
w	Produktpreis
x	Ausbringungsmenge
z	Anzahl der eingesetzten Aggregate
G	Gesamtgewinn
K	Gesamtkosten
N	Nutzungsdauer eines Aggregats
T	zeitliche Kapazitätsgrenze
$\underline{a}_i$	Zeilenvektor, Vektor der Faktoreinsatzmengen je Stück
$\underline{a}_i^*$	der Größe nach geordneter Vektor der Faktoreinsatzmengen je Stück
$\underline{l}$	Vektor des in der Produktionsperiode ausgenutzten Leistungspotentials
$\underline{o}$	Nullvektor
$\underline{r}$	Vektor der Faktoreinsatzmengen
$\underline{x}$	Vektor der Produktionsmengen
$\underline{z}$	Vektor der eingesetzten Aggregate
$\underline{A}$	Produktionsmatrix der Leontief-Produktionsfunktion
$\underline{F}$	Produktionsmatrix der Gutenberg-Produktionsfunktion für Verbrauchsfaktoren
$\underline{G}$	Produktionsmatrix der Gutenberg-Produktionsfunktion für Potentialfaktoren
d	Gewinn je Ausbringungseinheit
q	Diskontierungsfaktor

t	bestimmtes Jahr im Zeitablauf
v	Trendfaktor der Verbrauchsfunktion von Verbrauchsfaktoren (Nutzungsverschleiß)
w	Trendfaktor der Verbrauchsfunktion von Verbrauchsfaktoren (Zeitverschleiß)
T	Planungshorizont
α	Konstante
$\varkappa$	Abnahme der Nutzungsmöglichkeit durch ruhenden Verschleiß pro Jahr
λ	Proportionalitätsfaktor der Produktionsfunktion bei Niveauvariation
ν	Bewertungsfaktor des Grenzverzehrs an Leistungspotential
Π	Produktionsprozeß
Π^*	Produktionsverfahren bei Gutenberg-Produktionsfunktionen
π	Produktionspunkt
τ	Periode
Φ	Verzehr an Leistungspotential
Ψ	Funktionszeichen der Verbrauchsfunktion für Potentialfaktoren

Bemerkungen zur Theorie der Investitionsketten

Horst Albach, Bernd Franke und Michael Werhahn

Zusammenfassung: Diese Arbeit widmet ihr Augenmerk zwei Aspekten aus der Theorie der Investitionsketten. Zum einen dem Beweis, daß die optimalen Nutzungsdauern von identischen Gliedern in einer unendlichen Investitionskette gleich sind, zum anderen wird die Bedeutung der Theorie der Investitionsketten für die betriebliche Investitionspolitik analysiert.

1 Problemstellung

In der klassischen Investitionstheorie spielt die Theorie der Investitionsketten eine nicht unbedeutende Rolle [4]. Sie ist auch in der investitionstheoretischen Literatur der letzten Jahrzehnte durch Beiträge bereichert worden, die den technischen Fortschritt [1] und Steuern [2, 3] bei der Bestimmung der optimalen Nutzungsdauer von Gliedern in der Investitionskette berücksichtigen.

Zwei Problemen ist in der Theorie der Investitionsketten wenig Beachtung geschenkt worden: Dem Beweis, daß die Nutzungsdauern von identischen Gliedern in einer unendlichen Investitionskette gleich sind, und der Bedeutung der Theorie der Investitionsketten für die betriebliche Investitionspolitik. Diesen beiden Problemen sind die folgenden Bemerkungen gewidmet.

2 Die optimale Nutzungsdauer von Investitionen in einer unendlichen Kette identischer Glieder

In Erich Schneiders „Wirtschaftlichkeitsrechnung" heißt es: „Besteht die Kette aus unendlich vielen Gliedern, die dem gleichen Komplex von unendlich vielen, kontinuierlich aufeinander folgenden Grundinvestitionen angehören, so ist die günstigste Investitionsdauer für alle Glieder gleich groß (und gleich t, Anm. d. Verf.). Es ist einfach zu zeigen ... wie man leicht sieht, ist diese Größe t der Grenzwert der Reihe $t_1^{opt}, t_2^{opt}, \ldots, t_k^{opt}$, wenn k über alle Grenzen wächst" [4].

Erich Schneider war berühmt für seine Formulierung „Wie man leicht sieht". Das war im allgemeinen ein untrügliches Indiz dafür, daß der Beweis relativ kompliziert war. Es ist deshalb nicht überraschend, daß bis heute ein ausführlicher Beweis für diesen Satz in der betriebswirtschaftlichen Literatur fehlt. Er wird im folgenden erbracht.

Betrachtet werden unendliche Investitionsketten von identischen Investitionsprojekten. Für ein Projekt mit der Nutzungsdauer t sei

$$A(t) := \int_0^t f(x)e^{-rx}\,dx$$

der Kapitalwert (r sei der Diskontierungsfaktor, die Funktion f charakterisiere die Zahlungsströme; $f(x) \leq 0$ entspreche einer Auszahlung, $f(x) \geq 0$ entspreche einer Einzahlung).

Mit $\tau = \{t_i\}_{i \in N}$, $t_i < t_{i+1}$, kennzeichnen wir eine unendliche Investitionskette von identischen Investitionsprojekten mit den (evtl. unterschiedlichen) Nutzungsdauern $T_i := t_i - t_{i-1}$.

Sei S die Menge aller solcher Inv.-Ketten. Für $\tau \in S$ berechnet sich der Kapitalwert zu

$$C_0(\tau) = \sum_{i=1}^{\infty} A(T_i)e^{-rt_{i-1}}$$

Sei T die Menge der unendlichen Inv.-Ketten von identischen Projekten mit identischer Nutzungsdauer t. Für $\alpha \in T$ gilt:

$$C_0(\alpha) = \sum_{i=1}^{\infty} A(t)e^{-rt(i-1)} = A(t)\frac{1}{1-e^{-rt}}$$

(Beachte: $T \subseteq S$!)

Behauptung: $\sup\limits_{\alpha \in T} C_0(\alpha) = \sup\limits_{\tau \in S} C_0(\tau)$

Beweis: Sei $\tau \in S$ beliebig.

Fall 1: Sei $C_0(\tau) < \infty$.

$$\bigwedge \varepsilon > 0 \; \bigvee n \in N: \sum_{i=1}^{n} A(T_i)e^{-rt_{i-1}} > C_0(\tau) - \varepsilon \tag{1}$$

Sei $i^* \in \{1, \ldots, n\}$ so gegeben, daß

$$\frac{A(T_{i^*})}{1-e^{-rT_{i^*}}} = \max_{1 \leq i \leq n} \frac{A(T_i)}{1-e^{-rT_i}} \tag{2}$$

Für $t = T_{i^*}$ und $1 \leq i \leq n$ gilt dann:

$$\frac{A(T_i)}{1-e^{-rT_i}} \leq \frac{A(t)}{1-e^{-rt}}$$

$$\Leftrightarrow \qquad A(T_i)(1-e^{-rt}) \leq A(t)(1-e^{-rT_i})$$

$$\Leftrightarrow \qquad A(T_i)+A(t)\,\frac{e^{-rT_i}}{1-e^{-rt}} \leq \frac{A(t)}{1-e^{-rt}} \tag{3}$$

Zum weiteren Beweis benötigen wir das folgende

Lemma: Sei für $k \leq n$

$$B(k) := \sum_{i=1}^{k} A(T_i)e^{-rt_{i-1}} + e^{-rt_k} \sum_{i=1}^{\infty} A(t)e^{-rt(i-1)}$$

Dann gilt: $B(k) \leq B(k-1)$.

■

Der Beweis dieser Aussage folgt unten.

Mit Hilfe dieses Lemmas folgt:

$$\begin{aligned}
\sum_{i=1}^{n} A(T_i)e^{-rt_{i-1}} &\leq \sum_{i=1}^{n} A(T_i)e^{-rt_{i-1}} + e^{-rt_n} \sum_{i=1}^{\infty} A(t)e^{-rt(i-1)} \\
&=: B(n) \\
&\leq B(n-1) \leq \ldots \\
&\leq B(0) \qquad\qquad \text{(vgl. das Lemma)} \\
&= \sum_{i=1}^{\infty} A(t)e^{-rt(i-1)} \\
&=: C_0(\alpha)
\end{aligned}$$

α sei dabei die unendliche Investitionskette, deren Glieder die identische Nutzungsdauer $t = T_{i^*}$ haben (Beachte: $\alpha = \alpha(\varepsilon)$). Zu beliebigem $\varepsilon > 0$ existiert somit ein $\alpha \in T$ mit:

$$C_0(\tau) - \varepsilon < C_0(\alpha)$$

$$\Rightarrow \qquad C_0(\tau) \leq \sup_{\alpha \in T} C_0(\alpha)$$

Da eine solche Abschätzung für beliebiges $\tau \in S$ gilt, folgt:

$$\sup_{\substack{\tau \in S \\ C_0(\tau) < \infty}} C_0(\tau) \leq \sup_{\alpha \in T} C_0(\alpha)$$

■

Fall 2: $C_0(\tau) = \infty$

Analog zu (1) in Fall 1 gilt hier:

$$\Lambda m > 0 \; V n: \sum_{i=1}^{n} A(T_i) e^{-rT_{i-1}} \geq m \tag{4}$$

Wählt man i^* wie in Gleichung (2), Fall 1, so gelten offensichtlich auch hier die Aussage des Lemmas sowie (3). Aus (4) folgt dann:

$$\begin{aligned} m \leq \ldots \leq & \sum_{i=1}^{n} A(T_i) e^{-rT_{i-1}} + e^{-rT_n} \sum_{i=1}^{\infty} A(t) e^{-rt(i-1)} \\ & = B(n) \\ & \leq B(0) \\ & =: C_0(\alpha(m)) \qquad (\alpha \text{ sei wie in Fall 1 gewählt}) \end{aligned}$$

Die letzte Ungleichung gilt für beliebiges $m, n(m) \in N$

$$\Rightarrow \qquad C_0(\tau) \leq \sup_{\alpha \in T} C_0(\alpha)$$

■

Aus Fall 1 und Fall 2 folgt:

$$\sup_{\alpha \in T} C_0(\alpha) \geq \sup_{\tau \in S} C_0(\tau)$$

Wegen $T \subseteq S$ gilt trivialerweise auch die umgekehrte Abschätzung, folglich ist

$$\sup_{\alpha \in T} C_0(\alpha) = \sup_{\tau \in S} C_0(\tau)$$

q.e.d.

Lemma: Es gelte die Notation von Fall 1, weiter seien die (Un-)Gleichungen (2), (3) von Fall 1 bekannt. Dann folgt:

$$\begin{aligned} B(k) := & \sum_{i=1}^{k} A(T_i) e^{-rT_{i-1}} + e^{-rT_k} \sum_{i=1}^{\infty} A(t) e^{-rt(i-1)} \\ & \leq B(k-1) \end{aligned}$$

Beweis:

$$
\begin{aligned}
B(k) &= \sum_{i=1}^{k-1} A(T_i)e^{-rt_{i-1}} + A(T_k)e^{-rt_{k-1}} + e^{-rt_k} \sum_{i=1}^{\infty} A(t)e^{-rt(i-1)} \\
&= \sum_{i=1}^{k-1} A(T_i)e^{-rt_{i-1}} + e^{-rt_{k-1}} \left\{ A(T_k) + e^{-r(t_k - t_{k-1})} \sum_{i=1}^{\infty} A(t)e^{-rt(i-1)} \right\} \\
&= \sum_{i=1}^{k-1} A(T_i)e^{-rt_{i-1}} + e^{-rt_{k-1}} \left\{ A(T_k) + e^{-rT_k} A(t) \sum_{i=1}^{\infty} e^{-rt(i-1)} \right\} \\
&= \sum_{i=1}^{k-1} A(T_i)e^{-rt_{i-1}} + e^{-rt_{k-1}} \left\{ A(T_k) + e^{-rT_k} A(t) \frac{1}{1-e^{-rt}} \right\} \\
&\leq \sum_{i=1}^{k-1} A(T_i)e^{-rt_{i-1}} + e^{-rt_{k-1}} \frac{A(t)}{1-e^{-rt}} \quad \text{(nach (3))} \\
&= \sum_{i=1}^{k-1} A(T_i)e^{-rt_{i-1}} + e^{-rt_{k-1}} \sum_{i=1}^{\infty} A(t)e^{-rt(i-1)} \\
&= B(k-1)
\end{aligned}
$$

q. e. d.

3 Investitionsketten und Investitionspolitik

Die optimale Nutzungsdauer einer einzelnen Investition in einer unendlichen Kette identischer Investitionsobjekte ergibt sich aus der Bedingungsgleichung

$$E(t) = A(t) + p\, C_{00}(p)$$

Die optimale Nutzungsdauer ist dort erreicht, wo die Grenzeinnahmen eines Investitionsobjektes in Bezug auf die Zeit gleich den Grenzausgaben in Bezug auf die Zeit zuzüglich der Momentanverzinsung des Kapitalwertes der gesamten Investitionskette sind.

Dieses bekannte Ergebnis der Investitionstheorie hat allgemeine Bedeutung für die Investitionspolitik von Unternehmen.

Bei der Entscheidung über die Vornahme einer einzelnen Investition wird im Grunde eine Annahme über alle zukünftigen Investitionsobjekte bis zu einem (unendlich fernen) Zeithorizont getroffen. Nur wenn der Kapitalwert der zukünftigen Investitionen gleich null ist, kann die gegenwärtige Investition von ihren Nachfolgern (rechnerisch) getrennt werden. Das ist aber nur möglich, wenn die Wiederanlage der Einnahmenüberschüsse aus einem Investitionsobjekt mit demselben Zinsfuß erfolgt, mit dem das Unternehmen die Aufnahme von Kapital bewertet.

Je höher der Kapitalwert zukünftiger Investitionen ist, um so kürzer ist die Nutzungsdauer einer einzelnen Investition. Bei guten Investitionschancen in der Zukunft sollte gegenwärtig also Kapital nur kurzfristig gebunden werden.

Je höher die Verzinsung einer Alternativanlage zu der Investitionskette ist, um so kürzer ist die Nutzungsdauer der Investitionsobjekte in der Kette. In Zeiten einer hohen Verzinsung von Finanzinvestitionen verkürzt sich die Nutzungsdauer von Realinvestitionen. Dieser Effekt wird gedämpft durch die Tatsache, daß auch die zukünftigen Realinvestitionen unattraktiver werden. Hohe Rentabilität von Finanzinvestitionen macht alle Realinvestitionen unrentabler und benachteiligt vor allem die langlebigen Investitionsobjekte.

Nun sind natürlich auch Finanzinvestitionen nicht ewige Renten mit fester Zinszusage. In den letzten Jahren hat sich eine Tendenz zur Verkürzung von Kreditlaufzeiten oder gar zu variablen Zinsen am Markt durchgesetzt. Wird das Zinsänderungsrisiko bei der Finanzierung von Realinvestitionen berücksichtigt, dann erhält man für den Diskontierungszinsfuß

$$\rho = E(\rho) + \lambda(\pi)\sigma(\rho).$$

Darin ist λ normalverteilt, π die individuelle Risikopräferenz, E der Erwartungswert und σ die Standardabweichung der Marktzinssätze. Das Zinsänderungsrisiko verringert also bei gleichem Erwartungswert, aber Risikoaversion der Investoren ($\lambda > 0$, $\pi > 0{,}5$), die Nutzungsdauer von Realinvestitionen und generell ihre Vorteilhaftigkeit.

All dies sind Aussagen von großer praktischer Bedeutung für die Investitionspolitik von Unternehmen. Sie folgen aus einem sehr einfachen und, wie man meinen möchte, sehr wirklichkeitsfremden Modell der klassischen Investitionstheorie. Die Theorie liefert aber Orientierung für den Investitionsplaner in der Praxis. Und was kann man von einer guten Theorie mehr verlangen?

Literatur

1. Albach H (1986) Vorlesungsskriptum. Bonn
2. Albach H (1964) Zur Berücksichtigung von Ertragsteuerzahlungen in der Theorie der Investitionsketten. ZfB 34, S 436 ff
3. Schneider D (1962) Der Einfluß von Ertragsteuern auf die Vorteilhaftigkeit von Investitionen. ZfhF, 14. Jg, S 539 ff
4. Schneider E (1951) Wirtschaftlichkeitsrechnung. Bern Tübingen

Capital Budgeting and Risk Management*

I. Approaches to Capital Budgeting under Uncertainty

1. Decision Theory Framework of Capital Budgeting

Ever since the capital budgeting problem originally formulated by LORIE and SAVAGE [1955] as well as by DEAN [1956] came to be recognized as a programming model which requires a simultaneous solution of the investment and the financing problems, the extension of these programming models into the realm of uncertainty has been a focus of interest among investment theorists.

Various approaches to solve this problem have been attempted. All of them followed the guidelines of modern decision analysis. This has meant that some form of (μ, σ-)optimization was selected as an objective function to be maximized and that a procedure was developpped which achieved this aim.

It is not my intention to deal at length with these approaches here. It may suffice to recall the different model types that try to formulate the capital budgeting problem under uncertainty.

One of the first approaches was to combine the maximization of the expected net present value with the pay-back criterion (ALBACH [1960]). This model originally formulated as a deterministic model with expected net present value as the objective function and the pay-back criterion for the total investment outlay as a constraint, has in the meantime been incorporated in the chance-constrained-programming model (BYRNE, CHARNES, COOPER and KORTANEK [1971]).

Then the early sixties witnessed the discussion between the adherents of two-stage linear programming under uncertainty and the chance-constrained-programmers (DANTZIG and MADANSKY [1961], SENGUPTA, TINTNER and MILLHAM [1963]). Two-stage linear programming under

* I am grateful to Manfred Schleiter for his assistance in the preparation of this paper and to Wilfried Backes for valuable discussions on risk management.

uncertainty formulated a model which assumes that whenever a financial constraint is violated in one particular year it is always possible to obtain short-term credit to avoid bankruptcy and that this conditional short-term credit is granted at a particular cost which will then have to be borne by the firm.

This "charge-account approach" contrasts very sharply with the chance-constrained-programming approach. Basically this approach goes on the assumption that the investment planner can preassign the probability with which he wants the financial constraints of the capital budgeting problem to hold in any period within the planning horizon and that he is perfectly willing to risk ruin with the complement of this probability.

A fourth attempt to handle uncertainty in the capital budgeting framework follows the flexible planning approach first advanced by HART [1940]. Flexible planning tries to take into consideration all the possible future course of action that may be taken under all the possible states of the environment that can be foreseen in the present situation (LAUX [1975]). In a recent paper HAX [1976] has shown that the flexible planning approach is consistent with the chance-constrained-programming approach.

We may thus summarize that the chance-constrained-programming approach is the method of capital budgeting under uncertainty which has gained widest acceptance whereas the two-stage-linear-programming approach has not found many followers. This may be mainly due to the fact that the assumptions placed on the banking system by the latter approach seemed to be too rigorous.

2. Risk Management Framework of Capital Budgeting

Capital budgeting under uncertainty can be attacked in a much broader sense than has hitherto been customary if the capital budgeting decision is placed within the framework of risk management.

In the following section I will shortly outline risk management and the role insurance plays in the risk manager's portfolio of instruments and then proceed to formulate a model of capital budgeting under uncertainty in the context of risk management.

II. Risk Management

1. Risk Accounting

Risk management emanates from the insurance management function in the corporation[1]. Insurance managers in industry have traditionally viewed their function quite differently from the insurance seller's function of an insurance firm. They have defined their job in broader terms than just fulfilling the task of buying insurance as cheaply as possible. They have tried to determine the optimal amount of self-insurance and to buy insurance only for the risks in excess of the level to be borne by the company itself. They have also taken active steps to prevent the company from incurring risks[2].

Within recent years risk management has become an integral part of strategic management (RENNIE [1960]). This involves two distinctive functions:

- risk accounting
- risk portfolio planning.

By *risk accounting* I mean that an inventory of all the risks a company is exposed to is kept on a regular basis and that risks are then assessed in a systematic way[3].

If one tries to keep an inventory of all the risks a company may face in the future, one has to determine what a risk is. Two schools of thinking can be distinguished in this context. Those that come from the insurance management side of risk management are trained to consider pure risk only as the object to put in the risk inventory. A pure risk is an event that results in a loss to the company. The typical example of a pure risk is the fire hazard that is inherent in any building. A speculative risk on the other hand involves the risk of a loss as well as the chance of a gain[4]. Those risk

[1] Even today risk management in the academic society is considered part of the insurance field and is taught by professors of insurance. The prominent textworks on risk management, such as the one by MEHR and HEDGES [1974], WILLIAMS JR. and HEINS [1971] and MACDONALD [1966] are authored by professors of insurance and are devoted primarily to managing pure risks by means of insurance.

[2] The early sixties witnessed a spreading notion that risk management had a broader scope than just managing the insurance portfolio. Pioneering publications were e.g.: *American Management Association* [1961], *American Management Association* [1962] and BOLEITT [1964]. However, management science is still very slow in recognizing the potential of risk management for broadening the concepts of the theory of planning under uncertainty.

[3] The problem of risk accounting has found little attention among scholars of risk management. Descriptions of the risk management process normally comprise the three steps risk identification, risk assessment, and risk treatment, ALLEN and DUVALL [1971].

[4] The classification of risks as pure or speculative was introduced by MOWBRAY, cf. MOWBRAY, BLANCHARD and WILLIAMS JR. [1969].

managers that come from the long-range planning side of the business are inclined to consider pure risks as well as speculative risks as the object of risk management. The recent developments in the legal attitude towards product liability [5] have made it apparent that in many cases it is very hard to draw a line of distinction between pure and speculative risks (DENENBERG, FERRARI [1966]). Therefore, I shall consider pure as well as speculative risks as the objects of risk management.

Risk assessment requires an estimation of the maximum possible loss that a company may incur when it invests in certain objects. In a more general sense assessing pure as well as speculative risks means that the whole profit and loss distribution of the risk bearing object has to be estimated.

2. The Risk Management Portfolio

After the risks have been identified and assessed a decision has to be reached how to handle them. Risk management distinguishes between

— risk avoidance
— risk transfer
— insurance
— risk spreading
— risk assumption [6].

Risk avoidance has traditionally been considered the task of the engineering function within the firm. Buildings have to be constructed and machines have to be designed so that they can be considered "safe at any speed".

Risk transfer is the task of the legal function within the company. The rules of doing business as well as the contracts a firm signs have to be formulated so that the risk of the business has to be borne by the other parties involved to the greatest possible extent.

The remaining risks have to be *insured*, and the insurance manager has to make sure that he gets adequate coverage at minimum cost to the company. It is evident from the above that he will not come into the picture until the engineering and the legal departments have done their respective jobs.

Of course one can always try to economize on the insurance budget by trying to cope with the risks involved in the business. This could be done either by spreading the risks over a greater number of activities or by as-

[5] Such developments are for example the Consumer Product Safety Act (CPSA) of 1972 in the U.S. and the 2nd Arzneimittelgesetz of 1974 in Germany.

[6] In their treatment of pure risk management most textbooks propose different classifications of risk management devices. Due to the focus on pure risk these devices are oriented towards loss control. HEDGES and MEHR thus distinguish loss retention, loss reduction and loss transfer, MEHR and HEDGES [1974].

suming them. This instrument of *risk spreading* has become to be called diversification in the context of marketing management.

Last but not least, *risk assumption* is a possibility if insurance is too costly or non-existent.

Risk management then means the allocation of the firm's funds among the different risk-handling instruments.

Traditionally this has been done by following a risk strategy: major emphasis is for instance laid on risk avoidance, which of course results in high construction costs and a low insurance budget. Or, to take another example, the risk strategy is heavily in favour of insurance: this then leads to a high insurance budget and risk avoidance at the legally required level on the one hand and low cash reserves for meeting losses on the other.

It is evident from this description that these risk strategies are one-sided and sub-optimal at best.

The simultaneous determination of the optimal level of all the risk management instruments in an optimal risk portfolio is a task that has to be solved.

In the following section we will use this approach to solve the capital budgeting problem under uncertainty.

III. The Optimal Capital Budget under Uncertainty: The Optimal Risk Management Portfolio

1. The Optimal Combination of Risk Avoidance and Risk Assumption

(a) General Formulation

If only risk avoidance and risk assumption are admitted as instruments of risk management in determining the optimal capital budget, then of course the model is that of the traditional formulation of chance-constrained-programming:

(1) $$\max E(C_0) = \bar{c}' x + v' y$$

subject to

(2) $$\bar{B}^* x + D^* y \leqq w^* - R(\pi)$$

(3) $$A x \leqq O$$

(4) $$x \leqq K$$

(5) $$y \leqq L$$

and the non-negativity constraints.

We assume that maximizing the expected value of the net present value of the capital budget under financial constraints which have to hold with probability π is an operational formulation of rational behavior under uncertainty for the decision-maker under consideration[7].

$R(\pi)$ is defined by (6)

$$R_t(\pi_t)=\lambda_t\left(\sum_{T=0}^{t}\sum_{i=1}^{n}\sigma_{Ti}^2\bar{g}_{Ti}^2x_i^2\right)^{1/2} \qquad (6)$$

with λ the deviation in standard units and σ_{Ti} the standard deviation of the cash flows expressed here as a fraction of the expected cash flow $\bar{g}$.

(b) An Example

The example of my book "Investition und Liquidität" is now taken to illustrate this model. We assume that the data of the example are expected

Table 1. Optimal Capital Budget. Risk Avoidance and Risk Assumption

Investment program			Financing program	
Type	Number	Amount	Type	Amount
A(1)	—	—	SF	100,000
A(2)	6.92	484,400	K(1)	—
A(3)	5.58	279,000	K(2)	674,957
B(1)	7.49	823,900	K(3)	1,500,000
B(2)	10.63	531,500	K(4)	733,343
B(3)	10.35	207,000	K(5)	1,000,000
C(1)	—	—	K(6)	—
C(2)	11.84	473,600		
C(3)	45.79	457,900		
Disagio:		200,000		
Cash:		524,000		
Total		3,981,300		3,981,300
Expected net				
Present value:				
Programs		8,209,037		2,778,817
Capital budget				5,430,220
Cash at the end of Period 1		2,129,853		
Transaction motive		500,692		
Security motive		1,629,161		

[7] We assume normal distributions of the cash flows model and zero costs for the case of violating the constraints. For a more general treatment of the costs of bankruptcy see ALBACH and SCHÜLER [1970].

values and that the standard deviation is treated as a parameter. At first we assume that σ is equal to 90% and that the required level of meeting the financial constraints is 95%.

The optimal capital budget is given in Table 1.

Risk avoidance is clearly evident by the fact that the most profitable machine A(1) is not bought due to the fact that the financial risks involved are too great.

Risk assumption on the other hand takes various forms.

First we notice that risks are spread among several types of machines for each production department of the plant. Secondly 2,129,853 DM are carried in cash at the end of period 1. This amount is partly needed to meet the financial requirements in the following period, but the larger amount of 1,629,161 is kept as the risk reserve $R_2(\pi)$.

2. *The Optimal Combination of Risk Avoidance, Risk Assumption and Insurance*

(a) General Formulation

We now assume that in addition to risk avoidance and risk assumption the firm can take out insurance on any of the capital investment proposals it has at hand. The insurance covers any loss that is incurred by the investment object in any period of its lifetime.

The insurance on a machine costs an annual premium of

$$P_{ti} = w\,r\left\{\sum_{t=1}^{N_i} E(L_{ti})\,q^{-t}\right\} + F \tag{7}$$

where w — annuity factor $(w=(q-1)\,q^{N_i}/(q^{N_i}-1))$
r — premium factor
L_{ti} — loss of project i incurred in period t
E — expected value
q — discount factor $(q=1+(p/100))$
F — fix part of the insurance premium
N_i — economic lifetime of project.

The loss function is defined by

$$L_{ti} = \begin{cases} g_{ti} \\ 0 \end{cases} \quad \text{if } g_{ti} \begin{cases} <0 \\ \geqq 0 \end{cases} \tag{8}$$

with g_{ti} — the cash flow of object i in period t, a stochastic variable with a normal distribution $f(g_{ti}) = N(\bar{g}_{ti}, \sigma_{ti})$.

Taking out an insurance on the capital investment proposal changes the expected value of the net present value and its standard deviation. Let the net present value of the capital investment proposal without insurance be defined by

$$(9) \qquad E(C_{0i}) = \sum_{t=1}^{N_i} \int_{-\infty}^{+\infty} g_{ti} f(g_{ti})\, dg_{ti}\, q^{-t} + S_{N_i} q^{-N_i} - a_{0i}$$

with S_{N_i} — resale or scrap value of the investment at the end of its economic lifetime

a_{0i} — acquisition cost.

The variance is defined by

$$(10) \qquad \sigma^2(C_{0i}) = \sum_{t=1}^{N_i} \sigma_{ti}^2\, \bar{g}_{ti}^2.$$

Then the expected net present value of an investment proposal with insurance is given by

$$(11) \qquad E(C_{0i}^P) = \sum_{t=1}^{N_i} \int_{0}^{+\infty} g_{ti} f(g_{ti})\, dg_{ti}\, q^{-t} + S_{N_i} q^{-N_i} - a_{0i} - \sum_{t=1}^{N_i} P_{ti}\, q^{-t}$$

and the variance is defined by

$$(12) \qquad \sigma^2(C_{0i}^P) = \sum_{t=1}^{N_i} \left[\sigma_{ti}^2(g_{ti}) - \sigma_{ti}^2(L_{ti}) + 2\, E(L_{ti}) \int_{0}^{+\infty} g_{ti} f(g_{ti})\, dg_{ti} \right].$$

It can be shown that $\sigma^2(C_{0i}^P)$ is always smaller than $\sigma^2(C_{0i})$.

It is evident that the expected net present value of the investment proposals with insurance is always lower than the expected net present value of an investment proposal that is not covered by insurance.

We then formulate the model of capital budgeting with risk avoidance, risk assumption and insurance.

$$(13) \qquad \max E(C_0) = \bar{c}'\, x + \bar{c}^{P\prime}\, x^P + v'\, y$$

subject to

$$(14) \qquad \bar{B}^*\, x + \bar{B}^{*P}\, x^P + D^*\, y \leqq w^* - R^0(\pi)$$

$$(15) \qquad A\, x + A^P\, x^P \leqq O$$

$$(16) \qquad x + x^P \leqq K$$

$$(17) \qquad y \leqq L$$

and the non-negativity constraints.

The risk reserve R^0 in (14) is defined by

$$(18)\qquad R_t^0(\pi)=\lambda_t\left[\sum_{T=0}^{t}\sum_{i=1}^{n}\sigma_{Ti}^2\,\bar{g}_{Ti}^2\,x_i^2+\sum_{T=0}^{t}\sum_{i=1}^{n}(\sigma_{Ti}^P)^2\cdot(\bar{g}_{ti}^P)^2(x_i^P)^2\right]^{1/2}$$

where $(\sigma_{Ti}^P)^2$ is defined by the expression in the brackets in (12) divided by the expected cash flow of the truncated cash flow distribution function as given in (11).

(b) An Example

We now solve the example given in Section III.1 above with an insurance option added for each investment proposal. The enlarged model requires the solution of a 22 by 24 model as compared to the 22 by 16 model in Section III.1.

For the numerical calculations we set $\sigma=90\%$ and $\pi=95\%$ as before and assume that the fix risk premium is DM 200 per year and per object to be insured. The optimal capital budget is given in Table 2.

Table 2. Optimal Capital Budget. Risk Avoidance, Risk Assumption and Insurance

Investment program				Financing program	
Type	Number without insurance	Number with insurance	Total amount	Type	Amount
A(1)	–	–	–	SF	100,000
A(2)	3.64	8.86	875,000	K(1)	–
A(3)	–	–	–	K(2)	1,000,000
B(1)	7.47	9.31	1,845,800	K(3)	1,500,000
B(2)	0.98	1.06	102,000	K(4)	675,578
B(3)	–	–	–	K(5)	1,000,000
C(1)	–	–	–	K(6)	1,000,000
C(2)	5.28	9.07	574,000		
C(3)	26.81	15.97	427,800		
Disagio:			200,000		
Cash:			250,978		
Total amount			4,275,578		4,275,578
Expected net Present value:					
Programs			11,425,866		3,094,266
Capital budget					8,331,600
Cash at the end of Period 1		2,042,275			
Transaction motive		30,015			
Security motive		2,018,260			

Insurance indeed adds a new dimension to capital budgeting under uncertainty: It allows the firm to invest in riskier projects, to invest a larger sum, to reduce liquidity holding before the first period considerably, and to reduce risk spreading among several types of machines in favour of concentration on the highly profitable but risky types of machines.

A comparison of the cash held at the end of the first period for security purposes reveals interesting features of the risk management approach to capital budgeting. The risk reserve is greater absolutely and relatively (with respect to the total sum of the capital budget) in the case of insurance, risk assumption and risk avoidance than in the case of pure risk avoidance. This is plausible because insurance permits the firm to invest in projects with a high contribution to the expected net present value of the capital budget but also with a high contribution to the risk of violating the financial constraints. In other words: insurance allows the firm to shift the structure of its investment program to projects with a longer pay-off period. The cost of insurance, however, induces the firm to pursue this strategy of risk management only partly: risk assumption seems closely connected with insurance. The firm invests more heavily in the risk reserve in the case of insurance than in the case of risk avoidance. It is obvious that a policy of insurance and high liquidity holdings for risk assumption is more profitable than a policy of pure risk avoidance: If we measure the benefits of the different policies by the ratio of net present value of the investment program to the amount of the risk reserve, we find that the benefit of one unit of risk reserve is higher in the case of insurance, risk assumption and risk avoidance than in the case of pure risk avoidance.

In this particular example there is no single type of machine that is completely covered by insurance or completely left without coverage. However, this need not be the case. If we incorporate different variances for the individual machines, then we find that those machines with a low standard deviation are usually left without coverage whereas it seems that it is always possible to assume part of the risk even of the very risky types of investment proposals.

We thus conclude: the risk management approach to capital budgeting is a very definite advance over the decision analysis approach. However: to find the optimal combination of insurance coverage, risk assumption, risk spreading and risk avoidance is not an easy task and requires a very careful balancing of costs involved and the risk inherent in each of the investment proposals and the situation of the company.

(c) Some Extensions

I will now elaborate on the risk management model of capital budgeting by carrying out some sensitivity analyses. Four fundamental parameters of the model will be varied

— the risk inherent in the acquisition proposals
— the fixed insurance premium
— the equity funds available for investment
— the probability requirement for the financial constraints.

(c1) The Optimal Capital Budget under Variable Risk

We assume that the risk involved in the investment proposals is equal for each machine. It is varied from 0 to 120%. For each σ between 0 and

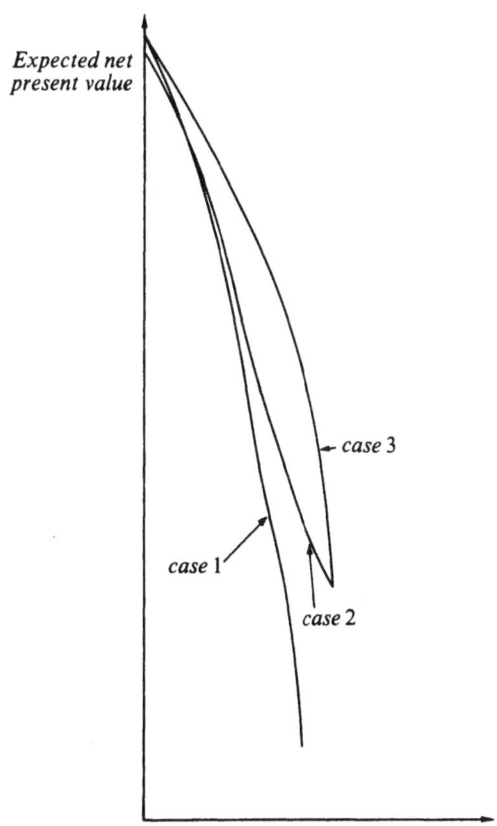

Figure 1

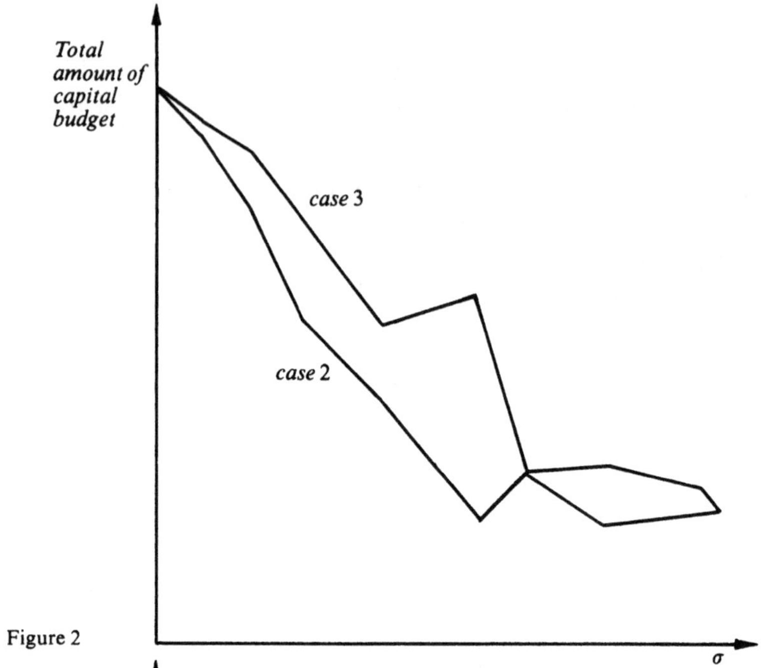

Figure 2

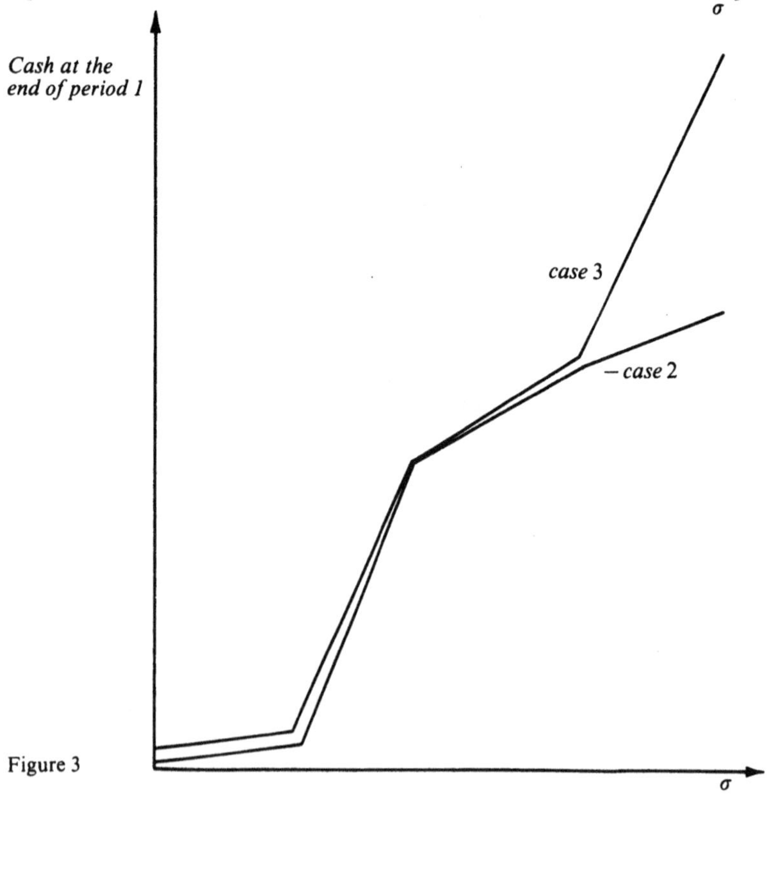

Figure 3

120% the optimal capital budget is computed. The following characteristic figures are simultaneously determined

— expected net present value of capital budget
— total amount of capital budget
— cash carried over from period 1 to period 2
— annual insurance premium.

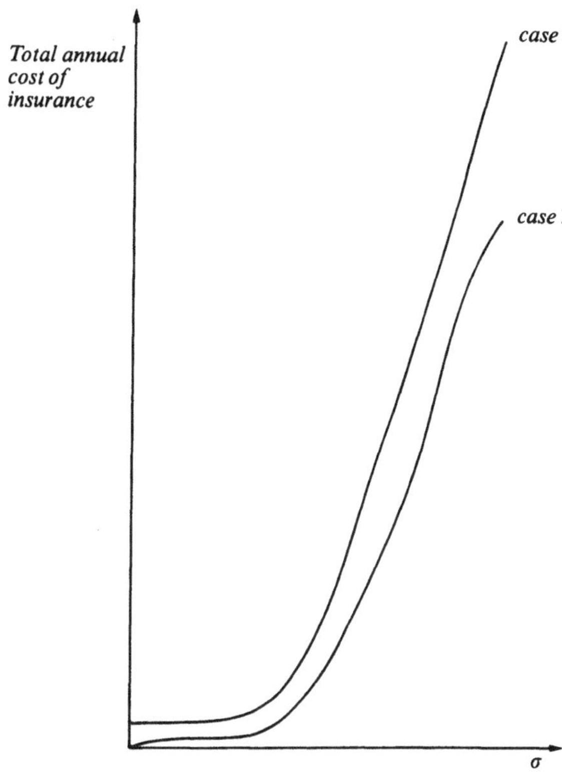

Figure 4. Case 1 has no cost of insurance

These data are shown in Figures 1—4 for the optimal capital budget without insurance (case 1), for the optimal capital budget with required insurance coverage for each item (case 2) and for the optimal combination of risk assumption, risk avoidance and insurance (case 3).

(c2) The Optimal Capital Budget with Different Costs of Insurance

Next we determine the impact of the fixed part of the insurance premium on the optimal capital budget. The fixed insurance premium is varied between DM 200 and DM 4,000 per object and year. The results are given in Figure 5 for different levels of risk.

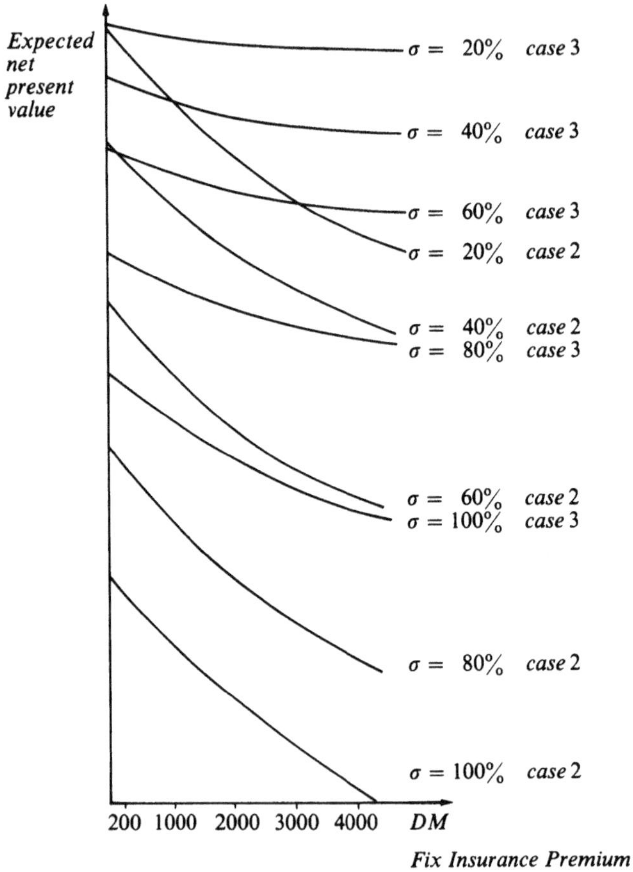

Figure 5

The results given in Figure 5 are plausible. The net present value of the optimal capital budget declines with the cost of insurance going up. However, the decline in the expected net present value with rising fix insurance premium is much more pronounced in case 2 than in case 3. This is due to the fact that the firm can evade rising costs of insurance by investing in projects without covering them by insurance. Secondly it is interesting to note that cases 2 and 3 yield almost identical capital budgets when risk and fix insurance premium are low. Rising risks result in a wide discrepancy between the optimal capital budgets of cases 2 and 3 even when the fix part of the risk premium is low. This is, of course, due to the fact that the variable part of the risk premium rises with increasing risk, and in case 2 there is no other chance of avoiding the rising costs of insurance but not to invest at all.

(c3) The Optimal Capital Budget under Uncertainty and Equity Finance

Equity is in short supply in the examples of the preceding sections.

Figure 6 shows the expected net present value of the optimal capital budget for different levels of equity financing available.

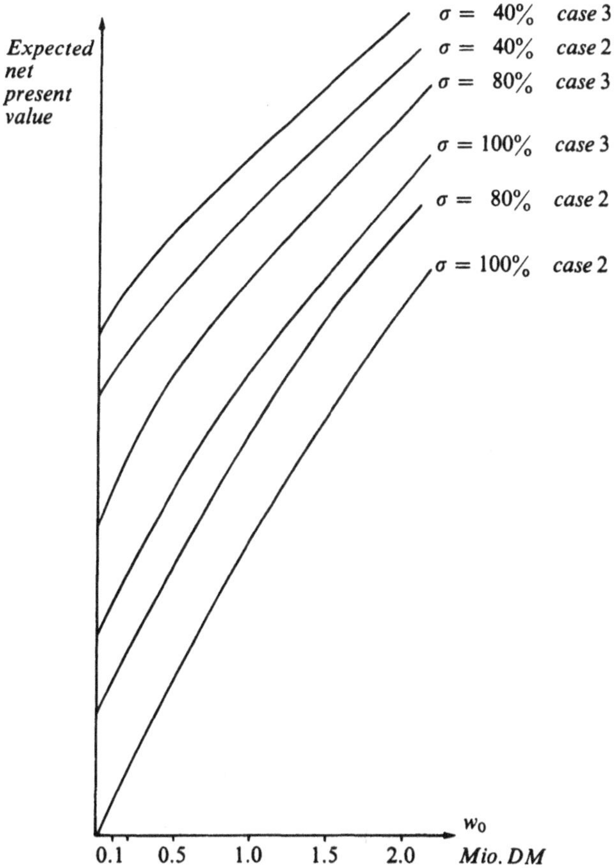

Figure 6

In this section the available funds for equity financing are parametrically changed between 100,000 DM and 2 million deutschmarks.

Figure 6 clearly underlines the fact that equity funds do not only serve as a substitute for expensive credit funds but also for expensive insurance.

It is not intuitively plausible that the marginal expected net present values of the optimal capital budgets should be practically identical for cases 2 and 3. It is the level of the capital budget (and the level of the expected net present value respectively) rather than its rate of increase that is affected by changes in the level of equity money available.

It may be a costly way of substitution for insurance, however, if losses are incurred and have to be borne by the equity funds rather than being spread over a number of companies with similar insurance. Therefore, risk assumption does not become increasingly more desirable in case 3 than in case 2.

(c4) The Optimal Capital Budget with Different Probability Requirements for the Financial Constraints.

The chance-constrained-programming model used here assumes that the firm fixes a probability with which the stochastic constraints are expected to hold. Of course, this subjective probability level is hardly independent of the costs of the risks incurred by the firm. It seems, therefore, at least necessary to study the effect of different probability assignments on the investment outlay and the profitability of the capital budget.

Figure 7 shows the expected net present values of the optimal capital budgets for the three cases under consideration. The risks of the investment proposals σ was assumed as 100% in the computations. It is plausible that the optimal capital budget with obligatory insurance has a lower expected net present value than that budget with a possibility not to cover every object by insurance and that case 1 budgets have the lowest net present values beyond a critical level of risk preference. With rising π insurance becomes more important — and more costly — and with π approaching 100%, investment in risky projects becomes prohibitive — due to the costs involved.

Figure 7 again gives evidence of the importance of the risk management approach to capital budgeting under uncertainty: insurance dominates risk avoidance for every probability level, and risk avoidance, risk assumption and insurance — optimally combined — dominate the other strategies of determining the optimal capital budget under uncertainty.

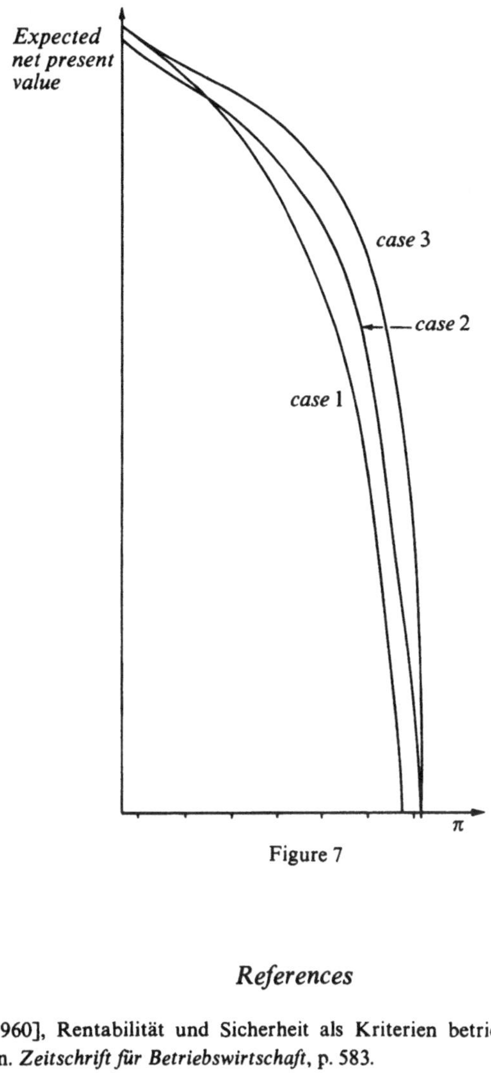

Figure 7

References

ALBACH, H. [1960], Rentabilität und Sicherheit als Kriterien betrieblicher Investitionsentscheidungen. *Zeitschrift für Betriebswirtschaft*, p. 583.

– and SCHÜLER, W. [1970], On a Method of Capital Budgeting under Uncertainty, in *Journal of Mathematical and Physical Sciences*, 4, 280.

ALLEN, T.C. and DUVALL, R.M. [1971], A Theoretical and Practical Approach of Risk Management, New York, (American Society of Insurance Management).

American Management Association, Broadening Responsibilities of Insurance Management, New York 1961.

– The Growing Job of Risk Management; Readings for the Corporate Insurance Manager, New York 1962.

BOLEITT, H.R. [June 1964], The Growing Job of Risk Management, in *The Journal of Risk and Insurance*, Vol. XXXI, pp. 307 – 309.

BYRNE, R. F., CHARNES, A., COOPER, W. W. and KORTANEK, K. [1971], A Chance-Constrained Approach to Capital Budgeting with Portfolio Type Payback and Liquidity Constraints and Horizon Posture Controls, in R. F. Byrne et al. (eds.), *Studies in Budgeting*, Amsterdam and London, p. 71.

DANTZIG, G. B. and MADANSKY, A. [1961], *On the Solution of Two-Stage Linear Programs under Uncertainty, Proceedings of the Fourth Berkeley Symposium on Mathematical Statistics and Probability*, Berkeley, Calif.

DEAN, J. [1956], *Capital Budgeting*, 3rd edition, New York.

DENENBERG, R. S. and FERRARI, J. R. [1966], New Perspectives on Risk Management: The Search for Principles, in *The Journal of Risk and Insurance*, Vol. XXXIII, p. 647.

HART, A. G. [1940], *Anticipations, Uncertainty and Dynamic Planning*, New York.

HAX, H. [1976], Zur Verbindung von Entscheidungsbaumverfahren und Chance-Constrained-Programming in Entscheidungsmodellen der Kapitalbudgetierung, in H. Albach and H. Simon, *Investitionstheorie und Investitionspolitik privater und öffentlicher Unternehmen*, Wiesbaden, p. 123.

LAUX, H. [1975], Flexible Planung des Kapitalbudgets mit Hilfe der linearen Programmierung, in H. Albach (ed.), *Investitionstheorie*, Köln, p. 411.

LORIE, J. H. and SAVAGE, L. J. [October 1955], Three Problems in Rationing Capital, *Journal of Business*, p. 229.

MACDONALD [1966], *Corporate Risk Control*, New York.

MEHR, R. I. and HEDGES, R. A. [1974], *Risk Management – Concepts and Applications, Homewood, Ill.*, p. 7 et seq.

MOWBRAY, A. H., BLANCHARD, R. H. and WILLIAMS, C. A., JR. [1969], *Insurance*, 6th ed., New York, pp. 6–8.

RENNIE, R. A. [1960], Risk Manager Declared an Integral Part in Professionalism of Business Management, in *The Weekly Underwriter*, April 30.

SENGUPTA, J. K., TINTNER, G. and MILLHAM, C. [1963], On some Theorems of Stochastic Linear Programming with Applications. *Management Science*, 10, 143.

WILLIAMS, C. A., JR. and HEINS, R. M. [1971], *Risk Management and Insurance*, 2nd ed., New York.

MIKROÖKONOMISCHE INVESTITIONSFUNKTIONEN

I. Einleitung

Die mikroökonomische Investitionsfunktion hat für die Beschäftigungstheorie, die Verteilungstheorie und die Wachstumtheorie entscheidende Bedeutung. Ihrer theoretischen Formulierung und empirischen Überprüfung haben sich daher die Wirtschaftswissenschaften in besonderem Maße angenommen[1]. Eine allgemeine Theorie der Investitionsfunktion ist jedoch bisher nicht erarbeitet worden. Drei verschiedene Formulierungen der Investitionsfunktion kennzeichnen den gegenwärtigen Stand der Diskussion: die nachfrageinduzierte, die gewinninduzierte und die zinsinduzierte Investitionsfunktion. Jede dieser Formulierungen erscheint plausibel; keine dieser Hypothesen hat bisher anhand empirischer Daten widerlegt werden können .

Wilhelm KRELLE, mit dem wir uns hier aus Anlaß seines fünfzigsten Geburtstages zu einer wissenschaftlichen Geburtstagsfeier zusammenfinden, hat der Investitionsfunktion zahlreiche Arbeiten gewidmet[2]. Dabei geht es KRELLE einmal um eine Verbindung der drei Typen von Investitionsfunktionen in einer allgemeinen Investitionsfunktion. ,,Zins-, produktions- und gewinnabhängige Investitionsfunktionen ... sind zu gewissen Bruchteilen für die Gesamtinvestition verantwortlich''[3]. Zweitens hat sich aber KRELLE wie kein anderer Nationalökonom um eine

1) Einen Überblick über die dogmenhistorische Entwicklung der Investitionsfunktion gibt GUTENBERG, E., Untersuchungen über die Investitionsentscheidungen industrieller Unternehmen, Köln und Opladen 1959; vgl. auch LANGE, G., Die Investitionsfunktion, in: KRELLE, W., (Hrsg.), Die Konsum- und Investitionsfunktion, Untersuchung für die Bundesrepublik Deutschland, Köln und Opladen 1962, S. 77.

2) KRELLE, W., Die Investitionsfunktion, Jahrbücher für Nationalökonomie und Statistik 172 (1960), S. 22; KRELLE, W., (Hrsg.), Die Konsum- und Investitionsfunktion, Untersuchung für die Bundesrepublik Deutschland, Köln und Opladen 1962; KRELLE, W., Verteilungstheorie, Tübingen 1962, S. 142; KRELLE, W., Fonction de Consommation et Fonction d'Investissement en Allemagne Occidentale, Revue d'Economie Politique, 1963, S. 5; KRELLE, W., Una Nueva Funcion de Inversion Economica Global, Boletin de Estudios Economicos, Bd. XVIII (1963), S. 539; KRELLE, W., A Model for medium and long term economic forecasting in the Federal Republic of Germany, in: Scuola di Statistica dell' Universita. Modelli Econometrici per la Programmazione, Florenz 1965, S. 175.

3) KRELLE, W., Verteilungstheorie, a.a.O., S. 158.

mikroökonomische Fundierung seiner Investitionsfunktion bemüht[4]. Nachfrageinduzierte und gewinninduzierte Investitionsfunktion sind für KRELLE der Niederschlag bestimmter Investitionsentscheidungen, die die Unternehmen in bestimmten wirtschaftlichen Situationen treffen. KRELLE hat aber auch darauf hingewiesen, daß die Investitionsentscheidung von bestimmten institutionellen Gegebenheiten wie den rechtlichen Möglichkeiten und den Gepflogenheiten der Kreditvergabe durch das Bankensystem abhängt[5].

In dem folgenden Beitrag soll der Versuch gemacht werden, diesen Gedanken einer mikroökonomischen Fundierung der Investitionsfunktion weiter zu verfolgen. Dabei soll vor allem gezeigt werden, daß dem Einbau institutioneller Faktoren in die Investitionsfunktion besondere Bedeutung zukommt.

II. Mikroökonomische Investitionsfunktion und Investitionsentscheidung im Unternehmen

1. Umsatzorientierte und projektorientierte Planung

Der Planungsprozeß im Unternehmen läßt sich in zwei Phasen zerlegen. Die erste Phase möchte ich „umsatzorientierte Planung" nennen Die zweite Phase ist die „projektorientierte Planung". Bei der umsatzorientierten Planung versucht sich die Unternehmensleitung ein Bild von der zukünftigen Entwicklung des Unternehmens zu machen. Sie schätzt die zukünftige Umsatzentwicklung voraus und setzt Umsatzziele. Aus diesen Umsatzzielen werden dann Richtzahlen für die Forschungsaufwendungen, die Entwicklungsarbeiten, die Investitionsmittel, den Personal- und Finanzbedarf abgeleitet, die notwendig sind, um diese Umsatzziele zu verwirklichen. Diese Richtzahlen sind Komponenten der Rahmenplanung für die zukünftige Entwicklung des Unternehmens. Bindende Entscheidungen brauchen im Stadium der Rahmenplanung noch nicht getroffen zu werden.

4) Einen interessanten Brückenschlag zwischen ökonometrischer Investitionsfunktion und neoklassischer Investitionstheorie hat auch JORGENSON versucht. Vgl. JORGENSON, D.W., Capital Theory and Investment Behavior, American Economic Review, Papers and Proceedings, Bd. 53 (1963), S. 247. Meiner Ansicht nach sind aber die Aussagen über das "Investitionsverhalten" der Unternehmen in der neoklassischen Investitionstheorie dürftig.

5) KRELLE, W., Die Investitionsfunktion, a.a.O., S. 378.

In dem Augenblick, in dem bindende Entscheidungen notwendig werden, um die Konzeption der Unternehmensleitung über die Entwicklung des Unternehmens zu verwirklichen, setzt die zweite Phase des betrieblichen Planungsprozesses ein. In diesem Zeitpunkt stehen mehrere Projekte zur Auswahl, die im Rahmen der Gesamtkonzeption die gesteckten Unternehmensziele verwirklichen könnten. Unter diesen Projekten ist nunmehr eine Auswahl zu treffen. Diese Auswahl geschieht nach bestimmten Kriterien im Rahmen der projektorientierten Feinplanung.

Wir wollen nunmehr untersuchen, welche Folgerungen sich aus dem beschriebenen Planungsprozeß für die Investitionsplanung im Unternehmen und damit für die mikroökonomische Investitionsfunktion ziehen lassen.

2. Rahmenplanung und Investitionsfunktion

a. Unternehmenswachstum ohne Finanzierungsgrenzen

Die umsatzorientierte Planung ohne Finanzierungsgrenzen baut auf zwei Faktoren auf: der Bestimmung des zukünftigen Umsatzes und der Ableitung des Investitionsbedarfs aus dem zukünftigen Umsatz.

Das Umsatzziel ergibt sich aus der Umsatzfunktion (1)[6]

$$U_t = (1 + z)\, U_t^0 \tag{1}$$

mit der Prognosefunktion

$$U_t^0 = \alpha_1 U_{t-1} + \alpha_2 U_{t-2} + \alpha_3 U_{t-3} \tag{2}$$

(2) kann als eine der bekannten Prognoseformeln für den Umsatz interpretiert werden. Bei der in der Praxis am häufigsten verwandten Methode der gleitenden Drei-Perioden-Durchschnitte sind $\alpha_1 = \alpha_2 = \alpha_3 = 1/3$. Bei der Methode der exponentiellen Glättung gilt die schwächere Bedingung $\sum_{t=1}^{3} \alpha_t = 1$.

z gibt das Wachstumsziel des Unternehmens in Prozenten an. Wir wollen eine Unternehmenspolitik, die z = 0 setzt, als passiv bezeichnen. Ein Unternehmen paßt sich der auf das Unternehmen voraussichtlich entfallenden Nachfrage an. Ist z größer als 0, so wird ein Umsatzziel formuliert, das nur durch den Einsatz absatzpolitischer Instrumente erreicht

6) Ein Symbolverzeichnis ist am Ende des Beitrages zusammengestellt.

werden kann. Wir wollen in diesem Falle von aktiver Unternehmenspolitik sprechen.

Aus dem Umsatzziel und dem bisher erreichten Umsatz ergibt sich der zusätzliche Umsatz, den das Unternehmen in der Zukunft tätigen will. Hat der erreichte Umsatz die Kapazitäten ausgelastet, so müssen neue Kapazitäten für den zusätzlichen Umsatz gebaut werden. Die Höhe des dafür erforderlichen Investitionsbedarfs wird durch die Strukturfunktion (3) festgelegt.

$$I_t = c(U_t - U_{t-1}) \tag{3}$$

c ist eine betriebliche Kennzahl, die angibt, mit welchem Investitionsbedarf gerechnet werden muß, um einen bestimmten zusätzlichen Umsatz zu erreichen. Die Unternehmen gehen im allgemeinen von dem reziproken Wert $\frac{1}{c}$ aus. Diese Kennzahl gibt an, wieviel zusätzlicher Umsatz mit einer DM Anschaffungskosten neuer Kapazitäten geschaffen werden kann. In der Großchemie zum Beispiel liegt diese Kennzahl etwa bei 0,84 bis 0,9, in der übrigen chemischen Industrie bei etwa 1,3.

Setzt man (1) und (2) in (3) ein, erhält man die betriebliche Investitionsfunktion

$$I_t = \beta_1 U_{t-1} + \beta_2 U_{t-2} + \beta_3 U_{t-3} \tag{4}$$

mit

$$\beta_1 = c[\alpha_1(1 + z) - 1] \tag{5}$$

und

$$\beta_{2,3} = c\alpha_{2,3}(1 + z) \tag{6}$$

Die Strukturfunktion (3) entspricht formal der Akzeleratorfunktion[7]. In der Akzeleratorfunktion wird aber mit den tatsächlichen Größen U_t gearbeitet, während in der Strukturgleichung U_t eine Zielgröße ist, die sich aus einer Prognose der zukünftigen Umsätze und aus den Umsatz-

7) Vgl. GUTENBERG, E., Untersuchungen über die Investitionsentscheidungen industrieller Unternehmen, Köln und Opladen 1959, S. 12; KRELLE, W., (Hrsg.), Die Konsum- und Investitionsfunktion, a.a.O., S. 140; KRELLE verwendet aber auch die Akzeleratorfunktion $I_t = c(U_{t-1} - U_{t-2})$: vgl. KRELLE, W., Verteilungstheorie, a.a.O., S. 153. Bei Erich SCHNEIDER finden sich beide Formulierungen der Akzeleratorhypothese. Vgl. SCHNEIDER, E., Einführung in die Wirtschaftstheorie, III. Teil, 4. Aufl., Tübingen 1957, S. 219.

zielen des Unternehmens ableitet. Die tatsächlichen Umsätze in der t-ten Periode können von dieser Zielgröße abweichen. Hierin mag eine Erklärung für die vielfach unbefriedigenden Ergebnisse gesehen werden, die die empirische Überprüfung der Akzeleratorhypothese ergeben hat.

b. Unternehmenswachstum mit Finanzierungsgrenzen

Wir wollen nun die Finanzierungsmöglichkeiten berücksichtigen, die zur Deckung des Investitionsbedarfs zur Verfügung stehen.

Die zukünftige Entwicklung wird nunmehr durch

(7) $$U_t = \min \left\{ U_t^z, U_t^F \right\}$$

ausgedrückt. U_t^z ist durch (1) definiert. U_t^F dagegen ist der Umsatz, der sich bei den gegebenen Finanzierungsmöglichkeiten verwirklichen läßt. U_t^F ergibt sich aus der folgenden Überlegung:

Zwischen Kapitalbedarf und Kapitaldeckung muß Gleichgewicht bestehen (finanzielles Gleichgewicht):

(8) $$I_t = F_t + E_t$$

Die Banken orientieren sich bei ihrer Kreditvergabe an dem Verschuldungsgrad des Unternehmens. Ist von dem Unternehmen bisher die Kreditlinie voll ausgeschöpft worden, gilt die Kreditvergabefunktion

(9) $$F_t = \gamma I_t$$

γ ist eine institutionelle Größe. Sie kann in unserem Bankensystem praktisch als eine Konstante angesehen werden. Welche Bedeutung eine Variation dieser institutionellen Größe hat, wird an anderer Stelle gezeigt.

Die Eigenfinanzierung erfolgt aus Mitteln der Selbstfinanzierung. Eine vernünftige Hypothese über die Selbstfinanzierung wird durch (10) gegeben

(10) $$E_t = p_1 U_{t-1} + p_2 U_{t-2}$$

Sei nun $\min \{U_t^z, U_t^F\} = U_t^F$. Der erzielbare Umsatz ergibt sich unter Beachtung von (3), (8), (9) und (10):

(11) $$U_t^F = \left(\frac{p_1}{c(1-\gamma)} + 1 \right) U_{t-1} + \frac{p_2}{c(1-\gamma)} U_{t-2}$$

Setzt man (11) in (3) ein, erhält man die Investitionsfunktion

(12) $$I_t = \beta_1^0 U_{t-1} + \beta_2^0 U_{t-2} + \beta_3^0 U_{t-3}$$

mit

(13) $$\beta_{1,2}^0 = \beta_{1,2}/(1 - \gamma)$$

und

(14) $$\beta_3^0 = 0$$

Die Investitionsfunktion bei Finanzierungsgrenzen (12) hat formal die gleiche Struktur wie die Investitionsfunktion (4). Die Investition der Periode t erscheint als abhängig von den Umsätzen in den drei Vorperioden.

Die Parameter dieser Investitionsfunktion aber sind sehr verschieden. Die Parameter der unbeschränkten Investitionsfunktion (4) hängen von dem Investitionskoeffizienten, den Prognosegewichten und dem Wachstumsfaktor des Umsatzes ab. Die Parameter der beschränkten Investitionsfunktion (12) dagegen werden durch die Kreditlinie γ und die Selbstfinanzierungsparameter bestimmt.

Die Ableitung mikroökonomischer Investitionsfunktionen aus der betrieblichen Rahmenplanung zeigt, daß sich unter der Akzeleratortheorie sehr verschiedene Hypothesen über das Investitionsverhalten der Unternehmen verbergen.

2. Die Feinplanung der Investitionen im Unternehmen

a. Die Investitionsentscheidung ohne Finanzierungsgrenzen

Die Rahmenplanung legt nur den Investitionsrahmen fest. Die tatsächlichen Investitionsentscheidungen werden aufgrund einer projektorientierten Feinplanung getroffen. Diese Feinplanung orientiert sich an den Gewinnen, die die einzelnen Investitionsprojekte erzielen werden. Der Gewinn eines Investitionsobjektes wird in der Investitionstheorie durch den Kapitalwert ausgedrückt. Der Gesamtkapitalwert eines Investitionsbudgets kann in Abhängigkeit von dem Investitionsvolumen durch die Kapitalwertfunktion (15) beschrieben werden

(15) $$C_t = B(1 - e^{-\delta I_t})$$

Der Kapitalwert eines einzelnen Investitionsprojektes wird gegeben durch

(16) $$C_{it} = \sum_{\tau=t}^{t+N_i} G_{i\tau}\, q^{-(\tau-t)}$$

Der Gewinn $G_{i\tau}$ ist unsicher. Er folgt aus der Prognosefunktion

(17) $$G_{i\tau} = G_{it} \cdot P_i(\tau)$$

Über den Prognosefaktor $P(\tau)$ sei hier nichts Näheres gesagt[8]. Es mag genügen festzustellen, daß der Gewinn des τ-ten Jahres eine lineare Transformation des Gewinnes im t-ten Jahre ist.

Setzt man (17) in (16) ein, erhält man

(18) $$C_{it} = G_{it} \sum_{\tau=t}^{t+N_i} P_i(\tau)\, q^{-(\tau-t)}$$

Summiert man über alle i und setzt in (15) ein, so ergibt sich

(19) $$G_t = \frac{B}{P}\,(1 - e^{-\delta I_t})$$

Löst man (19) nach I_t auf, erhält man die gewinnabhängige Investitionsfunktion

(20) $$I_t = \eta_0 - \eta_1 \ln (B - P G_t)$$

mit

(21) $$\eta_0 = \frac{\ln B}{\delta}$$

und

(22) $$\eta_1 = \frac{1}{\delta}$$

Die Investitionen I_t hängen in komplizierterer Weise von den Gewinnen G_t ab, als das in den bisher vorliegenden empirischen Überprüfungen der gewinninduzierten Investitionsfunktionen angenommen worden ist. Es erscheint daher kaum verwunderlich, daß die aufgrund linearer Regression gewonnenen Ergebnisse nicht befriedigen konnten.

Das Investitionsvolumen wird von der Obergrenze des Kapitalwertes B, dem die Grenzleistungsfähigkeit des Kapitals bestimmenden Faktor δ und dem Prognosefaktor P bestimmt. B und δ dürften von der Marktform und der Branche abhängen. In P kommt die Unsicherheit der Zukunft zum Ausdruck. P hängt aber auch von dem von dem Unternehmen angewandten

8) Vergleiche hierzu ausführlich ALBACH, H., Wirtschaftlichkeitsrechnung bei unsicheren Erwartungen, Köln und Opladen, 2. Aufl. (in Vorbereitung).

Verfahren der Investitionsrechnung ab und ist insoweit eine institutionelle Größe. Führen die Unternehmen keine Berechnung des Kapitalwertes durch, sondern ermitteln die Vorteilhaftigkeit der Investitionsobjekte durch Kostenvergleich, Renditenvergleich oder Payoff-Methode, so ist P größer als bei Anwendung der Kapitalwertmethode.

Die hier angenommene Ertragsfunktion des Kapitals weist monoton abnehmende Grenzerträge auf. Folglich wird das Investitionsvolumen nicht durch (20), sondern durch den in der Rahmenplanung festgelegten Investitionsrahmen bestimmt. Abweichungen von dem durch (4) gegebenen Investitionsvolumen werden sich freilich einstellen, wenn der Grenzertrag zusätzlicher Investitionen bei dieser Grenze noch sehr groß oder schon sehr klein ist.

b. Die Investitionsentscheidung bei Finanzierungsgrenzen

Wir führen nunmehr die Annahme ein, daß bei der Feinplanung Finanzierungsgrenzen berücksichtigt werden müssen. Die Kapitalwertfunktion des Investitionsbudgets lautet:

(23) $$C_t = B(1 - e^{-\delta I_t}) - \frac{A \cdot I_t}{I_t - F_t}$$

Darin kommt das Prinzip steigenden Risikos bei steigendem Kapitalanteil zum Ausdruck.

Unter Berücksichtigung von (18), (8) und (9) erhält man aus (23)

(24) $$I_t = \eta_0^* - \eta_1 \ln (B^* - P^* G_t)$$

mit

(25) $$\eta_0^* = \eta_0 (1 - \gamma)$$

(26) $$B^* = B(1 - \gamma) - A$$

(27) $$P^* = P(1 - \gamma)$$

Formal weisen (20) und (24) die gleiche Struktur auf. Die Parameter der Investitionsfunktion (24) hängen aber noch von dem Zinsniveau A und der Kreditlinie γ ab. Die mikroökonomische Analyse der Investitionsfunktion legt also auch bei der Feinplanung den Schluß nahe, daß es einer Theorie der Koeffizienten in Investitionsfunktionen bedarf, wenn aus Investitionsfunktionen empirisch gehaltvolle Aussagen abgeleitet werden sollen.

Die Ertragsfunktion (23), die zu der Investitionsfunktion (24) führt, läßt sich nach (8), (9), (10) und (18) auch schreiben

$$G_t = \frac{B}{P}\left(1 - e^{-\frac{\delta p_1 U_{t-1} + \delta p_2 U_{t-1}}{1-\gamma}}\right) - \frac{A}{P} \cdot \frac{1}{1-\gamma}$$

Bei gegebenen Umsätzen der Vorperioden hängt die Ertragsfunktion entscheidend von der Kreditlinie γ ab. Diese läßt sich innerhalb des von den Banken gewährten Spielraums $0 \leq \gamma \leq \gamma_{max}$ von dem Unternehmen optimal bestimmen. Der von dem Unternehmen gewählte Verschuldungsgrad ist offenbar

(29) $$\gamma^0 = \min \{\gamma_{max}, \gamma_{opt}\}$$

mit[9]

(30) $$\gamma_{opt} = 1 - \frac{\delta p_1 U_{t-1} + \delta p_2 U_{t-2}}{\ln\left[\frac{B}{P}\delta p_1 U_{t-1} + \frac{B}{P}\delta p_2 U_{t-2}\right] - \ln\frac{A}{P}}.$$

Wegen

(31) $$I_t = \frac{1}{1-\gamma} \cdot E_t$$

ist daher bei gegebenen Selbstfinanzierungsmitteln das optimale Investitionsvolumen bestimmt. Da bei der Rahmenplanung mit der maximalen Kreditlinie gerechnet wird, ist das Investitionsvolumen, das sich bei der Feinplanung unter Berücksichtigung der Zinskosten ergibt, kleiner oder gleich dem bei der Grobplanung ermittelten Investitionsvolumen .

Aus der Grenzertragsfunktion läßt sich leicht ableiten, daß es für bestimmte Werte der Kreditlinie und der übrigen Parameter Bereiche steigender Grenzerträge in Bezug auf den Verschuldungsgrad gibt. Im Bereich hoher Kreditlinien liegen im allgemeinen abnehmende Grenzerträge vor.

9) Hinreichende Bedingung für die Existenz des Maximums ist

$$\frac{d^2 G_t}{d\gamma^2} < 0$$

Aus

$$\frac{d^2 G_t}{d\gamma^2} = \frac{1}{(1-\gamma)^3}\left\{\frac{B}{P}\,\delta E\left(2 - \frac{\delta E}{1-\gamma}\right) e^{-\frac{\delta E}{1-\gamma}} - 2A\right\}$$

folgt die Bedingung: $$\frac{\delta E}{1-\gamma} < \frac{\ln B\delta E + \ln[1-\delta E/2(1-\gamma)]}{\ln PA}$$

Ist die von den Banken eingeräumte Kreditlinie aber sehr klein, dann kann das Investitionsvolumen in den Bereich steigender Grenzerträge fallen. Jede Ausdehnung der Kreditlinien würde selbst unter Berücksichtigung der Zinskosten einen überproportionalen Anstieg der Gewinne zur Folge haben.

Bei kleiner Kreditlinie, die die Banken dem Unternehmen einräumen, stimmt nach dem Gesagten das Investitionsvolumen der Investitionsfunktion (24) im wesentlichen mit dem Investitionsvolumen überein, das sich aus der Investitionsfunktion (12) ergibt. Das heißt ohne eine Theorie über die Parameter der Investitionsfunktion läßt sich nicht einmal die Frage beantworten, ob sich die Unternehmen mit ihrem Investitionsvolumen im Bereich steigender Grenzerträge in Bezug auf die zur Verfügung gestellten Investitionskredite bewegen oder nicht. Bei einer restriktiven Kreditpolitik, risikofeindlicher Bankenaufsicht und selbstfinanzierungsfeindlicher Wirtschaftspolitik ist eine solche Möglichkeit aber nicht von der Hand zu weisen.

Die Figuren 1 und 2 zeigen die Ertragsverläufe, die sich bei einigen Beispielrechnungen ergeben haben[10]. Dabei wurden die Ertragsverläufe in Abhängigkeit von der Kreditlinie (Verschuldungsgrad) und dem Mietgrad berechnet. Der Mietgrad ist das Verhältnis der jährlichen Mietzahlungen für gemietete Maschinen zu gesamtem finanziellen Überschuß des Jahres nach Abzug von Kapitaldienst für das Fremdkapital. Sowohl bei Variation des Verschuldungsgrades als auch bei Variation des Mietgrades ergeben sich ausgedehnte Bereiche steigender Grenzerträge. Die Abbildungen zeigen, daß in dem Beispielfall das neue Instrument des Equipment Leasing die durch allzu niedrige Kreditlinien hervorgerufene institutionelle Lücke schließt. Bemerkenswert erscheint auch, daß Bereiche zunehmender Grenzerträge zwischen Bereichen mit abnehmenden Grenzerträgen liegen.

10) Als Beispiel wurden die in meiner Arbeit "Investition und Liquidität" verwendeten Investitionsobjekte und Finanzierungsmöglichkeiten verwendet. Die Rechnungen wurden auf der Rechenanlage IBM 7090 des Rheinisch-Westfälischen Instituts für instrumentelle Mathematik an der Universität Bonn durchgeführt. Ich danke Herrn Diplom-Volkswirt Mensch und Herrn Diplom-Volkswirt Kistner für die Durchführung der Rechnungen.

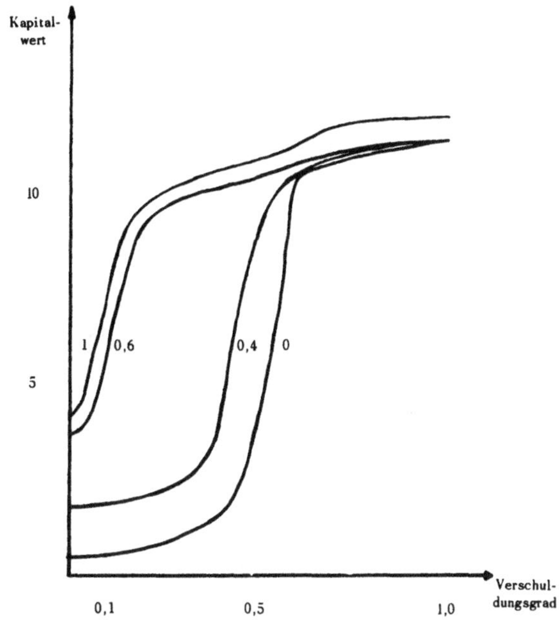

FIG. 1: Mietgrad 0; 0,4; 0,6; 1

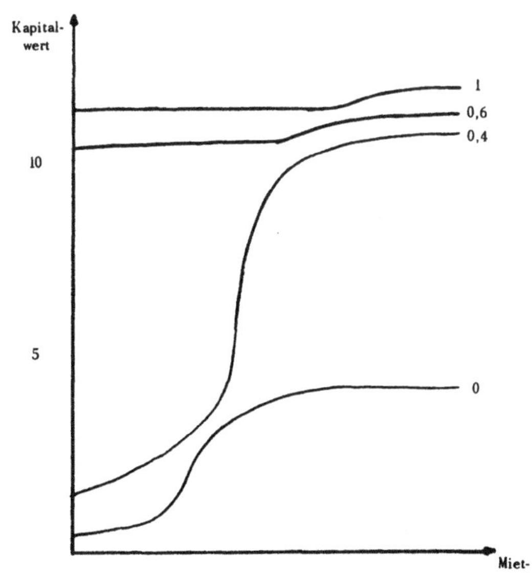

FIG. 2: Verschuldungsgrad 0; 0,4; 0,6; 1

III. Ergebnis

Ich fasse die Ergebnisse zusammen:

1. Die auf dem Akzeleratorprinzip aufbauende Investitionsfunktion entspricht formal einer Strukturgleichung, mit der in der betrieblichen Rahmenplanung gearbeitet wird.
2. Die Akzeleratortheorie baut sachlich jedoch auf Istgrößen auf, während in die Strukturgleichung Plangrößen eingehen.
3. In der mikroökonomischen Investitionsfunktion, die sich aus der Rahmenplanung des Unternehmens ergibt, sind die Investitionen linear abhängig von den Umsätzen der Vorperioden.
4. Die Parameter der Investitionsfunktion können nicht als Konstante aufgefaßt werden. Sie können aus anderen ökonomischen Größen erklärt werden. Bei diesen handelt es sich um technische Größen, Verhaltenskonstante und Finanzierungsparameter.
5. Die auf der Hypothese der Gewinnabhängigkeit aufbauende Investitionsfunktion entspricht im Grundansatz der Investitionsfunktion, mit der in der betrieblichen Feinplanung gearbeitet wird.
6. Die Investitionsfunktion ist aber nichtlinear in den Gewinnen. Die Gewinne in der mikroökonomischen Investitionsfunktion sind ferner Plangrößen und nicht Istgrößen.
7. Das Investitionsvolumen der mikroökonomischen Investitionsfunktion der Feinplanung wird in nennenswertem Umfange nur dann von dem Investitionsvolumen der Rahmenplanung abweichen, wenn der optimale Verschuldungsgrad beträchtlich unter der maximalen Kreditlinie liegt. Hierin mag ein Grund für die Tatsache gesehen werden, daß die gewinnabhängige makroökonomische Investitionsfunktion bisher nicht zu nennenswert besseren Ergebnissen geführt hat als die Akzeleratorfunktion.
8. Die Zinsen für das aufgenommene Fremdkapital lassen sich im Verschuldungsgrad und im Zinsniveau ausdrücken. In der Investitionsfunktion tritt das Zinsniveau im nichtlinearen Term auf. Die These von der Zinsempfindlichkeit der Investitionen kann folglich noch nicht dadurch widerlegt werden, daß sich die Investitionsfunktionen, in denen das Zinsniveau als Variable in linearer Form erscheint, nicht bewähren.

9. Wichtiger als das Zinsniveau ist in der mikroökonomischen Investitionsfunktion die Kreditlinie, die dem Unternehmen von den Banken eingeräumt wird. Die in dieser Größe zum Ausdruck kommende Organisation des Kapitalmarktes ist auch deshalb von Bedeutung, weil es Organisationsformen des Kapitalmarktes gibt, die ökonomisch ineffizient sind. Den institutionellen Determinanten der Investitionen sollte daher von der ökonomischen Theorie mehr Beachtung geschenkt werden.

Symbolverzeichnis

- A Konstante der Zinskosten
- B Obergrenze des Kapitalwertes (Konstante)
- C Kapitalwert
- c Investitionsbedarf bei einer Umsatzänderung von 1; Investitionskoeffizient
- E_t Selbstfinanzierungsmittel in Periode t
- e Basis der natürlichen Logarithmen
- F_t Fremdfinanzierung in Periode t
- G Gewinn
- I_t Investition in der Periode t
- N Nutzungsdauer
- P Prognosefaktor
- p Parameter der Eigenfinanzierungsfunktion
- q Diskontierungsfaktor
- U_t Umsatz der Periode t
- U_t^z Umsatzziel der Periode t
- U_t^F Umsatz bei gegebenen Finanzierungsmöglichkeiten in Periode t
- z Umsatzwachstum in %, Zielgröße
- α Parameter der Prognosefunktion
- β Parameter der Investitionsfunktion
- γ Kreditlinie (Verschuldungsgrad)
- δ Parameter, der die Grenzleistungsfähigkeit des Kapitals bestimmt

INVESTMENT BEHAVIOR IN GREEK INDUSTRY

HORST ALBACH*
with the assistance of
NICKOS DIMITRIADIS **

I. Introduction

The theory of business investment, which came of age with the famous work by Friedrich and Vera Lutz, has made great progress within the nearly twenty years since. The theory of a single investment has been integrated within the larger framework of capital budgeting, and risk and uncertainty have been introduced into the process of investment planning in an operational fashion.

Gratifying as this may be, empirical evidence as to the relevance of investment theory in explaining investment behavior in industry is rather limited. Econometric studies in investment behavior set out to test rather naive hypotheses like the famous accelerator principle. Simple linear regressions of investment volume on interest rates and net profits followed suit, liquidity variables were added, and the time-consuming planning process was introduced into the investment function via distributed lags. This line of thought was pursued aside from investment theory. The first attempt at testing investment theory against empirical data rigorously is due to Jorgenson. He developed an investment function from neoclassical capital theory and tested it against data of business firms in the United States of America. His results were remarkably good [1]. However, Jorgenson's investment function has not

* Professor of Business Administration and Operations Research, Bonn University.

** Research Assistant, Bonn University.

1. Cf. Jorgenson, D. W. Capital Theory and Investment Behavior, American Economic Review, Vol. LIII (1963), No. 2, Papers and Proceedings, p. 247; Jorgenson, D. W. and J. A. Stephenson, Investment Behavior in U.S. Manifacturing 1947 to 1960, Econometrica 35 (1967), p. 169.

produced results as satisfactory when applied to German data [2]. The reasons for this less convincing performance are not of interest here. It may be said, however, that Jorgenson has opened a line of theoretical attack on the problem of integrating investment theory with econometric work which has proved most stimulating.

In the present paper we shall develop a business investment function on the basis of investment theory (part II). This investment function has shown remarkable results when applied to macroeconomic time series for private investment in Germany. It has also shown convincing explanatory force in tests against data derived from the balance sheets of 100 German corporations [3]. In this paper we shall test the theory against data of Greek industrial firms (part III). It is with deep admiration for the work of Professor Kalitsounakis as editor-in-chief of the «Archeion» that we dedicate this paper to him on the occasion of the 50th anniversary of the «Archeion».

II. The theory of Business Investment decision

1. The profitability of a Single Investment.

a) The Net Present Value Formula.

The choice of a correct criterion for measuring the profitability of an investment project was over a long period of years the topic of heated theoretical discussions among economists. This issue has by now been settled to all but a very few researchers in the field. The net present value formula has been accepted as the correct criteron for measuring the profitability of a single investment and for ranking investment projects in the absence of budget constraints whilst the present value rate, i.e. the net present value per dollar of investment outlay is a correct ranking criterion for investment proposals in the case of budget limitations.

We therefore developed the theory of investment behavior from the net present value formula

$$(1)\quad C_0 = \sum_{t=1}^{N} g_t q^{-t} + R_N q^{-N} - a_0$$

2. Cf. Beckmann, M. and G. Uebe, Makroökonomische Untersuchungen der Auswirkungen von Steuersystemänderungen, Betriebswirtschaftlicher Verlag Dr. Th. Gabler, Wiesbaden 1969.

3. Cf. Albach, H., Steuersystem und unternehmerische Investitionspolitik Betriebswirtschaftlicher Verlag Dr. Th. Gabler, Wiesbaden 1969.

In this formula we have

C_o — net present value at the end of period o

g_t — cash flow earned by the project in period t

R_N — resale value at the end of lifetime

a_o — investment outlay

q — discount factor $(q = 1 + \frac{p}{100})$

N — economic lifetime of project

The cash flow earned by the project is the difference between revenue and current expenses that the investment project generates in a certain period. In the literature on the subject the term quasi-rent is often used instead of cash flow. We use the term cash flow because it is the accepted term now for the difference between current income and current expense and because total cash flow can be estimated easily from balance sheets.

In investment theory it is generally assumed that the cash flows for each period within the lifetime of the investment can be estimated. In practice this is a tough problem though. In some cases, particularly when major projects are under review, firms aim at projecting the future cash flows separately for each year up to the «pay-off date», the pay-off date being that period in which the original investment outlay is amortised by the net cash flows generated by the project. The «principle of hope» is substituted for the estimation of cash flows beyond this period. In most cases, however, firms do not go beyond an estimation of the cash flow the project will earn in the first year after running at full capacity.

In what follows we take for granted that business firms do not go much beyond gathering data for original investment outlay and cash flow in the first year after full operation. We assume that resale values are estimated to be zero and that firms work with a particular «cut-off rate» as a discount factor. The cut-off rate may be a desired rate of return or the cost of capital whatever seems appropriate in a particular firm. Uncertainty of the future is treated as an imponderable factor. We will try to quantify the imponderabilities involved in the business investment decision in a particular projection function, which forecasts cash flows for each year of the lifetime of the project.

b) The Forecasting Formula for Cash Flows.

In order to derive the forecasting formula for the cash flows we use whatever scanty knowledge we have. We assume the cash ffow lor the first year to be given. We also have an estimate of the lifetime of the equipment. From economic theory we know that at the end of the lifetime the marginal rate of profit with respect to time has to be zero. The cash flows will therefore have dropped to zero at the end of the economic lifetime of the equipment. Between those two points: cash flow in the first year and cash flow at the end of the lifetime the cash flows may take any course. We make one more assumption about the development of the cash flows: due to deterioration and obsolescence of the equipment they show a monotone decrease.

With this set of basic assumptions we can now turn to the derivation of the forecasting formula. Let g_1 be the cash flow of the first year. According to our assumptions g_{N+1} has to be zero. Let a be the amount by which the cash flow in the second year is lower than that in the first year and let the rate of change of α be β, a constant over time. We then have

$$(2) \quad g_2 = g_1 - \alpha$$

$$(3) \quad g_3 = g_2 - \alpha(1 + \beta)$$

We then have for a year t within the lifetime of the equipment

$$(4) \quad g_t = g_{t-1} - \alpha(1 + \beta)^{t-2}$$

or

$$(5) \quad g_t = g_1 - \alpha \sum_{\tau=1}^{t} (1 + \beta)^{\tau-1}$$

From (5) we have

$$(6) \quad g_t = g_1 - \frac{\alpha}{\beta} [(1+\beta)^{t-1} - 1]$$

Now since

$$(7) \quad g_{N+1} = 0$$

we have from (6)

$$(8) \quad g_1 = \frac{\alpha}{\beta} [(1+\beta)^{N} - 1]$$

Substituting (8) in (6) we get

$$(9) \quad g_t = \frac{\alpha}{\beta} [(1+\beta)^{N} - (1+\beta)^{t-1}]$$

The cash flow in each period now depends on the economic lifetime, an estimate of g_2 (which in connection with g_1 determines α) and an estimate of β. We can simplify the forecasting formula (9) if instead of estimating α and β we agree to estimate the cash flow earned by the project after half its lifetime has elapsed as a percentage of first year's cash flow.

Thus

$$(10)\quad g_{N/2+1} = P \cdot g_1$$

where P is the «projection factor».

From (8) and (9) we have

$$(11)\quad g_{N/2+1} = \frac{\alpha}{\beta}\left[(1+\beta)^{N} - (1+\beta)^{2}\right] = P \cdot \frac{\alpha}{\beta}\left[(1+\beta)^{N} - 1\right]$$

and after simplifying we get

$$(12)\quad (1-P)(1+\beta)^{N} - (1+\beta)^{N/2} = -P$$

Solving for β we get disregarding the trivial solution $\beta = o$

$$(13)\quad \beta = \left(\frac{P}{1-P}\right)^{N/2} = -1$$

Substituting (13) in (8) and solving for α we get

$$(14)\quad \alpha = g_1 \frac{(1-P)^{2}}{2P-1}\left[\left(\frac{P}{1-P}\right)^{2/N} - 1\right] \quad \beta \neq o,\ P \neq 1/2$$

and if now we substitute (14) and (13) in (9) we get the final form of the forecasting formula

$$(15)\quad g_t = g_1\left\{1 - \frac{(1-P)^{2}}{2P-1}\left[\left(\frac{P}{1-P}\right)^{\frac{2(t-1)}{N}} - 1\right]\right\} \quad \beta \neq o,\ P \neq 1/2$$

The expression in the brackets is a function of the parameters P and N only. For $P = 1/2$ we get a linearly decreasing cach flow function. The forecasting formula in this case is easily seen to be

$$(16)\quad g_t = g_1\left[1 - \frac{t-1}{N}\right]$$

Setting

$$(17)\quad F_t = \begin{cases} 1 - \dfrac{(1-P)^2}{2P-1}\left[\left(\dfrac{P}{1-P}\right)^{\frac{2(t-1)}{N}} - 1\right] & \text{for } P \neq 1/2 \\ 1 - \dfrac{t-1}{N} & \text{for } P = 1/2 \end{cases}$$

We can simplify (15) to read

$$(18)\quad g_t = g_1 F_t$$

c) The Net Present Value Formula with Cash Flow Forecast.

The net present value formula (1) can now be written using (18)

$$(19)\quad C_0 = g_1 \sum_{t=1}^{N} F_t g^{-t} + R_N g^{-N} - a_0$$

Setting

$$(20) \quad \sum_{t=1}^{N} F_t g^{-t} = \bar{F}$$

we write (19) more simply

$$(21) \quad C_0 = g_1\bar{F} + R_N g^{-N} - a_0$$

2. The Capital Budgeting Formula.

In capital budgeting we distinguish between two types of investments :

1. autonomous investments
2. induced investments.

By autonomous investments we understand those investment projects that have to be carried out without regard to profitability. This class of investment projects comprises investments in sanitary installations, safety equipment and other projects required by law or human relations considerations. They are a «must» and a prerequisite for further operations of the firm.

By induced investments we denote the bulk of investment activity within the firm. These investment projects are induced by profit expectations and are selected by a process of profitability analysis.

The overall investment outlay of a firm in a single period T may then be written as

$$(22) \quad \bar{I}_T = I_T + I_{OT}$$

with

$\bar{I}_T$ — total investment outlay in period T
I_T — investment outlay on induced investments
I_{TO} — investment outlay on autonomous investments

The investment outlay on autonomous investments is assumed to be given. The investment outlay on induced investments is defined as the sum of the acquisition cost of the individual investment projects, i.e. :

$$(23) \quad I_T = \sum_{i=1}^{n} a_{OTI} \qquad i = 1,\ldots,n$$

where n is the number of investment projects (induced investments) in the capital budget.

The investment projects in the capital budget are determined by ranking them according to their net present value per dollar of investment outlay. Each additional investment project then contributes less per dollar of investment outlay than any project that ranks higher on the ranking scale. The overall profitability of the capital budget is therefore a decreasing function of overall investment outaly. This is a specific form of the general law of decreasing returns to scale. The overall profitability of a capital budget may therefore be expressed as a function of overall investment outlay in the following form

$$(24) \quad C_{OT} = D\,(1 - e^{-\delta I_T})$$

where

C_{OT} — overall net present value of the capital budget to be realized in period T

D — upper bound to the net present value of the capital budget

δ — parameter

The net present value of the capital budget is the sum of the net present values of the projects in the capital budget

$$(25) \quad C_{OT} = \sum_{i=1}^{n} C_{OTI}$$

The net present values of the investment projects are given by (21). We then make three rather heroic assumptions in order to simplify analysis :

1. resale values R_N can be neglected
2. gross present values can be substituted for net present values
3. the factors $\bar{F}$ can be assumed equal for all projects.

With these three assumptions we get from (21)

$$(26) \quad C_{OTI} = g_{T+1,i} \cdot F$$

Total first year's cash flows of the projects in the capital budget are the sum of the cash flows of the individual projects earned during the first year after installation, of course.

$$(27) \quad C_T = \sum_{i=1}^{n} g_{T+,i}$$

With (25), (26) and (27) we may rewrite (24) to read

$$(28) \quad C_T \cdot \bar{F} = D\,(1 - e^{-\delta I_T})$$

We now solve for I_T and get

$$(29) \quad I_T = \frac{1}{\delta}\left[\ln \frac{D}{\bar{F}} - \ln\left(\frac{D}{F} - C_T\right)\right]$$

or after rearranging

$$(30)\quad I_T = \frac{1}{\delta} \ln \left(1 - \frac{\overline{F}}{D} G_T\right)$$

(22) may then be written

$$(31)\quad \overline{I}_T = I_{0T} - \frac{1}{\delta} \ln \left(1 - \frac{\overline{F}}{D} C_T\right.$$

If now we set

$$b_0 = I_{0T}$$

$$b_1 = \frac{1}{\delta}$$

$$D = \frac{\overline{F}}{D}$$

we may finally write

$$(32)\quad \overline{I}_T = b_0 - b_1 \ln \left(1 - \bar{D} G_T\right)$$

(32) is the investment function that follows from the theory of a single investment and from capital budgeting theory. We now turn to testing this theoretical function against empirical data.

III. The Empirical Test of the Investment Function

1. *The Data.*

The theoretical investment function (32) was tested against data of Greek industrial firms. We used the data of 50 Greek corporations whose stock is quoted on the stock exchange. The time period study comprises the years from 1955 to 1964.

The data were derived from the annual reports of the companies which are published annually in the Government Bulletin (Ephimeris tis Kyberniseos). Data for the year 1955 had to be corrected by a devaluation factor of roughly 91 % in accordance with the Royal Regulation of November 14, 1956 [4]. The data for 1956 through 1964 were taken as reported on the balance sheets and profit and loss statements.

The time series for investment outlays was derived as follows: investment is defined as the sum of the gross investment in plant and equipment by the 50 companies. Since Greek companies have not re-

4. For the problems involved in deflating reported figures in accordance with the Royal Regulation see Paterakis, J., About Deflation in Balance Sheets, Athens 1957 (in Greek).

ported additions to plant and equipment (until 1962 the Greek Corporation Law did not require Greek companies to report additions and sales of plant and equipment separately), gross investment in plant and equipment is defined here as follows :

(33) $\bar{I}_T = PE_T - PE_{T-1}$

where PE_T — plant and equipment reported on the balance sheet for period T.

Cash flow is defined as the sum of net profits and depreciation. This sum is derived from the profit and loss statements of the 50 companies.

In order to test the theory against alternative hypotheses a third variable was used : net profits. Net profits are defined as profits after taxes, and more specifically

(34) $NG_T = R_T + CO_T + DI_T + B_T$

where

NG_T — net profits

R_T — addition to reserves and surplus

CO_T — profits carried over to the next year

DI_T — dividends paid during period T

B_T — bonus (depending on profits) to members of the board

Table 1 shows the time series for the 50 companies under consideration.

TABLE 1

Data for 50 Greek Companies
1955 – 1964
(Millions of Drachmes)

Year	Gross investment in plant and equipment	Cachflow	Net profits
1955	476.960	486.254	184.806
1956	526.286	523.752	152.297
1957	557.399	564.466	169.371
1958	482.878	548.595	171.364
1959	439.736	470.912	184.955
1960	468.255	500.088	201.978
1961	469.096	513.419	209.396
1962	570.174	604.304	223.879
1963	844.242	636.172	212.073
1964	903.511	740.342	270.219

2. *The Results.*

a) Test for the Non-Linear Investment Function.

The data can only be used for testing the investment function (32) if we make the assumption that reported cash flows for any year are good proxies for the cash flows earned by the new investments and if in addition expected first year's cash flows for new investment projects are not far off the actual cash flows earned with these projects.

We use regression analysis to fit the investment function (32) to the data of table 1. Since the investment function is non-linear, we use Marquardt's procedure for non-linear regression [5].

Using cash flows as the explaining variables we get

$$(35) \quad \hat{I}_T = -172.11 + \begin{Bmatrix} 1739.63 \\ 1396.90 \\ 1054.17 \end{Bmatrix} \ln (1 - .0007 \cdot G_T)$$

with $R = .931836$ $\quad \sigma_2 = 3985.17$

The correlation coefficient is quite good. Correlation coefficient and regression coefficient are statistically significant on the 95 % level. The Anderson anticyclical auto-correlation coefficient is —.359 and is statistically not significant [6].

Table 2 and figure 1 show the results for the individual years from 1955 to 1964.

TABLE 2

Fit of Investment Function (35) 50 Greek Companies

Year	Î+	Î	Î+ — Î	Î + Î (in % of Î)
1955	446	477	— 31	— 6,5
1956	507	526	— 19	— 3,6
1957	577	557	+ 20	+ 3,6
1958	549	483	+ 66	+ 13,6
1959	421	438	— 13	— 2,9
1960	468	468	0	0
1961	490	469	+ 21	+ 4,5
1962	648	570	+ 78	+ 13,7
1963	708	844	— 136	— 16,1
1964	925	904	+ 21	+ 2,3

Î* - theoretical values of investment outlay Î. - actual values of investment outlay

5. Marquardt, D. W., An Algorithm for Least Squares Estimation of Non-Linear Parameters, Journal of the Society for Industrial and Applied Mathematics, Vol. II (1963), p. 431.

6. The significance limit is –.593 on the 95 % level; cf. Tintner, G., Handbuch der Ökonometrie, Berlin – Göttingen – Heidelberg 1960, p. 289.

FIGURE 1

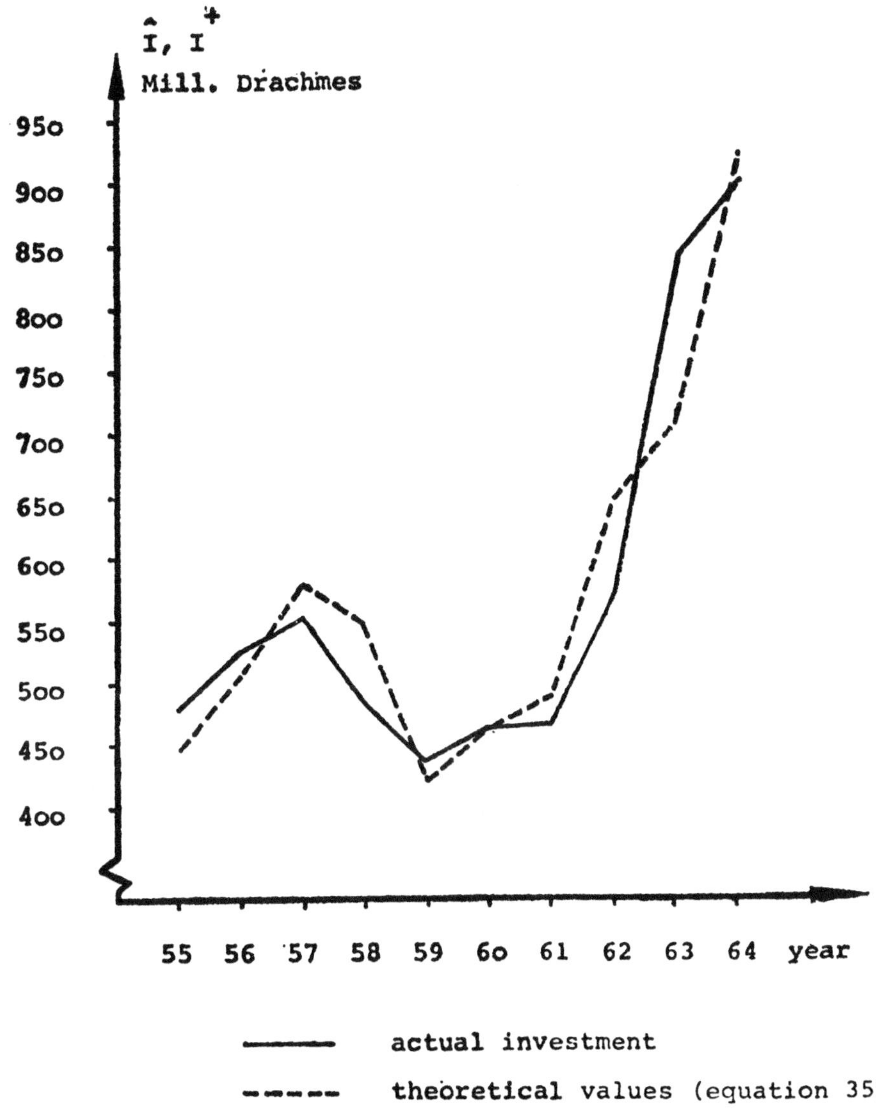

The regression of gross investment on the net profits showed much less convincing results as was to be expected on theoretical grounds. The results may be given here though

$$\text{(36)} \qquad \bar{I}_T = 265.55 + \begin{Bmatrix} 419.50 \\ 267.47 \\ 115.43 \end{Bmatrix} \ln\,(1 - .0033\ NG_T)$$

with

$$R = .74248$$
$$\sigma^2 = 13579.9$$

Correlation coefficient and regression coefficient are significant on the 95 % level, and the auto-correlation coefficient is .106 and is statistically not significant [7].

Table 3 and figure 2 give actual and theoretical levels of investment for the period under consideration. It is evident that the investment function (36) has a systematic bias. It overestimates investment in slump periods and underestimates investment in boom periods. This can be explained by a bias in reported net profits. According to Greek Tax Law depreciation allowances are only granted for periods which show a profit. Thus depreciation allowances for several years can be lumped together and reported in boom periods while in recession periods depreciation is not reported [8].

The bias in the investment function may therefore be attributed to the bias in reported profits.

TABLE 3

Fit of Investment Function (36) 50 Greek Companies

Year	$\hat{I}^*$	$\hat{I}$	$\hat{I}^* - \hat{I}$	$\hat{I}^* - \hat{I}$ (in % of $\hat{I}$)
1955	522	477	+ 65	+ 13,6
1956	455	526	— 45	— 8,6
1957	488	557	— 69	— 12,4
1958	492	482	+ 10	+ 2,1
1959	522	439	+ 83	— 18,9
1960	565	468	+ 97	+ 20,7
1961	586	469	+ 117	+ 24,9
1962	632	570	+ 62	+ 10,9
1963	594	844	— 250	— 29,6
1964	883	904	— 21	— 2,3

$\hat{I}^*$ - theoretical values of investment outlay
$\hat{I}$ - actual values of investment outlay.

It may be interesting to note that lagged functions showed less satisfactory results.

7. Confidence limits for the correlation coefficient and the auto-correlation coefficient are .632 and .366 respectively (95 % limit).

8. See for a clear and concise description of Greek balance sheet regulations Pyrowolakis, E., Gliederung und Bewertung des Jahresabschlusses griechischer Unternehmen, in: Zeitschrift für Betriebswirtschaft, Vol. 38 (1969), p. 765 and particularly p. 777.

FIGURE 2

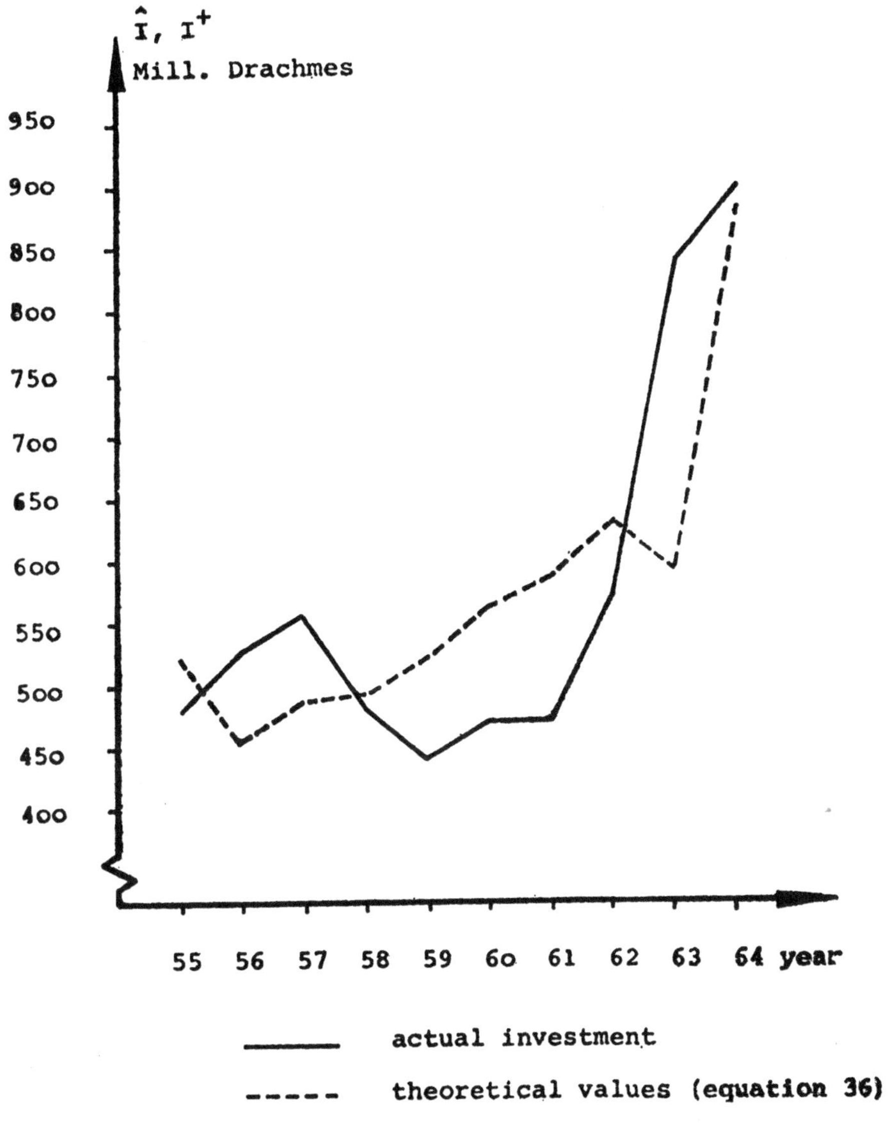

b) Test for a Linear Approximation of the Investment Function.

The investment function (32) is a non-linear investment function. In the literature on the subject tests for linear investment functions are much more prevalent. We shall now show that the linear investment function is an approximation of the non-linear investment function

20*

developed here and give the test results of this function for the data of table 1.

In formula (32) we have the expression $\ln(1 - \bar{D}G_T)$. We use the Taylor development for this expression

$$(37)\quad \ln(1 - \bar{D}G_T) = -\bar{D}G_T + \tfrac{1}{2}\bar{D}^2G^2_T - \ldots$$

and get for (32)

$$(38)\quad \bar{I}_T = b_0 + b_1\bar{D}G_T - \tfrac{1}{2}\bar{D}^2G^2_T + \ldots$$

For large upper bounds D on the net present value the parameter $\bar{D}$ becomes very small indeed. We therefore set the higher powers of $\bar{D}$ equal to zero to obtain as an approximation to (32) the linear investment function

$$(39)\quad \bar{I}_T = b_0 + b_1\,\bar{D}G_T$$

The regression of gross investment on cash flows is fairly good, but still less satisfactory than formula (35)

$$(40)\quad \bar{I}_T = -462.35 + \begin{Bmatrix}2.11\\1.85\\1.59\end{Bmatrix} G_T$$

with

$$R = .929761$$
$$\sigma^2 = 4102.07$$

Correlation coefficient and regression coefficient are significant on the 95 % level, and the auto-correlation coefficient indicates that auto-correlation si not statistically significant. However, budged by the statistical measures of fit, (35) is a better explanation of investment behavior that formula (40). This was to be expected of course.

Linear regressions of investment or net profits as well as tests for lagged linear functions produced worse results.

IV. Concluding Remarks

Despite the fact that we used many rather strong assumptions in developing the empirical investment function from capital budgeting theory, the results are surprisingly good for as small a sample as was available for Greek industry. We will therefore venture in conclusion to derive the formula which shows the law of diminishing returns at work in Greek industrial firms.

From (28) and the definition of $\bar{D}$ we have the profit function

$$(41)\quad G_T = \frac{1}{\bar{D}}\left(1 - e^{-\delta I_T}\right)$$

Taking the derivative we get the marginal profitablility of investment.

$$(42) \quad \frac{dG_T}{dI_T} = \frac{\delta}{\hat{D}} e^{-\delta I_T}$$

Using the parametrs of (35) and inserting in (42) we get

$$(43) \quad \frac{dG_T}{dI_T} = .974 \, . \, e^{-.0007 \, I_T}$$

Marginal profits decrease with increasing investment outlays in the Greek firms under consideration

There is then, it seems to us, a rather significant difference between investment in plant and equipment by Greek firms which has been studied in this paper, and the investment of effort that Professor Kalitsounakis has put into the «Archeion» over the last 50 years : He has always produced increasing returns to scale, and not the least part of these returns has come in the form of international exchange of ideas in the Journal and friedndship with its editor-in-chief. May this continue to be so in the years to come.

Investment Forecasts for German Industrial Corporations

A. The Problem

Investment forecasting is of interest not only for macroeconomic analysis of employment and growth, but also for the study of the development of firms. Considerable attention has been given to the phenomenon of the growth of firms in recent years. But still there is a significant gap between theoretical models and historical patterns of firm development.

In the following paper I will try to narrow this gap. A theoretical model helps to clarify the optimal growth path of the firm. Historical patterns of company development show up in time series of financial data from annual reports of German manufacturing corporations for the post-war period. Empirical tests of the theoretical equations against the historical data may help to bridge the gap.

The empirical model emerging from the empirical tests is then used to look back in order to explain why development follows the pattern that is apparent from the financial statements. The empirical model is also used to look ahead and to forecast the course of future investment in plant and equipment.

It is appropriate to look back also when a good friend turns sixty. It is mandatory to look ahead, to point out the fortunate sequence of events that lie ahead certain conditions given, and to express best wishes for the conditions to come true. The following paper is, in other words, a scientific disguise for may praise of past successes, for my expectations of future achievements, and for my best wishes for continued health and environmental stability on the occasion of the sixtieth birthday of my friend and good colleague Rudolf Henn.

B. The Model of Firm Growth

I. Theoretical Aspects

Modern corporations are no longer black boxes of economic theory. Nor are they the scene on which men with vision, with ambitions, with love and hatred join to meet the ever-changing challenges of markets, technology, and political interference. They are complex institutions that try to optimize the transformation of scare inputs into valuable outputs. Therefore we have at the core of the theory of the firm models that optimize production with given technology and given market demand.

The theory of the firm has of course not been confined to the study of production. Other functions of the firm have been analyzed in an attempt to develop decision rules for optimal behavior. Thus we have a wealth of theoretical analyses of a normative nature on inventory control, personnel management, investment, marketing, and finance. Attempts to integrate these functions in a model of over-all optimization have been made, but seem to have failed to catch the essence of the problem how to optimize coordination of the different functions in the firm. Models of optimal information flows between different departments and of optimal coordination rules in the decentralized organizations have so far not been able to fill the theoretical gap.

We have therefore used another approach. It is assumed here that each department manager optimizes his function and then enters an iterative process of coordination in which the variables that are exogenous to the department manager but endogenous to the firm are changed until they do not cause further adaptation of the decisions in the different functional areas.

This description of the static problem of coordinating suboptimal decisions in the profit maximizing firm is incomplete, however. It does not describe how the firm adapts to a changing environment in a dynamic decision situation. So far, there are only very few functional areas of the firm for which we know optimal dynamic decision rules. In production, vintage models prescribe rules of optimal restructuring of plant capacity given a certain rate of technological progress and a certain rate of change in the demand for the product. In inventory control, stock adjustment models are used to derive changes in inventory levels over time that coordinate optimally the different time paths of production and sales. In other functional areas we have to assume myopic rules for optimal dynamic behavior. An optimal decision is derived given present environment. Since it would be too costly to change the actual levels of activity in the firm to the desired levels immediately, a process of gradual changes is initiated taking little time in areas with high flexibility and taking longer time in areas with high rigidity. The duration of the adaptation process is determined by optimizing benefits and costs of change. If the environment changes again before the desired level of the activity is reached, then a new desired level is computed and the change process reverted to the new path.

II. Empirical Aspects

In a market economy one would expect those firms to survive in the process of competition that on the advice of their (university-educated) staff or on the basis of trial and success take decisions that are optimal in the sense just described. Actual outcomes of the firm's decisions should then be the time-sequence of the results of the theoretical decision rules applied to the environmental data. If the decision rules are transformed in such a way that they are expressed in terms of their results on the company's asset structure and on its profits, then clearly one can test empirically whether in fact the firms follow a profit maximizing behavior and whether the theoretical models preached in classrooms have next to their usefullness as teaching aids in logical conclusion explanatory force in our attempts to understand the rules governing our complex institutions.

Below I will present the empirical version of the theoretical model of firm growth that was derived from testing the theoretical decisions describing optimal behavior in the various functional areas of the firm against the data of seventy German industrial firms quoted on German stock-exchanges[1].

1 The Bonn data bank contains financial data of 240 quoted stock companies. It was impossible, however, to estimate the model from all the firm's data available because of limitations of computer capacity in running large pooled regression analysis.

I will not give details of the theoretical model here[2]. However, in the subsequent section I will give details of the investment function and use the empirical results to forecast investment outlays for German industry in 1982.

From the objective function of maximizing the present value of the firm

1. Cash flow function before taxes

(1) $CFV = p \cdot U - wL - mM - r_T FK_{-1} - SA - MA + AOE$

and the definition of cash flow after taxes

(2) $CF = CFV - SEEV$

Optimal behavior of the sub-model of production is described by a three-factor-production-function which yields the desired levels of factor inputs:

2. Production function

desired labor input

(3) $$L^* = a_0 \left(\frac{\delta' q}{m}\right)^{.066} \left(\frac{m}{w}\right)^{.681} X^{.94}\, e^{-.012\,t}$$

desired raw materials input

(4) $$M^* = a_0 \left(\frac{\delta' q}{w}\right)^{.066} \left(\frac{w}{m}\right)^{.391} X^{.94}\, e^{-.012\,t}$$

2 But see Albach, H., Zur Prognose der Rentabilitätsentwicklung deutscher Industrieaktiengesellschaften, Zeitschrift für Betriebswirtschaft 10/1981; for detailed analysis of the different functions: Werhahn, M., Kapazität und Arbeitsplätze, Bonner Betriebswirtschaftliche Schriften Nr. 2 (1978); Maltzan, B. v., "Average"-Produktionsfunktionen und Effizienzmessung über "frontier production functions", Bonner Betriebswirtschaftliche Schriften Nr. 3 (1978); Geisen, B., Das Finanzierungsverhalten deutscher Industrieaktiengesellschaften, Bonner Betriebswirtschaftliche Schriften Nr. 5 (1979); Holzberg, B., Das Lagerverhalten industrieller Unternehmen, Bonner Betriebswirtschaftliche Schriften Nr. 6 (1980); Bruse, H., Der Absatzbereich von Unternehmen – Theorie, Methoden, empirische Untersuchung, Bonner Betriebswirtschaftliche Schriften Nr. 8 (1980); Wanik, B., Die Lohnentwicklung deutscher Industrieaktiengesellschaften, Bonner Betriebswirtschaftliche Schriften Nr. 10 (1981).
Version 2 of the Bonn Model of Firm Growth described here differs from version 1 by the tax equation and by the production function. While the tax equation is a recent addition to the model, the production function is changed from the original Cobb-Douglas version to this version where the sum of the scaled elasticity is allowed to differ from 1. In fact it is 1.06. Of course, all the parameters of the empirical version of model 2 are different from those in model 1 because the data base for estimation of model 2 is larger.

desired utilization rate of capacity

(5) $$A^* = a_0 \left(\frac{m}{q}\right)^{.615} \left(\frac{w}{q}\right)^{.320} \left(\frac{X^{.94}}{K_{-1}}\right) e^{-.012t}$$

Of course, the actual values of the input differ from the desired levels because change is not immediate. Therefore we have, taking cost of change into account,

actual labor input

(6) $$L = L^{*.46} \cdot L_{-1}^{.54} \cdot M^{*.15} \cdot M_{-1}^{-.15}$$

actual raw materials input

(7) $$M = M^{*.79} \cdot M_{-1}^{.21} \cdot L^{*.20} \cdot L_{-1}^{-.20}$$

actual capacity utilization

(8) $$A = A^{*.31} \cdot L^{*.36} \cdot L_{-1}^{-.36}.$$

Capacity utilization is the result of the effects of capacity expansion and production increase. A capacity expansion is explained by the optimal decisions underlying the investment function:

3. Investment function

The investment function of the model is

(9) $$\begin{aligned} I = \Bigg[& a_0 + .154 \frac{CF}{q \cdot K} + .1196 \frac{CF_{-1}}{q_{-1} \cdot K_{-1}} \\ & + .1486 \frac{UB - UB_{-1}}{UB_{-1}} + .1807 \frac{UB_{-1} - UB_{-2}}{UB_{-2}} + .0965 \frac{UB_{-2} - UB_{-3}}{UB_{-3}} \\ & + .0175 \frac{k - k_{-1}}{k_{-1}} + .0248 \frac{k_{-1} - k_{-2}}{k_{-2}} + .0218 \frac{k_{-2} - k_{-3}}{k_{-3}} \\ & + .0085 \frac{k_{-3} - k_{-4}}{k_{-4}} \\ & + .3569 \frac{I_{-1}}{K_{-2}} \Bigg] \cdot K_{-1} + \delta \cdot K_{-1} \end{aligned}$$

Capacity expansion is determined by profitability of capital, by the change in demand in industry, by the change in relative input prices for investment, and by the previous investment rate. Gross investment is determined by capacity expansion plus depreciation. The relative input price for investment goods is given by

$$(10) \quad k = \frac{w^{.36} \cdot m^{.64}}{c}$$

with c the user cost of capital defined as

$$(11) \quad c = s \cdot q \left(r + \delta - \frac{\dot{q}}{q} \right)$$

where s is the tax-factor, q the price for investment goods, r the rate of interest on long-term debt, and δ the real depreciation rate

$$(12) \quad \delta = .045 + .045\, A^3$$

which has a fixed term for time depreciation and a variable term which depends on capacity utilization. Capital stock in real terms is then derived from

$$(13) \quad K = K_{-1}(1-\delta) + I.$$

Plant and equipment in nominal terms is given by

$$(14) \quad SAV = SAV_{-1}(1-d) + q \cdot I$$

with d the book depreciation rate for taxation purposes. Total investment outlay in industry is defined as the sum of the firms' investment expenditures.

$$(15) \quad IB = \sum I$$

Total sales of the firm depend on the behavior of the firm in the market place as well as on the exogenous developments in the market. Assuming that the firm tries to optimize its marketing mix in the light of changes in market demand and of behavior of its competitors we get the marketing function

4. Marketing function

$$(16) \quad U = a_0 N \left(\frac{MA}{MAB} \right)^{.156} \left(\frac{I}{IB} \right)^{.062} \left(\frac{U_{-1}}{UB_{-1}} \right)^{.63}.$$

Total expenses on marketing activities in industry are simply the sum of the firms' marketing expenditures

(17) $MAB = \sum MA$,

and total sales in industry are the sum of the firms' sales

(18) $UB = \sum U$.

N in (16) is an exogenous parameter describing total demand.

The sales of the firm are made from current production and from changes in inventory. Optimal inventory policy is described by the inventory function.

5. Inventory function

Inventory of finished and semi-finished products is the result of an optimization process in the framework of a production smoothing model in which the costs of holding inventory are weighed against the costs of changes in the rate of production. We have

inventory of finished and semi-finished products

(19) $$VF = a_0 U^{.6} \frac{w}{p\left(r + .15 - \frac{\dot{p}}{p}\right)}^{.3} A^{-.3} VF_{-1}^{.4}.$$

It should be noted that the estimated inventory function has sales nearly in the form of the traditional square root formula. The higher the utilization rate of capacity, the less desirable is it to increase inventory because production costs increase more than proportionally.

Inventory of raw materials and unfinished products is given by

(20) $$VM = a_0 M^{.5} \frac{w}{m\left(r + .25 - \frac{\dot{m}}{m}\right)}^{.3} A^{-.2} VM_{-1}^{.45}.$$

Even though the optimization process follows an approach that differs from that for finished goods, the final equation that describes optimal behavior in industry looks very similar. Optimization is carried out along the lines of the traditional inventory model using the well-known lot size formula but takes into account also adding to inventory for speculative reasons in order to profit from inflationary price increases.

Output of the production process is then given by the definition

(21) $X = U + VF - VF_{-1}$.

The firm has to provide adequate funds to meet the financial requirements of the different departments. The financing function has to minimize capital cost under the constraint that total demand for funds is met. This requires an optimal management of cash and of the capital structure of the firm.

6. Financing function

Cash management in the model takes the form of tax management as is seen from equation (2), because cash flow before taxes is given once the optimal decisions of the other departments have been made.

The taxation function is derived from a careful and detailed study of all the taxes that a firm has to pay according to German tax law

$$\begin{aligned}(22)\quad SEEV = {} & (S51 + S4 - S51S4)(CFV - dSAV_{-1}) + \\ & + (S52 - S51 - S52 \cdot S51)\,DIV + \\ & + (S4 - S51 \cdot S4) \cdot r_T FK_{-1} + \\ & + (S1 + S3 + S51 \cdot S4 \cdot S3 - S4 \cdot S3 - S51 \cdot S3)\,EK_{-1} \\ & + (S3 + S51 \cdot S4 \cdot S3 - S4 \cdot S3 - S51 \cdot S3)\,FK_{-1}.\end{aligned}$$

The terms in the brackets denote the various tax rates for different taxes and applicable to different tax bases. Of course, the variables that the firm can vary in order to optimize tax payments are the dividend ratio and the debt-equity ratio, if cash flow before taxes, book depreciation rates and interest rates are given.

The optimal debt-equity ratio depends, of course, on the relative price of equity. From a portfolio model we derive the optimal level of equity

$$\begin{aligned}(23)\quad EK = a_0\left(\frac{CF}{GK}\right)(a_1 + .068\,GK - 81.7\,\rho + 37.6\,r \\ - .212\,EK_{-1} - .012\,FK_{-1}) + EK_{-1}.\end{aligned}$$

where GK denotes total capital employed.

Debt capital is by definition

(24) $FK = GK - EK$,

and total capital is simply the balance sheet equation

(25) $GK = SAV + pVF + mVM + FINLIQ$

which is determined by investment and production decisions up to the term that gives investment in financial assets and liquidity (FINLIQ). Until now we do not have a model that explains optimal holdings of cash and financial paper. Therefore we use the actual figures for the time being.

The exogenous variables used in the model are explained below

d	:= tax depreciation rate
m	:= raw materials price
MA	:= marketing expenditures
N	:= total demand (real)
p	:= product price
q	:= price index for investment goods
r	:= market rate of interest
r_T	:= ratio of interest paid to debt capital
ρ	:= cost of equity
SA	:= other expenditure
S1	:= federal property tax rate
S3	:= community property tax rate
S4	:= franchise tax rate
S51	:= corporation income tax rate
S52	:= dividend tax factor
s	:= capital cost tax factor
w	:= wage rate
AOE	:= other income
DIV	:= dividends
FINLIQ	:= investment in financial assets and in cash

D. The Investment Function

I. The Theoretical Model

The growth of firms is generally measured by the growth rates of its sales or by the growth rate of its investment in plant and equipment. In the following section we will therefore look at the optimal investment process described in the model at some more detail.

We use a neo-classical framework to determine optimal investment in plant and equipment. From a Cobb-Douglas type of production function

(26) $X = a_0 K^{\alpha_1} L^{\alpha_2} M^{\alpha_3} e^{\mu t}$

with μ the rate of Hicks-neutral technological progress and with the sum of the exponents not restricted to unity we have from cost minimization the desired level of real capital

$$(27)\quad K^* = \left(\frac{1}{\alpha_0}\right)^{\frac{1}{\rho}} \cdot \left(\frac{1}{\alpha_2}\right)^{\frac{\alpha_2}{\rho}} \cdot \left(\frac{1}{\alpha_3}\right)^{\frac{\alpha_3}{\rho}} X^{\frac{1}{\rho}} \left(\frac{w}{c}\right)^{\frac{\alpha_2}{\rho}} \left(\frac{m}{c}\right)^{\frac{\alpha}{\rho}} e^{-\frac{\mu t}{\rho}}$$

where X is planned output and the unit prices are expected prices; w denotes the wage rate, m denotes the price per unit of raw materials input and c is capital user cost.

Since actual capital stock cannot be increased to the desired level immediately, we have form minimizing adaptation cost

(28) $K = K^{*\lambda} \cdot K_{-1}^{(1-\lambda)} \qquad 0 < \lambda < 1$

with λ denoting the speed of adaptation.

We now assume that expected values are the weighted averages of past and present values of the respective variables and get the equation for the rate of capacity expansion

$$(29)\quad \frac{dK}{K} = -\lambda a_0 + \lambda a_1 \sum_{i=0}^{n_1} g_i^1 \left(\frac{CF}{qK}\right)_{-i} +$$
$$+ \lambda a_2 \sum_{i=0}^{n_2} g_i^2 \frac{U^B_{-i} - U^B_{-i-1}}{U^B_{-i-1}}$$
$$+ \lambda a_3 \sum_{i=0}^{n_3} g_i^3 \frac{k_{-i} - k_{-i-1}}{k_{-i-1}} +$$
$$+ (1-\lambda) \frac{dK_{-1}}{K_{-1}}$$

with

$$(30)\quad k = \frac{\dot{w}}{w}\left(\frac{\alpha_2}{\alpha_2 + \alpha_3}\right) + \frac{\dot{m}}{m}\left(\frac{\alpha_3}{\alpha_2 + \alpha_3}\right) - \frac{\dot{c}}{c}$$

which corresponds directly to (10) above. c is as defined by (11). Cash flow enters the investment function through a forecasting function for profitable future production.

II. The Empirical Investment Function

The investment function (29) was tested against the data from the financial statements of the industrial corporations in the Bonn data bank. The result is given in (9).

Clearly, the parameters of the investment function (9) depend not only on the exogenous variables like industry sales and relative like capital stock and cash flow after taxes. The endogenous variables are determined from the other equations of the model. Thus (9) represents the interaction of the firm with its environment on the one hand, and the interdependence of the different functional areas in the firm on the other. Actual investment is seen as the outcome of optimizing these interdependencies within the company and with its environment. We now use the model first to show how well the theoretical model fits the actual data. Since actual data in the data bank are complete for the period from 1970 to 1979 we use this period as our reference period. For the year of 1980 some of the exogenous variables but not all the financial reports of the corporations were available. Therefore we make an ex post forecast for 1980 with whatever actual variables are available. Finally, the volume of investment in fixed assets is forecast for 1981 and 1982 using the data generated by the model as well as best estimates of the exogenous variables.

The estimates of the exogenous variables are given in the form of three different scenarios. These scenarios are described in table 1.

The results of the model forecast are given in Figure 1. The model explains the decrease in actual investment between 1971 and 1974 very well. The development after 1976 is described fairly accurately. As far as one can see at the present moment, the dip in investment outlays that the model forecast for 1981 is a reality. In my opinion scenario 1 is more likely to materialize in 1982 than any of the other two scenarios. The prospect for business investment in German industry are therefore rather unpleasant.

It may be interesting to study the factors that determine the differences in investment activity between the scenarios. Of course, the lag structure in the investment function plays a significant role. The difference of 2.6 percentage points in the growth rate of investment between scenario 1 and the other two scenarios for 1981 can be divided up as follows

60.0	percent profitability effect (cash-flow term)
35.6	percent demand effect (growth rates of sales-term)
4.4	percent cost of capital effect (relative input price-term)
100.0	percent total effect

Since the starting position for 1981 differs from the starting position of the other two scenarios due to the difference in investment activity for 1981, the difference of roughly 6.2 percent between scenario 1 and 2 has to take into account this investment rate effect also. The break-up of the difference is as follows

Table 1: Scenarios of Business Environment in 1981 and 1982
Increase in percent

variable	1981			1982		
scenario	1	2	3	1	2	3
raw materials price	6.5	5.2	5.2	6.9	5.7	5.7
wage rate	5.3	4.9	4.9	5.4	4.5	4.5
total demand (real)	−1.0	−0.4	−0.4	1.0	2.0	3.0
product price	4.1	4.5	4.5	3.3	3.4	4.0
price index for investment goods	4.7	5.0	5.0	4.8	5.0	5.0
market rate of interest*	9.6	9.6	9.6	8.5	8.0	8.0
cost of equity*	12.8	13.1	13.1	12.8	13.1	13.1
other income	4.1	4.5	4.5	3.3	3.4	4.0
investment in financial assets and cash	2.1	2.5	2.5	2.9	3.6	4.6
marketing and other expenditures		5.2			5.6	
ratio of interest paid to debt capital*		3.7			3.3	
dividends		0.0			2.7	

* absolute values

19.9	percent profitability effect
40.8	percent demand effect
21.2	percent cost of capital effect
18.1	percent investment rate effect (previous year's rate of investment-term)
100.0	percent total effect

Scenarios 2 and 3 have the same starting points in 1981. Therefore the investment rate effect is zero. The scenarios do not differ in the assumed relative cost of investment. Therefore, the total difference of 3.0 percent has to be attributed to the profitability effect and to the demand effect. From the empirical equations we can derive the following numerical break-up of the two impacts

37.9	percent profitability effect
62.1	percent demand effect
100.0	percent total effect

From the relative impact that the different effects have on total investment we conclude that neither the profits hypothesis nor the demand hypothesis can claim that they explain investment behavior best. We can say,

Table 2: Theoretical values of real investment (growth rates of real investment in brackets)

1970–1982

real investment			
1979	5.48 (1.7 %)		
1980	5.64 (2.9 %)		
1981	5.21 (−7.6 %)	5.35 (−5.0 %)	5.35 (−5.0 %)
1982	4.84 (−7.1 %)	5.31 (−0.9 %)	5.46 (2.1 %)
	scenario 1	scenario 2	scenario 3

Figure 1: Real business investment

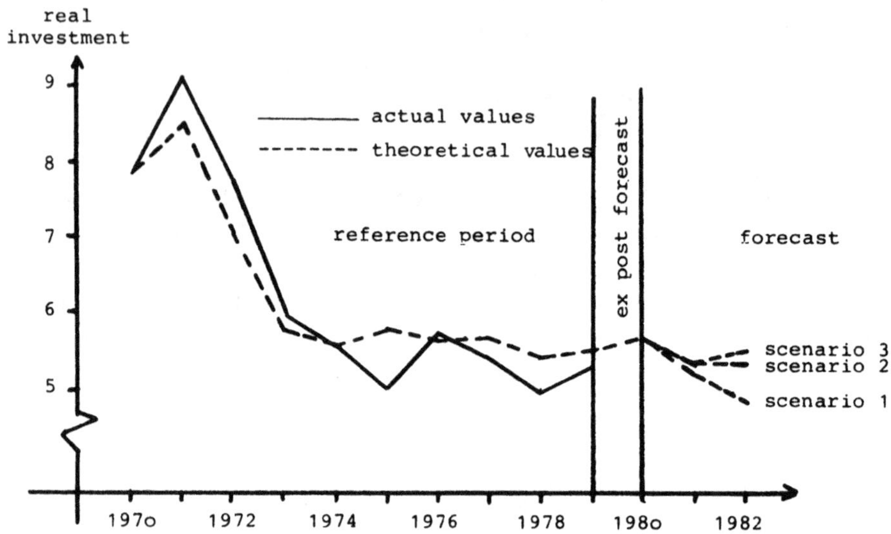

however, that the high interest rates firms are at present confronted with will be a significant burden on investment in years to come because their after-effects reach further into the past than any other factor determining investment outlays.

E. Concluding Remarks

The test of the pudding is in the eating, says a well-known English proverb. The test of a theory is in its confrontation with reality. Our model forecasts of the rates of investment in 1981 will meet their test when 1982 has become reality. I do hope that the model will prove wrong–but for the right reasons: If our estimates of wages policy and of government action to stimulate investment incentives proved to be too pessimistic, then reality would look more favorable. The German industrial firms may not face a bright future–Rudolf Henn does if all my good wishes on the occasion of his birthday come true.

The Optimal Investment Process in German Industry

A. Dedication

This paper is dedicated to Professor S. K. Srinivasan on the occasion of his 70th birthday. Professor Srinivasan has made significant contributions to the theory of optimal investment decisions, including the theory of maintenance and replacement. He has inspired many outstanding young mathematicians and mathematical economists to work in this interesting and complex field. His work and the work of his group at the Indian Institute of Technology have provided new insights in optimal replacement strategies and optimal stand-by policies. These results have stimulated research in the field of industrial investment processes in many parts of the world. The following paper is the outcome of research in the optimal investment behavior of firms that started with an analysis of optimal investment behavior under uncertainty, with optimal capital budgeting under uncertain cash constraints, and was greatly influenced by ideas of investing in stand-by facilities as an insurance against risk. In this paper we try to model the investment process over time with the cost of adaptation being influenced also by the institutional framework that the economy provides for the investing firm.

I gratefully acknowledge the inspiration that Professor Srinivasan has given me directly and indirectly during many years. Even though this paper may seem more like an econometric analysis than an operations research paper, the operations researcher will easily accept my thesis that his thinking permeates all analyses of optimal economic behavior.

B. The Problem

Business investment is crucial for employment. It is therefore important to explain investment behavior by firms in an economy. Now there are two puzzling problems in explaining business investment by German firms:

1. How could we explain the significant decline in business investment between 1970 and 1976?
2. Why was recovery of business investment so slow between 1976 and 1983?

If we can answer these two questions, we may be in position to explain why investment in plant and equipment has been bullish since 1984.

C. The Empirical Data

The Bonn Data Bank

The empirical data used for attacking these questions are data of 295 German industrial firms in the Bonn data bank. These are all the industrial corporations in Germany that are quoted on a German stock exchange. This data bank was developed over the years with the financial assistance of the Deutsche Forschungsgemeinschaft, and this financial support is gratefully acknowledged. Out of these 295 corporations 161 had to be eliminated for various reasons, incompleteness of published data being one reason and character of a holding company with only small production activity being another. Figure 1 shows total real investment of the firms in the Bonn data bank. The decline in business investment between 1970 and 1976 is quite evident. It appears obvious also that pick-up of investment activity after 1976 was rather slow until 1984.

One may question whether 134 industrial corporations are representative in their investment behavior of the economy as a whole. From figures 2-5 we notice that the Bonn data bank represents roughly 15% of total investment in the producing sector. The share of the producing sector in total investment was roughly 21% until 1972, declined to about 19% in the period afterwards and has never again reached the former level. It is the service sector that has increased its share of total investment in the economy. However, this has not been sufficient to match the drop of investment in

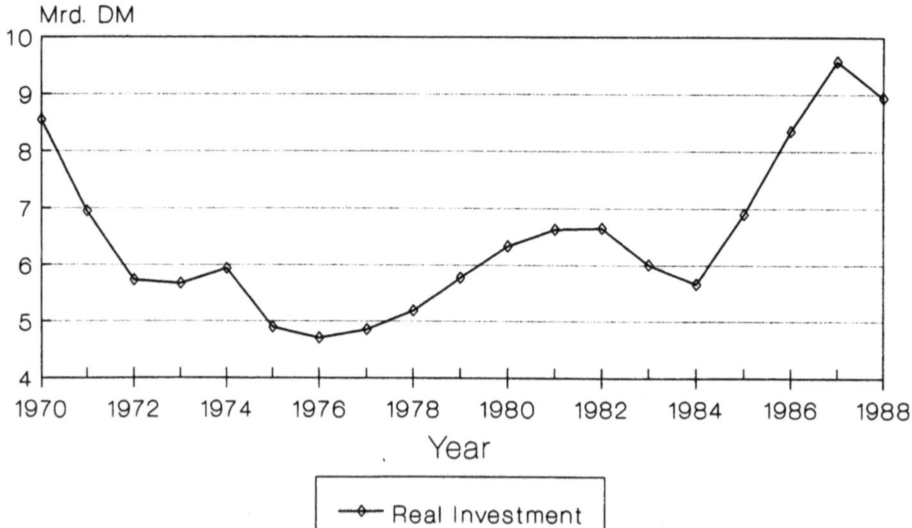

Figure 1: Real investment in plant and equipment – Bonn data bank; 134 German industrial firms in prices of 1970

Source: Bonn data bank

the producing sector: While total investment was 24% of total gross national product until 1972, it dropped to about 21% in 1976 and has remained at this low level since.

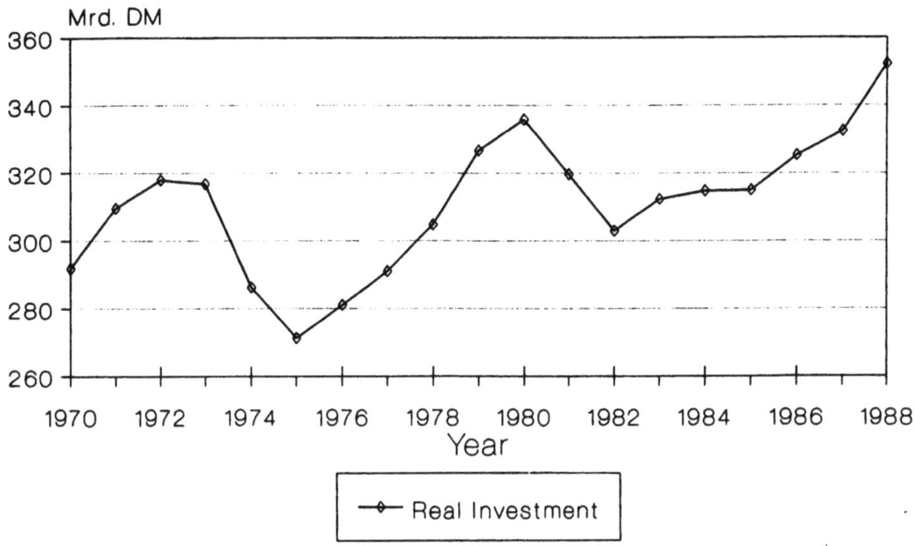

Figure 2: Real investment in housing, plant and equipment in prices of 1980 – Total economy – [Mrd. DM]

Source: SVR 1989/90, S. 257

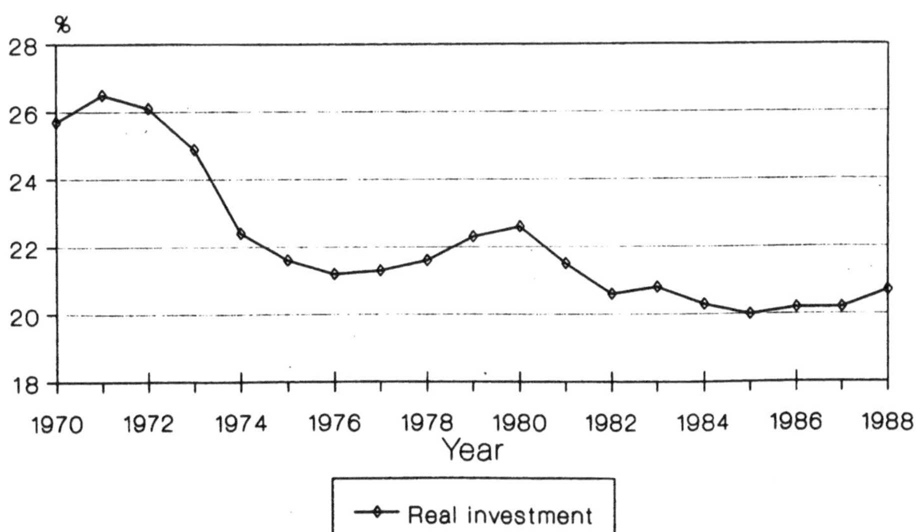

Figure 3: Real investment in housing, plant and equipment in prices of 1980 – Share of real investment to G.N.P. –

Source: SVR 1989/90, S. 257

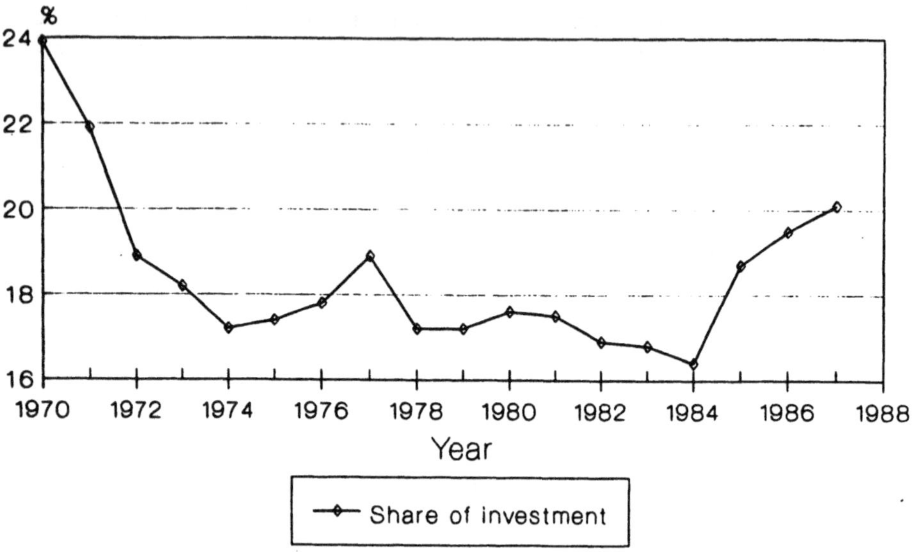

Figure 4: Share of investment in the productive sector to total investment – nominal investment – in %

Source: SVR 1989/90, S. 260, Sp. 1 and 5

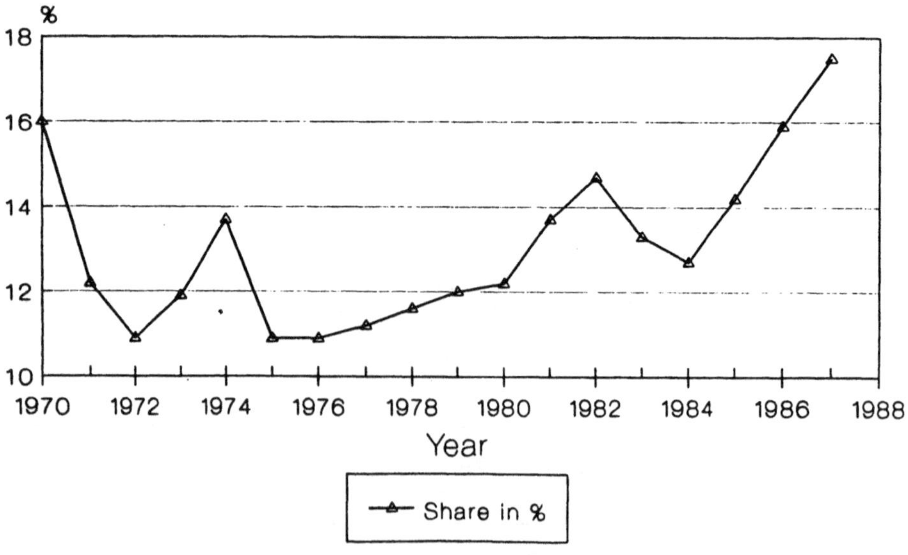

Figure 5: Share of investment of 134 industrial corporations to total producing industry in %

Source: Bonn data bank; SVR

Figure 6 shows that the Bonn data bank is fairly representative of business behavior in the producing sector.

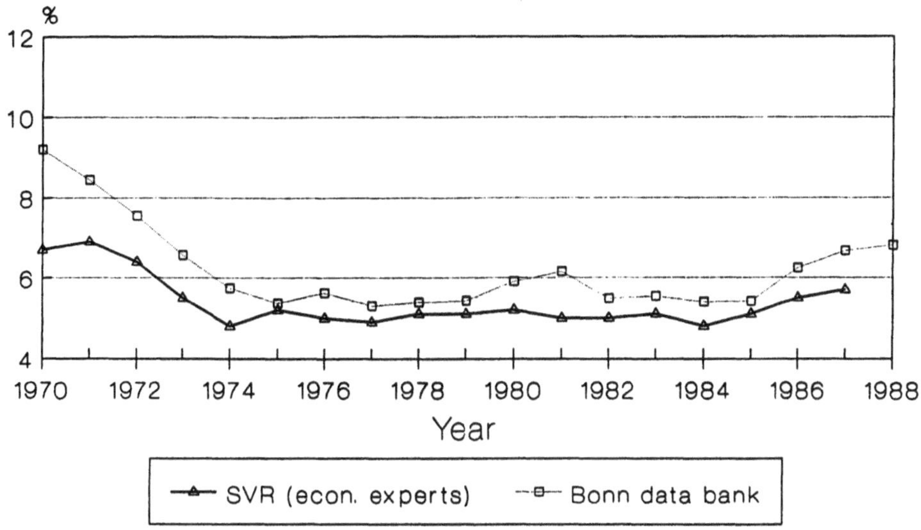

Figure 6: Investment-Sales Ratio, producing sector – nominal values – SVR versus Bonn data bank

Source: SVR 1989/90, S. 260 (Sp. 3), S. 286 (Sp. 1), Bonn data bank

D. The Business Investment Function

1. A Model of Business Investment with Separate Optimization and Adaptation

In order to explain business investment behavior in German industry within the Bonn model, a neoclassical framework is used to determine optimal investment in plant and equipment. Various publications report on this approach and its empirical results for different branches of industry in detail[1].

If we assume that the firms react fast and efficiently to changes in relative prices, we can deduce that in selecting a production process they minimize the total cost of the productive factors needed for production subject to a level of production determined by demand. The relative factor inputs in the production process are highly elastic to changes in relative prices. Such a productive situation is described by a Cobb-Douglas production function.

Therefore we minimize

$$C=\int_0^{\infty}(qI+wL+mM)\ e^{-rt}dt \tag{1}$$

subject to

$$X=a_0K^{a_1}\cdot L^{a_2}\cdot M^{a_3}\cdot e^{pt} \tag{2}$$

1 Albach, H. (1983): Investment Forecasts for German Industrial Corporations, in Beckmann, M. J. (ed.): Mathematische Systeme in der Ökonomie, Königstein, p. 27–40.
Albach, H. (1984): The Rate of Return in German Manufacturing Industry: Measurement and Policy Implications, in Holland, D. M. (ed.): Measuring Profitability and Capital Costs, Lexington (Mass.), p. 273–311.
Werhahn, M. (1978): Kapazität und Arbeitsplätze, Bonner Betriebswirtschaftliche Schriften, vol. 2, Bonn.
Maltzan, v. B. (1978): 'Average'- Produktionsfunktionen und Effizienzmessung über 'Frontier-Production Functions', Bonner Betriebswirtschaftliche Schriften, vol. 3, Bonn. Geisen, B. (1979): Das Finanzierungsverhalten deutscher Industrieaktiengesellschaften, Bonner Betriebswirtschaftliche Schriften, vol. 5, Bonn. Holzberg, B. (1980): Das Lagerverhalten industrieller Unternehmen, Bonner Betriebswirtschaftliche Schriften, vol. 6, Bonn. Bruse, H. (1980): Der Absatzbereich von Unternehmen – Theorie, Methoden, Empirische Untersuchung, Bonner Betriebswirtschaftliche Schriften, vol. 8, Bonn.
Wanik, B. (1981): Die Lohnentwicklung deutscher Industrieaktiengesellschaften, Bonner Betriebswirtschaftliche Schriften, vol. 10, Bonn. Schleiter, M. (1982): Steuersystem und Unternehmenspolitik – Theorie und empirische Ergebnisse zum Einfluß des Steuersystems auf die Investitionsentscheidungen deutscher Industrieaktiengesellschaften, Dissertation, Bonn.
Fischer, K. H. (1984): Die Messung von totaler Faktorproduktivität, Effizienz und technischem Fortschritt, Bonner Betriebswirtschaftliche Schriften, vol.16, Bonn.
Sieger, G. (1984): Die Finanzierung der deutschen Industrieaktiengesellschaften bei vollkommenem und unvollkommenem Kapitalmarkt, Bonner Betriebswirtschaftliche Schriften, vol. 17, Bonn.
See for a full description Burg, K.-H., Das Bonner Modell der Firmenentwicklung, Bonner Betriebswirtschaftliche Schriften, vol. 24, Bonn 1987.
Albach, H., Burg, K.-H., Empirische Untersuchungen der Firmenentwicklung, in: Krelle, W. (Hrsg.), Ökonomische Prognose-, Entscheidungs- und Gleichgewichtsmodelle, Weinheim 1986.

where X is planned output, K, L, and M inputs of capital, labor, and raw materials respectively, q, w, and m the unit prices of the respective inputs, C total discounted cost, p denotes Hicks-neutral technological progress, and r is the discount rate. a_1, a_2, and a_3 are parameters which are not restricted to sum to unity.

Solving for K we get

$$K^* = \left(\frac{1}{a_0}\right)^{\frac{1}{s}} \cdot \left(\frac{a_1}{a_2}\right)^{\frac{a_2}{s}} \cdot \left(\frac{a_1}{a_3}\right)^{\frac{a_3}{s}} \cdot X^{\frac{1}{s}} \cdot \left(\frac{w}{c}\right)^{\frac{a_2}{s}} \cdot \left(\frac{m}{c}\right)^{\frac{a_3}{s}} \cdot e^{-\frac{pt}{s}} \tag{3}$$

K* is the optimal stock of capital given the relative prices for the productive factors in period t. Now if actual stock of capital is K_{t-1}, then the optimal volume of investment is $K^* - K_{t-1}$.

The optimal stock of capital cannot be realized immediately. It takes time to plan the investments, to order the equipment and to set it up. All of this is time-consuming and costly. In a separate optimization procedure we weigh profits lost from less than immediate realization of the optimal stock of capital against the cost of adjusting actual stock of capital to the optimal level. Profits foregone are balanced against cost of adaptation.

Assuming quadratic adaptation cost we get

$$K_t = (K_t^*)^z \cdot K_{t-1}^{1-z} \qquad 0 < z < 1 \tag{4}$$

with z denoting the

speed of adaptation and $\frac{(1-z)}{z}$ the period of adaptation.

Since all the parameters in the investment function (3) are expected values, we have to show how these expectations are derived from observable values. We assume that expected values are the weighted averages of past and present values of the respective variables. Then we have for the rate of capacity expansion

$$\begin{aligned} \frac{I}{K} = & -zb_0 + zb_1 \sum_{i=0}^{n_1} g_i^1 \frac{X_{-i} - X_{-i-1}}{X_{-i-1}} \\ & + zb_2 \sum_{i=0}^{n_2} g_i^2 \frac{k_{-i} - k_{-i-1}}{k_{-i-1}} \\ & + (1-z) \cdot \frac{I_{-1}}{K_{-1}} \end{aligned} \tag{5}$$

where

$$\frac{\dot{k}}{k} = \frac{\dot{w}}{w}\left(\frac{a_2}{a_2+a_3}\right) + \frac{\dot{m}}{m}\left(\frac{a_3}{a_2+a_3}\right) - \frac{\dot{c}}{c} \tag{6}$$

and where the user cost of capital is defined by

$$c = y \cdot q(\bar{r} + d) \tag{7}$$

r is the rate of interest on long-term debt, d the real depreciation rate, q is the price for investment goods, and y is the tax factor with y = 1 indicating neutrality of the tax system.

In order to test the investment function (5) against the empirical data of investment in plant and equipment by German industrial firms, we rewrite (3) with (4) to obtain

$$lnK_t - lnK_{t-1} = z \cdot (lnK_t^* - lnK_{t-1}) \tag{8}$$

with

$$K_t^* = h + f\left(\frac{w_t}{c_t}, \frac{m_t}{c_t}, X_t\right) \tag{9}$$

The empirical analysis yields results that are given in figure 7. They are derived from a pooled regression estimation using the data of the 134 firms for 19 years. There are therefore 2546 different observations. Despite the fact that actual and estimated figures for 1976 and 1987 point in different directions we can use the estimated investment function in order to answer the two questions.

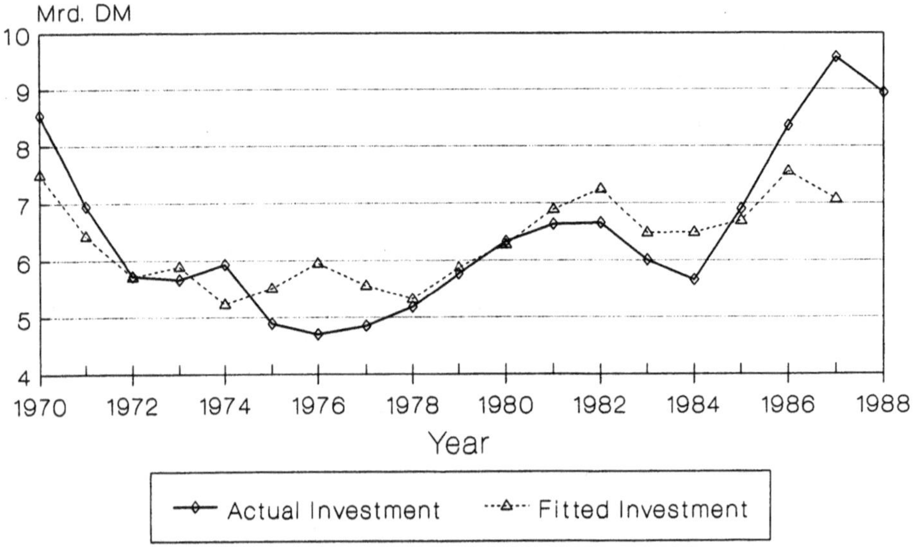

Figure 7: Real investment in plant and equipment – Bonn data bank and Bonn model of firm development (BMFE)

Source: Bonn data bank

The neoclassical explanation would argue with relative prices. Since user cost of capital and wage rates are endogenous factors of the Bonn model and since raw material prices are used on an industry basis in the analysis, an interpretation of the

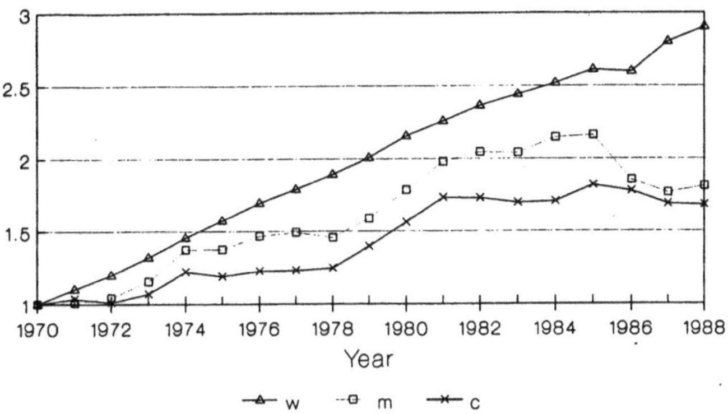

Figure 8: Indices of wages, raw material prices and user cost of capital (1970 = 1)

Source: Bonn data bank

development of the cost components will be given first. Relative prices are dealt with subsequently.

Figure 8 shows the development of the indices of wages, raw materials prices and user cost of capital between 1970 and 1988. Wages continued to rise significantly after 1973. Raw materials prices show significant increases between 1972 and 1974 and again between 1978 and 1980 as a consequence of the oil price hikes, but their rates of increase are modest in between. User cost of capital remains stable between 1974 and 1978, obviously due to the revaluation of the deutschmark, but rises rather significantly between 1978 and 1981.

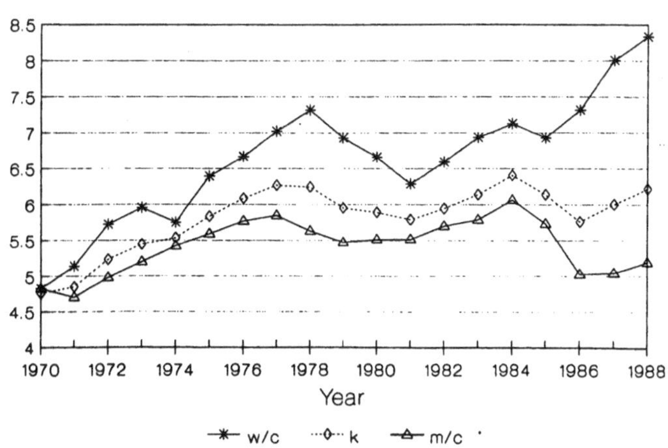

Figure 9: Relative prices

Source: Bonn data bank

Figure 9 gives relative prices. Here we have the combined effects of wage increases after the 1973/74 oil shock and of the drop in interest rates due to the revaluation of the deutschmark. Relative wage costs would have called for heavy investment between 1974 and 1978. But since the relative prices of raw materials remained substantially unchanged for the reason of revaluation, the combined effect on k is such that no pressure on investment was exerted. Revaluation of the deutschmark retarded investment which would have been necessary to restructure our industry, and then the user cost of capital rose so much that investment became less profitable. The turn in k came in 1981 with declining interest rates.

The second question may thus be answered as follows: While relative labor cost would have called for an increase in investment, investing abroad and thus substituting investment by material inputs provided negative incentives for domestic investment. After 1978 increasing user cost of capital put additional brakes on business investment in Germany.

The first question is better explained by decreasing demand. Between 1969 and 1975 output dropped substantially.

From the investment function we derive price and output elasticities for capital which offer further insights into investment behavior of German firms. Table 1 shows results.

Table 1: Price elasticities and output elasticity of capital

	short-term	long-term
user cost of capital	– .108	– .175
wage rate	.043	.070
raw materials prices	.065	.105
output	.266	.431

The elasticities are all in the expected direction but very small indeed. Even in the long run (after the adaptation period has elapsed) elasticities are rather low. Since long-term elasticities are short-term elasticities divided by speed of adaptation, the speed od adaptation is seen to be rather high: between 7 and 8 months.

Such a speed of adaptation cannot explain convincingly why investment has not reacted faster to the improved conditions for business investment, in particular to the improvement in relative prices after 1981. Therefore another explanation of the adaptation process may be helpful.

2. A Model of Business Investment with Simultaneous Optimization and Adaptation

The model of optimal intertemporal allocation of resources is more suitable to explain adaptation behavior. Results of intertemporal duality theory with two quasi-fix production factors[2] yield the following model.

We minimize

$$C=\int_0^\infty (mM+cK+wL+u(I^K, I^L, K, L)\, e^{-rt}dt \tag{10}$$

subject to a production technology which is described by very general properties. u is the adaptation cost function.

Raw material is a variable factor of production, and capital and labor are quasi-fix factors. Therefore adaptation of material inputs does not require time and can be made at zero cost. It is costly, however, to adapt the stocks of capital and personnel to the optimal levels. Thus from (10)

$$\min_{I>0} C=\int_0^\infty (v(X,K,L,I^K,I^L)+(cK+wL))e^{-rt}dt \tag{11}$$

The first part in the sum represents variable cost of material inputs and adaptation. The second part is the cost of the two quasi-fix factors.

Minimizing (11) yields

$$\begin{pmatrix}\dot K\\ \dot L\end{pmatrix}=\begin{pmatrix}z_{11} & z_{12}\\ z_{21} & z_{22}\end{pmatrix}\cdot\begin{pmatrix}K-K^*\\ L-L^*\end{pmatrix} \tag{12}$$

where K* is defined as above and L* is the optimal number of persons in the work force. It is obvious that if we treat labor as a variable factor we have z_{12}, z_{21} and z_{22} equal to zero, which yields (8) above. The matrix of adaptation coefficients for the firms in the analysis is computed as follows

$$z=\begin{pmatrix}-.213 & +.470\\ .038 & -.672\end{pmatrix}$$

This indicates that in a growth process (K < K*) there is a direct positive effect on investment through z_{11} and an indirect negative effect through z_{12}. Since it takes time to increase the work force, investment is lower than would be the case without adaptation cost of personnel. In fact, the period of adaptation for capital to the

2 Epstein, L. G. (1981): Duality Theory and Functional Forms for Dynamic Factor Demands, Review of Economic Studies, vol. 48, p. 81–95. Epstein, L. G. (1982): Comparative Dynamics in the Adjustment-cost Model of the Firm, Journal of Economic Theory, vol. 27, p. 77–100.
Mc Laren, K. R., Cooper, R. (1980): Intertemporal Duality: Application to the Theory of the Firm, Econometrica, vol. 48, p. 1755–1776.
Claßen, K., Das Investionsverhalten deutscher Industrieaktiengesellschaften, PH. Diss. 1985 (to be published).
Fischer, K.-H. Die Messung von totaler Faktorproduktivität, Effizienz und technischem Fortschritt, Bonner Betriebswirtschaftliche Schriften, Bonn 1984.

desired optimal level is much longer now than was computed from the model of separate optimization and adaptation. It is 3.7 years. Conversely, in a period of down-turn ($K > K^*$) the direct effect on investment is negative but slowed down rather significantly by the high adaptation cost of the work force.

The analysis also shows that labor is complementary to capital in the long run. The net effect of innovative investment and rationalization investment on the work force has over the past 18 years been positive. Therefore it is conducive for full employment not only to improve relative prices of the input fators but also to reduce the costs of adaptation.

Organization theories are still in the beginning of attempts to specify adaptation cost. One hypothesis is that adaptation costs depend on the agency costs combined with the financial structure of the firm. The lower the coverage ratio of fixed assets, the higher the adaptation costs. This hypothesis yields the following investment function

$$\begin{pmatrix} \dot{K} \\ \dot{L} \end{pmatrix} = \begin{pmatrix} z_{11}+\beta_1 D & z_{12} \\ z_{21} & z_{22}+\beta_2 D \end{pmatrix} \begin{pmatrix} K-K^* \\ L-L^* \end{pmatrix} \tag{13}$$

with D the coverage ratio (equity divided by fixed assets).

Estimating (13) we get

$$z = \begin{pmatrix} -.221-.067D & .650 \\ -.018 & -.539-.025D \end{pmatrix}.$$

This is an interesting result. The higher the coverage ratio, the larger the volume of investment and the greater the number of additions to the work force. Our analysis thus asserts the thesis that it is mandatory to improve conditions for equity financing in order to increase investment and employment.

We can now answer the second question in a more comprehensive way. It is not only relative prices that have kept investment down during the period from 1976 to 1980 but it is also the high cost of adaptation to the optimal level of capital and to the optimal number of persons in the work force that retarded recovery in Germany after 1981. It was not until 1984 that German investment recovered from an extended period of adverse conditions and from the impact of misguided economic policy.

E. The Investment Forecast

Over the past seven years conditions for investment have improved. The relative prices are conducive to investment, and due to improved profits the equity ratio has risen. One may therefore well forecast high rates of investment in industry during the next few years. The investment function is therefore used to make an ex post forecast for investment in 1988. The scenario used for determining the exogenous factors is given in table 2.

Table 2: Scenario of the German Economy

	1988	1989
Real Growth Rate	4.0	3.5
Wage rate increase	2.5	2.5
Increase, materials prices	1.0	1.5
Increase, prices of investment goods	2.5	2.7
Interest rate	8.0	9.0
Increase, stock prices	3.0	5.0

The result is given in figure 10. The growth rate of real investment in plant and equipment is estimated at 18,2%.

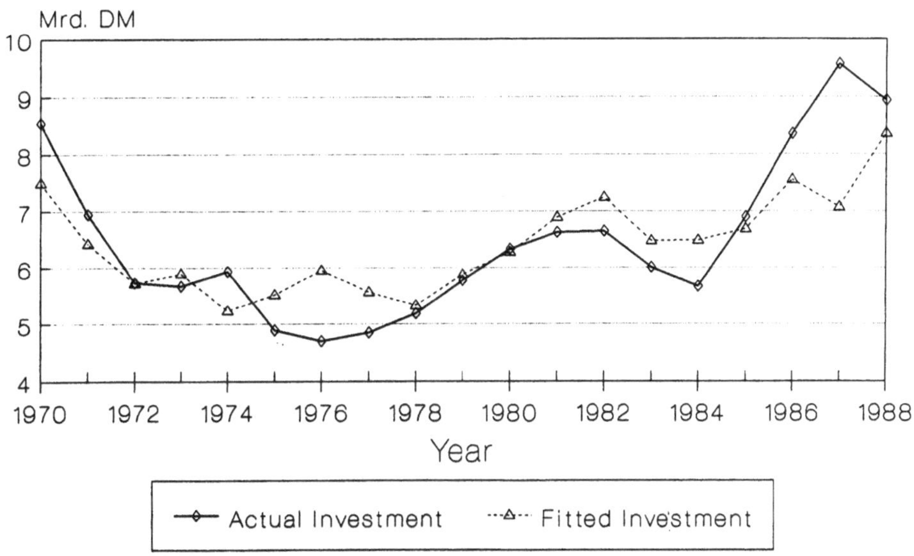

Figure 10: Real investment in plant and equipment – Bonn data bank and Bonn model of firm development (BMFE)

Source: Bonn data bank

The model seems slow to capture the impact of improved investment conditions after 1984. The government's deregulation policy has certainly helped reduce the period of adaptation, and a forecast which takes the whole period as a basis for estimating the matrix Z does not reflect fully the impact of the structural change in regulation policy after 1981. So the rather poor forecast for 1988 may also be considered as the necessary result of a learning process among politicians that was brought about by the neoclassical approach to understanding the difficult period from 1970 to 1981.

Industrial corporations invest in capital under favorable economic conditions. By investing they contribute to improving economic conditions. Politicians who understand this "delicious circle" will improve the wealth of their nation and that of their neighbors. Mathematical economists have contributed significantly to bringing about this understanding. But it takes time for politicians as well to adapt to better theories. A wise man like Professor Srinivasan will not expect anything but gradual progress. What matters, is progress, and he has certainly contributed to it.

Zweiter Teil

Wettbewerbstheorie

Das Gutenberg-Oligopol

I. Einleitung

Simon hat zwei Klassen von Oligopoltheorien unterschieden[1]): Theorien, die unterstellen, daß die Unternehmer dumm sind, und Theorien, die davon ausgehen, daß die Oligopolisten unwissend sind. Da es angenehmer sei, mit zu geringen Informationen als mit zu geringer geistiger Kapazität ausgestattet zu sein, verdiene die zweite Klasse von Oligopoltheorien den Vorzug.

Die Entwicklung der Oligopoltheorie ist in den letzten Jahren diesen von Simon vorgeschlagenen Weg gegangen. Die „Irrtumslösungen[2])“ beruhen auf der fälschlichen Annahme, daß die Konkurrenten im Oligopol so entscheiden, als seien sie monopolistische Anbieter auf dem Gesamtmarkt (Bowley-Lösung), monopolistische Anbieter auf einem Teilmarkt (Launhardt-Hotelling-Lösung) oder monopolistische Anbieter auf dem Gesamtmarkt und dem Restmarkt (v. Stackelberg-Lösung). Dergleichen Annahmen erweisen sich in der oligopolistischen Konkurrenz durch die nach der jeweiligen Entscheidung erfolgenden „monopolistischen Anpassungen an die neuen Daten“ als falsch, und es gehört in der Tat ein bemerkenswertes Maß an geistiger Insuffizienz dazu, trotz dieser „fortlaufenden Irrtümer und Anpassungen[3])“ an der alten Annahme, isolierter Anbieter auf einem monopolistischen Markt zu sein, festzuhalten und die Interdependenzen im Verhalten der Oligopolisten geflissentlich zu übersehen.

Die neueren Oligopollösungen haben, von den Gedanken der Spieltheorie maßgeblich beeinflußt, an die Stelle der Erwartungen über die tatsächlichen Preisentscheidungen der Konkurrenten, die sich doch immer wieder als falsch erweisen, Erwartungen über die möglichen Preisentscheidungen gesetzt. Dabei hat sich gezeigt, daß es Preisbereiche gibt, in denen mit weiteren Aktionen der Konkurrenz gerechnet werden muß; daneben existieren jedoch sogenannte Gleichgewichtsbereiche, in denen keiner der Konkurrenten eine Veranlassung sieht, seine Preisentscheidung zu revidieren. Die Form solcher Gleichgewichtsbereiche steht in der jüngsten Diskussion um die Oligopoltheorie im Mittelpunkt[4]).

Diese Oligopollösungen beruhen auf entscheidenden Voraussetzungen:

Erstens wird eine Annahme über das tatsächliche Reaktionsverhalten der Konkurrenten gemacht. Mit der Frage nach plausiblen Reaktionskoeffizienten

---

[1]) Simon (1955), S, 388.

[2]) Krelle (1961), S. 286.

[3]) Shubik (1959), S. 65.

[4]) Krelle (1963), S. 232 ff.; Ott (1963), S. 428 ff.; Seitz (1962), S. 430 ff.; Helmstädter (1963), S. 441 ff.; Fleischmann (1963), S. 347; Brunner (1964), S. 222; Krelle (1971).

hat sich vor allem Heertje beschäftigt[5]). Helmstädter hat die Gleichgewichtsbereiche bei verschiedenen Reaktionskoeffizienten untersucht[6]).

Zweitens werden bestimmte Kostenfunktionen der Konkurrenten vorausgesetzt. In der Dyopoltheorie herrscht die Symmetrieannahme identischer Kostenstrukturen vor. Krelle hat in seiner Dyopoltheorie sowohl Kostenfunktionen auf der Grundlage von klassischen als auch von Leontief-Produktionsfunktionen berücksichtigt[7]).

Drittens wird vorausgesetzt, daß die Nachfragefunktion, der sich die Oligopolisten gegenübersehen, gegeben ist. Zutreffend stellt aber Shubik fest, „considerable confusion on the topic of demand in an oligopolistic market, one of the major problems of oligopoly theory, permeates economic literature because of the failure of those writing on the subject to distinguish between the objective and subjective aspects of interdepending demand[8])". Die Diskussion um die Nachfragekurve im unvollkommenen Dyopol ist durch eine Arbeit von Ott in Deutschland entfacht worden[9]). Einen wichtigen Beitrag zu dieser Frage hat auch Willeke geleistet[10]).

Viertens schließlich wird unterstellt, daß die Gewinnuntergrenze, bei der ein Konkurrent gerade noch seine Produktion weiterführt und das Feld noch nicht dem bzw. den Konkurrenten überläßt, bekannt ist. Helmstädter leitet die Gleichgewichtsbereiche der verschiedenen Reaktionshypothesen ausdrücklich unter der Voraussetzung einer „gegebenen Gewinnuntergrenze" ab[11]).

Im allgemeinen wird in der Oligopoltheorie die Nullgewinnkurve auf der Basis der Vollkosten als Gewinnuntergrenze definiert. Darauf weist auch Shubik hin: „The condition that no firm operates at a loss is actually an entry condition which states that if a firm cannot cover costs it should cease production and allocate its ressources elsewhere[12])."

Für die Weiterentwicklung der Oligopoltheorie sind die erste und die dritte Hypothese zentral. Der Frage nach plausiblen Reaktionsfunktionen der Konkurrenten ist in den letzten Jahren viel Aufmerksamkeit geschenkt worden[13]). Das gilt nicht in gleichem Maße für die Nachfragekurve, die man auch als die Reaktionsfunktion der Konsumenten interpretieren kann. Gerade hier liegt aber der entscheidende neue Gesichtspunkt, den Gutenberg in die Oligopoltheorie eingeführt hat.

---

5) Heertje (1960), S. 464; ders. (1962), S. 395.
6) Helmstädter (1963), S. 447 f.
7) Krelle (1961), S. 247 ff., S. 301 ff.
8) Shubik (1959), S. 82.
9) Ott (1962), S. 1.
10) Willeke (1964), S. 407 ff.
11) Helmstädter (1963), S. 445.
12) Shubik (1959), S. 66.
13) Krelle (1971).

Der Kerngedanke der vorliegenden Untersuchung liegt darin, in der Oligopoltheorie nicht nur Reaktionskoeffizienten der Konkurrenten, sondern auch Reaktionskoeffizienten der Nachfrager zu berücksichtigen. Diese Reaktionskoeffizienten werden aus den Kosten des Lieferantenwechsels und der Informationsbeschaffung abgeleitet. Mit Hilfe dieser Reaktionskoeffizienten der Nachfrager gelingt es, das Gutenberg-Dyopol vollständig darzustellen[14]).

II. Die Nachfragefunktion im Gutenberg-Dyopol

1. Die Interpretation der Nachfragefunktion aus dem Käuferverhalten

Gutenberg verwendet in seiner Oligopoltheorie Nachfragefunktionen, die seiner doppelt geknickten polypolistischen Preisabsatzkurve entsprechen. Er hat die polypolistische Preisabsatzfunktion ausdrücklich als auch im Oligopol anwendbar bezeichnet[15]). Die doppelt geknickte Absatzkurve besteht aus zwei „atomistischen Bereichen", die einen „monopolistischen Bereich" einschließen. Es soll nunmehr gezeigt werden, daß die doppelt geknickte Preisabsatzfunktion eine Kurve unterschiedlicher Beweglichkeit der Nachfrage ist.

Zunächst wird die Nachfragefunktion bei konstanter Beweglichkeit der Nachfrage dargestellt. Gegeben sei die Nachfragefunktion für den Gesamtmarkt

$$p = a - bx \tag{1}$$

Darin sind

p — Absatzpreis
x — Absatzmenge
a — Sättigungspreis
b — Steigungsmaß der Nachfragekurve

Die individuellen Nachfragefunktionen der beiden Dyopolisten seien im einfachsten Falle konstanter Beweglichkeit der Nachfrage gegeben durch

$$p_A = a - 2bx_A + c(p_B - p_A) \tag{2}$$

$$p_B = a - 2bx_B + c(p_A - p_B) \tag{3}$$

Es gelten a, b, $c > 0$.

[14]) Die Grundgedanken zu dieser Interpretation des Gutenberg-Dyopols wurden in der Diskussionsarbeit Nr. 1 des Betriebswirtschaftlichen Seminars der Universität Bonn über „Käuferverhalten und Preisbildung im unvollkommenen Oligopol" im Februar 1965 niedergelegt. Darauf aufbauend haben Brockhoff und Lohmöller andere plausible analytische Formen von Nachfragefunktionen im unvollkommenen Dyopol entwickelt. Vgl. Brockhoff (1968), S. 451; Lohmöller (1971).

[15]) Gutenberg (1964), S. 280.

Im vollkommenen Dyopol ($p_A = p_B$) sind die individuellen Nachfragefunktionen natürlich, wie man aus (2) und (3) leicht sieht,

$$p_A = a - 2bx_A \tag{4}$$

$$p_B = a - 2bx_B \tag{5}$$

Der Markt ist zu gleichen Teilen aufgeteilt, und jeder Anbieter gewinnt bei einer gleichmäßigen Senkung der Angebotspreise jeweils die Hälfte der latenten Nachfrage.

Die Käuferreaktionen lassen sich aus den individuellen Nachfragefunktionen (2) und (3) ablesen. Sie haben die wichtige Eigenschaft, daß die Käuferreaktionen linear in bezug auf Preisdifferenzen sind, z. B.

$$\frac{\delta x_A}{\delta p_A} = -\left(\frac{1}{2b} + \frac{c}{2b}\right) \tag{6}$$

Ich nenne $\sigma = \frac{1}{2b}$ den Reaktionskoeffizienten der latenten Nachfrage und $\varrho = \frac{c}{2b}$ den Reaktionskoeffizienten der konkurrenzgebundenen Käufer. c drückt als Parameter die Intensität der Beweglichkeit der Nachfrage aus[16]).

Falls die Beweglichkeit der Nachfrage sehr gering ist ($c \to 0$), sind die beiden Oligopolmärkte tatsächlich geteilt. Die Preis-Absatzfunktionen (4) und (5) stellen dann die monopolistischen Nachfragekurven dar, ohne daß die Bedingung $p_A = p_B$ erfüllt sein müßte. Falls also der Parameter der Beweglichkeit der Nachfrage c gegen Null geht, geht das Oligopol in die Marktform des Monopols über.

Falls die Beweglichkeit der Nachfrage sehr groß ist ($c \to \infty$), gewinnt derjenige Anbieter, der seine Preise geringfügig unter die des anderen setzt, sofort alle Nachfrage, die bei diesem Preis auftritt. Erhöht er seinen Preis, verliert er sofort alle Nachfrager. Der Marktpreis ist mithin für die Anbieter ein Datum. Für $c \to \infty$ geht das unvollkommene Oligopol in ein vollkommenes Oligopol über.

Den Begriff der Beweglichkeit der Nachfrage übertragen wir nunmehr auf die Gutenberg-Absatzfunktion im unvollkommenen Dyopol. Gutenberg be-

---

[16]) Die Beweglichkeit der Nachfrage ist also diejenige Veränderung der Absatzmenge eines Anbieters, die sich bei infinitesimaler Veränderung des Angebotspreises dieses Anbieters und Preiskonstanz bei den übrigen Anbietern ergibt. Krelle (1961), S. 9 ff., versteht dagegen „unter der Beweglichkeit der Nachfrage zwischen Firma 1 und 2 bezogen auf die Firma 1 und eine preisstrategische Maßnahme der Firma 1 (bzw. 2) ... den Prozentsatz der Gesamtnachfrage bei Firma 1 ..., der von ihr zur Firma 2 übergeht oder umgekehrt, im Verhältnis zur prozentualen Änderung der marktstrategischen Variablen der Firma 1 (bzw. 2), die diesen Übergang veranlaßt". Aus dieser Definition Krelles folgt, daß die Summe aller Nachfragebeweglichkeiten in bezug auf andere Anbieter gleich der Nachfrage-Elastizität ist. Ich möchte es vorziehen, für die relative Absatzänderung in bezug auf einen Konkurrenten den Ausdruck „Einzelelastizität der Nachfrage" zu verwenden. Der Ausdruck „Beweglichkeit der Nachfrage" bleibt dann den absoluten Nachfrageänderungen vorbehalten.

gründet den „monopolistischen Bereich" der doppelt geknickten Nachfragekurve mit den folgenden fünf Faktoren: Substituierbarkeit der Güter innerhalb der Preislage, Preisreagibilität der Käuferschichten der Unternehmen, objektive Marktübersicht, subjektive Sachkenntnis, Reaktionsgeschwindigkeit der Käufer. Es handelt sich also ausschließlich um Faktoren, die die Nachfrager kennzeichnen. Alle fünf Größen sind letztlich Determinanten der Käuferreaktionen. Sie können daher in dem hier benutzten Reaktionskoeffizienten der Nachfrage zusammengefaßt werden. Mithin läßt sich feststellen, daß Gutenberg die doppelt geknickte Nachfragekurve nur aus den Reaktionskoeffizienten der Nachfrage ableitet.

Welche Bedingungen müssen nun die Reaktionskoeffizienten der Nachfrager erfüllen, um die doppelt geknickte Nachfragefunktion zu ergeben? Gutenberg unterscheidet die Fälle unendlicher Reaktionsgeschwindigkeit und konstanter Reaktionsgeschwindigkeit kleiner als unendlich[17]). Diese beiden Fälle werden durch Abbildung 1 wiedergegeben.

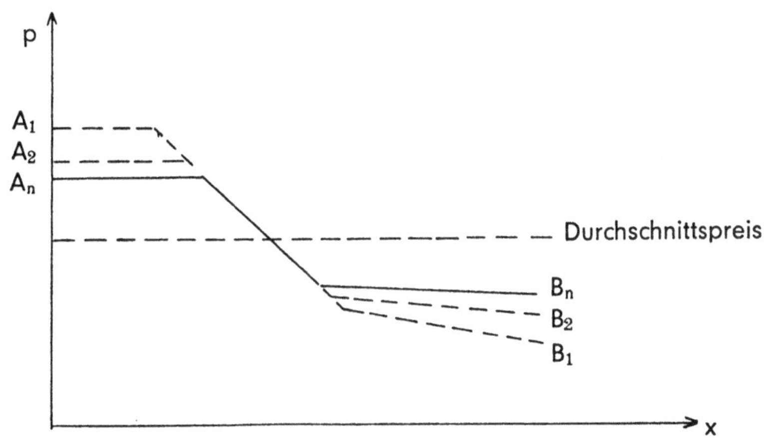

Abbildung 1

Gutenberg bezeichnet die Kurve A_nB_n als den Grenzfall, für den unendliche Reaktionsgeschwindigkeit gilt, während die Kurve A_1B_1 für die geringste Reaktionsgeschwindigkeit definiert sei. Mit steigender Reaktionsgeschwindigkeit nähern sich die Preis-Absatzkurven dem Grenzfall A_nB_n an. Die jeweilige Absatzkurve aber ist angeblich für eine konstante Reaktionsgeschwindigkeit der Nachfrager definiert. An anderer Stelle stellt Gutenberg dagegen fest: „Erhöht ein Unternehmen seine Preise über den oberen Grenzpreis, dann verliert es erst wenig, dann immer mehr Kunden[18])" und „auf jeden Fall gilt aber, daß, wenn der obere Grenzpreis überschritten wird, eine je-

[17]) Gutenberg (1964), S. 246, Abbildung 1.

[18]) Gutenberg (1964), S. 240.

weils gleich große Preissteigerung immer mit zunehmenden Absatzrückgängen verbunden ist[19])". Diese Aussage ist gleichbedeutend mit der, daß ϱ mit wachsender Preisdifferenz zum Konkurrenzpreis steigt. Hier ergeben sich nun zwei Widersprüche: Erstens verläuft der obere Kurvenast jeder Preis-Absatzkurve der Abbildung 1 horizontal. Das ist gleichbedeutend mit der Annahme unendlicher Reaktionsgeschwindigkeit der Käufer, wie gezeigt wurde. Auch auf den Absatzkurven A_1B_1 und A_2B_2 gibt es also Bereiche unendlicher Reaktionsgeschwindigkeit. Zweitens ist die Aussage, daß der Reaktionskoeffizient auf der Kurve A_nB_n steigt, mit der Aussage unvereinbar, daß diese Kurve für eine unendliche Reaktionsgeschwindigkeit definiert sei.

Den Schlüssel zur Lösung dieser Widersprüche liefert die von Gutenberg eingeführte Unterscheidung von Stammkundschaft und Laufkundschaft[20]). Offenbar kann ein einzelner Kunde nur Stammkunde oder Laufkunde sein. Bei Stammkunden ist $c = 0$. Bei Laufkunden ist $c = \infty$. Im monopolistischen Bereich der Gutenberg-Absatzfunktion ist die Beweglichkeit der konkurrenzgebundenen Nachfrage gleich Null. Alle Kunden des Unternehmens sind Stammkunden. Auf den atomistischen Kurvenästen gilt dagegen $c = \infty$. Alle Kunden sind hier Laufkunden.

Für Gutenberg ist also Stammkunde bzw. Laufkunde ein variabler Begriff: Solange keine Mobilität der Nachfrage besteht, sind alle Kunden Stammkunden. Solange die Beweglichkeit der Nachfrage gering ist, werden nur wenige Stammkunden zu Laufkunden. Wird die Beweglichkeit der Nachfrage dagegen groß, werden viele Stammkunden zu Laufkunden. Als Ergebnis ist festzuhalten, daß die oligopolistischen Absatzfunktionen Gutenbergs Kurven sprunghafter oder stetiger Veränderungen der Reaktionskoeffizienten der Käufer sind. Es handelt sich also um Preis-Absatzfunktionen mit variabler Beweglichkeit der Nachfrage.

2. Die formale Darstellung der Gutenberg-Absatzfunktion

Im folgenden soll eine einfache Nachfragekurve in analytischer Form angegeben werden, die die Grundgedanken der doppelt geknickten Nachfragefunktion Gutenbergs als einer Kurve mit variabler Beweglichkeit der Nachfrage wiedergibt.

Die individuelle Preis-Absatzfunktion im Gutenberg-Dyopol wird formal durch (7) beschrieben

$$p_A = a - 2bx_A + c\sinh(p_B - p_A) \tag{7}$$

Ich möchte diese Funktion die Gutenberg-Absatzfunktion nennen. Sie gilt für den Dyopolisten A. Die individuelle Preis-Absatzfunktion für den Dyopolisten B ist symmetrisch.

[19]) Gutenberg (1964), S. 242.

[20]) Gutenberg (1964), a. a. O., S. 238.

Diese Funktion hat für verschiedene Werte der Parameter beispielsweise die in den Abbildungen 2 und 3 wiedergegebene Gestalt.

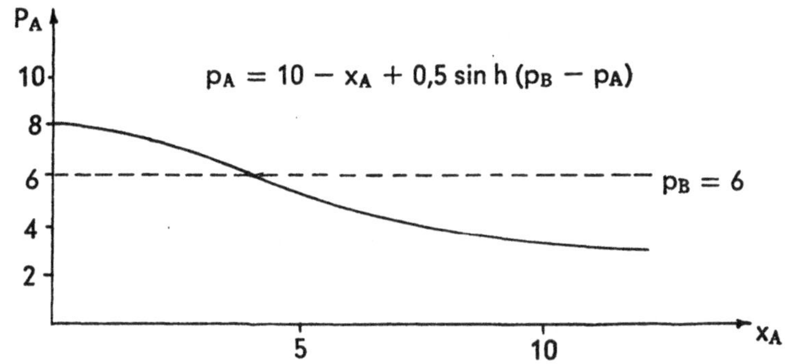

Abbildung 2

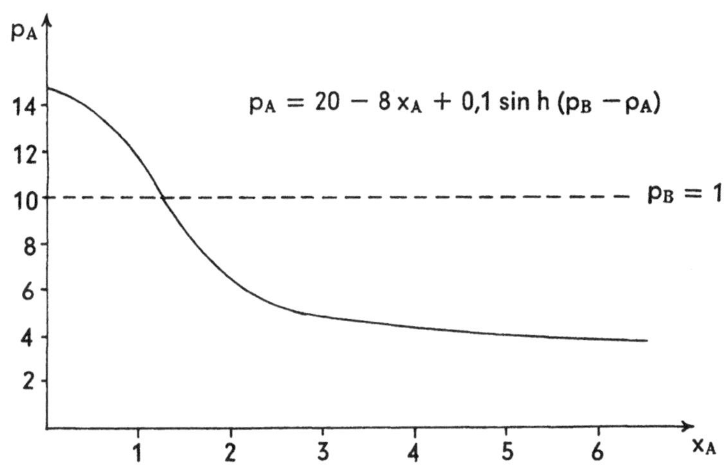

Abbildung 3

Der Reaktionskoeffizient der konkurrenzgebundenen Käufer wird gegeben durch

(8) $$\varrho = \frac{c}{2b} \cosh(p_B - p_A)$$

Mit steigender Preisdifferenz wird also die Beweglichkeit der konkurrenzgebundenen Nachfrage größer. Der Parameter c bestimmt dabei das Intensitätsniveau der Reaktion der Käufer auf Preisdifferenzen.

Die Gutenberg-Absatzfunktion (7) beschreibt eine Situation, in der die meisten Käufer auf geringe Preisdifferenzen nicht reagieren, bei größeren Preisdifferenzen jedoch zum Anbieter mit den niedrigeren Preisen abwandern. Ein solches Käuferverhalten erscheint plausibel. Jeder Kauf setzt eine Kaufentscheidung voraus. Die Kaufentscheidung erfolgt, nachdem Informationen gewonnen und die dadurch ermittelten Vorteile und Nachteile der Entscheidung verglichen worden sind. Die Kosten der Informationsbeschaffung und die subjektiven Vor- und Nachteile des Kaufs bei einem bestimmten Lieferanten können in den „Kosten des Lieferantenwechsels" zusammengefaßt werden. In diesen Kosten schlagen sich die verschiedenen Präferenzabstände der Käufer von den Anbietern nieder.

Der Preis-Absatzfunktion (7) liegt die plausible Annahme zugrunde, daß es für einen Käufer schwierig ist, sich laufend über die Preise der Wettbewerber seines Lieferanten zu informieren. Solange der eigene Lieferant den Preis unverändert läßt, besteht keine Veranlassung, Kosten der Informationsbeschaffung über Konkurrenzangebote aufzuwenden. Die gesamte Kundschaft ist also Stammkundschaft. Nur wenn der eigene Lieferant den Preis erhöht, können die Käufer veranlaßt werden, sich über andere Angebote zu informieren. Bei einer geringen Preiserhöhung werden das jedoch nur sehr wenige tatsächlich tun, und zwar diejenigen, bei denen die Kosten des Lieferantenwechsels so gering sind, daß sie abwandern, wenn sie feststellen, daß die Konkurrenz die Preise nicht erhöht hat. Ist die Preisdifferenz dagegen fühlbar, werden weitere Stammkunden den Lieferanten wechseln, weil nunmehr auch ihre Kosten des Lieferantenwechsels kleiner sind als die Preisdifferenz.

Die Gutenberg-Absatzfunktion geht also davon aus, daß jeder Stammkunde ein potentieller Laufkunde ist. Die Kosten des Lieferantenwechsels sind aber unterschiedlich hoch. Bei einigen wenigen Käufern sind diese Kosten sehr klein, bei der Mehrzahl der Käufer sind sie jedoch deutlich von Null verschieden. In der ursprünglichen Version der doppelt geknickten Absatzkurve, die durch die zwei scharfen Knicke gekennzeichnet ist, unterstellt Gutenberg, daß alle Kunden die gleichen Kosten des Lieferantenwechsels haben. Solange die Preisdifferenz unter diesen Kosten bleibt, sind alle Kunden Stammkunden. Übersteigt die Preisdifferenz diese Kosten, dann wandern alle Kunden ab. Seit der zweiten Auflage des „Absatz" hat Gutenberg diese Form der doppelt geknickten Absatzkurve durch allmähliche Übergänge abgemildert. Dies erscheint aus der verbalen Beschreibung der Nachfragefunktion durch Gutenberg und aus der hier gegebenen Interpretation mit Hilfe der Kosten des Lieferantenwechsels begründet. Einen ausgeprägten monopolistischen Abschnitt weist daher die Gutenberg-Absatzfunktion in der hier entwickelten Form nicht auf. Sie weist aber einen quasi-monopolistischen Bereich auf, in dem die Beweglichkeit der Nachfrage sehr gering ist[21]).

[21]) Lohmöller hat eine Nachfragefunktion mit einem streng monopolistischen Bereich entwickelt. Sie beruht auf anderen Annahmen über das Käuferverhalten und über die bei den Käufern entstehenden Kosten des Lieferantenwechsels. Vgl. Lohmöller (1971).

III. Die Preisbildung im Gutenberg-Dyopol

1. Die Konkurrenzreaktion im Gutenberg-Dyopol

Gutenberg charakterisiert die oligopolistische Preis-Absatzfunktion mit den Worten: „Der autonome Bereich ist frei von Konkurrenzreaktionen. Die beiden nach oben und unten angrenzenden Preisbereiche sind dagegen nicht frei von preispolitischen Konkurrenzreaktionen[22]). Auf derselben Seite heißt es dann, außerhalb des reaktionsfreien Bereiches müsse mit preispolitischen Gegenmaßnahmen der Konkurrenten gerechnet werden. Man wird daraus den Schluß ziehen dürfen, daß die individuelle Preis-Absatzkurve im Oligopol von Gutenberg so definiert wird: Die Kurve gilt für einen konstanten Konkurrenzpreis. Im monopolistischen Bereich ist die Wahrscheinlichkeit von Konkurrenzreaktionen gleich Null. In den daran angrenzenden Preisbereichen dagegen ist die Wahrscheinlichkeit von Konkurrenzreaktionen groß. Treten dennoch keine Reaktionen ein, dann bleibt es bei der doppelt geknickten Preis-Absatzkurve für den gegebenen Konkurrenzpreis[23]).

Für die gesamte doppelt geknickte Preis-Absatzkurve gilt ein Reaktionskoeffizient von Null. Mithin erscheint es besser, die Bezeichnung „reaktionsfreier Bereich" für den Bereich zwischen den Grenzpreisen zu ersetzen. Auch im unvollkommenen Oligopol soll der Ausdruck „monopolistischer Bereich" Verwendung finden, den Gutenberg der polypolistischen Preis-Absatzfunktion vorbehalten hat, weil die Reaktionskoeffizienten der Nachfrager hier gleich Null sind.

Während die Annahme Gutenbergs, daß die Reaktionskoeffizienten der Konkurrenten Null sind, im monopolistischen Bereich richtig erscheint, treten Zweifel an der Gültigkeit dieser Annahme für Preisforderungen außerhalb des monopolistischen Bereichs auf. Gutenberg selbst hat die reaktionsbezogenen Bereiche ja dadurch gekennzeichnet, daß hier die Wahrscheinlichkeit von Reaktionen der Konkurrenten groß sei. Auf diesen scheinbaren Widerspruch hat Willeke hingewiesen.

Willeke geht wie Gutenberg davon aus, daß die doppelt geknickte oligopolistische Preis-Absatzfunktion für einen gegebenen Preis des Konkurrenten definiert ist. Er vertritt dann aber den Standpunkt, im unvollkommenen Oligopol bestehe eine oligopolistische Interdependenz, die Gutenberg außer acht ließe. Diese Interdependenz gehe sogar so weit, daß die Grenzen der autonomen Preisintervalle miteinander korrespondieren. Willeke behauptet also: Die Preis-Absatzfunktion, die der eine Oligopolist bei seiner Preis-

[22]) Gutenberg (1964), S. 282.

[23]) Daß diese Interpretation zulässig ist, wird aus den Zitaten hinlänglich deutlich. Es kann dabei Willeke nicht gefolgt werden, wenn er „in Abweichung von Gutenberg" die gesamte Preis-Absatzfunktion als reaktionsfrei versteht. Willeke (1964), S. 418. Die Interpretation Willekes mag allerdings durch die zum Teil nicht widerspruchsfreien Formulierungen Gutenbergs bedingt sein.

politik zugrunde legt, ist für einen bestimmten Preis des Konkurrenten definiert. Da dieser aber ebenfalls seine Preise ermittele und dabei den Preis seines Konkurrenten berücksichtigen müsse, könne die Preis-Absatzfunktion nicht wie im Polypol als gegeben angenommen werden. Sie sei vielmehr das Ergebnis der oligopolistischen Interdependenzen und damit der Reaktionsprozesse unter den Konkurrenten.

Dieser Einwand ist für die doppelt geknickte Preis-Absatzfunktion nicht stichhaltig, für die hier entwickelte Form der Gutenberg-Absatzfunktion läßt sich ihm leicht Rechnung tragen.

Der Nachweis dafür, daß der Einwand bei der doppelt geknickten Nachfragefunktion nicht stichhaltig ist, läßt sich leicht führen, wenn man mit Gutenberg Preispolitik im monopolistischen Bereich und Preispolitik des Oligopolisten außerhalb des monopolistischen Bereichs unterscheidet. Preispolitik im monopolistischen Bereich bedeutet Preispolitik unter der Annahme, daß $c = 0$ ist. In diesem Falle spielt aber der Preis des Konkurrenten überhaupt keine Rolle. In die erste Stufe der Gutenbergschen Dyopoltheorie geht also der Preis des Konkurrenten überhaupt nicht ein. Die Dyopolisten bestimmen vielmehr ihre optimalen Preise aus den ex-ante-Nachfragefunktionen (4) und (5). Im zweiten Schritt muß geprüft werden, ob die Reaktionshypothese über das Käuferverhalten richtig war. Das ist dann der Fall, wenn auch nach Kenntnis der aus den ex-ante-Nachfragefunktionen berechneten Preise keiner der Dyopolisten eine Veranlassung sieht, seinen Preis zu ändern. Eine Änderung ist dann nicht erforderlich, wenn tatsächlich bei der sich ergebenden Preisdifferenz zwischen den optimalen Preisen keine Kundenwanderung eintritt, wenn also der monopolistische Bereich der doppelt geknickten Preis-Absatzfunktion mit dem tatsächlichen Konkurrenzpreis mit der ex-ante-Nachfragefunktion im Bereich des optimalen Preises zusammenfällt. Diese doppelt geknickte Nachfragefunktion sei ex-post-Nachfragefunktion genannt. Dann kann man auch sagen: Die Reaktionshypothese über das Käuferverhalten ist richtig, wenn ex-ante- und ex-post-Nachfragefunktion zu dem gleichen optimalen Preis führen. Das ist aber die zentrale Aussage des Gutenberg-Dyopols. Ob aber die Voraussetzung $c = 0$ richtig war, läßt sich erst ex post feststellen, und hierfür ist allerdings die Kenntnis des Konkurrenzpreises erforderlich.

Diese Annahme, es werde eine Wanderung der Käufer nicht eintreten, ist auf unvollkommenen Märkten sehr sinnvoll. Das hat Gutenberg besonders hervorgehoben: „Die Unvollkommenheit der Märkte schaltet sich gewissermaßen wie ein Widerstand vor die Auslösung des preispolitischen Aktions- und Reaktionssystems[24]).“

Wir stellen also fest, daß die Annahme, c sei gleich Null, sehr wohlbegründet erscheint. Was geschieht aber, wenn sich die Reaktionshypothese über das Käuferverhalten doch als falsch herausstellt? In diesem Falle ist $c \neq 0$, und

[24]) Gutenberg (1964), S. 286.

damit wird die Erwartung über den Preis des Konkurrenten eine entscheidende Größe. Das heißt, die Reaktionshypothese ist nun nicht mehr unerheblich. Auf diesen Tatbestand hat Willeke mit seinem Hinweis auf die oligopolistische Interdependenz im Gutenberg-Oligopol aufmerksam gemacht.

Der zweite Teil der Dyopoltheorie Gutenbergs besteht nun aber darin nachzuweisen, daß diese Reaktionshypothese über die Käufer sich ex post nie als falsch herausstellen kann. Die Reaktionshypothese, mit der Gutenberg arbeitet, läßt sich aus (9) bestimmen:

$$r_{BA} = \frac{\Delta p_B}{\Delta p_A} : M(p_B) = \frac{z}{1-z} M(p_A) \qquad (9)$$

Darin ist r_{BA} der Reaktionskoeffizient des B auf Aktionen von A, M gibt die Zahl der Käufer bei einem bestimmten Preis wieder, Δp deutet Preisänderungen an, und z ist eine Konstante.

Die Reaktion erfolgt also so, daß B seinen Marktanteil z aufrechterhält. „Der starke Verlust an Käufern veranlaßt das Unternehmen B, seine Preise ebenfalls zu senken, und zwar mit der Absicht, seinen verlorenen prozentualen Marktanteil zurückzugewinnen[25].“ Dieser Reaktionskoeffizient hat aber zur Folge, daß B mit seinem Preis auf Preisänderungen des A so reagiert, daß c gleich Null wird. Nichts anderes besagt die Rückkehr zur Gleitkurve, die durch die Reaktion des Konkurrenten ausgelöst wird. Es ist also festzustellen, daß die ex-ante-Annahme $c = 0$, die sich nach der Reaktion des Konkurrenten als falsch herausstellen könnte, sich wegen des speziellen Reaktionskoeffizienten der Konkurrenten nach der erfolgten Reaktion des Konkurrenten als richtig erweist. Gutenberg löst die Theorie des unvollkommenen Dyopols in eine Theorie zweier Teilmonopole auf. Das kommt auch deutlich zum Ausdruck: „Für die preispolitischen Entscheidungen des Unternehmens sind die durch den oligopolistischen Reaktionsmechanismus ausgelösten Zu- und Abwanderungen innerhalb der Oligopolgruppe von sekundärer Bedeutung. Der von preispolitischen Wettbewerbsaktionen und -reaktionen freie, lediglich auf die Mobilisierung latenter Nachfrage abgestellte Preis bildet das preispolitische Zentrum, auf das die oligopolistische Preispolitik im Falle einer möglichen Realisierung von Produktionsvorteilen tendiert[26].“ Diese Isolierung der Teilmärkte der Oligopolisten voneinander ist das Ergebnis der fehlenden Beweglichkeit der Nachfrage, die Gutenberg als typisch für unvollkommene Märkte ansieht.

Eine solche Hypothese über den Reaktionskoeffizienten der Konkurrenten erscheint empirisch nicht unbegründet. In ihrer Untersuchung des Preisverhaltens von Unternehmen heben Kaplan, Dirlam und Lanzilotti hervor[27], daß die Preispolitik eines Großunternehmens nur Teilaspekt im Dienste der

[25]) Gutenberg (1964), S. 294.
[26]) Gutenberg (1964), S. 295.
[27]) Kaplan, Dirlam und Lanzilotti (1958), S. 11.

Unternehmenspolitik ist, die sich auf „Stabilität des Marktanteils, Stabilität der Investitionen oder auf das Unternehmenswachstum" richtet. Sie weisen weiter darauf hin, daß vor allem Kleinunternehmen „aim for certain market shares and strive to insulate whatever position they may have gained from attack by rivals[28])".

Gutenberg arbeitet also mit der Reaktionshypothese, daß die Dyopolisten auf Preisänderungen des Konkurrenten stets so reagieren, daß sie keinen Kunden verlieren. Sofern die Preisveränderungen des Konkurrenten so gering sind, daß die Vorteile eines Lieferantenwechsels noch geringer sind als die Kosten des Lieferantenwechsels, braucht der Konkurrent überhaupt nicht zu reagieren, da keine Wanderung von Kunden eintritt. Sind die Vorteile dagegen größer, wird er durch Preisänderungen die Vorteile wieder so reduzieren, daß kein Kunde abwandert.

2. Die Preisbildung auf der Basis der Gutenberg-Absatzfunktion

Die vorstehenden Ausführungen führen zu dem zwingenden Schluß, daß die preispolitische Lösung des Gutenberg-Oligopols aus den Teilmonopolpunkten besteht. Ausgedehnte Lösungsgebiete wie in den anderen modernen Oligopoltheorien gibt es nicht[29]).

Beschreibt man dagegen das Gutenberg-Dyopol durch die Gutenberg-Absatzfunktion (7) als der individuellen Preis-Absatzfunktion der Dyopolisten, dann tritt die oligopolistische Interdependenz deutlicher in Erscheinung. Wir wenden uns daher nunmehr der Frage zu: Wie sieht das zulässige Lösungsgebiet im Gutenberg-Dyopol auf der Basis der Gutenberg-Absatzfunktion aus?

a) Allgemeine Formulierung des Lösungsgebietes im Gutenberg-Dyopol

Gegeben sei die Gutenberg-Absatzfunktion (7). Wir nehmen Symmetrie unter den Dyopolisten an. Aus (7) und der Kostenfunktion (10)

$$K_A = k_A x_A + F_A \tag{10}$$

mit K_A — Gesamtkosten des Dyopolisten A
k_A — variable Stückkosten des A
x_A — Absatzmenge des A
F_A — Fixkosten des A

ergibt sich die Gewinnfunktion

$$G_A = \frac{a + k_A}{2b} p_A - \frac{1}{2b} p_A^2 + \frac{c}{2b} \{\sin h\,(p_B - p_A)\}\,(p_A - k_A) - \frac{ak_A}{2b} - F_A \tag{11}$$

---

[28]) Kaplan, Dirlam und Lanzilotti (1958), S. 266; vgl. im übrigen auch Lanzilotti (1958), S. 921; Krüsselberg (1965), S. 149.

[29]) Vgl. Albach (1965), S. 56; Lohmöller (1971), S. 28.

Aus (11) wird die Bedingungsgleichung für den gewinnoptimalen Preis p_A berechnet:

$$(12) \qquad \frac{a + k_A}{c} = \frac{2}{c} p_A + \tfrac{1}{2}(p_A - k_A + 1)\frac{e^{p_A}}{e^{p_B}} + \tfrac{1}{2}(p_A - k_A - 1)\frac{e^{p_B}}{e^{p_A}}$$

(12) definiert den gewinnmaximalen Preis p_A in Abhängigkeit von p_B. (12) gibt also die Kammlinie der Isogewinnfunktionen des Gutenberg-Dyopols an. Die Kammlinien sind nichtlinear. Eine Auflösung von (12) kann nur numerisch erfolgen.

Das mögliche Lösungsgebiet des Gutenberg-Dyopols wird durch den Sättigungspreis a und die Preise, bei denen einer der Dyopolisten aus dem Markt ausscheidet, begrenzt. Die Preisobergrenze für $x_A = 0$ bei gegebenem Preis des Konkurrenten ergibt sich aus (7):

$$(13) \qquad p_A^0 = a + \frac{c}{2}\left(\frac{e^{p_B}}{e^{p_A}} - \frac{e^{p_A}}{e^{p_B}}\right)$$

Nach unten wird der Preis für die Dyopolisten durch die Forderung begrenzt, daß die Unternehmen ihre Kosten decken müssen. Wird Teilkostendeckung angestrebt, so bilden k_A bzw. k_B die Preisuntergrenzen. Bei Vollkostendeckung folgt die Preisuntergrenze des Dyopolisten A aus (11), wenn $G_A = 0$ gesetzt wird. Für B gilt entsprechendes.

b) Numerische Analyse des Preisbildungsprozesses im Gutenberg-Dyopol

Gegeben seien die Gutenberg-Absatzfunktionen

$$(14) \qquad p_A = 20 - 10x_A + 0{,}2 \sinh (p_B - p_A)$$

und

$$(15) \qquad p_B = 20 - 10x_B + 0{,}2 \sinh (p_A - p_B)$$

und die Kostenfunktionen

$$(16) \qquad K_A = 2{,}55x_A + 10$$

und

$$(17) \qquad K_B = 2{,}84x_B + 10$$

Die Nachfragefunktion (14) ist in Abbildung 4 graphisch wiedergegeben. Das Lösungsgebiet wurde numerisch berechnet[30]) und ist in Abbildung 5 dargestellt.

[30]) Alle Rechnungen wurden auf der Rechenanlage IBM 1130 des Betriebswirtschaftlichen Seminars der Universität Bonn durchgeführt.

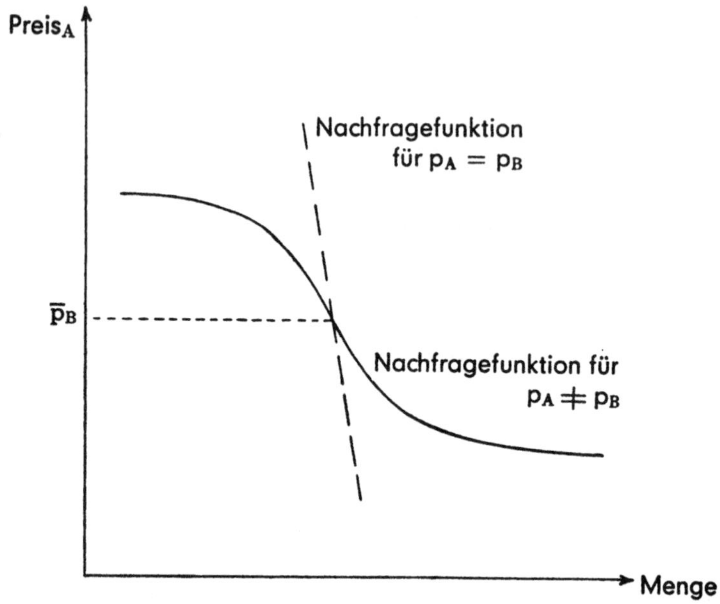

Abbildung 4

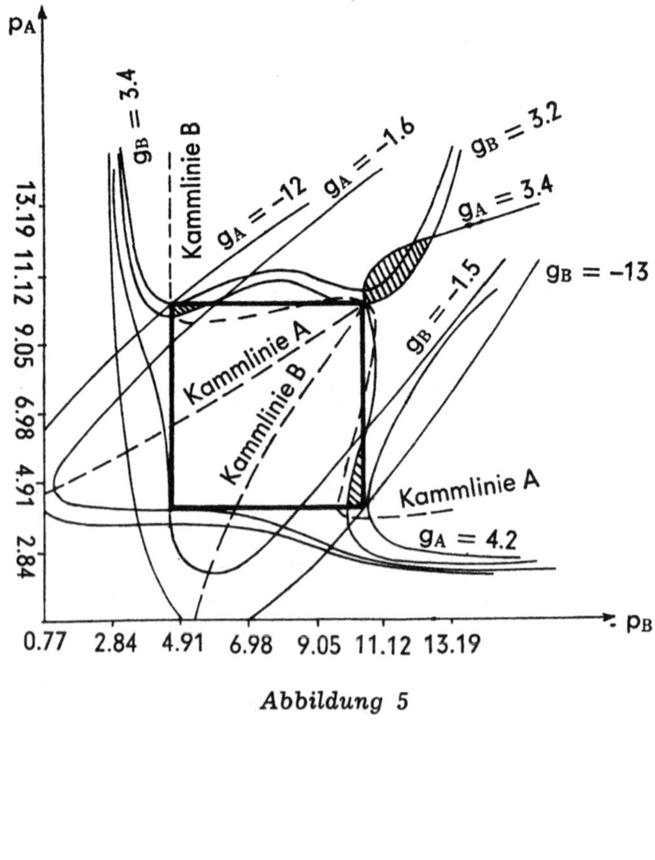

Abbildung 5

Die Preisobergrenze liegt bei 13,19, die Preisuntergrenzen liegen bei 2,55 bzw. 2,84. Der Teilmonopolpreis des Dyopolisten A beträgt 11,27, der des B 11,42. Die Kammlinien sind die gestrichelten Linien in Abbildung 5.

Das Gewinniveau im Schnittpunkt der Kammlinien ist von beiden Dyopolisten stets erreichbar. Das befriedigende Lösungsgebiet des Gutenberg-Dyopols ist mithin die schräg schraffierte Linse in Abbildung 5. Der Teilmonopolpunkt liegt in dem befriedigenden Lösungsgebiet. Dieses befriedigende Lösungsgebiet weist keine grundsätzlichen Unterschiede gegenüber dem Lösungsgebiet für Nachfragefunktionen mit konstanter Beweglichkeit der Nachfrage, speziell z. B. des Krelle-Dyopols, auf.

Der entscheidende Unterschied des Gutenberg-Dyopols gegenüber den anderen Oligopoltheorien auf der Basis konstanter Beweglichkeit der Nachfrage liegt in der grundsätzlich anderen Form der Kammlinien. Daraus folgt nämlich, daß ein entschiedener Anreiz für beide Dyopolisten besteht, Preisunterbietungen in der Hoffnung vorzunehmen, daß der andere nicht reagiert. Zu jedem Punkt in dem befriedigenden Lösungsgebiet gibt es nämlich einen Punkt außerhalb dieses Gebietes, der durch einseitige Preisaktionen erreichbar ist und für den Preissenkenden bei Preiskonstanz des Konkurrenten einen höheren Gewinn als vorher erbringt. In Abbildung 5 ist das durch die stark ausgezogenen Linien angedeutet. Senkt z. B. A seinen Preis von 10,50 auf 4,00, dann steigt sein Gewinn von 3,4 auf 4,2. Derartige Gewinnsteigerungen treten allerdings nur unter zwei Bedingungen auf: die Preissenkung muß fühlbar sein, und der Konkurrent darf nicht reagieren. Die Lösungsbereiche mit höheren Gewinnen für jeweils einen der Dyopolisten sind in der Abbildung 5 horizontal bzw. vertikal schraffiert. Ich nenne diese Lösungsgebiete die „Schnibbeloasen" des Gutenberg-Dyopols.

Ein Dyopolist wird nur dann erwarten können, daß der Konkurrent nicht reagiert, wenn auf dem Markt geringe Markttransparenz herrscht und ein auf den einzelnen Abnehmer gerichteter Preiswettbewerb unter den Oligopolisten besteht. Dieser Wettbewerb muß darauf gerichtet sein, einzelne interessante Abnehmer durch deutliche Preisunterbietungen dazu zu bewegen, den Lieferanten zu wechseln. Auf einem solchen Markt kann durch eine Preispolitik der gezielten Preisunterbietung bei einzelnen interessanten Kunden die eigene Gewinnsituation jedenfalls kurzfristig gegenüber der Konkurrenz verbessert werden. Eine solche Preispolitik nenne ich die „Preispolitik des Schnibbelns".

Die Konsequenzen einer solchen Preispolitik im Gutenberg-Dyopol zeigen die Abbildungen 6 und 7. Ausgangspunkt ist der Schnittpunkt der Kammlinien in Abbildung 5, also der Cournot-Punkt. In Abbildung 6 leitet Dyopolist A die Preispolitik des Schnibbelns ein, indem er bei einem kleinen Teil des Marktes seinen Preis bis in die Schnibbeloase senkt. B verliert dadurch dieses Geschäft und gerät in die Verlustzone. Er versucht, das Geschäft zurückzugewinnen, indem er nachzieht. Schließlich endet der Prozeß auf dem

Verlustniveau von 1,5 bzw. 1,6. Aus dieser Verlustsituation kommen die beiden Dyopolisten nur heraus, wenn sie gleichzeitig die Preise nicht unbeträchtlich erhöhen, und zwar in das befriedigende Lösungsgebiet hinein.

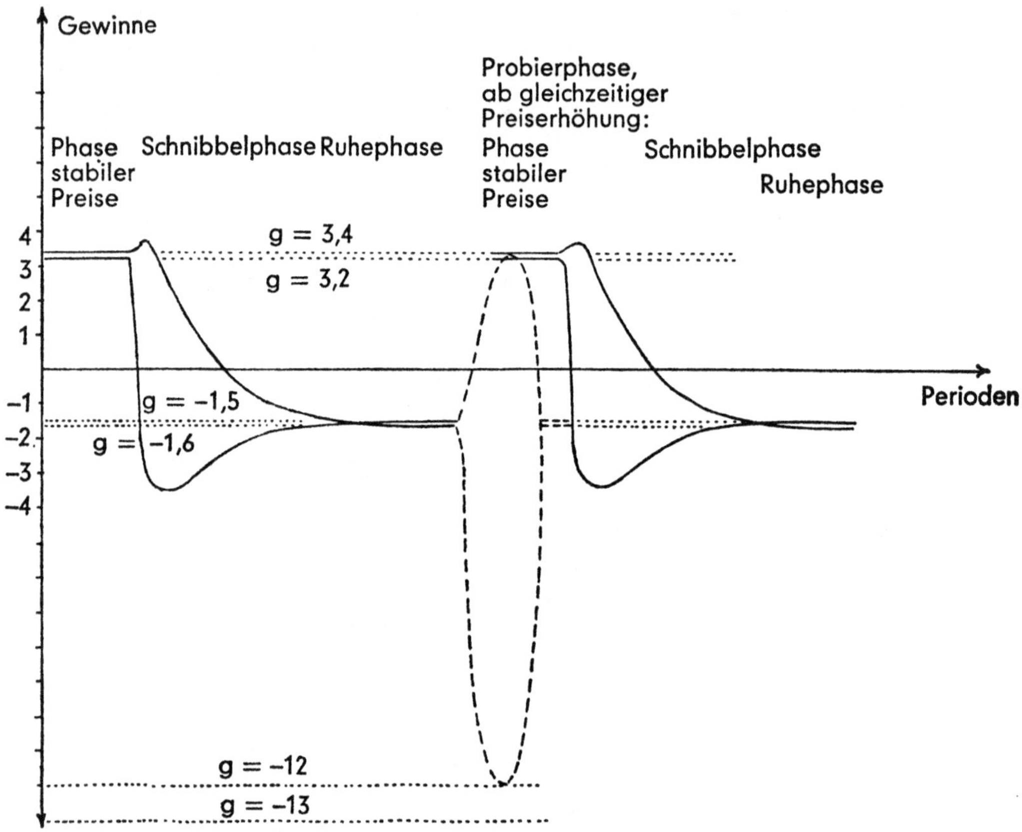

Abbildung 6

Mit dieser Preiserhöhung ist dann aber auch das Ausgangsniveau für eine erneute Phase des Schnibbelns wiederhergestellt.

Abbildung 7 zeigt einen anderen Verlauf der Preispolitik des Schnibbelns: Hier wechseln sich die beiden Dyopolisten in der gezielten Preisunterbietung ab und verbessern damit abwechselnd von dem erreichten Gewinniveau aus für kurze Zeit ihre Gewinnsituation. Gleichzeitig aber sinkt das Preisniveau auf dem Gesamtmarkt allmählich ab. In der Probierphase kann es vorkommen, daß einer der Dyopolisten in der Hoffnung, der Gegner werde gleichzeitig seinen Preis erhöhen, eine autonome Preiserhöhung vornimmt, der Konkurrent aber aus mangelnder Einsicht in die Marktlage oder aus anderen irrationalen Gründen der Preiserhöhung nicht folgt. Dann begibt sich der Preisführer in eine Situation hoher Verluste, aus der er nur durch sofortige Preissenkung herauskommen kann. Die Möglichkeit, durch eine solche „Märtyrer-Strategie“ in eine Zone erheblicher Verluste zu geraten, ist in den Abbildungen 6 und 7 durch die gestrichelten Ovalen in der Probierphase angedeutet.

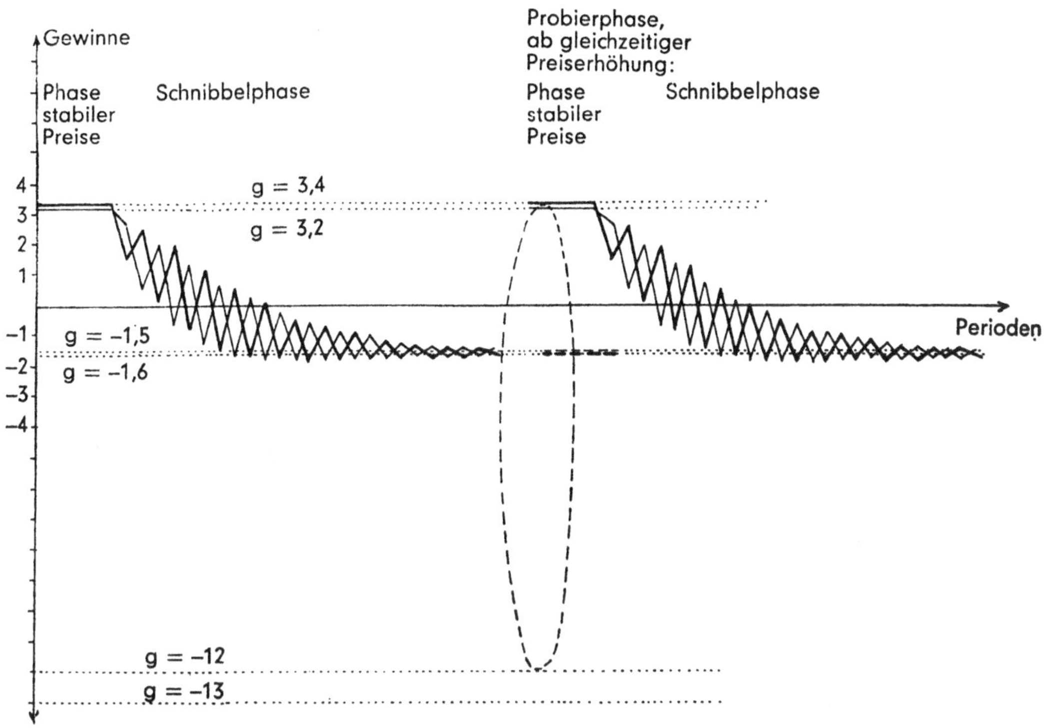

Abbildung 7

Theoretisch ist auch eine Situation denkbar, wie sie Abbildung 8 darstellt. Hier versuchen die Dyopolisten abwechselnd, durch deutliche Preiserhöhungen bei einzelnen Kunden und auf einzelnen Märkten das Preisniveau auf dem Gesamtmarkt wieder anzuheben, um aus der Verlustsituation herauszukommen. Ein solches Verhalten setzt aber ein viel größeres Maß an Kooperation unter den Dyopolisten voraus als eine einmalige allgemeine Erhöhung des Preisniveaus. Versucht nämlich ein einzelner Anbieter, bei einzelnen Kunden derart deutliche Preiserhöhungen durchzusetzen, wie sie nötig sind, um das Preisniveau aus dem Bereich ruinöser Preise herauszuführen, dann stößt das auf den Widerstand der Abnehmer, die befürchten müssen, ihre Konkurrenzfähigkeit zu verlieren, da das allgemeine Preisniveau nach ihrer Kenntnis auf dem niedrigen Stand bleibt. Sie werden sich daher bemühen, Konkurrenzangebote zu erhalten und den Lieferanten zu wechseln. Die Erwartung, die Konkurrenten würden erkennen, daß die Anfrage eines potentiellen neuen Abnehmers von einer gezielten Preiserhöhung ihres Konkurrenten hervorgerufen ist, der damit den Versucht unternimmt, das allgemeine Preisniveau schrittweise anzuheben, wird man wohl kaum als begründet bezeichnen können. Die individuelle Preispolitik der Anbieter im Gutenberg-Dyopol ist ja gerade auf die Gewinnung einzelner Kunden durch gezielte Preisunterbietungen gerichtet. Erfolgreiche individuelle Preiserhöhungen würden aber gerade Abstinenz von dieser Politik für eine gewisse Zeit voraussetzen und damit auf ein sehr hohes Maß an Kooperation unter den Dyopolisten schließen lassen. Eine solch enge Form der Zusammenarbeit würde aber die Frage aufwerfen, warum sie sich dann nicht auch darauf erstreckt, die Preispolitik des Schnibbelns ganz zu unterbinden. Eine solche Preispolitik, wie sie Abbildung 8 zeigt, erscheint daher im Gutenberg-Dyopol theoretisch wenig plausibel und praktisch nicht durchsetzbar.

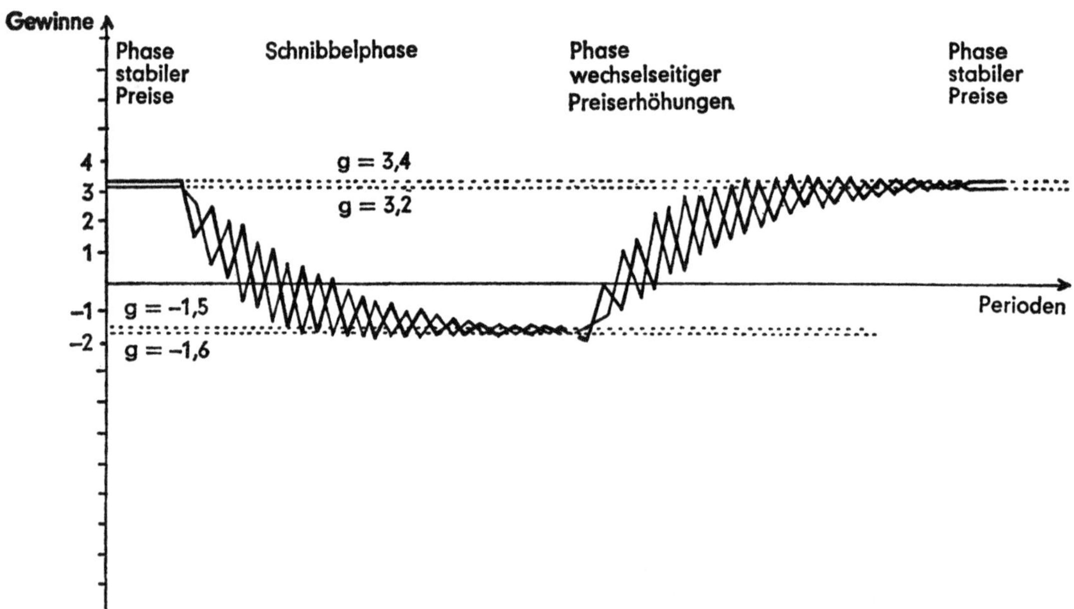

Abbildung 8

Als Ergebnis läßt sich feststellen: Bei einer bestimmten Isolation der Teilmärkte gegeneinander besteht ein Anreiz dazu, das befriedigende Lösungsgebiet zu verlassen und die Preise beträchtlich zu senken. Widersteht ein Konkurrent dieser Versuchung nicht, dann ist das mögliche Lösungsgebiet, in dem die Preise liegen können, sehr viel größer als das befriedigende Lösungsgebiet. Welcher Punkt realisiert wird, hängt nun von der Persönlichkeit der Gegner ab[31]). Zwischen dem lethargischen Verhalten desjenigen, der überhaupt nicht reagiert, und dem cholerischen Verhalten desjenigen, der massive Vergeltungsmaßnahmen ergreift, sind alle Varianten „gutnachbarlicher Beziehungen" möglich. Sie bestimmen die Lösung.

c) Die Bedeutung der Beweglichkeit der Nachfrage für die Preisbildung im Gutenberg-Dyopol

Wir wollen nunmehr untersuchen, wie sich das Lösungsgebiet bei Variation des Parameters c verändert, in dem die Sensibilität der Käufer auf Preisdifferenzen zum Ausdruck kommt.

Geht c gegen Null, dann wird die Isolierung der beiden Teilmärkte gegeneinander stärker. Preisaktionen des einen Konkurrenten verändern den Gewinn des anderen in einem weiten Bereiche nicht. Sie sind also für den anderen nicht fühlbar. Diesen Fall stellt Abbildung 9 dar. Der Schnittpunkt der

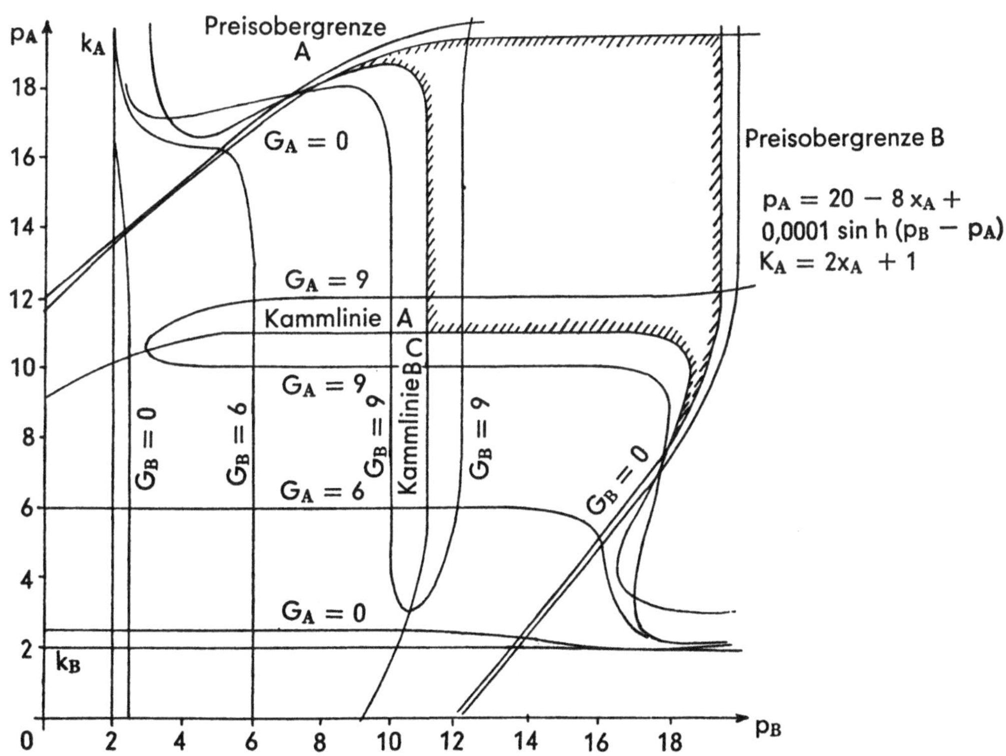

Abbildung 9

[31]) Das Gutenberg-Dyopol ist also spieltheoretisch eine Art Prisonners' Dilemma. Krelle hat derartige Situationen als Spiele mit persönlichkeitsbestimmten Lösungen bezeichnet. Vgl. Krelle und Coenen (1965), S. 57.

Kammlinien C fällt mit dem Teilmonopolpunkt M zusammen. Die „Schnibbeloasen" kommen fast zum Verschwinden. Ihre Preiskombinationen führen zwar zu höheren Gewinnen für jeweils einen der Dyopolisten, lassen sich aber nicht mehr durch einseitige Aktionen erreichen. Das befriedigende Lösungsgebiet ist auf den Teilmonopolpunkt zusammengeschrumpft.

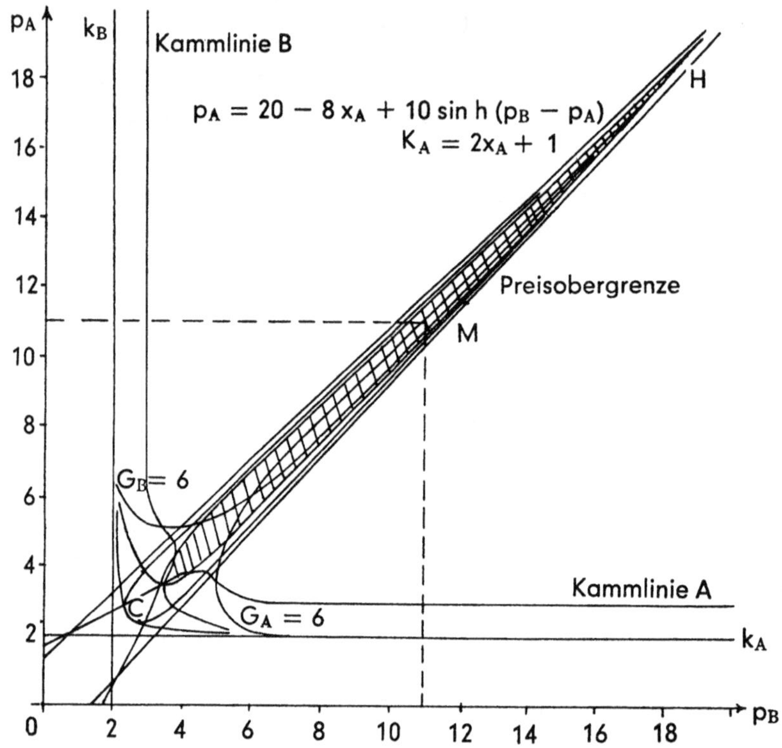

Abbildung 10

Bei größerer Beweglichkeit der Nachfrage schrumpft das zulässige Lösungsgebiet auf einen schmalen Bereich zusammen. Abbildung 10 stellt diesen Fall für einen Parameter der Beweglichkeit von c = 10 dar. Das befriedigende Lösungsgebiet ist das Zweieck CH. Die Gewinnunterschiede zwischen verschiedenen Preiskombinationen innerhalb dieses Zweiecks sind aber beträchtlich. Während jeder der Dyopolisten im Teilmonopolpunkt M einen Gewinn von 9,13 erzielt, erhält er im Cournot-Punkt C nur 1,82. Bei Einsicht der Dyopolisten in ihre Gewinnsituation erscheint es daher unwahrscheinlich, daß sie nicht den Teilmonopolpunkt M erreichen sollten. Handelt nämlich einer der Dyopolisten aus Einsicht in die Situation als Märtyrer[32]), so

[32]) Der Ausdruck „Martyr Run" wurde von Anatol Rapoport bei der experimentellen Analyse von nichtkooperativen Nicht-Null-Summen-Spielen eingeführt. Vgl. dazu Rapoport (1964).

sind die Vorteile des anderen daraus, daß er ebenfalls Preisveränderungen vornimmt und sich so zu seinem Glück erziehen läßt, so unvergleichlich viel größer als die Vorteile, die er unmittelbar aus dem ersten „Märtyrerschritt" des Konkurrenten erhält, daß es in einer solchen Situation sehr plausibel erscheint anzunehmen, die beiden Dyopolisten erreichen den Teilmonopolpunkt M.

IV. Ergebnis

Wir können nunmehr die Ergebnisse für das Gutenberg-Dyopol bei variabler Beweglichkeit der Nachfrage zusammenfassen:

1. Das Verhalten der Dyopolisten darf nicht als exogene Größe betrachtet werden. Es hängt vielmehr von dem Käuferverhalten ab. Das Käuferverhalten aber ist in dieser Arbeit allein aus dem Rationalitätsaxiom abgeleitet worden. Folglich läßt sich auch die Dyopoltheorie viel stärker ohne Rekurs auf pseudopsychologische Verhaltensprämissen aufbauen, als es der in der Literatur geführte Streit um die Verhaltensweisen der Dyopolisten erscheinen läßt.

2. Es gibt Größenordnungen des Beweglichkeitsparameters c der Nachfrage, in denen die Isolierung der Teilmärkte durch die mangelnde Beweglichkeit der Nachfrage so groß ist, daß die Dyopolisten sich als Teilmonopolisten verhalten müssen.

3. Es gibt Größenordnungen des Beweglichkeitsparameters c der Nachfrage, in denen die Interdependenz der Teilmärkte durch große Beweglichkeit der Nachfrage so groß ist, daß stillschweigende Übereinkunft auf Grund von sachlicher Marktinformation und rationaler Einsicht in die Marktlage zur monopolistischen Preisstellung führt.

4. Es gibt Größenordnungen des Beweglichkeitsparameters c der Nachfrage, bei denen die Isolierung der Teilmärkte nicht sehr groß ist, bei denen aber auf der anderen Seite auch die oligopolistische Interdependenz nicht so stark ist, daß nicht Ausbrüche aus dem befriedigenden Preisbereich in die Schnibbeloasen in der Hoffnung möglich erschienen, daß der Konkurrent nicht oder nicht sofort reagiert. Hier ist es denkbar, daß die Preise sehr stabil sind. Hier ist es aber auch plausibel anzunehmen, daß der Markt ständig in Bewegung ist. Gezielte Preisunterbietungen bei einzelnen Kunden führen zu einem allmählichen Verfall des Preisniveaus auf dem Gesamtmarkt, bis durch eine gleichzeitige und gleichmäßige Preiserhöhung in das befriedigende Lösungsgebiet hinein wieder ein allgemeines Preisniveau hergestellt wird, das ausreichende Gewinne gewährleistet und gleichzeitig die Voraussetzungen für die Fortführung der Preispolitik des Schnibbelns wiederherstellt. Bei Einsicht in die Markt-

situation braucht diese gleichmäßige und gleichzeitige Preiserhöhung nicht auf Absprachen der Dyopolisten zu beruhen. Derjenige Dyopolist, der eine solche Preiserhöhung ankündigt, kann vielmehr mit an Sicherheit grenzender Wahrscheinlichkeit damit rechnen, daß sein Konkurrent aus Einsicht in die Marktsituation der Preiserhöhung folgen wird — und sei es nur, um seinerseits die Preispolitik des Schnibbelns fortsetzen zu können.

Literaturangaben

Albach, H. (1965): Käuferverhalten und Preisbildung im unvollkommenen Oligopol, Diskussionsarbeit Nr. 1, Betriebswirtschaftliches Seminar der Universität Bonn (vervielfältigt).

Brockhoff, K. (1968): On a Duopoly with a Doubly Kinked Demand Function, Zeitschrift für die gesamte Staatswissenschaft 124 (1968), S. 451.

Brunner, H. (1964): Bemerkungen zur Krelle'schen Lösung des Duopolproblems, Der Österreichische Betriebswirt 14 (1964), S. 222.

Fleischmann, G. (1963): Symmetrisches Dyopol, Jahrbücher für Nationalökonomie und Statistik, Bd. 175 (1963), S. 347.

Gutenberg, E. (1964): Grundlagen der Betriebswirtschaftslehre, Der Absatz, 7. Auflage, Berlin - Göttingen - Heidelberg 1964.

Helmstädter, E. (1963): Gleichgewichtsbereiche in statischen Dyopolmodellen, Jahrbücher für Nationalökonomie und Statistik, Bd. 175 (1963),, S. 441 ff.

Heertje, A. (1960): On the Theory of Oligopoly, Economia Internazionale XIII (1960), S. 464.

Heertje, A. (1962): Preis-Absatzfunktionen beim Oligopol, Weltwirtschaftliches Archiv 89 (1962), S. 395.

Kaplan, Dirlam und Lanzilotti (1958): Pricing in Big Business, A Case Approach, Washington, c. D., 1958.

Krelle, W. (1959): Preistheorie, Tübingen - Zürich 1961.

Krelle, W. (1963): Unbestimmtheitsbereiche beim Dyopol, Erwiderung auf Bemerkungen von Tycho Seitz, Jahrbücher für Nationalökonomie und Statistik, Bd. 175 (1963), S. 232 ff.

Krelle, W. (1971): Unbestimmtheitsbereiche im Oligopol, Bemerkungen zur Kritik Heertjes an einem Oligopolmodell, Bonn, Januar 1971 (vervielfältigt).

Krelle, W. und Coenen, D. (1965): Das nicht-kooperative Nicht-Nullsummen-Zwei-Personen-Spiel, Unternehmensforschung 9 (1965), S. 57.

Krüsselberg, H. G. (1965): Organisationstheorie, Theorie der Unternehmung und Oligopol, Berlin 1965.

Lanzilotti, R. F. (1958): Pricing Objectives in Large Companies, American Economic Review 1958, S. 921.

Lohmöller, G. (1971): Zur Marketingtheorie. I. Teil, Die Dyopolistische Nachfragefunktion, Diskussionsarbeit Nr. 14 des Betriebswirtschaftlichen Seminars der Universität Bonn, Juni 1971 (vervielfältigt).

Ott, A. E. (1962): Preistheorie, Jahrbücher für Sozialwissenschaften, Bd. 13 (1962), Heft 1, S. 1.

Ott, A. E. (1963): Gewinnmaximierung, Reaktionshypothese und Gleichgewichtsgebiet beim unvollkommenen Dyopol, Jahrbücher für Nationalökonomie und Statistik, Bd. 175 (1963), S. 428 ff.

Rapoport, A. (1964): Laboratory Studies of Conflict and Cooperation, Vortrag gehalten auf der Cambridge Conference on Operations Research and the Social Sciences der Operational Research Society, Cambridge, 14.—18. September 1964 (vervielfältigt).

Seitz, T. (1962): Bemerkungen zur Dyopoltheorie Krelles, Jahrbücher für Nationalökonomie und Statistik, Bd. 174 (1962), S. 430 ff.

Shubik, M. (1959): Strategy and Market Structure, New York 1959.

Simon, H. A. (1955): Some Strategic Considerations in the Construction of Social Science Models, in: Lazarsfeld, P. F. (Hrsg.), Mathematical Thinking in the Social Sciences, Glencoe, Ill., 2. Aufl., 1955, S. 388.

Willeke, F. U. (1964): Monopolistische und autonome Preisintervalle, Untersuchungen zum heterogenen Polypol und Oligopol bei Erich Gutenberg, in: Jahrbücher für Nationalökonomie und Statistik, Bd. 176 (1964), S. 407 ff.

KOSTENEFFEKTE AUF STAGNIERENDEN MÄRKTEN

Bemerkungen zum Verhältnis von Kapazitätsauslastung und Erfahrung

A. Einleitung

In der Betriebswirtschaftslehre ist die Erfahrungskurve (1) als ein empirisches Phänomen, als eine statistisch überprüfte Erfahrungstatsache "aus dem kreativen Kopfe eines theoretischen Praktikers der Unternehmensberatung" (2) übernommen worden. Henderson selbst hat sie zur Grundlage der Analyse von Unternehmensstrategien gemacht (3). Er hat dabei auf die Bedeutung einer Strategie der Kapazitätsausdehnung hingewiesen. Nur bei ausreichender Kapazität könne auch die Erhöhung der Volumina erzielt werden, die für die Kostensenkungen entlang der Erfahrungskurve Voraussetzung sind.

Interessanterweise ist die Erfahrungskurve bisher weder in die mikroökonomische Theorie der Firma integriert, noch ist der Versuch unternommen worden, ihre Bedeutung auf schrumpfenden Märkten auszuloten. Gerade auf schrumpfenden Märkten aber spielen Kostendegressionseffekte bei verbesserter Kapazitätsauslastung eine wichtige Rolle. Im folgenden soll ein Beitrag zu der Frage geleistet werden, wie sich Größendegressionseffekte und Erfahrungskurveneffekte bei stagnierender oder schrumpfender Nachfrage auf die Unternehmenspolitik auswirken. Ich widme diesen Beitrag Adolf Angermann, dem Freunde und Mitstreiter für eine quantiativ orientierte Betriebswirtschaftslehre, mit allen guten Wünschen zu seinem 65. Geburtstag.

B. Die Erfahrungskurve

Herderson formuliert die Erfahrungskurve wie folgt: "Niedrige Kosten und hoher Marktanteil hängen eng zusammen. Die Beziehung zwischen diesen Größen kann ziemlich präzise in der Erfahrungskurve ausgedrückt werden: Die preisbereinigten Stückkosten sinken um 20 bis 30 % mit jeder Verdoppelung der kumulierten Erfahrung." (4) Erfahrung wird durch Produktion gewonnen, die in der gesamten bisher produzierten Menge des Produktes, aber auch bei der Herstellung von Kuppelprodukten zum Ausdruck kommt.

Chopard und Vuilleumier haben die Erfahrungskurve in ihrer Untersuchung der schweizerischen Uhrenindustrie auch formal beschrieben (5).

$$(1) \quad k = a(1 - \rho)^{\ln \tilde{x}/\ln 2}$$

darin sind

- k - die inflationsbereinigten Stückkosten
- $\tilde{x}$ - die kumulierte Produktionsmenge
- ρ - die Akkumulationsrate der Erfahrung
- a - Konstante

Man erkennt, daß aus (1) unmittelbar folgt:

$$(2) \quad \ln k = \ln a + \frac{\ln \tilde{x}}{\ln 2} \cdot \ln(1 - \rho)$$

Der Logarithmus der Stückkosten ist eine lineare Funktion des Logarithmus der kumulierten Ausbringung. Das Steigungsmaß dieser Geraden hängt von der Rate ab, mit der Erfahrung im Unternehmen gesammelt wird. Diese wird in der Formulierung (1) als konstant unterstellt.

Natürlich möchte man wissen, welche Theorie über die Kosteneinflußgrößen hinter einer solchen empirischen Beschreibung der langfristigen Stückkosten steckt. Aus der Definition der Gesamtkosten

$$(3) \quad K = k \cdot x$$

und der Annahme, daß die jährliche Produktionsmenge x konstant in allen Perioden ist, so daß

$$(4) \quad \tilde{x} = t \cdot x$$

ist, folgt die Gesamtkostenfunktion

$$(5) \qquad K = C \cdot (1 - \rho)^{\frac{\ln t}{\ln 2}},$$

dabei ist

$$(6) \qquad C = e^{\ln a + \ln x \left(\frac{\ln (1 - \rho)}{\ln 2} + 1\right)}.$$

Die Grenzkosten in Bezug auf die Zeit sind dann

$$(7) \qquad K' = D \cdot \frac{(1 - \rho)^{\frac{\ln t}{\ln 2}}}{t}$$

mit

$$(8) \qquad D = C \cdot \ln(1 - \rho) \cdot \frac{1}{\ln 2}.$$

In Abbildung 1 sind die Kurvenverläufe eingetragen.

<u>Abb. 1:</u> Gesamt-, Stück- und Grenzkosten

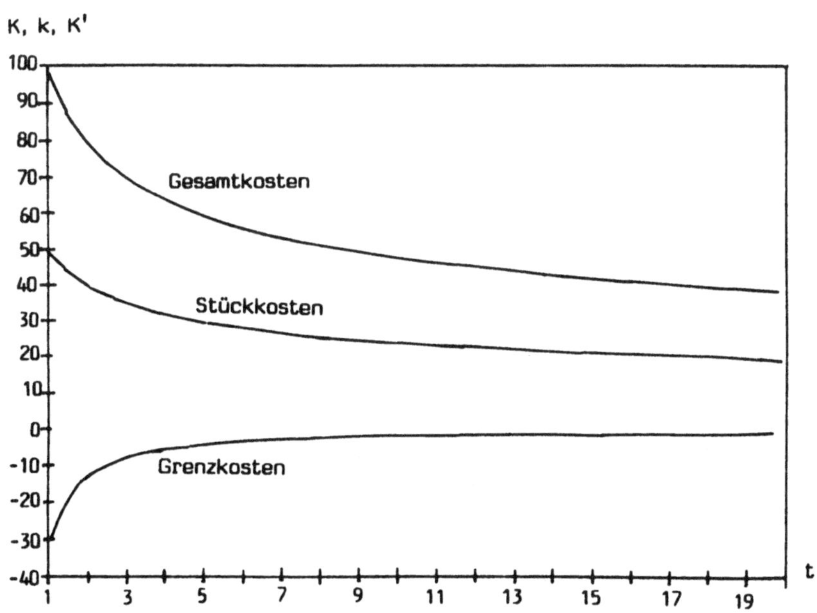

Offenbar ist diese Form der formalen Darstellung der Erfahrungskurve heuristisch gewonnen und nicht aus einer mikroökonomischen Theorie der langfristigen Kostenentwicklung abgeleitet.

Es liegt nahe, die mikroökonomische Produktionstheorie heranzuziehen und daraus die Erfahrungskurve direkt abzuleiten.

Wir gehen von der Cobb-Douglas-Produktionsfunktion mit kapitalgebundenem technischen Fortschritt aus:

(9) $$x = \alpha_0 \, L^{\alpha_1} M^{\alpha_2} K^{\alpha_3} \, e^{\mu t}$$

mit $\alpha_1 + \alpha_2 + \alpha_3 = 1$ und $t = 0,1,2,....$

Die Kostenfunktion lautet dann:

(10) $$K(x) = wL + mM + cQ \quad \text{für } t=0$$

Darin sind:
K - Gesamtkosten
L - Arbeitseinsatz
M - Materialeinsatz
Q - Kapitaleinsatz
w - Lohnsatz
m - Materialpreis
c - user cost of capital
μ - Rate des technischen Fortschritts
x - Ausbringungsmenge

Die Kostenfunktion in Abhängigkeit von der Ausbringungsmenge und von der Zeit lautet:

(11) $$K(x,t) = (wL + mM + cQ)e^{-\mu t}$$

Die dazugehörige Durchschnittskostenfunktion lautet:

(12) $$k(x,t) = (w\frac{L}{x} + m\frac{M}{x} + c\frac{Q}{x})e^{-\mu t}$$

Und die entsprechende Grenzkostenfunktion hat die Form:

(13) $$K'(x,t) = -\mu(wL + mM + cQ)\, e^{-\mu t}$$

(14) $K'(x,t) = -\mu\, K(x,t)$

Abbildung 2 zeigt den Verlauf der Kostenkurven in Abhängigkeit von t für bestimmte Parameterwerte der Produktionsfunktion und der Kostenfunktion. Man sieht, daß der Verlauf der Stückkostenkurve dem durch die Erfahrungskurve postulierten Verlauf entspricht. Wir haben damit eine einfache mikroökonomische Begründung der Erfahrungskurve gefunden.

Abb. 2: Gesamt-, Stück- und Grenzkosten

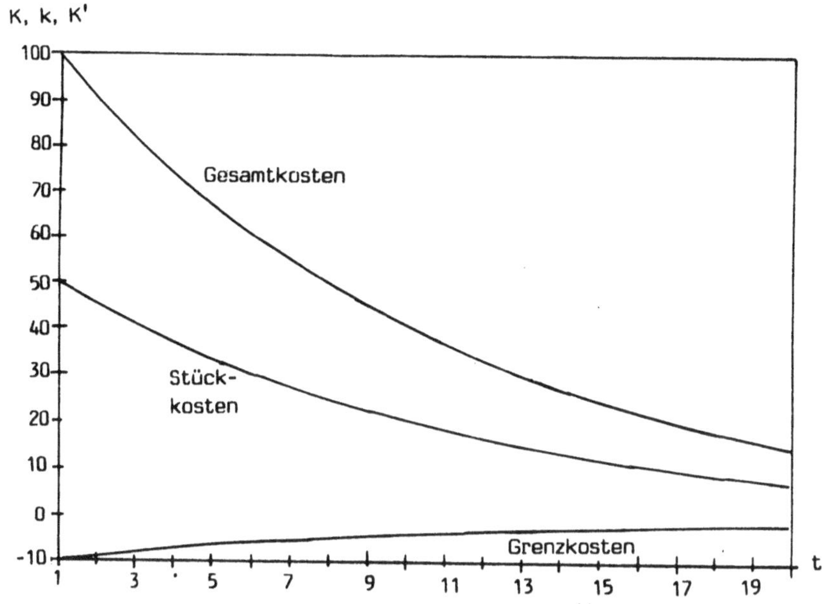

Henderson hat seine strategischen Überlegungen allerdings auf wachsende Märkte beschränkt. Auf schrumpfenden Märkten haben die Unternehmen feste Kapazitäten, die sie weder auslasten noch abbauen können, da einerseits die Nachfrage fehlt, andererseits die Marktaustrittsbarrieren hoch sind. Für die Analyse solcher Situationen eignet sich die Cobb-Douglas-Produktionsfunktion weniger. Sie unterstellt ja Flexibilität beim Einsatz der Produktionsfaktoren, den putty-putty-Fall der Produktionstheorie. Auf schrumpfenden Märkten haben wir es jedoch eher mit einem putty-clay-Fall der Produktion zu tun.

Wir wollen daher eine dritte formale Darstellung der Erfahrungskurve einführen, die die mikroökonomischen Zusammenhänge in ähnlicher Weise abbildet und sich für die Darstellung von kurzfristigen Kapazitätsauslastungseffekten und langfristigen Erfahrungskurveneffekten eignet. Sie ist von Simon verwendet worden (6).

(15) $k = b \cdot \tilde{x}^{-c}$

Aus (15) folgt:

(16) $\ln k = \ln b - c \cdot \ln \tilde{x}$

Man sieht, daß der Logarithmus der realen Stückkosten linear vom Logarithmus der kumulierten Menge abhängt. Das Steigungsmaß wird durch die Lernrate "c" bestimmt.

Aus (15) ergeben sich die Gesamtkosten unter Berücksichtigung von (4) zu

(17) $K = B \cdot t^{-c}$

mit

(18) $B = b \cdot x^{1-c}$.

Die Grenzkosten betragen

(19) $K' = -B \cdot c \cdot t^{-(1+c)}$,

was aber unter Berücksichtigung von (15) auch geschrieben werden kann

(20) $K' = -k \cdot \frac{x}{t} \cdot c$.

Die langfristigen Produktionskosten hängen also von der bisherigen Gesamtdauer der Produktion, gewichtet mit der Lernrate, und dem jährlichen Produktionsvolumen ab.

In der Funktion (20) sind die Zusammenhänge leichter einsichtig als in der Grenzkostenfunktion (7). Der Charakter dieser langfristigen Kostenfunktion läßt sich wie folgt beschreiben:

1. Die anfänglichen Stückkosten sind "b". Sie sind gleich dem gesamten bewerteten Faktorverbrauch für die Herstellung der ersten Einheit des neuen Produkts.

2. Rationalisierung der Produktion ist nicht durch den Übergang auf großtechnische Produktion bestimmt oder durch die Entwicklung der relativen Inputpreise gesteuert. Sie hängt nur von der Produktion ab.

3. Lernen wirkt sich auf alle eingesetzten Faktoren aus. Die Erfahrung wirkt outputabhängig auf die Kosten. Erfahrung wird durch eigenes Produzieren, nicht durch Beobachtung und Nachahmung der Konkurrenz gewonnen.

4. Die Lernrate ist exogen bestimmt und nicht faktorgebunden.

Abbildung 3 stellt die Kurvenverläufe anschaulich dar.

Abb. 3: Gesamt-, Stück- und Grenzkosten

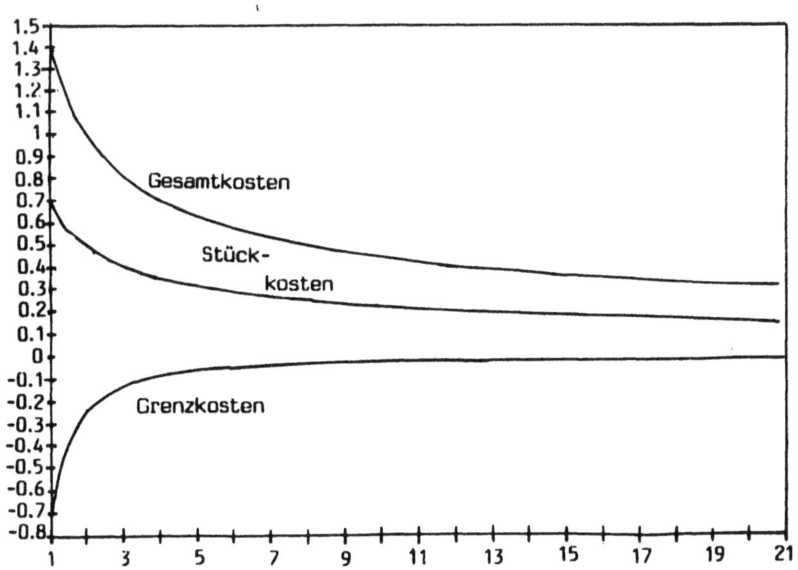

C. Erfahrungskurveneffekt und Größendegressionseffekt

Es ist unmittelbar einsichtig, daß es bei einem solchen Verlauf der langfristigen Kostenkurven eine sinnvolle Strategie ist, immer an der Kapazitätsgrenze zu produzieren und die Kapazitäten auszudehnen, wann immer es die Nachfrage zuläßt. Auf Wettbewerbsmärkten, auf denen sich die Preise nach den Grenzkosten richten, wird derjenige immer seine Kapazitäten auslasten können, der die höchste kumulierte Produktionsmenge aufweist und deshalb die niedrigsten Produktionskosten hat. Auf expandierenden Märkten ist also die Strategie, der Erste und Größte sein zu wollen, rational.

Auf stagnierenden oder gar schrumpfenden Märkten aber mag diese Strategie nicht ohne weiteres überzeugen. Hier sind die langfristigen Kostendegressionseffekte aus der Erfahrungskurve nur noch gering, weil die kumulierte Menge sich nicht mehr schnell verdoppelt. Das jährliche Produktionsvolumen ist eher rückläufig, und die Kosten sind bereits auf ein so niedriges Niveau gedrückt, daß der Erfahrungskurveneffekt nicht mehr stark wirkt. Andererseits bedeutet eine Aufgabe von Kapazitäten praktisch die Aufgabe der Chance, der Produzent mit den niedrigsten Kosten zu sein. Diese Chance wird kein Unternehmen leichtfertig aufgeben. Jedes Unternehmen ist daher geneigt, Überkapazitäten durchzuhalten, nicht zuletzt auch in der Erwartung, daß dem Unternehmen Marktanteile der Konkurrenten zuwachsen, die zuerst in Schwierigkeiten geraten und ihre Produktion einstellen müssen.

Die Unternehmen auf schrumpfenden Märkten müssen also darauf achten, genügend große Kapazitäten zu haben, um Erfahrungskurveneffekte weiterhin realisieren zu können. Andererseits müssen sie auf die Auslastung der vorhandenen Kapazitäten bedacht sein, um Größendegressionseffekte nutzen zu können. Die kurzfristigen fixen Kosten können in einer solchen Situation als gegeben angenommen werden.

Die kurzfristigen Grenzkosten der Produktion lassen sich durch (21) beschreiben (7):

$$(21) \qquad K' = \alpha k_v + ß \cdot K_f x^{-1}$$

Darin sind

- α – der Anteil der variablen Kosten, der ausgabenwirksam ist;
- ß – der Anteil der fixen Kosten, der ausgabenwirksam ist.

$ß \cdot K_f x^{-1}$ ist die Versicherungsprämie, die für die Erhaltung des finanziellen Gleichgewichts bei Aufrechterhaltung der Betriebsbereitschaft, gemessen durch k_f, zu verrechnen ist. (21) unterstellt lineare Kostenverläufe auf der Grundlage der kurzfristigen Leontief-Produktionsfunktion.

Wir nehmen nun an, daß die kurzfristigen variablen Kosten gleich den langfristigen Durchschnittskosten sind und setzen (15) in (21) ein:

$$(22) \qquad K' = \frac{1}{x^c} \alpha \cdot b \cdot t^{-c} + \frac{ß \cdot K_f}{x}$$

Ein Unternehmen, das auf einem stagnierenden Markt anbietet, muß kurzfristig die durch (22) angegebenen Grenzkosten decken, wenn es nicht Gefahr laufen will, in Zahlungsschwierigkeiten zu geraten. Die Preisuntergrenze liegt um so niedriger, je niedriger und ß, die Raten der ausgabenwirksamen Kosten, sind. Sie liegt ferner um so niedriger, je größer die Ausbringungsmenge in der Periode ist (Größendegressionseffekt). Die Preisuntergrenze liegt aber auch um so niedriger, je länger das Produkt bereits am Markt angeboten wird und je mehr daher die Mitarbeiter in der Produktion des Artikels haben Erfahrung sammeln können. Natürlich spielt auch die absolute Höhe der Fixkosten eine wichtige Rolle.

Abbildung 4 stellt die Beziehung zwischen Größendegressionseffekt und Erfahrungskurveneffekt anschaulich dar.

Abb. 4.1: Grenzkosten und jährliches Produktvolumen

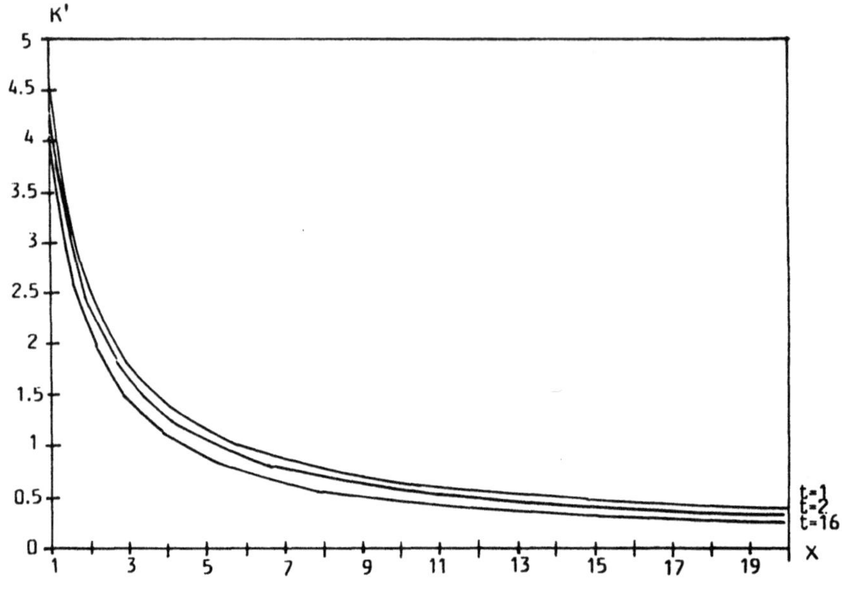

Abb. 4.2: Grenzkosten und Produktalter

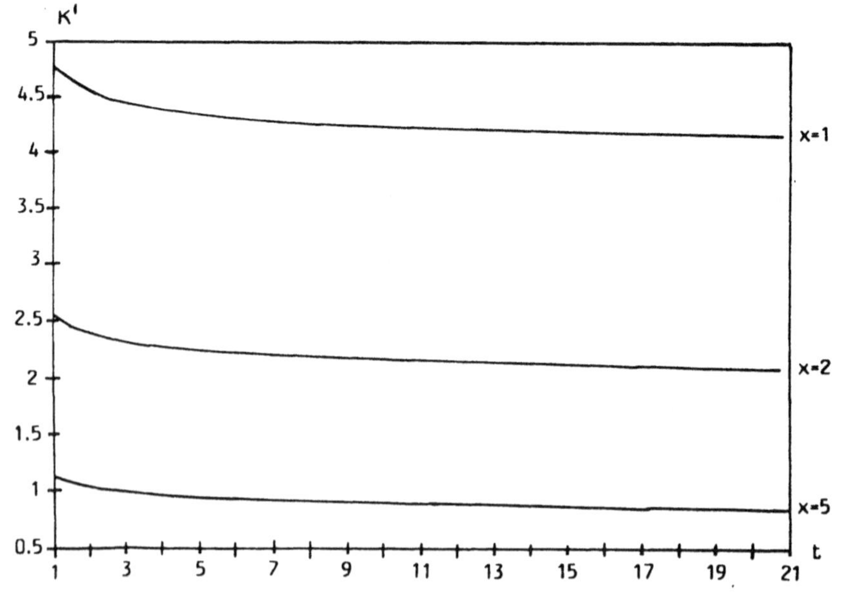

Abbildung 4 zeigt sehr plastisch die Bedeutung des Größendegressionseffektes im Vergleich zum Erfahrungskurveneffekt auf. Natürlich werden die Kurvenverläufe durch die gewählten numerischen Werte bestimmt, und bei niedrigeren fixen Kosten wäre der Größendegressionseffekt weniger stark wirksam. Aber vielfach tritt das Problem von Überkapazitäten gerade in solchen Branchen auf, die durch sehr kapitalintensive Produktion mit hohen Fixkostenbelastungen gekennzeichnet sind. Auf solchen Märkten ist selbst ein Newcomer (t=1), der seine Kapazitäten gut auslastet, einem Unternehmen überlegen, das zwar in langjähriger Produktion erhebliche Erfahrungen gesammelt hat, dies aber nicht in ausgelastete Kapazitäten umzusetzen vermag.

D. Kosteneffekte und Unternehmensstrategie

Henderson hat das Erfahrungskurvenkonzept nur zur Begründung von Strategien für Wachstumsprodukte verwendet (8). Porter erwähnt bei seiner Analyse von Wettbewerbsstrategien in schrumpfenden Branchen das Erfahrungskurvenkonzept nicht (9). Das erscheint nach dem Gesagten kaum überraschend. Kapazitätsauslastung ist in schrumpfenden Märkten wichtiger als weiteres Sammeln von Erfahrung. Unternehmen, die in der Wachstumsphase des Marktes viel investiert haben, um die Erfahrungskurveneffekte im Wettbewerb nutzen zu können, sind in der Schrumpfungsphase mit größeren Problemen als andere bei dem Versuch konfrontiert, die Kapazitäten auszulasten. Der Zwang, auch die ausgabenwirksamen Teile der fixen Kosten zu decken, um die Illiquidität zu vermeiden, treibt in den Kampf um Marktanteile über Preissenkungen, obwohl dadurch die Risiken steigen, bei entsprechenden Konkurrenzreaktionen hohe Verluste bei unausgelasteten Kapazitäten hinnehmen zu müssen. So ist nicht verwunderlich, daß der Ruf nach Subventionen zur Aufrechterhaltung des finanziellen Gleichgewichts und zur Finanzierung von Preiskämpfen auf solchen Märkten lauter erschallt als auf anderen und daß gleichzeitig verstohlen Versuche unternommen werden, durch Quotenabsprachen zu verhindern, daß einer der Wettbewerber einen entscheidenden Vorteil durch bessere Auslastung der Kapazitäten gewinnt.

Wer wie der Jubilar die Entwicklung betriebswirtschaftlichen Denkens in den letzten dreißig Jahren miterlebt und mitgestaltet hat, mag nicht selbstverständlich finden, daß hier einer Strategie der liquiditätserhaltenden (und nicht einmal verlustfreien) Kapazitätsauslastung durch Preispolitik das Wort geredet wird. Allzu deutlich ist jedem von uns in Erinnerung, wie schwer es nach dem ersten Wachstumseinbruch der Nachkriegsgeschichte im Jahre 1967 war, die Werksleiter zu einer gewinnorientierten Produktionspolitik zu erziehen und das Tonnendenken auszumerzen. Aber auf schrumpfenden Märkten geht es ums Überleben der Unternehmen. Hier ist derjenige wirtschaftlich im Vorteil, der den Größendegressionseffekt und den Erfahrungskurveneffekt gleichzeitig nutzt. Er sichert kurzfristig das Überleben; langfristig verändert er durch seine Strategie einen Markt mit hoher Wettbewerbsintensität zu einem hochkonzentrierten Markt mit barometrischer Kosten- und Produktführerschaft.

Anmerkungen

1) The Boston Consulting Group: Perspectives on Experience, Boston 1968; Hirschmann, W.B.: Profit from the Learning Curve, in: Harvard Business Review, Jan./Feb. 1964, S. 125.

2) Sabel, H.: Neuere Entwicklungen der Absatztheorie, in: Koch, H. (Hrsg.): Neuere Entwicklungen in der Unternehmenstheorie, Wiesbaden 1982, S. 247, hier S. 262.

3) Henderson, B.D.: Herderson on Corporate Strategy, Cambridge, Mass. 1979.

4) Henderson, B.D., a.a.O., S. 106.

5) Chopard, R. et J.-D. Vuilleumier: La Loi d'Experience et ses Applications à l'Horolgerie, in: Borschberg, E. (Hrsg.): Unternehmenswachstum im kühleren Wirtschaftsklima, Bern-Frankfurt-LasVegas 1977, S. 201, hier S. 203.

6) Simon, H.: Preismanagement, Wiesbaden 1982, S. 196 f.; vgl. auch Lange, B.: Die Erfahrungskurve: eine kritische Beurteilung, in: Zeitschrift für betriebswirtschaftliche Forschung, 36. Jg. (1984), S. 229.

7) Held, Th.: Kurzfristige Preispolitik bei kapitalintensiver Produktion und unterausgelasteten Kapazitäten. Eine inverse Angebotsfunktion als Ergebnis eines Preismodells für die Chemie, Diss. Bonn 1985.

8) Henderson, B.D.: Die Erfahrungskurve in der Unternehmensstrategie, Frankfurt-New York 1974, S. 87.

9) Porter, M.E.: Wettbewerbsstrategie, Frankfurt 1983, Kapitel 12, S. 318.

/A. DAS LEITBILD DES WETTBEWERBS IM WANDEL / 1. *Wettbewerb als Allokationsinstrument* / »Warum gibt es die Daimler-Benz AG?« ist eine Frage, die Edzard Reuter sicherlich schneller als ein Historiker und sicherlich differenzierter als ein Betriebswirt beantworten wird. Sie ihm an seinem Gebutstag zu stellen mit der Bitte, sie in der Zeitschrift für Betriebswirtschaft zu beantworten mit einer Analyse des beispielhaften Erfolges dieses Unternehmens, wäre wohl ein reizvolleres Geschenk für ihn als die Dedikation eines Aufsatzes in der Erwartung, daß er ihn liest. Eine Aufforderung zur Fehlallokation der knappen Ressource Zeit ist mit den folgenden Überlegungen zum Leitbild des dynamischen Wettbewerbs, vorgestellt am Markt für PKW-Ersatzteile, jedenfalls nicht verbunden. Verbunden mit diesen Überlegungen zum dynamischen Wettbewerb in einer weltoffenen Wirtschaft sind aber herzliche Glückwünsche zum Geburtstag, Edzard Reuter hat sich in anderem Zusammenhang zum Thema des dynamischen Wettbewerbs geäußert.[1]

Wenn die Frage nicht Edzard Reuter, gleichwohl aber an den Anfang eines Aufsatzes gestellt wird, der das Interesse des Beschenkten finden soll, dann muß es mit dieser Frage eine besondere Bewandtnis haben. In der Tat: In der klassischen Nationalökonomie wurde sie nicht gestellt. Die zentrale Frage der Wirtschaftswissenschaften »Wie werden die knappen wirtschaftlichen Mittel am besten auf die verschiedenen Verwendungsmöglichkeiten verteilt?« wurde ohne Rekurs auf Unternehmen beantwortet. Die Allokation ist dann optimal, wenn die Preise der Güter gleich ihren Grenzkosten sind und wenn die an der Produktion der Güter beteiligten Faktoren entsprechend ihren Grenzproduktivitäten entlohnt werden. Preise für Güter und Faktoren bilden sich auf Märkten. Darüber hin-

[1] Vgl. Reuter, Edzard: Vom Geist der Wirtschaft, Deutsche Verlags-Anstalt, Stuttgart 1986

aus braucht die Theorie nur noch eine (technische) Produktionsfunktion. Unternehmen als wirtschaftliche Gebilde sind in dieser Theorie unbekannt. Der Markt allein ist das ökonomische Instrument, das die optimale Allokation der Ressourcen bewirkt – freilich nur dann, wenn auf ihm vollkommener Wettbewerb herrscht.
Die Frage »Warum gibt es Unternehmen?« wurde zuerst 1937 von Coase gestellt, geriet dann aber wieder in Vergessenheit, bis sie in den sechziger Jahren wiederentdeckt wurde. Man erkannte, daß Unternehmen nicht anders als Märkte Institutionen zur effizienten Verteilung von knappen wirtschaftlichen Ressourcen auf verschiedene Verwendungen sind. Immer dann, wenn die Allokation der Ressourcen in einem arbeitsteiligen, nach Plan hierarchisch gesteuerten Gebilde weniger an Koordinationskosten verursacht als die entsprechende Allokation der Ressourcen über einen Markt, dann wird aus der (technischen) Produktionsfunktion eine (ökonomische) Organisation, ein Unternehmen.
Das Entstehen von Unternehmen, die Entwicklung und das Wachstum von Unternehmen bedeuten so stets Grenzverschiebungen zwischen Unternehmen und Markt als den beiden Allokationsinstrumenten der Wirtschaft. Derartige Grenzverschiebungen bedeuten auch stets Veränderungen der Wettbewerbsverhältnisse auf den Märkten. Diese wiederum eröffnen anderen Unternehmen auf anderen Märkten neue Chancen, beinhalten für sie Risiken. Das Leitbild der Wettbewerbspolitik hat sich unter dem Einfluß derartiger Überlegungen gewandelt.

/ **2.** *Das Leitbild des dynamischen Wettbewerbs* / Für die klassische Nationalökonomie war das wirtschaftspolitische *Leitbild* das *des vollkommenen Wettbewerbs.* Große Transparenz des Marktes und schnelle Reaktionen von sehr vielen Käufern und sehr vielen Produzenten auf Änderungen der Wettbewerbsverhältnisse bewirken, daß jede Verbesserung in den Produktionsbedingungen unverzüglich an die

Käufer weitergegeben wird. Das hat eine schnelle Verbesserung der Versorgung der Bevölkerung zur Folge.

Die Erkenntnis, daß dieses Leitbild die »Verbesserung in den Produktionsbedingungen« allzu selbstverständlich voraussetzte, ließ lange auf sich warten. Technischer Fortschritt, der die Produktionsbedingungen verbessert, fällt nicht wie Manna vom Himmel, sondern ist die Folge von Anstrengungen der Produzenten. Anstrengungen aber müssen belohnt werden. Prämien für Anstrengungen werden nicht im vollkommenen, sondern nur im innovatorischen Wettbewerb erzielt. Das sind die berühmten Pionierrenten. Technischer Fortschritt entsteht im unvollkommenen Wettbewerb des weiten Oligopols. Wer verlangt, daß jeder Fortschritt in den Produktionsbedingungen sofort und allen Käufern zugute kommt, wird letztlich keinen Fortschritt mehr haben. Wer eine ständig bessere Versorgung der Bevölkerung anstrebt, muß den Mut haben, die Früchte des Fortschritts aufzuteilen auf die bessere Versorgung der Käufer und auf die Entlohnung für den Innovator. Er muß gleichzeitig sicherstellen, daß die Entlohnung für den Innovator durch Wettbewerb allmählich gesenkt wird. Das ist das *Leitbild des funktionsfähigen Wettbewerbs.*

In diesem wettbewerbspolitischen Leitbild spielt die Frage, wie schnell »allmählich« ist, eine zentrale Rolle. Wenn die Oligopolisten satt werden, wenn sie stillschweigend übereinkommen, den Wettbewerb zu beschränken, sinkt die Geschwindigkeit, mit der Fortschritte an die Kunden weitergegeben werden. Die Rate des technischen Fortschritts nimmt ab. »Allmählich« ist nur dann schnell genug, wenn die Unternehmen sich ständig der Gefahr bewußt sind, daß ein Wettbewerber auf den Markt kommen könnte, der es besser macht als sie. Wenn das Damoklesschwert des potentiellen Wettbewerbs wirksam ist, dann ist »allmählich« schnell genug. Dieses Damoklesschwert ist dann besonders scharf, wenn es keine Zutrittsschranken zum Markt gibt. Das *Leitbild des potentiellen Wettbewerbs* setzt offene Märkte voraus.

Die Drohung mit potentiellem Wettbewerb allein reicht natürlich nicht aus. Potentieller Wettbewerb muß wirksamer Wettbewerb werden, wenn er von Unternehmen ernst genommen werden und ihr Verhalten beeinflussen soll. Durch den Marktzutritt von Unternehmen werden die Wettbewerbsverhältnisse nicht nur auf dem gegebenen Markt, sondern auch auf anderen Märkten, auf denen das neue Unternehmen tätig ist, beeinflußt. Das hat auch Rückwirkungen auf die alten Unternehmen am Markt. Sie passen ihre Organisationsstrukturen, ihr Produktionsprogramm den neuen Wettbewerbsverhältnissen am Markt an, um wettbewerbsfähig zu bleiben. Aus den Wechselwirkungen von Marktstruktur und Unternehmensentwicklung, von Marktprozessen und Unternehmensstruktur entsteht der *dynamische Wettbewerb.* Dieses Leitbild der Wettbewerbspolitik ist zu Beginn der achtziger Jahre vom Sachverständigenrat zur Begutachtung der gesamtwirtschaftlichen Entwicklung formuliert worden.

/B. DYNAMISCHER WETTBEWERB BEI VERBRAUCHSGÜTERN / Dynamischer Wettbewerb setzt identifizierbare, heterogene Produkte voraus, die einen Produktlebenszyklus besitzen. Dabei kann es sich um *Verbrauchsgüter* oder auch um *Gebrauchsgüter* handeln. Bei den neu auf den Markt tretenden Unternehmen handelt es sich entweder um *Innovatoren,* die mit einem neuen, besseren Produkt versuchen, den Produktlebenszyklus eines anderen Produktes zu verkürzen. Es kann sich aber auch um *Imitatoren* handeln, die mit einem praktisch gleichen Produkt an dem Erfolg des nachgeahmten Produktes partizipieren wollen. In den letzten Jahren hat sich gezeigt, daß die wettbewerbspolitische Umsetzung des Leitbildes des dynamischen Wettbewerbs eine Fülle interessanter Fragen aufwirft.

Der dynamische Wettbewerb auf dem pharmazeutischen Markt bildet ein wichtiges Beispiel für den Wettbewerb auf Märkten für Verbrauchsgüter. Medikamente werden vom Patienten eingenommen und damit verbraucht. Sie haben einen Lebenszyklus, dessen Länge von dem Auftreten der Indikation, vom Stand der medizinischen Erkenntnis und von der rechtlichen Regelung des Wettbewerbs abhängt. Ihre Entwicklung verursacht hohe Forschungs- und Entwicklungskosten. Ihre Vermarktung setzt im allgemeinen ein Zulassungsverfahren voraus. Die Hersteller versuchen, die hohen Entwicklungskosten in den Preisen für das Medikament während des Produktlebenszyklus hereinzuspielen. Ist die Wirksamkeit eines Stoffes einmal bekannt und sind seine möglichen Nebenwirkungen erforscht, dann läßt sich das Medikament herstellen, ohne daß die Forschungs- und Entwicklungskosten noch einmal aufgewendet werden. Dieses Wissen wird mit der Zulassung zum öffentlichen Gut. Es steht jedem zum Nulltarif zur Verfügung. Nachahmer können das Produkt folglich erheblich billiger auf den Markt bringen als der Innovator, der das Medikament entwickelt hat. Die Dynamik des Wettbewerbs wird dann bestimmt von dem Erfolg des Innovators, von der Geschwindigkeit und von der Zahl der Imitatoren, die dieser Erfolg wie die Lampe die Motten anlockt. Je schneller und zahlreicher die Imitatoren auf den Markt drängen können, um so weniger attraktiv ist ein Markt für Innovatoren mit der Folge, daß die Innovationskonkurrenz mangels ausreichender Belohnung erlahmt. Je höher die Marktzutrittsschranken für Imitatoren sind, um so attraktiver kann der Markt für Innovatoren sein. Zwischen diesen Optionen schnell sinkender Preise und niedrigeren Innovationsraten einerseits und langsamer sinkender Preise und hohen Innovationsraten andererseits hat der Wettbewerbspolitiker den rechten Ausgleich zu finden. Patentschutz und Ausschluß der kostenlosen Imitation für eine Periode von zehn Jahren sind die Instrumente, mit denen der dynamische Wettbewerb auf dem Pharmamarkt gesichert wird.

/ C. DYNAMISCHER WETTBEWERB BEI GEBRAUCHSGÜTERN / I. ***DER MARKT FÜR GEBRAUCHSGÜTER*** / Als Gebrauchsgüter sollen hier langlebige, technisch komplexe Konsum- oder Investitionsgüter bezeichnet werden. Sie werden während einer bestimmten Zeit hergestellt. Diese Zeit wird hier als »Produktionszeit« bezeichnet. Die Käufer benutzen diese Produkte während einer bestimmten Zeit. Diese Zeit sei als »Gebrauchszeit« bezeichnet. Die gesamte Gebrauchszeit kann auf verschiedene Nutzer verteilt sein. Die Gebrauchszeit kann sich über das Ende der Produktionszeit des Produktes hinaus erstrecken. Gebrauchszeit und Produktionszeit sind aber nicht ganz unabhängig voneinander. Vielfach wird die Gebrauchszeit dadurch beendet, daß für den weiteren Gebrauch wichtige Ersatzteile nicht mehr beschafft werden können.

Die Frage, welches der Markt für derartige Gebrauchsgüter sei, auf dem sich der dynamische Wettbewerb abspielt, ist nicht einfach zu beantworten. Der Ansicht, der Käufer frage die Leistungen des Gebrauchsgutes über die gesamte Gebrauchszeit hinweg nach und habe dabei auch alle möglichen Reparaturen im Blick (Gebrauchsgut als Investitionsobjekt), steht die Ansicht gegenüber, der Käufer frage das Gebrauchsgut wie ein Verbrauchsgut (Gebrauchsgut als Konsumgut) nach und betrachte seine Nachfrage nach Zubehör und Ersatzteilen als unabhängig von der Erstanschaffung.

Es erscheint zweckmäßig, diese unterschiedlichen Ansichten an einem konkreten Markt zu überprüfen. Wir betrachten dafür den Automobilmarkt. Es soll die These vertreten werden, daß es sich dabei um einen Markt für (langlebige) Investitionsgüter handelt. Der Beweis wird e contrario geführt. Zunächst wird der Markt für Ersatzteile untersucht. Die Allokationswirkungen, die eintreten, wenn dieser Markt als selbständiger Markt behandelt wird, sollen aufgezeigt werden. Dann wird der »Markt« für Ersatzteile als integraler Bestandteil des Automobilmarktes untersucht. Es wird aufgezeigt, welche Wirkungen der dynamische Wettbewerb über die gesamte Lebensdauer eines PKW hat.

/ II. *DER MARKT FÜR MOTORHAUBEN* / Unter Ersatzteilen werden Teile eines Personenkraftwagens verstanden, die als Ersatz für (durch Unfall) beschädigte Teile des PKW oder als Ersatz für (durch Rost) beschädigte Teile benötigt werden. Im Mittelpunkt der folgenden Überlegungen sollen diejenigen Teile stehen, die sichtbare Bestandteile des Designs eines bestimmten PKW-Modells sind.
Als Beispiel für durch Unfall beschädigte Teile eines PKW seien Motorhauben verwendet.

Motorhauben werden als Ersatzteile benötigt, wenn die Motorhaube der Erstausrüstung durch einen Unfall beschädigt worden ist. Der Fall, daß eine Motorhaube wegen Korrosionsschäden zu ersetzen ist, kann ausgeschlossen werden. Es sei unterstellt, daß Motorhauben vom PKW-Hersteller produziert werden (Originalmotorhauben), daß es aber auch unabhängige Nachbaufirmen gibt, die im Wege des »reverse engineering« Originalmotorhauben nachbauen und als Spezialisten am Markt anbieten.
Es sind zwei Märkte zu unterscheiden:

— — der Markt der Endverbraucher, die *einen* PKW fahren;
— — der Markt der Endverbraucher, die eine *Flotte* von PKWs einsetzen und meist auch über eine eigene Werkstatt verfügen.

/ 1. *Der Markt der Nachfrager mit einem PKW* / Der Endverbraucher kann die Reparatur bei einer Vertragswerkstatt oder bei einer freien Werkstatt ausführen lassen.
Mit seiner Entscheidung, die Reparatur bei einer Vertragswerkstatt ausführen zu lassen, drückt der Kunde die Erwartung aus, ein Ori-

ginalersatzteil zu erhalten. Seine Vertragswerkstatt müßte es daher wohl dem Kunden mitteilen, wenn sie ein Ersatzteil von einer Nachbaufirma beschaffen und montieren wollte.
Es kann jedoch nicht ausgeschlossen werden, daß der Endverbraucher kein Originalersatzteil erhält. Dann liegt Ausbeutung der ungenügenden Information des Endverbrauchers vor. Das ist das »moral-hazard«-Problem dieses Marktes. »Moral hazard« versucht der Automobilhersteller durch Bezugsverpflichtung des Vertragshändlers zu beseitigen.
Mit seiner Entscheidung, die Reparatur bei einer freien Werkstatt durchführen zu lassen, bringt der Endverbraucher die Erwartung zum Ausdruck, daß er eine billigere Reparatur erhält als bei seiner Vertragswerkstatt. Der Reparaturpreis kann billiger sein, weil die freie Werkstatt

— — weniger Zeit für die Reparatur braucht,
— — billiger arbeitet, weil sie weniger fixe Kosten zu tragen hat,
— — billigere Teile für die Reparatur bezieht oder
— — schlechtere Teile für die Reparatur bezieht.

Der erste Grund wird auszuschließen sein, da das nur bei weniger gründlicher Reparatur möglich wäre. Der vierte Grund wird auszuschließen sein, da der Kunde einen sicheren Wagen zurückerhalten will. Die beiden anderen Gründe bringen die Erwartungshaltung des Endverbrauchers zum Ausdruck, daß die freie Werkstatt Kostenvorteile gegenüber der Vertragswerkstatt hat. Der zweite und der dritte Grund sind letztlich identisch, beziehen sich jedoch auf verschiedene Marktebenen. Geringere Fixkosten auf der Ebene der Werkstatt verbilligen die Arbeitsstundensätze der Werkstatt. Geringe Fixkosten auf der Ebene der Nachbaufirmen verbilligen die Ersatzteile, die die freie Werkstatt bezieht.
Natürlich ist nicht gesichert, daß für den billigeren Preis nicht letztlich doch auch der erste und der vierte Grund maßgebend sind.

Dann liegt Ausnutzung der ungenügenden Information des Endverbrauchers vor. Der Käufer der Reparaturleistung kann die Qualität der Reparaturleistung nicht erkennen. Er erwartet eine gute Reparaturleistung, die Werkstatt weiß aber, daß sie eine schlechte erbracht hat. Sie hofft darauf, daß die schlechte Leistung nicht entdeckt wird. Wenn irgendwann einmal die schlechte Qualität der Reparatur erkennbar wird, verliert die freie Werkstatt ihr Vertrauenskapital bei den Kunden. Das ist aber nicht zwingend. Laufkundschaft braucht die freie Werkstatt ohnehin nicht zu berücksichtigen. Liegt der nächste Unfall weiter in der Zukunft, erinnert sich der Endverbraucher möglicherweise gar nicht mehr an die Reparaturwerkstatt, die seine letzte Reparatur ausführte; möglicherweise ist der Schaden auch so komplex, daß die schlechte Qualität der letzten Reparaturleistung nicht erkennbar wird.

/ 2. Der Markt der Nachfrager mit PKW-Flotten / Die Nachfrager mit vielen PKWs sind gewerbliche Nachfrager, zumeist mit eigenen Werkstätten. Sie können die Qualität der Ersatzteile prüfen und beurteilen. Sie können Originalersatzteile oder Nachbauteile kaufen. Kaufen sie Nachbauteile, dann ist davon auszugehen, daß der Preis als günstiger eingeschätzt wird. Voraussetzung dafür ist, daß die Qualität der Ersatzteile gleich ist und die Einbaukosten in der eigenen Werkstatt nicht höher sind als bei einem Originalteil. Hier ist »moral hazard« des Herstellers von Nachbauteilen auszuschließen. Der Eigentümer der PKW-Flotte nutzt echte Kostenvorteile des Herstellers von Nachbauteilen. Zu fragen ist freilich, ob diese einzelwirtschaftlichen Kostenvorteile auch gesamtwirtschaftlich als Effizienzvorteile angesehen werden können.

/ 3. Langfristige Wirkungen des Wettbewerbs auf dem Markt für Motorhauben / a. Freier Wettbewerb zwischen Automobilherstellern und Nachbaufirmen

Es wird im folgenden davon ausgegangen, daß ein Kostenunter-

schied in der Herstellung von Motorhauben zwischen Nachbaufirmen und Automobilfirmen zugunsten der ersten Gruppe besteht.
Der Automobilhersteller kann darauf mit Preissenkungen für seine Motorhauben reagieren. Geht man davon aus, daß Automobilhersteller insgesamt keine Monopolrenten erzielen, dann müssen sie die Preise anderer Ersatzteile oder den Preis des neuen PKW erhöhen oder den Preis für die Inzahlungnahme des alten PKW senken.
Hier zeigt sich, daß der Markt für Motorhauben aus der strategischen Sicht des Automobilherstellers nicht isoliert vom Markt für andere Ersatzteile bzw. vom PKW-Markt gesehen wird.
Der Wettbewerb auf dem Gebrauchtwagenmarkt dürfte verhindern, daß die Preise für Gebrauchtwagen bei Inzahlungnahme stärker gesenkt werden können.
Versucht der Automobilhersteller, die Preise für andere Originalersatzteile anzuheben, so müssen die Preise überproportional stark angehoben werden. Da es sich bei Motorhauben um besonders schadensgefährdete Teile handelt, die hohe jährliche Stückzahlen aufweisen, andere Ersatzteile aber ein sehr viel geringeres Volumen erreichen, würden die Preise für derartige langsam sich umschlagende Ersatzteile sehr stark angehoben werden müssen. Das würde nur zur Verlagerung des Problems von dem Markt für Motorhauben zum Markt für diejenigen Ersatzteile führen, die weniger häufig nachgefragt werden.
Es bleibt die Erhöhung des Preises für ein Automobil beim Erstkauf. Eine Größenordnung von 50,– DM ist berechnet worden, die den Wettbewerbsnachteil auf dem Markt für Motorhauben ausgleichen würde. Der Käufer wird diesen Mehrpreis bezahlen, wenn er ihm nicht ausweichen kann. Er kann ihm ausweichen durch Kauf eines PKW bei einem Hersteller, der relativ billiger anbietet. Ein Konkurrent kann aber nur dann billiger anbieten, wenn er einen Teil seiner Fixkosten (für Entwicklung und Werkzeuge) nicht beim Erstkauf, sondern bei der Ersatzteillieferung hereinholen kann. Er kann das aber nur, wenn er nicht der Konkurrenz durch Nachbaufirmen aus-

gesetzt ist. Das ist dann der Fall, wenn es sich für eine Nachbaufirma nicht lohnt, die Motorhaube seines Modells nachzubauen. Das ist bei geringen Stückzahlen der Fall. Die kleinen Automobilfirmen erhalten unter diesen Umständen Wettbewerbsvorteile, sie wachsen. Die großen Automobilfirmen schrumpfen entsprechend, bis schließlich der Markt für Nachbaufirmen insgesamt nicht mehr attraktiv ist. Ein solcher Markt würde wieder mehr Anbieter von Autos aufweisen, die Vorteile der großen Serie würden für die Käufer verlorengehen.

Daraus folgt, daß der kleinere PKW-Hersteller nicht um den vollen Mehrpreis des großen Produzenten günstiger anbieten kann. Wahrscheinlich wird auch er von der Nachfrage gedrängt, relativ günstige PKW-Preise zu machen und an den Ersatzteilen später zu verdienen. Das ergibt sich aus den folgenden Überlegungen.

Wenn der Endverbraucher die Zukunft stärker abdiskontiert als der Hersteller, dann ist für ihn ein niedriger PKW-Preis heute vorteilhafter als niedrigere Ersatzteilpreise in der Zukunft. Der Hersteller kann dem dadurch Rechnung tragen, daß er heute einen günstigen Preis für den PKW macht und in Zukunft an den Ersatzteilen verdient. Der Anbieter verhält sich dann wie der Kapitalmarkt, an dem sich auch ein Zins bildet, der niedriger ist als die Zeitpräferenz des Konsumenten, der einen Konsumkredit aufnimmt. Während der Kreditnehmer aber vertraglich gebunden ist, den Kredit zurückzuzahlen, kann der Autokäufer sich dem durch Kauf von Nachbauteilen entziehen.

Wenn der Endverbraucher risikofreudiger ist, als es dem objektiven Risiko entspricht, wird er die Wahrscheinlichkeit, zukünftig Ersatzteile kaufen zu müssen, für geringer als objektiv wahrscheinlich ansehen. Der Käufer ist daher nicht bereit, für zukünftige Ersatzteile heute schon beim Kauf eines Neuwagens zu bezahlen. Es existiert keine Risikoprämie, die er heute zu zahlen bereit wäre für zukünftig billigere Reparaturen.

Das Kapitalmarktargument und das Versicherungsmarktargument

zeigen, daß der kleine Wettbewerber nur dann seine Preise für den Erstkauf niedrig ansetzen kann, wenn er sicher sein kann, später an den Ersatzteilen zu verdienen. Die Begünstigung der kleineren Automobilhersteller im Wettbewerb mit den großen beruht also nicht auf Leistungsvorteil im Wettbewerb, sondern darauf, daß es ihnen möglich ist, den Endverbraucher an sich zu koppeln, während dies den größeren Herstellern wegen des Wettbewerbs von Nachbaufirmen und kleineren Wettbewerbern nicht möglich ist.

Der große Hersteller kann die Preise für Ersatzteile auf das Niveau der Nachbaufirmen senken, ohne die Preise für Automobile zu erhöhen, wenn er andere Leistungen reduziert. Zu den Leistungen des Automobilherstellers gehört die Zusicherung, die Motorhaube für ein bestimmtes Modell während der gesamten Modellaufzeit als Ersatzteil lieferbereit zu halten. Gibt der Automobilhersteller diese Garantie nicht mehr, dann kann sich der Eigentümer eines PKW nicht mehr darauf verlassen, daß sein Wagen in Zukunft stets repariert werden kann. Er wird sich um Ersatzteile selbst bemühen müssen. Das geschieht z. B. bei den Automobilverwertern, die nun höhere Preise für die noch verwendungsfähigen Ausbauteile erzielen können. Das mag auch zu einem Preisanstieg für Gebrauchtwagen führen. Das geschieht aber auch bei den Nachbaufirmen. Diese müssen nun im Wettbewerb miteinander die Produktionszeit für Nachbauteile verlängern. Das führt zu erhöhten Kosten und folglich entweder zu reduzierten Gewinnen oder, falls der Wettbewerb unter den Herstellern von Nachbauteilen schon jetzt ausreichend intensiv ist, zu höheren Preisen. Das verringert wiederum den Wettbewerbsvorsprung, den die Hersteller von Nachbauteilen gegenwärtig haben. Gegenwärtig können sie im Schutz der Garantie des Herstellers die Rosinen aus dem Ersatzteilkuchen picken, und zwar einmal in bezug auf die zu führenden Teile und zum anderen in bezug auf die Dauer ihres Lieferangebots.

Der große Hersteller kann, rein theoretisch gesprochen, auch versuchen, die Zahl der Ersatzteile, die während des Lebenszyklus eines PKW verfügbar gehalten werden, zu begrenzen und zwar auf eine Menge, die es für Hersteller von Nachbauteilen nicht mehr wirtschaftlich erscheinen läßt, Ersatzteile anzubieten. Wenn eine Motorhaube seltener ersetzt werden müßte, z. B. weil es weniger Auffahrunfälle gäbe, dann gäbe es auch keinen für Nachbaufirmen attraktiven Markt für Motorhauben als Ersatzteile mehr. Nun kann man sich sicher vorstellen, daß der technische Fortschritt in diese Richtung getrieben werden könnte: statt Sicherheit durch Knautschzonen Sicherheit vor dem Auffahrunfall, aber praktisch bedeutsam scheinen derartige Überlegungen gegenwärtig nicht. Sie können daher bei der Beurteilung des Wettbewerbs auf dem Ersatzteilmarkt ausgeschlossen werden.

b. Beschränkter Wettbewerb der Automobilhersteller

Daß die Existenz von Nachbaufirmen »moral-hazard«-Probleme schafft, ist bereits angedeutet worden. Nichtbezugsverpflichtete Vertragshändler können den unkundigen Endverbraucher ebenso ausbeuten wie freie Autowerkstätten. Belege für die Existenz dieses »moral hazard« gibt es. Moral-hazard-Verhalten führt im allgemeinen zu Marktversagen. Der Kunde erkennt im Gebrauch die mangelhafte Qualität der Leistung und verliert das Vertrauen zu seinem Lieferanten. Erforderlich dazu ist jedoch, daß er das Verhalten seines Lieferanten erkennt. Dies ist dann fraglich, wenn zwischen Reparatur und dem erneuten Schaden ein größerer Zeitraum vergeht und der Schaden auch dem alten Ersatzteil nicht eindeutig zurechenbar ist. Ist das nicht der Fall, dann verliert der Endverbraucher eher das Vertrauen zur Sicherheit seines PKW als zur freien Werkstatt. Er verliert das Vertrauen zum Hersteller der gefahrenen Marke.

Der Hersteller des Automobils hat also ein Interesse daran, daß »moral hazard« beim Ersatzteilgeschäft ausgeschlossen werden kann und daß entsprechend der Wettbewerb auf dem Markt für Motorhauben funktionsfähig bleibt. Dies kann auf verschiedenen Wegen geschehen.

Einmal kann der Staat durch staatliche Aufsicht über die Hersteller von Nachbauteilen sicherstellen, daß die Nachbauteile den Normen des Herstellers entsprechen. Die Kosten für diese Kontrollen hätten die Hersteller von Nachbauteilen zu tragen. Das würde die Kostendifferenzen zwischen den Kosten der Automobilfirmen und den Herstellern von Nachbauteilen verringern. Das Gewährleistungsrisiko würde bei den Herstellern von Nachbauteilen liegen.
Zweitens kann der Staat den Automobilhersteller verpflichten, die Qualität der von den Nachbaufirmen hergestellten Teile durch die Vergabe einer Lizenz zu sichern und die Einhaltung der Qualitätsnormen zu überwachen. Die Gebühr für die Lizenz wäre zwischen dem Hersteller von Nachbauteilen und der Automobilfirma auszuhandeln. Das Gewährleistungsrisiko müßte dann der Automobilhersteller tragen.
Drittens kann der Automobilhersteller den Handel mit Originalmotorhauben auf diejenigen Motorhauben beschränken, die mit seinen Werkzeugen auf seinen Maschinen hergestellt sind. Dazu ist einmal ein Schutzrecht an den Ersatzteilen erforderlich, das der Staat zu gewähren hätte, zum anderen aber ist auch die Erkenntnis Voraussetzung, daß der Markt für Motorhauben kein relevanter Markt eines eigenen Produkts, sondern unselbständiger Teil eines größeren Marktes ist.

/**III.** *DER MARKT FÜR ERSATZTEILE* / Motorhauben sind auch Ersatzteile. Sieht man die Bereitstellung von Transportleistungen als das »Gut« an, das von dem Auto zur Verfügung gestellt wird, dann werden alle Ersatzteile, die diese Fahrtüchtigkeit erhalten, auf einem Markt angeboten, der nicht in selbständige Teilmärkte für die einzelnen Ersatzteile zerfällt.

Zur Vereinfachung wird die Gesamtheit aller Ersatzteile in zwei Gruppen eingeteilt:
— — solche, die typenungebunden sind, z. B. Reifen, Autoradios;
— — solche, die typengebunden sind, z. B. Motorhauben, Seitenteile.

Unter den typengebundenen Ersatzteilen werden wiederum zwei Gruppen unterschieden:
— — solche, die häufig ersetzt werden müssen;
— — solche, die selten ersetzt werden müssen.

Es werden im folgenden nur die Wettbewerbsverhältnisse der typengebundenen Ersatzteile betrachtet.
Ersatzteile müssen lieferbar sein, wenn das Originalteil beschädigt ist. Das Auto ist praktisch wertlos, wenn das Ersatzteil nicht verfügbar ist.
Unabhängige Hersteller von Nachbauteilen konzentrieren sich auf diejenigen Ersatzteile, die häufig ersetzt werden müssen. Sie bieten keine selten zu ersetzenden Ersatzteile an. Diese Politik ist im Wettbewerb nur sinnvoll, wenn die Hersteller von Nachbauteilen sicher sein können, daß die Automobilfirmen die selten gebrauchten Ersatzteile vorrätig halten. Wäre das nämlich nicht der Fall, würde auch die Nachfrage nach den häufig zu ersetzenden Teilen zurückgehen. Wenn bei einem Unfall ein häufig und ein selten zu ersetzendes Teil ausfallen, könnte das eine Teil nicht abgesetzt werden, wenn das andere fehlt. Natürlich wissen die Hersteller von Nachbauteilen, daß die Automobilfirmen sich eine Politik nicht leisten können, selten zu ersetzende Teile nicht vorrätig zu halten. Die Hersteller von Nachbauteilen können also eine »Ausbeutungsstrategie« anwenden. Derartige Strategien sind aus der Spieltheorie bekannt, es handelt sich um das »prisoner's dilemma«. Die folgende Tabelle stellt die Situation dar.

Payoff-Matrix

A N	H	H+S
H	0	100
H+S	-100	10

darin sind: N – Hersteller von Nachbauteilen
A – Automobilhersteller
H – baute häufig benötigte Teile
H+S – baute häufig und selten benötigte Teile

Die Zahlen in der Matrix stellen Gewinne des N dar. Die Zahlungen seien symmetrisch. Bei Unsicherheit über die Verhaltensweise des Wettbewerbers würden beide, N und A, das gesamte Sortiment an Ersatzteilen produzieren. Das ist freilich ein labiles Gleichgewicht. Versucht einer der beiden, den anderen dadurch auszubeuten, daß er nur H produziert, dann ist bei gleichgewichtigen Wettbewerbsverhältnissen der andere gezwungen, auch auf H überzugehen. Die Kombination H – H ist ein stabiles Gleichgewicht. Beide Anbieter sind schlechter dran als vorher. Weiß nun aber N, daß A bei seiner Strategie H+S bleiben muß, dann kann N den A ausbeuten. Er stellt nur die häufig benötigten Teile her und fügt A den Verlust von 100 zu, der sich aus den Vorleistungen für Formen, aus der Vorhaltung der Preßwerkzeuge, aus der hohen Lagerhaltung für die selten benötigten Teile sowie aus den Entwicklungskosten ergibt. Nimmt man nun den Markt für Ersatzteile in den Blick, die Korrosionsteile ersetzen, dann gelten grundsätzlich die gleichen Überlegungen wie für beschädigte Teile, jedoch gibt es Modifikationen. Korrodiert zum Beispiel eine Tür am unteren Teil stärker als an ihrem oberen Teil, dann mag es genügen, nur auf den unteren Teil der

Tür ein neues Blech aufzuschweißen. Derartige Ersatzteile sind daher im allgemeinen kleiner als die Originalersatzteile für das betreffende Modell. Derartige »Korrosionsteile« werden von den PKW-Herstellern vielfach nicht selbst gefertigt.

In einem solchen Fall hat der Käufer die Wahl zwischen einem Originalersatzteil (z. B. einer ganzen Tür) oder einem Korrosionsblech von einer Nachbaufirma. Er wird sich für dasjenige Teil entscheiden, das (bei gleicher Funktion, gleicher Sicherheit und gleichem Aussehen) billiger ist. Dies sei das Korrosionsteil. Besitzt der Automobilhersteller ein gewerbliches Schutzrecht, also z. B. ein Geschmacksmuster, an der Tür, dann könnte er das Nachbauunternehmen an der Herstellung des Korrosionsteils hindern. Dann müßte der Kunde die ganze Tür ersetzen. Dies würde die gesamten Nutzungskosten des Modells erhöhen. Erfährt der Kunde, daß ein anderer Automobilhersteller wirksameren Korrosionsschutz an seinen Türen angebracht hat, wird er beim nächsten PKW-Kauf zu diesem überwechseln. Dies hat zur Folge, daß im Innovationswettbewerb (um besseren Korrosionsschutz) nun auch der andere PKW-Hersteller seinen Korrosionsschutz verbessert.

Angenommen, dies gelänge ihm nicht oder nicht in vergleichbarem Maße. Dann wird er diesen Konkurrenznachteil dadurch auszugleichen suchen, daß er den Preis für die ganze Tür senkt. Gelingt dies nicht in ausreichendem Maße, wird er ein Interesse daran haben, daß ein Korrosionsblech für seine Autos auf dem Markt angeboten wird. Dies mag selbst hergestellt sein, dies mag aber, wenn die Werkzeugkosten bzw. die gesamten Herstellungskosten des Automobilherstellers höher sind als die einer kleineren Zulieferfirma, fremdbezogen sein. Der Automobilhersteller kann auch, beim Schutzrecht an dem Korrosionsblech, der Nachbaufirma eine Lizenz für die Herstellung und den Vertrieb des Korrosionsbleches erteilen. Er wird dies tun, wenn die Lizenzeinnahmen höher sind als die Gewinne aus dem Fremdbezug der Teile und dem eigenen Vertrieb.

Die Behauptung, eine Beschränkung des Zugangs zu dem (angenommen bisher nicht existenten) Markt für Korrosionsbleche durch den PKW-Hersteller würde die Innovationsrate senken und im Interesse der Verbraucher notwendige Innovationen verzögern, ist also in dieser simplen Form nicht schlüssig. Die Marktzugangsbeschränkung hat eine andere, nicht notwendigerweise eine geringere Innovationsrate zur Folge. Sie lenkt die Innovationstätigkeit in die Richtung einer *Vermeidung* von Rostschäden und nicht in die Richtung einer billigeren *Reparatur* von Rostschäden. Sie lenkt den technischen Fortschritt in die Richtung höherer Paßgenauigkeit der Türen und leichteren und schnelleren Einbaus ganzer Türen und nicht in die Verbesserung der Verschweißung lackierter Bleche. Sie mag die Innovation auch in Richtung auf mehr Do-it-yourself-Reparaturen richten. Welche dieser Innovationsrichtungen letztlich mehr im öffentlichen Interesse liegt und welche dieser Richtungen beschränkt werden sollte, hängt von vielen Kriterien ab. Daß die Vermeidung von Korrosion, gleiche Kosten vorausgesetzt, wirtschaftlich und ökologisch einem Ersatz von Korrosionsteilen vorzuziehen ist, dürfte als gesichert gelten. Ein öffentliches Interesse an der Offenheit des »Marktes für Korrosionsteile« ist jedenfalls nicht so einfach nachzuweisen.

/IV. *DER MARKT FÜR PERSONENKRAFTWAGEN*/ Man kann natürlich fragen, warum der PKW-Hersteller gezwungen sei, beide Gruppen von Ersatzteilen verfügbar zu halten. Dies folgt aus der besonderen Wettbewerbssituation des PKW-Marktes.

Der Automobilhersteller tätigt für einen neuen Typ erhebliche Vorleistungen. Entwicklungskosten, Prüfkosten, Vorleistungskosten für die Qualitätssicherung, Kosten für das Design der Teile, Kosten für die Komposition des gesamten Fahrzeugs und die Gewährleistung der Funktionstüchtigkeit des gesamten Fahrzeugs werden von ihm getragen. Das fertige Fahrzeug ist dann eine Innovation am Markt.

Dies wird von den Käufern auch so verstanden. Zwischen der Technologie des Fahrzeugs und dem Styling des Fahrzeugs bestehen enge Wechselwirkungen. Das Styling eines Fahrzeugs ist nicht allein Ausdruck von Modeströmungen oder des Kundengeschmacks – der Kundengeschmack wird vielmehr durch das Fahrzeug selbst gemacht –, das Styling ist auch Ergebnis des Versuches, bestimmte Funktionskriterien mit einem Auto zu erfüllen (Gewicht, Kraftstoffverbrauch, Geschwindigkeit, Wendekreis, Manövrierfähigkeit usw.) und bestimmte Teile des komplexen technischen Gesamtprodukts in der Karosse unterzubringen (Benzintank möglichst weit weg von heißen Teilen, Hydraulik an möglichst unfallgeschützten Stellen, Antiblockiersystem möglichst auch an den Vorderrädern, Lampen unter der Motorhaube usw.). Ist die Innovation erst einmal auf dem Markt, so soll sie während einer längeren Nutzungsdauer funktionstüchtig bleiben. Dies wird primär durch die Sicherheitsvorrichtungen der Innovation »neues Modell« gewährleistet: Antiblockiersystem, gute Bremsen, Stoßstangen, gute Reifen, elektronische Bremsbetätigung bei Auffahrunfall. Sekundär wird dies durch Knautschzonen gewährleistet: Bewegungsenergie wird in Verformungsenergie umgesetzt. Das löst den Ersatzteilbedarf aus. Die Ersatzteile sind Teile der Innovation. Sie sind ohne die Entwicklung der Teile, die in das neue Auto eingebaut werden, nicht denkbar.

Der Anbieter von Nachbauteilen erhält die Information über die Innovation gratis. Er kann diese Kenntnis billig zur Nachahmung benutzen und die Nachbauteile, ohne Entwicklungsaufwand zu haben, auf den Markt bringen. Der Hersteller von Nachbauteilen ist der Imitator, der dem Innovator die Früchte seiner Innovation streitig macht. Je erfolgreicher der Innovator mit seinem Modell ist, um so größer ist die Nachfrage nach Ersatzteilen, um so mehr lohnt sich die Imitation. Verhält sich der Automobilhersteller so, wie es die Theorie des wirksamen Wettbewerbs von ihm erwartet, aktiviert er also die Entwicklungskosten für die Teile des Modells und schreibt sie über die gesamte Lebensdauer des Modells ab, dann bietet er den Neuwagen an, ohne die gesamten Entwicklungskosten mit den neuen Wagen hereinholen zu wollen. Er rechnet den Ersatzteilen Teile der Entwicklungskosten zu. Da der Imitator diese Kosten aber nicht aufzuwenden hat, kann er ihn stets unterbieten. Es ergibt sich eine für den Innovator ruinöse Konkurrenz mit dem Imitator.

Wenn der Innovator andererseits die Entwicklungskosten in den Neuwagenpreisen hereinzuholen versucht und wenn dies alle Anbieter von PKWs machen, dann erhöhen sich die Anschaffungsausgaben für den Endverbraucher. Dies kann neben den bereits geschilderten Wirkungen auch zur Verzögerung der Anschaffung eines neuen PKW führen. Die Innovationsrate am PKW-Markt sinkt. Der Bestand an PKW auf den Straßen wird durchschnittlich älter mit der Folge, daß der technische Fortschritt (Senkung des Kraftstoffverbrauchs, Verbesserung der Sicherheit, Verbesserung der Umweltfreundlichkeit) sich langsamer im Gesamtbestand durchsetzt. Der Wettbewerb zwischen Innovatoren und Imitatoren wird verschärft mit der Folge, daß die Intensität des Wettbewerbs zwischen den Innovatoren abnimmt. Die Anzahl der Unfälle je PKW steigt mit der Verlängerung der Lebensdauer des einzelnen PKW. Die Anzahl der nachgefragten Nachbauteile steigt mit der Folge, daß sich die Werkzeugkosten auf ein größeres Volumen verteilen. Das verbilligt die Reparaturkosten und führt zu einer weiteren Verlängerung der Nutzungsdauer des einzelnen PKW. Das Verhältnis von Innovationskonkurrenz (durch Modellwechsel) und Imitationskonkurrenz (durch Nachbauteile) verschiebt sich. Der modellgebundene technische Fortschritt in der Zulieferindustrie vollzieht sich langsamer. Die Innovationstätigkeit in der Zulieferindustrie verlagert sich stärker auf diejenigen Entwicklungen, die durch Umrüsten von vorhandenen Modellen in den Markt eingeführt werden können. Dies wiederum mag die Konstrukteure von PKW-Modellen zwingen, ihre Wagen »umrüstfreundlicher« zu konstruieren.

Die Wertentscheidung zwischen dem Innovationswettbewerb und

dem Imitationswettbewerb ist in den letzten Jahren auf vielen Gebieten zugunsten des Innovationswettbewerbs getroffen worden. Die sogenannte »Zweitanmelderfrage« ist so entschieden worden. Analog wäre der Innovationswettbewerb der Automobilhersteller untereinander zu verschärfen und der Imitationswettbewerb zwischen Automobilherstellern und Herstellern von Nachbauteilen zu beschränken. Ein in jüngster Zeit von den Automobilherstellern häufiger genutztes Instrument für den Schutz der Innovatoren vor den Imitatoren ist der gewerbliche Rechtsschutz, speziell der Gebrauchsmusterschutz. Wenn der Gebrauchsmusterschutz den Automobilhersteller gegen den Wettbewerb der Nachbaufirmen schützt, wird ein Modell während seines Lebenszyklus einem aggressiveren Innovationswettbewerb durch andere Automobilhersteller und ihre neuen Modelle ausgesetzt sein. Der Innovator wird in die Lage versetzt, auf dem Markt angebotene Modelle mit Neuerungen bei seinen Modellen anzugreifen. Freilich gilt all dies nur, wenn die Wertentscheidung zugunsten des Innovationswettbewerbs durch Gebrauchsmusterschutz nicht durch eine Wertentscheidung zugunsten des Imitationswettbewerbs durch Mißbrauchsaufsicht und Zwangslizenzen wieder aufgehoben wird.

/ D. SCHLUSSBEMERKUNG / Die Wertentscheidung zugunsten von mehr Innovationswettbewerb ist letztlich auch eine Folge der Erkenntnis, daß die internationale Wettbewerbsfähigkeit der hochentwickelten Industrieländer stärker von ihrer Innovationsfähigkeit als von ihren Produktionskosten abhängt. Wer bei stark schwankenden Wechselkursen wettbewerbsfähig bleiben will, muß Produkte mit geringer Preiselastizität der Nachfrage anbieten können. Dies sind neue, innovatorische Produkte. Dies sind (noch) deutsche Autos. Die Wettbewerbspolitik kann dies behindern, sie kann dies aber auch fördern. Eine Wettbewerbspolitik nach dem Leitbild des dynamischen Wettbewerbs fördert den Innovationswettbewerb. »Warum gibt es die Daimler-Benz AG?« lautete die Eingangsfrage. Der Versuch einer Antwort sei zum Schluß gemacht: weil das Unternehmen in seiner hundertjährigen Geschichte im Innovationswettbewerb stets ganz vorne war und weil es den Imitationswettbewerb so auf Distanz halten konnte, daß genügend Mittel für die Verschärfung der Innovationskonkurrenz übrig blieben. Möge es so bleiben!

Innovatorischer und imitatorischer Wettbewerb in der Wirtschaftsordnung

I. Einleitung

Innovatorischer Wettbewerb als ein Wettbewerb der Neuerungen läßt sich vielleicht anschaulich in der folgenden Weise darstellen: Als der Mensch erkannte, daß es unwirtschaftlich war, Tiere zu jagen, um sich mit ihrem Fell gegen die Kälte zu schützen, erfand er die Textilherstellung aus gesponnenen Fäden. Von da an brauchte man weniger Jäger und mehr Menschen, die die Haare oder Fasern verspannen. Diese Aufgabe wurde den Frauen zugewiesen. Daß die Frauen nicht gerne auf die Erlebnisse der Jagd verzichteten und zu Hause blieben – die Rolle der Amazone also mit der spin-ster vertauschten –, darf man wohl annehmen, besonders da sie nur die Spindel kannten und deshalb unzählige Stunden brauchten, um die Menge Fäden zu spinnen, die für ein Kleidungsstück erforderlich war. Sie mußten dazu gezwungen werden. Es entstand das Patriarchat.

Die Frauen hatten beim Spinnen aber viel Zeit zum Nachdenken darüber, wie sie sich mehr Freizeit verschaffen könnten. Das Spinnrad war es, das Entlastung bringen sollte. Um das Jahr 1200 trat es seinen Siegeszug in Europa an. Die Produktivität, d. h. also die Länge der gesponnenen Fäden pro Zeiteinheit, stieg gewaltig an. Aber sie verschaffte den Frauen nicht mehr Freizeit, sondern führte zu größerer Nachfrage nach Bekleidung: die Mode entstand. Damit stieg aber auch die Menge an Lumpen, die das Ungeziefer anzogen. Das rief die Umweltschützer auf den Plan. Recycling war ihre Forderung. Aber wie? Da kamen die Männer, die sich ihre viele Freizeit mit dem Lesen von Bibeln und Heldensagen vertrieben, auf eine grandiose Idee: Bücher waren sehr knapp, weil man etwa 200 Schafe oder Kälber töten mußte, um aus ihren Häuten das Pergament für ein einziges Buch herzustellen. Wenn man aber die vielen Lumpen zu Papier verarbeitete, konnte man mehr Bücher herstellen. So entstand die Papierindustrie. Ein Teil der Schlachter wurde umgeschult und wurde Papiermacher. Die Frauen aber blieben vollbeschäftigt wie zu alten Zeiten mit spinnen und weben. Bald stellte sich heraus, daß mehr Papier hergestellt wurde als beschrieben werden konnte: es waren nicht genug Schreiber für die gestiegene Nachfrage nach Büchern und für das gestiegene Angebot an Papier vorhanden. So wurde das Buchdrucken erfunden. Es entstand ein neuer Beruf: der Drucker, und eine neue Wachstumsindustrie, die viele Arbeitskräfte anzog. Bald aber konnten so viele billige Bücher hergestellt werden, daß die Nachfrage an ihre Sättigungsgrenzen stieß. Aus der Wachstumsindustrie wurde eine stagnierende Branche mit Beschäftigungsproblemen. Da kam man auf eine sehr gefährliche, aber absatzfördernde Idee: aus Analphabeten Käufer zu machen. Dafür brauchte man Lehrer. So entstand eine neue Wachstumsindustrie: das Bildungswesen.

Als dieses alle Männer erfaßt hatte, wurden nach langem Zögern auch die Frauen zu gleichberechtigten Konsumenten gemacht. Als aber aus Mangel an Schülern das Bildungssystem eine stagnierende Industrie mit Beschäftigungsproblemen wurde, entdeckte man, daß das Bildungssystem auch Erwachsene als Konsumenten gewinnen kann. Der Werbeslogan »Lifelong learning« brachte aber erst Erfolg, als man erkannte, daß die Bildungsindustrie ein Teil der Vergnügungsindustrie ist. Das Produkt wurde von allem langweiligen und mühsamen Beiwerk wie Gedächtnisspeicherung und logischen Operationen befreit: es entstand die Computerindustrie als neue Wachstumsindustrie. Deren Produkte sagen uns innerhalb von Sekunden, daß wir heute 7,2 Mrd. Frauen in der Bundesrepublik brauchten, wenn mit der Spindel dieselbe Menge Textilien hergestellt werden sollte, die die deutsche Textilindustrie heute fertigt.

Wir sehen: Wirtschaftliche Entwicklung war zu allen Zeiten das Ergebnis des Versuches des Menschen, Versorgungsengpässe zu überwinden und mehr Zeit, mehr Freizeit und das heißt: mehr Freiheit zu gewinnen. Dazu wurden technische wie gesellschaftlich-organisatorische Innovationen getätigt und durch Imitation in der Gesellschaft verbreitet.

II. Zur Definition von Innovation und Imitation

Die Marketingtheorie hat zur Erklärung dieser Prozesse in der Wirtschaft die Innovator-Imitator-Theorie eingeführt[1], wonach ein innovatorisches Unternehmen ein neues Produkt anbietet, das von den early adopters gekauft wird. Die Imitatoren beobachten die Innovatoren, stellen fest, daß die Meinungsbildner das neue Produkt kaufen, und bringen es vielfach leicht abgewandelt und dem Geschmack der late adopters besser angepaßt auf den Markt. Die Unterscheidung in solche Unternehmer, die Innovatoren sind, und solche, die Imitatoren sind, hat sich bis in das Schumpeter-Jahr hinein erhalten. Die einen sind die Schumpeter-Unternehmer, die anderen sind die Statischen Wirte.

In empirischen Untersuchungen ist jedoch festgestellt worden, daß diese Unterscheidung Schumpeters heute nicht mehr richtig ist, wenn sie überhaupt je richtig war. Die Unterscheidung von Schumpeter-Unternehmern und Statischen Wirten ist jedenfalls dann irreführend, wenn sie personal verstanden wird. Sie mag dagegen zu einem vertieften Verständnis der Innovationsprozesse in einer Wirtschaft führen, wenn man sie funktional interpretiert. Der Unternehmer hat die Funktion, neue Produkte und Verfahren zu finden und durchzusetzen. Der Unternehmer hat aber auch die Funktion, neue Produkte und Verfahren zu übernehmen, gegebenenfalls zu verändern und sich durch Imitation an einer Verbreitung der Innovationen im Markt zu beteiligen. Empirische Untersuchungen haben gezeigt, daß es zwar nicht selten vorkommt, daß diese beiden unternehmerischen Funktionen von verschiedenen Personen wahrgenommen werden; die nachhaltig erfolgreichen Unternehmen sind aber sowohl gute Inno-

---

[1] *Schmalen, Helmut:* Optimale Entwicklungs- und Lizenzpolitik, in: Zeitschrift für Betriebswirtschaft 50, 1980, S. 1077–1103; vgl. *ders.:* Marketing-Mix für neuartige Gebrauchsgüter. Ein Simulationsmodell zur Wirkungsanalyse alternativer Preis-, Werbe- und Lizenzstrategien, Wiesbaden 1979.

vatoren als auch gute Imitatoren. Die erfolgreichen Unternehmer sind Schumpeter-Unternehmer und Statische Wirte zugleich[2].

Man hat sich in der Theorie daran gewöhnt, zwischen Innovationen und Imitationen zu unterscheiden. Aber schon theoretisch ist es schwierig, klare Abgrenzungen vorzunehmen. Das zeigt die Diskussion um unterschiedliche Innovationshöhen, die von sehr geringer Innovationshöhe bei Produktvarianten bis zur sehr großen Innovationshöhe bei Basisinnovationen reichen. In der Praxis ist diese konzeptionelle Unterscheidung noch schwieriger zu treffen. Am Beispiel einiger sehr konkreter Fälle seien die Probleme einer solchen Abgrenzung verdeutlicht.

- Die Standardabmessungen für Wandfliesen waren bisher 15 × 15 cm. Ein Unternehmen führt Wandfliesen der Abmessung 16 × 24 cm ein. Für das Unternehmen bedeutet das mehr als eine Produktvariation, auch für den Fliesenleger ist das eine Innovation, für den Verbraucher aber nicht.
- Bürostühle rollten bisher nach hinten weg, wenn der Benutzer des Stuhles sich erhob. Ein Unternehmer führt die lastgebremste Rolle für Bürostühle ein. Das ist sicherlich eine Innovation, sogar eine patentgeschützte.
- Die Entschwefelungsanlagen für Kraftwerke sind bisher sehr teuer. Ein Unternehmen führt einen Keramikkatalysator für die Reinigung der Abluft ein, der die Abgase sehr kostengünstig reinigt. Das ist eine bedeutende Innovation.
- Antiblockiersysteme gab es bisher nur für Personenkraftwagen. Ein Unternehmer entwickelt ein Antiblockiersystem für Lastkraftwagen. Hier mag mancher Laie fragen, ob es sich nicht um eine größere Ausführung derselben innovatorischen Idee handelt. Der Techniker weiß, daß es sich um eine bedeutende Innovation handelt.
- Auf dem Markt für Stärkungsmittel wurden bisher niedrigkonzentrierte Vitamin-E-Präparate angeboten. Ein Unternehmen bietet eine hochkonzentrierte Vitamin-E-Kapsel an. Zwar hat es bisher hochkonzentrierte Vitamin-E-Präparate noch nicht gegeben, doch wird man geneigt sein, in diesem Produkt eine Imitation mit Produktdifferenzierung zu sehen.
- Kachelöfen wurden bisher von Ofensetzern gebaut. Ein Unternehmen entwickelt einen »Kachelofen zum Selbstbauen«. Das ist wohl letztlich auch eine Innovation, obwohl der Unternehmer sich an einen Trend zum Kachelofen anhängt.

Die Beispiele ließen sich vermehren. Sie mögen deutlich machen, daß die Grenze zwischen Innovation und Imitation fließend ist. In der pharmazeutischen Industrie gibt es den reinen Innovator, der einen neuen Wirkstoff findet, und den reinen Imitator, der das Produkt des Innovators mit diesem Wirkstoff kopiert. In anderen Wirtschaftszweigen sind die Unterscheidungen nicht so eindeutig möglich. Hier mag der

---

[2] Vgl. zu *Schumpeters* Theorie der Innovation: *Stolper, Wolfgang F.:* Schumpeters Theorie der Innovation, in: Ifo-Studien 28, 1982, S. 239–270; ferner *Albach, Horst:* Zur Wiederentdeckung des Unternehmers in der wirtschaftspolitischen Diskussion, in: Zeitschrift für die gesamte Staatswissenschaft 135, 1979, S. 533–552; *ders.:* Die Rolle des Schumpeter-Unternehmers heute, in: Bös, D. (Hrsg.): Schumpeter oder Keynes, Berlin-Heidelberg 1984; *Swoboda, Peter:* Schumpeter's Entrepreneur in Modern Economic Theory, in: Christian Seidl (Hrsg.): Lectures on Schumpeterian Economics, Berlin-Heidelberg 1984, S. 17; interessante »Schumpeterian Perspectives« enthält auch das Buch von *Scherer, Frederic M.:* Innovations and Growth, Cambridge, Mass., 1984.

Innovator ein neues Produkt auf den Markt bringen, das jedoch nicht alle Kundenwünsche voll befriedigt. Der Imitator erkennt aber das Erfolgspotential in diesem Produkt, wandelt es ab, verbessert es und führt es geschickter am Markt ein. Er verhilft damit der Produktidee des Innovators zum Durchbruch. So mag der Imitator zum Bestandteil des Innovationsprozesses im Schumpeterschen Sinne werden.

Man wird daher gut daran tun, die Frage nach einer staatlichen Ordnung des innovatorischen und des imitatorischen Wettbewerbs sehr differenziert zu diskutieren. Was beim Pflanzenschutz geboten ist, mag in der Spielzeugindustrie falsch und in der Softwareindustrie unpraktikabel sein. Wo Innovation und Imitation institutionell getrennt sind, stellt sich die Frage anders als dort, wo Innovation und Imitation Kuppelprodukte der Herstellung von Kundennähe sind.

Im folgenden soll jedoch nur die ganz grundsätzliche Frage gestellt werden, ob die Intensität des Wettbewerbs unter Innovatoren erhöht werden kann dadurch, daß die Innovationen gegen Imitation geschützt werden. Oder: Gibt es einen Trade-off zwischen der Versorgung mit besseren und der Versorgung mit billigeren Produkten, der eine staatliche Regulierung des Wettbewerbs erfordert?

Das Wort Innovationsschutz weckt Assoziationen von schwachen Pflänzchen, die, ungeschützt, unweigerlich verderben müßten, von schwachen Unternehmen, die des Schutzes des Staates gegen die starken, marktmächtigen Unternehmen bedürfen, von schwachen, jungen Industrienationen, die nur unter dem Schutz staatlichen Protektionismus sich entwickeln können. Und dabei schwingt dann immer das Gefühl mit: Eigentlich ist solcher Schutz ein Systemfehler, warum können sie sich nicht selbst schützen? Strengen sie sich unter dem gewährten Schutz auch genug an, um des Schutzes alsbald entraten zu können?

Die Theorie der Verfügungsrechte hat klargemacht, daß Schutz des einen die Beschränkung von Handlungsrechten des anderen ist. Die Beschränkung von Handlungsrechten des einen ist gleichzeitig die Handlungsermächtigung für den anderen. Innovationsschutz ist die Voraussetzung für die Freiheit des Wettbewerbs um Erfindungen. Deshalb möchte ich das Thema aggressiver und wettbewerbskonform formulieren: Mein Thema lautet: »Die wirtschaftliche Bedeutung einer Verbesserung des Forschungswettbewerbs«.

III. Die wirtschaftliche Bedeutung des Forschungswettbewerbs

1. Das Modell des dynamischen Wettbewerbs

Der Altphilologe *Walter Burkert* hat vor der Carl-Friedrich-von-Siemens-Stiftung einen Vortrag über das Thema gehalten »Anthropologie des religiösen Opfers – Die Sakralisierung der Gewalt«[3]. Darin heißt es: »Beides, die Geschlechtsdifferenzierung in Relation zur Nahrungsbeschaffung und die Fleischverteilung in autoritärer Weise ist spezifisch menschlich, für menschliche Gesellschaft absolut fundamental.« Arbeitsteilung und hierarchische Ordnung der menschlichen Gruppen werden von ihm »im

[3] *Walter Burkert:* Anthropologie des religiösen Opfers, als Manuskript gedruckt, München, November 1984.

Zentrum der Grundordnung menschlicher Gesellschaft, die auf Kooperation und Reziprozität beruht«, gesehen.

Es gehört zu den wesentlichen Leistungen der klassischen Nationalökonomie, die Arbeitsteilung als ein über die Geschlechtsdifferenzierung hinausgehendes allgemeines Prinzip der Effizienzverbesserung erkannt und statt der hierarchischen Ordnung menschlicher Gesellschaft die Wettbewerbsordnung als effizientes Koordinationsprinzip arbeitsteiliger Aktivitäten entdeckt zu haben. Die Frage, ob die Koordination der arbeitsteilig organisierten Tätigkeiten in der Gesellschaft mehr durch den Markt oder mehr durch hierarchische Planung erfolgen sollte, ist in der Folge zu einer Kernfrage der Wirtschaftsordnung geworden.

Die Debatte »Market versus Hierarchy« ist gegenwärtig auch in der Wirtschaftstheorie wieder voll entbrannt. Die Theorie der Eigentumsrechte und Handlungsbeschränkungen hat jedoch deutlich gemacht, daß es in einer Wirtschaft mit positiven Transferkosten stets der Zuteilung von Handlungsrechten bedarf, ehe Koordination durch Wettbewerb möglich ist. Je nachdem, wie der Staat solche Handlungsrechte verteilt, erzielt er unterschiedliche Ergebnisse auch im Wettbewerb auf den Märkten.

In der wettbewerblichen Gestaltung von Märkten erteilt der Staat dem Unternehmer einerseits die freie Verfügung über die Produktionsmittel im eigenen Interesse. Er schützt dieses Privateigentum an dieser »Portion gesamtwirtschaftlichen Vermögens« in der Erwartung, daß dieser es sparsam und für die besten Verwendungen nutzen wird.

Andererseits beschränkt er die Handlungsrechte eines anderen, konkurrierenden Unternehmers nicht, die gleichen Produkte auf dem Markt anzubieten und dem ersten Unternehmer wirtschaftlichen Schaden zuzufügen. Dies geschieht in der Erwartung, daß der Unternehmer selbst am besten wissen werde, wie er sich gegen solchen Schaden durch Verbesserung oder Umstellung seiner Produktion schützen könne.

Die klassische Nationalökonomie ging von einem Wettbewerbsmodell aus, bei dem die Handlungsmöglichkeiten der Konkurrenten so wenig beschränkt und die Möglichkeiten eines Unternehmens, Neuerungen in der Produktion zu eigenem Vorteil verwerten zu können, durch die Konkurrenten so begrenzt werden, daß schließlich »Friedhofsruhe« auf dem Markt eintritt. Innovationen werden in einer solchen Wirtschaft nicht getätigt. Wirtschaftlicher Fortschritt tritt nur auf, soweit er kostenlos ist oder von staatlichen Labors kostenlos zur Verfügung gestellt wird. Eine Wirtschaft ohne technische, wirtschaftliche und organisatorische Neuerungen braucht man sich nicht auszumalen; sie ist weder denkbar noch wünschbar.

Die neoklassische Wirtschaftstheorie hat dieses Konzept aufgegeben und durch das Modell des dynamischen Wettbewerbs ersetzt. Die Wettbewerbspolitiker sind ihr alsbald gefolgt. Die Diskussion, die noch nicht überall voll verstanden ist und hier und dort auch aus anderen Interessen bewußt mißverstanden wird, hat zu einer neuen Beurteilung der oligopolistischen Marktform einerseits und der gewerblichen Schutzrechte andererseits geführt. Auf den Märkten wird nach den Bedingungen für eine optimale Wettbewerbsintensität gesucht. Als optimal wird ein Wettbewerb bezeichnet, wenn er einerseits genügend Anreize für Produkt- und Prozeßinnovationen liefert und andererseits den Konkurrenten genügend Anreize und Möglichkeiten gibt, billiger anzubieten und damit die Vorteile der Innovation den Verbrauchern zukommen zu lassen.

Geht man davon aus, daß eine arbeitsteilige, dezentrale wirtschaftliche Ordnung darauf baut, daß der einzelne je nach seinen Fähigkeiten und Neigungen arbeiten und auch nichts tun kann, daß er die Arbeit aufteilen kann auf Erfinden, Neues durchsetzen und Nachahmen und daß schließlich sein Eigennutz steuert, wieviel seiner Zeit und seines Geldes er auf diese verschiedenen Tätigkeiten bzw. das Nichtstun verwendet, dann kann der Staat in der Verteilung von Handlungsrechten und Handlungsbeschränkungen, durch Aufrichten oder Abreißen von Marktzutrittsschranken die Verteilung dieser individuellen Aktivitäten entsprechend den gesamtwirtschaftlichen Zielen steuern.

Die Verteilung von Verfügungsrechten und Handlungsbeschränkungen kann sich natürlich grundsätzlich auf alle genannten menschlichen Tätigkeiten

- Invention
- Innovation
- Imitation

beziehen. Handlungsbeschränkungen für imitatorische Tätigkeit verstärken die innovatorischen Anstrengungen und die Bemühungen um Erfindungen. Gehen die Beschränkungen der Imitatoren zu weit, werden unter Umständen so viele Neuerungen auf den Markt gebracht, daß sich der Markt unter den Neuheiten nicht mehr zurechtfindet, die Durchsetzung einer Neuheit am Markt deshalb so teuer wird, daß der Anreiz zu Erfindungen und schließlich ihre Anzahl wieder zurückgeht.

Handlungsbeschränkungen für erfinderische Tätigkeit ohne Handlungsbeschränkungen für imitatorische Tätigkeit führen zu einer Verstärkung der Imitation, zunächst auch zu einer Verstärkung der Invention und schließlich zu einem Rückgang der Invention wegen zu vieler Sperrpatente und zu einem Erlahmen der Imitation, weil es nichts Neues zu imitieren gibt.

Handlungsbeschränkungen für imitatorische Tätigkeit führen andererseits zu einer Verstärkung von Innovation, aber auch zu einer Verminderung der Innovation bei all den Imitatoren, die auch innovatorisch tätig sind und bei denen häufig die Imitation den Funken für Innovation liefert.

Wenn wir heute über eine Reform des Systems der gewerblichen Schutzrechte mit dem Ziel einer Verbesserung des dynamischen Wettbewerbs diskutieren, dann müssen die Verfügungsrechte und Handlungsbeschränkungen auf den drei Ebenen Invention, Innovation und Imitation und die Wechselwirkung zwischen den Ebenen stets gleichzeitig im Blick sein.

2. *Das Patentsystem*

Gegenwärtig gibt es ein System von Verfügungsrechten und Handlungsbeschränkungen, das an der Tätigkeit der Invention ansetzt, das Patentsystem. Die erfinderische Tätigkeit muß im Kern im technischen Bereich liegen und zu einer gewerblich anwendbaren Erfindung führen.

Das Patent beschränkt die erfinderische Tätigkeit anderer in dem entsprechenden technischen Bereich. Es gibt dem Erfinder das Recht, die Erfindung auch kommerziell zu nutzen, und beschränkt die Handlungen von Imitatoren, das neue Produkt ebenfalls auf den Markt zu bringen. Es zwingt den Erfinder aber nur insoweit zur Ausnutzung des Patentes, als die Patentgebühren einen Anreiz darstellen, sie durch Erträge zu decken.

Ob der Erfinder auch der beste Innovator ist, mag füglich bezweifelt werden. Die Handelbarkeit des Patentes soll sicherstellen, daß das Patent zum jeweils besten Innovator wandert. Die Diskussion um Zwangslizenzen zeigt freilich, daß dieser Markt keineswegs effizient ist. Es sollte mehr über die Gründe für das Versagen des Marktes für Patente nachgedacht als am falschen Symptom herumkuriert werden. Der Ausverkauf ist jeweils die Ultimo ratio, wenn der Markt nicht funktioniert hat. Dies kann keine Dauererscheinung sein. Das sollte man auch bei der Diskussion um Zwangslizenzen beachten.

3. Der Innovationsschutz

Das Verfügungsrecht über die wirtschaftliche Nutzung des Patentes ist ein Schutz dessen, der die Erfindung am Markt durchsetzt, gegen Imitatoren. Es wird gegenwärtig viel darüber diskutiert, ob dieser Schutz ausreicht. Grundsätzlich wäre zu fragen, ob der wirtschaftliche Schutz der Innovationstätigkeit bei der Invention ansetzen sollte oder ob es nicht systematisch richtiger wäre, direkt bei der Innovation anzusetzen. Da in vielen Fällen zwischen Patenterteilung und In-Verkehr-Bringen unterschiedlich viel Zeit vergeht, bietet das Patentsystem einen je nach Produkt unterschiedlichen Schutz der Innovation. Das ist eigentlich nicht gewollt und sicher auch nicht sinnvoll. Die Bemühungen um »Patent-Restauration« sind daher verständlich.

Es ist aber auch verständlich, daß bereits seit einiger Zeit über einen direkten Schutz der Innovation nachgedacht wird. *Kronz* hat ein »Innovationspatent« vorgeschlagen[4]. In der Kommission der Europäischen Gemeinschaften ist im Rahmen eines Expertengesprächs über diesen Vorschlag diskutiert worden[5]. Im Rahmen eines Forschungsauftrages der Europäischen Gemeinschaften hat *Kingston* kürzlich das Modell eines »Innovation Warrant« vorgelegt[6], das ebenfalls den Schutz der Innovation zum Ziel hat.

Man mag zu diesen Vorschlägen stehen wie man will, und es ist hier nicht der Ort, ihre Vor- und Nachteile im einzelnen zu analysieren, wichtig ist jedoch die Erkenntnis, daß der indirekte Schutz der Innovation durch Patente als ungenügend empfunden wird und Möglichkeiten eines direkten Schutzes von Innovationen mit dem Ziel einer Verbesserung des dynamischen Wettbewerbs analysiert werden.

Freilich: Verfügungsrechte und Handlungsbeschränkungen sind mit Transaktionskosten verbunden. Diese dürften bei Inventionspatenten niedriger sein als bei Innova-

---

[4] *Kronz, H.:* Patentschutz für die Innovation. Ein Modell. In: Mitteilungen der deutschen Patentanwälte 1976, Heft 3, S. 41; *ders.:* Revision des Patentsystems, in: Mitteilungen der deutschen Patentanwälte 1975, Heft 4/5, S. 73.

[5] *Greif, S.:* Alternativen des Erfindungs- und Innovationsschutzes, Kommission der Europäischen Gemeinschaften, Patentschutz und Innovation, Expertengespräch am 3. und 4. November 1982, Anlage III, S. 113.

[6] *Kingston, W.:* Direct Protection of Innovation, Preliminary Report, Study Contract No. Pat. 1-83, European Economic Community, Dublin, 31. 3. 1984 (vervielfältigt).

tionspatenten. Erfindungen sind einmalige Vorgänge. Innovationen aber sind dauernde Prozesse. Die alte Vorstellung, wonach der Erfindung die Markteinführung des Produktes folgt, das dann unverändert verkauft wird, bis es durch auf einer neuen Erfindung beruhende Produkte ersetzt wird, ist angesichts der technischen und rechtlichen Entwicklung in unserer Gesellschaft überholt. Sie ist vorwiegend an alten physikalisch-technischen Wirkungsmustern orientiert. Den neuen Erfindungen auf chemischem und genetischem Gebiet mit ihren komplexen Wirkungszusammenhängen wird diese Vorstellung nicht mehr gerecht. Im Zeitpunkt der Erfindung zum Beispiel einer neuen Synthese sind die Wechselwirkungen des neuen Stoffes mit dem Stoffwechselsystem von Pflanzen, Tieren und Menschen noch nicht bekannt. Vielfach sind sie aber auch dann noch nicht abschließend erklärt, wenn der neue Stoff als neues Produkt auf den Markt kommt. Es bedarf der laufenden Kontrolle und der andauernden Fortentwicklung des Produktes. Es bedarf aufwendiger Produktbeobachtung am Markt und ständiger teurer Kontrolluntersuchungen im Labor. Gelegentlich werden neue Nebenwirkungen erkannt und manchmal eine neue Applikation oder Indikation entdeckt. All dies ist kein Face Lifting in der Agonie des Produktes auf dem absteigenden Ast des Produktlebenszyklus, sondern Ergebnis der laufenden Produktverbesserung zur besseren Versorgung des Marktes. Vielfach ist es Folge gesetzlicher Auflagen oder veränderter Rechtsprechung über die Produktsicherheit und die Produkthaftung. Der Schutz permanent erfolgender Innovationen unterschiedlicher Innovationshöhe durch Verfügungsrechte über Innovationen wäre wohl, falls überhaupt möglich, sehr teuer. Es ist daher zu prüfen, ob der dynamische Wettbewerb durch Handlungsbeschränkungen auf der dritten Ebene, der Imitation, verbessert werden kann.

IV. Die wirtschaftliche Bedeutung von Handlungsbeschränkungen für den Imitationswettbewerb

1. Innovationswettbewerb und Imitationswettbewerb

Nun ist aber auch Imitationswettbewerb in einer Marktwirtschaft notwendig. Ohne Imitationswettbewerb kommen die Vorteile einer Innovation den Konsumenten nicht ausreichend und nicht rechtzeitig genug zugute. Wettbewerb ist Nachahmung des Besseren. Für Wettbewerb ist daher aber auch die Existenz des Besseren konstitutiv. Wenn der Vorsprung des Besseren zu groß ist, entmutigt das allerdings die Imitatoren, wenn der Vorsprung des Besseren zu klein ist, entmutigt das den Besseren. Im Wettbewerb ist daher auch stets die Suche nach dem richtigen Abstand zwischen dem Besseren und seinen Nachahmern wichtig. Der Bessere wird nach Instrumenten und Wegen suchen, seinen Vorsprung zu sichern und auszubauen, die Imitatoren werden nach Wegen und Instrumenten suchen, wie sie den Besseren möglichst schnell einholen können.

Bei manchen Produkten schützt schon der Name des Herstellers vor einer in den Augen der Konsumenten wirksamen Nachahmung, bei anderen helfen Image und Produktgestaltung nach, wieder bei anderen verhindert das Patentrecht die Nachahmung. Nachahmung ist bei Produkten schwierig, die in der Vorstellung der Kunden verschieden sind oder durch Werbung und Produktgestaltung tatsächlich unterschiedlich gemacht werden können. Wir nennen solche Produkte heterogene Produkte. Imitation ist dagegen leicht bei homogenen Produkten. Homogen sind solche Produkte, die die gleiche Zusammensetzung haben, den gleichen Stoff enthalten, die gleiche Wirkungsweise entfalten bzw. in der Vorstellung der Käufer austauschbar sind. Während genügend neue heterogene Produkte in einer Wirtschaft entwickelt werden, auch ohne daß der Staat den Imitationswettbewerb beschränkt, ist dies bei homogenen Produkten nicht der Fall. Hier bedarf es wohl des staatlichen Erlasses von Handlungsbeschränkungen für die Imitatoren, wenn genügend Innovationen auf den Markt kommen sollen.

2. *Der Schutz innovatorischer homogener Produkte*

Diese Überlegungen machen deutlich, daß es eine Verengung der Frage nach dem erforderlichen Innovationsschutz wäre, wenn sie auf die Zweitanmelderproblematik begrenzt würde, wie es heute in der aktuellen Diskussion häufig geschieht. Warum nämlich, so können wir fragen, wird das Problem des Schutzes von Erstanmeldern gerade im Bereich der Pharmazeutischen Industrie, des Pflanzenschutzes und der Chemischen Industrie so intensiv diskutiert? Der Hinweis auf bestimmte Stoffgesetze kann nicht befriedigen, denn die Stoffgesetze sind ihrerseits Ausfluß eines dahinterstehenden Problems. Meine These lautet, es gibt Produkte, die in die bisherige Vorstellungswelt der Wirtschaftswissenschaften und insbesondere der Wettbewerbstheorie nicht richtig hineinpassen. Wenn wir aber erklären wollen, warum chemische Produkte etwas anderes sind als Produkte der Lederwarenindustrie, dann müssen wir ein allgemeines Begriffssystem entwickeln. Dieses Begriffssystem läßt sich in Form eines morphologischen Kastens darstellen. Abbildung 1 enthält ein solches Schema.

Die Sequenz A1-B1-C1-D1-E1-F2-G1-H1 bezeichnet ein neues Produkt, dessen Herstellungsverfahren mit dem In-Verkehr-Bringen bekannt wird, dessen Entwicklung Forschungsausgaben verursacht hat und dessen Innovation mit der Markteinführung abgeschlossen ist. Es liegt auf der Hand, daß für ein solches Produkt der Patentschutz erforderlich ist, denn sonst würde jeder Nachahmer, ohne die Forschungsausgaben noch einmal aufwenden zu müssen, dem Erfinder Konkurrenz machen können.

Die Sequenz A1-B1-C2-D1-E3-F1-G3-H2 bezeichnet ein altes Produkt, das vom Käufer als heterogen empfunden wird im wesentlichen als Folge der Werbung, aber auch der räumlichen Entfernung der Verkaufsstellen vom Konsumenten. Es handelt sich zum Beispiel um Benzin. Die Kunden sind bereit, höhere Preise aufgrund des als besser empfundenen Service der Verkaufsstelle in Kauf zu nehmen.

Die Sequenz A1-B3-C3-D1-E1-F1-G1-H1 bezeichnet ein neues, in der Herstellung schwieriges und fehleranfälliges Produkt, das sehr komplexe Funktionen beim Verwender zu erfüllen hat, gleichwohl von diesem aber als eher homogen empfunden wird, z.B. Computer-Software für die Finanzbuchhaltung mittlerer Unternehmen. Da die Imitation (relativ) leicht ist, hat sich die sogenannte Software-Piraterie rasch verbreitet. Hier bietet auch der Copyright-Schutz keine wirksame Hilfe. Die Folge mag sein, daß der Wettbewerb auf dem Markt für Software geringer wird, weil er sich auf die Hersteller von Hardware konzentriert und die innovatorischen Software-Spezialisten im Wettbewerb mit ihren Imitatoren nicht bestehen können.

Abbildung 1: Produkt-Systematik

		Alternativen			
Merkmal		1	2	3	4
A	Substanz, Material	gleich	verschieden		
B	Herstellungsverf.	bekannt	unbekannt	bekannt, kompliziert	
C	Produkt	homogen	heterogen	homogen, komplex	
D	Wirkung	bekannt	unbekannt	laufend zu überwachen	neue möglich
E	Forschung	vorher	laufend	keine	
F	Marktzutritt	frei	beschränkt (Patente)	beschränkt (Registr.)	
G	Innovation	einmalig	laufend	keine	
H	Imitation	leicht	schwer		

Die Sequenz A1-B1-C1-D3-E2-F3-G2-H1 bezeichnet ein Produkt, dessen Substanz reproduzierbar ist, dessen Herstellung bekannt ist und das von den Anwendern als homogen empfunden wird. Die Wirkung ist komplex und nicht in allen Aspekten restlos aufgeklärt. Sie muß laufend überwacht werden. Die Forschung für das Produkt ist mit der Entdeckung der Substanz nicht abgeschlossen, sie geht hinsichtlich Dosierung, Fertigungsverfahren, Einbau in das Produkt laufend weiter. Der Marktzutritt ist wegen der komplexen Wirkungen beschränkt, steht aber jedem offen. Die Anwendung des Produktes erfordert laufend Produktverbesserungen und ermöglicht bei entsprechenden Aufwendungen auch die Erschließung neuer Abnehmerbereiche und Marktsegmente. Entscheidend sind hier die Kettenglieder D3, E2 und G2. Für die Kontrolle der Wirkung des Produktes muß der Hersteller ebenso Geld ausgeben wie für die laufende, das Produkt begleitende Forschung. Dadurch bleibt das Erzeugnis ein innovatives Produkt. Aber ein Konkurrent kann diese Innovationen leicht nachahmen, das Produkt wird von den Käufern dann als homogen zum anderen Produkt empfunden.

Produkte dieser Art haben im Zuge des technischen Fortschritts an Bedeutung gewonnen. Ihre Bedeutung wird in Zukunft dramatisch steigen. Die genannte Sequenz definiert Pharmaka ebenso wie Computer-Software. Es gibt aber auch Produkte mit dieser Sequenz in anderen Bereichen.

Lassen Sie mich einige Beispiele nennen.

Im Bereich der Pflanzenschutzmittel gibt es eine Reihe von Produkten, die im Getreide- und Zuckerrübenbau eingesetzt werden, sogenannte Pflanzenschutzmittel der zweiten Generation. Diese Produkte sind nicht mehr patentgeschützt, ihre Wirkungsweise wird aber nach wie vor laufend überwacht. Insbesondere werden aufwendige Untersuchungen zu Langzeitwirkungen weiterhin durchgeführt.

Schädlingsbekämpfungsmittel sind grundsätzlich weder patentgeschützt noch genehmigungspflichtig. Wenn aber ein Hersteller von Schädlingsbekämpfungsmitteln in den großen Markt der amtlichen Schädlingsbekämpfung (amtliche Desinfektion, amtliche Entlausung, amtliche Rattenbekämpfung) eintreten will, dann muß sein Präparat in die Seuchenliste nach § 10 Bundesseuchengesetz aufgenommen werden. Die Aufnahme in die Liste ist an die Voraussetzung gebunden, daß die Wirksamkeit des Produktes und seine Unschädlichkeit für die Umwelt nachgewiesen und laufend überwacht werden.

Kann nun ein Konkurrent eine Registrierung eines so definierten Produktes erhalten, ohne die Ausgaben gemäß D3 und E2 tätigen zu müssen, während der andere solche Ausgaben hat, dann kann er billiger anbieten als der andere. Er wird ihn mehr oder weniger schnell aus dem Markt drängen können. Damit verliert der Nachahmer den Innovator. Er müßte nun selbst die laufende Überwachung des Produktes und die Begleitforschung durchführen. Nach seiner eigenen Erfahrung und Handlungsweise kann er jedoch nicht damit rechnen, daß ein anderer Konkurrent sich an den schönen Satz hält: »Was du nicht willst, das man dir tu, das füg auch keinem anderen zu!« In Voraussicht nachstoßender, nachahmender Konkurrenz wird er es unterlassen, selbst zu forschen.

Die Folge ist, daß die Klasse solcher Produkte am Markt verschwinden wird oder daß zumindest die Zahl dieser Produkte, der Neuentwicklungen in dieser Produktklasse sehr deutlich zurückgehen wird. Die Produktentwicklung wird sich auf Produkte anderer Sequenzen im Rahmen des Produktschemas verlagern. Man mag dies wollen. Wenn man es nicht will, sind Handlungsbeschränkungen für Imitatoren erforderlich, um den dynamischen Wettbewerb mit solchen Produkten zu erhalten.

3. Die Zweitanmelderproblematik

Dies ist heute besonders aktuell im Bereich der Zweitanmelderproblematik.

Hierbei haben wir es mit innovatorischen homogenen Produkten zu tun, deren Registrierung oder Genehmigung Kosten verursacht, deren Schutz gegen Imitation aber nicht gewährleistet ist. Verwertet die Zulassungsstelle die Erkenntnisse aus den Zulassungsunterlagen des Innovators zugunsten des Imitators, dann verstärkt das den Imitationswettbewerb zu Lasten des Innovationswettbewerbs. Die Folge ist ein Rückgang der Innovationen in dieser Produktklasse.

Ist das nicht gewünscht, und das ist inzwischen communis opinio, muß der Imitationswettbewerb beschränkt werden. Hierfür werden gegenwärtig verschiedene gesetzliche Lösungen diskutiert.

Wie immer man den Schutz des Innovators und seiner Unterlagen gegen imitierenden Wettbewerb gestaltet – wichtig ist, daß ein solcher Schutz erforderlich ist, um den Forschungswettbewerb um die Entwicklung innovatorischer homogener Produkte und den Innovationswettbewerb um ihre Markteinführung zu verstärken. Es geht bei der Lösung der Zweitanmelderfrage, lassen Sie mich dies auch abschließend noch einmal mit Nachdruck betonen, letztlich nicht um den Schutz von Produzenteninteressen, sondern um die Verbesserung des Wettbewerbs, um Fortschritte in der Versorgung des Menschen mit einer wichtigen Klasse von Produkten.

Wettbewerb auf dem Markt für technische Sicherheit?

Meine sehr verehrten Damen,
meine Herren,

Carl Christian von Weizsäcker hat in einem Vortrag über staatliche Regulierung, gesagt: „Niemand wird bestreiten, daß die Schweiz oder die USA oder auch die Bundesrepublik Deutschland und Großbritannien freie Länder sind. Aber der Begriff der Freiheit unterliegt selbst Wandlungen und paßt sich unmerklich dem jeweils vorgefundenen Zustand an. Weil gleichzeitig Länder wie die Sowjetunion und die DDR existieren und weil wir im Vergleich mit jenen Ländern ungleich mehr Freiheit haben, *fühlen* wir uns frei. Aber, so fährt er fort: Sind wir auch nur entfernt so frei, wie wir es sein könnten? Ich möchte hier nicht über Freiheit philosophieren. Festhalten möchte ich nur, daß, wer an Fragen der Freiheit interessiert ist, die Probleme der staatlichen Regulierung ernst nehmen sollte."[1]

Staatliche Regulierung gibt es auch auf dem Markt für technische Sicherheit, und manche meinen: zuviel. Weniger staatliche Regulierung und mehr Wettbewerb müsse auch auf dem Markt, auf dem Technische Überwachungs-Vereine tätig sind, möglich sein. Die Marktzutrittsschranken, die den Zutritt von freiberuflich tätigen Sachverständigen zu diesem Markt beschränkten, müßten fallen. Das sogenannte Mainzer Gutachten[2] hat die Verlagerung auch von Leistungen der Technischen Überwachungs-Vereine auf freiberuflich Tätige gefordert. Es wird behauptet, der Status der Technischen Überwachungs-Vereine sei mittelstandsfeindlich.

Die Frage der Mittelstandsfreundlichkeit einer Deregulierung des Marktes für technische Sicherheit ist meiner Ansicht nach für die Lösung der zentralen Frage nach dem Sinn von mehr Wettbewerb in der Technischen Überwachung völlig irrelevant. Sicherlich liegt es im wohlberechtigten Interesse des Mittelstandes und der freien Berufe, daß sie die gleichen Chancen haben und den gleichen Risiken der marktwirtschaftlichen Ordnung ausgesetzt sind wie alle anderen Marktpartner. Aber das hat überhaupt nichts damit zu tun, ob der Zugang zu den Überwachungstätigkeiten dem Mittelstand oder den freien Berufen ein neues Feld der Einkommenserzielung eröffnet. Wenn eine Beschränkung des Marktzutritts notwendig ist, dann muß das auch für mittelständische Unternehmen gelten. Wenn aber bei einer bestimmten wirtschaftlichen Tätigkeit keine Rechtfertigungsgründe für den Ausschluß oder die Beschränkung von Wettbewerb vorliegen, dann sollte jeder, gleichgültig ob Mittelständler, Freiberufler oder Großunternehmer, Zugang zu dieser Tätigkeit erhalten.

Wir haben daher hier nur nach der Funktion des Wettbewerbs unter den Produzenten von technischen Überwachungsleistungen zu fragen. Selbständige Schutzinteressen von Freiberuflern, die sich von dem Zugang zu diesem Markt höhere Einkommen versprechen, oder auch von Abnehmern der Überwachungsleistungen, die sich von einer Erleichterung des Marktzugangs für Freiberufler und andere niedrigere Kosten erhoffen, werden weder anerkannt noch untersucht. Die Verwechslung der Förderung des Wettbewerbs mit der Förderung der Wettbewerber ist ein fataler Fehler, der in der Diskussion um die Funktion des Wettbewerbs in der Marktwirtschaft häufig gemacht wird. Wettbewerb ist eine Einrichtung zur Legitimation von Eingriffen in Besitzstände, nicht zur Schaffung neuer Besitzstände. Diese Legitimation gilt es zu prüfen, und nur diese.

Wettbewerb und Marktversagen

Wettbewerb als Teil unserer grundgesetzlichen Freiheitsgarantie bedarf nicht der Legitimation durch den

Hinweis auf seine wohlstandssteigernden Wirkungen. Gleichwohl verdienen auch diese hervorgehoben zu werden. Aber zu allen Zeiten ist gefragt worden, ob es Bedingungen gibt, unter denen der Marktprozeß unerwünschte Nebenwirkungen hat, die einer nachträglichen Korrektur (wie etwa in der Umverteilung des Marktergebnisses zu Gunsten der sozial Schwächeren) oder der Beschränkung der Vertragsfreiheit (wie beim Abschluß von Kartellverträgen) oder der Beschränkung des Marktzutritts (wie im Patentrecht zu Gunsten von mehr Innovationswettbewerb) bedürfen.

So möchte ich heute fragen, ob es Bedingungen gibt, die eine Beschränkung des Zutritts zum Markt für technische Sicherheit rechtfertigen.

Die allgemeine Theorie des Wettbewerbs hat in den letzten Jahren nach Bedingungen gefragt, unter denen der Wettbewerb die gewünschten Funktionen nicht erfüllt. Es ist daraus eine Theorie des sogenannten Marktversagens entstanden. In der Theorie des Marktversagens gibt es drei Bedingungen, unter denen der Wettbewerbsprozeß eben nicht so abläuft, wie es die gesellschaftlichen Ziele als wünschenswert erscheinen lassen. Es sind dies:

- Größenvorteile, sogenannte Economies of Scale,
- externe Effekte und
- Unsicherheit über die Qualität von Produkten.

Wir wollen im folgenden fragen, ob diese Bedingungen auf dem Markt für technische Sicherheitsleistungen vorliegen und ob sie die Beschränkung des Wettbewerbs auf diesem Markt legitimieren.

Marktversagen auf dem Markt für technische Sicherheit

Größenvorteile bei der Produktion von Sicherheit?

Die erste Bedingung für Marktversagen sind Economies of Scale. Diese könnten im technischen Bereich oder im Informationsbereich liegen.

Das Prinzip der Flächendeckung verlangt von den Technischen Überwachungs-Vereinen, daß die Prüfungseinrichtungen relativ dicht beim Kunden liegen. Dies gilt sowohl für die Prüfungen nach § 29 StVZO als auch für die Prüfungen nach § 24 GewO. Das bedeutet, daß die Prüfeinrichtungen im Normalfall technisch nicht nennenswerte Größenvorteile gegenüber Prüfeinrichtungen bei noch näher beim Kunden angesiedelten Prüfeinrichtungen, etwa bei jeder Werkstatt, aufweisen. Größenvorteile im technischen Bereich sind also wohl im Regelfall auszuschließen.

Es gibt allerdings auch technische Prüfungen, die große und sehr teure Prüfeinrichtungen erfordern. Dies gilt zum Beispiel für die Brennerprüfung, für Einrichtungen zur Prüfung von Bauteilen und -typen, aber auch für manche chemischen Untersuchungseinrichtungen. Auf diesen Gebieten mag es auch technische Größenvorteile geben. Gegenwärtig gewährleistet das bestehende Verbundsystem unter den Technischen Überwachungs-Vereinen, daß solche Prüfeinrichtungen bei nur wenigen Technischen Überwachungs-Vereinen aufgestellt sind und folglich relativ kostengünstig genutzt werden können. Ob solche Größenvorteile freilich eine Beschränkung des Marktzutritts insgesamt rechtfertigen, erscheint zweifelhaft.

Dagegen könnten Größenvorteile in der Produktion von Wissen um technische Sicherheitsrisiken sehr wohl vorliegen. Bei jeder regionalen Prüfeinrichtung entstehen aus der Prüfung der Überwachungsobjekte Informationen über technische Mängel und über die Häufigkeit ihres Auftretens. Diese Informationen sind nur eine Stichprobe aus der Gesamtheit aller im Bundesgebiet festgestellten technischen Mängel. Nur wenn die Verteilung der Mängel in der Stichprobe mit der Verteilung in der Gesamtheit identisch wäre, hätte der Austausch von Informationen über die Mängel zwischen den regionalen Überwachungsstellen keinen Vorteil. Anderenfalls bedeutet der Austausch solcher Informationen zweifellos einen Vorteil für die Durchführung der Prüfung in jeder regionalen Überwachungsstelle. Wenn überhaupt je Übereinstimmung der Verteilungen erreicht werden könnte, dann würde es jedenfalls längere Zeit dauern, bis so viele Prüfungsfälle regional angefallen sind, daß sie die Gesamtverteilung widerspiegeln.

Daß trotz gleichen technischen Zustandes der Prüfanlagen im gesamten Bundesgebiet die Häufigkeit der einzelnen festgestellten Mängel von TÜV zu TÜV tatsächlich sehr unterschiedlich ist, zeigen die von der Vereinigung der Technischen Überwachungs-Vereine herausgegebenen Statistiken. Dies unterstreicht gleichzeitig die Notwendigkeit, zu einer sicherheitstechnisch gleichen Beurteilung gleicher Sachverhalte im ganzen Bundesgebiet zu kommen. Der Informationsaustausch ist dafür eine ganz wichtige Bedingung.

Die Kosten des Austausches von Informationen zwischen den Regionen sind sicher kleiner als der zusätzliche Nutzen, der aus den Informationen für eine Verbesserung der Prüfungen gezogen wird. Ich halte es daher durchaus für möglich, daß in der Produktion von Informationen über Sicherheitsrisiken von Kraftfahrzeugen und technischen Anlagen Economies of Scale liegen. Ist das der Fall, dann würden große überregional tätige Überwachungs-Vereine allemal Wettbewerbsvorteile gegenüber Einzelprüfern haben mit der Folge, daß diese entweder vom Markt verschwinden oder weniger gut prüfen müßten, um im Wettbewerb bestehen zu können. Dieses Ergebnis schließt wohlgemerkt ein Konkurrenzmodell nicht von vornherein aus. Aber es dürfte doch nur verwirklicht werden, wenn gleichzeitig freier Zugang zu den Informationen über alle festgestellte Sicherheitsrisiken bei allen anderen Herstellern gewährleistet werden könnte, etwa durch eine Pflicht zur Publizität von Überwachungsergebnissen.

Externe Effekte der Überwachungstätigkeit?

Die zweite Bedingung für Marktversagen sind externe Effekte. Was bedeutet dieses Wort, das ja wieder ein Fachwort ist?

Die technische Überwachung von Anlagen gewährt nicht nur demjenigen einen Vorteil, der für die Überwachung bezahlt. Sie hat auch externe Effekte bei Personen und Sachen, die nicht dafür bezahlen.

Wir machen uns das an einem hypothetischen Beispiel klar. Ein ganz einfaches Modell: Angenommen, alle Fußgänger seien ledig und ohne Erben. Alle Autofahrer stehen unter erheblichem Konkurrenzdruck und wollen ihre Kosten minimieren. Dritte Annahme: Unfälle kommen nur an Zebrastreifen vor und sind stets tödlich für den Fußgänger. Am Wagen selbst entsteht bei einem Unfall nur geringer Schaden, und es gibt nur privatrechtliche Ansprüche.

In diesem zugegebenermaßen sehr hypothetischen und sicher auch makabren Fall hat der Kraftfahrer ein geringeres Interesse an der Sicherheit seines Bremssystems als der Fußgänger; denn der Autofahrer hat ja nur geringe Reparaturkosten nach einem Unfall, der Fußgänger bezahlt mit seinem Leben.

Überläßt man nun die Aushandlung des Preises für die Überwachung des Kraftfahrzeugs der Überwachungsstelle und dem Betreiber des Pkw, dann wird sich im Wettbewerb ein sehr niedriger Preis ergeben mit der Folge, daß das Sicherheitsniveau der Bremsen unbefriedigend ist. Es gibt viele Unfälle. Deren Kosten fallen aber nicht bei den Kraftfahrzeughaltern an. Diese haben folglich auch kein materielles Interesse daran, höhere Kosten für die Überwachungsleistungen aufzuwenden. Natürlich würden die Fußgänger gerne zu ihren Lebzeiten für die Erhöhung der Sicherheit von Bremsanlagen in Pkws eine Prämie zahlen, doch ließe sich das nur schwer mit dem gewünschten Erfolg organisatorisch durchführen. Wettbewerb auf dem Markt für technische Überwachungsleistungen würde in dieser Modellwelt das Gegenteil des gesellschaftlich Gewollten bewirken.

Wir geben nun die strengen Annahmen dieses hypothetischen Falles auf und betrachten die Wirklichkeit. Hier gibt es Schadensersatzansprüche der Geschädigten, hier gibt es Erben, hier gibt es eine strenge Strafjustiz. Hier gibt es aber auch Schäden an Leib und Leben durch Kollisionen zweier Kraftfahrzeughalter. In dieser wirklichen Welt läßt sich nicht von vornherein sagen, daß diese Kosten tatsächlich alle externen Effekte beim Verursacher des Sicherheitsrisikos internalisieren und das moral-hazard-Problem bei ihm wirksam ausschließen. Der Schutz vor dem Tode oder der Invalidität dürfte stets einen höheren Nutzen für den Betroffenen, aber auch für die Hinterbliebenen haben als jeder Entschädigungsanspruch in Geld. Das Risiko einer Unterinvestition in technische Sicherheit ist also auch in der Wirklichkeit gegeben und könnte die Beschränkung des Wettbewerbs auf dem Markt für technische Überwachungsleistungen legitimieren.

Wiederum soll hier nicht behauptet werden, daß es nicht ein Konkurrenzmodell geben könnte, das die Gefahr von Marktversagen als Folge solcher externer Effekte nicht bannen könnte. Aber an der Tatsache, daß Sicherheit technischer Anlagen ein öffentliches Gut ist, das auch und vielleicht sogar vorwiegend denjenigen zu Gute kommt, die für die Überwachung der Anlage nicht zu zahlen haben, führt kein Weg vorbei.

Unsicherheit über die Qualität der Überwachungstätigkeit

Wir fragen nun, ob auch die dritte Bedingung dafür erfüllt ist, daß Wettbewerb nicht oder nur bedingt seine Funktion im marktwirtschaftlichen System erfüllen kann und mithin nicht aus naiver Marktideologie heraus gefordert werden sollte. Diese dritte Bedingung liegt in der Unsicherheit über die Qualität der Überwachungstätigkeit, die bei dem Betreiber der Anlagen größer ist als bei demjenigen, der die Überwachungsleistung erbringt.

In diesem Falle wäre ja bei Wettbewerb unter den Überwachern die Versuchung groß, die Preise für die Überwachungstätigkeit auf Kosten der Qualität der Überwachung zu senken mit der Folge, daß der Überwachte zwar absolut weniger für die Überwachung bezahlt, gleichzeitig aber mehr, als sie wert ist. Läge ein solcher Fall vor, dann wäre es geradezu im Schutzinteresse der Überwachten, daß der Wettbewerb unter den Überwachern eingeschränkt oder sogar ausgeschlossen würde. Die Konsequenz des Preiskampfes unter den Überwachern wäre, daß auch der seriöse Überwachungsunternehmer entweder seine Preise senken und seine Leistungen nach unten anpassen oder aus dem Markt ausscheiden müßte. Das aber würde das Sicherheitsniveau der technischen Anlagen unter das gesellschaftlich gewünschte Niveau senken. Unsicherheit über die Qualität der Überwachungstätigkeit würde also die Funktionsfähigkeit des Wettbewerbs auf dem Gebiet der technischen Überwachung außer Kraft setzen.

Wiederum behaupte ich nicht, daß es nicht ein Konkurrenzmodell geben könnte, bei dem Marktversagen nicht eintritt. Aber es könnte sicher nicht mit einem Regelwerk arbeiten, wie es gegenwärtig gilt. Das deutsche technische Regelwerk basiert auf dem verantwortlichen Sachverständigen, der Ermessensspielräume sinnvoll nutzt und vom Regelwerk abweichen kann, wenn die Sicherheit auf andere Weise gewährleistet ist. Diese Konstruktion wurde gewählt, um den technischen Fortschritt so wenig wie möglich zu behindern.

In einem Konkurrenzmodell müßte sicher ein sehr viel detaillierteres Regelwerk vorgeschrieben werden. Es wären staatlich verordnete Pflichtenhefte für die Überwachungstätigkeit und ihre Inhalte und möglicherweise sogar eine staatliche Überwachung der privatwirtschaftlichen Überwacher erforderlich. Damit wäre die Unsicherheit über die Qualität der Überwachung aufgehoben und gleichzeitig die Qualität der Überwachung als Wettbewerbsparameter ausgeschlossen. Konkurrieren würden die Anbieter mit den Parametern Preis und Bequemlichkeit der Überwachung. Die freiwillige Kraftfahrzeugüberwachung zeigt, daß für Bequemlichkeit der Überwachung auch durchaus ein Preis bezahlt wird.

Wie wichtig solche Überlegungen sind, zeigen Untersuchungen von Versicherungsmärkten, die in den letzten Jahren häufiger Gegenstand ökonomischer Überlegungen gewesen sind als der Markt für technische Sicherheitsleistungen[3]. Ich übertrage diese Ergebnisse sofort auf den Markt für technische Sicherheitsleistungen.

Die Prüfplakette als eine Bescheinigung für Verkehrstüchtigkeit des Fahrzeugs gibt dem Fahrzeughalter auch subjektiv die Gewißheit, daß das Fahrzeug verkehrstüchtig ist. Er wird mithin sein Fahrverhalten entsprechend wählen. Besteht nun freier Zugang zum Markt für technische Sicherheitsleistungen, dann wird der Prüfer in die Versuchung gesetzt, sein Ertrags-Kosten-Verhältnis zu optimieren, indem er weniger gut prüft. Wüßte der Fahrzeughalter das, dann müßte er sein Fahrverhalten entsprechend anpassen und vorsichtiger fahren. Das geschieht jedoch nicht, da er eine Prüfplakette wie jeder andere erhält.

Kann man nun den Prüfer nicht mithaftbar machen für Schäden, die daraus entstehen, daß der Fahrzeughalter mit dem geprüften Wagen riskanter fährt, als es der Betriebssicherheit des Wagens entspricht, dann gibt es eben keinen Wettbewerbsmarkt mit freiem Zutritt von Unternehmen, der ein Optimum an technischer Sicherheit des Fahrzeugs bewirkt. Ein solches Marktversagen könnte nur vermieden werden, wenn sich alle Kraftfahrzeughalter untereinander darüber unterrichteten, bei wem sie die Prüfung haben vornehmen lassen. Das wäre aber mit wirtschaftlich vertretbarem Aufwand nur möglich, wenn es nur wenige Unternehmen gäbe, die technische Überwachungsleistungen anböten. Gerade das ist aber die Situation, unter der die Öffnung des Marktes für technische Sicherheit für den Zutritt von Wettbewerbern vermieden werden sollte.

Diese Überlegungen bauen natürlich ganz entscheidend auf der Annahme auf, daß der Anbieter von technischen Überwachungsleistungen im Wettbewerb letztlich doch der Versuchung unterliegt, die Qualität seiner (vom Betreiber der technischen Anlage schwer zu überprüfenden) Überwachungsleistung bei gegebenem Preis zu senken. Die Gefahr eines solchen, auf Täuschung des Marktpartners über die Qualität der erbrachten Leistung gerichteten Verhaltens zu konstatieren, bedeutet nicht notwendigerweise eine Anerkennung der Forderung, dieser Gefahr durch Marktzutrittsbeschränkungen zu begegnen. Wenn es gelingt, Vertrauen in die Qualität der Prüfungsleistungen zu einem Wettbewerbsparameter zu machen, bedarf es der Beschränkung des Marktzugangs nicht.

„Die wahren Marktzutrittsbeschränkungen", so haben Peters und Waterman gesagt, „sind die 75 Jahre, in denen bei IBM viel Geld dafür ausgegeben worden ist, daß die Mitarbeiter an nichts anderes denken als an Kundendienst, Qualität und an die Lösung von Kundenproblemen, oder die 150 Jahre Investition in die Qualität der Produkte von Procter & Gamble. Das sind die wahrhaft unüberwindlichen Marktzutrittsschranken, die auf Humankapital beruhen, das in einer unumstößlichen Tradition besteht, Service, Zuverlässigkeit und Qualität über alles zu stellen![4]

Man kann sich ein Konkurrenzmodell für technische Sicherheitsleistungen vorstellen, bei dem es in der Tat zu einem Wettbewerb der Reputation[5] kommt, hervorragende Qualität der technischen Überwachungsleistung zu bieten. Das wäre zum Beispiel der Fall, wenn die Versicherungsgesellschaften ihre Prämie nach der Qualität der technischen Überwachung staffelten, die verschiedene Unternehmen anbieten, und zwar so, daß es sich für den Versicherten lohnt, bessere Überwachung nachzufragen. Zu einem Qualitätswettbewerb käme es auch, wenn die Unternehmen, die technische Überwachungsleistungen anbieten, für Schäden mithafteten, die durch von ihnen geprüfte Fahrzeuge oder Anlagen verursacht werden.

Ob alle diese Bedingungen aber, nämlich Informationsaustausch, Veröffentlichung von Schadenshäufigkeiten nach Prüfstellen, Mithaftung, Prämienstaffelung nach Reputation, als Voraussetzungen für Wettbewerb auf dem Markt für technische Sicherheit von denjenigen erfüllt werden sollen, die mehr Wettbewerb fordern, ist zu prüfen.

Zusammenfassung

Die Theorie des Wettbewerbs ist in der Analyse der Bedingungen, unter denen Wettbewerb funktioniert und die Ziele des marktwirtschaftlichen Systems verwirklicht, weit über diejenigen hinaus vorgestoßen, die der nach wie vor herrschenden Ideologie der Marktwirtschaft zugrunde liegen. Dies hat einerseits eine tiefere Begründung der Forderung nach Aufrechterhaltung des Wettbewerbs und nach Herstellung von Bedingungen für seine Funktionsfähigkeit bewirkt; andererseits hat es zur Erkenntnis von Bedingungen geführt, die es nahelegen, eine staatliche Regulierung des Wettbewerbs vorzunehmen oder sogar den Wettbewerb auszuschließen.

Ich habe einige dieser Bedingungen geprüft und versucht zu zeigen, daß sie auf dem Markt für technische Überwachungsleistungen gegeben sein könnten. Mir ist gegenwärtig keine Untersuchung bekannt, die diese Vermutung widerlegte. Das besagt nicht, daß nicht weiter darüber nachgedacht werden sollte, unter welchen institutionellen Bedingungen Wettbewerb auf dem Markt für technische Überwachungsleistungen funktionieren könnte. Aber dies erfordert sehr sorgfältige und tiefgehende ökonomische Analysen dieses wichtigen Marktes und nicht so sehr vordergründige Appelle an das marktwirtschaftliche Gewissen oder naive Slogans wie „Wettbewerb und Sicherheit vertragen sich nicht".

Meine Damen und Herren, dieser Vortrag war ein Bekenntnis zur sozialen Marktwirtschaft; aber es ist möglich, daß mancher es nicht gemerkt hat. Diesen sei auch am Schluß kein Credo, sondern nur eine Anekdote aus dem New Yorker vom 16. März 1981 mit auf den Weg gegeben, eine Anekdote, die sich mit der amerikanischen Diskussion um Deregulierung, also der Abschaffung von staatlichen Eingriffen in die Wirtschaft und von Beschränkungen des Wettbewerbs, beschäftigt. Der Vorsitzende des Aufsichtsrats einer amerikanischen

Gesellschaft spricht das Nachtgebet: „. . . und bitte, Herr, sei mir und den übrigen Mitgliedern des Aufsichtsrats gnädig und bewahre uns davor, daß wir die Deregulierung mißbrauchen".

Literaturhinweise

1 *von Weizsäcker, C. C.:* Staatliche Regulierung – positive und normative Theorie. Schweizerische Zeitschrift für Volkwirtschaft und Statistik 1982, S. 325.

2 *Picht, Christine:* Möglichkeiten einer verstärkten Verlagerung öffentlicher Dienstleistungen auf freiberuflich Tätige. Forschungsinstitut für Wirtschaftspolitik an der Universität Mainz, Mainz 1983.

3 Vgl. z. b. *Hellwig, M. F.:* Moral Hazard and Monopolistically Competitive Insurance Market, Discussion No. 105, Bonn 1983; ders.: On Moral Hazard and Non-Price Equilibriar in Competitive Insurance Markets, Discussion Paper No. 109, Bonn, Mai 1983.

4 *Peters, Th. J.,* und *R. H. Waterman jr.:* In Search of Excellence, New York 1982, S. 182.

5 Ich halte das Taxibeispiel, das von Weizsäcker zur Begründung seiner Skepsis gegenüber dem Begriff „Ruinöse Konkurrenz" vorträgt, nicht für übertragbar auf den Markt für technische Überwachungsleistungen. Vgl. *v. Weizsäcker,* a.a.O., S. 330 f.

GEWINN UND GERECHTER PREIS*

I. Einleitung

Die Frage, was denn gerechte und gerechtfertigte Preise seien, beschäftigte in Zeiten der Scholastik [1] die Theologen. Heute sind es vor allem Wirtschaftswissenschaftler und Wettbewerbspolitiker, die prüfen, ob Preise durch funktionsfähigen Wettbewerb gerechtfertigt seien. Dem Bundeskartellamt ist die Verantwortung übertragen worden dafür, dem Mißbrauch von Unternehmen bei der Forderung von Preisen wirksam zu begegnen. Dabei treten vielfältige Beweisschwierigkeiten auf. Das Bundeskartellamt versucht zunehmend zum Beweis mißbräuchlich überhöhter Preise auch Gewinne, die mit einem Produkt erzielt werden, heranzuziehen und hohe Gewinne, da bei wirksamem Wettbewerb angeblich nicht zu erzielen, als ungerecht und mißbräuchlich zu bezeichnen. Wenn der Betriebswirt sich mit der Frage nach dem gerechten Preis oder dem gerechten Gewinn für ein Produkt beschäftigt, so tut er das aus seiner betriebswirtschaftlichen Sachkenntnis, nicht weil er sich als Ethiker für kompetent hielte. In den vielen Unterhaltungen, die ich mit Franz Böckle gehabt habe, hat er mir aber die Sicherheit gegeben, daß der Ethiker seinerseits auf den Sachverstand in der jeweiligen Fachdisziplin angewiesen ist, und daß es der Dialog zwischen beiden ist, aus dem die sachgerechte Antwort auf ethische Fragen entsteht. Meinen Glückwunsch an Franz Böckle zu seinem 65. Geburtstag verbinde ich mit dem herzlichen Dank für alle Unterstützung, für die große Offenheit im Gespräch mit mir und mit Führungskräften der Wirtschaft, für die große Hilfe, die mir sein Rat und das Gespräch mit ihm stets sind. Ich widme ihm diesen Beitrag zu einem sehr konkreten Problem der Preisbildung für pharmazeutische Produkte in der Erinnerung an das Symposion über "Zukunftsprobleme der Wirtschaft - dargestellt am Beispiel der pharmazeutischen Industrie" [2], bei dem wir uns zum ersten Mal gemeinsam mit Fragen der pharmazeutischen Industrie auseinandergesetzt haben [3].

---

1) Willeke, F.-U., Entwicklung der Markttheorie. Von der Scholastik bis zur Klassik, Tübingen 1961.

2) Albach, H., Busse von Colbe, W., Sabel, H. und Vaubel, L. (Hrsg.), Zukunftsprobleme unserer Wirtschaft - dargestellt am Beispiel der Pharmaindustrie, USW-Schriften für Führungskräfte, Bd. 8, Wiesbaden 1976.

3) Böckle, F., in: Albach, H., Busse von Colbe, W., Sabel, H. und Vaubel, L. (Hrsg.), Zukunftsprobleme unserer Wirtschaft - dargestellt am Beispiel der Pharmaindustrie, USW-Schriften für Führungskräfte, Bd. 8, Wiesbaden 1976, S. 93.

* *Später erschienen als „Gewinn und gerechter Preis – Überlegungen zur Preisbildung in der pharmazeutischen Industrie", in: Zeitschrift für Betriebswirtschaft 57 (1987), S. 816–824.*

II. Zur Ermittlung von Produktgewinnen

Die Ermittlung des Gewinns von pharmazeutischen Produkten ist keineswegs einfach. Die Gründe dafür sind folgende:

- Ein Medikament enthält relativ wenig an "Material". Je geringer die Wirkstoffmenge, je niedriger dosiert das Medikament, um so besser ist es. Allerdings darf nicht übersehen werden, daß die Materialkosten eines pharmazeutischen Produkts nicht nur aus der Wirksubstanz bestehen. Auch das Tablettierungsmaterial verursacht Kosten und zwar durchweg in etwa gleicher Höhe wie die Wirksubstanz.

- Das Medikament wird in einem fast vollautomatisierten Prozeß hergestellt.

- Ein Medikament ist ein außerordentlich erklärungsbedürftiges Produkt. Ist die Information über das Produkt einmal verbreitet, geht sie praktisch nicht wieder verloren, wenngleich sie ab und an der Wiederauffrischung bedarf. Die Information der Ärzte erfolgt in einer Art Kuppelproduktion. Die Ärzte werden im allgemeinen von einem Außendienstbesucher über mehrere Präparate gleichzeitig informiert. Die Kosten der Ärzteinformation sind allemal fixe Kosten, im besten Fall dem einzelnen Präparat als Ganzem, jedoch nicht den einzelnen Tabletten, im normalen Falle dagegen nur der ganzen Produktgruppe zurechenbar. Häufig ist selbst das nicht einmal möglich, wenn z.B. bei einem Besuch eines Außendienstmitarbeiters mehrere Produktgruppen im Gespräch mit dem Arzt erörtert werden.

- Ein Medikament ist ein sehr kontrollbedürftiges Produkt. Qualität und Wirkungsweise eins Präparates müssen laufend überprüft werden. Dafür ist eine weltweite Informationsaufnahme über Wirkungen und Nebenwirkungen des Präparates erforderlich. Die Kosten der Qualitätsüberwachung sind der einzelnen Tablette nach Verursachungsgesichtspunkten nicht zurechenbar. Vielfach lassen sich die Kosten nicht einmal auf einzelne Produkte aufteilen, sondern nur nach Produktgruppen erfassen.

- Ein Medikament ist ein forschungsintensives Produkt. Vor allem die Präparate mit hochwirksamen Substanzen sind dadurch gekennzeichnet, daß sie die Wirkung im Körper durch eine außerordentlich kleine Dosierung erreichen. Das setzt intensive Forschung und Vorprüfung der Wirkungsweise der Substanz im Körper voraus. Der Anteil der Kosten für die Herstellung der Substanz an den Gesamtkosten geht zurück, und der Anteil der Forschungskosten steigt.

- Sicher lassen sich die präparatspezifischen Kosten von einem bestimmten Zeitpunkt an den einzelnen Medikamenten verursachungsgerecht zuordnen, aber der direkt zurechenbare Anteil ist nicht sehr hoch. Der größte Teil der Forschungskosten läßt sich mithin nicht verursachungsgerecht auf die Präparate aufteilen.

Es mag fraglich sein, ob es betriebswirtschaftlich gerechtfertigt ist, den vom Produkt verursachten und ihm direkt zurechenbaren Teil der Forschungskosten auch tatsächlich in der Kalkulation des Produkts zu verrechnen. Denn mit diesen Kosten sind auch externe Effekte bewirkt worden. Es ist Wissen geschaffen worden, das nicht vollständig in dem Produkt inkorporiert ist, sondern nunmehr unabhängig von ihm und neben ihm besteht. Dieses Wissen geht in die Forschung für ein neues Produkt natürlich ein. Mithin könnten die präparatspezifischen Forschungskosten insoweit niedriger angesetzt werden. Andererseits wären dann aber die Kosten für frühere externe Effekte dem Präparat, das deren Nutznießer ist, zuzuordnen. Nur wenn externe Effekte Kosten in gleicher Höhe verursachen, können sie vernachlässigt werden.

Direkt zurechenbare Forschungskosten fallen im übrigen nicht nur für absatzfähige Produkte an. Auch Fehlschläge und Forschungsflops haben eindeutig zurechenbare Kosten. Diese Kosten stellen die Wagniskosten der Forschung im engeren Sinne dar. Sie müssen von den ausgebotenen Präparaten getragen werden und sind in einem Zuschlag für das Forschungsrisiko zu berücksichtigen.

All dies bedeutet:

- Nur ein sehr kleiner Teil der gesamten Kosten eines Pharmaherstellers läßt sich nach den traditionellen betriebswirtschaftlichen Vorstellungen verursachungsgerecht dem einzelnen Produkt zuordnen (verursachte und zurechenbare Kosten).

- Ein großer Teil der laufenden Kosten für die Herstellung von Pharmaka läßt sich verursachungsgerecht einzelnen Präparaten auch nicht als präparatfixe Kosten zuordnen (verursachte, aber nicht zurechenbare Kosten).

- Ein großer Teil der Gesamtkosten wird für die zukünftige Herstellung und Vermarktung von Medikamenten ausgegeben (nicht verursachte, aber zu tragende Kosten).

Für die pharmazeutische Industrie lassen sich aus den betriebswirtschaftlichen Grundsätzen der Kostenrechnung leichter Aussagen darüber ableiten, wie nicht kalkuliert werden darf, als solche, wie die Herstellungskosten eines Medikaments richtig zu bestimmen seien.

- Eine Kalkulation, die die Fixkosten naiv proportionalisiert, ist betriebswirtschaftlich nicht zu rechtfertigen.

- Eine Kalkulation, die für variable Gemeinkosten nur eine Zuschlagsbasis verwendet, ist betriebswirtschaftlich schlechter zu rechtfertigen als eine Kalkulation, die die Gemeinkosten nach vermuteten Kosteneinflußgrößen aufteilt.

- Eine Kalkulation, die nur die tatsächlichen Forschungskosten verrechnet, ohne auch das Forschungsrisiko zu berücksichtigen, läßt für die Preiskalkulation wichtige Kostenbestandteile außer Betracht.

- Eine Kalkulation, die auf historischen Anschaffungskosten und nicht auf Wiederbeschaffungskosten aufbaut, hat für Programm- und Preisentscheidungen geringere Aussagekraft als eine Kalkulation, die mit Wiederbeschaffungskosten arbeitet.

- Eine Kalkulation, die den Verbundcharakter der Pharmaforschung, aber auch der Ärzteinformation vernachlässigt, ist betriebswirtschaftlich weniger aussagefähig als eine Kalkulation, die diesen Faktoren Rechnung trägt.

Es ist nach dem vorstehend Gesagten betriebswirtschaftlich verfehlt, wenn versucht wird, Reingewinne eines Produktes zu ermitteln. Die Gewinnsituation eines Präparates läßt sich auf dieser Basis nicht ermitteln, weil viele Positionen auf der Kostenseite dem Präparat nicht exakt zurechenbar sind. Die reinen Herstellungskosten machen nur einen geringen Teil aus. Selbst sie sind aber wegen der Probleme, die mit Kuppelproduktion, in der praktisch jedes pharmazeutische Präparat hergestellt wird, verbunden sind, nur unter Zuhilfenahme zusätzlicher Annahmen dem Präparat zuzuordnen.

Betriebswirtschaftlich einwandfrei ist nur der sogenannte Dekkungsbeitrag I zu ermitteln, der sich ergibt, wenn vom Nettoumsatz die direkt zurechenbaren Kosten abgezogen werden. In der Praxis der Unternehmen werden von diesem Deckungsbeitrag I noch einige Kostenarten abgezogen, die als dem einzelnen Produkt direkt zuzuordnen gelten. Hierbei handelt es sich allerdings schon nicht mehr um Kosten, die nach dem Verursachungsprinzip zugeordnet werden, sondern um Schlüsselungen, die auf der Steuerung des Vertriebs mit Marketinginstrumenten beruhen, wie sie im Marketingplan festgelegt werden.

Der resultierende Deckungsbeitrag II mag, wie die nachstehende Beispielrechnung zeigt, immer noch recht hoch erscheinen. Der Block der nicht zurechenbaren, aber vom Produkt zu tragenden Kosten ist eben doch sehr hoch.

Tabelle 1: [1]Ergebnisrechnung eines pharmazeutischen Präparates (Beispiel)

Nettoumsatz	100%
Herstellkosten	40%
Laufende Lizenzabgaben	0,5%
Kalkulat. Zinsen auf Vorräte	1,5%
Einzelkosten des Vertriebs	1%
Zwischenergebnis I (Deckungsbetrag I)	57%
Verkaufskosten	4%
Werbekosten	3%
Wiss. Information	10%
Zwischenergebnis II (Deckungsbeitrag II)	40%

[1] Die Zahlen sind bewußt frei gegriffen.

III. Zum Problem mißbräuchlich hoher Produktgewinne

1. Deckungsbeiträge und Patentsituation

Im folgenden wird mit dem Deckungsbeitrag I gerechnet, bei dem alle Probleme einer willkürlichen oder schwer nachzuvollziehenden Schlüsselung fixer Gemeinkosten vermieden werden. Unterstellen wir nun den Fall, daß der Deckungsbeitrag I eines pharmazeutischen Produktes, wie in dem Beispiel angegeben, 57 % beträgt. Das mag vielen als hoch erscheinen. Die Behauptung, der Deckungsbeitrag sei nur aufgrund der monopolistischen Marktstellung des Präparats so hoch, ist im folgenden auf ihre Stichhaltigkeit und ihre empirische Evidenz hin zu überprüfen.

Ich habe zu diesem Zweck über 100 pharmazeutische Produkte nachkalkuliert. Die Deckungsbeiträge für diese Präperate beziehen sich jeweils auf den Apotheken- und Klinikmarkt gemeinsam, da Daten, die in der Ergebnisrechnung der Unternehmen die Deckungsbeiträge nach Märkten getrennt ausweisen, nicht zur Verfügung standen.

Die Ergebnisse der Untersuchung lassen sich wie folgt zusammenfassen:

- Die Deckungsbeiträge streuen sehr stark um die Mittelwerte.

- Patentgeschützte Produkte erzielen einen vergleichsweisen höheren Deckungsbeitrag.

- Der Deckungsbeitrag von Produkten auf sehr wettbewerbsintensiven Märkten liegt weit über dem Durchschnitt, wobei hier die jungen Produkte geringfügig höhere Deckungsbeiträge erzielen, wenn man sie mit den alten Produkten vergleicht.

- Der durchschnittliche gewichtete Deckungsbeitrag aller Präparate liegt über 50 %.

- Einige Präparate mit sehr schlechten Deckungsbeiträgen ziehen die Durchschnittswerte nach unten.

- Auch Präparate, deren Preise im Verdacht stehen, mißbräuchlich überhöht zu sein, nehmen in dem Gesamtsortiment keine Ausreißerstellung ein.

2. Deckungsbeiträge und Marktanteil

Aus der Gesamtzahl der untersuchten Produkte wurden solche Produkte ausgewählt, die wohldefinierten Märkten einwandfrei zugeordnet werden konnten. Diese bilden die Datenbasis für die weitere Untersuchung. Betrachtet man die Verteilung der Deckungsbeiträge dieser Produkte nach Marktanteilen und berücksichtigt, welche Produkte patentgeschützt sind und welche nicht oder nicht mehr patentgeschützt sind, so lassen sich folgende Schlußfolgerungen ziehen:

- Patentgeschützte Produkte erzielen einen größeren Deckungsbeitrag als nicht patentgeschützte Produkte.

- Patentgeschützte Produkte besitzen einen höheren Marktanteil als nicht patentgeschützte Produkte.

Es ist der Sinn des Patentschutzes, solche Wirkungen zu zeitigen.

Einer eingehenden Prüfung unterzogen wurden Produkte, die hohe Deckungsbeiträge auf Märkten erzielen, die sich durch eine besonders hohe Wettbewerbsintensität auszeichnen. Die Betrachtung der entsprechenden Produkte zeigt, daß

- patentgeschützte Produkte auf Märkten mit funktionsfähigem Wettbewerb deutlich höhere Deckungsbeiträge erzielen als nicht patentgeschützte Präparate,

- auch nicht patentgeschützte Produkte auf Märkten mit funktionsfähigem Wettbewerb hohe Deckungsbeiträge erzielen.

Beide Ergebnisse sind nach dem Gesagten nicht überraschend. Zum einen geben Patente dem Patentbesitzer kein Monopol. Die Substitutionskonkurrenz ist wirksam, aber die Konkurrenz der patentierten Produkte spielt sich auf einem insgesamt etwas höheren Preisniveau ab als die Konkurrenz der nicht patentgeschützten Produkte. Zum anderen ist auch bei den nicht patentgeschützten Produkten eine Preisbildung in Höhe der Grenzkosten eine reine Theorie. Jedes dieser Produkte muß einen so großen Anteil an Vorleistungskosten und an ausgabenwirksamen Fixkosten tragen, daß die Solldeckungsbeiträge entsprechend hoch angesetzt werden müssen. Das war in der Vergangenheit ein Spezifikum der Arzneimittelmärkte. Es gilt heute aber auch für alle sehr forschungs- und softwareintensiven Produkte, die mit hochautomatisierten Fertigungsprozessen hergestellt werden.

Denkbar wäre, daß alle Produkte mit einem hohen Marktanteil mißbräuchlich überhöhte Preise aufweisen, auch dann, wenn dies von der Wettbewerbsaufsicht noch nicht behauptet worden ist. Diese Hypothese wird nunmehr geprüft und abgelehnt. Hierzu wird getestet, ob zwischen dem Marktanteil des Präparats, dem gesamten Marktanteil des Unternehmens sowie dem Alter des Produktes (Jahr der Ausbietung) einerseits und der Höhe des Deckungsbeitrags andererseits ein Zusammenhang besteht. Die Basis der Analyse bilden jene Präparate, denen unmittelbar Märkte zuzuordnen sind.

Als Grundlage für diese Marktanalyse werden die Unterlagen des Instituts für Medizinische Statistik (IMS) herangezogen. Diesen Marktabgrenzungen liegen nicht in allen Fällen wettbewerbsrechtlich relevante Indikationsmärkte zugrunde, da für einige Präparate mehrere Indikationen gelten, das Präparat aber nur auf einem Markt erfaßt wird. Die IMS-Statistik berücksichtigt auch nicht, daß die Nebenwirkungsrisiken verschiedener Präparate oft sehr unterschiedlich sind. Um die mögliche Fehlerquote aber so gering wie nur möglich zu halten, werden die Apothekenmärkte so weit wie möglich nach wettbewerbsrechtlich zu vertretenen Regeln abgegrenzt. In allen Fällen, in denen dieses nicht durchführbar war, wurden die relevanten Märkte enger gefaßt und damit der Marktanteil des betroffenen Produktes größer. Diese Marktabgrenzungen erscheinen auch insoweit richtig, als sie von den betroffenen Unternehmen bei ihren absatzpolitischen Entscheidungen zugrundegelegt werden. Eine völlige Neugestaltung von "Indikationmärkten" ist unmöglich, da eine exakte Aufschlüsselung von anderen Präparaten auf verschiedene Indikationen trotz des Verschreibungsindex VIP des IMS aufgrund nicht bekannter Packungsgrößen und unterschiedlicher Wirkpotenzen nicht durchführbar ist. Der nachfolgenden Betrachtung liegen die engsten zu erstellenden Marktabgrenzungen zugrunde. Die Bildung von Indikationsmärkten führt in der Regel zu größeren und umfassenderen Märkten.

Aufgrund allgemeiner theoretischer Überlegungen wird vermutet, daß die Ausnutzung von Monopolsituationen höhere Gewinne erbringt, als im scharfen Wettbewerb zu erzielen sind. Monopolsituationen können durch faktische oder durch rechtliche Marktzugangsbeschränkungen entstehen und aufrechterhalten werden. Folglich sind zwei Hypothesen zu prüfen:

1. Der Deckungsbeitrag steigt mit dem Marktanteil (je höher der Marktanteil, desto höher die faktische Marktzutrittsbarriere).

2. Der Deckungsbeitrag sinkt mit dem Produktlebensalter (je jünger ein Produkt, desto sicherer ist es patentgeschützt und desto wahrscheinlicher ist zumindest ein mit dem innovativen Produkt errungener Wettbewerbsvorsprung).

Diese Hypothesen werden nun statistisch überprüft. Ein gebräuchliches Instrument zur Aufdeckung von Zusammenhängen zwischen empirischen Phänomenen ist die Korrelationsanalyse. Der Korrelationskoeffizient, der zwischen -1 und +1 schwanken kann, zeigt die Stärke des Zusammenhangs an. Ein Wert von Null deutet darauf hin, daß keine Beziehung zwischen den betrachteten Variablen besteht. Die Anwendung dieser Analysemethoden setzt mit Ausnahme des Rangkorrelationsverfahrens die Normalverteilung der Variablen voraus. Für das verwendete Datenmaterial kann diese Bedingung als ausreichend erfüllt gelten. Um die Ergebnisse abzusichern, werden verschiedene Korrelationsverfahren verwendet. In den Berechnungen wird das Alter der Produkte durch das Ausbietungsjahr definiert. Ein Produkt, das zum ersten Mal 1975 auf den Markt gebracht wurde (Variable: 75), ist zwar älter als ein Produkt, das im Jahr 1980 zum ersten Male ausgeboten wurde (Variable: 80), es hat aber den niedrigeren "Altersindex". So erklären sich die positiven Vorzeichen in Tabelle 2. Tabelle 2 gibt die Ergebnisse der Korrelationsanalyse wieder.

Tabelle 2: Matrix der Korrelationskoeffizienten

	Pearson Korrelation	Spearman Rangkorrelation	Partielle Korrelation Marktanteil Präparate	 Marktanteil Unternehmen	 Altersindex
			konstant gehalten		
Marktanteil Präparate	0,0917 (79,5)	0,0914 (56,9)	-	0,0561 (68,8)	0,0511 (67,3)
Marktanteil Unternehmen	0,0348 (62,3)	0,0810 (76,5)	0,0262 (59,1)	-	0,0315 (60,9)
Altersindex	0,3074 (99,7)	0,3135 (99,8)	0,2672 (99,1)	0,2676 (99,1)	-

( ) = Signifikanzniveau in v.H.

Die Korrelationsmatrix zeigt, daß die Höhe des Marktanteils eines Präparates und des Unternehmens in keinem Zusammenhang mit der Höhe des Deckungsbeitrages steht. So erklärt z.B. der Marktanteil der Präparate im Jahre 1982 nur 0,8% der gemeinsamen Varianz von Marktanteil und Deckungsbeitrag bei dazu noch sehr schlechter Signifikanz [3]. Auch die partielle Korrelation, bei der ein dritter intervenierender Faktor in seinem Einfluß isoliert werden soll, zeigt keine besseren Ergebnisse.

Der einzige signifikante Zusammenhang besteht zwischen dem Alter des Produktes und der Höhe des Deckungsbeitrages. Jüngere Produkte weisen einen signifikant höheren Deckungsbeitrag auf als ältere, allerdings ist auch hierbei die erklärte gemeinsame Varianz mit gut 9% sehr gering.

Um die Stärke der Abhängigkeit des Deckungsbeitrages von der Höhe des Marktanteiles abschließend zu testen, wird im folgenden eine multiple Regressionsgleichung geschätzt. Folgende Funktion ergibt sich:

$$DB_t = \underset{(5,65)}{46,84} + \underset{(0,455)}{0,06}\, MA_t + \underset{(2,562)}{0,32}\, A_t \qquad R = 0,2811$$

Darin sind

DB_t - Deckungsbeitrag im Jahre t

MA_t - Marktanteil im Jahre t

A_t - Altersindex: Ausbietungsjahr

In Klammern sind die Werte der t-Statistik angegeben. Wie man erkennt, ist der Regressionskoeffizient des Marktanteils nicht gesichert.

Auch hier zeigt sich, daß der Marktanteil keine dominierende Einflußgröße für die Höhe des Deckungsbeitrages ist. Während das Alter des Präparates immerhin noch 7,1% der gemeinsamen Varianz erklärt, liefert der Marktanteil praktisch keine zusätzliche Erklä-

3) R^2 ist die Angabe darüber, wieviel Prozent der gemeinsamen Varianz durch den unterstellten Zusammenhang erklärt werden. R^2 beträgt hier $0,0917^2$ = 0,8409%. Ein Signifikanzniveau von 79,5% wird im allgemeinen als sehr schlecht angesehen.

rung. Zwischen Marktanteil und Deckungsbeitrag gibt es keine signifikanten Beziehungen.

Damit ist die erste Hypothese widerlegt. Es ist jedenfalls nicht erwiesen, daß hohe Marktanteile Marktzutrittsschranken darstellen, die eine mißbräuchliche Ausnutzung einer monopolistischen Marktstellung mit der Folge überhöhter Deckungsbeiträge ermöglichen.

Bisher wurde die zweite Hypothese nur insoweit geprüft, als ein Wettbewerbsvorsprung aus der Tatsache gefolgert wurde, daß ein Präparat noch nicht lange ausgeboten wird. Die Überprüfung zeigte einen, wenn auch nicht sehr ausgeprägten Zusammenhang.

Wir prüfen nunmehr direkter: Besteht zwischen dem vom Gesetzgeber verliehenen Patentmonopol und dem Deckungsbeitrag eines Produktes ein statistisch signifikanter Zusammenhang? Zur Prüfung dieser Hypothese unterteilen wir die untersuchten Medikamente in die Gruppe der patentgeschützten und die der nicht patentgeschützten Präparate. Der ungewichtete Deckungsbeitrag der nicht patentgeschützten Produkte liegt um 17 Prozentpunkte unter dem ungewichteten durchschnittlichen Deckungsbeitrag der patentgeschüzten Produkte. Die Unterschiede zwischen den Deckungsbeiträgen nicht patentierter und patentgeschützter Produkte sind schon auf den ersten Blick deutlich. Sie halten aber auch einer statistischen Aanlyse auf Zufälligkeit stand: die Unterschiede sind auf dem 99%-Niveau statistisch signifikant.

Die einfache Korrelationsanalyse liefert einen Zusammenhang von Deckungsbeitrag und Patentschutz mit einem Korrelationskoeffizienten von 0,28. Der Korrelationskoeffizient mag nicht als besonders hoch empfunden werden, doch ist der Zusammenhang hoch, nämlich auf dem 99,4%-Niveau, gesichert.

Eine multiple Korrelation zwischen Deckungsbeitrag, Alter und Patentschutz liefert die Regressionsfunktion:

$$DB_t = \underset{(6,12)}{51,16} + \underset{(1,77)}{0,24}\, A_t + \underset{(1,64)}{10,16}\, P_t \qquad R = 0,3282$$

Die Werte in Klammern unter der Gleichung geben wieder die Werte der t-Statistik an. In der Gleichung ist P_t eine Variable, die gleich 1 gesetzt wird, wenn Patentschutz in dem betreffenden Jahr t besteht, und die gleich 0 gesetzt wird, wenn kein Patentschutz besteht. Ein Einfluß von Patentschutz und Alter auf den Deckungsbeitrag ist nachweisbar.

Die zweite Hypothese findet also ihre Bestätigung in dem Datenmaterial. Der vom Gesetzgeber gewollte Patentschutz ist mit einer Patentmonopolrente verbunden. Die Höhe dieser Rente erklärt rund 15% des gesamten Deckungsbeitrages.

IV. Schlußbemerkung

Im Ergebnis ist also festzustellen, daß

- hohe relative Deckungsbeiträge von pharmazeutischen Produkten kein Indikator für ungerechtfertigt hohe Preise sind,

- hohe Marktanteile kein Indikator für hohe, geschweige denn für mißbräuchlich überhöhte Deckungsbeiträge bzw. Preise von Pharmaka sind,

- Patentschutz höhere Deckungsbeiträge und Preise ermöglicht als das Fehlen von Patenten. Solche Unterschiede sind als Anreiz für wirksamen Innovationswettbewerb notwendig und gewollt, also nicht ungerechtfertigt.

Petrus von Aragon [5] hat einmal gesagt, es sei leichter, die Trinität zu beweisen, als den Kaufleuten auf ihre Schliche zu kommen. Ob Franz Böckle nach der Lektüre dieses Beitrages ähnlich denkt, vermag ich nicht zu sagen. Ich halte es jedoch für unwahrscheinlich. Eines aber scheint mir gewiß: Auch unter Beweisnot darf es keine "short-cuts" zur Lösung schwieriger Sachprobleme geben.

5) Petrus von Aragon, In Secundam Secundae Divi Thomae Doctoris Angelici Commentaria. De Justitia et Jure. Ingduni 1596, Qu. 77, Art. 5, 6, S. 461, vgl. Spandau, A., Die Preislehre in der scholastischen Literatur, Diplomarbeit Bonn 1963.

Zur Sortimentskalkulation im Einzelhandel

I. Problemstellung

1. Treiben Handelsunternehmen selbständige Preispolitik, so wird dabei vielfach ein Prinzip angewandt, das als Sortimentskalkulation[1]) bezeichnet zu werden pflegt. „Hierunter versteht man ein Verfahren, nach dem besonders günstig eingekaufte Waren höher belastet werden, um umgekehrt ungünstig eingekaufte Waren mit unternormalen Zuschlägen verkaufen zu können[2]).“ Die Handelsunternehmen beziehen in ihre absatzpolitischen Überlegungen die gesamte Breite des von ihnen angebotenen Sortiments ein. Die Preispolitik wird nicht isoliert für jedes einzelne Produkt betrieben, sondern vielmehr unter Berücksichtigung der zwischen den einzelnen Produkten des Sortiments bestehenden Interdependenzen durchgeführt. Preispolitik im Handel bedeutet also stets notwendigerweise Preispolitik und Sortimentspolitik. Mit Recht sieht daher Seyffert in der Sortimentskalkulation des Handels einen wesentlichen Bestandteil der Handelsleistung: „Der kalkulatorische Ausgleich innerhalb der Betriebsspanne, die Kompensationskalkulation, ist eine wirtschaftliche Notwendigkeit. Der Kaufmann muß die Möglichkeit haben, besonders günstig eingekaufte Waren höher zu belasten, um umgekehrt ungünstig eingekaufte mit unternormalen Zuschlägen verkaufen zu können. Das ist nicht sein einziges Motiv. Das In-sich-Ausgleichen der Spannen macht vielmehr seine eigentliche betriebliche Preispolitik aus. Im Ausbalancieren der Einzelspannen ist ein wesentlicher Bestandteil seiner Handelsleistung zu sehen[3]).“ Auch Ruberg sieht in der Sortimentskalkulation geradezu ein Kennzeichen der Preispolitik von Handelsunternehmen, die in marktwirtschaftlichen Systemen arbeiten: „Soweit bei der Preisstellung nach dem Konkurrenzprinzip bei einzelnen Umsatzgütern die Betriebskosten nicht gedeckt werden, muß ein Ausgleich bei Waren gesucht werden, die nicht Konkurrenzartikel sind[4])“; und: „Jeder Betrieb sucht durch irgendwelche Besonderheiten einen Konkurrenzvorsprung zu erreichen und sucht bei der Preisstellung einen Raum, in dem er die bei einzelnen Umsatzgütern nicht gedeckten Kosten auszugleichen vermag[5]).“

---

[1]) In der betriebswirtschaftlichen Literatur ist die Terminologie allerdings nicht einheitlich. In der Literatur finden sich die Bezeichnungen Kalkulatorischer Ausgleich, Ausgleichskalkulation, Sortimentskalkulation, Kompensationskalkulation, Preispolitischer Ausgleich, Selektive Preisunterbietung, Preispolitische Gewinndifferenzierung, loss-leader-selling, Innerbetrieblicher Gewinnausgleich. Vgl. hierzu u. a. Bachmann, H., Die jüngere Entwicklung im Einzelhandel, Winterthur 1959; Behrens, K. Chr., Die Problematik der optimalen Betriebsgröße im Einzelhandel, ZfB 1952, S. 205; ders., Betriebslehre des Außenhandels, Essen 1957; Gutenberg, E., Grundlagen der Betriebswirtschaftslehre, 2. Band: Der Absatz, 4. Auflage, Berlin-Göttingen-Heidelberg 1962; ders., Grundsätzliches zum Problem der betriebswirtschaftlichen Leistungsbewertung und der Preisstellung, in: Theisinger, K. (Hrsg.), Die Führung des Betriebes, Festschrift für Wilhelm Kalveram, Berlin-Wien 1942, S. 307 f.; Hax, H., Vertikale Preisbindung in der Markenartikelindustrie, Köln und Opladen 1961; Henzler, R., Zur Kritik an der Handelsspanne, ZfB 1950, S. 133; Hoppmann, E., Preisbildung und Handelsspanne im Einzelhandel, ZfhF 1952, S. 340; Humbel, P., Preispolitische Gewinndifferenzierung im Einzelhandel, Zürich 1958; Kosiol, E., Kalkulation und Kostengestaltung im Warenhandel, Stuttgart 1932; ders., Warenkalkulation in Handel und Industrie, 2. Aufl., Stuttgart 1953; Mellerowicz, K., Markenartikel, Die ökonomischen Gesetze ihrer Preisbindung und Preisbildung, München-Berlin 1955; ders., Die Handelsspanne bei freien, gebundenen und empfohlenen Preisen, Freiburg 1961; Röper, B., Die vertikale Preisbindung bei Markenartikeln, Tübingen 1955; Ruberg, C., Kostenprinzip und Wertprinzip bei der Kalkulation im Einzelhandel, ZfhF 1949, S. 193; ders., Der Einzelhandelsbetrieb, Essen 1951; Seyffert, R., Wirtschaftslehre des Handels, Köln und Opladen 1957; Sundhoff, E., Die Handelsspanne, Köln und Opladen 1951; Vormbaum, H., Außenhandelskalkulation, Wiesbaden 1955; ders., Differenzierte Preise, Köln und Opladen 1950.

[2]) Gutenberg, E., Grundlagen der Betriebswirtschaftslehre, 2. Band, Der Absatz, 3. Auflage, S. 302.

[3]) Seyffert, R., Wirtschaftslehre des Handels, Köln und Opladen 1957, S. 535.

[4]) Ruberg, C., Kostenprinzip und Wertprinzip bei der Kalkulation im Einzelhandel, ZfhF 1949, S. 203.

[5]) Ruberg, C., Der Einzelhandelsbetrieb, Essen 1951, S. 157.

2. Die übereinstimmende Feststellung, daß die Preispolitik der Handelsunternehmen von dem Prinzip der Sortimentskalkulation geprägt ist, bedeutet freilich keine einhellige Befürwortung dieser Form der Preispolitik. Die Ansichten reichen vielmehr von der grundsätzlichen Anerkennung der unbeschränkten Sortimentskalkulation über die Ablehnung eines Verkaufs unter den Einstandspreisen und die Forderung, daß jede Ware auch anteilig mit den Gemeinkosten des Handelsbetriebs belastet werden müsse, bis zur Befürwortung eines Systems von dem Handel vorgeschriebenen Verkaufspreisen und damit einer Ausschaltung jeder selbständigen Preispolitik des Handels überhaupt. Diese Ansichten haben in Gesetzgebung und Rechtsprechung zum kalkulatorischen Ausgleich ihren Niederschlag gefunden. Rechtlich werden diese Formen betrieblicher Preispolitik auf der Handelsebene international sehr unterschiedlich behandelt[6]). Auch der Versuch der Markenartikelhersteller, die Endverkaufspreise durch vertragliche Bindung der Händler festzulegen, wird vielfach als das Bestreben gedeutet, eine aktive Preispolitik in Form der Sortimentskalkulation bei den betroffenen Waren zu verhindern[7]).

3. In diesen Meinungsstreit um die Zulässigkeit der Sortimentskalkulation als Mittel der Preispolitik von Handelsunternehmen hat die Betriebswirtschaftslehre immer wieder klärend und abwägend eingegriffen. Arbeiten über die Handelsspanne[8]) und über die Kalkulationsprobleme im Handel[9]) bilden das wissenschaftliche Fundament, auf dem die Diskussion aufbaut. Die Möglichkeiten der Sortimentskalkulation im Handel sind von der handelswissenschaftlichen Literatur hinreichend erörtert worden. Für die Analyse der Bedingungen, unter denen die Sortimentskalkulation sich vollzieht, und für die Beantwortung der Frage nach dem betrieblichen Gleichgewicht bei Anwendung der Sortimentskalkulation im Rahmen der betrieblichen Preispolitik hat die Betriebswirtschaftslehre bisher jedoch kein problemadäquates Instrumentarium entwickelt. Diese Tatsache mag zum Teil ihre Ursache in der offenbar nicht ganz unberechtigten Scheu haben, quantitative Methoden bei der Festlegung der betrieblichen Preispolitik im Handel anzuwenden[10]); zum anderen aber liegt sie darin begründet, daß die betriebs-

---

[6]) Einen guten Überblick gewährt die Darstellung von Humbel, W., loc. cit., S. 135 ff.; vgl. auch Groß, H., Die Preisbindung im Handel, Düsseldorf 1957, bes. S. 41 f.

[7]) Hierzu kritisch Hax, H., loc. cit., S. 81.

[8]) Siehe hierzu vor allem Ruberg, C., Der Einzelhandelsbetrieb, besonders S. 149 ff.; Seyffert, R., Die Problematik der Distribution, Köln und Opladen 1952; Nieschlag, R., Die Gewerbefreiheit im Handel, Köln und Opladen 1953; Buddeberg, H., Der Betriebsvergleich als Instrument der Handelsforschung, in: Kosiol, E., und Schlieper, F., (Hrsg.), Betriebsökonomisierung, Festschrift für R. Seyffert, Köln und Opladen 1958, S. 83; Behrens, K. Chr., Die Senkung der Handelsspannen, ZfhF 1949, S. 361; Henzler, R., Zur Kritik an der Handelsspanne, ZfB 1950, S. 133; Sundhoff, E., Die Handelsspanne, Köln und Opladen 1953.

[9]) Aus der überaus zahlreichen Literatur seien vor allem erwähnt Ruberg, C., Kostenprinzip und Wertprinzip bei der Kalkulation im Einzelhandel, ZfhF 1949, S. 193; ders., Zwei Partner — ein Ziel, Bd. 2, Köln (RGH) 1959, besonders S. 39 ff.; Hellauer, J., Kalkulation in Handel und Industrie, Berlin 1931; Bankmann, J., Umsatzabhängige Preiskalkulation im Handel, ZfB 1954, S. 391; Kosiol, E., Kalkulation und Kostengestaltung im Warenhandel, Stuttgart 1932; ders., Warenkalkulation in Handel und Industrie, 2. Aufl., Stuttgart 1953; ders., Die Einzelhandelskalkulation, in: Seyffert, R., Handbuch des Einzelhandels, Stuttgart 1933, S. 305; Töndury, H., Kostenrechnung im Einzelhandel, Zürich 1931.

[10]) So sagt Seyffert: „Die Preisstellung hat aus den Bedingtheiten der Marktlage zu erfolgen. Der ganze Vorgang der Vorkalkulation ist insofern exaktem Rechnen entzogen", Seyffert, R., Wirtschaftslehre des Handels, S. 546; und Ruberg meint: „Es ist einleuchtend, daß zur Erzielung eines vollkommenen Ausgleichs nur eine wohldurchdachte und bestorganisierte Umsatz- und Kostenstatistik auf der einen Seite und eine vollkommene Beherrschung der Kräfte zur Absatzbeeinflussung (Werbung, Vorstoß in die Bereiche der latenten Nachfrage, Ausnutzung zeitbedingter Nachfrage) auf der andern Seite gehören. Da aber erfahrungsgemäß beides in Einzelhandelsbetrieben nicht immer vorhanden ist, sind Überraschungen bei der periodenmäßigen Erfolgsfeststellung vielfach unausbleiblich." Ruberg, C., Kostenprinzip und Wertprinzip bei der Kalkulation im Einzelhandel, loc. cit., S. 203.

wirtschaftliche Theorie preispolitische Fragen bisher vor allem unter der Annahme eines Einproduktunternehmens entwickelt hat[11]). Erst in jüngster Zeit sind vor allem in den Arbeiten von Krelle[12]) und Gutenberg[13]) Analysen der Preispolitik in Mehrproduktunternehmen vorgelegt worden. Damit erscheint es möglich, das Problem der Sortimentskalkulation, d. h. also die Frage nach dem optimalen preispolitischen Ausgleich, quantitativ zu lösen.

II. Die Voraussetzungen der Sortimentskalkulation

1. Marktordnung und Marktform

Sortimentskalkulation kann ein Unternehmen nur betreiben, wenn gewisse institutionelle und betriebliche Voraussetzungen gegeben sind. Bei den institutionellen Bedingungen handelt es sich um eine bestimmte Ordnung bzw. um gewisse Strukturformen der Märkte, auf denen das Unternehmen seine Waren anbietet. Es ist selbstverständlich, daß die Existenz einer Marktwirtschaft Grundbedingung für die Anwendung des preispolitischen Ausgleichs als eines absatzpolitischen Instruments ist[14]). Wenn die Preise nicht manipulierbar sind, scheiden sie als Aktionsparameter des Unternehmens aus, und das Problem der Sortimentskalkulation tritt überhaupt nicht auf. Sortimentskalkulation ist nur möglich, wenn wenigstens bei einigen Artikeln weder Preisbindungsklauseln den Händler an von anderer, z. B. Herstellerseite, vorgeschriebene Verkaufspreise binden, noch die staatliche Wirtschaftspolitik die Verkaufspreise für die gehandelten Waren vorschreibt. Diese Bedingungen brauchen jedoch nicht generell erfüllt zu sein. Vielmehr kann die Sortimentskalkulation gerade auf solchen Firmenmärkten als Mittel der betrieblichen Preispolitik eingesetzt werden, auf denen neben Waren, deren Preise Entscheidungsvariable des Unternehmens sind, auch Waren mit Festpreisen, z. B. Markenartikel, deren Preise vom Hersteller gebunden sind, angeboten werden[15]).

Institutionelle Voraussetzung der Sortimentskalkulation ist also nicht nur die „freie" Marktwirtschaft, wie Humbel meint[16]), sondern auch auf partiell dirigistischen Märkten, ja sogar auf dem Markt einer sogenannten „gebundenen" Wirtschaftsordnung, die die Unternehmen bei ihren Entscheidungen an das Prinzip angemessener Gewinnerzielung bindet[17]), kann die Sortimentskalkulation mit Erfolg angewandt werden.

Eine zweite Voraussetzung für die Anwendung der Sortimentskalkulation ist es, daß der Markt eine autonome Preispolitik zuläßt. Der Preis für die von dem Unternehmen angebotenen Waren darf also nicht Datum sein. Diese

[11]) Als typisch für den Stand der betriebswirtschaftlichen Theorie darf hier das Standardwerk von Gutenberg, E., Grundlagen der Betriebswirtschaftslehre, 2. Band: Der Absatz, bis zur 3. Auflage angesehen werden.

[12]) Krelle, W., Preistheorie, Tübingen und Zürich 1961.

[13]) Gutenberg, E., Grundlagen der Betriebswirtschaftslehre, 2. Band, 4. Aufl., Berlin-Göttingen-Heidelberg 1962.

[14]) Vgl. auch Humbel, P., loc. cit., S. 14.

[15]) Vgl. dazu auch Hoppmann, E., Preisbindung, Kosten und Handelsspanne im Einzelhandel, ZfhF 1952, S. 340, hier vor allem S. 365.

[16]) Humbel, P., loc. cit., S. 14.

[17]) Den Nachweis führt Gutenberg, E., Grundsätzliches zum Problem der betriebswirtschaftlichen Leistungsbewertung und der Preisstellung, loc. cit., besonders S. 317 f.

Aussage enthält zwei Bedingungen: Zunächst darf der Firmenmarkt nicht atomistisch sein. Ist nämlich der Firmenmarkt, d. h. also der Markt, auf dem das Unternehmen sein Sortiment anbietet, atomistisch und vollkommen, dann deckt jeder Preis gerade die Kosten des betreffenden Artikels, und das Phänomen unterschiedlicher Spannen, die für die Sortimentskalkulation kennzeichnend sind, kann nicht auftreten. Aber auch dann, wenn der Firmenmarkt aus einer Vielzahl von Produktmärkten besteht, die nur in unvollkommener Kommunikation miteinander stehen, so daß unterschiedliche Spannen entstehen können, kommt der Sortimentskalkulation als Aktionsparameter wenig Bedeutung zu. Bezieht nämlich der Unternehmer bei dem herrschenden Marktpreis für eine Ware noch eine Differentialrente, obwohl er seine Absatzmöglichkeiten für diesen Artikel restlos ausschöpft, dann wäre es wenig sinnvoll, einen Zugartikel zu einem niedrigen Preis anzubieten, da die Absatzmenge des Artikels mit der Differentialrente ohnehin nicht weiter gesteigert werden kann.

Sortimentskalkulation als ein Mittel der Preispolitik in Handelsbetrieben hat immer nur dort einen Sinn, wo unvollkommene Firmen- und Produktmärkte vorliegen und die Nachfrage nach den von dem Unternehmen angebotenen Produkten nicht isoliert ist, sondern in mehr oder weniger enger Verbindung steht[18]). Diese Bedingung verbundener Nachfrage wird von Gutenberg treffend gekennzeichnet: „Die Notwendigkeit, in einem Sortiment auch Waren zu führen, deren Preise ungünstig sind, beruht auf der Tatsache, daß die Käufer Wert darauf legen, ein geschlossenes Sortiment vorzufinden, das ihnen eine reiche Auswahlmöglichkeit gewährt und ihnen die Möglichkeit gibt, Waren, die zu einer bestimmten Bedarfsart gehören, in einem Geschäft kaufen zu können. Das akquisitorische Potential eines Einzelhandelsgeschäfts beruht in entscheidender Weise auf seinem Sortiment[19])." Unvollkommene Märkte (selbst partiell dirigistische Märkte) und verbundene Nachfrage stellen also die institutionellen Bedingungen für die Anwendung der Sortimentskalkulation dar.

2. Betriebspolitik

Zu diesen institutionellen Bedingungen müssen bestimmte betriebliche Voraussetzungen treten. Das Sortiment der Handelsbetriebe enthält im allgemeinen zwei Gruppen von Waren[20]):

---

[18]) Siehe auch Röper, B., Die vertikale Preisbindung bei Markenartikeln, Tübingen 1955, S. 124; vor allem auch Ruberg, C., Sortiment und Sortimentspolitik, HdB, 3. Aufl., Stuttgart 1960, Sp. 4906.

[19]) Gutenberg, E., Grundlagen der Betriebswirtschaftslehre, 2. Band, 3. Aufl., S. 302.

[20]) Vgl. z. B. Mellerowicz, K., Die Handelsspanne bei freien, gebundenen und empfohlenen Preisen, Freiburg 1961, passim. Die dort getroffene Unterscheidung wird in der Literatur vielfach verfeinert, z. B. bei Kosiol, E., Warenkalkulation in Handel und Industrie, loc. cit., der vier Gruppen unterscheidet:
1. Güter mit ausgesprochenen Markt- oder Börsenpreisen,
2. Markenartikel,
3. Verlustartikel,
4. Frei kalkulierbare Artikel.
Röper unterscheidet nach der Bewertungsfreiheit des Handels bei der Preisfestsetzung sechs Gruppen von Gütern im Handelssortiment:
1. Frei kalkulierte Artikel,
2. Artikel mit branchenüblicher Spanne,
3. Artikel mit vom Hersteller empfohlenen Richtpreisen,
4. Artikel mit durch Innungen und Fachverbände vereinbarten Spannen,
5. Artikel mit vertikaler Preisbindung,
6. Waren mit staatlich gebundenen Zwangspreisen;
vgl. Röper, B., loc. cit., S. 18 ff.; vgl. auch Henzler, R., Zur Kritik an der Handelsspanne, loc. cit.; ferner Seyffert, R., Wirtschaftslehre des Handels, loc. cit., S. 531 ff. Die in der vorliegenden Untersuchung getroffene Unterscheidung ist für die Analyse jedoch ausreichend.

1. frei kalkulierbare Artikel,
2. Waren mit gebundenen Preisen.

Bei Sortimenten, in denen beide Gruppen enthalten sind, wird eine Sortimentskalkulation im allgemeinen sinnvoll sein, wobei die Richtung der Preispolitik bei den frei kalkulierbaren Artikeln zunächst noch völlig offen bleibt. Weisen die Waren mit gebundenen Preisen niedrige (hohe) Stückspannen auf, dann wird die Preisbildung bei den frei kalkulierbaren Waren im allgemeinen höher (niedriger) sein als bei unverbundener Nachfrage, d. h. also, isolierter Preispolitik auf den einzelnen Produktmärkten.

Ferner müssen sich die Händler preispolitisch in bestimmter Weise verhalten, wenn Sortimentskalkulation betrieben werden soll. Die Unternehmer müssen bereit sein, das Instrument des preispolitischen Ausgleichs auch tatsächlich einzusetzen: Sie müssen die Preispolitik als absatzpolitisches Instrument anwenden. Es besteht Anlaß zu der Annahme, daß diese Bedingung nicht in allen Fällen erfüllt ist. Seyffert weist z. B. darauf hin, daß im Handel vielfach mit starren Handelsspannen gerechnet wird und die Angebotskalkulation davon ausgeht[21]). Auch Nieschlag ist der Ansicht, daß nur in sehr wenigen Fällen von dem Instrument aktiver Preispolitik im Handel Gebrauch gemacht wird[22]). Ruberg sieht die Begründung für dieses traditionalistische Verhalten bei der Preispolitik der Handelsunternehmen darin, daß die Gefahr von Fehlentscheidungen besonders bei der Preisfestsetzung groß ist. „Die Furcht davor verleitet deshalb die Betriebe zur ‚vorsichtigen‘ Kalkulation dort, wo noch Freiheit bei der Bestimmung der Handelsspanne besteht, d. h. zum Einsatz von Risikokosten in den Kalkulationssatz bzw. zum Festhalten an Erfahrungssätzen[23]).“

Das Risiko, das die Anwendung der Preispolitik als absatzpolitischen Instruments in sich birgt, wird vor allem in folgender Überlegung gesehen: Wenn ein Handelsunternehmen im Rahmen seiner Preispolitik ein Erzeugnis als Zugartikel benutzt und besonders preisgünstig anbietet, dann ist diese Maßnahme nur sinnvoll, wenn die Nachfragefunktion nach diesem Erzeugnis als solche in ihrer Form und Lage bestehen bleibt, so daß es dem Unternehmer jederzeit möglich ist, wieder auf den ursprünglich geforderten Preis zurückzugehen. Die besondere Gefahr der Sortimentskalkulation bestehe aber, so wird argumentiert, darin, daß die Konkurrenten preispolitisch reagieren, indem sie ihren Preis für das Erzeugnis ebenfalls senken und dadurch eine völlig neue Nachfragekurve schaffen, die es verhindert, daß das Unternehmen den Preis für den Zugartikel wieder heraufsetzen kann. Die Furcht davor, durch preispolitische Maßnahmen „den Markt zu verderben“, hält vielfach die Unternehmen von aktiver Preispolitik zurück[24]). Eine solche Situation kann in den unvollkommen-oligopolistischen Marktsituationen, in

---

[21]) Seyffert, R., Die Problematik der Distribution, Köln und Opladen 1952.

[22]) Nieschlag, R., Die Gewerbefreiheit im Handel, loc. cit., S. 50; vgl. dazu auch Bachmann, H., Die jüngere Entwicklung im Einzelhandel, Winterthur 1959, S. 24 ff.; ferner Humbel, P., loc. cit., S. 122.

[23]) Ruberg, C., Kostenprinzip und Wertprinzip bei der Kalkulation im Einzelhandel, loc. cit., S. 203. Auch Seyffert weist auf die Schwierigkeiten einer quantitativen Erfassung der für die Sortimentspolitik relevanten Größen hin; vgl. Seyffert, R., Sortimentspolitik, Mitteilungen des Instituts für Handelsforschung an der Universität zu Köln, Nr. 94 (Oktober 1961), S. 1057, besonders S. 1061.

[24]) Vgl. hierzu eingehend Gutenberg, E., Grundlagen der Betriebswirtschaftslehre, 2. Band, 3. Aufl., besonders S. 261 ff.

denen die Handelsbetriebe im allgemeinen arbeiten, nur eintreten, wenn die aktive Preispolitik außerhalb des autonomen Bereiches betrieben wird[25]).

Aus dem Gesagten läßt sich nun die Situation, in der die Unternehmen von dem Instrument der Sortimentskalkulation Gebrauch machen können, näher umreißen. Eine Reaktion der Konkurrenten wird um so weniger zu erwarten sein, je weniger die Preispolitik auf der gesamten Breite des Sortiments betrieben wird[26]) und je örtlich und zeitlich begrenzter diese preispolitischen Maßnahmen sind[27]). Die Sortimentskalkulation wird also vor allem in der Form der selektiven Preisunterbietung sinnvoll sein. Die Unternehmen betreiben stets nur mit einigen Artikeln aus der Gruppe der frei kalkulierbaren Waren ihres Sortiments aktive Preispolitik, wechseln aber diese Artikel häufig. Humbel weist nach, daß in der Tat eine solche kurzfristige, bewegliche Preispolitik das Kennzeichen der Sortimentskalkulation ist[28]).

Damit sind die Bedingungen herausgearbeitet, unter denen der Einsatz der Sortimentskalkulation als eines absatzpolitischen Instruments des Einzelhandels sinnvoll erscheint: der Handelsbetrieb muß ein Sortiment auf einem unvollkommenen Markt anbieten. Zwischen den Produkten des Sortiments muß eine verbundene Nachfrage bestehen. Preispolitik wird jeweils nur kurzfristig und lediglich mit einigen Artikeln des Sortiments betrieben. Das Handelsunternehmen braucht bei einer solchen Preispolitik keine Reaktionen der Konkurrenz zu fürchten[29]), die Marktstruktur ist also Datum der betrieblichen Preispolitik. Im allgemeinen wird zusätzlich angenommen, daß die Handelsunternehmen ihre Entscheidungen auf Grund des erwerbswirtschaftlichen Prinzips möglichst hoher Gewinnerzielung treffen.

III. Die Durchführung der Sortimentskalkulation

1. Sortimentskalkulation auf der Basis des Kostenprinzips

Ruberg hat in seinem Aufsatz „Kostenprinzip und Wertprinzip bei der Kalkulation im Einzelhandel[30])“ die beiden Grundformen der Kalkulation im Einzelhandel eingehend dargestellt. Auf dieser Untersuchung bauen die neueren Arbeiten über die Fragen der Preisbildung und Kalkulation von Sortimenten auf[31]). Humbel hat diese Methoden zur Analyse der Sortimentskalkulation herangezogen[32]).

Die Preisbildung nach dem Kostenprinzip vollzieht sich in der Weise, daß den Einstandspreisen der Waren Vollkostensätze entsprechend dem Verursachungsprinzip zugeschlagen werden. In den Vollkostensatz gehen alle Gemeinkosten ein, die im Handelsunternehmen entstehen. Durch Addition

[25]) Vgl. dazu Gutenberg, E., Grundlagen . . ., loc. cit., S. 260 ff.

[26]) Vgl. hierzu auch Bachmann, H., Die jüngere Entwicklung im Einzelhandel, S. 20 f.

[27]) Siehe u. a. Hax, H., Vertikale Preisbindung in der Markenartikelindustrie, S. 84.

[28]) Humbel, P., loc. cit., S. 110.

[29]) Das ist die Bedingung für das Vorliegen eines Polypols. Vgl. Krelle, W., Preistheorie, S. 44.

[30]) Ruberg, C., Kostenprinzip und Wertprinzip bei der Kalkulation im Einzelhandel, ZfhF 1949, S. 193.

[31]) Vgl. z. B. Hoppmann, B., Preisbildung, Kosten und Handelsspanne im Einzelhandel, ZfhF 1952, S. 340.

[32]) Humbel, P., Preispolitische Gewinndifferenzierung im Einzelhandel, Zürich 1958.

eines bestimmten gewünschten oder branchenüblichen Gewinnsatzes ergibt sich der Endverkaufspreis.

Gegen eine solche Form der Preisbildung im Handel erheben sich im wesentlichen zwei Bedenken. Da der größte Teil der Gemeinkosten im Handel fixen Charakter trägt, ist eine Schlüsselung der Handlungsgemeinkosten auf die einzelnen Kostenträger nach dem Verursachungsprinzip unmöglich. Jede Berechnung eines Vollkostensatzes ist letztlich logisch widersprüchlich, und die darauf aufbauende Preisbildung ist willkürlich.

Neben der logischen Unmöglichkeit der Aufteilung der fixen Handlungsgemeinkosten nach dem Verursachungsprinzip kann ein zweiter Einwand gegen die Verwendung dieses Prinzips in der Preisbildung des Handels geltend gemacht werden. Da die Preisbildung sich ausschließlich und einseitig an den Kosten orientiert, wird die Marktseite außer acht gelassen. Mit Recht sagt Hoppmann, die Preisbildung nach dem Kostenprinzip betrachte nur einen Teilaspekt des Preisbildungsproblems im Einzelhandel[33]). Gerade die Notwendigkeit, die Preisbildung „an der Reagibilität der Nachfrage[34])" auszurichten, macht aber das Wesen der aktiven Preispolitik im Einzelhandel aus.

Das Verursachungsprinzip wird daher vielfach aus dem richtigen Gefühl der Unzulänglichkeit einer davon ausgehenden Schlüsselung durch das Prinzip der Kostentragfähigkeit ersetzt[35]). Dieses Prinzip scheint auch der Marktseite Rechnung zu tragen. Behrens sieht z. B. das Ziel der Sortimentskalkulation gerade darin, die Waren nach ihrer Kostentragfähigkeit zu belasten: „Das Ziel der Ausgleichskalkulation ist es, die einzelnen Waren nicht nach ihrer Kostenverursachung zu belasten, sondern die Gesamtkosten auf die einzelnen Waren nach ihrer Belastbarkeit umzulegen[36])." Das Prinzip der Kostentragfähigkeit kann aber zur Verteilung der Handlungsgemeinkosten nur angewandt werden, wenn die Bruttospanne, die das Maß der Kostentragfähigkeit darstellt, bekannt ist. Damit setzt eine Kostenrechnung nach Maßgabe des Prinzips der Kostentragfähigkeit bereits die Lösung des Preisbildungsproblems voraus. Für eine aktive Preispolitik läßt sich das Prinzip der Tragfähigkeit nicht verwenden.

Das Kostenprinzip kann daher nicht die Grundlage einer aktiven Preispolitik mit Hilfe der Sortimentskalkulation bilden. Der kalkulatorische Ausgleich erhält gerade da sein besonderes Gewicht, wo das Kostenprinzip scheitert. Das wird von Gutenberg klar hervorgehoben: „Die Tatsache, daß die auf die einzelne Ware entfallenden Kosten im Handel nicht hinreichend genau berechnet werden können und sich die Handelsunternehmen mit ihren Sortimenten elastisch an die Marktverhältnisse anpassen müssen, führt weitgehend zur Anwendung des kalkulatorischen Ausgleichs[37])." Die Sortimentskalkulation baut mithin nicht auf dem Kostenprinzip, sondern auf dem Wertprinzip auf.

---

[33]) Hoppmann, E., Preisbildung, Kosten und Handelsspanne im Einzelhandel, loc. cit., S. 340.

[34]) Bankmann, J., Umsatzabhängige Preiskalkulation im Handel, ZfB 1954, S. 391.

[35]) Vgl. dazu z. B. Humbel, P., loc cit., S. 47; Mellerowicz, K., Kostenrechnung, 2. Band, Berlin 1958, S. 25; Riebel, P., Das Rechnen mit Einzelkosten und Deckungsbeiträgen, ZfhF, 11. Jg. 1959, S. 213 ff.; Heine, P., Direct-Costing — eine anglo-amerikanische Teilkostenrechnung, ZfhF, 11. Jg. 1959, S. 515 ff.

[36]) Behrens, K. Chr., Betriebslehre des Außenhandels, Essen 1957, S. 152; vgl. auch Vormbaum, H., Außenhandelskalkulation, Wiesbaden 1955, S. 214; und ders., Differenzierte Preise, Köln und Opladen 1960, S. 166 ff.

[37]) Gutenberg, E., Grundlagen der Betriebswirtschaftslehre, 2. Band, 3. Aufl., S. 302.

2. Sortimentskalkulation auf der Basis des Wertprinzips

a) Die Formen des Wertprinzips

Um einen optimalen kalkulatorischen Ausgleich im Unternehmen zu erreichen, ist es stets erforderlich, auch die Möglichkeiten, die der Markt für die Preispolitik bietet, zu berücksichtigen. Die Sortimentskalkulation ist daher in der Tat weniger ein Instrument der Kostenrechnung, was eine einseitige Orientierung am Kostenprinzip andeuten könnte, als vielmehr ein Mittel der Preispolitik. Darauf hat Gutenberg mit Nachdruck hingewiesen: „Der Preis wird nicht im eigentlichen Sinne kalkuliert. Er ist nicht nur eine Funktion der Kosten, sondern auch der Marktverhältnisse. Grundsätzlich setzen die Unternehmen ihre Preise nach Maßgabe ihrer Marktchancen an. Glaubt ein Unternehmen angesichts der Marktlage, ein bestimmter Preis sei der günstigste, so wird es seinen Bruttogewinnaufschlag so wählen, daß dieser Preis auch ‚kalkulatorisch' erreicht wird. Es wäre daher richtiger, statt von kalkulatorischem Ausgleich von preispolitischem Ausgleich zu sprechen. Mit Kostenrechnung hat der kalkulatorische Ausgleich nichts zu tun[38])."

Soll nun aber die Marktseite bei der Sortimentskalkulation berücksichtigt werden, dann muß die Vielzahl der Marktformen, unter denen ein Handelsbetrieb in der Praxis mit seinen verschiedenen Sortimentsartikeln arbeitet, erfaßt werden. Eine solche Beachtung der Marktform wird in der Literatur als Sortimentskalkulation nach dem Wertprinzip bezeichnet. Hierbei lassen sich nun zwei Fälle denken. Einmal kann der Preis für das Unternehmen ein Datum sein. Das beruht entweder darauf, daß auf dem Markt atomistische Konkurrenz herrscht, oder auf der Tatsache, daß die Verkaufspreise des Handels durch Preisbindungsklauseln festgelegt sind. Im ersten Falle spricht man vom sogenannten Konkurrenzprinzip[39]). Zum anderen kann das Unternehmen den Preis als Aktionsparameter einsetzen. Sortimentskalkulation auf der Basis des Wertprinzips bedeutet mithin die Lösung des folgenden preispolitischen Problems: Ein Unternehmen muß das optimale Sortiment, die optimalen Absatzmengen und die optimalen Preise der frei kalkulierbaren Produkte des Sortiments bestimmen. Optimalität bedeutet hierbei, daß mit der Entscheidung der in der gegebenen Situation höchstmögliche Gewinn erzielt wird. Bei der Lösung dieses Problems ist zu beachten, daß zwischen den verschiedenen in dem Sortiment enthaltenen Waren Interdependenzen bestehen. Diese Interdependenzen sind einmal marktbedingt, wenn zwischen den verschiedenen Waren Komplementär- oder Substitutionseffekte bestehen, oder sie sind betrieblich bedingt durch die Tatsache, daß alle Waren den unter Umständen knappen Lagerraum beanspruchen oder innerhalb der gegebenen Verkaufszeiten verkauft werden müssen.

---

[38]) Gutenberg, E., Grundlagen der Betriebswirtschaftslehre, 2. Band, Der Absatz, 3. Aufl., S. 302.

[39]) Vgl. Humbel, P., loc. cit., S. 40; Hoppmann, B., loc. cit.; Ruberg, C., Kostenprinzip, loc. cit. Während Ruberg Wertprinzip und Konkurrenzprinzip offenbar als weitgehend in Übereinstimmung sieht, findet sich bei Hoppmann und Humbel folgende Einteilung:

Konkurrenzprinzip — Kalkulationsprinzip
Kalkulationsprinzip → Kostenprinzip, Wertprinzip

Hier wird demgegenüber die folgende Einteilung verwendet:

Kostenprinzip — Wertprinzip
Wertprinzip → passive Preisbildung, aktive Preisbildung
passive Preisbildung → Konkurrenzprinzip, Preisbindungsklauseln

b) Das „erweiterte Gewinnmaximierungstheorem“ zur Lösung der optimalen Sortimentskalkulation

Für die exakte Lösung dieses Optimumproblems gibt die Literatur bisher keine Hinweise. In Anlehnung an Roos[40]) und Allen[41]) entwickelt Humbel zwar ein „erweitertes Gewinnmaximierungstheorem[42])“, das eine mathematische Formulierung der Sortimentskalkulation auf der Basis des Wertprinzips beinhaltet. Die von Humbel entwickelte Formulierung bleibt aber unbefriedigend, weil sie auf dem Elastizitätsbegriff der Nachfrage aufbaut und mithin eher für eine punktuelle Kontrolle des gefühlsmäßig gefundenen Ergebnisses als für die Berechnung einer optimalen Lösung geeignet erscheint. Zudem führt sie bei mehr als zwei Produkten und komplizierteren Interdependenzverhältnissen auf dem Markt zu Schwierigkeiten. Muß das Handelsunternehmen bei seiner Preispolitik noch andere Faktoren neben der Interdependenz der Nachfrage beachten, wie z. B. die Finanzlage, Lager- und Verkaufsbedingungen usw., dann scheitert das von Humbel vorgeschlagene erweiterte Gewinnmaximierungstheorem vollends. Humbel selbst äußert Bedenken gegenüber der von ihm entwickelten mathematischen Lösung: „Müssen alle Überlegungen nun anstatt für zwei Waren für ein großes Sortiment angestellt werden, so führt diese Lösung — abgesehen von Ungenauigkeiten bei der Einschätzung der Elastizitäten — zu Schwierigkeiten, die eine rechnerische Ermittlung des optimalen Preisansatzes für jeden Artikel nicht mehr erlauben. Die Verwendung von „loss leaders“ hat deshalb in der Praxis mehr gefühlsmäßig zu geschehen, und die Theorie vermag einzig den Erfolg einer günstig durchgeführten werbepolitischen Gewinndifferenzierung zu erklären[43]).“

3. Sortimentskalkulation auf der Basis des Ganzheitsprinzips

a) Allgemeine mathematische Formulierung

Im folgenden wird eine mathematische Lösung des Problems der optimalen Sortimentskalkulation aufgezeigt, die allgemein anwendbar ist.

Gegeben seien[44])

$i = 1, \ldots, n$	Ware, deren Preis Datum ist
$j = 1, \ldots, m$	Ware, deren Preis Aktionsparameter ist
$\mathbf{x}' = (x_1, \ldots, x_i, \ldots, x_n)$	Menge der in der Planungsperiode abgesetzten Waren mit festen Verkaufspreisen
$\mathbf{y}' = (y_1, \ldots, y_j, \ldots, y_m)$	Menge der in der Planungsperiode abgesetzten Waren mit fixierbaren Verkaufspreisen
$\mathbf{c}' = (c_1, \ldots, c_i, \ldots, c_n)$	Einstandspreise + variable Kosten pro Einheit von x
$\mathbf{d}' = (d_1, \ldots, d_j, \ldots, d_m)$	Einstandspreise + variable Kosten pro Einheit von y
$\mathbf{p}' = (p_1, \ldots, p_i, \ldots, p_n)$	Verkaufspreise pro Einheit von x (Datum)
$\mathbf{q}' = (q_1, \ldots, q_j, \ldots, q_m)$	Verkaufspreise pro Einheit von y (Parameter)
K_f =	fixe Handlungskosten in der Planungsperiode
Z =	Gesamtgewinn in der Planungsperiode.

[40]) Roos, C. F., Dynamic Economics, Bloomington, Ind. 1934, besonders S. 128.

[41]) Allen, R. G. D., Mathematical Analysis for Economists, London 1956, S. 359 f., besonders S. 362.

[42]) Humbel, P., loc. cit., S. 62 ff.

[43]) Humbel, P., loc. cit., S. 88.

[44]) Fette kleine Buchstaben bedeuten Spaltenvektoren, fette große Buchstaben Matrizen. Ein Strich (') deutet den transponierten Ausdruck an.

Die Nachfragefunktionen für die Produkte mit variablen Verkaufspreisen seien gegeben durch

$$q_j = \varphi_j (y_j)$$

Je nach der Marktlage auf dem Produktmarkt, dem sich das Unternehmen gegenübersieht, nimmt der Ausdruck $\varphi_j (y_j)$ konkrete Formen an.

Es bestehen zwischen den Produkten folgende Interdependenzbeziehungen:

$$x_i \leqq \gamma_i (q_1, \ldots, q_j, \ldots, q_m) + b_i \qquad (i = 1, \ldots, n).$$

b_i bezeichnet die Sättigungsmenge des Produktmarktes i ohne Berücksichtigung von Interdependenzwirkungen.

Gegeben sei ferner eine Matrix

$$\mathbf{B} = (\mathbf{R} \mid \mathbf{S}),$$

in der die Anforderungen der Produkte **x** und **y** an die betrieblichen Kapazitäten zum Ausdruck kommen, sowie ein Vektor

$$\mathbf{k}' = (k_1, \ldots, k_l),$$

der die verfügbaren Kapazitäten wiedergibt.

Nun kann das Problem der optimalen Sortimentskalkulation formuliert werden: Gesucht seien Mengen $\mathbf{x}^*$ und $\mathbf{y}^*$, so daß die Funktion

(1) $$Z = \mathbf{p}'\mathbf{x} + \mathbf{q}'\mathbf{y} - \mathbf{c}'\mathbf{x} - \mathbf{d}'\mathbf{y} - K_f$$

unter den Bedingungen

(2) $$q_j = \varphi_j (y_j) \qquad (j = 1, \ldots, m)$$

(3) $$x_i \leqq \gamma_i (q_1, \ldots, q_m) + b_i \qquad (i = 1, \ldots, n)$$

(4) $$\mathbf{Rx} + \mathbf{Sy} \leqq \mathbf{k}$$

(5) $$\mathbf{x}, \mathbf{y} \geqq \mathbf{0}$$

maximiert wird.

Es sei angenommen, daß die Preisabsatzfunktionen für y_j linear sind. Dann wird aus (2)

(6) $$q_j = -f y_j + a_j$$

bzw.

(7) $$\mathbf{q} = -\mathbf{Fy} + \mathbf{a},$$

Darin sind
$$\mathbf{F} = \begin{pmatrix} f_1 & & & & 0 \\ & \ddots & & & \\ & & f_j & & \\ & & & \ddots & \\ 0 & & & & f_m \end{pmatrix}$$

und
$$\mathbf{a}' = (a_1, \ldots, a_j, \ldots, a_m)$$

Ferner seien die Interdependenzen zwischen den verschiedenen Produkten des Sortiments linear, so daß aus (3)

(8) $$\mathbf{x} \leqq \mathbf{Gq} + \mathbf{b}$$
wird.

Darin sind $$\mathbf{G} = \begin{pmatrix} g_{11} & \cdots & g_{1m} \\ \cdots & \cdots & \cdots \\ \cdots & \cdots & \cdots \\ g_{n1} & \cdots & g_{nm} \end{pmatrix}$$

und $$\mathbf{b}' = (b_1, \ldots, b_i, \ldots, b_n).$$

Die Vorzeichen der Elemente von **G** sind hier noch nicht näher bestimmt.
Definiert man nun

$\mathbf{p} - \mathbf{c} = \mathbf{u}$ und

$\mathbf{a} - \mathbf{d} = \mathbf{v}$,

so läßt sich das Problem optimaler Sortimentspolitik wie folgt formulieren:

Man maximiere die Funktion

(9) $$Z = \mathbf{u}'\mathbf{x} + \mathbf{v}'\mathbf{y} - \mathbf{y}'\mathbf{F}\mathbf{y} - K_f$$

unter den Bedingungen

(10) $$\mathbf{q} = -\mathbf{F}\mathbf{y} + \mathbf{a}$$

(11) $$\mathbf{x} \leqq \mathbf{Gq} + \mathbf{b}$$

(12) $$\mathbf{Rx} + \mathbf{Sy} \leqq \mathbf{k}$$

(13) $$\mathbf{x}, \mathbf{y} \geqq 0$$

Wenn **y** nicht so groß werden darf, daß der Preis **q** negativ wird, wenn also die Rechtsordnung das Zugabewesen verbietet, dann erhält (10) die folgende Form:

(14) $$\mathbf{0} \leqq -\mathbf{F}\mathbf{y} + \mathbf{a}$$

bzw.

(15) $$\mathbf{F}\mathbf{y} \leqq \mathbf{a}$$

Ist es gesetzlich erlaubt, beim Verkauf bestimmter Waren Zugaben zu machen, dann braucht (10) in dem Modell der optimalen Sortimentskalkulation dagegen als Nebenbedingung nicht weiter berücksichtigt zu werden.

Die Informationen, die (10) enthält, werden aber bei der Formulierung der anderen Nebenbedingungen benötigt. Um die Nebenbedingungen in den Größen der Zielfunktion ausdrücken zu können, setzen wir (10) in (11) ein:

(16) $$\mathbf{x} \leqq -\mathbf{GFy} + \mathbf{Ga} + \mathbf{b}$$

Durch Umformung ergibt sich

(17) $$\mathbf{x} + \mathbf{GFy} \leqq \mathbf{Ga} + \mathbf{b}$$

Damit ist das allgemeine Modell der Sortimentskalkulation auf der Basis des Wertprinzips gefunden. Es lautet:

Maximiere die Zielfunktion

(9) $$\mathbf{u}'\mathbf{x} + \mathbf{v}'\mathbf{y} - \mathbf{y}'\mathbf{F}\mathbf{y} - K_f = Z$$

unter den Nebenbedingungen

(15) $$\mathbf{Fy} \leqq \mathbf{a}$$

(17) $$\mathbf{x} + \mathbf{GFy} \leqq \mathbf{Ga} + \mathbf{b}$$

(4) $$\mathbf{Rx} + \mathbf{Sy} \leqq \mathbf{k}$$

(5) $$\mathbf{x}, \mathbf{y} \geqq \mathbf{0}$$

Bei diesem Modell handelt es sich um die Maximierung einer in einigen Variablen linearen, in anderen Variablen quadratischen Form unter in allen Variablen linearen Nebenbedingungen. Zur Lösung solcher Probleme stehen heute zahlreiche Methoden zur Verfügung[45]).

Für die Berechnung nach der hier angewandten Methode von Frank und Wolfe setzt man

(18) $$\mathbf{w}' = (\mathbf{u}' \,\vdots\, \mathbf{v}'),$$

(19) $$\mathbf{z}' = (\mathbf{x}' \,\vdots\, \mathbf{y}')$$

und

(20) $$\mathbf{H} = \begin{pmatrix} \mathbf{O} & \mathbf{O} \\ \mathbf{O} & \mathbf{F} \end{pmatrix}.$$

Nun maximiert man die folgende quadratische Form

(21) $$\mathbf{w}'\mathbf{z} - \mathbf{z}'\mathbf{H}\mathbf{z} = Z + K_f$$

unter den entsprechenden Nebenbedingungen.

Nun ist leicht ersichtlich, daß die Matrix **H** erheblich umfangreicher als die Matrix **F** ist, und zwar um so mehr, je weniger quadratische Glieder unter den Variablen des Problems vorhanden sind. Eine Lösung, die auf eine so umfangreiche Matrix **H**, in der vorwiegend Nullen stehen, verzichten kann, ist daher für solche gemischt quadratischen Probleme besonders geeignet. Das ist der Grundgedanke der Methode von Beale[46]). Für den mit der Simplex-Methode zur Lösung linearer Programmierungen vertrauten Leser ist jedoch die Methode von Frank und Wolfe[47]) am einfachsten zu handhaben. Diese Methode ist aber nur anwendbar, wenn die Zielfunktion konkav ist und die Nebenbedingungen einen konvexen Raum bilden. Es ist ohne weiteres einleuchtend, daß die linearen Nebenbedingungen des Problems einen konvexen Raum formen. Es ist also lediglich nachzuweisen, daß die Zielfunktion (21) konkav ist. „Die geforderte Konkavität der Zielfunktion ist gleichbedeutend mit der Bedingung, daß **H** die Matrix einer positiv-semidefiniten quadratischen Form ist[48])." **z'Hz** ist aber positiv semidefinit, wenn

(22) $$\sum_{\varrho=1}^{r} h_\varrho z_\varrho^2 \geqq 0 \quad \text{für alle } z_\varrho \neq 0 \qquad (\varrho = 1, \ldots, r)$$

---

[45]) Barankin, E. W., und Dorfman, R.: On Quadratic Programming, University of California Press 1958, University of California Publications in Statistics, Vol 2, No. 13, pp. 285—318; Beale, E. M. L.: On Minimizing a Convex Function Subject to Linear Inequalities, Journal of the Royal Statistical Society (Ser. B), 17 (1955), S. 173; Beale, E. M. L.: On Quadratic Programming, Nav. Res. Log. Quart. 6 (1959), S. 227; Dantzig, G. B.: General Convex Objective Forms, RAND P-1664 (1959); Frank, M., und Wolfe, P.: An Algorithm for Quadratic Programming, Nav. Res. Log. Quart. 3 (1956), S. 95; Hildreth, C.: A Quadratic Programming Procedure, Nav. Res. Log. Quart. 4 (1957), S. 79; Houthakker, H. S.: The Capacity Method of Quadratic Programming, Technical Report No. 71 (1959), Department of Economics, Stanford University; Houthakker, H. S.: The Capacity Method of Quadratic Programming, Econometrica 28 (1960), S. 62; Krelle, W., und Künzi, H. P.: Nichtlineare Programmierung, unveröffentlichtes Manuskript; Kuhn, H. W., und Tucker, A. W.: Nonlinear Programming, Proceedings of the Second Berkeley Symposium on Mathematical Statistics and Probability (1951), S. 481; Markowitz, H.: The Optimization of a Quadratic Function Subject to Linear Constraints, Nav. Res. Log. Quart. 3 (1956), S. 111; Theil, H. und C. van de Panne: Quadratic Programming as an Extension of Classical Quadratic Maximization, Management Science 7 (1960), S. 1; Wolfe, P.: The Simplex Method for Quadratic Programming, Econometrica 27 (1959), S. 382; Wolfe, P.: Some Simplex-like Nonlinear Programming Procedures, Proceedings of the Second International Conference on Operational Research, London 1961, S. 297; Zoutendijk, G.: Maximizing a Function in a Convex Region, Jour. Roy. Stat. Soc. (Ser. B) 21 (1959), S. 338.

[46]) Beale, E. M. L.: On Quadratic Programming, Nav. Res. Log. Quart. 1959, S. 227.

[47]) Frank, M., und Wolfe, P.: An Algorithm for Quadratic Programming, Nav. Res. Log. Quart. 1956, S. 95.

Da aber die Matrix **F** eine Diagonalmatrix mit ausschließlich positiven Elementen f_i ist, folgt aus (20) unmittelbar, daß für jedes beliebige $z_\varrho \neq 0$ der Ausdruck $\Sigma h_\varrho z_\varrho^2$ entweder Null oder positiv sein muß[49]). Die quadratische Form (21) ist also positiv semidefinit. Folglich ist jedes lokale Maximum des Problems ein globales Maximum, und wenn mit Hilfe der Methode von Frank und Wolfe das Maximum des gestellten Problems gefunden ist, besteht Gewißheit darüber, daß es sich um das globale Maximum handelt.

Damit ist das Modell zur Bestimmung der optimalen Preispolitik im Rahmen eines zu findenden optimalen Sortiments entwickelt. Dieses Modell kann jede beliebige Anzahl von Variablen (Produkten innerhalb des Sortiments) und alle denkbaren Beschränkungen, die der Linearitätsbedingung genügen, berücksichtigen[50]). Die vorgetragene Lösung ist also erheblich allgemeiner als die Lösung von Humbel und kann für praktische Planungsprobleme und nicht nur zur Kontrolle gefühlsmäßig gefundener Lösungen eingesetzt werden. Die Lösung geht, da sie auch alle innerbetrieblichen Interdependenzen berücksichtigt, über das sogenannte „Wertprinzip“ in der Sortimentskalkulation hinaus. Sie baut auf dem Ganzheitscharakter der betrieblichen Planung auf. Ich möchte daher eine solche Form der Preispolitik im Handelsunternehmen als Sortimentskalkulation auf der Basis des Ganzheitsprinzips bezeichnen.

b) Die praktische Durchführung der optimalen Sortimentskalkulation

Beispiel 1

In einem ersten einfachen Planungsbeispiel sei angenommen, daß das mögliche Sortiment aus zwei Produkten, einem Markenartikel und einem Zugartikel besteht. Der Verkaufspreis des Markenartikels sei mit 40,— DM festgesetzt, der Einstandspreis zuzüglich der variablen Kosten betrage 30,— DM. Das Unternehmen muß in der Planungsperiode mit fixen Handlungskosten von 100,— DM rechnen. Das Unternehmen sehe sich einer Nachfragefunktion für den Zugartikel gegenüber, die die folgende Form hat:

$$q = -\frac{1}{2} y + 10 \tag{23}$$

Darin ist q der Preis des frei kalkulierbaren Artikels und y die abgesetzte Menge. Die Einstandskosten zuzüglich der variablen Handlungskosten des Zugartikels betragen 3,— DM. Das Unternehmen rechnet ferner damit, daß es ohne Einsatz des Zugartikels von dem Markenprodukt höchstens 10 Einheiten absetzen kann, während sich der Verkauf des Markenartikels um eine Einheit erhöhen würde, wenn zwei Einheiten des Zugartikels verkauft werden. Es sei ferner angenommen, daß der Markenartikel 3 qm der Lagerfläche pro Einheit beansprucht, während der Zugartikel nur 1/4 qm benötigt. Es sei eine Lagerfläche von insgesamt 36 qm vorhanden. Der Einzelhändler steht vor dem Problem, sein Lager so zu füllen und seine Preisauszeichnung für den Zugartikel so vorzunehmen, daß der Gesamtgewinn aus dem Umsatz der bevorstehenden Planungsperiode (z. B. des nächsten Tages) möglichst groß wird.

[48]) Frank, M., und Wolfe, P.: An Algorithm for Quadratic Programming, Nav. Res. Log. Quart. 1956, S. 96.

[49]) Vgl. auch Stoll, R. R.: Linear Algebra and Matrix Theory, New York - Toronto - London 1952, S. 122 f.

[50]) Die Bedingung finanziellen Gleichgewichts läßt sich allerdings in diesem Modell nicht einfangen, da sie bei variabler Preispolitik im allgemeinen zu quadratischen Nebenbedingungen führt. Solche Probleme sind heute bereits lösbar, es wird jedoch hier darauf verzichtet, die Probleme quadratischer Nebenbedingungen in die Überlegungen einzubeziehen.

Das Problem wird mathematisch wie folgt formuliert:

Maximiere

(24) $$10\,x + 7\,y - \frac{1}{2}\,y^2 - 100 = Z$$

oder, da die fixen Kosten die Lösung nicht beeinflussen,

(25) $$10\,x + 7\,y - \frac{1}{2}\,y^2 = \hat{Z}$$

worin $\hat{Z} = Z + K_f$ ist.

Dabei sind die Nebenbedingungen zu beachten:

(26) $$x - \frac{1}{2}\,y \leqq 10$$

(27) $$3x + \frac{1}{4}\,y \leqq 36$$

(28) $$x, y \geqq 0$$

Läßt man zunächst (27) außer Betracht, so läßt sich eine Lösung durch Einsetzen von (26) in (25) und Maximierung der Funktion (25) leicht finden. Es müssen 16 Einheiten des Markenartikels und 12 Einheiten des Zugartikels gelagert und am nächsten Tag verkauft werden. Der Reingewinn bei diesem Verkaufsprogramm beträgt 72,— DM. Der optimale Preis des Zugartikels muß in diesem Falle mit 4,— DM angesetzt werden. Er liegt also noch über dem Einstandspreis. Die Stückspanne beträgt bei dieser Lösung der Sortimentskalkulation für den Zugartikel 33 $^1/_3$ % und ist damit genau so hoch wie für den Markenartikel. Die Lösung ist aber, wie man leicht erkennt, bei dem gegebenen Lagerraum nicht zulässig, denn es wären 51 qm Lagerraum erforderlich. Diesem Bedarf stehen aber nur 36 qm verfügbarer Lagerkapazität gegenüber.

Die Lösung des Problems der optimalen Sortimentskalkulation bei Berücksichtigung der knappen Lagerkapazität sei zunächst graphisch dargestellt. In Abb. 1 sind die Nebenbedingungen (26) und (27) eingetragen. Das schraffierte Feld stellt mithin den Lösungsbereich des Problems dar. Die beiden Kurven $\hat{Z}$ sind zwei Gewinnfunktionen aus der Schar konkaver Zielfunktionen (26) für unterschiedliche Werte von $\hat{Z}$. Sie sind der geometrische Ort aller Verkaufsprogramme mit dem gleichen Bruttogewinn $\hat{Z}$. Je höher der Bruttogewinn $\hat{Z}$, desto weiter liegen diese Kurven vom Koordinatenanfangspunkt entfernt. Wie man aus Abb. 1 erkennt, berücksichtigt die Lösung $y = 12$, $x = 16$ lediglich die Interdependenzbeziehung zwischen x und y, nicht dagegen die Lagerbedingung. Dort, wo die Gewinnfunktion die Lagerfunktion tangiert, liegt die optimale Lösung des Problems. Aus der Abbildung ist ersichtlich, daß das Optimum bei $y = 6{,}16$ und $x = 11{,}49$ gefunden ist. Keine andere Lösung erbringt unter den gegebenen Bedingungen einen gleichen Gewinn $\hat{Z}$ von 139,— DM. Der Verkaufspreis für den Zugartikel wird nun auf 6,92 DM angesetzt. Das ist gleichbedeutend mit einem Bruttogewinnaufschlag von 131 % gegenüber 33 $^1/_3$ % bei dem Markenartikel. In der nachstehenden Tabelle 1 ist die Berechnung mit Hilfe der Methode von Frank und Wolfe durchgeführt.

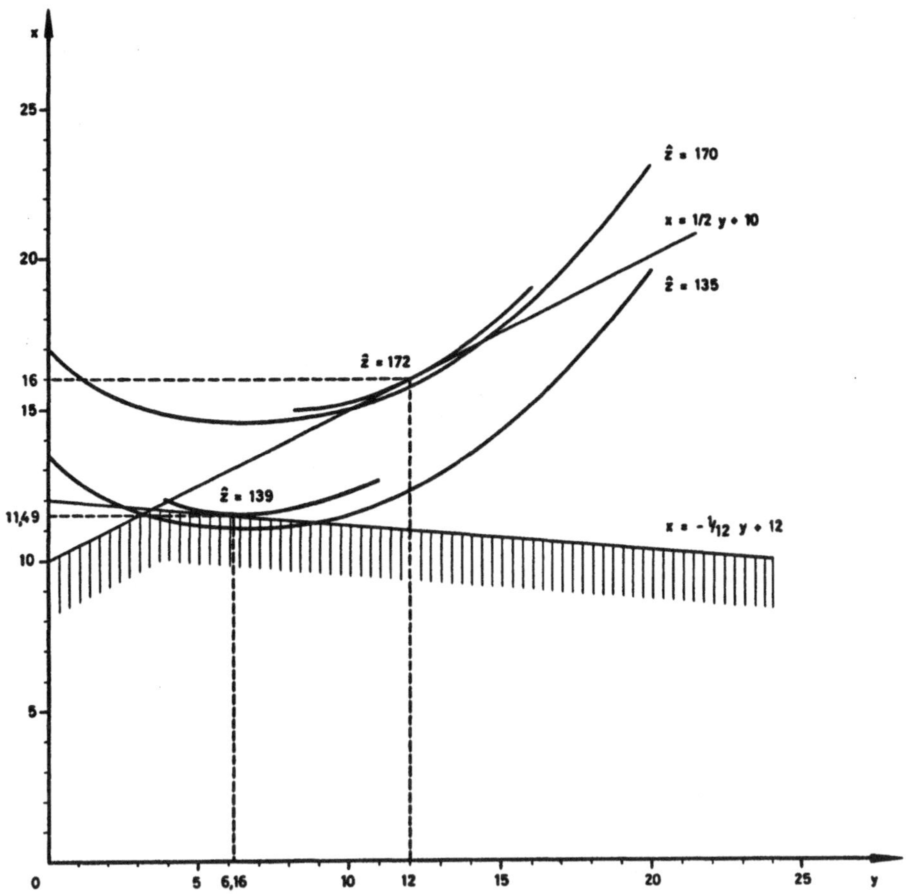

$\hat{z} = 170 \quad : \quad x = \frac{1}{20} y^2 - \frac{7}{10} y + 17$

y	0	5	10	12	15	20
x	17	14 3/4	15	15 4/5	17 3/4	23

$\hat{z} = 135 \quad : \quad x = \frac{1}{20} y^2 - \frac{7}{10} y + 13{,}5$

y	0	4	5	10	15	20
x	13 1/2	11 1/2	11 1/4	11 1/2	14 1/4	19 1/2

Abbildung 1

Tabelle 1

Θ	B	c	λ	x_1	x_2	u_1	u_2	y_1	y_2	v_1	v_2	w_1 1	w_2 2
	y_1	o	10	1	$-1/2$			1					
	y_2	o	36	3	$1/4$				1				
$10/3$	w_1	1	10			1	3			-1		1	
>	w_2	1	7		1	$-1/2$	$1/4$				-1		1
	z		17	o	1	$1/2$	$3\,1/4$	o	o	-1	-1	1	1
	c - z			o	-1	$-1/2$	$-3/4$	o	o	1	1	o	o
	y_1	o	10	1	$-1/2$			1					
>	y_2	o	36	3	$1/4$				1				
	u_2	o	$10/3$			$1/3$	1			$-1/3$		$1/3$	
$6\,1/6$	w_2	1	$6\,1/6$		1	$-7/12$				$1/12$	-1	$-1/12$	1
	z		$6\,1/6$	o	o	$-7/12$	o	o	o	$1/12$	-1	$-1/12$	1
	c - z			o	-1	$7/12$	o	o	o	$-1/12$	1	$11/12$	o
	y_1	o	$13\,1/12$	1		$-7/24$		1		$1/24$	$-1/2$	$-1/24$	$1/2$
	y_2	o	$34\,11/24$	3		$7/48$			1	$-1/48$	$1/4$	$1/48$	$-1/4$
	u_2	o	$10/3$			$1/3$	1			$-1/3$		$1/3$	
	x_2	o	$6\,1/6$		1	$-7/12$				$1/12$	-1	$-1/12$	1
	z		o	o	o	o	o	o	o	o	o	o	o
	c - z			o	o	o	o	o	o	o	o	1	1

Θ	B	$\tilde{z}$	$\tilde{z}$ \ z	x_1	x_2	u_1	u_2	y_1	y_2	v_1	v_2
				o	o	$13\,1/2$	$34\,11/24$	o	$10/3$	o	$6\,1/6$
	y_1	o	$13\,1/2$	1		$-7/24$		1		$-1/24$	$-1/2$
$827/72$	y_2	$10/3$	$34\,11/24$	3		$7/48$			1	$-1/48$	$1/4$
	u_2	$34\,11/24$	$10/3$			$1/3$	1			$-1/3$	
	x_2	o	$6\,1/6$		1	$-7/12$				$1/12$	-1
	z		230	10	o	$431/36$	$34\,11/24$	o	$10/3$	$416/36$	$10/12$
	c - z			-10	o	$55/36$	o	o	o	$-416/36$	$5\,1/3$
	y_1	o	$145/72$			$-49/144$		1	$-1/3$	$-5/144$	$-7/12$
	x_1	o	$827/72$	1		$7/144$			$1/3$	$-1/144$	$1/12$
	u_2	$34\,11/24$	$10/3$			$1/3$	1			$-1/3$	
	x_2	o	$6\,1/6$		1	$-7/12$				$1/12$	-1
	z		115	o	o	$827/72$	$34\,11/24$	o	o	$-11,49$	o
	c - z			o	o	2	o	o	$10/3$	11,49	$6\,1/6$

Beispiel 2

Es soll nun ein komplizierteres Problem der Sortimentskalkulation entwickelt werden, an dem die Leistungsfähigkeit der dargestellten Planungsmethode eindeutiger nachgewiesen werden kann.

Die Planungsdaten

Ein Handelsunternehmen steht vor der Entscheidung, drei Waren mit gebundenen Verkaufspreisen und zwei frei kalkulierbare Artikel in das Sortiment aufzunehmen. Angaben über diese Artikel werden in Tabelle 2 gemacht.

Tabelle 2

Produkt	Verkaufs-preis	Einstands-preis	Brutto-Stück-gewinn	Stück-spanne in %	Lagerraum-bean-spruchung	Verkaufszeit-bean-spruchung
x_1	40	30	10	$33^1/_3$	3	1
x_2	12	6	6	100	2	3
x_3	10	2	8	400	1	2
y_1	var.	3	—	—	1	$^1/_4$
y_2	var.	36	—	—	$^1/_2$	$^1/_2$

Die Zugartikel y_1 und y_2 haben folgende Preisabsatzfunktionen:

(29) $$q_1 = -\frac{1}{2}y_1 + 10$$

(30) $$q_2 = -y_2 + 40$$

Bei y_2 handelt es sich also um einen hochwertigen Markenartikel, den das Unternehmen als Zugartikel einsetzen kann, da dieser Markenartikel nicht preisgebunden ist.

Zwischen den Waren mit gebundenen Preisen und den frei kalkulierbaren Artikeln bestehen sehr unterschiedliche Interdependenzen. Die Unternehmensleitung kann im allgemeinen davon ausgehen, daß niedrige Verkaufspreise für die frei kalkulierbaren Waren Konsumenten zum Kauf in den Laden führen und daß diese Kunden auch andere preisgebundene Waren mitnehmen werden, so daß sich der Absatz preisgebundener Waren um so mehr erhöhen wird, je mehr Kunden durch entsprechend niedrige Preise der Zugartikel den Laden betreten. „Maßgeblich für den Erfolg eines Zugartikels ist, daß durch ihn der Kunde zunächst einmal veranlaßt wird, das Geschäft zu betreten. Wenn er dann noch zusätzlich andere Waren kauft, so geschieht das nicht, weil er sich über die Preiswürdigkeit täuscht, sondern weil es für ihn bequemer ist, möglichst viele Einkäufe im gleichen Geschäft zu erledigen[51])."

Die Unternehmensleitung rechne nun damit, daß ohne den Absatz der Zugartikel höchstens folgende Mengen der preisgebundenen Waren abgesetzt werden können:

x_1 : 30 Mengeneinheiten,
x_2 : 16 Mengeneinheiten,
x_3 : 25 Mengeneinheiten.

Die Absatzfunktion für x_1

Es sei festgestellt worden, daß der Absatz von x_1 von den für die frei kalkulierbaren Produkte y_1 und y_2 verlangten Preisen und von dem Absatz des Markenartikels x_2 abhängt, da x_1 und x_2 komplementäre Produkte sind. Die Komplementaritätsbeziehung kann aber nicht eindeutig, sondern nur im Zusammenhang mit der Wirkung der Zugartikel angegeben werden. Ganz allgemein geht die Unternehmensleitung von einer Interdependenzbeziehung der Form

[51]) Hax, H., loc. cit., S. 74.

(31) $$x_1 \leqq \varphi_1 (x_2) + \varphi_2 (q_1) + \varphi_3 (q_2) + 30.$$

aus.

Die Überlegung unterstellt zunächst, daß keine Einheit von x_2 abgesetzt wird. Bei Preisen von $q_1 \geqq 10$ und $q_2 \geqq 40$ sind auch die Absatzmengen y_1 und $y_2 = 0$, und es werden von x_1 höchstens 30 Einheiten abgesetzt.

Der Einfluß des ersten Lockvogels auf den Absatz von x_1 läßt sich durch folgende Überlegung quantitativ bestimmen. Bei einem Preis von $q_1 = 10$ werden gerade 30 Einheiten x_1 abgesetzt. Ohne Einsatz von x_2 und y_2 sähe sich die Unternehmensleitung nun einer Absatzsituation der Form gegenüber:

(32) $$x_1 = - \frac{3}{2} q_1 + 45.$$

Bei einem Preis $q_1 = 10$ ist also $x_1 = 30$, und je niedriger die Unternehmensleitung den Preis von y_1 ansetzt, um so größer ist der Umsatz der Ware y_1 und damit der Ware x_1. Ohne Zugabewesen kann jedoch der Absatz von x_1 durch y_1 nicht über 45 Einheiten von x_1 ausgedehnt werden. Diese Beziehung zwischen dem Preis von y_1 und dem Markenartikel x_1 wird in Abb. 2 zum Ausdruck gebracht.

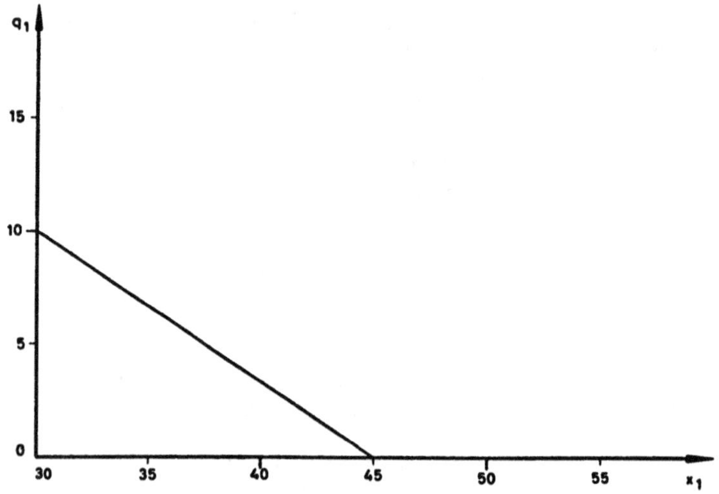

Abbildung 2

Die Unternehmensleitung legt auch die den Absatz von x_1 fördernde Wirkung von y_2 quantitativ fest: Wird der Preis für den zweiten Lockvogel unter 40,— DM gesenkt, dann übt auch er Anreize aus, die die Absatzmöglichkeiten von x_1 vergrößern. Die Nachfrage nach x_1 reagiert bereits auf jeden Umsatz der Zugartikel y_1 und y_2. Der Preis für diese Waren braucht also nicht sehr günstig gesetzt zu werden, um überhaupt eine Zugwirkung auszuüben. Für den Absatz von x_1 ist also weniger die Tatsache eines besonderen Anreizes, der von besonders niedrigen Preisen der frei kalkulierbaren Artikel ausgeht, als vielmehr das Vorhandensein dieser Waren im Sortiment überhaupt entscheidend.

Das Unternehmen habe nun festgestellt, daß es bei einem Preis $q_2 = 40$ und $q_1 = 10$ 30 Einheiten von x_1 absetzen kann und bei einem Preis von $q_2 = 16$

und q_1 = 10 57 Einheiten. Bei einem anderen Versuch hat sich gezeigt, daß der Absatz von x_1 auf 63 Einheiten steigt, wenn die Preise $q_1 = 6$ und $q_2 = 16$ gesetzt werden, während bei Preisen von 6,— DM (q_1) und 8,— DM (q_2) sogar 72 Einheiten von x_1 verkauft werden können. Aus diesen Angaben entwickelt die Unternehmensleitung nun eine verbundene Nachfragefunktion. Hierbei geht sie wiederum von der vertretbaren Annahme linearer Interdependenzbeziehungen aus. Die so ermittelte Nachfragefunktion für x_1 hat die folgende Form:

$$x_1 = -\frac{3}{2} q_1 - \frac{9}{8} q_2 + 90 \qquad (33)$$

Diese Beziehung wird in Abb. 3 wiedergegeben.

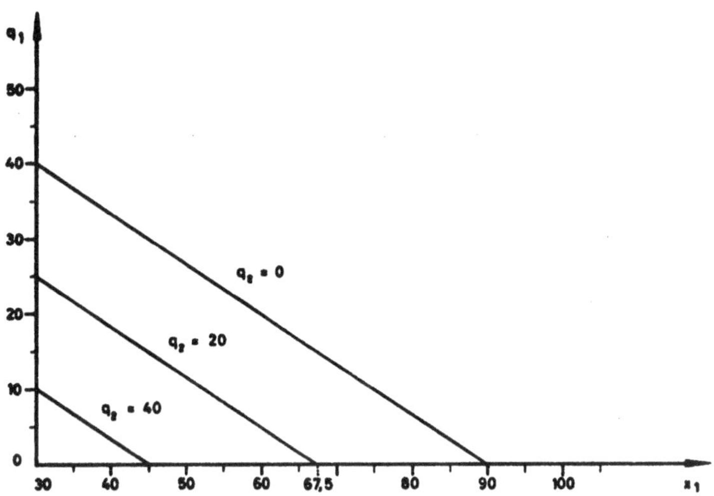

Abbildung 3

Genau genommen, müßte (33) noch um Nebenbedingungen entsprechend (29) und (30) erweitert werden. Diese sind in (33) und Abbildung 3 unberücksichtigt geblieben. Das Ergebnis wurde auf die Einhaltung dieser Nebenbedingungen geprüft.

Endlich wird noch davon ausgegangen, daß eine additive Komplementärbeziehung zu x_2 besteht, so daß die endgültige Interdependenzbeziehung bei der Planung in folgender Form berücksichtigt werden kann:

$$x_1 = -\frac{3}{2} q_1 - \frac{9}{8} q_2 + \frac{3}{4} x_2 + 90 \qquad (34)$$

Unter Berücksichtigung der Preisabsatzfunktionen (29), (30) kann man dafür auch schreiben:

$$x_1 - \frac{3}{4} x_2 - \frac{3}{4} y_1 - \frac{9}{8} y_2 = 30 \qquad (35)$$

Da die Unternehmensleitung natürlich nicht verpflichtet ist, diese Interdependenzwirkung voll zur Auswirkung kommen zu lassen, sondern unter Umständen auch Nachfrage nach x_1 unbefriedigt lassen kann, schreiben wir (35) in der allgemeineren Form

$$x_1 - \frac{3}{4} x_2 - \frac{3}{4} y_1 - \frac{9}{8} y_2 \leq 30 \qquad (36)$$

Die Absatzfunktion für x_2

Für den Absatz von x_2 gelten ähnliche Komplementaritätswirkungen von y_1 und y_2. Allerdings muß die Unternehmensleitung hierbei beachten, daß die gewünschte absatzstimulierende Wirkung des Zugartikels y_2 nur dann eintritt, wenn der Bruttogewinnaufschlag auf den Einstandspreis und die variablen Kosten von y_1 relativ gering ist. Gleichgültig also, wie niedrig der Preis q_2 angesetzt wird, eine verkaufsfördernde Wirkung auf x_2 geht von ihm erst aus, wenn der Preis q_1 einen bestimmten Betrag unterschreitet. Dieser Betrag wird mit 6,30 DM angegeben. Das ist gleichbedeutend mit einer Bruttospanne von 5 %. Diese Situation bedeutet, daß die frei kalkulierbaren Artikel y_1 und y_2 in Komplementaritätsbeziehungen zueinander und zu x_2 stehen, daß aber die Komplementaritätswirkung zwischen y_1 und y_2 erst auftritt, wenn y_1 verhältnismäßig billig ist. Ein hypothetisches Beispiel wäre der Verkauf von Réchauds (x_2), die auch bei Feuerzangenbowlen Verwendung finden können. Jeder verkaufte Kessel (y_1) fördert den Verkauf von Réchauds. Aber erst wenn der Preis für den Kessel so niedrig ist, daß die Kunden geneigt sind, zum Kessel passende Bowlengläser (y_2) zu kaufen, wirken auch die Bowlengläser verkaufsfördernd für Réchauds. Abb. 4 gibt ein Bild der Situation, wie sie die Unternehmensleitung sieht.

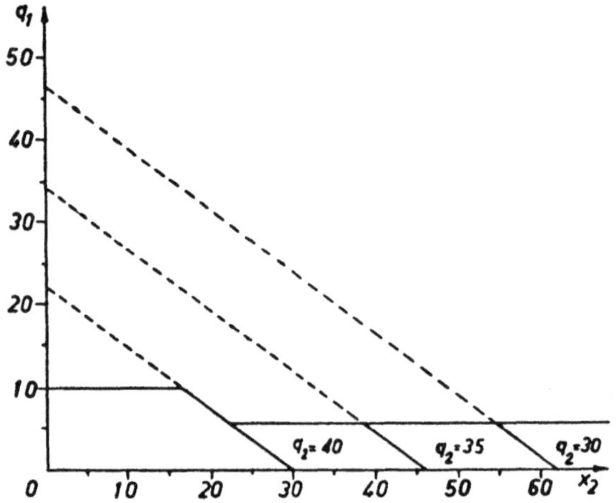

Abbildung 4

Für den Absatz von x_2 gilt also:

(37) $$q_1 = -\frac{3}{4}x_2 + 22 \qquad \text{(wenn } q_1 > 6{,}30\text{)}$$

und

(38) $$q_1 = -\frac{3}{4}x_2 - \frac{5}{2}q_2 + 122 \qquad \text{(wenn } q_1 \leq 6{,}30\text{).}$$

Nach Einsetzen und Umformung erhält man analog (36)

(39) $$x_2 - \frac{2}{3}y_1 \leq 16 \qquad \text{(für } q_1 > 6{,}30\text{)}$$

(40) $$x_2 - \frac{2}{3}y_1 - \frac{10}{3}y_2 \leq 16 \qquad \text{(für } q_1 \leq 6{,}30\text{).}$$

Außerdem sei noch eine Substitutionswirkung zwischen x_2 und x_3 zu beachten. Gleichgültig, wie stark die Zugartikel auf den Absatz von x_2 wirken, so kann der Absatz doch nie über 85 Einheiten ausgedehnt werden, und der Absatz von 10 Einheiten x_3 hat im allgemeinen den Absatz von x_2 um eine Einheit verringert. Die Unternehmensleitung will also noch folgende Beziehung beachten:

$$x_2 + \frac{1}{10} x_3 \leq 85 \tag{41}$$

Die Absatzfunktion für x_3

Auf den Umsatz von x_3 wirkt nur y_2 absatzfördernd. Hier handele es sich aber um den Fall, daß x_3 nur dann verstärkt abgesetzt werden kann, wenn y_2 erheblich unter seinen Kosten verkauft wird. Eine absatzfördernde Wirkung geht von y_2 auf x_3 nur dann aus, wenn der Preis für y_2 mit 30,— DM oder niedriger angesetzt wird. Das bedeutet immerhin einen Stückverlust von mindestens 16,6 % auf den Einstandspreis oder: Die Einstandspreise liegen um mindestens 20 % über dem Verkaufspreis. Die Beziehungen zwischen preisgebundenem Petroleum und frei kalkulierbaren Petroleumlampen könnten diesen Fall illustrieren.

Für die Interdependenz zwischen Verkaufspreis q_2 und Absatzmenge x_3 nimmt die Unternehmensleitung folgende Beziehung an:

$$q_2 = -\frac{4}{5} x_3 + 60 \tag{42}$$

bzw.

$$x_3 = -\frac{5}{4} q_2 + 75 \tag{43}$$

Nach Einsetzen und Umformen erhält man wiederum entsprechend den Überlegungen zu (36)

$$x_3 - \frac{5}{4} y_2 \leq 25 \qquad (\text{für } q_2 \leq 30) \tag{44}$$

und

$$x_3 \qquad \leq 25 \qquad (\text{für } q_2 > 30) \tag{45}$$

Damit sind alle Absatzbeziehungen, die die Unternehmensleitung bei der Planung ihres Sortiments und ihrer Verkaufspreise berücksichtigen muß, formuliert. Die Lagerkapazität des Unternehmens beträgt 600 qm. In der Planperiode stehen zum Verkauf 450 Arbeitsstunden zur Verfügung.

Die Lösung des Planungsproblems

Das Modell kann nun formuliert werden:

$$10x_1 + 6x_2 + 8x_3 + 7y_1 + 4y_2 - \frac{1}{2}y_1^2 - y_2^2 = \hat{Z} \tag{46}$$

$$x_1 - \frac{3}{4}x_2 - \frac{3}{4}y_1 - \frac{9}{8}y_2 \leq 30 \tag{47}$$

$$x_2 - \frac{2}{3}y_1 - \frac{10}{3}y_2 \leq 16 \quad (\text{für } q_1 > 6{,}30) \tag{48a}$$

$$x_2 - \frac{2}{3}y_1 \leq 16 \quad (\text{für } q_1 \leq 6{,}30) \tag{48b}$$

$$x_2 + \frac{1}{10}x_3 \leq 85 \tag{49}$$

$$x_3 - \frac{5}{4}y_2 \leq 25 \quad (\text{für } q_2 \leq 30) \tag{50a}$$

$$x_3 \leq 25 \quad (\text{für } q_2 > 30) \tag{50b}$$

$$(51) \quad 3x_1 + 2x_2 + x_3 + y_1 + \frac{1}{2}y_2 \leqq 600$$

$$(52) \quad x_1 + 3x_2 + 2x_3 + \frac{1}{4}y_1 + \frac{1}{2}y_2 \leqq 450$$

$$(53) \quad x_1, \quad x_2, \quad x_3, \quad y_1, \quad y_2 \geqq 0$$

Dieses Planungsproblem scheint ebenfalls mit Hilfe der Methoden der quadratischen Programmierung lösbar. Eine gewisse Schwierigkeit bereiten jedoch die alternativen Ungleichungen (48a) und (48b) bzw. (50a) und (50b). Die Verfahren der quadratischen Programmierung können die Wahl zwischen den alternativen Ungleichungen nicht automatisch treffen, wenn das Modell in der bisherigen Form formuliert wird. Der Ansatz muß daher etwas umgeformt werden, wenn bei der Lösung automatisch die zutreffende Ungleichung ausgesucht werden soll bzw. wenn im Laufe der Lösung von einer Ungleichung zur anderen übergegangen werden muß. Der Lösungsgedanke sei an den alternativen Ungleichungen (48a) und (48b) entwickelt.

(48a) unterscheidet sich von (48b) lediglich durch den Ausdruck $-\frac{10}{3}y_2$. Dieser Ausdruck muß verschwinden, wenn der Preis für den ersten Lockvogel höher als 6,30 DM ist. Zunächst wird die Bedingung $q_1 \leqq 6{,}30$ in eine Nebenbedingung umgeformt, in der die Absatzmenge y_1 und nicht der Preis q_1 erscheint. Aus (29) ergibt sich $y_1 \geqq 7{,}4$. Nun muß ein Planungsansatz gefunden werden, bei dem der Ausdruck $-\frac{10}{3}y_2$ Null ist für den Fall, daß $y_1 < 7{,}4$ und den Wert $-\frac{10}{3}y_2$ hat, wenn $y_1 \geqq 7{,}4$ ist. (48a) wird dazu in folgender Weise umgeformt:

$$(54) \quad x_2 - \frac{2}{3}y_1 - \frac{10}{3}y_2 u_1 \leqq 16$$

u_1 ist eine Hilfsvariable. Wenn u_1 den Wert 0 annimmt, dann fällt der Ausdruck $-\frac{10}{3}y_2$ weg. Ist u_1 dagegen 1, dann bleibt $-\frac{10}{3}y_2$ bestehen. Damit ist die Bedingung der in dem Programm enthaltenen Alternative auf die Variable u_1 verlagert worden. Wenn u_1 = Null ist, dann rechnet das Programm mit der Ungleichung (48b). Ist u_1 dagegen = 1, dann liegt der Programmierung die Ungleichung (48a) zugrunde. Nun muß nur gewährleistet werden, daß u_1 den entsprechenden Wert annimmt, wenn y_1 größer oder kleiner als 7,4 ist. Dafür werden die folgenden Nebenbedingungen formuliert:

$$(55) \quad y_1 - 7{,}4\, u_1 \geqq 0$$

$$(56) \quad u_1 \leqq 1$$

$$(57) \quad u_1 \quad \text{ganzzahlig.}$$

u_1 kann nur die Werte 0 oder 1 annehmen. Da nach der Struktur des Problems ein Übergang von (48b) auf (48a) erfolgen wird, sobald y_1 den dazu erforderlichen Wert 7,4 erreicht hat, braucht ein Übergang in dieser Richtung nicht explizit durch eine zusätzliche Bedingung erzwungen zu werden. Allein durch die Nebenbedingungen (54) bis (57) ist die automatisch richtige Wahl zwischen den alternativen Ungleichungen gesichert.

Entsprechend werden neue Nebenbedingungen formuliert, um die richtige Wahl zwischen (50a) und (50b) zu gewährleisten. Diese Nebenbedingungen brauchen daher nur noch hingeschrieben zu werden:

$$(58) \quad x_3 - \frac{5}{4} y_2 u_2 \leq 25$$

$$(59) \quad y_2 - 10 u_2 \geq 0$$

$$(60) \quad u_2 \leq 1$$

$$(61) \quad u_2 \text{ ganzzahlig.}$$

Die Nichtnegativitätsbedingung (53) muß um die Hilfsvariablen erweitert werden. Sie lautet daher in dem neuen Programmierungsansatz:

$$(62) \quad x_1, x_2, x_3, y_1, y_2, u_1, u_2, \geq 0$$

Das damit gefundene Problem ist erheblich komplizierter als die einfachen quadratischen Programmierungen, auf die Planungsprobleme wie das erste Beispiel führen. Es muß nun eine quadratische Zielfunktion mit zum Teil nichtlinearen Nebenbedingungen maximiert werden, wobei zu beachten ist, daß einige Variable ganzzahlig sein müssen. Ein mathematisches Verfahren zur Lösung solcher Probleme ist mir nicht bekannt. Bei der Berechnung dieses Beispiels wurde daher so vorgegangen, daß jeweils nur eine der alternativen Ungleichungen in den Ansatz hereingenommen und dann die Lösung auf Widersprüche geprüft wurde. Die endgültige Lösung des Problems ist in Tabelle 3 wiedergegeben.

Tabelle 3

Produkt	Absatzmenge	Verkaufspreis	Brutto-Stückgewinn	Stückspanne in %
x_1	112,15	40	10	33 1/3
x_2	75,13	12	6	100
x_3	44,39	10	8	200
y_1	11,13	4,44	1,44	48
y_2	15,51	24,49	— 11,51	— 32

Der Gesamtbruttogewinn beträgt bei diesem Programm 1 764,85 DM. Er könnte noch gesteigert werden, wenn mehr Lagerraum zur Verfügung stände. An diesem Beispiel zeigt sich, daß auch Unterkostenverkäufe im Rahmen einer auf möglichst hohe Gewinnerzielung bedachten Sortimentskalkulation sinnvoll sein können. Gelänge es dem Unternehmer, die Beschränkungen an Lagerraum und Verkaufszeit aufzuheben, so daß die optimale Sortimentspolitik sich ausschließlich an den Marktgegebenheiten orientieren könnte, dann würde nicht nur y_2, sondern auch y_1 mit Verlust verkauft werden. In diesem Falle würden 16,17 Einheiten von y_1 mit einem Stückverlust von 1,08 DM oder 36 % und 16,11 Einheiten y_2 mit einem Stückverlust von 12,11 DM oder 33,6 % verkauft werden.

IV. Sortimentskalkulation als Instrument ganzheitlicher betrieblicher Preispolitik

Die Analyse der Sortimentskalkulation ermöglicht Aussagen über Form und Inhalt der Preispolitik von Handelsunternehmen. Sortimentskalkulation bedeutet simultane Preispolitik mit allen Waren unter Ausnutzung der zwischen ihnen bestehenden Nachfrageinterdependenzen. Betriebliche Preispolitik darf folglich nicht in der Weise betrieben werden, daß die Preise für jedes von dem Unternehmen angebotene Produkt isoliert festgelegt werden, sondern sie muß alle Preise gleichzeitig aufeinander abstimmen und dabei die Auswirkungen unterschiedlicher Preise des einen Artikels auf die möglichen Absatzmengen anderer Waren des Sortiments berücksichtigen. Die betriebliche Preispolitik im Mehrproduktunternehmen kann also nur dann optimale Ergebnisse erzielen, wenn sie von der gesamten Marktkonstellation, der sich das Unternehmen gegenübersieht, und von der gesamten betrieblichen Situation, in der sich das Unternehmen befindet, ausgeht. Auf diesen fundamentalen Unterschied zwischen einer Preispolitik, die lediglich die Nachfrage- und Kostensituation eines einzelnen Artikels im Sortiment betrachtet und auf Grund dieser Daten den Preis für das Erzeugnis festsetzt, und einer Preispolitik, die stets das gesamte Sortiment beachtet und aus dieser gesamtbetrieblichen Sicht den Preis für das einzelne Produkt ableitet, hat Gutenberg treffend hingewiesen: „Das preispolitische Ziel der Unternehmen besteht nicht darin, für jede einzelne Ware bzw. Warengattung, Produktions- oder Handelssparte den größtmöglichen Gewinn zu erzielen, vielmehr ergibt sich als absatzpolitische Aufgabe, mit dem gesamten Verkaufsprogramm bzw. dem gesamten Sortiment ein möglichst günstiges Betriebsergebnis zu erreichen[52])."

Eine in diesem gesamtbetrieblichen Sinn optimale Preispolitik in der Form der Sortimentskalkulation führt gleichzeitig zur Planung anderer betrieblicher Teilbereiche. Eine Preisentscheidung kann nämlich nur dann optimal sein, wenn auch die bei dem optimalen Preis absetzbaren Mengen vorrätig sind. Optimale Sortimentskalkulation bedeutet folglich auch optimale Einkaufsplanung und optimale Lagerdisposition für die Planungsperiode. Oft muß bei der Planung der Verkaufspreise auch finanziellen Gesichtspunkten Rechnung getragen werden. Dann muß die Sortimentskalkulation auch auf den Finanzplan des Unternehmens abgestimmt werden.

Optimale Sortimentskalkulation ist also nur möglich, wenn die betriebliche Planung alle Teilbereiche des Handelsbetriebes gleichzeitig berücksichtigt. Nur wenn die enge Verzahnung aller betrieblichen Teilbereiche miteinander beachtet und in dem Planungssystem der Sortimentskalkulation dem Ganzheitscharakter der betrieblichen Planung Rechnung getragen wird, können optimale Ergebnisse erzielt werden. Die Verfahren der Sortimentskalkulation dürfen also nie auf Teilaspekten wie dem „Kostenprinzip" oder dem „Wertprinzip" aufbauen. Kostenseite und Nachfrageseite liefern im Rahmen einer ganzheitlichen betrieblichen Preispolitik gleichbedeutende Daten für die Preisentscheidungen. Wir können also sagen, daß eine optimale Sortimentskalkulation weder Sortimentskalkulation auf der Basis des Kostenprinzips noch auf der Basis des Wertprinzips sein kann. Optimale Sortimentskalkulation kann nur auf der Basis des „Ganzheitsprinzips" durchgeführt werden.

Inhaltliche Aussagen der Sortimentskalkulation mit allgemeiner Gültigkeit können nur mit entsprechender Vorsicht gemacht werden, da die Ergebnisse stets von der konkreten Datenkonstellation abhängen. Eine Wirkung der ganzheitlichen Preispolitik im Handelsbetrieb läßt sich aber mit Sicherheit nach-

---

[52]) Gutenberg, E., Grundlagen der Betriebswirtschaftslehre, 2. Band, 3. Aufl., S. 303.

weisen: Für ein Unternehmen, das nach Gewinnmaximierung strebt, liegen Unterkostenverkäufe im notwendigen Aktionsspielraum. Nur wenn es dem Unternehmen gestattet ist, seine Waren möglicherweise auch unter den Kosten zu verkaufen, kann es die zwischen den Artikeln des von ihm angebotenen Sortiments bestehenden Nachfrageinterdependenzen voll ausnutzen[53]). Auf der anderen Seite sind aber auch Preise oberhalb des Cournotschen Punktes im Rahmen der Sortimentskalkulation zulässig, wenn dadurch verhältnismäßig niedrige Preise bei einem anderen Artikel so kompensiert werden können, daß das gesamte Sortiment einen möglichst hohen Gewinn abwirft.

Sortimentskalkulation bedeutet also die Möglichkeit erheblich größerer Preisausschläge für eine einzelne Ware als eine Preispolitik, die sich nur an den Daten des betreffenden Erzeugnisses ausrichtet und die Interdependenz zwischen den verschiedenen Sortimentsartikeln unberücksichtigt läßt. Der Sortimentskalkulation wohnt also eine gewisse Tendenz zur Preiszersplitterung auf dem Gesamtmarkt inne. Auf diese Wirkung hat Gutenberg bereits 1942 hingewiesen[54]): „Der Grundsatz des innerbetrieblichen Kostenausgleichs hat also die Tendenz, die Preisstreuung für ein Produkt zu verstärken, nicht dagegen, die Preise zu vereinheitlichen." Diese Preiszersplitterung auf dem Produktmarkt ist aber nur das mögliche Ergebnis einer konsequenten Ausnutzung der Konstellation auf einem unvollkommenen Markt, die durch die Sortimentskalkulation ermöglicht wird, nicht aber die Wirkung der Sortimentskalkulation selbst. Die Sortimentskalkulation ist lediglich ein Planungsinstrument, mit dem sich die Betriebe besser an die Marktsituation anpassen können als mit anderen, isoliert vorgehenden Methoden der Preispolitik.

Die Preisunterschiede, die auf dem Markt eines bestimmten Produktes auftreten, sind also bei gegebenem unvollkommenem Markt im allgemeinen größer, wenn diese Ware im Rahmen der Sortimentskalkulation auch als Zugartikel eingesetzt werden kann. Die Streubreite der Preise im Rahmen einer gegebenen Marktkonstellation ist um so größer,

1. je kurzfristiger preispolitische Entscheidungen getroffen werden, und

2. je weniger Artikel eines Sortiments frei kalkuliert werden.

Je kurzfristiger preispolitische Entscheidungen getroffen werden, desto weniger besteht die Gefahr, daß die Konkurrenzunternehmen auf sehr niedrige Preise für einen Zugartikel reagieren können und durch ihre Reaktionen die gegebene Nachfragefunktion des Produkts verändern. Leicht verderbliche Waren, „Gelegenheitskäufe" und Saisonwaren erscheinen daher für eine kurzfristige Sortimentskalkulation, vor allem in der Form der selektiven Preisunterbietung, besonders geeignet.

---

[53]) Die sog. „Anti-Loss-Leader-Gesetzgebung", das Verbot von Unterkostenverkäufen, stellt damit eine effektive Einengung des betrieblichen Handlungsspielraumes dar. Eine ethische Rechtfertigung für diese Gesetzgebung, die der Name f a i r - trade laws impliziert, läßt sich aber meines Erachtens kaum finden, wenn der Marktmechanismus und das diesen tragende Gewinnstreben der Unternehmer als ethisch gerechtfertigt anerkannt werden. Vielmehr scheint diese Gesetzgebung einen wirtschaftspolitichsen Sinn zu haben: Da die Marktordnungspolitik und marktkonforme Maßnahmen offenbar nicht in der Lage sind, die Streubreite der Preise in den als erforderlich angesehenen Grenzen zu halten, ist diese Gesetzgebung eine nachträgliche (marktinkonforme) Korrektur der Preisstreuung.

[54]) Gutenberg, E., Grundsätzliches zum Problem der betrieblichen Leistungsbewertung und der Preisstellung, loc. cit., S. 318.

Je weniger Artikel eines Sortiments frei kalkuliert werden, desto mehr müssen diese Artikel den preispolitischen Ausgleich allein bewirken. In diesem Falle sind folglich bei einer auf Gewinnmaximierung gerichteten Preispolitik die Preisaufschläge im allgemeinen stärker, als wenn viele Waren frei kalkuliert werden. Für diese Aussage ist es gleichgültig, ob die aktive Preispolitik auf der Handelsebene sich nur deshalb auf wenige Artikel im Sortiment richtet, weil alle anderen Preise gebunden sind, oder weil der Unternehmer nur jeweils partielle Preispolitik betreibt, da er nicht alle Interdependenzen in seinem Sortiment überschauen kann und daher die übrigen Waren mit „branchenüblichen" Handelsspannen verkauft. Die Erscheinung des typischen Lockvogels ist also nur eine Grenzerscheinung der Sortimentskalkulation, die das allgemeine Prinzip einer die Nachfrageinterdependenzen der Waren in einem Sortiment berücksichtigenden betrieblichen Preispolitik lediglich auf einzelne Waren des Sortiments selektiv anwendet. Der Ausdruck „selektive Preisunterbietung" kennzeichnet diese Form der Preispolitik, die nur partielle rationale Preisentscheidungen trifft und im übrigen Elemente traditionalistischer bzw. habitueller Preisbildung enthält, sehr treffend. Eine solche Form der Preispolitik kann aber nicht gleichgesetzt werden mit der Sortimentskalkulation auf der Basis des Ganzheitsprinzips, wie sie hier vorgetragen wurde. Diese Art der Sortimentskalkulation ist ein echter preispolitischer Ausgleich, der alle Waren des Sortiments in die Planung einbezieht und aus dem Ganzheitscharakter der Planung heraus zu optimalen Preisfestsetzungen für alle Artikel führt, mit denen der Handelsbetrieb aktive Preispolitik betreiben kann.

FUSIONSKONTROLLE UND PREISBILDUNG VON UNTERNEHMEN

I.

Der „Entwurf eines Zweiten Gesetzes zur Änderung des Gesetzes gegen Wettbewerbsbeschränkungen", der dem Deutschen Bundestag vorliegt [1], sieht in den §§ 23—24 b die Einführung einer Fusionskontrolle vor. Wie es in der Begründung zum Gesetzentwurf heißt, beschränkt sich der Entwurf auf eine „Kontrolle des Unternehmenswachstums durch Zusammenschlüsse. Er erstreckt sich nicht auf das sogenannte innere Unternehmenswachstum. Marktbeherrschende Stellungen können theoretisch zwar auch ohne Zusammenschluß entstehen, die Erfahrung zeigt aber, daß in bedeutenden Fällen stets Zusammenschlüsse im Spiel waren". Dies ist auch verständlich, denn internes Unternehmenswachstum ist in den letzten Jahren zunehmend schwieriger geworden, vor allem „weil die Expansion im eigenen Hause durch den Arbeitskräftemangel gehemmt war" [2]. Der Arbeitskräftemangel hat vor allem in der Zeit der Hochkonjunktur dazu geführt, daß bei der Bewertung von Unternehmen Mitarbeitergruppen als Aktivum in Erscheinung getreten sind [3]. Es liegt daher nahe anzunehmen, daß die Beschränkung von Unternehmenszusammenschlüssen durch die Fusionskontrolle auch Auswirkungen auf die Preise hat, die für Unternehmen erzielt werden können.

Dieser Frage soll im folgenden nachgegangen werden.

Dabei soll so vorgegangen werden, daß zunächst die rechtliche Gestaltung der Fusionskontrolle in dem hier interessierenden Umfange in ihrer Entwicklung dargestellt wird (II). Im dritten Teil (III) werden die Konsequenzen für die Preisbildung von Unternehmen gezogen. Im Schlußabschnitt (IV) wird das Ergebnis in den Fragenzusammenhang gestellt, welche Bedeutung die Fusionskontrolle für die Rate des technischen Fortschritts in der Gesamtwirtschaft haben könnte.

II. Die Fusionskontrolle im Gesetz gegen Wettbewerbsbeschränkungen

In seinem Jahresgutachten 1971 stellt der Sachverständigenrat zur Begutachtung der gesamtwirtschaftlichen Entwicklung fest, daß es bei einer kritischen Würdigung der geplanten Fusionskontrolle weniger um den Grundsatz als vor allem darum geht, inwieweit die Kriterien für die Untersagung eines

[1] Deutscher Bundestag, „Entwurf eines Zweiten Gesetzes zur Änderung des Gesetzes gegen Wettbewerbsbeschränkungen", BT-Drucks. VI/2520 vom 18. 8. 1971.
[2] Interfinanz GmbH & Co. KG, Düsseldorf, Geschäftsbericht 1968, S. 13.
[3] Vgl. Interfinanz GmbH & Co. KG, Düsseldorf, Geschäftsbericht 1969, S. 6.

Zusammenschlusses geeignet erscheinen, das Entstehen von Anbieter- oder Nachfragermacht aus horizontaler, vertikaler und konglomerater Konzentration in Grenzen zu halten [4]. In der Tat läßt ein Rückblick auf die Entwicklung der Fusionskontrolle den Eindruck entstehen, als ob die Auseinandersetzungen sich weniger um den Grundsatz als solchen als vielmehr um seine konkrete Ausgestaltung gedreht hätten.

Bereits in dem Entwurf eines Gesetzes zur Sicherung des Leistungswettbewerbs vom 5. 7. 1949 [5] war eine Kontrolle von Unternehmenszusammenschlüssen und gegebenenfalls deren Entschachtelung vorgesehen. Im § 18 des Entwurfs eines Gesetzes gegen Wettbewerbsbeschränkungen vom 13. 6. 1952 [6] und dem gleichlautenden Entwurf vom 22. 1. 1955 [7] hieß es: „Der Zusammenschluß von zwei oder mehreren Unternehmen bedarf der Erlaubnis der Kartellbehörde, sofern er zur Folge haben würde, daß die zusammengeschlossenen Unternehmen in einem nicht nur örtlich begrenzten Gebiet für eine bestimmte Art von Waren oder gewerblichen Leistungen die Stellung eines marktbeherrschenden Unternehmens erlangen würden." In dem SPD-Entwurf für ein Gesetz gegen Wettbewerbsbeschränkungen vom 7. 12. 1960 [8] und in dem Entwurf der SPD für ein Gesetz gegen Wettbewerbsbeschränkungen vom 9. 6. 1964 [9] wurde die Anzeigepflicht eingeführt: „Der beabsichtigte Zusammenschluß von Unternehmen ist vor der Vollziehung der Kartellbehörde anzuzeigen (unter bestimmten Bedingungen, Anm. d. Verf.). Die Kartellbehörde hat dem Zusammenschluß zu widersprechen, wenn nach der Vorprüfung hinreichender Grund zu der Annahme besteht, daß der Zusammenschluß den beteiligten Unternehmen eine marktbeherrschende Stellung verleiht oder eine schon vorhandene verstärkt. Wird der Widerspruch erhoben, so schließt sich hieran das Erlaubnisverfahren von Amts wegen an." Der wissenschaftliche Beirat beim Bundeswirtschaftsministerium hat in seinem Gutachten vom 6. 2. 1970 auf die Dringlichkeit der Fusionskontrolle als wettbewerbspolitischer Maßnahme hingewiesen und die Aufnahme der Fusionskontrolle unter die Programmpunkte der Regierungserklärung vom 28. 10. 1969 begrüßt [10], dabei aber besonders auf die wettbewerbspolitischen und wettbewerbsrechtlichen Schwierigkeiten hingewiesen, die mit den sogenannten Aufgreif- und Eingreifkriterien verbunden sind.

[4] Jahresgutachten 1971 des Sachverständigenrates zur Begutachtung der gesamtwirtschaftlichen Entwicklung, BT-Drucks. VI/2847, S. 128.

[5] Entwurf zu einem Gesetz zur Sicherung des Leistungswettbewerbs und zu einem Gesetz über das Monopolamt mit Stellungnahme des Sachverständigenausschusses und Minderheitsgutachten, Frankfurt 1949.

[6] BT-Drucks. I/3462, Anlage 1. [7] BT-Drucks. II/1158, Anlage 1.

[8] In § 23 heißt es: „Der Zusammenschluß von Unternehmen bedarf der Erlaubnis des Bundesministers der Wirtschaft, sofern er zur Folge haben würde, daß die zusammengeschlossenen Unternehmen in einem nicht nur örtlich begrenzten Gebiet für eine bestimmte Art von Waren oder gewerblichen Leistungen die Stellung eines marktbeherrschenden Unternehmens erlangen würden."

[9] BT-Drucks. IV/2337.

[10] Gutachten des wissenschaftlichen Beirats beim Bundeswirtschaftsministerium vom 6. 2. 1970 über die Einführung einer Fusionskontrolle, Frankfurt, 6. 2. 1970.

Diese Schwierigkeiten lassen sich besonders deutlich aus den drei Stadien in der Entwicklung der §§ 23—24 b des nun vorliegenden Gesetzentwurfs ablesen. Die drei Stadien sind:

1. Der Referentenentwurf eines Zweiten Gesetzes zur Änderung des Gesetzes gegen Wettbewerbsbeschränkungen des Bundesministers der Wirtschaft IB 5 — 221353, Bonn, 20. 3. 1970;
2. die überarbeitete Fassung des Referentenentwurfs zur Kartellgesetznovelle des Bundesministers der Wirtschaft IB5 — 221353, Bonn, 28. 10. 1970;
3. der Entwurf eines Zweiten Gesetzes zur Änderung des Gesetzes gegen Wettbewerbsbeschränkungen des Bundesministers der Wirtschaft W/IB 5 — 221353, Bonn, 19. 5. 1971, insoweit übereinstimmend mit dem Regierungsentwurf vom 18. 8. 1971 (BT-Drucks. VI/2520).

Tabelle 1 stellt die Stadien übersichtlich dar.

Tabelle 1

	Rechtsstadium		
Kriterien	1 20. 3. 1970	2 28. 10. 1970	3 19. 5. 1971 18. 8. 1971
Aufgreifkriterien			
Marktanteil Warenart i zusammen oder mindestens ein Unternehmen	mindestens 20%	mindestens 20%	mindestens 20%
Marktanteil Warenart j mindestens eines Unternehmens	mindestens 20%	mindestens 20%	mindestens 20%
Beschäftigte	mindestens 5000 mindest. eines Unternehmens	mindestens 10 000 zusammen	mindestens 10 000 zusammen
Umsatzerlöse	500 Million. mindestens eines Untern.	mindestens 500 Million. zusammen	mindestens 500 Million. zusammen
Eingreifkriterien			
Stellung im Markt	Marktbeherrschung	Marktbeherrschung	Marktbeherrschung
Beschäftigte	mindestens 10 000	—	—
Umsatzerlöse	mindestens 1 Milliarde	—	—
Marktanteil Warenart i zusammen	mindestens 40%	mindestens 40%, kein Wettbewerber mehr als 10%	mindestens 40%, kein Wettbewerber mehr als 10%
Warenart i mindestens ein Unternehmen	mindestens 40%	"	"
Warenart j mindestens ein Unternehmen	mindestens 40%	—	—

	Rechtsstadium		
Kriterien	1 20. 3. 1970	2 28. 10. 1970	3 19. 5. 1971 18. 8. 1971
Toleranzkriterien			
Umsatzerlöse zusammen	—	unter 1 Milliarde	unter 1 Milliarde
Erlöse eines Unternehmens	—	—	unter 50 Millionen
Wettbewerbsbeschränkung	—	nur örtlich	nur örtlich
Umsatz auf dem Gesamtmarkt	—	unter 1 Million DM	unter 5 Millionen DM
Ausnahmekriterien	Verbesserung d. nationalen Wettbewerbs Gefährdung d. international. Wettbewerbsfähigkeit	überwiegende Gründe der Gesamtwirtschaft und des Gemeinwohls	Verbesserung der Wettbewerbsvoraussetzungen auf diesem oder anderen Märkten Gesamtwirtschaftliche Vorteile, überragendes Interesse der Allgemeinheit

Tabelle 1 macht deutlich, daß

1. die Aufgreifkriterien nicht mehr auf ein beteiligtes Unternehmen allein, sondern auf die zusammengeschlossenen Unternehmen abstellen,
2. die an absoluten Größenmaßen anknüpfenden Eingreifkriterien fallengelassen wurden,
3. Toleranzkriterien eingeführt und erweitert wurden.

Mit der Einführung der Toleranzkriterien folgte die Bundesregierung dem Rat des Wissenschaftlichen Beirats beim Bundeswirtschaftsministerium, der in seinem bereits genannten Gutachten vorschlug, die Fusionskontrolle nur auf solche Zusammenschlüsse zu erstrecken, die wesentliche Wettbewerbsbeschränkungen zur Folge haben. „Da bei Zusammenschlüssen von kleinen und mittleren Unternehmen mit geringen Marktanteilen im allgemeinen zu vermuten ist, daß eine wesentliche Wettbewerbsbeschränkung nicht eintritt, wird empfohlen, solche Unternehmen von der Fusionskontrolle auszunehmen."

Aus der dargestellten Lage ergeben sich für die Praxis der Unternehmenszusammenschlüsse sehr unterschiedlich gelagerte Fälle. Diese sind schematisch in Tabelle 2 aufgeführt. Aus dieser Tabelle ist ersichtlich, daß fusionswillige Unternehmen nur dann von der Kartellgesetznovelle unberührt bleiben werden, wenn beide Unternehmen zusammen nicht mindestens 500 Millionen DM an Umsatz erzielen und wenn sie einen Marktanteil von weniger als 20 % haben. In allen anderen Fällen besteht mindestens Anzeigepflicht. Unternehmen, die mehr als 750 Millionen DM Umsatz erzielen, ist der Erwerb von Unternehmen mit mehr als 50 Millionen DM Umsatzerlösen auch dann nicht ohne weiteres möglich, wenn der kombinierte Marktanteil unter 40% bleibt. Unternehmen, die mehr als eine Milliarde Umsatzerlöse erzielen und auf irgendeinem Markt mehr als 40 % Marktanteil besitzen, dürften es schwer haben, Unternehmen zu kaufen, die mehr als 50 Millionen DM Umsatz machen. Auf der anderen Seite bedeutet das, daß sich kleinere verkaufswillige Unternehmen darauf einstellen müssen, ihre Käufer nicht mehr unter den Großunternehmen zu finden.

Tabelle 2

Unternehmenszusammenschlüsse

Aufnehmendes Unternehmen	Aufgenommenes Unternehmen	Umsatz (in DM)		
Marktanteil	Umsatz	unter 50 Millionen	50—250 Millionen	über 250 Millionen
unter 40%	unter 250 Mio. DM	—	—	Anzeigepflicht bei Gesamtumsatz über 500 Millionen
unter 40%	250- unter 750 Mio. DM	Anzeigepfl. bei Gesamtumsatz über 500 Million.	Anzeigepfl. bei Gesamtumsatz über 500 Million.	Zusammenschl. gefährdet bei Gesamtumsatz über 1 Milliarde
unter 40%	750 Mio. — unter 1 Mrd. DM	Anzeigepfl.	Zusammenschl. gefährdet	Zusammenschl. gefährdet
unter 40%	1 Mrd. DM u. mehr	Anzeigepfl.	Zusammenschl. gefährdet	Zusammenschl. gefährdet
über 40%	1 Mrd. DM und mehr	Anzeigepfl.	Zusammenschl. bei Ausnahmeregel	Zusammenschl. bei Ausnahmeregel

Nach den Übersichtstafeln über den Angebotsüberhang an verkaufswilligen Unternehmen, die die „Interfinanz" veröffentlicht, sind es vor allem kleinere und mittlere Werke der Automobilzulieferindustrie, von elektrischen Haushaltsgeräten und Elektrowerkzeugen, der Lack- und Farbenindustrie, der pharmazeutischen und kosmetischen Industrie, der Wirk- und Strickwarenindustrie, der Gießereiindustrie, der feinmechanischen Industrie, der Gummiverarbeitung, der Möbelindustrie, der Papierindustrie, der Lebensmittelindustrie, die Schwierigkeiten haben, Käufer zu finden. Für diese Unternehmen fällt bei Inkrafttreten der Kartellnovelle der Kreis der Unternehmen mit mehr als 750 Millionen DM Umsatz praktisch und der Kreis der Unternehmen mit mehr als 1 Milliarde DM Umsatz und einem Marktanteil von mehr als 40 % auf einem beliebigen anderen Markt auch effektiv als potentieller Käufer aus. Dies gilt nicht nur für den Kreis der inländischen Umsatzmilliardäre, sondern auch für ausländische Unternehmen. Ein ausländischer Umsatzmilliardär, der ein deutsches Unternehmen mit einem Jahresumsatz von 100 Millionen DM, das über 40 % Marktanteil besitzt, kaufen möchte, um im deutschen Markt Fuß zu fassen, muß mit der Untersagung des Zusammenschlusses durch das Bundeskartellamt nach § 24 Abs. 2 in Verbindung mit § 22 Abs. 1 rechnen. Dieser Leitgedanke wird in der Begründung zum Referentenentwurf klar ausgesprochen: Großunternehmen sollen davon abgehalten werden, sich durch Aufkauf von Wettbewerbern Marktanteile von 40 v. H. oder mehr zu verschaffen, bereits vorhandene Marktanteile dieser Höhe zu vergrößern oder sich durch vertikalen oder diagonalen (konglomeraten) Zusammenschluß mit Unternehmen, die bereits einen Marktanteil von 40 v. H. oder mehr haben, in deren Markt „einzukaufen". Mit dieser „Sonderordnung für Großunternehmer" hat sich Rittner kritisch auseinandergesetzt [11].

III. Die Preisbildung für Unternehmen

1. Vorbemerkung

Der Preisbildungsprozeß für ganze Unternehmen richtet sich nach Angebot und Nachfrage. Die Methoden der Unternehmensbewertung sind in diesem Prozeß nützlich, aber offenbar nicht letztlich ausschlaggebend. Darauf weisen Ausführungen wie die folgenden hin: „In den Kleinstädten Mittel- und Westeuropas stehen hundert, wenn nicht Tausende von industriellen Unternehmen zum Verkauf, weil die Inhaber dieser Firmen weder in der eigenen Familie noch in der eigenen Führungsmannschaft Leute finden. Für einzelne dieser Firmen werden Rekordpreise gezahlt, weil sich die Großunternehmen um Marktanteile streiten oder weil die Vereinigung mit Großbetrieben besondere Vorteile bringt" [12] oder: „In der ansteigenden Hochkonjunktur Anfang des Jahres hatten wir Mühe, die Preisforderungen der Verkäufer zu mäßigen. In der Tat sind im Mondjahr 1969 auch von deutschen Konzernen in einigen Fällen auch Mondpreise für Firmen gezahlt worden. Die überschäumende Stimmung ließ aber gegen Jahresmitte nach, als einerseits die Mitbestimmungspläne des DGB (BetrVG-Entwurf § 72 Abs. 1 lit. f: auch der Wechsel des Betriebsinhabers ist von der Zustimmung des Betriebsrates abhängig) bekannt wurden und andererseits die Gewaltaktionen bestimmter Linksgruppen von der Polizei teilweise ignoriert wurden" [13].

2. Das Angebot von Unternehmen

Die Gründe für das Angebot von kleineren und mittleren Firmen sind vielfältiger Natur. Poesche hat einige dieser Gründe zusammengestellt [14]. Sie reichen von der Betriebserweiterung über die Ausdehnung des Produktionsprogramms, die Markterschließung und steigende Forschungs- und Entwicklungskosten bis zum Kapitalmangel, den Steuerbelastungen und den So-

[11] Rittner, F., Konzentrationskontrolle — aber wie?, DB 1970, 669 ff. (673 ff.).

[12] Interfinanz, Geschäftsbericht 1968, S. 5.

[13] Interfinanz, Geschäftsbericht 1969, S. 3.

[14] Poesche, J., Negative Konsequenzen einer Konzentrationskontrolle für mittelständische Unternehmen, DB 1970, 889 ff.

ziallasten. Hinzu kommen Personalprobleme und Spezialprobleme der Unternehmernachfolge. Diese Gründe können auch dann vorliegen, wenn es sich bei dem Unternehmen um eine gutflorierende Firma handelt. POESCHE hat zutreffend bemerkt, daß für die mittelständischen Unternehmen „eine der wesentlichen Existenzgrundlagen in der Schaffung von Spezialitäten durch Produktheterogenisierung, -differenzierung, -spezialisierung, Marktsegmentierung oder Marktnischenproduktion besteht. Mit der erfolgreichen Durchführung dieser Politik erreicht das betreffende Unternehmen zumindest für eine gewisse Zeit eine teiloligopolistische oder teilmonopolistische Angebotsstellung mit 20, 40 oder 60% Marktanteil". Jüngere Untersuchungen über das Innovationsverhalten von Unternehmen verstärken diesen Eindruck. Unter den innovatorischen Firmen ist ein Typ anzutreffen, den HAUG das Kleinunternehmen unter Wettbewerbsdruck nennt [15]. Das Kleinunternehmen führt Innovationen in deren Einführungsphase durch, um überhaupt den Konkurrenzkampf bestehen zu können, es ist aber erheblichen finanziellen Schwierigkeiten ausgesetzt und kann auch nur Innovationen durchführen, die seine Marktspezialisierung verstärken, es kann aber nicht die Unternehmensrisiken durch Diversifikation verteilen. Demgegenüber zeigt ein anderer von HAUG empirisch festgestellter Typ innovatorischer Unternehmen, nämlich das große Unternehmen, ein ganz anderes Bild. Dieser Unternehmenstyp ist nicht gezwungen, Innovationen in deren Einführungsphase durchzuführen. Vielmehr haben diese Firmen die finanziellen Ressourcen und das technische Know-How, um die Marktchancen einer Innovation zu erkennen und zu nutzen. Dabei spielt der sortimentsändernde Effekt der Innovation für die Entscheidung zu ihrer Durchführung eine gewisse Rolle. Man kann also sagen, daß sich beide Typen innovatorischer Firmen geradezu ergänzen. Das kleine innovatorische Unternehmen in finanziellen Schwierigkeiten findet bei dem großen Anlehnung, und für dieses stellt die Übernahme der kleinen Firma eine Verwendung der finanziellen Ressourcen ebenso wie eine Verbreiterung des Sortiments dar. Ich möchte mich daher nicht ohne weiteres der Ansicht von MESTMÄCKER anschließen, wenn er meint, es bestehe Einigkeit darüber, daß es kaum eine wirtschaftliche Rechtfertigung für komplexe Zusammenschlüsse gibt, wenn ein Unternehmen erworben wird, das seinerseits leistungsfähig ist und auch auf dem eigenen Markt eine führende Stellung innehat [16]. Hier kommt es entscheidend auf die Auslegung des Begriffes „leistungsfähig" an.

Gerade auf expansiven Märkten ergibt sich hier für mittlere Unternehmen ein Dilemma. Innovatorische Firmen erschließen vielfach sogenannte primäre Nachfrage, indem sie Marktnischen entdecken und ausbauen. Der Markt für Kleincomputer ist hierfür ein ebenso überzeugendes Beispiel wie der Do-it-yourself-Markt. Erweist sich das neue Produkt als erfolgreich, so kann das mittlere Unternehmen in den ersten Jahren der Auswertung dieser Produktidee nicht nur hohe Marktanteile, sondern auch hohe Zuwachsraten an Umsatz verzeichnen. Für die großen Unternehmen in der Branche ist dieser Markt jedoch im allgemeinen zu klein, als daß sie sich engagieren könnten. Sie

[15] HAUG, M., Aspekte der Ausbreitung technischer Neuerungen (Zwischenbericht), Betriebswirtschaftliches Seminar der Universität Bonn, Dezember 1971.

[16] MESTMÄCKER, E. J., Wettbewerbs- und Strukturpolitik. Zur Reform des Gesetzes gegen Wettbewerbsbeschränkungen, Die Aussprache, Heft 4, April 1970, S. 60.

warten darauf, daß das mittlere Unternehmen den Markt bis zu einer Größenordnung entwickelt hat, die für sie selbst interessant ist. Wenn dieser Zeitpunkt gekommen ist, steigen sie selbst in diesen Markt ein oder kaufen sich durch Erwerb des innovatorischen Unternehmens in diesen Markt ein. Wann dieser Zeitpunkt gekommen ist, ist von Branche zu Branche verschieden. Bemerkenswert aber scheint mir, daß dieser Zeitpunkt, in dem es für das große Unternehmen interessant wird, sich auf diesem Markt zu betätigen, vielfach mit dem Zeitpunkt zusammenfällt, an dem das mittlere Unternehmen in zunehmende Schwierigkeiten bei dem weiteren internen Unternehmenswachstum gerät: Zusätzlicher Umsatz ist nur noch durch einen erheblichen Ausbau des Vertriebsnetzes, durch Schaffung neuer großer Produktionskapazitäten und durch Einstellung von zusätzlichem Personal möglich. Ein organisatorischer Umbau des Unternehmens ist erforderlich. Diese Schwierigkeiten können durch „Anlehnung an einen Großen" mit großer Finanzkraft und einem weitverzweigten Vertriebsnetz, über das auch das neue Produkt vertrieben werden könnte, vermindert werden. Auf der anderen Seite sind es nicht nur Gründe, die in der Person des dynamischen Unternehmers begründet liegen, die den Entschluß zur Übernahme einer Beteiligung oder zur Veräußerung an ein Großunternehmen hinauszögern lassen. Vielmehr sind es auch durchaus wirtschaftliche Gründe. Der Verkäufer kann bei seinen Erwartungen über den zu erzielenden Verkaufspreis für sein Unternehmen davon ausgehen, daß ein Erwerber des Unternehmens ein bestimmtes Vielfaches des jährlichen cash-flow bzw. Jahresumsatzes zu zahlen bereit ist. Wächst nun das Unternehmen mit jährlich 50%, was gerade bei mittleren Unternehmen nicht selten ist, die Marktnischen entdeckt haben, dann kann der Unternehmer erwarten, mehr als das Doppelte des heutigen Veräußerungspreises erzielen zu können, wenn er den Verkauf um zwei Jahre hinausschiebt. Auf der anderen Seite verengt sich der Kreis derjenigen Unternehmen, die als Käufer in Betracht kommen, bei steigendem Preis für das Unternehmen, da immer weniger Unternehmen über die finanziellen Ressourcen verfügen, um den Kaufpreis aufzubringen.

Fällt nun bei Einführung der Fusionskontrolle ein Kreis potentieller Käufer des mittleren Unternehmens weg, sei es, weil mit einer Genehmigung des Zusammenschlusses nicht gerechnet werden kann, oder sei es, weil der potentielle Käufer nicht bereit ist, die Meldung nach § 23 zu erstatten, dann tritt eine doppelte Wirkung ein: Das mittlere Unternehmen muß früher einen Käufer suchen, der an einem Zusammengehen interessiert ist. Dadurch geht der zusätzliche Verkaufsgewinn aus weiterem internem Wachstum des Veräußerers verloren. Hinzu kommt, daß das erwerbende Unternehmen auch relativ weniger zahlen wird als das große Unternehmen, denn nunmehr besteht das Risiko, daß das Großunternehmen bei weiterer Marktentwicklung selbst in diesen Markt einsteigt, da es ihm verwehrt ist, sich in diesen Markt einzukaufen. Das mittlere Unternehmen muß also neben dem Abschlag für vorzeitigen Verkauf einen Risikoabschlag wegen erhöhter Konkurrenzgefahr hinnehmen.

Dasjenige Unternehmen, das knapp unter 50 Millionen DM Umsatzerlöse erzielt, sieht sich damit vor die Frage gestellt, ob es jetzt an einen Umsatzmilliardär oder später an ein kleineres Unternehmen verkaufen soll, wenn abzusehen ist, daß eine Anlehnung auf die Dauer erforderlich sein wird. Beträgt der erwartete Risikoabschlag mehr als 30% nach einem Jahr und mehr als 50% nach zwei Jahren, dann ist es für den Veräußerer gleichgültig, ob er jetzt an ein größeres Unternehmen oder später an ein kleineres Unternehmen verkauft. Berücksichtigt man, daß der erwartete Risikoabschlag auch das Risiko beinhaltet, in einem späteren Zeitpunkt überhaupt einen Käufer zu finden, dann liegt es nahe anzunehmen, daß die Einführung der Fusionskontrolle in der Form des Regierungsentwurfs zum vorzeitigen Verkauf stark expansiver innovatorischer Firmen an Umsatzmilliardäre führen wird, die damit einen Teil der Gewinne selbst realisieren, die sie anderenfalls im Kaufpreis hätten bezahlen müssen, vorausgesetzt, das große Unternehmen hat überhaupt Interesse an dem Erwerb solcher kleiner Firmen. Der Sinn des Gesetzes, wonach Härten für die schwächeren am Zusammenschluß beteiligten Unternehmen soweit wie möglich vermieden werden sollen, könnte sich also durchaus in sein Gegenteil verkehren. In der Begründung zum Regierungsentwurf heißt es: „Ein Problem für jede Zusammenschlußkontrolle sind diejenigen Konzentrationsvorgänge, bei denen ein kleineres oder mittleres Unternehmen sich freiwillig einem größeren Unternehmen anschließt, weil es seine Selbständigkeit aufgeben möchte" ... Es erscheint „gerechtfertigt, Unternehmen mit Umsatzerlösen von nicht mehr als 50 Millionen DM von der Fusionskontrolle freizustellen, da diesen Unternehmen nur so eine volle Verwertung der in ihrem Unternehmen steckenden Vermögenswerte möglich ist. Diesen Unternehmen soll die unbeschränkte Verwertung aus mittelstands- und wettbewerbspolitischen Überlegungen ermöglicht werden. Aus wettbewerbspolitischer Sicht ist die Klausel gerechtfertigt, weil sie den Entschluß, sich selbständig zu machen, erleichtern kann und damit den Markt für Newcomer offenhält". Wie die Ausführungen gezeigt haben, sind diese großen Hoffnungen mit einem Fragezeichen zu versehen. Eine volle Verwertung der in den Unternehmen steckenden Vermögenswerte ist meiner Ansicht nach deshalb nicht möglich, weil die Grenze von 50 Millionen DM so niedrig angesetzt ist, daß für ein derartiges Unternehmen noch keine Konkurrenzgefahr von einem Umsatzmilliardär droht. Da aber weiteres internes Wachstum und anschließender Verkauf unter entsprechenden Bedingungen durch die geplante Fusionskontrolle ausgeschlossen werden, kann es nicht zu einer vollen Verwertung der in dem Unternehmen steckenden Vermögenswerte kommen. Ob die Erkenntnis, selbst bei erfolgreichem Ausgang des Entschlusses, sich selbständig zu machen, nicht zu einer vollen Verwertung der Vermögenswerte gelangen zu können, den Entschluß, sich selbständig zu machen, erleichtert, bleibe dahingestellt.

3. Die Nachfrage nach Unternehmen

Auch die Nachfrage nach Unternehmen hat die vielfältigsten Ursachen. Die Kaufmotive ändern sich auch im Konjunkturablauf. In der abflauenden Konjunktur sind es die langfristige Auftragsdecke und das Streben nach Risikoausgleich, die als Kaufmotive im Vordergrund stehen. In der Hochkonjunktur ist es die Nachfrage nach freien Kapazitäten und nach Arbeitskräften, die den Anstoß zum Kauf geben können. Immer mehr rückt auch der Kauf eines guten Managements in den Mittelpunkt der Betrachtung.

Der Kauf von Firmen wird im allgemeinen nur für größere Unternehmen eine Investitionsalternative sein. Diese Unternehmen sind durch eine Reihe von Merkmalen gekennzeichnet, die sie von den kleineren Firmen unterscheiden. Hierzu gehören vor allem die Systematik der Marktbeobachtung, insbesondere der Innovationssuche, große technische Basis, das heißt unter anderem großes Forschungs- und Entwicklungspotential, sowie Finanzkraft. Für diese Firmen stellt sich daher eine andere Alternative als für die kleineren am Verkauf interessierten Unternehmen: Sie stehen vor der Entscheidung: jetzt kaufen oder später selbst produzieren, während die kleineren Firmen, wie dargelegt, vor der Wahl stehen, jetzt oder später Anlehnung an einen Größeren zu suchen.

Dieser Unterschied in der Wahlsituation hat auch für die Bewertung eines zum Kauf angebotenen Unternehmens durch den potentiellen Käufer Bedeutung. Für ihn bilden die eingesparten eigenen Entwicklungs- und Anlaufkosten und die entgangenen Gewinne zwischen dem Kaufzeitpunkt und dem Zeitpunkt der Marktreife der eigenen Entwicklung die Obergrenze für den Kaufpreis des Unternehmens. Dabei sind die entgangenen Gewinne um so kleiner, je niedriger der Umsatz des Verkäufers im Zeitpunkt des Angebots ist. Auch der Kundenstamm und die Zahl der eingearbeiteten Mitarbeiter sind bei niedrigem Umsatz für das große Unternehmen weniger attraktiv als bei hohem Umsatz. Zudem ist fraglich, ob ein gegebenenfalls erstrebter Risikoausgleich in Zukunft gelingen wird, wenn die Nachfrage noch nicht das für eine Großserienfabrikation erforderliche Niveau erreicht hat. Insofern sind auch die eingesparten eigenen Entwicklungs- und Anlaufkosten bei dem Erwerb kleinerer Unternehmen niedriger als beim Kauf größerer Objekte, denn der Erwerber muß damit rechnen, selbst noch erhebliche Anlaufkosten aufwenden zu müssen.

Aus alledem folgt, daß es fraglich erscheint, ob Großunternehmen, insbesondere Umsatzmilliardäre, tatsächlich ein Interesse an dem Erwerb von Unternehmen mit Umsatzerlösen von weniger als 50 Millionen DM haben werden. Bei sehr marktnahen Unternehmen und bei stark wachsenden Firmen erscheint dies allerdings nicht ausgeschlossen.

Gerade bei sehr stark expandierenden kleineren Unternehmen sind aber die Interessen des Unternehmers auf Fortführung gerichtet. Es ist daher zu erwarten, daß der Ausweg aus dem durch die Fusionskontrolle aufgeworfenen Problem in Zukunft verstärkt darin gefunden wird, daß kleinere Unternehmen Großunternehmen Beteiligungen einräumen, um wenigstens noch teilweise selbst in den Genuß der zusätzlichen Gewinne aus weitersteigenden Umsätzen zu gelangen. In diesem Fall besteht zwar eine Anzeigepflicht nach § 23, aber der Zusammenschluß ist wegen § 24 Abs. 8 dann nicht gefährdet, wenn das Unternehmen, das dem Größeren eine Beteiligung einräumt, im letzten abgeschlossenen Geschäftsjahr Umsatzerlöse von nicht mehr als 50 Millionen Deutscher Mark hatte.

In der Praxis ist es in den letzten Jahren häufiger vorgekommen, daß ein mittleres Unternehmen zwei Großunternehmen Beteiligungen von 25% einräumte. Derartige Beteiligungsverhältnisse scheinen mir in Zukunft nicht nur deshalb problematisch, weil § 24 Abs. 8 Ziffer 2 von „einem anderen Unternehmen" spricht, sondern weil eine derartige Form der Beteiligung nach § 23

Abs. 2 Ziffer 2 hinsichtlich der Märkte, auf denen das kleine Unternehmen tätig ist, auch als Zusammenschluß der sich beteiligenden Unternehmen untereinander gilt. Sind diese beiden Unternehmen Umsatzmilliardäre, so ist bereits das Beteiligungsvorhaben nach § 24a des Entwurfs auf jeden Fall beim Bundeskartellamt anzumelden. Hat nun das kleine Unternehmen selbst bereits einen hohen Marktanteil, so daß bereits bei Zusammenrechnung mit dem Marktanteil eines Umsatzmilliardärs die 40% Grenze erreicht wird, dann muß das Kartellamt den Beteiligungserwerb von jeweils 25% durch zwei Umsatzmilliardäre untersagen, während der Erwerb von 50% Kapitalanteil durch einen Umsatzmilliardär unter die Toleranzkriterien des § 24 Abs. 8 fiele. Der Marktanteil eines Umsatzmilliardärs die 40%-Grenze erreicht wird, dann muß Schlüsselgröße, und es ist gerade bei derartigen Zusammenschlüssen die Sorge des Sachverständigenrats verständlich, „daß bei vielen Zusammenschlüssen zunächst der Streit um den relevanten Markt entbrennt"[17].

IV. Fusionskontrolle und technischer Fortschritt

Die Frage nach dem Zusammenhang von Konzentrationsgrad und Rate des technischen Fortschritts ist umstritten[18]. Der Versuch, eine allgemeine Überlegenheit des Großunternehmens bei Erfindungen und bei der Durchsetzung von Erfindungen, der sogenannten Innovation, nachzuweisen, ist ebensowenig gelungen wie der, eine allgemeine Überlegenheit des kleineren und mittleren Unternehmens zu postulieren.

Neuere Forschungsrichtungen versuchen daher, eine Typologie von innovatorischen Unternehmen zu schaffen und zu fragen, welche Typen in bestimmten Größenklassen von Unternehmen besonders häufig vorkommen. Die bereits genannte empirische Arbeit von Haug kommt mit Hilfe der Faktorenanalyse zu dem Ergebnis, daß fünf Typen innovatorischer Unternehmen zu unterscheiden sind:

1. Das absatzorientierte Unternehmen,
2. das erfolgreiche Unternehmen,
3. das risikobereite Unternehmen,
4. das Kleinunternehmen unter Wettbewerbsdruck,
5. das Großunternehmen.

Während die ersten drei Typen innovatorischer Firmen in allen Größenklassen vorkommen, sind die beiden letztgenannten Typen größenspezifisch.

Eine Analyse der untersuchten Firmen mit Hilfe der Diskriminanzanalyse führt zu den in Abbildung 1 wiedergegebenen „Innovationsprofilen". Man erkennt, daß das Profil der kleinen Innovatoren signifikant von dem der größeren Unternehmen abweicht[19]. Da dieses Ergebnis nur für eine Stichprobe

[17] Sachverständigenrat zur Begutachtung der gesamtwirtschaftlichen Entwicklung, Jahresgutachten 1971, aaO. S. 129.

[18] Vgl. u. a.: Reuter, A. L., Konzentration und Wirtschaftswachstum, Köln und Opladen 1967; Arbeitskreis Kartellrecht beim Bundeskartellamt, Arbeitsunterlagen zur Tagung am 8./9. 10. 1970: Zur Problematik einer Fusionskontrolle (vervielfältigt); Molsberger, J., Zwang zur Größe?, Köln und Opladen 1967.

[19] Haug, M., aaO. S. 134.

von 42 Unternehmen erreicht wurde, darf es nicht leichtfertig verallgemeinert werden. Aber es wird deutlich, daß sich die Unternehmensgrößen in ihrem Innovationsverhalten ergänzen. Für die kleinen Unternehmen ist ihre hohe Risikobereitschaft, die sie unter hohem Wettbewerbsdruck zeigen, da ihre Wachstumsrate auch überdurchschnittlich hoch ist, kennzeichnend. Diese Risikobereitschaft zu erhalten, sollte oberstes Ziel einer Wettbewerbspolitik sein. Sie kann aber nur erreicht werden, wenn diese Unternehmer Aussicht haben, die in ihren Unternehmen steckenden Vermögenswerte voll zu realisieren. Ob dies mit der Toleranzgrenze von 50 Millionen DM, die der Entwurf des Gesetzes gegen Wettbewerbsbeschränkungen vorsieht, erreicht werden kann, erscheint nach dem Gesagten nicht zweifelsfrei, insbesondere wenn man berücksichtigt, daß diese Nominalgrenze bei dem anhaltenden Geldwertschwund real immer mehr absinkt.

Innovationsprofile

Abbildung 1

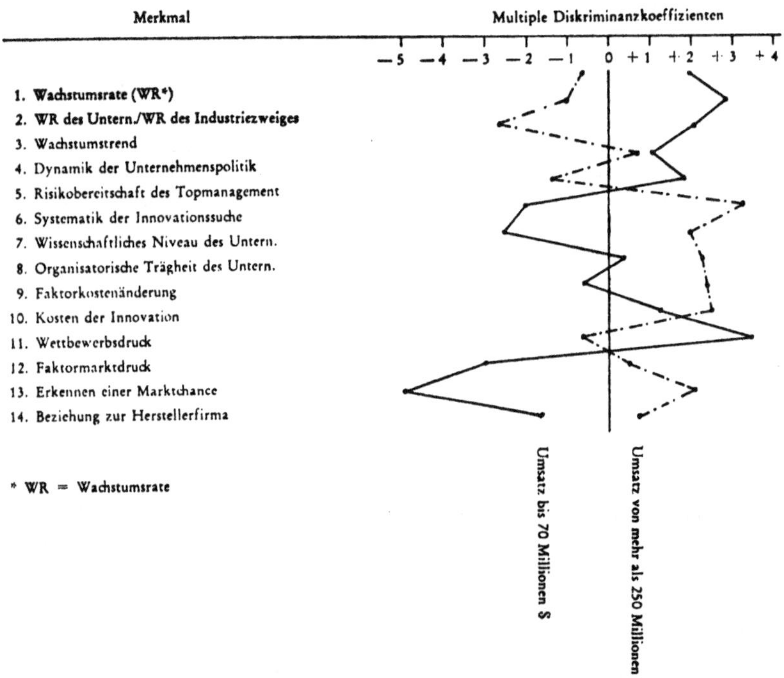

* WR = Wachstumsrate

Umsatzsteuersystem und internationale Wettbewerbsneutralität

Übersicht

I. Problemstellung

Professor Flume, dem dieser Beitrag aus Anlaß seines siebzigsten Geburtstages gewidmet ist, hat im Jahre 1962 mit Kurt Schmidt ein Buch „Die steuerliche Behandlung des grenzüberschreitenden Verkehrs nach Montanunion- und EWG-Vertrag"[1] geschrieben, das heute erneut besondere Aktualität gewonnen hat.

Am 18. Februar 1976 klagte die United States Steel Company gegen die Vereinigten Staaten von Amerika darauf, Ausgleichszölle auf Stahlimporte aus der EG zu erheben, weil die Befreiung der Exporte aus der EG von der Umsatzsteuer eine „bounty or grant" sei, die die Wettbewerbsposition der Anbieter von Stahl auf dem amerikanischen Markt zugunsten der Importeure von EG-Stahl verzerre[2].

Im folgenden soll geprüft werden, ob die wissenschaftlichen Argumente Flumes und Schmidts, die seinerzeit von der deutschen Stahlindustrie als in ihrem Interesse liegend bewertet wurden, heute gegen sie verwandt werden könnten. Die Antwort wird lauten: dies ist nicht der Fall. Die Beweisführung erfolgt in drei Schritten:

1. Es wird gezeigt, daß das Umfeld der wissenschaftlichen Argumentation zu Beginn der 60iger Jahre ein anderes war als das der späten 70er Jahre. Die wissenschaftliche Argumentation der damaligen Zeit konnte nicht frei sein von den politischen Zielen

1 Vgl. [10].
2 [35]; siehe dazu ausführlich [25].

und institutionellen Gegebenheiten der damaligen Zeit, und sie war es auch nicht.

2. Es wird gezeigt, daß die Umsatzsteuer für das einzelne Unternehmen kein Kostenfaktor ist, sondern ein Kontokorrentkonto berührt. Veränderungen der Umsatzsteuer schlagen sich deshalb ebensowenig in den Kosten nieder wie der Grenzausgleich. Die Umsatzsteuer hat nur indirekte Auswirkungen, nämlich auf die effektive Nachfrage des Unternehmens, weil die Umsatzsteuer die privaten Haushalte zu einer Änderung ihrer Konsumpläne zwingt und den staatlichen Haushalten eine Änderung ihrer Ausgabenpläne gestattet.

3. Es wird gezeigt, daß der Fortschritt in der wirtschaftswissenschaftlichen Erkenntnis während der letzten 15 Jahre auch Zweifel an der Haltbarkeit der Aussage stützt, es gebe eine eindeutige Form der Besteuerung des Umsatzes im Rahmen des gesamten Steuersystems, die die Wettbewerbsneutralität im internationalen Handel sichere.

II. Umsatzsteuer und Europäische Gemeinschaft

1. Das Problem der Harmonisierung des Steuersystems in der EG

Nach dem Montanunionvertrag wie nach dem EWG-Vertrag ergab sich die Frage, wie der grenzüberschreitende Verkehr steuerlich behandelt werden sollte. Bereits 1953 hatte die Tinbergen-Kommission der Hohen Behörde der Montanunion eine Analyse vorgelegt, in der gezeigt wurde, „daß durch die unterschiedlichen Ausgleichsmaßnahmen an den Grenzen das Funktionieren eines gemeinsamen, auf unverfälschtem Wettbewerb beruhenden Marktes erheblich behindert würde"[3]. Wenn die Unterschiede beseitigt würden, sei es für die indirekten Steuern hinsichtlich ihrer internationalen Wettbewerbswirkungen gleich, ob die Besteuerung nach dem Bestimmungslandprinzip oder nach dem Ursprungslandprinzip erfolge. Dieser Bericht bildete auch die Grundlage für die Arbeiten innerhalb der Kommission der Europäischen Wirtschaftsgemeinschaft, die sich seit 1958 mit der Harmonisierung der Rechtsvorschriften über die Umsatzsteuer, die Verbrauchsabgaben und die sonstigen indirekten Steuern beschäftigte. Das Ergebnis dieser Untersuchungen war die Feststellung, daß „ein von allen Stufen durchgeführtes Mehrwertsteuersystem den postulierten Zielen der finanzwirtschaftlichen Rationalität und der nationalen wie internationalen Neutralität vor allen Varianten einer Produktionssteuer in weitestem Umfange gerecht wird"[4]. Es wurde vorgeschlagen, ein Nettoumsatzsteuersystem mit Vorsteuerabzug und Umsatzsteuerbefreiung des Exports einzuführen.

Die Ergebnisse des Tinbergenberichts an die Hohe Behörde der Montanunion wurden durch den sogenannten Neumark-Ausschuß auf ihre Gültigkeit unter den Bedingungen der Europäischen Gemeinschaft überprüft. Der Bericht des Ausschusses kam im wesentlichen zu den gleichen Ergebnissen wie der Tinbergen-Ausschuß: „Ganz unabhängig von Unterschieden in der effektiven Belastungshöhe ist es daher dringend erforderlich, eine weitgehende Harmonisierung der Umsatzsteuersysteme vorzunehmen, und zwar selbst dann, wenn am Bestimmungslandprinzip festgehalten wer-

3 [8]; vgl. dazu auch [13], S. 177, sowie [3] und [33].
4 [13], S. 179.

den soll"[5]. Der Neumark-Ausschuß hielt jedoch im Gegensatz zur Tinbergen-Kommission die Beibehaltung des Bestimmungslandprinzips nur als vorläufige Maßnahme für vertretbar. In einer zweiten Stufe sollte zum Ursprungslandprinzip übergegangen werden.

2. Die Argumentation Flumes und Schmidts

In ihrer Arbeit setzten sich Flume und Schmidt kritisch mit dem Tinbergenbericht auseinander. Sie kamen zu dem Ergebnis: „Die einzig sinnvolle Lösung des Steuerproblems im internationalen Handel ist die Besteuerung nach dem Ursprungsland"[6].

Sie begründen dieses Ergebnis mit drei Argumenten:

„a) Die Kosten der Sozialexistenz sind Kosten der wirtschaftlichen Produktion, welche mit diesen Kosten durch die Steuer belastet ist.

b) Durch die allgemeinen Steuern werden die produzierten Waren und sonstigen wirtschaftlichen Leistungen belastet, gleich, ob es sich um direkte oder indirekte Steuern handelt.

....

d) Wenn im grenzüberschreitenden Verkehr, entsprechend der bisher allgemein geübten Praxis, steuerliche Ent- und Belastungen hinsichtlich der allgemeinen Steuern erfolgen, so wird die Wettbewerbslage vom Standpunkt der Produktionskosten verfälscht. Durch die Entlastung der exportierten Ware werden die der Produktion zuzurechnenden Kosten der Sozialexistenz zu Unrecht erstattet und durch die Belastung der importierten Ware mit Ausgleichssteuer wird diese mit Kosten belastet, die für ihre Produktion nicht entstanden sind."[7]

Flume und Schmidt gehen dabei drei interessante methodische Wege.

1. Sie klassifizieren die Umsatzsteuer als Produktionssteuer.
2. Sie lehnen eine Unterscheidung in direkte und indirekte Steuern ab.
3. Sie lehnen das Wechselkursargument, wonach Ausgleichsmaßnahmen an der Grenze durch den Wechselkurs kompensiert werden, als nach dem GATT-Vertrag und dem EWG-Vertrag rechtlich unzulässig ab.

Diese drei methodischen Wege werden auch in der Klage der United States Steel Company gegen die Regierung der Vereinigten Staaten beschritten[8].

3. Der Argumentationshaushalt der Wirtschaftsvereinigung Eisen- und Stahlindustrie

Neben Flume und Schmidt und unabhängig von ihnen äußerten sich auch Giersch, Schmölders und Bombach zu den durch die Kommission der Europäischen Wirtschaftsgemeinschaft aufgeworfenen Fragen der Harmonisierung der Umsatzsteuersy-

5 [9], „Neumark-Ausschuß", S. 43.
6 [10], S. 45.
7 [10], S. 22.
8 Mit dem Gutachten von Flume und Schmidt hat sich Andel kritisch auseinandergesetzt. Vgl. [3].

steme und der damit verbundenen Probleme des Grenzausgleichs beim grenzüberschreitenden Verkehr.

Schmölders plädierte für eine „autonome" Steuerangleichung statt einer Harmonisierung der indirekten und der direkten Steuern auf dem Verwaltungswege durch „Kommissionsberatungen und Konferenzbeschlüsse"[9]. Schmölders forderte den Übergang zum Ursprungslandprinzip auch für die Umsatzsteuer, weil dann die Harmonisierung des Steuersystems die zwangsläufige Folge sei, statt umgekehrt die Harmonisierung der Umsatzsteuersysteme in einer ersten Stufe zur Vorbedingung für die zweite Stufe eines Übergangs zum Ursprungslandprinzip zu machen. Schmölders ging damit in seiner Interpretation des Harmonisierungsauftrages der Artikel 99 und 101 des EWG-Vertrages weit über die Interpretation hinaus, die ihm durch Flume und Schmidt zuteil wurde. Flume und Schmidt stellten ausdrücklich fest, daß Harmonisierung „nicht die Gleichheit der Steuerrechtsordnungen nach Inhalt und Höhe der Steuern" sei[10].

Mit seiner Unterscheidung von Handelsoptimum und Produktionsoptimum ging Bombach neue Wege in der Außenhandelstheorie und ihrer Anwendung auf das gestellte Problem der Harmonisierung der Umsatzsteuersysteme. Er konzentrierte sich auf die Frage nach dem Handelsoptimum und kam zu dem Ergebnis, „daß jegliche Entlastung, die über den tatsächlichen Preiseffekt einer indirekten Steuer hinaus gewährt wird, in ihrer ökonomischen Wirkung einer Exportsubvention gleichkommt"[11]. Bombach stellte fest:

a) bei Anwendung des Bestimmungslandprinzips läßt sich das Handelsoptimum nicht erreichen

b) der Wechselkurs korrigiert nicht Wettbewerbsverzerrungen aufgrund unterschiedlicher Steuersysteme

c) zwischen direkten und indirekten Steuern besteht kein nennenswerter Unterschied in den Überwälzungseffekten

d) ein Steuersystem ohne Wettbewerbsverzerrungen liegt „eindeutig näher am Ursprungslandprinzip" als am Bestimmungslandprinzip.

Es bleibt in der Arbeit vom Bombach offen, welches Steuersystem das Produktionsoptimum erreichen läßt und ob es Systeme gibt, die sowohl das Produktionsoptimum als auch das Handelsoptimum verwirklichen. Dieser Frage haben sich später Sievert und Peffekoven zugewandt.

Auch Giersch hat mit einem Gutachten in die Auseinandersetzung um die Frage eingegriffen, ob die Beibehaltung des Bestimmungslandprinzips im Bereich der Umsatzsteuer Frankreich einen Wettbewerbsvorteil gebe, der sich für die deutsche Stahlindustrie als nachteilig erweisen könnte. Giersch formulierte seine Ergebnisse außerordentlich vorsichtig[12]:

---

9 [31], S. 31.
10 [10], S. 24.
11 [5], S. 19.
12 [11], S. 26.

„a) Wir glauben nach allen unseren Erörterungen, daß die Wahrscheinlichkeit dafür, daß im Rahmen des Bestimmungslandprinzips steuerbedingte Verzerrungen beseitigt werden, zumindest nicht größer ist als die Wahrscheinlichkeit dafür, daß – beabsichtigt oder unbeabsichtigt – neue Verzerrungen geschaffen werden.

b) Die Besteuerung nach dem Ursprungslandprinzip ist, ohne weitere Ergänzung angewendet, weit davon entfernt, eine Garantie für die optimale Verwirklichung der Ziele der Europäischen Gemeinschaft zu bieten.

c) Das Bestimmungslandprinzip erweist sich als ein Produkt des traditionellen nationalstaatlichen Denkens.

d) Die Harmonisierung würde wahrscheinlich wesentlich beschleunigt werden, wenn die EWG-Länder zum Ursprungslandprinzip für die Umsatzsteuer übergingen."

Andel hat in der Auseinandersetzung mit den Thesen von Giersch die Ansicht vertreten, daß „bei dem gegenwärtig großen Gewicht der Umsatzsteuer und den Divergenzen in der Belastungsstruktur ... mit dem Ursprungslandprinzip wahrscheinlich größere Verzerrungen (des internationalen Wettbewerbs) verbunden sind als mit dem Bestimmungslandprinzip"[13].

III. Umsatzsteuer und EG-Handel mit den USA

1. Das politisch-soziale Umfeld

Das politsch-soziale Umfeld, in dem die Klage der United States Steel Company gegen die Regierung der Vereinigten Staaten steht, unterscheidet sich in wesentlichen Punkten von dem, das den sogenannten Montanstreit und die Diskussion innerhalb der EG über die Harmonisierung der Umsatzsteuersysteme bestimmte.

Die Autoren in der Bundesrepublik waren sich einig darin, daß es Auftrag und Ziel der Harmonisierungsbestrebungen innerhalb der Europäischen Gemeinschaft sei, die Steuergrenzen zu überwinden und einen einheitlichen Binnenmarkt in der Europäischen Gemeinschaft zu schaffen. Wettbewerbsneutralität eines Steuersystems ist dann erreicht, wenn die Steuergrenzen gefallen sind. Die Frage nach der Wettbewerbsneutralität des Umsatzsteuersystems wurde daher in die Frage eingebettet, welches Steuersystem am sichersten und schnellsten gewährleistet, daß die Steuergrenzen abgeschafft werden. Hierauf gaben die genannten Arbeiten eine übereinstimmende und überzeugende Antwort: das Ursprungslandprinzip. Die Anwendung des Ursprungslandprinzips führt zwangsläufig zur „autonomen Steuerangleichung" (Schmölders) bzw. zur Abschaffung der Kontrollen (und damit der Möglichkeiten zu administrativem Protektionismus) an den Steuergrenzen (Giersch). Das Ursprungslandprinzip ist mithin ein Instrument zur Überwindung des traditionellen nationalstaatlichen Denkens. Nun wäre es sicher ganz abwegig, der Klage der United States Steel Company das Bemühen zu unterstellen, die Regierung der Vereinigten Staaten zwingen zu wollen, überholtes nationalstaatliches Denken aufzugeben und die Welt als einen großen Binnenmarkt zu betrachten. Das Gegenteil ist eher der Fall. Die

13 [3], S. 117.

Klage enthält den Vorwurf an die Regierung, das GATT sei zu einem Zeitpunkt beschlossen worden, als die USA dank des günstigen Wechselkurses und der Schwäche der europäischen Wirtschaft bereit gewesen seien, anderen Staaten zu helfen, die Dollarlücke zu schließen und den Wiederaufbau zu finanzieren. Inzwischen aber seien die Steuersätze für die indirekten Steuern in Europa erheblich erhöht worden und die starke Zahlungsbilanzsituation der USA sei verloren gegangen. Die Bestimmungen des GATT seien daher nicht mehr realistisch und müßten zugunsten einer Verbesserung der Wettbewerbsposition amerikanischer Hersteller verändert werden. Das Ziel der Klage ist folglich darauf gerichtet, durch Einführung von Ausgleichszöllen in einem internationalen System auf der Basis des Bestimmungslandprinzips Bedingungen für die USA zu schaffen, die denen entsprechen, die bei einem Übergang auf das Ursprungslandprinzip eintreten würden. Dabei soll das System nationaler Steuersouveränität nicht angetastet werden. Ein solches Petitum kann sich sicher nicht auf die Forderung nach Übergang zum Ursprungslandprinzip berufen, die von deutscher Seite aus im sogenannten Montanunionstreit erhoben wurde.

Die Analyse der Frage, ob das gegenwärtige Mehrwertsteuersystem zu Wettbewerbsverzerrungen im internationalen Handel führt, hat daher unter den gegenwärtigen Gegebenheiten eines internationalen Systems zu erfolgen, das durch vier Faktoren gekennzeichnet ist

1. die außerordentlich starke Exportabhängigkeit der europäischen Wirtschaft
2. die wirtschaftliche Verflechtung aller Länder der freien Welt über den internationalen Handel
3. das System flexibler Wechselkurse
4. die Entschlossenheit der Staaten, ihre staatliche Souveränität insbesondere auf dem Gebiet der Sozialpolitik nicht aufzugeben.

Unter diesen Voraussetzungen wird die folgende Analyse durchgeführt. Dabei wird zunächst eine Untersuchung auf der Ebene der Unternehmenspolitik durchgeführt. Diese wird durch eine kurze Darstellung der Aussagen ergänzt, die mit Hilfe der Außenhandelstheorie zum Verständnis der Wettbewerbsposition der Unternehmen auf den internationalen Märkten und ihrer Veränderung durch das Steuersystem gewonnen werden können.

2. *Umsatzsteuer und Unternehmenspolitik*

Zwei Fragen der Unternehmenspolitik stehen im Vordergrund, wenn man nach den Auswirkungen der Umsatzsteuer auf die Unternehmenspolitik fragt:

a) die Bedeutung der Umsatzsteuer für den Export des Unternehmens

b) die Bedeutung der Umsatzsteuer für die Standortwahl des Unternehmens.

Die eine Frage bezieht sich auf die internationalen Ströme von fertigen Gütern, die andere auf die internationalen Bewegungen der Produktionsfaktoren.

a) Umsatzsteuer und Preispolitik

Die These der Klage der United States Steel Company, die Wettbewerbsposition der stahlerzeugenden Unternehmen in der EG werde durch die Freistellung des Exports von Mehrwertsteuer gegenüber ausländischen Konkurrenten verbessert, beruht auf zwei preispolitischen Prämissen

1. die Preiselastizität der Nachfrage nach Stahl ist verschieden von Null
2. die Umsatzsteuer ist eine Steuer auf die Produktionsfaktoren.

Die erste Prämisse ist nur empirisch zu überprüfen. Die Ansicht der Klage, daß die Annahme einer starren Nachfragekurve in der realen Welt unrealistisch sei, ist jedenfalls in dieser Allgemeinheit nicht haltbar. Vielmehr wird in allen Fällen abgeleiteter Nachfrage heute mit außerordentlich geringen Preiselastizitäten der Nachfrage gerechnet. Der Stahlmarkt dürfte ein solcher Markt mit abgeleiteter Nachfrage sein. Es ist daher a priori nicht auszuschließen, daß die Preiselastizität auf dem Stahlmarkt gegen Null geht.

Die zweite Prämisse beruht auf der These, daß die Mehrwertsteuer die Angebotsfunktion, nicht dagegen die Nachfragefunktion verändert. Diese Ansicht geht auf Samuelsen zurück, der die Überwälzung einer Steuer im Rahmen einer Partialanalyse wie in Abbildung 1 dargestellt analysiert[14].

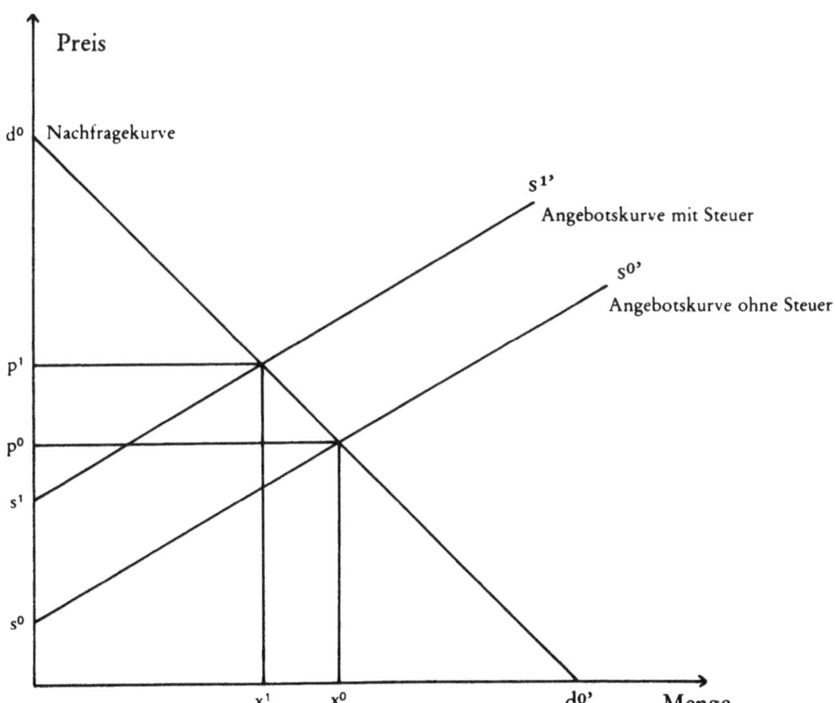

Abbildung 1

14 [30], S. 387; vgl. übereinstimmend auch [5].

Ein solches methodisches Vorgehen ist jedoch bei der Analyse der Mehrwertsteuer unzulässig.

Die Mehrwertsteuer geht in der Buchhaltung des Unternehmens sowohl als Vorsteuer als auch als Umsatzsteuer nur in die Klasse 1 der Finanzkonten ein. Mehrwertsteuer wird als Forderung gegen und Verpflichtung gegenüber dem Finanzamt behandelt. In der Aufwandrechnung ebenso wie in der Kostenrechnung erscheinen die Nettobeträge. Auch auf dem Erlöskonto wird der Nettoumsatz vermerkt. Folglich dürfen auch in der konjekturalen Preis-Absatz-Funktion und in der Kostenfunktion des Unternehmens nicht Brutto-, sondern Nettobeträge erscheinen. Abbildung 2 zeigt den methodischen Rahmen, innerhalb dessen preispolitische Entscheidungen des Unternehmens zu analysieren sind.

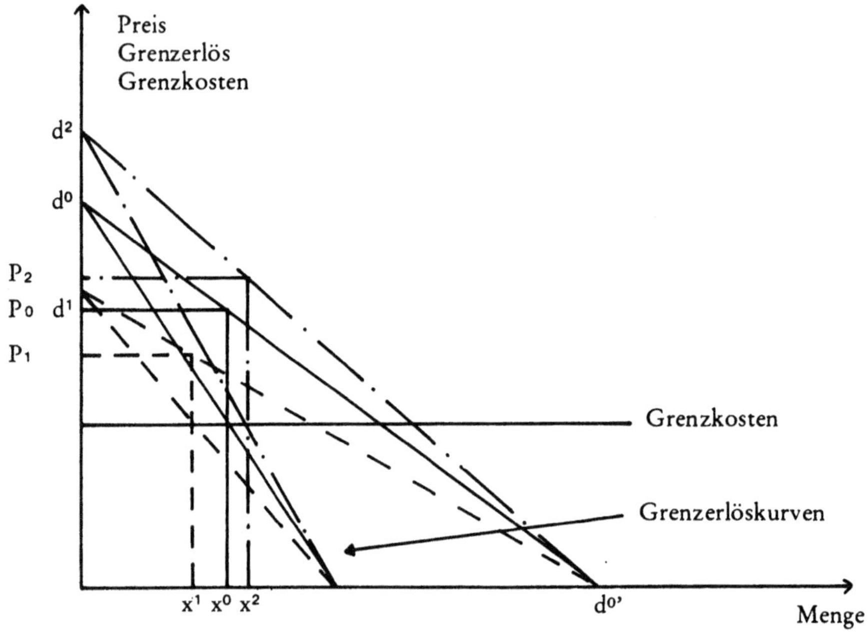

Abbildung 2

In Abbildung 2 bezeichnen die durchgezogenen Linien die Ausgangssituation. Die Nachfragekurve d^0 $d^{0'}$ gibt den Nettopreis wieder, den das Unternehmen bei verschiedenen Absatzmengen erzielt. Der Schnittpunkt der dazugehörigen Grenzerlöskurve mit der Grenzkostenkurve liefert die Absatzmenge x^0 und den optimalen Preis p^0. Nun werde die Mehrwertsteuer erhöht. Die Grenzkosten ändern sich nicht, da die erhöhte Mehrwertsteuer nur auf den Finanzkonten erscheint. Dagegen ändert sich die Nachfrage nach dem von dem Unternehmen hergestellten Produkt. In welcher Weise sich die Nachfrage verändert, läßt sich aber nicht einfach sagen. Das hängt davon ab, ob die Mehrwertsteuer auf alle Produkte und Dienstleistungen erhoben wird, von relativen Präferenzen der Käufer für verschiedene Waren und schließlich von den Ausgaben des Staates, dem die erhöhte Mehrwertsteuer zufließt.

In Abbildung 2 sind daher alle Möglichkeiten einer Veränderung der Nachfrage eingezeichnet. Eine Erhöhung der Nachfrage ergibt sich, wenn als Folge der Mehrwertsteuererhöhung z. B. die Nachfrage des Staates nach dem betreffenden Produkt steigt, ohne daß die private Nachfrage im gleichen Maße zurückgeht. Die Nachfragekurve $d^1d^{0'}$ dagegen beschreibt den Fall, daß die Käufer insgesamt ihre Nachfrage als Folge des für sie erhöhten Bruttopreises einschränken.

Derartige Verschiebungen der Nachfrageströme ergeben sich aber nicht als automatische Folge der Mehrwertsteuererhöhung, wie Abbildung 1 glauben machen möchte[15]. Sie sind vielmehr das Ergebnis der Veränderungen in der Konsumstruktur der privaten Haushalte und der Ausgabenstruktur des Staates, die sich nach der Erhöhung der Umsatzsteuer einstellen. Derartige Veränderungen herbeizuführen, war unter Umständen sogar das Ziel der Mehrwertsteuererhöhung. Entscheidend ist, daß sich aus der Sicht des einzelnen Unternehmens eine Wettbewerbsposition verändert, nicht als Folge der Mehrwertsteuererhöhung, sondern als Folge der Veränderung der Nachfrageströme, die sich aus der Weitergabe der Mehrwertsteuer in der Rechnung an den Abnehmer nach Abschluß aller Anpassungsprozesse ergibt.

Betrachten wir nun den Export des Unternehmens, das sich im Inland einer Nachfragesituation gemäß Abbildung 2 gegenüber sieht. Wir unterstellen nun aber der Einfachheit halber, daß Abbildung 2 auch die Nachfrage aus dem Ausland beschreibt. Da auf den Export keine Mehrwertsteuer zu entrichten ist und der Vorsteuerabzug auch beim Export vorgenommen werden kann, ändert sich zunächst an der Nachfragekurve, der Grenzerlöskurve und der Kostenkurve nichts, wenn die Mehrwertsteuer erhöht wird. Unterstellen wir nun, daß die Nachfrage im Inland auf $d^1d^{0'}$ zurückgeht, dann könnte die Erhöhung der Mehrwertsteuer wie eine relative Begünstigung des Exports der Firma erscheinen. Ein solcher Schluß wäre jedoch voreilig.

Auch im Außenhandel setzen Anpassungsprozesse als Folge der veränderten inländischen Konsumströme und Ausgabenströme des Staates ein. Die Mehrwertsteuererhöhung gilt auch für Importe. Nehmen wir an, die Gesamtimportnachfrage geht als Folge der Mehrwertsteuererhöhung zurück, weil der Staat die Mehreinnahmen vorwiegend zur Steigerung der Inlandsnachfrage ausgibt (und das möglicherweise sein Hauptziel war). Bei zunächst gleichem Wechselkurs liefern die verringerten Exporte des Auslandes weniger Devisen. Folglich können die Importpläne des Auslandes, die von der Mehrwertsteuererhöhung zunächst nicht betroffen waren, nicht aus dem Exporterlös finanziert werden. Die Nachfrage nach Devisen des Landes, das die Mehrwertsteuer erhöht, steigt. Der Wechselkurs steigt und die Importe verteuern sich. Folglich müssen sich nun auch die Importpläne des Auslandes anpassen. Wie sich die Importpläne des Auslandes für ein einzelnes Gut, z. B. Stahl, verändern, hängt wiederum von den Elastizitäten der Nachfrage nach den einzelnen Gütern ab. Es sind sowohl Nachfrageerhöhungen als auch Nachfrageverminderungen denkbar.

Für den einzelnen Anbieter ist also die Veränderung der Nachfrage nach seinen Produkten aus dem Ausland nicht die direkte Folge der Mehrwertsteuererhöhung, sondern das Ergebnis der Anpassungsprozesse in den internationalen Güterströmen und

15 Dieser Fehler in der Partialanalyse der Umsatzsteuerwirkungen findet sich auch bei [15] S. 23.

Wechselkursen, die sich als Folge der veränderten inländischen Güterströme einstellen.

Ich komme also zu dem Ergebnis: Die preispolitischen Entscheidungen der Unternehmen fallen aufgrund der Nachfragefunktionen und Kostenfunktionen, die netto Mehrwertsteuer berechnet werden. Veränderungen des Mehrwertsteuersatzes haben keine direkten Auswirkungen auf diese Funktionen. Sie können aber die Endnachfrage der Haushalte und des Staates so verändern, daß sich auch die Nachfrage nach den Produkten des Unternehmens verändert. Veränderungen sind dabei in beiden Richtungen denkbar. Sie hängen von den relativen Präferenzen der privaten Haushalte und der Ausgabenstruktur des Staates ab. Die Endnachfrage der Haushalte und des Staates im Inland und nicht der Mehrwertsteuersatz bestimmen also die Nachfragefunktion des einzelnen Unternehmens. Wenn das aber so ist, dann kann auch die Veränderung der Mehrwertsteuersätze keine direkte Wirkung auf die Wettbewerbsposition des Unternehmens gegenüber seinen ausländischen Konkurrenten haben.

Die Veränderung der Wettbewerbsposition resultiert, falls überhaupt eine solche Veränderung eintritt, aus der Veränderung der inländischen Konsumstruktur als Folge der Mehrwertsteuererhöhung. Derartige Veränderungen sind das Ziel der staatlichen Wirtschaftspolitik, die als Instrument das demand management einsetzt. Solange man also eine nationale Wirtschaftspolitik für legitim und den Einsatz der Steuerpolitik als Instrument der Wirtschaftspolitik für besser und effizienter hält als dirigistische Nachfragebeeinflussung, kann man den Grenzausgleich nicht als eine Exportsubvention bezeichnen. Ziel der Wirtschaftspolitik ist es nicht, die Exportposition einzelner Wirtschaftszweige zu verbessern, sondern die inländische Nachfrage der inländischen Verbraucher entsprechend den Zielen der inländischen Wirtschaftspolitik zu beeinflussen.

Vom einzelnen Unternehmen aus gesehen und ohne Berücksichtigung der direkten Steuern ergibt sich also die Feststellung, daß die Anwendung des Bestimmungslandprinzips mit dem daraus folgenden Grenzausgleich bei der Umsatzsteuer die relative Wettbewerbsposition der Unternehmen im internationalen Handel weder verbessert noch verschlechtert.

Die Schlußfolgerung, daß der inländische Exporteur durch den Grenzausgleich keinen Wettbewerbsvorteil gegenüber dem Hersteller im Ausland hat, läßt sich am einfachsten anhand der Frage prüfen, ob der inländische Exporteur bei Erhöhung der Mehrwertsteuer einen Anreiz erhält, seine ausländische Betriebsstätte zugunsten der inländischen „zurückzufahren". Diese Frage wird im folgenden Abschnitt geprüft.

b) Umsatzsteuer und Standortpolitik

Bisher wurde von der Annahme ausgegangen, daß der inländische Hersteller auf dem Auslandsmarkt mit einem fremden ausländischen Hersteller konkurriert. Nunmehr wird unterstellt, daß der inländische Hersteller auch im Ausland Tochtergesellschaften oder Betriebsstätten gründen kann, von denen er den ausländischen Markt versorgen, aber auch den inländischen Markt beliefern kann.

Bei der Prüfung dieser Frage wird ein Unternehmen mit einer Betriebsstätte in der EG und einer Betriebsstätte in den USA unterstellt. Eine Betriebsstätte befindet sich also in einem Land mit einem Steuersystem mit Mehrwertsteuer, die andere in einem Land ohne Umsatzsteuer.

Die Standortentscheidung ist eine Investitionsentscheidung. Die Vorteilhaftigkeit an einem bestimmten Standort hängt von den Einzahlungen und Auszahlungen an diesem Standort ab. Unterstellen wir, daß das Unternehmen in seinen beiden Betriebsstätten dieselbe Technologie anwendet und daß in beiden Ländern dieselben Faktorpreise gelten, dann hängt der Standortvorteil bei Gleichheit der direkten Besteuerung von den Transportkosten und den Unterschieden in der Umsatzsteuer ab. In den Auszahlungen, die in den Investitionskalkül für die inländische Betriebsstätte eingehen, erscheint die Umsatzsteuer nicht[16]. Dies gilt wegen des Vorsteuerabzuges für Investitionsgüter sowohl für die Anschaffungskosten als auch für die laufenden Auszahlungen, die mit der Investition verbunden sind. Eine Erhöhung der Mehrwertsteuer verändert also die Auszahlungsströme für die inländische Betriebsstätte nicht. Für die Einnahmenströme gilt das oben gesagte, sie ändern sich entsprechend der Veränderung der Güterströme, die aus der Anpassung der Konsumpläne und der Ausgabenpläne des Staates resultiert.

Für die Investitionen in die ausländische Betriebsstätte gilt: Wird die ausländische Betriebsstätte mit Lieferungen von Maschinen und Ausrüstungsgegenständen aus den USA aufgebaut, entsteht keine Belastung durch Umsatzsteuer, weil es keine Umsatzsteuer gibt. Wird sie mit Lieferungen aus der EG aufgebaut, entsteht keine Umsatzsteuerbelastung, weil die Lieferung an die ausländische Betriebsstätte wie Exporte behandelt und folglich keine Mehrwertsteuer erhoben wird.

Die Einzahlungsströme der beiden Standorte hängen von den Mengen und den Preisen für die Güter ab, die in den Betriebsstätten hergestellt werden. Wie bereits im vorausgehenden Abschnitt dargelegt, bleiben die Nettopreise des Unternehmens von der Frage unberührt, ob in der EG Mehrwertsteuer erhoben wird und in den USA nicht. Dagegen werden die Mengen, die die Konsumenten nachfragen, durchaus von Veränderungen in der Höhe der Mehrwertsteuersätze berührt. Diese Mengenveränderungen sind aber auch von Änderungen der Nachfrage aufgrund von Geschmacksverschiebungen, Sättigungserscheinungen und Veränderungen in der Bevölkerungsstruktur sowie aufgrund von Verschiebungen in den internationalen Handelsströmen oder aufgrund von vorteilhafteren Angeboten der Konkurrenz für das einzelne Unternehmen nicht zu trennen. Die Mehrwertsteuer selbst berührt die Einnahmenströme ebensowenig wie die Ausgabenströme.

In die Entscheidung des Unternehmens, ob es eine Betriebsstätte in der EG oder in den USA aufbauen soll, geht mithin die Frage des Mehrwertsteuersystems nicht ein. Die Standortentscheidung bleibt auch von einer Erhöhung des Mehrwertsteuersatzes in der EG unberührt.

Anders ist es dagegen bei Anwendung des Ursprungslandprinzips. Hier ist der Aufbau der ausländischen Betriebsstätte mit Lieferungen aus dem Inland weniger vorteilhaft als der Aufbau mit im Ausland hergestellten Anlagen und Ausrüstungsgegenständen. Aber auch die laufenden Ausgabenströme werden nunmehr direkt von der Umsatzsteuer berührt: Exporte aus der inländischen Betriebsstätte haben die Mehrwertsteuer zu tragen, während die Lieferungen aus der ausländischen Betriebsstätte keine Umsatzsteuerbelastung aufweisen.

16 Vgl. [1].

Der Aufbau einer ausländischen Betriebsstätte erscheint mithin bei Anwendung des Ursprungslandprinzips im genannten Fall für das Unternehmen stets günstiger als Exporte aus der inländischen Betriebsstätte, wenn das Unternehmen die Nachfrage im Ausland befriedigen will. Der ausländische Standort weist mithin Wettbewerbsvorteile gegenüber dem inländischen Standort auf.

Unternehmen, die sich im Ausland betätigen wollen, pflegen im allgemeinen den ausländischen Markt zunächst aus einheimischen Betriebsstätten zu beliefern. Sie bauen dann Montagefabriken im Ausland auf und gehen erst allmählich zur Vollproduktion über. Eine solche Strategie der stufenweisen Erschließung ausländischer Märkte ist bei Anwendung des Bestimmungslandprinzips umsatzsteuerneutral möglich. Der allmähliche Aufbau einer Produktion im Ausland und der Ersatz der Exporte durch heimische Produktion wird von der Umsatzsteuer nicht berührt. Dagegen wird eine solche Strategie bei Anwendung des Ursprungslandprinzips entscheidend erschwert. Dieses Prinzip stellt eine Hürde für Exporte dar, und auch der Technologietransfer durch Verbringung inländischer Maschinen (mit dem darin enthaltenen technologischen know how) in die ausländische Betriebsstätte wird erschwert.

Die Analyse führt zu dem Ergebnis, daß die Anwendung des Bestimmungslandprinzips mit Befreiung des Exports von der Mehrwertsteuer die internationale Arbeitsteilung begünstigt, während sie bei Anwendung des Ursprungslandprinzips erschwert wird[17].

IV. Steuersystem und EG-Handel mit den USA

1. Die Unterscheidung von direkten und indirekten Steuern

Das Ergebnis weicht von den Aussagen Flumes und Schmidts ab. Das ist einmal darauf zurückzuführen, daß Flume und Schmidt noch aus einem Umsatzsteuersystem heraus argumentieren, das jedenfalls in der Bundesrepublik durch die Allphasen-Bruttoumsatzsteuer gekennzeichnet war. Bei einem solchen System läßt sich der Grenzausgleich nicht so durchführen, daß eine einwandfreie Trennung von Exportsubventionen möglich wäre. Versteckte Exportsubventionen verzerren aber die Wettbewerbssituation im internationalen Handel. Bei der Allphasen-Nettoumsatzsteuer dagegen ist die Steuerbelastung der Exportprodukte exakt feststellbar. Mithin entfällt dieser Einwand gegen den Grenzausgleich im gegenwärtigen Umsatzsteuersystem[18].

Zum anderen aber könnte das abweichende Ergebnis darauf zurückzuführen sein, daß bisher die Umsatzsteuer isoliert betrachtet wurde. Flume und Schmidt aber sagen ausdrücklich: „Für eine Unterscheidung nach direkten und indirekten Steuern ist bei dieser Sicht gar kein Raum"[19]. Für Flume und Schmidt ist die Unterscheidung in direkte und indirekte Steuern deshalb unerheblich, weil alle Steuern „Kosten der Sozialexistenz" und damit nach ihrer Ansicht Produktionskosten sind. Befreiung von Produktionskosten aber bedeutet Wettbewerbsverzerrung. Diese These wird dann

17 Im Ergebnis so auch [33], S. 32 und passim.
18 Vgl. auch [36], Kapitel 15.
19 [10], S. 20; ferner S. 26.

folgerichtig auch für den Fall von Ländern mit unterschiedlicher Steuerlastquote aufgestellt.

Für die betriebswirtschaftliche Analyse der Wettbewerbspolitik eines einzelnen Anbieters stellt sich die Frage nach der Unterscheidung von direkten und indirekten Steuern anders dar als für die gesamtwirtschaftliche Analyse. Der einzelne Anbieter versucht, so am Markt zu agieren, daß sein Gesamtgewinn nach Steuern möglichst hoch wird. Der Gewinn nach Steuern ist natürlich definiert als Gewinn nach Ertragsteuern und Umsatzsteuer. Allerdings ist die gegenwärtige Nettoumsatzsteuer gewinneutral. Für die betriebswirtschaftliche Analyse ist mithin die Unterscheidung von direkten und indirekten Steuern nicht bedeutsam.

Will man die Frage, ob das Bestimmungslandprinzip die Wettbewerbsposition des einzelnen Anbieters weniger verändert als das Ursprungslandprinzip, unter Einbeziehung der Ertragsteuern partialanalytisch beantworten, so kann man dies methodisch nur dadurch tun, daß man nach den Auswirkungen unterschiedlicher Änderungen im Steuersystem auf die Kapitalkosten des Unternehmens fragt.

Die Kapitalkosten des Unternehmens sind gleich seinem Gesamtgewinn bezogen auf das gesamte eingesetzte Kapital. In das eingesetzte Kapital geht aber auch der gesamtwirtschaftliche Zinssatz ein, der selbst wieder von der Wachstumsrate der Wirtschaft abhängt. Eine partialanalytische Betrachtung ist mithin unmöglich. Beckmann und ich haben aber gezeigt, daß unter den Bedingungen der Bundesrepublik Deutschland erwartet werden darf, daß die Wachstumsrate der Wirtschaft weniger stark gesenkt wird, wenn die Mehrwertsteuer erhöht wird, als wenn die Einkommensteuer erhöht wird[20]. Daraus kann gefolgert werden: Im Falle einer Erhöhung des Mehrwertsteuersatzes sinken die Gewinne der Unternehmen weniger stark als bei einer Erhöhung der Ertragsteuern. Gleichzeitig sinken auch die Börsenkurse weniger als bei einer Erhöhung der Ertragsteuern. Der Nettoeffekt dieser beiden Wirkungen auf die Kapitalkosten des Unternehmens besteht darin, daß eine Erhöhung der Mehrwertsteuer die Kapitalkosten weniger stark senkt als eine Erhöhung der Einkommensteuer[21].

Sinken als Folge der Steuererhöhung die inländischen Kapitalkosten bei Konstanz der ausländischen (also zum Beispiel der amerikanischen) Kapitalkosten, dann setzt Nachfrage nach der ausländischen Währung (dem Dollar) ein. Der Wechselkurs der ausländischen Währung (des Dollars) steigt. Dies hat eine Verteuerung der Importe aus den USA und eine Verbilligung der Exporte in die USA zur Folge. Da nun aber die Kapitalkosten im Inland bei einer Umsatzsteuererhöhung weniger stark sinken als bei einer Erhöhung der Ertragsteuer, ist auch die Auswirkung einer Erhöhung der Umsatzsteuer auf die Wettbewerbssituation des inländischen Produzenten, der Stahl in die USA exportiert, geringer als die einer entsprechenden Erhöhung der Ertragsteuer. Eine Veränderung der Wettbewerbssituation als Folge der Erhöhung der staatlichen Einnahmen zu unproduktiven Zwecken tritt auf jeden Fall ein. Die Erhöhung der Umsatzsteuer ist für den ausländischen Konkurrenten das kleinere Übel.

Die internationale Standortpolitik wird mithin auch unter Einbeziehung der direkten Steuern im Rahmen des Bestimmungslandprinzips von einer Erhöhung der Mehrwertsteuer weniger stark beeinflußt als von einer Erhöhung der Ertragsteuern.

20 [2].
21 Im Ergebnis so auch [34], S. 27.

Damit ist freilich die Frage noch nicht beantwortet, ob das Ursprungslandprinzip bei Beachtung sowohl der indirekten als auch der direkten Steuern weniger wettbewerbsverzerrende Wirkungen hat als das Bestimmungslandprinzip. Es ist nur gezeigt, daß im Rahmen des Bestimmungslandprinzips der Veränderung der Mehrwertsteuersätze weniger wettbewerbsverzerrende Wirkungen zukommen als der Veränderung der Einkommensteuer. Für die Abwägung des Ursprungslandprinzips gegenüber dem Bestimmungslandprinzip liefert die Außenhandelstheorie die folgenden Ergebnisse:

1. Langfristig besteht zwischen Ursprungslandprinzip und Bestimmungslandprinzip kein Unterschied in der Wettbewerbsneutralität[22].

2. Kurzfristig kann es zu Wettbewerbsverzerrungen wegen der Verzögerung in den Anpassungsprozessen kommen.

3. Bei Anwendung des Bestimmungslandprinzips bleibt man aber dem Optimum näher, wenn man die optimale internationale Arbeitsteilung erstrebt (Produktionsoptimum)[23].

4. Weder das Ursprungslandprinzip noch das Bestimmungslandprinzip verwirklichen sowohl das Handelsoptimum als auch das Produktionsoptimum. Es gibt kein Steuersystem, das es gestattet, beide Optima gleichzeitig zu verwirklichen.

Bei diesen Aussagen muß beachtet werden, daß keines dieser Ergebnisse über den Vergleich von Bestimmungslandprinzip und Ursprungslandprinzip unter Einbeziehung der verschiedenen Regelungen von Doppelbesteuerungsabkommen abgeleitet worden ist. Die Doppelbesteuerungsabkommen haben aber zum Teil die Folge, daß das Ursprungslandprinzip bei den Ertragsteuern faktisch zu einem Bestimmungslandprinzip wird.

2. *Das Wechselkursargument*

Wer behauptet, das Umsatzsteuersystem im Rahmen des Bestimmungslandprinzips habe wettbewerbsverzerrende Wirkungen, und diese Behauptung durch eine Analyse der Steuerüberwälzung, der Steuerinzidenz und der dadurch ausgelösten Veränderungen der nationalen und internationalen Güterströme zu belegen sucht, kann das Wechselkursargument nicht unberücksichtigt lassen. Für den inländischen Exporteur und seine Wettbewerbspolitik ist der Erlös in DM entscheidend, den er aus dem Export erhält. Das aber ist der Erlös in Dollar umgerechnet zum geltenden Wechselkurs. Der Satz, daß bei Anwendung des Bestimmungslandprinzips mit Grenzausgleich der Wechselkurs um denselben Prozentsatz steigt wie die allgemeine Mehrwertsteuer, darf daher bei einer Wirkungsanalyse steuerpolitischer Maßnahmen des Staates und ihrer Auswirkungen auf die Wettbewerbsvorteile der inländischen Industrie nicht unberücksichtigt bleiben[24]. Der Satz mag aber auch die ausländischen Hersteller von Waren beruhigen, die sich anderenfalls weniger gegen Wettbewerbsverzerrungen durch staatliche Ausgabenpolitik souveräner Staaten schützen könnten.

22 Vgl. hierzu [27], [14] und [16].
23 Vgl. [33], aber auch [29], S. 129.
24 Siehe [36], S. 202f., [5], S. 25f., sowie [12].

In einem System flexibler Wechselkurse ist der Wechselkurs ein für die internationalen Handelsströme und für die Wettbewerbssituation einzelner Länder und Industrien wichtiger Preis. Seine Veränderungen sind bei der Analyse der Veränderungen im Steuersystem zu berücksichtigen.

Es mag hier dahingestellt bleiben, ob das Wechselkursargument in einem System starrer Wechselkurse nicht herangezogen werden darf. Sicher ist, daß Flume und Schmidt ihrer Ablehnung des Wechselkursarguments aus einem System starrer Wechselkurse heraus begründeten. Ihre Argumentation ist daher systembedingt und heute unter dem geltenden System flexibler Wechselkurse nicht mehr verwendbar.

V. Schlußfolgerung

Das Ergebnis lautet, daß im Rahmen eines internationalen Systems souveräner Staaten mit unterschiedlicher Staatsquote, internationaler Faktormobilität und flexiblen Wechselkursen das Bestimmungslandprinzip mit einem System der Allphasen-Nettoumsatzsteuer und Grenzausgleich den internationalen Wettbewerb weniger verzerrt als das Ursprungslandprinzip.

Daß das mit diesem Prinzip erreichbare Optimum unter demjenigen liegt, das bei Aufgabe der Steuersouveränität und Angleichung der Staatsquote auf niedrigerem Niveau und Übergang zu Binnenmarktverhältnissen erreichbar wäre, ist eine Überzeugung, die liberalem Denken entspricht. Von dieser Sicht her ist der Grenzausgleich im grenzüberschreitenden Verkehr eine Verzerrung der Bedingungen freien Wettbewerbs. Diese Verzerrungen werden aber nicht durch die Anwendung der Steuerpolitik an sich und ihrer Instrumente, sondern durch die staatliche Einwirkung auf die nationalen Güterströme im Rahmen einer nationalen Wirtschaftspolitik zur Verfolgung nationaler Ziele bewirkt. In einem System mit weitgehend freiem internationalen Handel hat eine solche Beeinflussung nationaler Güterströme durch staatliche Politik stets Rückwirkungen auf die internationalen Güter- und Faktorbewegungen. Dies läßt sich aber nicht dadurch abschaffen, daß Ausgleichszölle auf Importe in die USA erhoben werden.

Die Analyse hat aber auch das Augenmerk darauf gerichtet, daß die Wettbewerbsbedingungen der heimischen Wirtschaft im internationalen Handel unter Umständen weniger von der staatlichen Einnahmenpolitik beeinflußt werden als von der staatlichen Ausgabenpolitik.

Literaturverzeichnis

[1] Albach, H., Steuersystem und unternehmerische Investitionspolitik, Wiesbaden 1970.

[2] Albach, H. und M. Beckmann, Zur Reform der direkten Steuern, Wiesbaden 1970.

[3] Andel, N., Zur Diskussion „Ursprungs-" versus „Bestimmungslandprinzip" in: Finanzarchiv N. F. 24 (1965), S. 115.

[4] Biehl, D., Ausfuhrland-Prinzip, Einfuhrland-Prinzip und Gemeinsamer-Markt-Prinzip, Köln-Berlin-Bonn-München 1969.

[5] Brombach, G., Das Problem der optimalen internationalen Arbeitsteilung bei unterschiedlicher Struktur der Steuersysteme (Bestimmungslandprinzip vs. Ursprungslandprinzip),

Schriftenreihe der Wirtschaftsvereinigung Eisen- und Stahlindustrie zur Wirtschafts- und Industriepolitik, Heft 4, Düsseldorf 1962.
[6] Eßer, J., Zwischenstaatliche Belastungs- und Strukturvergleiche, Bd. 1, Institut FSt. Heft 96, Bonn 1970.
[7] Eßer, J., Zwischenstaatliche Belastungs- und Strukturvergleiche, Bd. 5, Institut FSt., Heft 96, Bonn 1976.
[8] Europäische Gemeinschaft für Kohle und Stahl – Hohe Behörde – Bericht über die durch die Umsatzsteuer aufgeworfenen Probleme auf dem Gemeinsamen Markt (Tinbergen-Bericht), o.O., 1953.
[9] Europäische Wirtschaftsgemeinschaft, Kommission, Bericht des Steuer- und Finanzausschusses, o.O., 1962.
[10] Flume, W. und K. Schmidt, Die steuerliche Behandlung des grenzüberschreitenden Verkehrs nach Montanunion- und EWG-Vertrag, Schriftenreihe der Wirtschaftsvereinigung Eisen- und Stahlindustrie zur Wirtschafts- und Industriepolitik, Heft 3, Düsseldorf 1962.
[11] Giersch, H., Zur Frage der Anwendung des Ursprungs- oder Bestimmungslandprinzips bei der Umsatzsteuer im Gemeinsamen Markt, in: Schriftenreihe der Wirtschaftsvereinigung Eisen- und Stahlindustrie zur Wirtschafts- und Industriepolitik, Heft 1, Düsseldorf 1962.
[12] Häuser, K., Steuerausgleich an der Grenze versus Wechselkursänderung, in: Albers, W. (Hrsg.), Besteuerung und Zahlungsbilanz, Berlin 1972, S. 33.
[13] Heilmann, M., Die Umsatzsteuerreform in der Bundesrepublik Deutschland, Europäische Hochschulschriften, Bd. 94, Bern und Frankfurt 1975.
[14] Johnson, H. und M. Krauss, Border Taxes, Border Tax Adjustments, Comparative Advantage and Balance of Payments, Canadian Journal of Economics, Bd. III, No. 4 (November 1970), S. 595.
[15] Kauffmann, H., Überwälzung und Inzidenz der Nettoumsatzsteuer, Europäische Hochschulschriften Nr. 91, Bern und Frankfurt 1975.
[16] Koellreuter, Chr., Zur Theorie der internationalen Steuerinzidenz, Zürich 1973.
[17] Krauss, M. und Bird, The Value-Added Tax: Critique of a Review, in: Journal of Economic Literature 9 (1971), S. 1167.
[18] Leontiades, M., The Logic of Border Taxes, in: National Tax Journal 19 (1966), S. 173.
[19] Lindholm, R., National Tax System and International Balance of Payments, in: National Tax Journal 19 (1966), S. 163.
[20] Lindholm, R., The Value-Added Tax: A Short Review of the Literature, in: Journal of Economic Literature 8 (1970), S. 1178.
[21] Lindholm, R., The Value-Added Tax: Rejoinder to a Critique, in: Journal of Economic Literature 9 (1971) S. 1173.
[22] McKinnon, R., The Value-Added Tax and the Liberalization of Foreign Trade in Developing Economies: A Comment, in: Journal of Economic Literature 11 (1973), S. 520.
[23] McLure, Ch. E., Jr., Taxes and the Balance of Payments: Another Alternative Analysis, National Tax Journal, Bd. XXI, No. 1 (März 1968), S. 57.
[24] Mesenberg, H., Der steuerliche Ausgleich beim Grenzübergang im internationalen Handel, Heidelberg 1970.
[25] Mesenberg, H., Exportneutrale Mehrwertsteuer, Bemerkungen zur Klage der US Steel Corp. wegen EWG-Mehrwertsteuer, Institut FSt, Brief 171, Bonn, im Juni 1977.
[26] Meyer, W., Wettbewerbsverzerrungen im internationalen Handel, Freiburg 1967.
[27] Möller, H., Ursprungs- und Bestimmungslandprinzip. Ein Beitrag zur Lehre von den Steuerwirkungen auf die internationalen Wirtschaftsbeziehungen unter Berücksichtigung des Gemeinsamen Marktes, in: Finanzarchiv NF 27 (1968), S. 385.
[28] Peffekoven, R., Das Bestimmungs- und Ursprungslandprinzip bei Steuern im grenzüberschreitenden Verkehr, in: Albers, W. (Hrsg.), Besteuerung und Zahlungsbilanz, Berlin 1972, S. 33.
[29] Peffekoven, R., Zur Theorie des Steuerexports, Tübingen 1975.
[30] Samuelson, P. A., Economics, 9. Auflage, New York 1973.

[31] Schmölders, G., Zur Frage der steuerlichen Wettbewerbsverzerrungen im grenzüberschreitenden Warenverkehr innerhalb der Europäischen Wirtschaftsgemeinschaft, Schriftenreihe der Wirtschaftsvereinigung Eisen- und Stahlindustrie zur Wirtschafts- und Industriepolitik, Heft 2, Düsseldorf 1962.
[32] Schubert, W., Zur Frage der Wettbewerbsneutralität der neuen Umsatzsteuer im Außenhandel, in: Der Betrieb 1968, Beilage Nr. 12/68 zu Heft 16.
[33] Sievert, O., Außenwirtschaftliche Probleme steuerlicher Ausgleichsmaßnahmen für den internationalen Handel, Köln-Berlin-Bonn-München 1963.
[34] Ture, N. B., Economic Aspects of a United States VAT, in: Tax Policy: A Value-Added Tax, 1973.
[35] United States Steel Company vs. United States, Klageschrift 76-2-00456 v. 18.2.1976.
[36] Wittmann, W., Einführung in die Finanzwissenschaft, II. Teil, Stuttgart 1975.

Konzentrationstendenzen im wirtschaftlichen Prüfungswesen

Inhaltsverzeichnis

1. Problemstellung

Die Konzentrationsprozesse in der Wirtschaft haben in den letzten Jahren immer wieder die Aufmerksamkeit von Wirtschaftswissenschaftlern und Wirtschaftspolitikern gefunden. Daß dieser Prozeß nicht ohne Rückwirkungen auf den Berufsstand der Wirtschaftsprüfer geblieben ist, ist weithin bekannt. Wenn im Laufe der wirtschaftlichen Konzentration prüfungspflichtige Gesellschaften mit anderen Unternehmen fusionieren, dann wird gegebenenfalls für eine gewisse Zeit des Übergangs eine gemeinsame Prüfung vereinbart, letztlich aber verliert einer der Prüfer das Mandat. Von Konzentration im Prüfungswesen kann man also einmal sprechen, wenn der relative Anteil der Mandate der großen Wirtschaftsprüfungsgesellschaften an einer kleiner werdenden Gesamtzahl von Mandaten größer wird. Daß ein solcher durch den wirtschaftlichen Konzentrationsprozeß induzierter Konzentrationsvorgang im Prüfungswesen in den letzten Jahren eingesetzt hat, ist unbestritten. Hierauf hat auch Schruff aufmerksam gemacht[1].

Im folgenden soll auf einen zweiten Konzentrationsprozeß aufmerksam gemacht werden: Selbst in einer gegebenen Zahl von Prüfungsmandaten läßt sich eine Konzentrationsbewegung nachweisen. Der Anteil der Prüfungsmandate, die auf Wirtschaftsprüfungsgesellschaften entfallen,

[1] Schruff, L., Der Wirtschaftsprüfer und seine Pflichtprüfungsmandate — Eine Marktstrukturuntersuchung, Düsseldorf 1973, S. 89 ff.

nimmt auf Kosten der Prüfungsmandate von Einzelprüfern und Prüfersozietäten zu. Noch deutlicher ist die Zunahme des Anteils an der gesamten Bilanzsumme aller Mandate, der auf die Wirtschaftsprüfungsgesellschaften entfällt.

Aber auch innerhalb der Wirtschaftsprüfungsgesellschaften ist ein Konzentrationsprozeß im Gange. So ist der Anteil der fünf großen Wirtschaftsprüfungsgesellschaften an der geprüften Bilanzsumme in den 20 Jahren von 1951 bis 1971 ständig gestiegen.

Diese Konzentrationsbewegungen sollen im folgenden näher analysiert werden[2].

2. Das Datenmaterial

Ausgangspunkt der Untersuchung ist das Datenmaterial der „Bonner Stichprobe". Hierbei handelt es sich um die Daten der Jahresabschlüsse von 100 börsennotierten Industrieaktiengesellschaften, die zunächst 1961 aus der Gesamtzahl der börsennotierten deutschen Aktiengesellschaften nach dem Zufallsprinzip gezogen wurden. Wenn im Laufe der Zeit ein Unternehmen in der Stichprobe durch Fusion mit einem anderen fortfiel oder seinen Geschäftsbetrieb einstellte, wurde aus dem Kreis der übrigen börsennotierten Aktiengesellschaften nach dem Zufallsprinzip ein neues Unternehmen gezogen, für das dann die gesamten Zahlen der Periode von 1951 bis zu seiner Aufnahme in die Stichprobe erhoben wurden. Mithin liegen dieser Untersuchung die Jahresabschlüsse von 100 zufällig ausgewählten Einzelabschlüssen für die Zeit von 1951 bis 1972 zugrunde.

Die Testate unter diesen Jahresabschlüssen wurden nach Prüfer bzw. Prüfungsgesellschaft erhoben. Gleichzeitig wurde auch die Bilanzsumme des geprüften Jahresabschlusses erfaßt.

3. Das methodische Vorgehen

Innerhalb der Testate wurden drei Gruppen unterschieden:
- Testate von Einzelprüfern
- Testate von Prüfungssozietäten
- Testate von Prüfungsgesellschaften.

Ziel der Untersuchung soll es sein, die Verteilung der Prüfungsmandate auf diese drei Gruppen und die Konzentration der Mandate innerhalb dieser Gruppen zu untersuchen.

---

2 Dieser Aufsatz baut auf den Ergebnissen auf, die Rainer Wuttke im Rahmen seiner Diplomarbeit „Die Entwicklung der Prüfungsmandate in der Bonner Stichprobe", Diplomarbeit, Bonn 1974, erarbeitet hat.

Die Analyse der Konzentrationsbewegungen erfolgt auf verschiedenen Wegen. Einmal wurde die Verteilung der Prüfungsmandate auf die einzelnen Prüfergruppen untersucht. Nun ist aber nicht jedes Mandat in der Stichprobe gleichbedeutend. Einige Unternehmen wachsen stärker als andere, so daß sich das Gewicht eines Mandats in der Stichprobe im Laufe der Zeit nicht unerheblich ändern kann. Da die Prüfungshonorare zumindest zum Teil von der geprüften Bilanzsumme abhängen, ist die Verteilung der Bilanzsummen auf die einzelnen Prüfergruppen ein wichtiger Indikator für die Konzentration im Prüfungswesen. Aus diesen Prozentangaben können auch Kennzahlen der Konzentration berechnet werden. Die Lorenzkurve und das Gini-Maß liefern aufschlußreiche Kurzinformationen über die Entwicklung der Konzentration. Schließlich ist die Veränderung der Zahl der an den Prüfungen in den einzelnen Jahren beteiligten Wirtschaftsprüfer ein weiterer Indikator der Konzentrationsbewegung. Nimmt bei gleichbleibender Zahl der Mandate die Zahl der beteiligten Prüfer ab, konzentriert sich die Prüfung auf immer weniger Prüfer.

4. Die Ergebnisse

4.1 Die Entwicklung der Mandate

Die Entwicklung der Anteile, die die einzelnen Prüfergruppen an der Gesamtzahl der Mandate haben, geht aus Abbildung 1 hervor.

Drei Tendenzen sind aus Abbildung 1 ablesbar.

1. Der Anteil der Prüfungsmandate, der auf die Wirtschaftsprüfungsgesellschaften entfällt, hat während der 22 Jahre des Untersuchungszeitraums deutlich zugenommen.
2. Der Anteil der Prüfungsmandate, der auf die Einzelprüfer entfällt, hat im untersuchten Zeitraum beträchtlich abgenommen.
3. Der Anteil der Prüfungsmandate, die von Prüfersozietäten wahrgenommen werden, weist bis 1963 eine leicht steigende, seither eine abnehmende Tendenz auf.

Diese Entwicklung ist durch eine Phase der Stagnation bei den Wirtschaftsprüfungsgesellschaften in der Zeit von 1962 bis 1964 unterbrochen, der eine Phase der Stabilisierung bei den Einzelprüfern entspricht. Während 1951 noch über 40 % der Mandate und bis 1964 immerhin noch ein Drittel aller Mandate in der Bonner Stichprobe auf Einzelprüfer und Sozietäten entfielen, ist ihr Anteil bis 1972 auf 7 % gesunken.

Entwicklung der Mandate

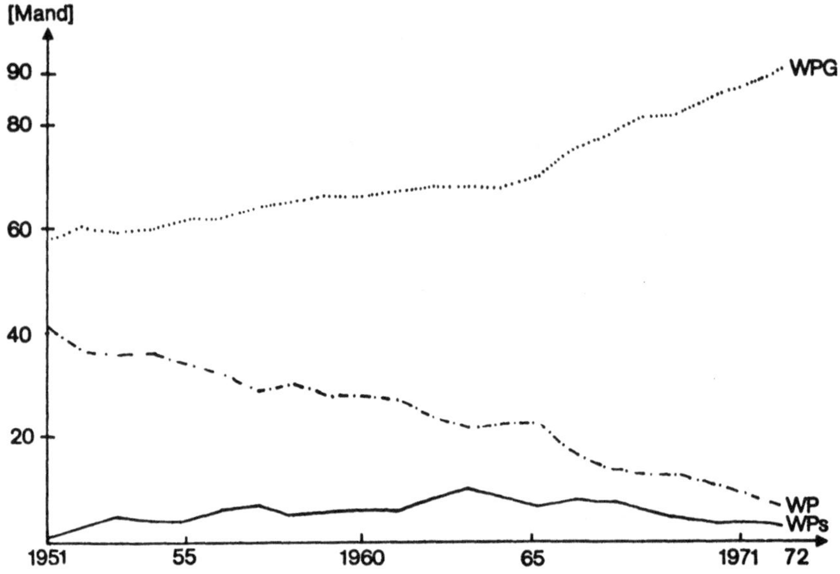

Abbildung 1

Die Erklärung für den Mandatsverlust der Einzelprüfer ist nur bei der Abnahme von 1951 auf 1952 durch den Generationenwechsel bedingt. Der Generationenwechsel ist aus den Testaten dieser beiden Jahre klar nachweisbar. Bemerkenswert ist, daß die Perioden ausgeprägter Mandatsverluste (1961 bis 1963 und 1965 bis 1967) in die Zeiten unmittelbar nach Änderung des Aktiengesetzes fallen. Aber während es 1961 bis 1963 die Sozietäten waren, die von diesem Verlust profitierten, sind es 1965 bis 1967 die Wirtschaftsprüfungsgesellschaften, denen dieser Mandatsverlust der Einzelprüfer zufällt.

4.2 Die Entwicklung der Bilanzsummen

4.2.1 Anteile an der Gesamtbilanzsumme

Die Tendenz der Verlagerung der Mandate von den Einzelprüfern zu den Prüfungsgesellschaften kommen noch deutlicher zum Ausdruck, wenn man die Bilanzsummen betrachtet. Abbildung 2 enthält die Anteile an der Gesamtbilanzsumme aller 100 Aktiengesellschaften, die in den einzelnen Jahren auf die drei Wirtschaftsprüfergruppen entfallen.

Während der Anteil der Einzelprüfer an der Gesamtbilanzsumme 1951 noch 35,22 % beträgt, ist ihr Anteil 1972 auf nur 2 % gesunken, während ihr Anteil an der Gesamtzahl der Mandate noch 7 % beträgt. Der sehr ausgeprägte Anteilsverlust im Jahre 1967 ist darauf zurückzuführen, daß in diesem Jahr die Firma Bayer von der Prüfung durch einen Einzelprüfer zur Prüfung durch eine Prüfungsgesellschaft übergeht[3].

Entwicklung der Bilanzsummenanteile

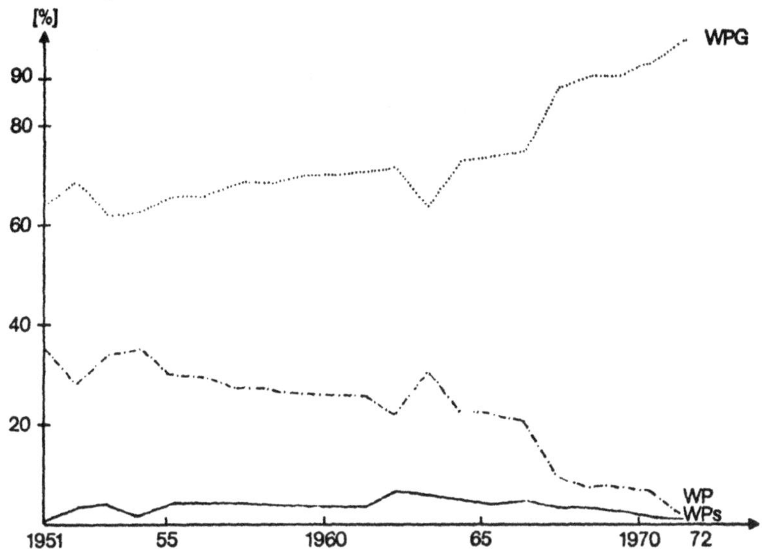

Abbildung 2

Der Anteil der Wirtschaftsprüfungsgesellschaften an der Gesamtbilanzsumme steigt von etwas über 60 % auf 97 % im Jahre 1972. Damit sind die Wirtschaftsprüfungsgesellschaften heute die dominierende Gesellschaftsform im wirtschaftlichen Prüfungswesen.

Man wird also an dieser Stelle schon feststellen können:
Während im Mittelpunkt des berufsrechtlichen und des standespolitischen Interesses in den fünfziger und sechziger Jahren das Verhältnis von Einzelprüfern und Wirtschaftsprüfungsgesellschaften stand, ist es

[3] Dieser Wechsel ist allerdings im strengen Sinne nicht auf einen Mandatswechsel zurückzuführen, sondern vielmehr darauf, daß an die Stelle des Einzelprüfers Karoli die Karoli Wirtschaftsprüfungsgesellschaft mbH als Abschlußprüfer tritt.

heute die Frage nach der Struktur der Wirtschaftsprüfungsgesellschaften und nach dem Eigentum an Wirtschaftsprüfungsgesellschaften, die von zentralem standespolitischem Interesse sind.

Diese Entwicklung wird sofort verständlich, wenn man die Zahl der Geschäftsführer und Wirtschaftsprüfer der beteiligten Prüfer und Prüfungsgesellschaften laut WP-Verzeichnis 1973 in den einzelnen Prüfergruppen ermittelt. 660 Wirtschaftsprüfern in den Wirtschaftsprüfungsgesellschaften stehen 29 Wirtschaftsprüfer in Sozietäten und 56 Einzelprüfer gegenüber, die an der Prüfung der Gesellschaften in der „Bonner Stichprobe" beteiligt sind. Dabei muß noch berücksichtigt werden, daß die Wirtschaftsprüfer in den Prüfungssozietäten gelegentlich auch als Einzelprüfer auftreten, so daß es in diesen beiden Prüfergruppen zu Überschneidungen kommt. Der Einzelprüfer ist aus verschiedenen Gründen offenbar nicht in der Lage, große Gesellschaften zu prüfen. Er findet seine Mandate vorwiegend im Bereich der kleineren publizitätspflichtigen Aktiengesellschaften. Das würde sicher noch deutlicher, wenn wir die Mandatsverteilung der 100 größten deutschen Industrie-Aktiengesellschaften und nicht wie hier eine Zufallsstrichprobe aus den börsennotierten deutschen Industrie-Aktiengesellschaften zugrunde gelegt hätten.

4.2.2 Die Darstellung der Konzentration durch das Gini-Maß

In der Messung der Konzentration spielt die Berechnung des Gini-Maßes eine wichtige Rolle. Das Gini-Maß ist wie folgt definiert:

(1) $y = Ax^{\partial}$

In (1) ist

∂ – das Gini-Maß der Konzentration
y – der kumulierte Anteil der geprüften Bilanzsumme
x – der kumulierte Anteil der Prüfer
A – Konstante.

Wie man sieht, läßt sich das Gini-Maß leicht berechnen, wenn man die Regressionsgerade.

(2) $\log y = \log A + \partial \log x$

schätzt und die Parameter logA und ∂ als Schätzparameter bestimmt. Je höher ∂, umso höher ist die Konzentration. Die Ergebnisse der Berechnung sind in der Abbildung 3 wiedergegeben.

In Abbildung 3 ist darüber hinaus auch die Konzentration innerhalb der Wirtschaftsprüfungsgesellschaften und der Einzelprüfer angegeben.

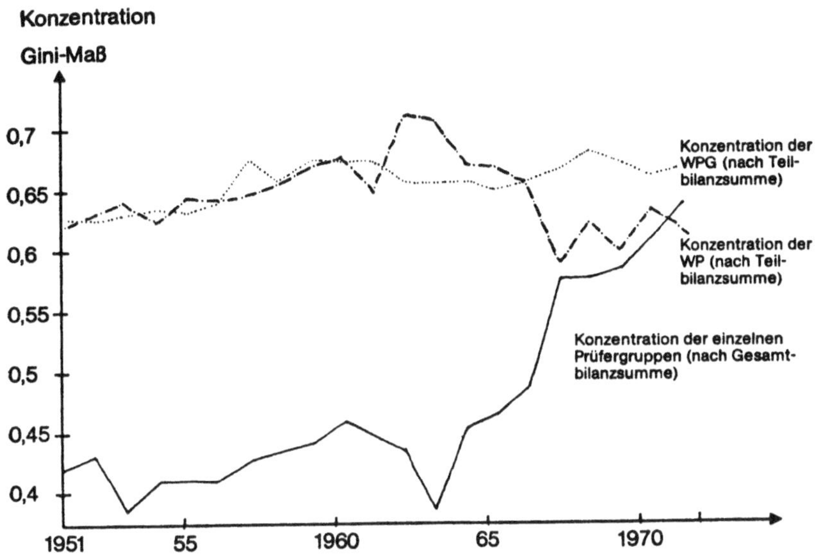

Abbildung 3

Abbildung 3 zeigt:

1. Bis 1960 ist die Konzentration sowohl bei den Wirtschaftsprüfungsgesellschaften als auch bei den Einzelprüfern leicht gestiegen.
2. Diese Tendenz ist auch beim Gini-Maß für die Konzentration bei allen Prüfungsaufträgen (nach der Bilanzsumme) erkennbar. Sie wird geringfügig durch die in Abbildung 3 wegen der ungenügenden Datenbasis nicht mitdargestellte Konzentration bei den Sozietäten modifiziert.
3. Seit 1962 nimmt die Konzentration unter den Einzelprüfern stark ab. Dies dürfte aber wohl vorwiegend auf die abnehmende Zahl der Einzelprüfer und ihrer Mandate zurückzuführen zu sein.
4. Seit 1963 nimmt die Konzentration im gesamten Prüfungswesen stark zu. Das Gini-Maß steigt von fast 0,4 auf fast 0,65.

4.3 Die beteiligten Prüfer

In dem Konzentrationsprozeß, der sich im Prüfungswesen vollzogen hat, hat sich eine gegebene Zahl von Prüfungsmandaten nicht nur auf andere Prüfergruppen und innerhalb dieser stark zugunsten der großen Gesellschaften verteilt, sondern an der Prüfung sind auch zunehmend weniger Prüfer beteiligt gewesen. Das heißt also, daß sich die gegebene Zahl der Mandate auf immer weniger Prüfer verteilte. Dies kommt in Abbildung 4 klar zum Ausdruck.

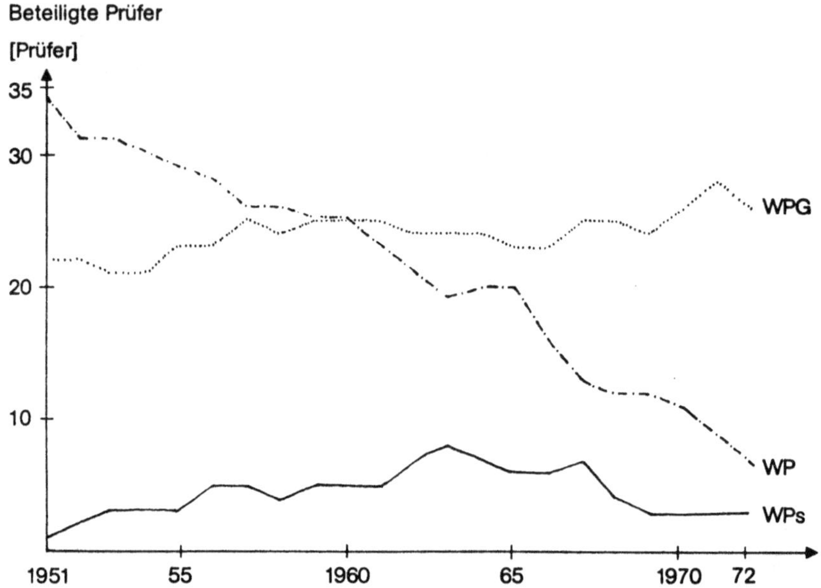

Abbildung 4

Aus Abbildung 4 ist ersichtlich, daß die Zahl der Wirtschaftsprüfungsgesellschaften, die an der Prüfung der 100 Aktiengesellschaften der Bonner Stichprobe beteiligt sind, im Untersuchungszeitraum gestiegen ist. Bis 1963 nimmt die Zahl der beteiligten Sozietäten leicht zu, dann aber setzt der Abwärtstrend ein. Dagegen wurden die beteiligten Einzelprüfer von diesem Konzentrationsprozeß besonders stark betroffen. Ihre Zahl hat von 34 auf 7 abgenommen, und die Jahre, in denen keine Wirtschaftsprüfer aus dem Kreis der beteiligten Prüfer ausscheiden, verzögern diesen Trend nur kurzfristig.

Während die Zahl der beteiligten Wirtschaftsprüfungsgesellschaften nur von 22 im Jahre 1951 auf 26 im Jahre 1972 zunahm, wuchs die Zahl der Mandate, die auf die Wirtschaftsprüfungsgesellschaften entfallen während des Untersuchungszeitraums, wie dargestellt, beachtlich. Während 1951 im Durchschnitt 2,64 Mandate auf eine Wirtschaftsprüfungsgesellschaft entfallen, sind es 1972 durchschnittlich 3,46 Mandate.

4.4 Die Konzentration bei den Prüfungsgesellschaften

Diese Durchschnittsbildung über alle beteiligten Prüfungsgesellschaften bringt aber nicht zum Ausdruck, daß sich auch innerhalb der Prüfungsgesellschaften ein Konzentrationsprozeß vollzogen hat. Auf diesen soll abschließend aufmerksam gemacht werden.

4.4.1 Die Lorenzkurven

In der Lorenzkurve kann man die Ungleichverteilung der Prüfungsaufträge auf die beteiligten Prüfungsgesellschaften anschaulich gut zum Ausdruck bringen. Abbildung 5 enthält die Lorenzkurven für die Prüfungsgesellschaften. Auf der horizontalen Achse ist der Anteil der Prüfungsgesellschaften aufgetragen, auf der vertikalen der Anteil dieser Prüfungsgesellschaften an der Bilanzsumme, die von dieser Prüfergruppe geprüft wird. Um die Entwicklung deutlich hervortreten zu lassen, enthält die Abbildung nur die Lorenzkurven für die Jahre 1951, 1961 und 1971.

Lorenzkurven nach Teilbilanzsummen Wirtschaftsprüfungsgesellschaften

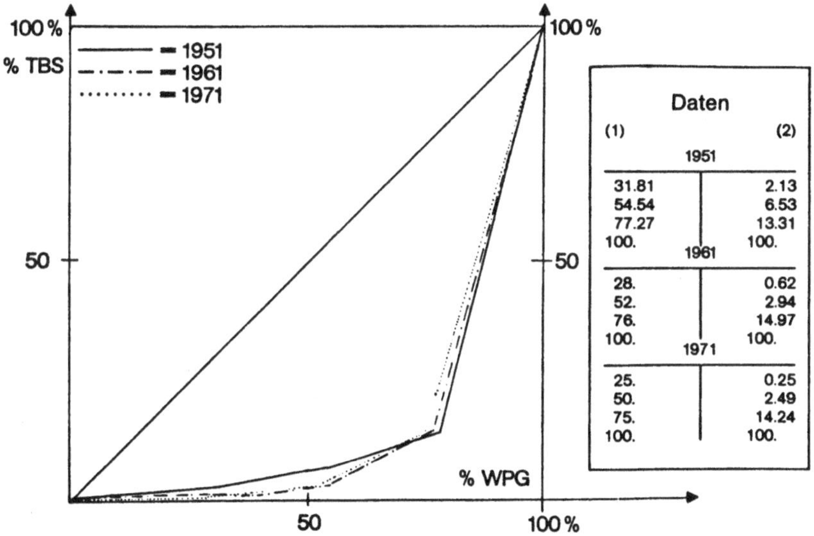

(1) % der jeweils bet. WPG (Kumuliert)

(2) % der jeweiligen TBS pro WPG-Gruppe (Kumuliert)

Abbildung 5

Aus der Abbildung ist deutlich ersichtlich, daß die Lorenzkurven sich immer weiter von der Gleichverteilungskurve (der 45°-Linie) entfernen. Die Konzentration unter den Wirtschaftsprüfungsgesellschaften hat im Laufe der Zeit zugenommen.

4.4.2 Das Gini-Maß

Das Gini-Maß, das man aus den Daten berechnen kann, die auch der Konstruktion der Lorenzkurven zugrunde liegen, verdichtet diese Information über die zunehmende Konzentration unter den Wirtschaftsprüfungsgesellschaften, läßt aber auch zeitliche Differenzierungen hervortreten, die bei der Wiedergabe von nur drei Lorenzkurven nicht deutlich werden. Von 1951 bis 1957 steigt das Maß der Konzentration von 0,625 auf 0,670. Auf diesem Niveau bleibt es bis 1959, sinkt bis 1965 wieder auf knapp 0,650 und steigt dann wieder auf 0,670 an.

Das Gini-Maß läßt seit 1957 jedoch keine Tendenz zu einer weiteren Konzentration erkennen. Dafür ist ein Maß der Konzentration, das alle beteiligten Wirtschaftsprüfungsgesellschaften umfaßt, offenbar zu grob.

4.4.3 Die Konzentration auf die großen Prüfungsgesellschaften

Die größten Prüfungsgesellschaften, die an der Prüfung der 100 Aktiengesellschaften in der Bonner Stichprobe beteiligt sind, sind[4]

1. Karoli Wirtschaftsprüfungsgesellschaft mbH
2. Schwäbische Treuhand AG
3. Treuarbeit AG
4. Treuhandvereinigung AG
5. Vereinigte Deutsche Treuhand-Aktiengesellschaft.

Tabelle 1 zeigt, welche Anteile an der Bilanzsumme, die von allen Wirtschaftsprüfungsgesellschaften geprüft wird, und welche Anteile an der gesamten Bilanzsumme aller 100 Aktiengesellschaften auf diese fünf Prüfungsgesellschaften entfallen.

Wie die Entwicklung der Anteile an den von allen Prüfungsgesellschaften geprüften Bilanzsummen zeigt, hat ein beachtlicher Konzentrationsprozeß innerhalb der Prüfungsgesellschaften stattgefunden. Noch beachtlicher aber erscheint die Tatsache, daß es den großen Prüfungsgesellschaften offenbar viel besser als den kleineren Gesellschaften gelungen ist, die Mandate auf sich zu ziehen, die früher von Einzelprüfern wahrgenommen wurden.

[4] Auf die 4 WP-Aktiengesellschaften entfielen 1972 50 der 100 größten Industrieunternehmen der BRD bzw. 620 von allen Einzelabschlüssen des Jahres 1972. Sie sind auch nach diesen Kriterien die größten Prüfungsgesellschaften der BRD.

5. Schlußbemerkung

Eine Beurteilung der dargestellten Konzentrationsprozesse wird berücksichtigen müssen, daß ein wesentlicher Teil der Konzentration im Prüfungswesen von der zunehmenden Komplexität der Prüfungsaufgaben verursacht ist. Das wird durch die deutliche Zunahme der Konzentration nach Verabschiedung der kleinen Aktienrechtsreform und nach Verkündung des Aktiengesetzes 1965 besonders deutlich unterstrichen. Sicher wird man es bedauern, daß die Periode der Einzelprüfer, die das Bild des Berufsstandes in Deutschland geprägt haben, ein Ende genommen hat und die Periode des angestellten Wirtschaftsprüfers begonnen hat. Man sollte darin aber auch eine notwendige Entwicklung und eine Chance sehen: In der zunehmenden internationalen Verflechtung der deutschen Wirtschaft muß sich auch der Berufsstand der Wirtschaftsprüfer stärker international engagieren. Hierzu sind nur leistungsfähige große Wirtschaftsprüfungsgesellschaften in der Lage.

Tabelle 1

Prüfungsanteile der fünf größten Prüfungsgesellschaften

Jahr	Anteil an der geprüften Bilanzsumme aller Prüfungsgesellschaften	Anteil an der Bilanzsumme aller Aktiengesellschaften in der Bonner Stichprobe
1951	63,57	40,57
1952	69,24	47,37
1953	75,85	46,90
1954	75,75	47,57
1955	76,52	50,27
1956	77,47	51,08
1957	75,46	51,49
1958	76,15	52,29
1959	77,76	54,32
1960	77,91	54,79
1961	77,42	54,61
1962	76,62	54,74
1963	76,48	48,55
1964	77,18	55,48
1965	75,70	55,86
1966	76,15	57,12
1967	78,60	68,51
1968	80,77	72,21
1969	81,63	73,37
1970	79,79	73,82
1971	79,52	77,09

Dritter Teil

Wachstumstheorie

Ein Beitrag zur Prognose der Arbeitsproduktivität des deutschen Steinkohlenbergbaus

I. Einleitung

Die Diskussionen über die Strukturprobleme des deutschen und des europäischen Steinkohlenbergbaus lassen häufig die Tatsache in den Hintergrund treten, dass der Steinkohlenbergbau in seiner technischen Ausrüstung ein hochmoderner Industriezweig ist. In den letzten zwanzig Jahren sind durch den Einsatz moderner Gewinnungsmaschinen, durch bedeutende technische Fortschritte im Streckenvortrieb und im Strebausbau bedeutende technische Fortschritte erzielt worden, die sich in einer ständigen Erhöhung der Arbeitsproduktivität niedergeschlagen haben. Die Frage, ob auch in Zukunft damit gerechnet werden kann, dass im Steinkohlenbergbau die Arbeitsproduktivität durch technischen Fortschritt weiter gesteigert werden kann, ist von zentralem Interesse. Die folgenden Ausführungen sollen einen Beitrag zur Prognose der Arbeitsproduktivität des deutschen Steinkohlenbergbaus liefern.

II. Die Gesamtprognose

Zur Prognose der Arbeitsproduktivität des deutschen Steinkohlenbergbaus werden Angaben über die Schichtleistung verwandt, die der Gesamtverband des deutschen Steinkohlenbergbaus veröffentlicht. Einen Überblick über die Entwicklung der Arbeitsproduktivität in den Jahren von 1956 bis 1970 enthält die Übersicht 1.

Übersicht 1
Arbeitsproduktivität des Steinkohlenbergbaus
alle Schachtanlagen

Jahr	tvF/Schichten insges.	tvF/Leistungsschichten unter Tage	tvF/Leistungsschichten über Tage
56	1.48875	1.67753	13.22899
57	1.50998	1.69773	13.65438
58	1.56300	1.75548	14.25530
59	1.73855	1.95924	15.43439
60	1.91082	2.16102	16.50412
61	2.03344	2.30330	17.35620
62	2.16838	2.46049	18.26519
63	2.30752	2.61000	19.91116
64	2.39715	2.70519	21.05245
65	2.47220	2.78424	22.05847
66	2.64975	2.98107	23.84161
67	2.92011	3.28568	26.24584
68	3.20942	3.59654	29.81725
69	3.34485	3.74535	31.27994
70	3.41095	3.80611	32.85316

Das Bild der Entwicklung der Arbeitsproduktivität wird deutlicher, wenn man die Wachstumsrate der Arbeitsproduktivität betrachtet. Übersicht 2 stellt diese Zahlen dar.

Die Entwicklung ist also keineswegs einheitlich verlaufen. In den Krisenjahren 1959 und 1960 ist das Wachstum der Arbeitsproduktivität sehr hoch gewesen. In diesen beiden Jahren begannen die Stillegungen im deutschen Steinkohlenbergbau.

Auch 1966/67 sind beträchtliche Stillegungen zu verzeichnen, die sich auf die Wachstumsrate der durchschnittlichen Arbeitsproduktivität sehr stark positiv auswirken. Gleichzeitig laufen die Bestrebungen, durch negative Rationalisierung die Arbeitsproduktivität zu erhöhen. 1968 gehen die Stillegungen stark zurück.

Auf die Veränderung der Arbeitsproduktivität wirken eine Vielzahl von Faktoren ein. Zu ihnen gehört der Mechanisierungsgrad, die Zahl der Abbaubetriebspunkte und die Strebfrontlänge. Ebenso gehören die Gestaltung der Gewinnungsorganisation und die Beschränkung des Abbaus auf günstige Lagerstätten (negative Rationalisierung) zu diesen Faktoren. Auf diese Faktoren wird im einzelnen noch näher einzugehen sein.

Übersicht 2

Wachstumsrate der Arbeitsproduktivität

(Dezimalbruch)

Jahr	Leistungsschichten insgesamt	Leistungsschichten unter Tage	Leistungsschichten über Tage
1956	0.0000000	0.0000000	0.0000000
1957	0.0142634	0.0120380	0.0321560
1958	0.0351117	0.0340165	0.0440088
1959	0.1123160	0.1160730	0.0827124
1960	0.0990892	0.1029894	0.0693081
1961	0.0641718	0.0658353	0.0516284
1962	0.0663602	0.0682452	0.0523723
1963	0.0641668	0.0607658	0.0901155
1964	0.0388460	0.0364721	0.0573192
1965	0.0313025	0.0292219	0.0477861
1966	0.0718203	0.0706934	0.0808367
1967	0.1020312	0.1021797	0.1008418
1968	0.0990745	0.0946107	0.1360753
1969	0.0421979	0.0413771	0.0490551
1970	0.0197600	0.0162232	0.0502948

Gelegentlich wird auch darauf hingewiesen, dass eine Erhöhung der Arbeitsproduktivität durch eine temporäre Zurücknahme der Vorleistungen erreicht werden könne. Der damit verbundene Produktivitätssprung führt allerdings später zu besonderen Belastungen der Produktivitätsentwicklung – nämlich dann, wenn die Vorhaltung wieder zu normalisieren ist. Diese Auffassung ist nicht ganz unberechtigt. Jedoch scheint ihr keine besonders grosse Bedeutung zuzukommen. Die Einsparungen an Ausrichtungsschichten je 100 Tonnen Förderung weisen in ihrem Verlauf das gleiche Bild auf wie die tatsächlichen Wachstumsraten der Arbeitsproduktivität. In den Jahren 1967 und 1968 gingen die Einsparungen prozentual zurück, während die Wachstumsrate der Arbeitsproduktivität stieg. Im Jahre 1969 stiegen die Einsparungen bei gleichzeitigem Absinken der Wachstumsrate der Arbeitsproduktivität. Im Jahre 1970 stieg die Zahl der in der Ausrichtung verfahrenen Schichten geringfügig an, gleichzeitig fiel aber die Wachstumsrate der Arbeitsproduktivität beträchtlich ab. Übersicht 3 stellt die Entwicklung dar. Andererseits kann die negative Entwicklung der Wachstumsrate der Arbeitsproduktivität ab 1969 nicht mit einem verstärkten Anstieg der Ausrichtung begründet werden.

Übersicht 3

Wachstumsrate der Arbeitsproduktivität und prozentuale Einsparung an Ausrichtungsschichten in v.H.

Jahr	Wachstumsrate der Arbeitsproduktivität	Einsparung an Schichtenaufwand Ausrichtung (v.H.)
56	—	—
57	1,4	0,4
58	3,5	1,1
59	11,2	14,1
60	9,9	14,2
61	6,4	11,6
62	6,6	18,0
63	6,4	6,8
64	3,9	2,1
65	3,1	2,2
66	7,2	11,2
67	10,2	7,1
68	9,9	6,5
69	4,2	7,0
70	2,0	2,5

Bei dieser eher durch Produktivitätssprünge als durch eine konstante Entwicklung gekennzeichneten Situation ist es sehr schwierig, eine Prognose der Arbeitsproduktivität in den nächsten Jahren zu wagen. Sie wird daher hier mit allem Vorbehalt gemacht.

Es werden drei Hypothesen geprüft:

1. Die Produktivitätsentwicklung weist abnehmende Wachstumsraten auf. Die Abnahmerate ist konstant.
2. Die Produktivitätsentwicklung weist abnehmende Wachstumsraten auf. Die Abnahmerate selbst nimmt ab.
3. Die Produktivitätsentwicklung weist konstante Wachstumsraten auf.

Diese Hypothesen führen zum Ansatz der folgenden Testfunktionen:

$$AP_t = C - a_0 e^{-a_1 t}$$

$$AP_t = a_0 + a_1 \cdot t$$

$$AP_t = a_0 (1 + R)^t$$

Darin sind:

AP_t — Arbeitsproduktivität des Jahres t

t — Jahr des Prognosezeitraums

R — Wachstumsrate der Arbeitsproduktivität

C — Obergrenze für die Arbeitsproduktivität

a_0, a_1 — Parameterwerte.

Für grosse Werte von *C* liefern die erste und die zweite Hypothese praktisch gleich gute Ergebnisse. Der Korrelationskoeffizient liegt bereits dann, wenn man eine Obergrenze von 10 Tonnen verwertbarer Förderung je Leistungsschicht insgesamt annimmt, mit 0,9850 sehr gut. Er steigt bei einer Obergrenze von 100 auf 0,9894. Bei der Hypothese 2 (Funktion (2)) liegt aber der Korrelationskoeffizient noch höher und beträgt 0,9897. Am besten bewährt sich jedoch an dem vorliegenden Datenmaterial die Hypothese 3. Sie führt zur Aussage, dass die Arbeitsproduktivität jährlich mit 6,5 % wächst. Der Korrelationskoeffizient liegt bei 0,9954, und auch der Autokorrelationstest fällt hier am besten aus.

In der Übersicht 4 ist die tatsächliche Entwicklung der Arbeitsproduktivität den theoretischen Verläufen nach den drei Hypothesen gegenübergestellt. Die Anpassung der theoretischen Verläufe an die tatsächliche Entwicklung sieht nicht

Übersicht 4

Entwicklung der Arbeitsproduktivität

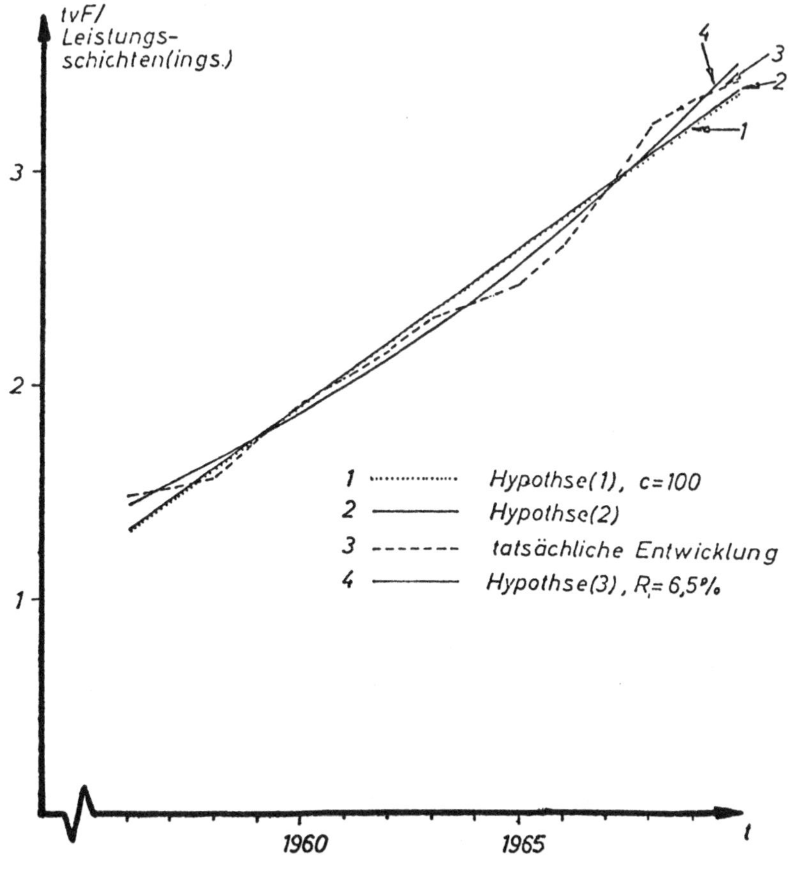

schlecht aus. Deutlicher aber wird das Bild der Entwicklung, wenn man, wie das in Übersicht 5 geschehen ist, die tatsächlichen mit den theoretischen Wachstumsraten vergleicht.

Übersicht 5

Wachstumsraten der Arbeitsproduktivität

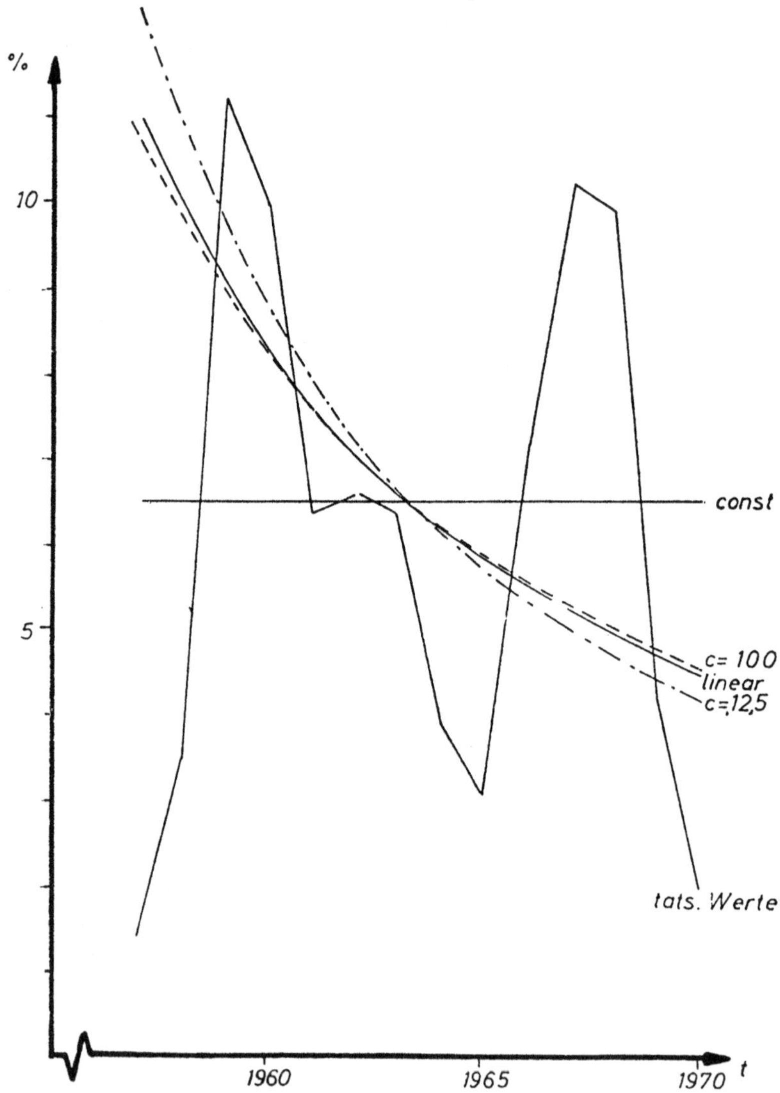

Die Konsequenzen aus den unterschiedlichen Prognoseformeln sind beträchtlich. Übersicht 6 stellt die Arbeitsproduktivität verschiedener Jahre in der Zukunft nach den Prognoseformeln einander gegenüber.

Übersicht 6
Prognose der Arbeitsproduktivität
alle Schachtanlagen
tvF/Leistungsschichten insgesamt

Hypothese	Jahr 1975	1980	1985	1990
Hypothese 1				
Obergrenze 12,5	3,98	4,57	5,12	5,63
Obergrenze 20,0	4,02	4,67	5,29	5,89
Obergrenze 50,0	4,06	4,76	5,45	6,12
Obergrenze 100	4,08	4,79	5,50	6,20
Hypothese 2	4,09	4,81	5,54	6,27
Hypothese 3	4,82	6,61	9,08	12,46

Die Annahme, dass die Produktivitätsfortschritte bei den untersuchten Schachtanlagen nicht zuletzt darauf zurückzuführen seien, dass auch stillgelegte Schachtanlagen in die Berechnung eingingen, lässt sich dadurch überprüfen, dass eine Produktivitätsprognose für die 53 Schachtanlagen durchgeführt wird, für die während des gesamten Zeitraums Daten zur Verfügung standen.

Nach statistischen Gesichtspunkten bewährt sich auch bei den 53 Schachtanlagen die Hypothese 3 am besten. Die konstante jährliche Wachstumsrate liegt mit 6,46 % nur um rund 0,07 Prozentpunkte unter der Wachstumsrate der Arbeitsproduktivität bei allen Schachtanlagen. Die Stillegung hat also keinen entscheidenden Einfluss auf die Steigerung der Arbeitsproduktivität gehabt. Übersicht 7 enthält die Prognose der Arbeitsproduktivität für die 53 Schachtanlagen.

Übersicht 7
Prognose der Arbeitsproduktivität
53 Schachtanlagen
tvF/Leistungsschichten insgesamt

Hypothese	Jahr 1975	1980	1985	1990
Hypothese 1				
Obergrenze 12,5	3,97	4,56	5,11	5,62
Hypothese 2	4,08	4,81	5,53	6,25
Hypothese 3	4,81	6,58	9,00	12,31

Den Produktivitätsfortschritt, der sich aus der Stillegung von Schachtanlagen ergibt, kann man auch dadurch berechnen, dass diesen 53 Schachtanlagen diejenigen 40 Schachtanlagen gegenübergestellt werden, die besonders kostengünstig arbeiten. Für diese ergibt die Hypothese 3 die besten statistischen Ergebnisse. Der Korrelationskoeffizient beträgt 0,99493. Der Autokorrelationstest ergibt keine signifikanten Werte. Die durchschnittliche jährliche Wachstumsrate liegt bei diesen 40 Schachtanlagen mit 6,61 % um 0,15 Prozentpunkte über der Wachstumsrate der Arbeitsproduktivität bei den 53 Schachtanlagen. Während sich also die negative Rationalisierung durch Stillegung im Vergleich aller fördernden Schachtanlagen und der 53 fördernden Schachtanlagen nicht nennenswert auf die Erhöhung der Arbeitsproduktivität auswirkt, darf von grösseren Stillegungsprogrammen eine Erhöhung der Arbeitsproduktivität des Steinkohlenbergbaus erwartet werden.

Übersicht 8 stellt die Produktivitätsprognose für die 40 verbleibenden Schachtanlagen dar.

Übersicht 8

Prognose der Arbeitsproduktivität

40 Schachtanlagen

tvF/Leistungsschichten insgesamt

Hypothese	Jahr 1975	1980	1985	1990
Hypothese 2	4,21	4,97	5,72	6,48
Hypothese 3	4,97	6,85	9,44	13,00

Die bisherigen Überlegungen zeigen, dass die Arbeitsproduktivität im deutschen Steinkohlenbergbau in den Jahren 1956 bis 1970 beträchtlich gestiegen ist. Dabei war der Produktivitätsfortschritt bei den kostengünstig arbeitenden Schachtanlagen grösser als bei den weniger kostengünstig arbeitenden Schachtanlagen. Das macht Übersicht 9 noch einmal anschaulich deutlich.

Übersicht 9

Entwicklung der Arbeitsproduktivität

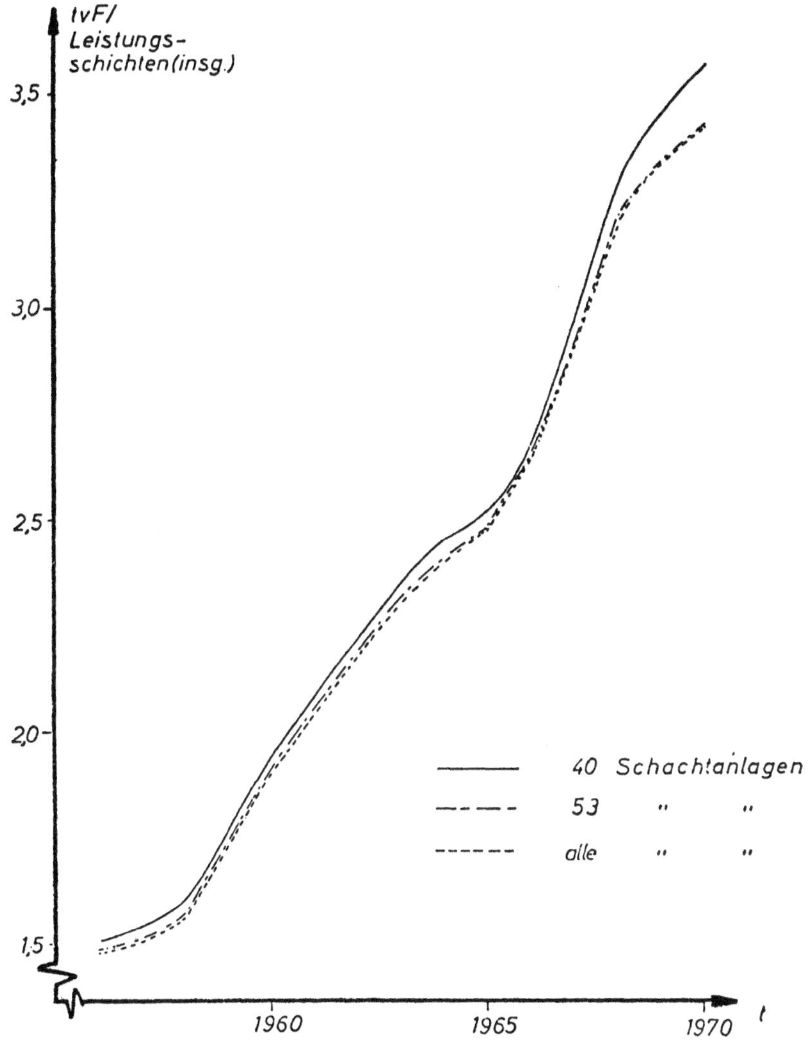

Nach rein statistischen Gesichtspunkten ist die Annahme, dass die Wachstumsrate der Arbeitsproduktivität bei 6,5 % jährlich liegt, nicht ohne weiteres von der Hand zu weisen. Aber auch die Annahme, dass die Arbeitsproduktivität jährlich nicht mit einer konstanten Rate, sondern mit einem konstanten Betrag wächst, kann aus statistischen Gründen nicht verworfen werden. Die möglichen Annahmen werden in Übersicht 10 einander gegenübergestellt.

Übersicht 10

Veränderung der Arbeitsproduktivität

Hypothese		alle Schachtanlagen	53 Schachtanlagen	40 Schachtanlagen
3 Wachstumsrate (v.H.)	Max.	6,62	6,56	6,71
	EW*	6,33	6,27	6,40
	Min.	6,04	5,97	6,10
2 Wachstumsbetrag (tvF/Leistungs)	Max.	0,155	0,154	0,163
	EW*	0,146	0,145	0,151
	Min.	0,136	0,135	0,140

* EW — Erwartungswert

In der Übersicht 10 sind neben den zu erwartenden Werten (Erwartungswerte) auch die Ober- und Untergrenzen angegeben. Das heisst, dass mit 95 % Wahrscheinlichkeit die durchschnittliche Wachstumsrate der Arbeitsproduktivität bzw. die durchschnittliche jährliche Zunahme zwischen den angegebenen Grenzen liegen wird. Der Aussage, dass die Arbeitsproduktivität jährlich um rund 6,3 % bis 6,4 % steigen wird, steht die Aussage gegenüber, dass die jährliche Zunahme der Arbeitsproduktivität bei 145 kg bis 150 kg je Leistungsschicht insgesamt liegen wird. Beide Aussagen erscheinen in Anbetracht der starken Streuung in den Wachstumsraten der Arbeitsproduktivität in den vergangenen fünfzehn Jahren nicht unplausibel, führen aber zu stark voneinander abweichenden Prognosen für die Zukunft.

Bei Annahme einer konstanten Wachstumsrate der Arbeitsproduktivität werden beispielsweise acht Tonnen je Schicht über und unter Tage bereits 1983 erreicht, bei Annahme eines konstanten Zuwachsbetrages an Arbeitsproduktivität dagegen erst im Jahre 2000. Man muß daher auf die Bestimmungsgründe der Arbeitsproduktivität zurückgehen, um die Frage entscheiden zu können, welche Produktivitätsprognose vertretbarer erscheint.

III. Die Bestimmungsgründe der Arbeitsproduktivität

1. Die Arbeitsproduktivität unter und über Tage

Bisher wurde die Arbeitsproduktivität, bezogen auf die geleisteten Schichten insgesamt, untersucht. Diese Gesamtproduktivität wird nunmehr aufgelöst.

Die Produktivitätsentwicklung unter und über Tage wird getrennt analysiert. Vergleicht man die Veränderung der Arbeitsproduktivität über die fünfzehn Jahre des Untersuchungszeitraums, wie sie aus der Übersicht 1 abgeleitet werden kann, so sieht man, dass die Arbeitsproduktivität, bezogen auf die Schichten insgesamt, in den fünfzehn Jahren um 129 % zugenommen hat, die Arbeitsproduktivität unter Tage dagegen (bezogen auf die Leistungsschichten unter Tage) nur um 127 %.

Aus der Übersicht 2 lässt sich die durchschnittliche Wachstumsrate der Arbeitsproduktivität in den fünfzehn Jahren des Untersuchungszeitraums ableiten. Sie beträgt, bezogen auf die Leistungsschichten insgesamt, 6,15 %. Dagegen liegt die durchschnittliche Wachstumsrate der Arbeitsproduktivität unter Tage bei nur 6,08 %.

Die Originaldaten der Arbeitsproduktivität legen mithin den Schluss nahe, dass die Arbeitsproduktivität unter Tage niedriger ist und in geringerem Masse gestiegen ist als die Arbeitsproduktivität über Tage.

Legt man jedoch als Mass für die Produktivitätsentwicklung nicht die Förderung, bezogen auf die Schichten, zugrunde, sondern bezieht die Förderung auf die Arbeiter, dann zeigt sich, dass die Produktivität unter Tage stärker gestiegen ist als die Produktivität über Tage.

Die Interpretation der Kennzahlen der Arbeitsproduktivität lässt also keine klare Aussage zu. Wir fragen daher, ob die statistische Analyse der Kennzahlen zu eindeutigeren Aussagen führt. Die Ergebnisse aus der Prüfung der Hypothese 2 (abnehmende Wachstumsraten) und der Hypothese 3 (konstante Wachstumsraten) sind in der Übersicht 11 zusammengestellt.

Übersicht 11

Arbeitsproduktivität unter und über Tage

Hypothese	alle Schachtanlagen	53 Schachtanlagen	40 Schachtanlagen
Hypothese 3: konstante Wachstumsraten			
insgesamt	6,53 %	6,47 %	6,61 %
unter Tage	6,48 %	6,42 %	6,56 %
über Tage	6,98 %	6,88 %	7,08 %
Hypothese 2: abnehmende Wachstumsraten			
insgesamt	146 kg	145 kg	151 kg
unter Tage	162 kg	160 kg	169 kg
über Tage	1423 kg	1407 kg	1465 kg

Der entscheidende Unterschied zwischen der Produktivitätsentwicklung über und unter Tage liegt darin, dass die Wachstumsrate der Produktivitätsentwicklung unter Tage unter der Wachstumsrate der gesamten Arbeitsproduktivität liegt, während die Zunahme der Produktivität unter Tage absolut über der Zunahme der Arbeitsproduktivität insgesamt liegt. Die Wachtumsraten nehmen zwar bei der Hypothese 2 jährlich ab, vergleicht man aber die Wachstumsraten der Arbeitsproduktivität insgesamt und unter Tage miteinander, stellt man fest, dass bei der Annahme konstanter Wachstumsbeträge nicht nur die Zunahme unter Tage, sondern auch die Wachstumsrate der Arbeitsproduktivität unter Tage über der Wachstumsrate der Gesamtproduktivität liegt.

Die statistische Analyse zeigt mithin, dass selbst dann, wenn man die Kennzahlen der Arbeitsproduktivität aus den verfahrenen Schichten ableitet, die Aussagen über die durchschnittlichen Wachstumsraten wenig Aussagekraft haben. Bei statistischer Analyse dieser Kennzahlen ergeben sich ebenfalls widersprüchliche Aussagen über die Entwicklung der Arbeitsproduktivität unter und über Tage.

Die Aufteilung der Arbeitsproduktivität in die Arbeitsproduktivität unter und über Tage liefert mithin kein zwingendes Argument für die Entscheidung darüber, welche Hypothese über die Gesetzmässigkeit der Entwicklung der Arbeitsproduktivität die Wirklichkeit zutreffend widerspiegelt und damit zur Grundlage der Prognose der Arbeitsproduktivität im Steinkohlenbergbau gemacht werden könnte.

Wir wenden uns daher der Analyse der Frage zu, ob sich aus der Analyse der Arbeitsproduktivität unter Tage und ihrer Determinanten Anhaltspunkte dafür gewinnen lassen, ob die Hypothese 2 plausibler ist als die Hypothese 3.

2. Die Produktivitätsdeterminanten

Die statistisch erfassbaren Determinanten der Arbeitsproduktivität können in zwei Gruppen eingeteilt werden:

die Determinanten, die von der Lagerstätte abhängen

1. Flözmächtigkeit
2. Einfallen

die Determinanten, die von der Bergtechnik abhängen

1. Zahl der Schachtanlagen
2. Zahl der Abbaubetriebspunkte
3. Mechanisierungsgrad
4. Abbaugeschwindigkeit
5. Strebfrontlänge

Weitere Determinanten hängen sowohl von der Lagerstätte als auch von der Gewinnungstechnik ab:

Gewinnbarkeit der Kohle, Kleintektonik,

Übersicht 12

Determinanten der Arbeitsproduktivität[1]

Jahr	Schachtanlagen Zahl	Abbaubetriebspunkte Zahl	Abbaubetriebspunkte je Schachtanlage	Vollmechanisierungsgrad v.H.	Abbaugeschwindigkeit cm/Fördertag	Strebfrontlänge cm	Flözmächtigkeit mit Bergemittel cm	Flözmächtigkeit ohne Bergemittel cm	Einfallensgruppen 20 %	Einfallensgruppen 20—40 %	Einfallensgruppen 40—60 %	Einfallensgruppen 60 %
1956	175	—	—	11,9	—	—	—	—	—	—	—	—
1957	173	2.265	13,1	16,7	94	143	134	119	—	—	—	—
1958	163	2.177	13,4	21,9	98	147	136	120	—	—	—	—
1959	156	1.962	12,6	26,2	107	156	136	120	66,15	12,92	12,20	8,73
1960	146	1.631	11,2	38,8	120	164	142	124	69,41	12,18	11,81	6,60
1961	140	1.438	10,3	49,7	127	173	144	125	70,80	12,49	10,29	6,42
1962	128	1.327	10,4	60,0	136	174	144	125	71,24	12,74	9,16	6,86
1963	120	1.208	10,1	67,3	144	173	146	127	72,25	11,88	9,59	6,28
1964	115	1.134	9,9	74,4	150	173	149	128	72,30	12,68	9,75	5,27
1965	107	1.045	9,8	79,4	153	177	151	128	73,30	11,70	9,90	5,10
1966	95	901	9,5	82,2	165	178	153	131	73,70	11,90	9,40	5,00
1967	81	744	9,2	85,4	184	182	155	133	74,40	12,50	8,30	4,80
1968	72	624	8,7	89,1	207	183	156	135	77,00	12,00	7,10	3,90
1969	69	533	7,7	90,8	218	196	159	138	77,40	11,60	7,70	3,30
1970	69	476	6,9	91,8	229	199	161	138	78,20	12,80	6,70	2,30

Quelle: Zahlen der Betriebsstatistik, jährliche Ausaben 1956-1970.

Beschaffenheit des Nebengesteins.
Sie können statistisch nicht erfasst werden und mussten daher bei der Prognose unberücksichtigt bleiben.

Übersicht 12 stellt die Entwicklung dieser Produktivitätsdeterminanten in den fünfzehn Jahren des Untersuchungszeitraums dar. Übersicht 13 zeigt die Entwicklung anschaulich.

Übersicht 13

Die Entwicklung der Determinanten der Arbeitsproduktivität

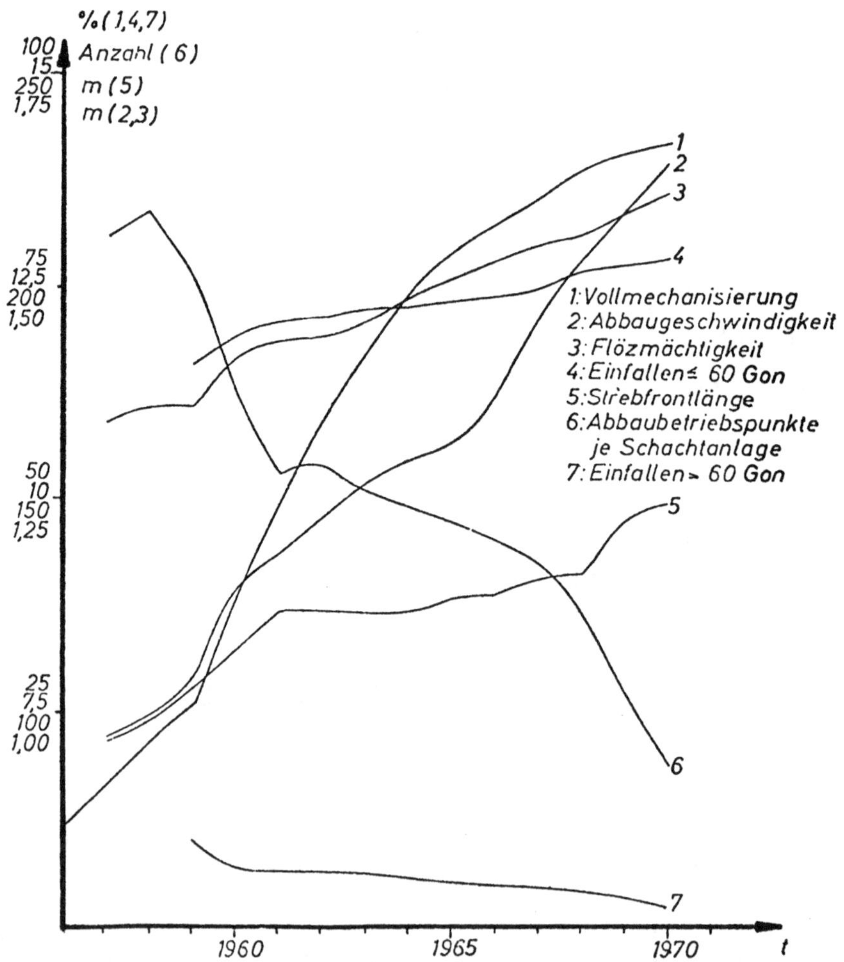

Der Anteil der flachen Flöze ist im Laufe der Jahre ständig gestiegen. Auch die Flözmächtigkeit hat ständig zugenommen. Darin kommt die "selektive Anpassung" des Steinkohlenbergbaus zum Ausdruck, die Tatsache also, dass unter den vorhandenen Flözen die flacheren und mächtigeren für den Abbau bevorzugt ausgesucht wurden, weil sich in ihnen der Abbau produktiver und rentabler durchführen liess. Deshalb spricht man hier auch von negativer Rationalisierung. Der Anteil der flachen Flöze ist schon relativ hoch, und auch die Flözmächtigkeit lässt sich nur in Abhängigkeit von den vorhandenen Flözen verändern. Sie dürfte sich nicht mehr nennenswert steigern lassen. Die selektive Anpassung im Steinkohlenbergbau dürfte jedenfalls kein Faktor mehr sein, der zu einer Steigerung oder doch wenigstens Konstanz der Wachstumsrate der Arbeitsproduktivität nennenswert beiträgt.

Unter den von der Abbautechnik bestimmten Produktivitätsdeterminanten kommt der Mechanisierung des Gewinnungsbetriebes die grösste Bedeutung zu. Sie ist im Untersuchungszeitraum von rund 12 % auf und 92 % gestiegen. Diese gewaltigen Rationalisierungsanstrengungen haben ihren Niederschlag in der beträchtlichen Steigerung der Arbeitsproduktivität gefunden. Weitere Vorteile aus dem Übergang von der Teilmechanisierung zur Vollmechanisierung lassen sich jedoch bei dem bereits erreichten hohen Stand der Vollmechanisierung in Zukunft nicht mehr erwarten. Die Möglichkeiten liegen hier nur noch in einer weiteren Verbesserung der Maschinen und des störungsfreien Abbaus sowie in der besseren Ausnutzung der Abbaumaschinen. Diesen Bestrebungen sind aber Grenzen gesetzt. Insbesondere stösst der Versuch, die Abbaumaschinen zeitlich besser auszunutzen, an die Grenzen der Arbeitszeitregelung.

Mit der stärkeren Mechanisierung des Gewinnungsbetriebes ist eine starke Erhöhung der Abbaugeschwindigkeit einhergegangen. Hier ist aus der Entwicklungsreihe auch noch nicht erkennbar, ob in der näheren Zukunft eine Obergrenze erreicht werden wird oder ob weitere hohe Zuwachsraten zu erwarten sind. Die Abbaugeschwindigkeit hängt entscheidend von dem Streckenvortrieb, der Tektonik, den Ausgasungsverhältnissen und dem Ausmass an Betriebsstörungen ab. Im Streckenvortrieb lassen sich durch weitere Verbesserungen wie den Einsatz von Vortriebsmaschinen noch höhere Vortriebsgeschwindigkeiten erreichen. Im Abbau ermöglicht und erzwingt der steigende Einsatz von schreitendem Ausbau forcierte Abbaufortschritte. Die Störungsfreiheit des Strebbetriebes zu gewährleisten, wird die grosse Aufgabe der kommenden Jahre sein müssen. Die Erhöhung der Abbaugeschwindigkeit wirft vielfältige bergbautechnische Probleme auf. Hier sei nur an die steigenden Probleme der Bewetterung bei steigender Abbaugeschwindigkeit erinnert.

Auch die Strebfrontlänge ist in den Jahren von 1956 bis 1970 ständig, wenn auch mit unterschiedlichen Zuwachsraten, gestiegen. Die Strebfrontlänge lässt sich aber nicht beliebig steigern. Je grösser die Strebfrontlänge ist, umso grösser sind die Ausfallrisiken durch Betriebsstörungen. Diese Risiken steigen aus zwei Gründen:

Einmal sind es die besonderen Probleme der Lagerstätte, (Verwerfungen, Einbrechen des Hangenden, Wasserzuflüsse) die ein umso grösseres Gewicht erhalten, je länger ein Streb ist, und die auch durch entsprechenden Zuschnitt des Strebs nicht völlig ausgeschaltet werden können. Zum anderen stellen grössere Strebfrontlängen überproportional steigende Anforderungen an die Gewinnungsmittel, die an Ketten vor dem Kohlenstoss entlanggezogen werden, und an die Fördermittel. Die Bedeutung eines Produktionsausfalls wegen technischer Schwierigkeiten steigt also mit steigender Strebfrontlänge. Beide Faktoren und die steigenden Bewetterungsprobleme haben zur Folge, dass die Strebfrontlänge nicht beliebig vergrössert werden kann. Jedenfalls darf man von einer weiteren Erhöhung der Strebfrontlänge nicht erheblichen Zuwachs an Arbeitsproduktivität erwarten.

Erhöhung der Abbaugeschwindigkeit und Vergrösserung der Strebfrontlänge haben den erheblichen Rückgang der Zahl der Abbaubetriebspunkte je Schachtanlage kompensiert. Inzwischen ist diese Kennzahl auf rund sieben Abbaubetriebspunkte je Schachtanlage gesunken. Der Spielraum für eine weitere Reduktion dieser Zahl im Zuge einer weiteren Abbaukonzentration dürfte begrenzt sein.

Ich komme zu dem Ergebnis, dass eine Betrachtung der einzelnen Determinanten der Arbeitsproduktivität unter Tage nicht den Schluss nahelegt, dass in Zukunft mit konstanten Wachstumsraten der Arbeitsproduktivität gerechnet werden kann. Vielmehr erscheint es vertretbar, davon auszugehen, dass die Erhöhung der Arbeitsproduktivität im bisherigen Umfange in den kommenden Jahren auf steigende Schwierigkeiten stossen wird und besondere Anstrengungen erfordert. Auch der verstärkte Einsatz von modernen Vortriebsmaschinen, Schildausbau und hydromechanischen Gewinnungsverfahren, wie sie heute vereinzelt angewandt werden, wird diese Tendenz schwerlich umkehren können. Es erscheint mir eher vertretbar, bei der Prognose der Arbeitsproduktivität von der Hypothese 2, also einem konstanten absoluten Zuwachs, aber sinkenden Zuwachsraten der Arbeitsproduktivität auszugehen. Diese These wird im folgenden noch durch Kostenüberlegungen erhärtet.

IV. Produktivitätsprognose mit Kostenfunktionen

1. Die Produktivitätsprognose mit konstantem Wachtumsbetrag

Eine jährliche Erhöhung der Arbeitsproduktivität um 150 kg je Schicht ist gleichbedeutend mit einer bestimmten jährlichen Fördererhöhung ohne zusätzliche Kosten. Legt man die Gesamtselbstkosten der Berechnung des Wertes dieser Produktivitätserhöhung zugrunde, so bedeutet die Steigerung der Arbeitsproduktivität um jährlich 150 kg je Leistungsschicht eine Einsparung an Kosten von E Mio DM/Jahr. Dies ist die produktivitätsbedingte Einsparung. Davon gehen aber die Kostenerhöhungen ab, die durch erhöhten spezifischen Mengenverbrauch an Kostengütern eintreten, z.B. durch verbesserte Sicherheitsmassnahmen unter Tage.

Die Netto-Kosteneinsparungen durch zeitbedingten Produktivitätsfortschritt sind anhand der folgenden Kostenfunktion geprüft worden.

$$GK_t = FK + vK \cdot F_t - JE \cdot t$$

Darin sind

GK – Gesamtkosten
FK – Fixe Kosten
vK – variable Kosten je Tonne
F – Förderung
JE – jährliche Einsparung an Kosten
t – Jahr ($t = 1, 2, \ldots$)

Diese Kostenfunktion wurde anhand der preisbereinigten Daten von 53 Schachtanlagen überprüft und ergab einen Korrelationskoeffizienten von 0,9627. Der Autokorrelationstest zeigt, dass keine Autokorrelation vorliegt. Die jährliche Einsparung wird mit X Mio DM berechnet. Das ist die durchschnittliche jährliche Einsparung (auf dem Preisniveau 1970), die infolge Steigerung der Arbeitsproduktivität nach Abzug des Mehrverbrauchs an Kostengütern erzielt werden konnte.

Um den jährlichen Mehrverbrauch an Kostengütern zu ermitteln, wurden die Parameter der angegebenen Gesamtkostenfunktion noch einmal mit preis- und produktivitätsbereinigten Werten ermittelt. Der Korrelationskoeffizient ist mit 0,9893 sehr gut. Es ergibt sich nun eine Kostensteigerung um Y Mio DM/Jahr.

Addiert man nun die Kosteneinsparung von Y Mio DM im Jahr zu den Nettoeinsparungen von X Mio DM, so ergibt sich eine jährliche produktivitätsbedingte Einsparung von $E°$ Mio DM. $E°$ entspricht genau der Grössenordnung der Einsparungen, die aus der Produktivitätsprognose abgeleitet wurden (E).

2. Produktivitätsprognose mit konstanter Wachstumsrate

Nunmehr wird eine Überprüfung der Hypothese konstanten Produktivitätsfortschritts mit Hilfe von Kostenfunktionen vorgenommen, die auf der Annahme einer konstanten Rate des Produktivitätsfortschritts aufbauen.

Die Wachstumsrate des Produktivitätsfortschritts wurde mit rund 6,4 % berechnet. Das entspricht auf dem Produktivitätsniveau des Jahres 1970 einer jährlichen Einsparung von 218 kg je Schicht oder 6,863 Mio tvF im Jahr. Bewertet man diese Einsparungen mit den Gesamtselbstkosten der Förderung, so erhält man eine produktivitätsbedingte Einsparung von B Mio DM/Jahr. Diese liegt nicht unbeträchtlich über der Einsparung von E Mio DM, die aufgrund der linearen Prognosefunktion berechnet wurde. Zur Überprüfung der Grössenordnung wird eine Gesamtkostenfunktion mit konstanter Nettorate des Produktivitätsfortschritts verwendet.

$$\text{Gesamtkosten} = \text{Fixe Kosten} + \frac{\text{variable Kosten}}{(1 + \text{Nettofortschrittsrate})\ \text{Zeit}} \times \text{Förderung}$$

Diese Gesamtkostenfunktion liefert auf der Basis der preisbereinigten Werte bei einer Nettorate des technischen Fortschritts von 5 % die statistisch besten Werte. Die Einsparung des Jahres 1970 liegt dann auf dem Preis- und Tarifniveau des Jahres 1970 bei $X°$ Mio DM. Diese Grössenordnung entspricht in etwa der Einsparung, die aus der linearen Funktion ermittelt wurde.

Um den Mengenverbrauch, der mit konstanter Rate wächst, zu schätzen, wurden die Parameter der Kostenfunktion

$$GK_t = FK + vK\ (1 + NFR)^t \cdot F_t$$

GK — Gesamtkosten des Jahres t
FK — Fixe Kosten
vK — variable Kosten
NFR — Nettorate des technischen Fortschritts
t — Zeit
F_t — Förderung des Jahres t

mit den preis- und produktivitätsbereinigten Werten ermittelt. Die Funktion liefert bei einer Steigerungsrate von 2 % die statistisch besten Werte. Der Korrelationskoeffizient liegt bei 0,995987. Autokorrelation der Residuen kann verneint werden. Die jährliche Kostensteigerung aufgrund des Mehrverbrauchs an Kostengütern beträgt bei 2 % jährlich Z Mio DM. Addiert man diese zu den Nettoeinsparungen von $X°$ Mio DM, so kommt man in eine Grössenordnung von $B°$ Mio DM. $B°$ liegt erheblich unter dem Betrag von B Mio DM, der sich bei einer konstanten Wachstumsrate der Arbeitsproduktivität von 6,4 % für das Jahr 1970 ergibt. Die Grössenordnung stimmt eher mit der der linearen Produktivitätsfunktion überein.

Aufgrund der Überprüfung der Prognosefunktion für die Arbeitsproduktivität im Steinkohlenbergbau durch die ermittelten Kostenfunktionen ergibt sich, dass die Prognose mit konstantem Zuwachs an Arbeitsproduktivität in der Grössenordnung von etwas über 150 kg je Leistungsschicht insgesamt eine realistischere Basis für Prognosen liefert als die Prognosefunktion, die konstante Wachstumsraten der Arbeitsproduktivität in der Zukunft erwartet. Dabei kann die Schätzung des Zuwachses von 150 kg/Leistungsschicht über und unter Tage im Jahr als etwas vorsichtig gelten. 160 kg/Leistungsschicht über und unter Tage jährlicher Produktivitätszuwachs erscheint eine ebenfalls vertretbare Schätzung. Das ist ein Wachstum von 4,7 %, bezogen auf das Jahr 1970, gegenüber 4,4 % bei 150 kg je Schicht.

Es erscheint also vertretbar, auch in der Zukunft mit erheblichen Produktivitätsfortschritten im Steinkohlenbergbau zu rechnen. Es wird aber schwer möglich sein, gleich hohe Fortschrittsraten wie in der Vergangenheit zu erreichen.

Kreativität und Produktion

Wie kaum ein anderer hat Carl Zimmerer die Grenzen der Aussagefähigkeit von Jahresabschlüssen abgeschritten[1]. Seine Skepsis ist durch seine langjährige Erfahrung und seine immer neuen Versuche, den „Vorleistungen“ und „Nachleistungen“ in der Bilanz nachzuspüren, eher gewachsen. Wenn ich gleichwohl den Versuch mache, auf die Aussagefähigkeit veröffentlichter Jahresabschlüsse setzend, eine Analyse erfolgreicher mittelständischer Unternehmen vorzulegen und den Gründen für ihren Erfolg nachzugehen, so geschieht das in der Hoffnung, daß auch er einen Sinn für das Wort Kafkas hat, wonach die Wahrheit die Summe aller Irrtümer ist – und ich füge hinzu: besonders, wenn diese Summe auf elektronischen Rechenanlagen berechnet wird.

I. Einleitung

In der betriebswirtschaftlichen Absatztheorie werden drei Entwicklungsstufen unterschieden[2]:

1. Produktions-, Kapazitätsorientierung,
2. Kundenorientierung,
3. Wettbewerbsorientierung.

Diese Stufen lassen sich produktionstheoretisch einbetten:

Dem ersten Stadium entspricht das Arbeiten mit Produktionsfunktionen, in denen das Angebot des Unternehmens beschrieben wird, und zwar durch die Inputfaktoren – Kapital, Arbeit, Energie und Material.

Der zweiten Stufe entspricht ein Arbeiten mit einer Marketingfunktion und einer Angebotsfunktion. Die Marketingfunktion beschreibt die Nachfrage und ihre Beeinflussung durch die marketingpolitischen Instrumente – Preis, Werbung, Produktgestaltung und Absatzwege. Durch die Annahme, daß am Markt Gleich-

1) Zimmerer, Carl: Die Bilanzwahrheit und die Bilanzlüge. Wiesbaden 1979.
2) Vgl. Sabel, Hermann: Neuere Entwicklungen der Absatztheorie. In: Neuere Entwicklungen in der Unternehmenstheorie. Erich Gutenberg zum 85. Geburtstag, hrsg. v. Helmut Koch. Wiesbaden 1982, S. 247ff.

gewicht herrscht, können die Mengen der Marketingfunktion und Angebotsfunktion in ein simultanes Gleichungssystem gebracht werden. Diesem Stadium entspricht das Arbeiten in meinem Institut in den letzten zehn Jahren, beginnend mit dem Polyamidfall 1976 und bisher endend mit den Dissertationen von Held und Baatz über Angebots- und Nachfragefunktionen kurzfristig und langfristig auf Märkten mit Überkapazitäten[3].

Der Orientierung am Wettbewerb entspricht eine neue Form der Produktionsfunktion. Während die Produktionstheorie in Richtung fixe Faktoren gegangen ist, also variable Faktoren zu quasi fixen Faktoren erklärt hat und unter diesen Annahmen zu interessanten Ergebnissen gekommen ist[4], will ich heute einen Weg gehen, der die Versuche der Marketingtheorie aufgreift[5] und in eine produktionstheoretische Form bringt.

II. Der theoretische Ansatz

Die Marketingtheorie hat zur Erklärung des Produktlebenszyklus die Innovator-Imitator-Theorie eingeführt, wonach ein innovatorisches Unternehmen ein neues Produkt anbietet, das von den early adopters gekauft wird. Die Imitatoren beobachten die Innovatoren, stellen fest, daß die Meinungsbildner das neue Produkt kaufen, und bringen es vielfach leicht verwandelt und dem Geschmack der late adopters besser angepaßt auf den Markt. Die Unterscheidung in solche Unternehmer, die Innovatoren sind, und solche, die Imitatoren sind, hat sich bis in das Schumpeter-Jahr hinein erhalten. Die einen sind die Schumpeter-Unternehmer, die anderen sind die statischen Wirte.

Wir haben jedoch in empirischen Untersuchungen festgestellt, daß diese Unterscheidung Schumpeters jedenfalls heute nicht mehr richtig ist, wenn sie überhaupt je richtig war. Ich möchte daher vom Egmont-Unternehmer sprechen (zwei Seelen hab' ich, ach, in meiner Brust): die erfolgreichen Unternehmen (ich werde darauf noch zu sprechen kommen) sind Innovatoren und gute Imitatoren zugleich.

Ein marktfähiges Produkt (und nur ein solches sollte in die Angebotsfunktion aufgenommen werden) ist ein Produkt, das der Markt auch aufnimmt. Will man

3) Vgl. Albach, Horst: Als-Ob-Konzept und zeitlicher Vergleichsmarkt. Tübingen 1976; Held, Thomas: Kurzfristige Preispolitik bei kapitalintensiver Produktion und unterausgelasteten Kapazitäten. Diss., Bonn 1985; Baatz, Erlfried: Unternehmensstrategien auf stagnierenden Märkten. Diss., Bonn 1985.

4) Vgl. Fischer, Karl Heinz: Die Messung von totaler Faktorproduktivität, Effizienz und technischem Fortschritt. Bonner Betriebswirtschaftliche Schriften, Band 14, Bonn 1984.

5) Brockhoff, K.: Produktpolitik. Stuttgart/New York 1981; Schmalen, H.: Marketing-Mix für neuartige Gebrauchsgüter. Ein Simulationsmodell zur Wirkungsanalyse alternativer Preis-, Werbe- und Lizenzstrategien. Wiesbaden 1979.

nicht zur Theorie der Mehrproduktunternehmung Zuflucht nehmen, eine Zuflucht, die einen etwas im Regen stehen läßt, dann bietet sich an, das Angebot eines Unternehmens durch ein Produktkonglomerat zu beschreiben, etwa der Form:

X = f (IN, IM, A), worin IN den Innovationsaufwand,
IM den Imitationsaufwand und
A den Arbeitseinsatz bezeichnet.

Wir gehen hier davon aus, daß der fixe Input, da ohnehin nicht entscheidungsrelevant, vernachlässigt werden kann. Die unter der Nebenbedingung der Produktionsfunktion zu maximierende Gewinnfunktion spezifizieren wird dann gemäß

$$G = p(X)X - rIN - mIM - wA. \qquad (1)$$

Dabei bezeichnet p den Preis des Outputs und r, m und w die Preise der Inputfaktoren.

Über die Form der Produktionsfunktion läßt sich nun einiges sagen, denn Innovationen können Prozeßinnovationen und Produktinnovationen sein, Imitationen sind Produktimitationen und Prozeßimitationen.

Eine saubere Trennung des Aufwandes für Imitationen in die beiden Aspekte Produkt und Prozeß läßt sich ebenso wenig vornehmen wie eine saubere Trennung des Aufwandes für Imitation. Denn immer steht die neue Produktidee im Vordergrund, und man fragt sich, ob man das Produkt einigermaßen kostengünstig herstellen kann. Wenn nicht, wird von Anfang an im sogenannten economic screening auch nach neuen Produktionsverfahren gesucht. Die Imitation setzt immer Konkurrenzbeobachtung voraus. Man fragt sich, warum der Konkurrent so kostengünstig arbeiten kann, und versucht, seinen Produktionsprozeß zu erfahren, was zum Beispiel in der Chemischen Industrie ganz leicht ist, in anderen dagegen, zum Beispiel im Maschinenbau, schwieriger sein mag. Dazu beobachtet man den Produktnutzen, den ein Konkurrent in sein Produkt hineinkomponiert. Da es aber immer *ein* Aufwand für die Kunden- und für die Konkurrenzbeobachtung ist, ist auch hier eine Trennung in den Teil der Information, die sich auf die neuen Produkte, und denjenigen Teil, der sich auf die neuen Verfahren bezieht, illusorisch. Es läßt sich daher eine Trennung in die Marketingfunktion und die Produktfunktion nach dem Muster der zweiten Entwicklungsstufe nicht mehr sauber vornehmen. Wir unterstellen daher, daß es nur eine Produktionsfunktion gibt, in die Marketingkomponenten und die Produktionskomponenten simultan eingehen.

Nun ist es verständlich, daß derjenige, der nur Innovationen tätigt, möglicherweise am Markt vorbeiforscht (Angebotsdruck). Derjenige, der nur imitiert, wird über kurz oder lang seine Kompetenz verlieren, er wird, wie man in der pharmazeutischen Industrie sagt, nicht mehr dialogfähig sein. Es bedarf also eines gewissen Maßes eigener Forschung, um auch mit Erfolg imitieren zu können. All dies spricht für die Annahme einer Cobb-Douglas-Produktionsfunktion für das Verhältnis des Einsatzes von Imitation und Innovation. Natürlich ist selbstverständlich, daß man auch nichts anbieten kann, wenn man nichts produziert. Wir formulieren daher die Produktionsfunktion als

$$X = a_0 IN^{\alpha} IM^{\beta} A^{\gamma};\ \alpha + \beta + \gamma = 1. \tag{2}$$

Zudem unterstellen wir eine Preisabsatzfunktion p, die eine konstante Absatzelastizität ε aufweist. Somit erhalten wir die Gewinnfunktion

$$G = \varepsilon_0 X^{\varepsilon} X - rIN - mIM - wA;\ \varepsilon < 0 \tag{3}$$

aus deren Maximierung sich die notwendigen Bedingungen

$$\frac{\partial G}{\partial IN} = \varepsilon_0 \alpha\,(\varepsilon + 1)\,\frac{X^{\varepsilon+1}}{IN} - r = 0 \tag{4}$$

$$\frac{\partial G}{\partial IM} = \varepsilon_0 \beta\,(\varepsilon + 1)\,\frac{X^{\varepsilon+1}}{IM} - m = 0 \tag{5}$$

$$\frac{\partial G}{\partial A} = \varepsilon_0 \gamma\,(\varepsilon + 1)\,\frac{X^{\varepsilon+1}}{A} - w = 0 \tag{6}$$

ergeben. Die Auflösung der notwendigen Bedingungen ergibt die optimalen Faktoreinsätze gemäß

$$IN^* = c_1\,\frac{(r^{\alpha} m^{\beta} w^{\gamma})^{\frac{\varepsilon+1}{\varepsilon}}}{r} \tag{7}$$

$$IM^* = c_2\,\frac{(r^{\alpha} m^{\beta} w^{\gamma})^{\frac{\varepsilon+1}{\varepsilon}}}{m} \tag{8}$$

$$A^* = c_3\,\frac{(r^{\alpha} m^{\beta} w^{\gamma})^{\frac{\varepsilon+1}{\varepsilon}}}{w} \tag{9}$$

wobei c_1, c_2 und c_3 konstant sind.

Die Spezifikation von IN und IM bereitet nun aber Schwierigkeiten. IN durch Forschungsaufwendungen und IM durch Marketinganforderungen zu messen, ist, wie der empirische Test zeigt, nicht möglich. Forschungs- und Marketinganstrengungen sind – gleichzeitig notwendig, um Innovationen am Markt durchzusetzen.

Wir unterstellen daher im folgenden – ohne die Grundkonzeption aufzugeben –, daß IM nichts kostet, also der vom Innovator produzierte externe Effekt vom Imitator tatsächlich kostenlos internalisiert werden kann.

Andererseits aber berücksichtigen wir zusätzlich Lernkurveneffekte und Prozeßinnovationen dadurch, daß Kapital und Arbeit limitational nur ganz kurzfristig, langfristig aber substitutional sind.

Dann haben wir eine langfristige Produktionsfunktion gemäß

$$X = a_0 A^{a_1} K^{a_2} FM^{a_3}. \qquad (10)$$

Die Optimierung des Gewinns unter Berücksichtigung von (10) liefert Optimalitätsbedingungen analog (7), (8) und (9). Weiter gehen wir davon aus, daß die besten Firmen diese „Produktionsfaktoren" effizienter einsetzen als andere. Es ist daher sinnvoll, eine Frontier-Produktionsfunktion mit Produkt- und Prozeßinnovationen zu schätzen. Dabei wird die Produktionsfunktion derart geschätzt, daß alle Beobachtungen unterhalb oder auf dieser Funktion liegen. Damit dürfen die in der Realität beobachteten tatsächlichen Outputs X_i der Unternehmen von dieser Frontier-Funktion nur in Richtung auf kleinere Erträge hin abweichen.

Für jedes Unternehmen i ergibt sich aus der Produktionsfunktion in loglinearer Form die Beziehung

$$\ln X_i = \ln a_0 + a_1 \ln A_i + a_2 \ln K_i + a_3 \ln FM_i + u_i, \qquad (11)$$

wobei in einem LP-Ansatz die partiellen Produktionselastizitäten zu bestimmen sind.

Es ergibt sich folgender LP-Ansatz:

Minimiere die Zielfunktion

$$\sum_{i=1}^{n} (\ln a_0 + a_1 \ln A_i + a_2 \ln K_i + a_3 \ln FM_i - \ln X_i) = u_i \qquad (12)$$

unter der Nebenbedingung

$$\begin{matrix} \ln a_0 + a_1 \ln A_1 + a_2 \ln K_1 + a_3 \ln FM_1 \geq \ln X_1 \\ \vdots \\ \ln a_0 + a_1 \ln A_n + a_2 \ln K_n + a_3 \ln FM_n \geq \ln X_n. \end{matrix} \qquad (13)$$

Die Lösung dieses linearen Programmierungsansatzes liefert die optimalen Werte a_o, a_1, a_2, a_3 sowie die Schlupfvariablen u_i für jedes Unternehmen. Der Effizienzgrad EFF_i eines Unternehmens läßt sich dann als das Verhältnis zwischen seinem tatsächlichen und seinem potentiell möglichen Output durch

$$EFF_i = \frac{X_i}{X_i^*}$$

bestimmen. Dabei ist der potentiell mögliche Output X_i gerade durch

$$\ln X_i^* = \ln a_0^* + a_1^* \ln A_i + a_2^* \ln K_i + a_3^* \ln FM_i$$

gegeben.

III. Empirische Überprüfung

a) Frontier-Production-Function: Die Grenze des technischen Wissens

Die zugrundegelegten *Daten* entstammen den Jahresabschlüssen von 463 mittelständischen Unternehmen des Verarbeitenden Gewerbes in der Bundesrepublik Deutschland aus den Jahren 1978 bis 1982. Nur solche Firmen wurden in die Betrachtung einbezogen, für die alle zur Ermittlung der Produktionsfunktion notwendigen Daten zur Verfügung standen. Dies traf auf insgesamt 139 Unternehmen zu.

Für ein Unternehmen i aus der Branche j wurden im einzelnen für die Jahre 1978 bis 1982 erfaßt:

X_{ij}: durchschnittlicher Umsatz in TDM,
A_{ij}: durchschnittliche Lohnsumme in TDM,
K_{ij}: durchschnittlicher Wert des Bruttosachanlagevermögens in TDM,
FM_{ij}: durchschnittlicher Aufwand für Forschung und Entwicklung und Marketing in TDM.

Die Trennung von Innovation und Imitation als Produktionsfaktoren ist nur möglich, wenn man annimmt, daß die Kosten der Imitation für ein Unternehmen generell Null sind. Innovierende Unternehmen erzeugen durch ihre Produktentwicklungsanstrengungen externe Effekte, denn das von ihnen produzierte technische Wissen steht allen Imitatoren kostenlos zur Verfügung[6]. Dann kann Imitation in der Produktionsfunktion vernachlässigt werden. Nach (8) wird so viel imitiert wie möglich.

FuE- und Marketingaufwendungen machen zusammen die Innovationsaufwendungen aus. Deshalb werden beide Aufwandsarten zu einem Produktionsfaktor zusammengefaßt, der die Produktentwicklungsanstrengungen insgesamt repräsentiert. Das Ausmaß von Prozeßinnovation wird durch die Höhe des Kapitaleinsatzes im Sachanlagevermögen beschrieben. Um eine Verzerrung der Daten durch Brancheneffekte zu vermeiden, wurden die Inputgrößen für jedes Unternehmen mit dem Quotienten aus der durchschnittlichen Intensität des Faktors $I_i \varepsilon \{A_i, K_i, FM_i\}$ in der Gesamtstichprobe und seiner Intensität in der betreffenden Branche j des i-ten Unternehmens gewichtet. Der dem LP-Ansatz zugrundegelegte Einsatz des Faktors I ergibt sich somit zu

$$I_i = I_{ij} \frac{\frac{1}{n} \sum_{j=1}^{m} \sum_{i=1}^{n_j} \frac{I_{ij}}{X_{ij}}}{\frac{1}{n_j} \sum_{i=1}^{n_j} \frac{I_{ij}}{X_{ij}}} \qquad I_i \varepsilon \{A_i, K_i, FM_i\} \tag{14}$$

mit

n: Gesamtzahl aller Unternehmen,
n_j: Gesamtzahl der Unternehmen aus Branche j,
m: Gesamtzahl der Branchen.

Die Durchführung des LP-Ansatzes lieferte für die Gesamtheit aller einbezogenen Unternehmen die folgende Frontier-Production-Function:

$$x_i^{*\prime} = 2{,}126 + 0{,}635\, A_i' + 0{,}259\, K_i' + 0{,}075\, FM_i' \qquad (15)$$

Da der angewandte Simplex-Algorithmus keine Möglichkeit bietet, statistische Tests für die Signifikanz der ermittelten Parameter durchzuführen, wurde korrespondierend nach der Methode der kleinsten Quadrate eine Average-Production-Function geschätzt. Das Ergebnis des entsprechenden multiplen Regressionsansatzes war:

$$\begin{aligned} x_i^{R\prime} = {} & 1{,}572 + 0{,}645\, A_i' + 0{,}279\, K_i' + 0{,}055\, FM_i' \\ & (5{,}35) \quad (12{,}31) \quad (8{,}10) \quad (2{,}40) \end{aligned} \qquad (16)$$

( ) = T-Werte

Die Produktionselastizitäten der Average-Function sind sämtlich hochsignifikant und weichen nur geringfügig von denen der Frontier-Function ab. Wie ein Vergleich der Absolutglieder beider Funktionen belegt, verläuft die Durchschnittsfunktion jedoch auf deutlich niedrigerem Niveau als der effiziente Rand, da bei diesem Konzept sowohl positive als auch negative Abweichungen der tatsächlichen Outputs X_i von den theoretischen Werten X_i^R zugelassen sind.

Insgesamt zeigen sich auf dem effizienten Rand leicht abnehmende Skalenerträge des Faktoreinsatzes ($a_1 + a_2 + a_3 = 0{,}969$), ein Vergleich der absoluten Werte der ermittelten Produktionselastizitäten und ihrer Struktur mit den Ergebnissen früherer empirischer Arbeiten[7] bestätigt die interne Reliabilität des verwendeten Datenmaterials.

b) Die Nutzung des technischen Wissens durch erfolgreiche Unternehmen und Krisenunternehmen

Wir legen der Analyse der Innovations- und Imitationsstrategien zwei Typen der Unternehmensentwicklung zugrunde, die in einem Kontinuum vom guten bis

6) Vgl. Albach, Horst: Ökonomische Wirkungen von Lösungen der Zweitanmelderproblematik. Betriebs-Berater, Beilage 18/1984 zu Heft 29/1984, S. 1ff.

7) Vgl. Maltzan, Bernd Freiherr von: „Average"-Produktionsfunktionen und Effizienzmessung über „frontier production functions". Bonner Betriebswirtschaftliche Schriften, Bd. 3, Bonn 1978.

zum schlechten Unternehmen die Extrempunkte bilden und deren Unterscheidung neben drei weiteren Typen sich an anderer Stelle bewährte[8].

Erfolgreiche Unternehmen erzielen in allen fünf Untersuchungsjahren weit überdurchschnittliche Wachstumsraten des Umsatzes und verbinden diesen stetigen Wachstumspfad mit einer anhaltend hohen Umsatzrentabilität. Rund ein Drittel der untersuchten Unternehmen fällt in diese Kategorie. Ihnen gegenüber stehen die Krisenunternehmen. Ihr Umsatz schrumpft in jedem Jahr real oder sogar nominal, und sie müssen ständig hohe Verluste in Kauf nehmen. Jedes 7. Unternehmen zählt zu dieser Gruppe.

Der effiziente Rand wird erwartungsgemäß von vier Unternehmen determiniert. Drei von ihnen stammen aus der Gruppe der als „erfolgreich“ bezeichneten Unternehmen, keines jedoch aus der Gruppe der Krisenunternehmen.

So zeigt denn auch ein Vergleich der durchschnittlichen Effizienzgrade dieser beiden Gruppen einen deutlichen Vorsprung von mehr als zehn Prozentpunkten der erfolgreichen vor den Krisenunternehmen. Für die Verteilung der Effizienzgrade in den beiden Gruppen ergibt sich folgendes Bild:

Ein Chi-Quadrat-Test zeigt mit einer Irrtumswahrscheinlichkeit von 1 Prozent eine Abhängigkeit der Verteilung der Effizienzgrade von der Gruppenzugehörigkeit. Während ca. 35% der erfolgreichen Unternehmen einen Effizienzgrad von mehr als 0,80 aufweisen, beträgt dieser Anteil bei den Krisenunternehmen nur etwa 9%. Demgegenüber liegt nahezu ein Drittel aller Krisenunternehmen, jedoch nur ein knappes Sechstel der als erfolgreich bezeichneten Unternehmen auf einem Effizienzgrad von weniger als 0,50. Damit wird die Überlegenheit der erfolgreichen Unternehmen auch nach dem Kriterium der Effizienz des Faktoreinsatzes bestätigt.

c) Innovations- und Imitationsstrategien von erfolgreichen Unternehmen und Krisenunternehmen

Erfolgreiche Unternehmen produzieren enger an der Grenze des technischen Wissens als Krisenunternehmen. Sie sind die Pionierfirmen[9]. Allerdings haben sie nicht die höchsten FuE-Aufwendungen. Sie setzen vielmehr auch die Forschung sehr wirksam und kostenbewußt ein. Krisenunternehmen haben höhere FuE-

---

8) Vgl. Albach, Horst; Bock, Kurt; Warnke, Thomas: Kritische Wachstumsschwellen in der Unternehmensentwicklung. Schriften zur Mittelstandsforschung, NF Nr. 7, Stuttgart 1985, S. 181ff. (erscheint demnächst).

9) Vgl. Albach, Horst: Innovationen für Wirtschaftswachstum und internationale Wettbewerbsfähigkeit. In: Technische Innovationen und Wirtschaftskraft, Rheinisch-Westfälische Akademie der Wissenschaften, 302. Sitzung am 12. Januar 1983, Opladen 1983, S. 14f. und Albach, Horst: Average und Best Practice Production Functions in German Industry. The Journal of Industrial Economics, 29. Jg. 1980, S. 55.

Aufwendungen und höhere Marketingaufwendungen in Prozent des Umsatzes als die erfolgreichen Unternehmen. Dieser Unterschied gilt auch, wenn man die Produktentwicklungsanstrengungen um die Branchendurchschnitte bereinigt. Zwar sind die FuE-Ausgaben der erfolgreichen Unternehmen mit 13,2% jährlich signifikant stärker gewachsen als bei den Krisenunternehmen mit nur 3,2%, berücksichtigt man aber zusätzlich die Umsatzentwicklung von 9,8% bei den erfolgreichen Unternehmen und durchschnittlich −0,6% bei den Krisenunternehmen, bleiben die Forschungsintensitäten weitgehend konstant. Offenbar setzen erfolgreiche und Krisenunternehmen ihre Forschungs- und Entwicklungs- und Marketingaufwendungen mit unterschiedlicher Effizienz ein. Eine Möglichkeit, dies zu prüfen, bietet eine Analyse von Average-production-functions für erfolgreiche und Krisenunternehmen getrennt.

Bei den Krisenunternehmen erhöht jede zusätzlich eingesetzte DM für Produktentwicklung die Unternehmenszielvariable „Umsatz" deutlich stärker als bei den erfolgreichen Unternehmen. Dieser relativ hohe Wachstumsbeitrag der Produktinnovation reicht jedoch offensichtlich nicht aus, die nachhaltig niedrigen und zum Teil sogar negativen Wachstumsraten entscheidend zu verbessern. Hohe Produktentwicklungsanstrengungen sind also kein Garant für Unternehmenserfolg.

Allerdings dürfen die zwei übrigen Faktoren – Arbeit und Kapital – nicht unberücksichtigt bleiben[10]. Erfolgreiche Unternehmen nutzen ihren Kapitalstock effizienter. Prozeßinnovationen bewirken eine mehr als doppelt so hohe Elastizität des eingesetzten Sachanlagevermögens als bei den Krisenunternehmen. Die Umsetzung einer Produktidee bzw. -entwicklung in ein marktfähiges Produkt wird durch intensivere Prozeßinnovation erleichtert.

Unternehmen sind dann besonders erfolgreich, wenn sie bei der Produktentwicklung einen kostenoptimalen Mix von Innovation und Imitation erreichen, und es ihnen gelingt, für eine reibungslose fertigungstechnische Umsetzung des neuen Produktes zu sorgen. Zuerst soll auf den optimalen *Mix von Produkt- und Prozeßinnovation* eingegangen werden, danach auf die Beziehung von Imitation und Innovation.

Die Finanzstärke und Rentabilität der erfolgreichen Unternehmen sichert ein konstant hohes Niveau der Investitionen in neue und verbesserte Fertigungskapazitäten. Während erfolgreiche Unternehmen jährliche Wachstumsraten der Investitionen von 10% erzielen, schrumpfen die Investitionsaufwendungen der Krisenunternehmen mit jährlich 7,2%. Allerdings unterscheidet sich auch die Struktur der Investitionen. Erfolgreiche Unternehmen stecken mehr Geld in die Kapazitätserweiterung (Wachstumsrate der Kapazität: 15,5% zu 7,1%) und modernisieren ihren Kapitalstock intensiver als Krisenunternehmen. Ein guter Indikator für

10) Zu berücksichtigen ist auch, daß bei den Krisenunternehmen die Summe der Faktorelastizitäten deutlich kleiner als eins ist, also weitere Faktoren von Bedeutung sind.

die Nutzung des technischen Fortschritts ist der Anteil des Sachanlagevermögens, der jünger als fünf Jahre ist: erfolgreiche Unternehmen sind den Krisenunternehmen hier signifikant überlegen, d. h. sie nutzen ihr Kapital am effizientesten und produzieren an der Grenze des Fortschritts der Produktionstechnologie.

Die Konsequenzen der Vernachlässigung von Prozeßinnovationen durch die Krisenunternehmen sind offensichtliche Produktionsprobleme mit der Folge höherer Fehlerraten, die bei nachlassenden Qualitätsstandards und -prüfungen zu signifikant höheren Reklamationsraten führen.

Daraus folgt: erfolgreiche Unternehmen optimieren den Mix von Produkt- und Verfahrensentwicklung durch effizientere Kapitalnutzung an der Grenze des technischen Fortschritts. Krisenunternehmen gelingt es nicht, ihre relativ hohen Aufwendungen für Produktentwicklung in qualitativ befriedigende, marktgängige Produkte umzusetzen[11].

Der optimale *Mix von Produktinnovation und Produktimitation* ist ohne die Absatzseite des Unternehmens nicht zu erklären. Die Krisenunternehmen handeln rational, wenn sie hohe Beträge in die Produktentwicklung und -vermarktung stecken, da diese doch einen vergleichsweise hohen produktiven Beitrag liefern. Wenn trotzdem die erfolgreichen Unternehmen mit gleichem Input höheren Output erzielen, muß das an der Struktur des Produktentwicklungsbudgets liegen.

Innovation und Imitation sind zwei Seiten einer Medaille. Der Anstoß zu einer Produktentwicklung oder -verbesserung kann ebensogut aus der Analyse des technisch Machbaren als auch aus der intensiven Kunden- und Konkurrenzbeobachtung resultieren. Innovation und Imitation sind Ausdruck einer unterschiedlichen Forschungsstrategie. Ein innovationsfreudiges Unternehmen wird bemüht sein, das Ausmaß des technischen Wissens voranzutreiben. Voraussetzungen sind Basisinnovationen, die zu für das Unternehmen und für den Markt neuen Produkten führen. Ein solches innovatives Produkt wird am Markt nur durchzusetzen sein, wenn es auf innovationsfreundliche Nachfrager trifft. Bei hohem Neuigkeits- und Komplexitätsgrad ist die Erklärungsbedürftigkeit dieser Produkte entsprechend groß. Notwendig für die Marktdurchsetzung sind daher besonders hohe Marketinganstrengungen. Die Krisenunternehmen unserer Untersuchung entsprechen diesem unternehmerischen Innovationstyp[12]. Nicht nur die Höhe ihrer F u. E-Aufwendungen deutet auf besonders intensive Produktentwicklungs-

11) Zu ähnlichen Ergebnissen kommt Schmalholz: Je innovationsstärker ein Unternehmen ist, desto geringer ist der Anteil der Aufwendungen für Prozeßinnovationen. Dies gilt insbesondere für innovationsstarke Unternehmen mit geringem Wachstum, was weitgehend den hier dargestellten Krisenunternehmen entspricht. Vgl. Schmalholz, H.: Innovation: Zukunftssicherung der Unternehmen. ifo-schnelldienst, Nr. 19, 1985, S. 8–13. Vgl. auch Mathot, G. B. M.: How to Get New Products to Market Quicker. Long Range Planning, 15. Jg. 1982, Nr. 6, S. 20–30; McDonough, E. F.: Needed: An Expanded HRM Role to Bridge the Gap Between R&D and Manufacturing, Personel, Mai/Juni 1984, S. 47–53; und Biehl, W.: Investition und Innovation. Mainz 1982.

12) Vgl. Albach, Horst: Innovationen für Wirtschaftswachstum ..., a. a. O. S. 23f.

anstrengungen hin, sondern gerade auch die besonders hohen Marketingausgaben sind ein Indiz dafür, daß für ein innovatives Produkt erst ein Nachfragepotential geschaffen werden muß.

Im Gegensatz zu dieser „Push-Strategie" verfolgen erfolgreiche Unternehmen eine „Pull-Strategie". Ausgangspunkt ihrer Produktentwicklung ist nicht eine technische Idee, sondern das von den Nachfragern erwünschte Produkt. Sicheres Indiz für die Kundenwünsche ist der Erfolg anderer Unternehmen: Innovation geht hier von einer intensiven Kunden- und Konkurrenzbeobachtung aus und basiert damit auf der Imitation erfolgversprechender Produkte anderer Wettbewerber. Aufgabe der Entwicklungsabteilung ist die systematische Verbesserung der Produkte und die reibungslose Umsetzung in der Fertigung durch entsprechende Prozeßinnovationen. Wird dieses Produkt auf dem Markt angeboten, besteht bereits eine latente Nachfrage, und die Markterschließungskosten sind entsprechend geringer. Die unterdurchschnittlichen Marketingaufwendungen erfolgreicher Unternehmen sind ein Beleg für diese nachfrageorientierte Strategie. Mit dem Erscheinen verbesserter Produkte auf dem Markt werden auch bisher nicht angesprochene Käufergruppen auf das Produkt aufmerksam. Erst diese late adopters führen zu einem ausreichend großen Marktvolumen, das die Wachstumsraten erfolgreicher Unternehmen ermöglicht.

Erfolgreiche Firmen verfolgen eine Strategie des „second best". Natürlich investieren sie auch erhebliche Mittel in FuE, um „dialogfähig" zu bleiben. Sie sind aber besser und – durch Prozeßinnovationen – zuverlässiger in der Lage, bereits latent vorhandene Nachfragewünsche durch Produktoptimierung zu erfüllen, als dieses den innovativen Krisenfirmen gelingen kann.

Die nachfrageorientierte Innovations- und Imitationsstrategie erfolgreicher Unternehmen basiert auf einer interessanten Wettbewerbssituation. Das Umsatzwachstum ist nur zum Teil durch höhere Marktanteile erzielt worden, da die Märkte insgesamt ein ausreichendes Wachstum aufweisen. Erfolgreiche Firmen sind überdurchschnittlich oft Marktführer. Diese Marktführerschaft verdanken sie nicht in erster Linie ihrer Innovationsstärke, sondern ihren Investitions- und Absatzanstrengungen. Eine hohe Produktqualität wird ergänzt durch eine hohe Auslastung der Produktionskapazität (84,8% zu 75,6% bei den Krisenunternehmen). Dies erlaubt die Realisierung von Lern- und Größendegressionseffekten, wodurch das optimierte Produkt kostengünstiger als bei den Konkurrenten hergestellt werden kann. Damit wird gleichzeitig Erfahrung gesammelt, die dem erfolglosen Konkurrenten aufgrund geringer Produktionsmengen nicht möglich sind[13]. Die Marktführerschaft erleichtert zudem das Wahrnehmen von Kunden-

13) Zur Erfahrungskurve s. The Boston Consulting Group: Perspective on Experience. Boston 1968; und Albach, Horst: Kosteneffekte auf stagnierenden Märkten. Festschrift für Angermann. Heidelberg 1985.

wünschen und die Beobachtung der Konkurrenz. Tabelle 6 zeigt einige Indikatoren der Wettbewerbssituation von erfolgreichen und von Krisenunternehmen.

Wir haben die These von der nachfrageorientierten, imitatorisch verankerten Innovationsstrategie erfolgreicher Unternehmen in zahlreichen Firmeninterviews überprüft. Die Ergebnisse bestätigen die These.

Erfolgreiche Unternehmen führen gezielte Produktentwicklungs- und -verbesserungsanstrengungen durch, die auf systematischer Kunden- und Konkurrenzbeobachtung beruhen. In keinem Fall wurde für einen anonymen Markt ein Produkt entwickelt. Neben der genauen Wahrnehmung von Änderungen der Kundenpräferenzen wurde besonderes Gewicht auf die Verbesserung der Produktionsbedingungen gelegt. Acht von elf untersuchten erfolgreichen Unternehmen produzierten ein eindeutiges Qualitätsprodukt, das von keiner anderen Firma mit demselben Standard angeboten werden konnte.

Die Vermutung eines schlecht kontrollierten Mitteleinsatzes in der Forschung und Entwicklung von Krisenunternehmen konnte bestätigt werden. Keines der untersuchten Krisenunternehmen setzte systematisch Instrumente der Marktbeobachtung ein. Vielmehr verläßt man sich auf die Durchsetzungsfähigkeit des neuentwickelten Produktes. Trotz der hohen Innovationsanstrengungen führten die verbesserten Produkte der Wettbewerber über kurz oder lang bei allen Krisenunternehmen dazu, daß zahlreiche bessere Substitutionsprodukte angeboten wurden und der Innovationsvorsprung nicht gesichert werden konnte. Die Folge ist, daß bei allen untersuchten Krisenunternehmen der Preis zum entscheidenden Wettbewerbsfaktor wurde. Das hohe Innovationspotential konnte nicht in einen dauerhaften Produktvorteil mit preislichen Präferenzen umgewandelt werden.

Tabelle 1: Effizienzgrad für erfolgreiche und für Krisenunternehmen

	Erfolgreiche Unternehmen	Krisen-unternehmen	Irrtums-wahrschein-lichkeit
Durchschnittlicher Effizienzgrad	0,712	0,609	0,05

Tabelle 2: Verteilung der Effizienzgrade für erfolgreiche und für Krisenunternehmen

Effizienzgrad	Erfolgreiche Unternehmen		Krisen-unternehmen	
< 0,50	8[a)]	7,9[b)]	7	3,3
0,50–0,80	26	32,1	13	13,6
> 0,80	18	12,0	2	5,1

a) Tatsächliche Zellenbesetzung.
b) Theoretische Zellenbesetzung gemäß Randverteilung der Gesamtstichprobe.

Tabelle 3: Indikatoren des Innovationsverhaltens von erfolgreichen und von Krisenunternehmen

Indikator	Erfolgreiche Unternehmen	Krisen-unternehmen	Irrtums-wahrschein-lichkeit
FuE/Umsatz	1,81	1,92	—
branchenbereinigt	0,10	0,27	—
Wachstum von FuE	13,2	3,2	0,05
Marketing/Umsatz	1,65	2,62	0,10
branchenbereinigt	−0,32	0,64	0,10
Wachstum von Marketing	13,5	7,7	—
FuE + Marketing/Umsatz	3,48	4,89	0,10
branchenbereinigt	0,02	1,40	0,10

Tabelle 4: Average-production-functions für erfolgreiche und für Krisenunternehmen

– Erfolgreiche Unternehmen

$$x' = \underset{(2{,}283)}{1{,}373} + \underset{(5{,}928)}{0{,}693\,A'} + \underset{(3{,}562)}{0{,}247\,K'} + \underset{(1{,}417)}{0{,}075\,FM'} \qquad R^2 = 0{,}89$$

– Dauerkrisenunternehmen

$$x' = \underset{(3{,}670)}{2{,}376} + \underset{(6{,}478)}{0{,}664\,A'} + \underset{(1{,}319)}{0{,}109\,K'} + \underset{(1{,}700)}{0{,}104\,FM'} \qquad R^2 = 0{,}902$$

( ) = T-Werte

Tabelle 5: Indikatoren der Prozeßinnovation

Indikator	Erfolgreiche Unternehmen	Krisen-unternehmen	Irrtums-wahrschein-lichkeit
Bruttoinvestitionen je Beschäftigten	6977	4063	0,01
in % vom Umsatz	5,8	4,6	0,10
Wachstum der Investitionen	9,8	−7,6	0,01
Nettoinvestitionen je Beschäftigten	1594	694	0,01
in % vom Umsatz	1,5	0,7	0,05
SAV je Beschäftigten	28200	18000	0,05
Anteil des SAV jünger 5 Jahre	43,8	36,7	0,10
Anteil der Reklamationen an den Lieferungen	1,6	3,1	0,05

Tabelle 6: Indikatoren der Wettbewerbssituation

Indikator	Erfolgreiche Unternehmen	Krisen-unternehmen	Irrtums-wahrschein-lichkeit
Jährliches Wachstum			
des Umsatzes	9,8	−0,6	0,01
des Marktanteils	5,2	0,1	0,01
Marktanteil 1978	28,5	18,1	0,01
1982	32,0	17,9	0,01

Kritische Wachstumsschwellen in der Unternehmensentwicklung

Herr Bundespräsident,
meine sehr verehrten Damen und Herren!

I.

Als Dr. August Oetker im Jahre 1912 seinen Fabrikneubau einweihte, sagte er erleichtert: „Nun brauche ich nicht mehr zu bauen, das reicht für alle Zeiten!“ Ebenso wie August Oetker werden an dem heutigen Tage, an dem — acht Jahre nach der Gründung des Universitätsseminars der Wirtschaft — Haus Gracht seiner neuen Bestimmung übergeben wird, diejenigen empfinden, die die finanzielle Verantwortung für das USW übernommen haben. Sie sollten daran denken, daß August Oetker schon 12 Monate später ein neues Fabrikgebäude baute.[1])

Als das Mode- und Warenhaus Neiman-Marcus in Dallas in den dreißiger Jahren durch seine Geschenkverpackungen mit persönlicher Note weit über Texas hinaus berühmt geworden war, geschah es eines Tages, daß ein Angestellter in der Versandabteilung in der Hetze des Weihnachtsgeschäfts versehentlich sein Frühstückspaket statt eines wertvollen Geschenks einpackte und dies erst feststellte, als das Päckchen mit allen Sendungen des Vormittags schon abgegangen war. Die Tage vergingen, ohne daß sich jemand darüber beschwerte, ein trockenes Schinkenbrötchen und eine schimmelige Apfelsine erhalten zu haben. Die Angestellten waren überzeugt, daß der Empfänger des außergewöhnlichen Geschenks sich gesagt hat: „Es kommt von Neiman-Marcus, also muß es etwas Besonderes sein!“[2])

Die Wissenschaftler, die die Verantwortung für die Seminare des USW tragen, mögen sich heute wünschen, Haus Gracht möge eine solche Geschenkverpackung sein, in die auch einmal

1) v. Nolcken, B., Dr. August Oetker, vom Leben und Wirken des Firmengründers, Bielefeld, o. J.

2) Marcus, St., Minding the Store, Boston-Toronto 1974, S. 68

ein trockenes Seminar gepackt werden kann, ohne daß es zu Beschwerden kommt. Sie sollten daran denken, daß nur wenige Jahre später Ted Strauss die Idee von Neiman-Marcus kopierte und die meisten eleganten Kaufhäuser der USA mit solchem aparten Verpackungsmaterial versorgte.

Die beiden Anekdoten kennzeichnen Schwellen in der Unternehmensentwicklung. In beiden Fällen klingt die Versuchung durch, sich auf seinen Lorbeeren auszuruhen. Buchele hat diesen kritischen Punkt die "Complacency Crisis" genannt[1]).

Der heutige Tag braucht nicht Anlaß zu sein, das USW vor einer solchen Krise zu warnen. Zu deutlich stehen die großen Aufgaben der nächsten Jahre jedem Beteiligten vor Augen. Mit meinen Ausführungen über „Kritische Wachstumsschwellen in der Unternehmensentwicklung" will ich eine solche Aufgabe ansprechen. Im Mittelpunkt des Vortrages stehen bewußt nicht die Probleme der Großindustrie. Vielmehr sollen die „großen kleinen" bzw. die „kleinen großen" Unternehmen an der Wachstumsschwelle behandelt werden. Darin kommt ein Programm zum Ausdruck:

1. Die großen Unternehmen **sind nicht** die deutsche Wirtschaft, aber sie tragen in besonderem Maße eine gesellschaftliche Verantwortung für die gesamte deutsche Wirtschaft.

2. Die Betriebswirtschaftslehre hat sich in ihrer Ausbildung an den Universitäten, aber auch in der Forschung, vorwiegend an den Bedürfnissen und Problemen der großen Unternehmen orientiert. Nicht zuletzt in dem Maße, in dem neue Unternehmensgrößen als Arbeitgeber für die im Tertiären Bereich ausgebildeten 28 % oder 29 % eines Altersjahrgangs erschlossen werden müssen, werden die Probleme der kleinen Unternehmen stärker zum Gegenstand wissenschaftlicher Analysen in der Betriebswirtschaftslehre gemacht werden müssen.

3. Das Universitätsseminar der Wirtschaft als eine Stätte der Begegnung von Wirtschaft und Wissenschaft sollte seine Aufgabe in Zukunft verstärkt darin sehen, nicht nur wie

1) Vgl. Buchele, R. B., Business Policy in Growing Firms, San Francisco 1967

bisher für Teilnehmer aus Unternehmen aller Größenklassen offen zu sein, sondern darüber hinaus auch zum theoretischen Verständnis der besonderen Probleme beizutragen, die sich für Unternehmen an kritischen Punkten ihrer Entwicklung stellen.

Im folgenden werden vier Fragen abgehandelt:

(1) Wie kommt eine Unternehmensgrößenverteilung zustande?

(2) Welche kritischen Punkte in der Unternehmensentwicklung sind zu unterscheiden?

(3) Welche Bedeutung hat die kritische Wachstumsschwelle für das wachsende Unternehmen?

(4) Welche Maßnahmen erleichtern es dem wachsenden Unternehmen, diese kritische Wachstumsschwelle erfolgreich zu überwinden?

II.

1. Wie kommt eine Unternehmensgrößenverteilung zustande?

Für das wirtschaftliche Wohl eines Landes sind die Großunternehmen nicht ausschlaggebend. Die nicht nur in theoretischen Zirkeln geführte Diskussion, ob die Großunternehmen innovationsfreudiger seien als die kleinen oder ob sie die Einführung des technischen Fortschritts eher hemmten, verstellt die Sicht auf das Kernproblem: Welches ist die optimale Verteilung der Unternehmen einer Wirtschaft auf die verschiedenen Größenklassen, also diejenige Kombination kleiner, mittlerer und großer Unternehmen, die die wirtschaftlichen und gesellschaftlichen Ziele eines Landes am besten zu erfüllen in der Lage ist? Nicht die Großunternehmen, sondern die richtige Mischung von großen, mittleren und kleinen Unternehmen ist für das wirtschaftliche und soziale Leben einer Industrienation entscheidend. Welches denn nun aber diese optimale Unternehmensgrößenstruktur in einer dynamischen Wirtschaft sei, ist bisher theoretisch noch nicht geklärt.

Die Unternehmensgrößenstruktur einer Wirtschaft ist stets eine Zeitpunktaufnahme. Aus dem Vergleich solcher Aufnahmen, die zu verschiedenen Zeitpunkten gemacht wurden, schließt man auf die Veränderung der Unternehmensgrößenstruktur und sagt z. B., die Konzentration der Wirtschaft habe zugenommen, wenn bei einem bestimmten Prozentsatz der Unternehmen heute relativ mehr Menschen beschäftigt sind als früher.

Die Beobachtung einer Unternehmensgrößenstruktur und ihrer Veränderung sagt aber noch nichts aus über das „Warum", über die Kräfte also, die diese Erscheinung bewirken. Von Gibrat stammt der erste Versuch, die Unternehmensgrößenstruktur zu erklären. Er stellte die Hypothese auf, daß die Unternehmensentwicklung das Ergebnis einer Vielzahl zufällig wirkender Einflußgrößen ist, die multiplikativ auf das Unternehmen wirken.

Läßt man diesen Zufallsprozeß eine Reihe von Jahren auf eine Gesamtheit als gleich groß angenommener Unternehmen wirken, dann ergibt sich eine Lognormalverteilung der Unternehmensgrößen, wie man sie ungefähr in vielen Wirtschaften der westlichen Welt beobachtet hat. Nach diesem Gibrat-Gesetz ist die durchschnittliche Wachstumsrate eines Unternehmens von seiner erreichten Größe unabhängig. Man könnte es daher auch das Gesetz der Chancengleichheit des Unternehmenswachstums nennen.

Das Gibrat-Gesetz erklärt aber die zu beobachtenden Unternehmensgrößen nicht vollständig. Einmal geht es von einer gegebenen Zahl von Unternehmen aus und vernachlässigt Unternehmensgründungen und Schließungen von Unternehmen, zum anderen ist es mit verschiedenen Konzentrationsgraden verträglich und erklärt mithin nicht, warum es zu Konzentrationsprozessen in der Wirtschaft kommt.

Neuere Erklärungsversuche gehen von der Existenz von Produktlebenszyklen aus und unterstellen nur, daß der Erfolg der Entwicklung eines neuen Produkts ein zufälliges Ereignis ist.

Auch mit diesen weniger restriktiven Annahmen als beim Gibrat-Gesetz kommt man zu einer theoretischen Größenverteilung der Unternehmen, die die tatsächlich beobachtete gut erklärt, und zu einer Wachstumsrate der Unternehmen, die unabhängig von der erreichten Größe ist.

Aber auch diese Theorie erklärt die Konzentrationsprozesse in der Wirtschaft nicht. Hierzu bedarf es einer Analyse der kritischen Punkte in der Unternehmensentwicklung.

2. Welche kritischen Punkte in der Unternehmensentwicklung sind zu unterscheiden?

Die Unternehmensgrößenstruktur einer Wirtschaft ist natürlich nicht das Ergebnis der Entwicklung einer gegebenen Zahl von Unternehmen, wie es von Gibrat modelltheoretisch angenommen wurde, sondern sie wird auch durch Neugründungen und Schließungen von Unternehmen beinflußt.

Die Neugründung von Unternehmen hängt, wie die Prognos AG in einem Gutachten für das Bundeswirtschaftsministerium nachgewiesen hat, vor allem von zwei Faktoren ab: der Haftungsbereitschaft und dem Unabhängigkeitsstreben [1]).

Für die Zukunft wird vorausgesagt, daß sowohl Haftungsbereitschaft als auch Unabhängigkeitsstreben rückläufig sein werden. Diese Prognose ist natürlich wie alle Prognosen eine bedingte Voraussage: Die Gründung von Unternehmen hängt von der Erwartung ab, das Unabhängigkeitsstreben mittels eines eigenen Unternehmens bei akzeptabler Haftung befriedigen zu können.

In den sechziger Jahren war im Einzelhandel eine zwar konjunkturell schwankende, tendenziell aber gleichbleibende, im Großhandel dagegen eine steigende Tendenz zur Firmengründung nachweisbar [2]). Für die Industrie liegen Zeitreihen über Unternehmensgründungen nicht vor. Die Gründungsrate selbst aber war in den Jahren von 1955 bis 1967 im Durchschnitt nur etwa ein Drittel so hoch wie im Handel. Für die siebziger Jahre

1) Wolff, H., und Hofer, P., Analyse und Prognose der Unternehmensgrößenstruktur, Gutachten der Prognos AG für das Bundesministerium für Wirtschaft, Basel, Januar 1975, S. 104 ff.

2) Institut für Mittelstandsforschung, Unternehmensgrößen, Daten und Fakten, in: Informationen zur Mittelstandsforschung, Bonn 1975, S. 65

liegt nur die Zahl für das Boomjahr 1972 vor. In diesem Jahr lag die Zahl der gegründeten Einzelhandels- und Großhandelsunternehmen über der der sechziger Jahre.

Die Prognos AG vertritt die Ansicht: „Die Entscheidungsfreiheit des Unternehmers macht es auch für leitende Angestellte immer wieder attraktiv, die Angestelltenposition zugunsten der Führung eines eigenen Unternehmens aufzugeben“ [1]). Die eigenen Erfahrungen im Universitätsseminar der Wirtschaft bestätigen diese optimistische Ansicht nicht: „Meines Wissens hat sich bisher keiner der Seminarteilnehmer selbständig gemacht“. Dies spricht einerseits für die Attraktivität der Führungsposition in großen Unternehmen — und das wird durch Gespräche über die Gründe eines Verbleibens in der Angestelltenposition bestätigt — andererseits ist es aber auch ein Zeichen für die mangelnde Vorbereitung auf die Selbständigkeit: In der Bundesrepublik gibt es zwar die Frage der Industrie- und Handelskammer zu Koblenz: „Haben Sie genügend Kenntnisse auch in den Bereichen, in denen Sie bisher noch nicht gearbeitet haben?“ [2]), aber keine Lehrveranstaltungen über die Gründung eines eigenen Unternehmens, nach deren Besuch man sie positiv beantworten könnte. In den USA waren es vor 1969 auch nur 8 von 631 Wirtschaftshochschulen, die ein solches Lehrangebot machten. 1975 waren es bereits 59, und 12 weitere planten entsprechende Veranstaltungen.

Der kritische Punkt in der Unternehmensentwicklung scheint also die Gründung des Unternehmens selbst zu sein. Die Aufrechterhaltung unserer Wirtschaftsordnung setzt voraus, daß der Wille, sich selbständig zu machen, aufrechterhalten und in die Wirklichkeit umsetzbar bleibt.

Die Verantwortung dafür trägt nicht nur die Wirtschaftspolitik, sondern auch die Wirtschaft selbst [3]). Sollte die Bereitschaft zu

1) Wolff, H., und Hofer, P., a. a. O., S. 35

2) Vgl. auch: Industrie- und Handelskammer zu Bonn. Ich mache mich selbständig, Test und Tips für alle, die sich selbständig machen wollen, Bonn (1. 10. 1975)

3) Daß Großunternehmen ihre Mitarbeiter manchmal selbst ermuntern, sich selbständig zu machen, zeigt das Beispiel der Continental AG. Als die Firma die Aufhebung ihrer eigenen Reparaturwerkstätten zusagte, machten sich einige der bei Continental tätig gewesenen Fachkräfte und Meister mit eigenen Betrieben selbständig. Vgl. Continental AG, Ein Jahrhundert Fortschritt und Leistung, Hannover 1971, S. 117

Unternehmensgründungen in Zukunft tatsächlich abnehmen, dann verstärkt das ceteris paribus die Konzentration in der Wirtschaft, weil die Unternehmensgrößen neu gegründeter Unternehmen durchschnittlich niedriger liegen als die aller bestehenden Unternehmen.

Der zweite Faktor, der die Unternehmensgrößenstruktur beeinflußt, ist die Schließung von Unternehmen. Die Bedeutung dieses Faktors ist in den letzten Jahren nicht unbeträchtlich gestiegen. Betrachtet man die Gesamtzahl der Konkurse, so zeigt sich, daß sie in der Zeit von 1960 bis 1969 um durchschnittlich 2,5 % jährlich anstieg. In der Zeit von 1969 bis 1975 nahm die Zahl der Konkurse jährlich um durchschnittlich 26 % zu[1]). Im Großhandel und im Einzelhandel liegt die Sterberate von Unternehmen seit 1968 etwa doppelt so hoch wie die Geburtenrate, während sich bis dahin Gründungen und Schließungen die Waage hielten[2]).

Die Konkursrate ist nicht nur ein konjunkturelles Phänomen. Wie Analysen der Konkursursachen der letzten Jahre gezeigt haben, ist es die restriktive Zinspolitik der Bundesbank, die zu einer Aufzehrung der ohnehin schwachen Eigenkapitalbasis vieler Unternehmen geführt hat, in Verbindung mit dem Verlust an Willen, sich den steigenden Schwierigkeiten der Unternehmensführung weiter zu stellen: der Anteil der Konkurse von Unternehmen, die älter als 20 Jahre sind, zeigt steigende Tendenz. Bisher sind von den Konkursen aber vorwiegend kleinere Unternehmen betroffen. Nur 4 % der Konkurse erfaßten Unternehmen, die zwischen 200 und 500 Beschäftigte haben, und die Konkurse mit mehr als 500 Beschäftigten machten nur 1,7 % der gesamten Konkurse aus[3]).

Eine sinkende Geburtenrate und eine steigende Sterberate von Unternehmen gerade in den unteren Größenklassen haben aber einen gefährlichen Effekt der Selbstbestätigung: Die Geburtenrate neuer Unternehmen wird weiter sinken, weil die Bereitschaft, Haftung zu übernehmen, weiter abnimmt und die Aus-

1) vgl. Institut für Mittelstandsforschung, Unternehmensgrößen, a. a. O.; vgl. ferner Handelsblatt vom 14./15. 2. 1976

2) vgl. Institut für Mittelstandsforschung, Unternehmensgrößen, a. a. O., S. 65

3) Bei 1 729 Konkursen, Die Creditreform in seinen Insolvenzanalysen von Juli 1974 bis November 1975 untersuchte.

sicht, sein Unabhängigkeitsstreben als Unternehmer verwirklichen zu können, schlechter wird.

Die Probleme, die sich Unternehmen nach ihrer Gründung stellen, und die, vor die Unternehmer gestellt sind, die altersbedingte Probleme (wie die Suche nach einem Nachfolger) zu lösen haben, markieren aber nur zwei kritische Punkte in der Unternehmensentwicklung[1]). Ein dritter kritischer Punkt ist in jüngster Zeit stärker in den Mittelpunkt des wissenschaftlichen Interesses getreten: die sogenannte Wachstumskrise. Sie tritt vielfach dann auf, wenn Unternehmen in eine bestimmte Unternehmensgröße hineinwachsen, eine Größe, die sowohl finanziell als auch organisatorisch neue Formen der Unternehmensführung verlangt.

3. Welche Bedeutung hat die kritische Wachstumsschwelle für das wachsende Unternehmen?

In den kontrolltheoretischen Arbeiten über das optimale Unternehmenswachstum, die von Näslund und in meinem Institut von Ludwig durchgeführt worden sind, ist nachgewiesen worden, daß es eine kritische Wachstumsschwelle gibt, die nur überwunden werden kann, wenn die Unternehmen eine „Konsolidierungspause" auf dem optimalen Wachstumspfad einlegen. Eine solche Konsolidierungspause ist erforderlich, wenn die Fremdkapitalkosten höher als die Eigenkapitalkosten sind, und sie dauert um so länger, je höher der Verschuldungsgrad während der ersten Wachstumsphase war. Die Konsolidierungspause ist nicht nur mit einer erheblichen Reduktion der Investitionstätigkeit, sondern auch mit deutlichen Kürzungen der Gewinnausschüttungen verbunden. In diesen Arbeiten wird man die theoretische Basis für die Finanzierungskrise sehen dürfen, die als eine typische Form der Wachstumskrise von Buchele herausgearbeitet worden ist.

Nimmt man an, daß die Kosten einer Organisation von der Zahl der zulässigen Informationswege im Unternehmen und von der Zahl der hierarchischen Ebenen im Unternehmen ab-

1) Buchele unterscheidet insgesamt 7 Wachstumskrisen, von denen sich 3 dem Gründungsstadium, zwei dem Altersstadium und zwei dem Stadium an der kritischen Wachstumsschwelle zuordnen lassen: die Finanzierungskrise und die Führungskrise. Vgl. Buchele, R. B., Business Policy in Growing Firms, San Francisco 1967

hängen und daß die Motivation der Mitarbeiter um so höher ist, je mehr Informationswege im Unternehmen sie in Anspruch nehmen dürfen, dann kann man mit den Instrumenten der Organisationstheorie zeigen, daß es eine kritische Wachstumsschwelle gibt, bei der die Unternehmen die teamförmige Organisation — bei der jeder mit jedem im Unternehmen in Kontakt treten kann — durch eine linienförmige Organisationsstruktur ersetzen müssen, bei der das Informationssystem an das hierarchische System gebunden wird. An diesem Ergebnis erscheint vor allem interessant, daß der Unternehmer, der bisher eine große Zahl von Kontakten im Unternehmen hatte, nun in dieser Umstellung seiner Organisationsstruktur lernen muß, seine Kontakte mit Mitarbeitern sehr erheblich zu verringern. Wenn in der Management-Literatur von der Notwendigkeit gesprochen wird, daß der Unternehmer, der diese Führungskrise im Unternehmenswachstum meistern will, seine Abwesenheiten vom Unternehmen planen müsse [1]), so kommt darin indirekt die Bedingung zum Ausdruck, daß die Zahl der Kontakte erheblich gesenkt werden muß. Die Organisationstheorie liefert daher, wenn auch erst in sehr vorläufigen Ansätzen, eine theoretische Basis für diese zweite typische Form der Wachstumskrise, die von Buchele unterschieden wird: die Führungskrise.

Kontrolltheoretische und organisationstheoretische Ansätze führen mithin zu der Hypothese, daß es wachstumsbedingte kritische Schwellen in der Unternehmensentwicklung gibt, die im Finanzierungsbereich und im Führungsbereich liegen. Empirische Untersuchungen von Clifford scheinen darauf hinzudeuten, daß diese beiden kritischen Wachstumsschwellen zusammenfallen.

Clifford hat die Unternehmen, die zwischen 20 und 200 Millionen Dollar Umsatz erzielen, als Threshold Companies (Unternehmen an der kritischen Wachstumsschwelle) bezeichnet und sie durch vier Definitionsmerkmale charakterisiert [2]):

1) Vgl. Clifford, D. K., Jr., The Case of the Floundering Founder, The McKinsey Quarterly, Winter 1976

2) Clifford, D. K., Jr., Managing the Threshold Company, A McKinsey Report to Management, New York 1973; ders., Managing the Threshold Company in Tough Times, The McKinsey Quarterly, Winter 1975, S. 2; ders., Managing Growth in the Threshold Company, The McKinsey Quarterly Autumn 1973

1. Sie weisen ein größeres Wachstumspotential auf als die Großunternehmen.
2. Ihre Rentabilität ist niedriger als die der Großunternehmen.
3. Sie sind finanziell gefährdeter.
4. Ihre Produkt-Markt-Komplexität ist so groß geworden, daß sie nur noch durch neue Management-Fähigkeiten bewältigt werden kann.

In diesen vier Merkmalen kommt zum Ausdruck, daß diese Unternehmen in der Vergangenheit durch hohe Wachstumsraten gekennzeichnet waren, dieses Wachstumspotential aber in der Zukunft nur genutzt werden kann, wenn es gelingt, in der Unternehmensführung die Techniken zu entwickeln und einzusetzen, die es ermöglichen, mit der weiter steigenden Produkt-Markt-Komplexität fertig zu werden. Da die Rentabilität der Unternehmen aber niedriger und ihre finanzielle Situation schlechter als die der Großunternehmen ist, muß auch aus finanziellen Gründen eine Wachstumspause eingelegt werden.

Clifford hat diese Aussagen mit einigen Kennzahlen der Finanzanalyse belegt, die sich in drei Punkten zusammenfassen lassen:

1. Der Verschuldungsgrad der Unternehmen an der kritischen Wachstumsschwelle ist größer als der der Großunternehmen.
2. Die Umschlagshäufigkeit des Gesamtkapitals ist bei den Wachstumsschwellenunternehmen geringfügig besser als bei den Großunternehmen, doch liegt ihre Umschlagshäufigkeit des Nettoumlaufvermögens[1]) sehr deutlich unter der der Großunternehmen.
3. Die Fremdkapitalzinsen der Unternehmen an der Wachstumsschwelle sind deutlich höher als die der Großunternehmen.

Daraus leitet Clifford die These von der Finanzierungskrise dieser mittleren Unternehmen ab. Steigende Fremdkapitalzinsen gefährden aber auch die Rentabilität des Unternehmens.

1) Nettoumlaufvermögen = Umlaufvermögen — kurzfristige Verbindlichkeiten

Hier zeigt sich in den Untersuchungen der 795 amerikanischen Threshold Companies folgendes Bild:

1. Das Betriebsergebnis, bezogen auf die Betriebsleistung, liegt bei den mittleren Unternehmen seit 1966 deutlich unter dem der Großunternehmen.

2. Die Umsatzrentabilität ist deutlich niedriger.

3. Die Wachstumsrate der Gewinne pro Aktie liegt seit 1968 deutlich unter der der großen Unternehmen.

4. Während die Wachstumsrate des Umsatzes der Unternehmen an der kritischen Wachstumsschwelle bis 1970 etwa dreimal so hoch lag wie die der Großunternehmen, ist sie seit 1971 deutlich niedriger gewesen.

Clifford sieht drei Möglichkeiten, die Wachstumskrise, in der sich diese Unternehmen befinden, zu bewältigen: in einer bewußten Senkung der Wachstumsrate der Unternehmen mit dem Ziel, den Kapitalbedarf zu senken, in einer Konzentration auf das eigentliche Arbeitsgebiet und in einem verstärkten Einsatz von Führungstechniken.

Für die Prüfung der Frage, ob die Hypothese, daß Unternehmen im Laufe ihrer Entwicklung an eine kritische Wachstumsschwelle stoßen, sich auch an deutschem Material bewährt, habe ich einmal die Daten der „Bonner Stichprobe" von 100 börsennotierten Aktiengesellschaften und zum anderen das aufbereitete Bilanzmaterial von 2 273 Unternehmen der verarbeitenden Industrie herangezogen, das mir von der Industriekreditbank freundlicherweise zur Verfügung gestellt wurde.

Das Material der „Bonner Stichprobe" wurde so aufbereitet, daß die 20 größten und die 20 kleinsten Unternehmen der Stichprobe für die Jahre 1953 bis 1974 analysiert wurden. Der mittlere Umsatz der „kleinen großen" liegt 1974 bei 54 Millionen DM, während der der „großen großen" bei 4,6 Milliarden DM liegt. Das Bilanzmaterial der Industriekreditbank ist in sechs Größenklassen unterteilt. Die „großen kleinen" sind 320 Unternehmen (1973) mit über 50 Millionen DM Umsatz.

Die Analyse ergibt:

1. Der statische Verschuldungsgrad der „kleinen großen" ist zwar deutlich niedriger als der der Großunternehmen, doch liegt der dynamische Verschuldungsgrad der „kleinen großen" signifikant (auf dem 99 %-Niveau) höher als der der Großunternehmen. Bei den Unternehmen an der Wachstumsschwelle würde es also im Durchschnitt länger dauern, bis sie schuldenfrei wären, wenn sie ihre Schulden aus den vorhandenen liquiden Mitteln und dem Cash Flow tilgen wollten.

2. Dies ist um so bemerkenswerter, als die Finanzkraft (Cash Flow zu Umsatz) der „kleinen großen" in allen untersuchten Jahren größer war als die der Großunternehmen. Die Finanzkraft ist eine abnehmende Funktion der Unternehmensgröße. Die Erklärung dafür, daß diese Aussage mit der unter Ziffer 1 gegebenen konsistent ist, liegt darin, daß die großen Unternehmen mehr liquide Mittel halten als die Unternehmen an der Wachstumsschwelle.

3. Der Umschlag des Gesamtkapitals der Großunternehmen liegt signifikant (auf dem 99 %-Niveau) über dem der Wachstumsschwellenunternehmen. Wie die Zahlen der Industriekreditbank zeigen, ist die Umschlagshäufigkeit des Gesamtkapitals gerade bei den „großen kleinen", die größenordnungsmäßig mit den „kleinen großen" der „Bonner Stichprobe" übereinstimmen, niedriger als bei den kleineren Unternehmen. Das gilt auch für die Umschlagshäufigkeit des Nettoumlaufvermögens, die zunächst fällt, in der Größenklasse der Unternehmen an der Wachstumsschwelle ihr Minimum erreicht und dann wieder steigt.

Die Kennzahlen des Kapitalumschlags sowie des dynamischen Verschuldungsgrades zeigen, daß die Unternehmen in der Größenklasse von durchschnittlich 50 bis 100 Millionen DM Umsatz die ungünstigsten Kennzahlen aufweisen. Da der dynamische Verschuldungsgrad als eine Variable erkannt worden ist, die hohe prognostische Kraft für zukünftige Unternehmenskrisen besitzt, wird man die Hypothese, daß die „kleinen großen" sich an einer kritischen Wachstumsschwelle befinden, nicht als falsifiziert ansehen können.

Im Gegenteil: Auch die Rentabilitätsanalyse bestätigt diese Hypothese:

1. Die Unternehmen an der Wachstumsschwelle weisen eine deutlich niedrigere Umsatzrentabilität auf als die Großunternehmen, aber auch als die „kleinen kleinen" unter den 2 273 Unternehmen des Verarbeitenden Gewerbes.

   Dasselbe gilt für die Kennzahlen Gesamtkapitalrentabilität und Eigenkapitalrentabilität. Die Unterschiede sind auf dem 95 %-Niveau signifikant. Im Durchschnitt der Jahre 1953 bis 1974 lag die Eigenkapitalrentabilität der „kleinen großen" 2 Prozentpunkte unter der der Großunternehmen, und die verfügbaren Zahlen für 1972 und 1973 zeigen, daß sie auch 2 Prozentpunkte unter der Eigenkapitalrentabilität der „kleinen kleinen" lag.

2. Die Lohnintensität als das Verhältnis von Löhnen und Gehältern zu Umsatz sinkt mit steigender Unternehmensgröße ständig.

3. Die Löhne und Gehälter je Beschäftigten steigen mit steigender Unternehmensgröße.

4. Beides ist miteinander verträglich, weil der Umsatz je Beschäftigten mit steigender Unternehmensgröße steigt. Das ist offenbar nicht (oder nicht nur) das Ergebnis steigender Marktmacht und damit besserer Überwälzungsmöglichkeiten im Preis, sondern auch eines erhöhten Kapitaleinsatzes je Beschäftigten. Während im Durchschnitt der Großunternehmen je Beschäftigten 1974 rund 90 000 DM Kapital eingesetzt waren, lag dieser Betrag bei den „kleinen großen" bei nur etwas mehr als 70 000 DM.

5. Dies ist um so bemerkenswerter, als die mittlere Wachstumsrate der Löhne und Gehälter bei den Großunternehmen mit 12,6 % für die Zeit von 1953 bis 1974 signifikant (auf dem 99 %-Niveau) über der der Wachstumsschwellenunternehmen mit 9,0 % lag. Auch in den Jahren von 1969 bis 1974

stiegen die Löhne und Gehälter bei den Großunternehmen jährlich durchschnittlich um 14,3 %, während sie bei den „kleinen großen" um 11,5 % pro Jahr stiegen.

6. Das findet aber seine Erklärung in den deutlich höheren Wachstumsraten der Großunternehmen. Sowohl die jährlichen Wachstumsraten des Umsatzes als auch die des Sachanlagevermögens lagen bei den Großunternehmen um das rund 1,7fache höher als bei den Unternehmen an der kritischen Wachstumsschwelle.

Die deutschen Unternehmen in der Größenklasse von etwa 50 bis 100 Millionen DM Umsatz haben also nicht nur größere Finanzierungsprobleme als die kleineren und die größeren Unternehmen, sondern — und vor allem — auch größere Rentabilitätsprobleme. Anders als bei den amerikanischen Threshold Companies wird bei den deutschen Wachstumsschwellenunternehmen die Konsolidierungspause bereits in den Kennzahlen des Unternehmenswachstums deutlich: Ihr Umsatzwachstum und ihr Wachstum des Sachanlagevermögens liegen deutlich niedriger als bei den Großunternehmen.

Daß diese Situation besondere Aufmerksamkeit verdient, liegt auf der Hand: Ohne deutliche Verbesserung des Kapitalumschlages werden bei gleicher Umsatzrentabilität nicht genügend eigene Mittel erwirtschaftet, um ein weiteres Wachstum des Sachanlagevermögens zu finanzieren. Dieses Wachstum ist aber erforderlich, um die — die Eigenkapitalrentabilität von der anderen Seite bedrohende — Lohnintensität abzubauen. Die Unternehmen an der kritischen Wachstumsschwelle sind zu groß, um allein durch Ausnutzung von Marktnischen einen angemessenen Umsatz und eine angemessene Rendite auf das eingesetzte Kapital zu erzielen, und zu klein, um dem Wettbewerbsdruck auf die Preise mit gleichem Erfolg begegnen zu können wie die größeren Unternehmen. Wenn es diesen Unternehmen aber nicht gelingt, in die nächsthöhere Größenklasse hineinzuwachsen, wird die Größenverteilung der Unternehmen in der Wirtschaft durch ein Loch in der Größenklasse jenseits der Wachstumsschwelle gekennzeichnet. Da dies auch eine gesamtwirtschaftlich sehr unerwünschte Entwicklung ist, verdienen die Unternehmen an der kritischen Wachstumsschwelle mehr Aufmerksamkeit, als ihnen bisher zuteil wurde.

4. Welche Maßnahmen erleichtern es dem wachsenden Unternehmen, die kritische Wachstumsschwelle zu meistern?

Welchen Rat kann man nun aber den Unternehmen selbst geben, um ihnen die Bewältigung der kritischen Wachstumsschwelle zu erleichtern? — Ich möchte mich auf sechs Punkte beschränken:

1. Regel:

Prognostiziere die kritische Wachstumsschwelle richtig und entscheide rechtzeitig, ob das Unternehmen diese Schwelle überschreiten soll. Die Entwicklung von Unternehmen ist keine Einbahnstraße zum Großunternehmen, und "small is beautiful" ist ein Motto, das nach Ansicht einiger Beobachter immer mehr Anhänger unter den Unternehmern findet[1]). Bedenke aber, daß das Umschalten von hohen Wachstumsraten auf Nullwachstum erhebliches Umdenken erfordert und bei hoher Verschuldung schnell Liquiditätsengpässe verursacht.

Man braucht aber nicht so weit zu gehen wie der englische Erfinder Alfred Arnot, der jüngst gefragt wurde, wie klein ein Unternehmen sein müsse, um wirklich "beautiful" zu sein, und der nach kurzem Zögern antwortete: „Ich habe eine Belegschaft von vier, und das sind drei zuviel!"[2])

2. Regel:

Wenn die Entscheidung für weiteres Wachstum gefallen ist, achte darauf, daß die Unternehmensaufgabe auch weiterhin von allen Mitarbeitern verstanden und akzeptiert wird. Auch in einer stärker formalisierten Organisation mit stärker bürokratischen Kontrollen darf kein Mitarbeiter seine Tätigkeit als einen Job auffassen. Er muß sich weiterhin voll mit ihr iden-

1) Vgl. Rassam, C., Small is Beautiful, International Management, April 1976, S. 41

2) ebendort, S. 44

tifizieren! Der beispiellose Erfolg der IBM wird von Rodgers maßgeblich darauf zurückgeführt, daß Watson auf die Verwirklichung dieses Grundsatzes besonders achtete[1]). Das ermöglichte es ihm später, als das Unternehmen in die Krise geriet, alle Löhne um 10 % zu kürzen.

Ich will diese Regel mit einem drastischen Beispiel verdeutlichen: Im Oktober 1896 schrieb Alfred Nobel an Ragnar Sohlmann: „Es klingt wie ein Scherz, den sich das Schicksal mit mir macht, daß man mir Nitroglyzerin **zum Einnehmen** verordnet!“[2]) Aber genau so muß es mit der Unternehmensphilosophie sein: sie muß Explosivkraft haben und von jedem wie Medizin eingenommen werden, wenn die kritischen Punkte in der Unternehmensentwicklung überwunden werden sollen!

3. Regel:

Konzentriere deine Kräfte auf das eigene Arbeitsgebiet. Andrew Carnegie hat das einmal so ausgedrückt: „Der Satz, man solle nicht alle Eier in einen Korb tun, ist ganz falsch. Ich bin der Ansicht, es muß heißen: Tu alle Eier in einen Korb, und dann hüte diesen Korb sorgfältig! Die Unternehmen, die scheitern, sind gerade die, die ihr Kapital streuen, denn das bedeutet auch, daß sie ihre geistige Energie verzetteln!“[3])

Dieser Rat ist nicht leicht zu befolgen. Rathke hat in seiner Biographie von Wilhelm Maybach die These zu belegen versucht, daß Gottlieb Daimler ein „tragisches Opfer seiner allzu weit gespannten Pläne“[4]) wurde. Letztlich steht hinter der Forderung nach Konzentration die Überzeugung, daß der Erfolg des Unternehmens von der Qualität seiner Produkte abhängt. Diese Überzeugung kommt in dem Geschäftsgrundsatz deutlich zum Ausdruck: „Qualität haftet länger in der Erinnerung als der Preis“[5]).

---

1) Rodgers, W., Think, A Biography of the Watson's and IBM, New York 1969

2) Bergengren, E., Alfred Nobel, Eine Biographie, München und Esslingen 1965, S. 175

3) Carnegie, A., The Empire of Business, New York 1968, S. 12

4) Rathke, K., Wilhelm Maybach, Anbruch eines neuen Zeitalters, Friedrichshafen 1953, S. 153

5) Marcus, St., Minding the Store, Boston-Toronto 1974, S. 372

Es steht aber auch die Überzeugung dahinter, daß gleiche Qualitätsstandards gegenüber Kunden in verschiedenen Preisklassen sehr viel schwerer eingehalten und glaubhaft gemacht werden können als in einem weniger diversifizierten Unternehmen. Der Präsident einer amerikanischen Fluggesellschaft formulierte das nach einem Besuch bei Neiman-Marcus in Dallas einmal so:

„Sie haben es viel eleganter und liebenswürdiger fertiggebracht, Erster-Klasse- und Economy-Klasse-Service nebeneinander zu bieten, als wir es je vermöchten!“ [1])

Härter formulierte Business Week: „Wie schafft es Marcus nur, ein ‚Haus mit einer gespaltenen Persönlichkeit‘ zu führen?“

4. Regel:

Stärke den Konkurrenzgeist des Unternehmens nach außen und innen! Gerade an der kritischen Wachstumsschwelle ist die Versuchung groß, den finanziellen Problemen, aber auch den Führungsproblemen durch Fusion zu entgehen. Die Geschichte vieler Unternehmen zeigt jedoch, daß nicht die Fusion, sondern die Verstärkung des Wettbewerbs das Mittel zur Überwindung der Krise ist. Hier sei nur auf den Grundsatz der „Selbständigkeit der Geschäftspolitik“ hingewiesen, den Theodor Heuß in seiner Beschreibung von Leben und Leistung Robert Boschs besonders herausstellt[2]), sowie auf die Feststellung von Ways, daß die IBM „lernte, daß der Wettbewerb nicht nur Verkäufer, sondern auch Wissenschaftler beflügelt“ [3]).

Es sei mir gestattet, an dieser Stelle ein Wort über das USW hinzuzufügen. In einer Diskussion über die verstärkte Einführung dreijähriger Studiengänge wurde nachgewiesen, daß es in unserem Hochschulsystem höchstwahrscheinlich nicht unter 6 bis 8 Jahre dauern würde, bis ein neuer dreijähriger Studiengang entwickelt und von allen zuständigen Gremien verabschiedet sei — und dies noch unter der günstigen Voraussetzung, daß es der erklärte Wille aller politischen Instanzen sei,

1) Marcus, St., Minding the Store, a. a. O., S. 168
2) Heuß, Th., Robert Bosch, Leben und Leistung, München 1975, S. 141
3) Ways, M., The Hall of Fame for Business Leadership — 1976, Fortune, January 1976, S. 122

dreijährige Studiengänge einzuführen. Weitere fünf Jahre würden vergehen, bis dieser Studiengang evaluiert sei. Die Entwicklung des Zehnwochenseminars des USW ist sicher eine vergleichbare Aufgabe. Hier dauerte es ein Jahr bis zum ersten Seminar, und die Evaluierung ist mit der Umsetzung der Ergebnisse in die laufende Weiterentwicklung des Seminars gekoppelt. Ohne das Bewußtsein, daß das USW in Konkurrenz mit den besten in- und ausländischen Fortbildungsinstituten steht, und ohne die Delegation der Entscheidungen auf die, die die Verantwortung für Mißlingen oder Erfolg tragen, wäre das nicht möglich gewesen. Dezentralisation und Wettbewerb sind Prinzipien, nach denen das USW angetreten ist und denen im öffentlichen Bildungsbereich mehr Geltung verschafft werden sollte, wenn die Erhöhung der Effizienz auch dort das Ziel sein sollte.

Das USW wird diesen Wettbewerbsgeist bewahren und nicht an Fusionen und Kooperationen, sondern an Konzentration auf „Erster-Klasse-Service“ denken!

5. Regel:

Nutze alle Möglichkeiten, neue Management-Fähigkeiten zu erwerben und anzuwenden. Die Bewältigung einer zunehmenden Komplexität der Märkte eines wachsenden Unternehmens, die Lösung der Finanzierungsprobleme und die Einführung neuer Organisationsstrukturen erfordern Management-Fähigkeiten, die von den Unternehmen an der kritischen Wachstumsschwelle bis dahin nicht entwickelt worden sind. Stabsfunktionen müssen eingerichtet, Budgetkontrollen eingeführt und Organisationspläne entwickelt werden. Die persönliche Führung muß durch strategisches Management ergänzt werden.

Daß diese neuen Fertigkeiten nicht ohne äußere Hilfe erworben werden können, liegt auf der Hand. Externe und interne Fortbildungsveranstaltungen sind daher für die Bewältigung der Führungskrise unerläßlich. Das hat Clifford besonders betont[1]). Dem ist jedoch hinzuzufügen, daß die Auswahl der Fortbildungsveranstaltungen selbst wieder Fähigkeiten voraussetzt,

1) Clifford, D. K., Jr., The Case of the Floundering Founder, a. a. O.

die in den betroffenen Unternehmen vielfach nicht vorhanden sind[1]).

Von Führungskräften, die nicht in der Lage oder nicht willens sind, sich diese neuen Fertigkeiten anzueignen, muß sich das Unternehmen trennen. Eines der berühmtesten Beispiele für eine solche — in voller Übereinstimmung und Freundschaft erfolgte — Trennung ist das Ausscheiden von Halske aus der „Telegraphen-Bau-Anstalt von Siemens & Halske" im Jahre 1867, 20 Jahre nach der Gründung des Unternehmens: „Es mißfiel ihm auch, daß man zur Massenfertigung, zur Serienarbeit und zum Akkordlohn überging. Das alles widersprach zutiefst seiner künstlerisch-individuellen Denkungsart" meinen v. Weiher und Goetzeler[2]).

6. Regel:

Bilde eine Führungsmannschaft, die aus allen Kenntnisbereichen zusammengesetzt ist, und vermeide ein Einmann-Regiment. Darauf hat Argentini erst jüngst wieder mit Nachdruck hingewiesen[3]).

Dazu gehören aber vor allem drei Teilmaßnahmen: Die vorhandenen Führungskräfte müssen Gelegenheit erhalten, neue Fähigkeiten der Führung zu entwickeln. Soweit damit nicht alle nunmehr erforderlichen Kenntnisbereiche abgedeckt sind, müssen neue Führungskräfte eingestellt werden und innerhalb der ihnen übertragenen Kompetenzen genügend Bewegungsspielraum zur Entfaltung erhalten.

Ein wirklich mitarbeitender Beirat muß eingesetzt werden. Es muß gewährleistet werden, daß der Beirat die Kontrolle der Geschäftsführung ernst nimmt und, noch wichtiger, daß der Unternehmer und seine Führungsmannschaft die Kritik des Beirats ernst nehmen.

1) Eine gute Regel für die Auswahl ist folgende: Diejenige Fortbildungsinstitution ist besser als eine andere, die für ihre Mitarbeiter selbst eine systematische „Fortbildung der Fortbilder" betreibt und eine dreifache Leistungsbewertung ihrer Mitarbeiter durchführt: Zwang zur Publikation in angesehenen Fachzeitschriften, Leistungsbewertung durch die Seminarleitung, Leistungsbewertung durch die Teilnehmer.

2) v. Weiher, S., und Goetzeler, H., Weg und Wirken der Siemens-Werke im Fortschritt der Elektrotechnik 1847 — 1972, 8. Beiheft der „Tradition" (1972), S. 18

3) Argentini, J., Signs of Corporate Collapse, International Management 1976, (March), S. 17

III.

Ich habe mir erlaubt, in diesen sechs Ratschlägen nicht nur einige aus der Literatur und der Erfahrung gewonnene Folgerungen für das Verhalten an der kritischen Wachstumsschwelle zu formulieren, sondern auch die Bedingungen und zugleich meine Wünsche für ein erfolgreiches weiteres Gedeihen des USW zu verpacken.

Ich bin versucht, unter Hinweis auf Schloß Gracht mit einem Zitat von Alfred Nobel zu schließen. Als dieser das neue Gebäude seines Werkes in Ardeer feierlich eröffnete, schloß er mit den Worten: „Nun, meine Herren, habe ich Ihnen eine Gesellschaft gegeben, die erfolgreich sein muß, auch wenn sie eventuell von ihren Direktoren noch so schlecht verwaltet werden würde!“ [1])

Doch scheint mir der heutige Tag wenig Anlaß zu bieten, sich einer Täuschung über die Herausforderung hinzugeben, die Schloß Gracht für das USW in der neuen Phase seiner Entwicklung stellt. Ich schließe daher mit den Worten Carnegies aus “The Road to Business Success“ [2]):

> Strebe immer nach dem Höchsten, mache die Ziele des Unternehmens zu deinen eigenen, konzentriere dich auf deine Aufgaben, halte die Ausgaben stets im Rahmen der Einnahmen, und schließlich: sei nicht ungeduldig, denn, wie Emerson sagt: ‚Letzten Endes kann nur einer dich um den Erfolg betrügen: du selbst!‘

1) Bergengren, E., a. a. O.
2) Carnegie, A., a. a. O., S. 12

1. Die Kostenproblematik der Stillegung von Schachtanlagen

Die Probleme des Steinkohlenbergbaus in der Bundesrepublik Deutschland machen fast täglich Schlagzeilen in der Presse. Angesichts der Größenordnung, in denen hier personelle und finanzielle, wirtschaftspolitische und sozialpolitische Probleme auftreten, ist dies sehr verständlich. Im Mittelpunkt der Diskussionen steht die Frage nach den Stillegungen, die in Zukunft erforderlich sind, um die Steinkohlenförderung den sich strukturell ändernden Absatzbedingungen anzupassen.

Im folgenden soll ein theoretischer Beitrag zur Lösung dieser Frage geleistet werden. Die Förderung von Kohle verursacht Förderkosten (z.B. Arbeitskosten, Sachliche Kosten, Abschreibungen, Kapitaldienst, Gemeinkosten). Diese Kosten enthalten zum Teil fixe, zum Teil variable Bestandteile. Die Vollkosten der Kohlenförderung werden als Gesamtselbstkosten der Förderung bezeichnet.

Die Stillegung von Schachtanlagen verursacht Aufwendungen. Dabei handelt es sich um die Stillsetzungskosten sowie die im Rahmen von Sozialplänen zu tätigenden Aufwendungen. Darüber hinaus fallen laufende Aufwendungen an (z.B. für Bergschäden, Wasserhaltung, Lastenausgleichsabgaben, Hausbrandverpflichtungen und Pensionszahlungen). Diese Stillegungskosten stellen Aufwand dar, der die verbleibende Kohlenförderung belastet.

Mit sinkendem Fördervolumen reduzieren sich infolge der Stillegung von kostenungünstigeren Schachtanlagen die Gesamtselbstkosten der Förderung. Gleichzeitig steigt aber der Stillegungsaufwand je Tonne der verbleibenden Förderung. Grundsätzlich kann man also sagen, daß das optimale Fördervolumen im Steinkohlenbergbau dort erreicht ist, wo die durch die Stillegung einer weiteren Tonne Förderung erzielbare Förderkosteneinsparung kompensiert wird durch den Anstieg des Stillegungsaufwandes, bezogen auf die verbleibende Förderung. Dieses Optimum gilt es nunmehr zu bestimmen.

2. Die Berechnung des optimalen Fördervolumens

Das optimale Fördervolumen kann auf drei verschiedenen Wegen berechnet werden. Der erste Weg besteht darin, daß die optimale Kombination von Schachtanlagen berechnet wird, bei denen Förderung stattfinden kann. Dieser Weg beruht auf der Aufstellung eines gemischt-ganzzahligen Programms. Bei dem zweiten methodischen Weg wird das optimale Fördervolumen mit Hilfe der Differentialrechnung in Analogie zu einem einfachen Lagerhaltungsmodell berechnet. Bei dem dritten methodischen Weg wird ein Verfahren von SCHÜLER zur Bestimmung der Minimalkostenkurve angewandt.

2.1. Die Berechnung des optimalen Fördervolumens mit Hilfe der mathematischen Programmierung

2.1.1. Das kostenminimale Produktionsvolumen

Gegeben seien n Schachtanlagen, die fixe Kosten, variable Kosten der Förderung und im Falle ihrer Stillegung Stillegungskosten verursachen. Jede Schachtanlage hat eine bestimmte Kapazität. Gesucht werden diejenigen Schachtanlagen, die eine vorgegebene Gesamtförderung mit minimalen Kosten produzieren können.

Diese Aufgabe kann in dem folgenden Modell beschrieben werden:

$$GK = \sum_{i=1}^{n} v_i \cdot t_{Fi} + \sum_{i=1}^{n} f_i u_i + \sum_{i=1}^{n} s_i \cdot t_{Si} \rightarrow \text{Min!} \qquad (1)$$

unter Berücksichtigung der Nebenbedingungen:

$$t_{Fi} \leqslant K_i \cdot u_i \qquad \text{(alle i).} \qquad (2)$$

$$t_{Si} = K_i\,(1 - u_i) \qquad \text{(alle i)} \qquad (3)$$

$$\sum_{i=1}^{n} t_{Fi} \geqslant A \qquad (4)$$

Darin sind

GK – Gesamtkosten

v_i – die variablen Kosten je Tonne verwertbarer Förderung bei den einzelnen Schachtanlagen

s_i – der Stillegungskostensatz je Tonne stillgelegter Förderung. Wir haben ihn hier als individuellen Stillegungssatz für jede Schachtanlage definiert.

f_i – die fixen Kosten (Bereitschaftskosten) der Schachtanlage i

t_{Fi} – die (unbekannte und zu ermittelnde) Förderung auf der Schachtanlage i

t_{Si} – die stillgelegte Förderung der Schachtanlage i

u_i – ist eine Hilfsvariable, die im folgenden erklärt wird.

Die Nebenbedingung (2) besagt, daß die Förderung in einer Schachtanlage nicht größer sein kann als die zur Verfügung stehende Kapazität K_i. Die Nebenbedingung (3) bringt zum Ausdruck, daß die Stillegung eine endgültige Entscheidung ist. Wenn Förderung stillgelegt wird, die Stillegungskosten verursacht, dann wird die gesamte Kapazität stillgelegt. Die Nichtausnutzung von Kapazität ist keine Stillegung. Die Nebenbedingung (4) schließlich besagt, daß die gesamte Förderung aus allen Schachtanlagen, in denen gefördert wird, eine bestimmte Nachfragemenge A erreichen muß.

Die u_i sind Hilfsvariable. Für sie gilt die Bedingung

$$u_i \leqslant 1 \text{ und ganzzahlig} \quad \text{(alle i)} \qquad (5)$$

Sie können also nur die Werte 0 oder 1 annehmen. Nimmt u_i den Wert 1 an, dann kann die Förderung der Schachtanlage t_{Fi} größer als 0 und maximal gleich der Kapazität K_i sein. Gleichzeitig wird für diese Schachtanlage aber die stillgelegte Förderung t_{Si} gleich Null. Nimmt u_i dagegen den Wert Null an, dann wird die Kapazität K_i stillgelegt, und eine Förderung aus dieser Schachtanlage kann nicht mehr stattfinden. t_{Fi} wird 0.

Bei diesem Optimierungsprogramm handelt es sich um ein gemischt- ganzzahliges lineares Programm. Die Struktur dieses Programms ist einfach. Die Größen, die für die Berechnung gegeben sein müssen, also variable Kosten, Stillegungskosten, fixe Kosten und Kapazitäten, liegen vor.

Die Berechnung der kostenminimalen Fördermenge bereitet jedoch praktische Schwierigkeiten. Sind viele Schachtanlagen zu berücksichtigen, nimmt das Programm Dimensionen an, die von den bekannten Algorithmen für die Lösung von gemischt-ganzzahligen linearen Programmen selbst auf Großrechenanlagen nicht bewältigt werden können. Hinzu kommt, daß dieses Programm für viele verschiedene Absatzmengen A berechnet werden muß, um das Minimum der Durchschnittskosten bestimmen zu können. Für die praktische Bestimmung des kostenminimalen Fördervolumens scheidet dieser Weg daher aus.

2.1.2. Das gewinnmaximale Produktionsvolumen

Ist der Kohlepreis gegeben, dann kann das Modell so formuliert werden, daß das gewinnmaximale Fördervolumen berechnet wird. Das Optimierungsmodell wird formal wie folgt formuliert:

$$\sum_{i=1}^{n} (p - v_i)\, t_{Fi} - \sum_{i=1}^{n} f_i u_i - \sum_{i=1}^{n} s_i t_{Si} \rightarrow \text{Max!} \tag{6}$$

unter den Nebenbedingungen

$$t_{Fi} \leqslant K_i u_i \qquad \text{(alle i)} \tag{7}$$

$$t_{Si} = K_i (1 - u_i) \qquad \text{(alle i)} \tag{8}$$

$$\sum_{i=1}^{n} t_{Fi} \leqslant A \tag{9}$$

$$u_i \leqslant 1 \text{ und ganz!} \qquad \text{alle i} \tag{10}$$

$$t_{Fi}, t_{Si}, u_i \geqslant 0 \qquad \text{alle i} \tag{11}$$

Dieses Modell ist für alternative Kombinationen von Preisen und Absatzmengen zu lösen.

Auch dieses Modell läßt sich bei der zu berücksichtigenden Zahl von Schachtanlagen praktisch nicht lösen. Wir müssen daher nach anderen Wegen zu Bestimmung der optimalen Fördermenge suchen.

2.2. Die Berechnung des optimalen Fördervolumens mit Hilfe der Differentialrechnung

2.2.1. Das kostenminimale Produktionsvolumen

Dasjenige Fördervolumen ist kostenminimal, bei dem die Gesamtselbstkosten pro Tonne verwertbarer Förderung ein Mimimum aufweisen.

Die Gesamtselbstkosten der Förderung sind

$$GSK = K_F + K_S \tag{12}$$

Die Gesamtselbstkosten der gesamten Förderung sind die Summe aus den gesamten Förderkosten K_F und den gesamten Stillegungskosten K_S. Für die gesamten Förderkosten kann man allgemein schreiben

$$K_F - (b_0 + b_1 t_F)\, t_F \qquad (13)$$

Darin sind b_0 und b_1 Parameter, während t_F die Fördermenge bezeichnet. Es liegt also eine quadratische Gesamtkostenfunktion vor. Der statistische Test dieser Kostenfunktion zeigt, daß die Funktion (13) die Wirklichkeit sehr gut beschreibt.

Für die Stillegungskosten gilt die Beziehung

$$K_F = a_0 + a_1 t_S \qquad (14)$$

Darin ist t_S die stillgelegte Förderung, a_0 sind die Stillegungskosten der Förderung auf den Schachtanlagen, die stillgelegt werden und deren Förderung auf andere Schachtanlagen, bei denen Kapazitätsreserven vorhanden sind, verlagert werden. a_1 sind die Stillegungskosten je Tonne zusätzlich stillgelegter Förderung.

Natürlich gilt bei gegebener Ausgangsförderung F

$$t_F + t_S = F \qquad (15)$$

Folglich kann man für die Gesamtselbstkosten der Förderung schreiben

$$GSK = b_0 t_F + b_1 t_F^2 + a_0 + a_1 t_S \qquad (16)$$

beziehungsweise

$$GSK = b_1 t_F^2 + (b_0 - a_1)\, t_F + (a_0 + a_1 F) \qquad (17)$$

Die durchschnittliche Gesamtselbstkosten sind mithin

$$K = b_1 t_F + (b_0 - a_1) + \frac{a_0 + a_1 F}{t_F} \qquad (18)$$

Aus (18) wird durch Differenzieren nach t_F und Nullsetzen das optimale Produktionsvolumen bestimmt. Man erhält

$$t_F = \sqrt{\frac{a_0 + a_1 F}{b_1}} \qquad (19)$$

Das heißt: Das optimale Fördervolumen ist um so größer, je höher die Stillegungskosten sind, die infolge Verlagerung der Förderung von

Schachtanlagen, die stillgelegt werden, zu Schachtanlagen mit Kapazitätsreserven entstehen.

Sie ist ferner um so größer, je höher die Stillegungskosten je Tonne und je größer das bisherige Fördervolumen sind. Je stärker auf der anderen Seite die Durchschnittskosten der Förderung selbst steigen, um so kleiner ist die optimale Fördermenge.

2.2.2. Das gewinnmaximale Produktionsvolumen

Bezieht man die Absatzseite mit ein, so läßt sich das gewinnmaximale Produktionsvolumen wie folgt berechnen:

$$G = E - GSK \qquad (20)$$

$$G = p \cdot t_F - [b_1 t_F^2 + (b_0 - a_1) t_F + a_0 + a_1 F] \qquad (21)$$

$$G = - b_1 t_F^2 + (p - b_0 + a_1) t_F - a_0 - a_1 F \qquad (22)$$

Differenziert man und setzt gleich Null, so erhält man

$$t_F = \frac{p - b_0 + a_1}{2b_1} \qquad (23)$$

Die gewinnmaximale Förderung hängt also vom Preis, den minmalen Grenzkosten, den Grenzkosten der Stillegung und dem Steigungsmaß der Grenzkostenfunktion ab. Die Grenzkostenfunktion muß wiederum durch Regressionsrechnung gewonnen werden.

Im allgemeinen will man aber nicht nur wissen, welches Fördervolumen optimal ist und welche Kosten von diesem optimalen Fördervolumen verursacht werden. Man möchte darüber hinaus wissen, wie teuer es ist, von der optimalen Förderpolitik abzuweichen. Dies kann man einmal dadurch prüfen, daß man die Kostenfunktion (18) für alle möglichen Werte von t_F berechnet und die Abweichungen gegenüber den Kosten bei kostenminimaler Förderung aus dieser Kostenfunktion bestimmt.

2.3. Die Berechnung des optimalen Fördervolumens mit Hilfe der Minimalkostenkurve

Man kann die Kostenfunktion in Abhängigkeit vom Absatzvolumen aber auch direkt mit Hilfe eines von SCHÜLER entwickelten Verfahrens zur Bestimmung der Minimalkostenkurve prüfen[1]. Allerdings muß dieses ursprünglich auf das Problem der Anlagenauswahl bei Anlaufkosten zugeschnittene Verfahren für die hier diskutierte Problemstellung etwas modifiziert werden.

Bezeichnet man mit I (A) die Menge der zur Förderung der Absatzmenge A herangezogenen Schachtanlagen, so ist die Gesamtkostenfunktion

$$GK(A) = \sum_{i \in I(A)} v_i t_{Fi} + \sum_{i \in I(A)} f_i + \sum_{i \notin I(A)} s_i \qquad (24)$$

bezüglich I(A) und t_{Fi} zu minimieren unter den Nebenbedingungen

$$0 < t_{Fi} \leq K_i \qquad \text{für } i \in I(A) \qquad (25)$$

und

$$\sum_{i \in I(A)} t_{Fi} = A. \qquad (26)$$

Da aber der Gesamtkostenbereich über dem ganzen Definitionsbereich

$$0 \leq A \leq \sum_{i=1}^{n} K_i$$

und nicht nur der konkrete Wert an einer bestimmten Stelle A interessiert, untersucht man zunächst die Verhältnisse für ein gegebenes I und wendet auf das Ergebnis einen Minimum-Operator bezüglich aller möglichen Werte von I an.

Für festes I ist aber der Term

$$C_I = \sum_{i \in I} f_i + \sum_{i \notin I} s_i \qquad (27)$$

konstant, und (24) – (26) erscheint als Standardproblem der dynamischen Programmierung, freilich als eines mit besonders einfacher Zielfunktion. Aber gerade die linearen Elemente der Zielfunktion gestatten es, vom üblichen Algorithmus der dynamischen Programmierung abzugehen und die gesuchte Kostenfunktion nicht nur punktweise zu ermitteln.

1 Schüler, W.: Optimaler Anlageneinsatz im Einproduktunternehmen. Diss. Bonn 1970, S. 126 ff.

Das hierzu benutzte Verfahren läßt sich für den vorliegenden Fall auch verbal erläutern[2]: Denkt man sich die variablen Kosten aller in I zusammengefaßten Anlagen nach aufsteigender Größe geordnet,

$$v_{i_1} \leqslant v_{i_2} \leqslant \ldots \leqslant v_{i_k}, \quad k = \| I \| \leqslant n, \tag{28}$$

so ist der Definitionsbereich der auf die Anlagengruppe I beschränkten Gesamtkostenfunktion $GK_I(A)$ gegeben durch

$$\sum_{j=1}^{k-1} K_{i_j} < A \leqslant \sum_{j=1}^{k} K_{i_j}, \tag{29}$$

da einerseits keine Anlage zur Förderung herangezogen werden wird, solange nicht andere in Betracht kommende Zechen mit geringeren Grenzkosten bis zur Kapazitätsgrenze ausgelastet sind, andererseits aber nach Voraussetzung alle Anlagen der Gruppe I produzieren. $GK_I(A)$ ist also ein Geradenstück mit dem Anfangspunkt

$$\left(\sum_{j=1}^{k-1} K_{i_j} \, ; C_I + \sum_{j=1}^{k-1} v_{i_j} t_{Fi_j} \right), \tag{30}$$

der Steigung v_{i_k} und einer durch (29) bestimmten Länge. Genau genommen, gehört dieser Anfangspunkt wegen (25) bzw. (29) nicht selbst zum Geradenstück, sondern ist lediglich ein Grenzwert.

Die Gesamtkostenfunktion schließlich ergibt sich aus

$$GK(A) = \min_{I} GK_I(A). \tag{31}$$

SCHÜLER gibt für die Berechnung von (31) ein Rechenverfahren an, mit dessen Hilfe die Minimalkostenkombination für alle Fördermengen berechnet werden. Da die Minimierung jedoch über

$$\sum_{k=1}^{n} \binom{n}{k} = 2^n - 1 \tag{32}$$

Funktionen $GK_I(A)$ erfolgt, kann es auch bei relativ niedrigen Werten von n je nach der zur Verfügung stehenden Rechenanlage notwendig werden, schon vor Einstieg in das Verfahren jeweils Schachtanlagen zu einer Gruppe zusammen- und im folgenden als untrennbare Einheit auf-

2 Für eine formale Darstellung, bei der die Summanden der Zielfunktion auch stückweise lineare Funktionen sein können, siehe Schüler a.a.O.

zufassen. Die Kostensprünge in der Minimalkostenfunktion sind daher größer, als das bei Zugrundelegung einzelner Schachtanlagen in dem Rechenverfahren der Fall wäre.

Während also das im vorausgegangenen Abschnitt angewandte Verfahren der Differentialrechnung beliebige Teilbarkeit der Schachtanlagen unterstellt und daher keine Kostensprünge aufweist, kennt das Verfahren der dynamischen Programmierung von SCHÜLER im praktischen Einsatz nur Teilbarkeit in großen Sprüngen von einer Gruppe von Schachtanlagen zur anderen und überschätzt damit die tatsächlichen Kostensprünge. Die praktische Durchführung der hier dargestellten theoretischen Analyse des optimalen Fördervolumens zeigt zwei interessante Ergebnisse: Erstens führt die Differentialrechnung, die mit Parameterwerten arbeitet, die auf einer statistischen Schätzung der empirischen Kostenfunktionen im Steinkohlenbergbau aufbauen, zur gleichen Größenordnung des optimalen Fördervolumens wie das von SCHÜLER entwickelte Verfahren der dynamischen Programmierung. Zweitens verläuft die Kurve der Gesamtselbstkosten der Förderung im Bereich der kostenminimalen Fördermenge sehr flach, so daß Abweichungen von der kostenminimalen Fördermenge nur geringfügige Auswirkungen auf die Gesamtselbstkosten der Förderung haben.

Empirische Untersuchungen der Firmenentwicklung

1. Die Fragestellung

Warum wachsen Unternehmen, warum schrumpfen andere?
Was bestimmt das Wachstumstempo der Firmen?
Warum überleben Firmen im harten Wettbewerb am Markt, obwohl sie langsamer wachsen als andere?
Warum gibt es unterschiedlich große Unternehmen in einer Branche?

Das sind Fragen, die die Theorie der Firmenentwicklung beschäftigen.

2. Die Antworten

Drei Typen von Antworten hielt die Theorie der Firmenentwicklung bisher bereit. Der erste ist ein naturgesetzlicher: Unternehmen entwickeln sich wie Pflanzen. Sie wachsen und vergehen. Dieser auf Alfred Marshall zurückgehenden Idee wurde der Gedanke gegenübergestellt, daß sich Unternehmen unter dem Einfluß sehr vielfältiger, von außen auf das Unternehmen einwirkender zufälliger Faktoren entwickeln. Dieses als Gibrat-Gesetz bezeichnete Verlaufsmuster begreift die Unternehmensentwicklung als das Ergebnis von Zufallsprozessen. Ein dritter, auf Gutenbergs Ausgleichsgesetz der Planung zurückgehender Ansatz versteht die Unternehmensentwicklung als das Ergebnis von Entscheidungen in den einzelnen Teilbereichen des Unternehmens in Anpassung an sich ändernde Umweltbedingungen. Die Bemühungen, partielle Ungleichgewichte in einzelnen Teilbereichen des Unternehmens zu beheben, haben Ungleichgewichte in anderen Teilbereichen zur Folge, deren Überwindung den Entwicklungsprozeß in Gang hält.

3. Die Hypothese

Wir haben in Bonn, ausgehend von dem Ansatz eines ungleichgewichtigen Wachstums der Unternehmen mit partiellen Wachstumsschüben in einzelnen Bereichen des Unternehmens [1] [2] [3], eine Theorie der Firmenentwicklung aufgestellt und empirisch überprüft, die die folgenden Hypothesen enthält:

- Die Unternehmen sind organisatorisch in einzelne funktionale Bereiche untergliedert, in denen optimale Entscheidungen getroffen werden.
- Die optimalen Entscheidungen werden unter Berücksichtigung der Auswirkungen auf andere Teilbereiche des Unternehmens aufeinander abgestimmt.
- Bei der Umsetzung der Entscheidungen in die Wirklichkeit berücksichtigen die Unternehmen Veränderungs- bzw. Anpassungskosten und optimieren die Geschwindigkeit, mit der sie sich in ihrer Entwicklung veränderten Umweltbedingungen anpassen.

4. Die Prüfung der Hypothesen

4.1 Das Modell

Die Hauptfunktionen im Unternehmen sind Beschaffung, Lagerung, Produktion, Absatz und Finanzierung einschließlich Besteuerung. Entscheidungen über diese Funktionen sind optimal, wenn sie dazu beitragen, daß das Unternehmen einen möglichst hohen Gewinn auf lange Frist erwirtschaftet, denn ein solcher Gewinn ist ein verläßlicher Indikator für den Beitrag, den das Unternehmen für die Gesamtgesellschaft leistet. Optimale Entscheidungen orientieren sich an den relativen Preisen der knappen Faktoren, die in jedem funktionalen Bereich des Unternehmens eingesetzt werden müssen, um ein wirtschaftliches Ergebnis zu erzielen: Marktpreise für die Produkte, Materialpreise, Preise für Investitionsgüter, Lagerkosten, Lohnsätze, Fremdkapitalzinsen, Eigenkapitalkosten. Viele dieser Preise sind nicht von vornherein gegeben. Sie werden durch die Entscheidungen im Unternehmen selbst beeinflußt. Das Zusammenspiel der verschiedenen Funktionen im Unternehmen und der Preise für knappe Faktoren und für die Produkte des Unternehmens wird in Abbildung 1 schematisch aufgezeigt. Diese Darstellung bildet die Basis für die Struktur des Bonner Modells der Firmenentwicklung.

Betrachten wir beispielhaft den Teilbereich der Produktion. Eine Entscheidung nennen wir optimal, wenn die Kosten der Produktion einer vorgegebenen Produktmenge minimiert werden. Das läßt sich formal in der nachstehenden Form schreiben:

Minimiere:

$$(1) \quad C_t = c_t(A_t)K_t + w_tL_t + m_tM_t$$

unter der Nebenbedingung

$$(2) \quad X_t = \alpha_0 e^{\mu t} (A_tK_t)^{\alpha_1} L_t^{\alpha_2} M_t^{\alpha_3}$$

Darin sind

C_t	=	die gesamten Kosten der Produktion
c_t	=	die Kosten der Nutzung von Maschinen (Kapital)
w_t	=	der Lohnsatz
m_t	=	der Materialpreis
K_t	=	die eingesetzten Maschinen
L_t	=	die Arbeitskräfte
M_t	=	das verwendete Material
X_t	=	die Produktionsmenge
A_t	=	der Auslastungsgrad des Maschinenparks
μ	=	die Rate des technischen Fortschritts
$\alpha_0, \alpha_1, \alpha_2, \alpha_3$	=	Parameter, die die Produktionstechnik beschreiben.

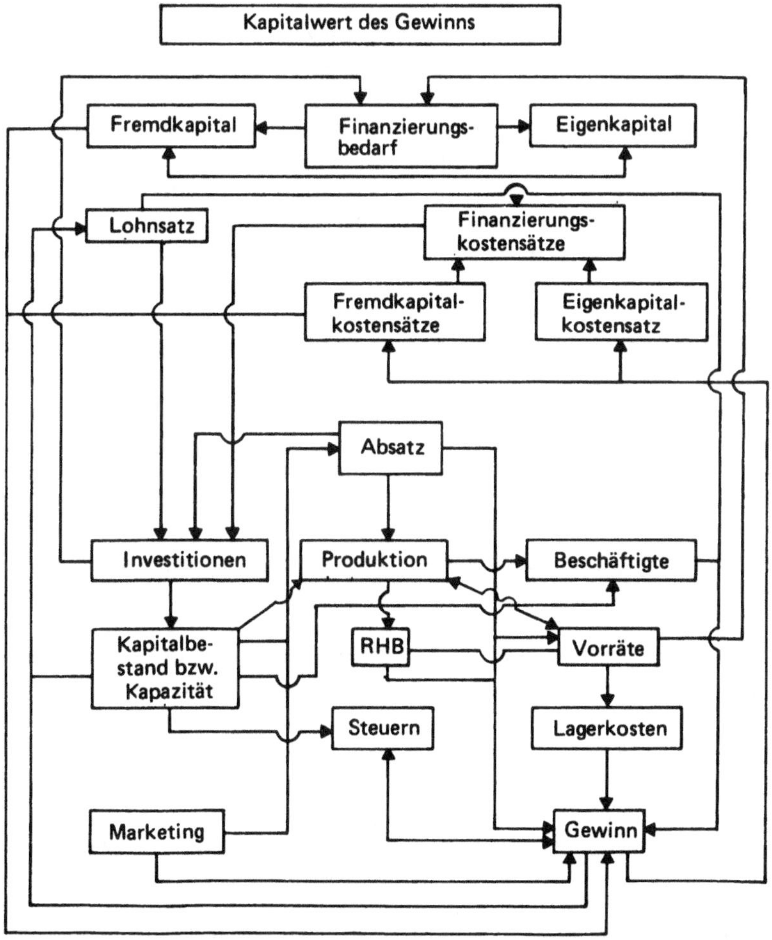

Abbildung 1. Strukturdiagramm des Bonner Modells der Firmenentwicklung (BMFE)

Die Kostenfunktion (1) definiert die Gesamtkosten als Summe der Kosten der eingesetzten Produktionsfaktoren. Die Produktionsfunktion (2) beschreibt die Gesetzmäßigkeit, nach der die Produktionsfaktoren im Produktionsprozeß kombiniert werden, um die Ausbringungsmenge X zu erstellen. Der ‚Produktionsleiter' im Unternehmen muß nun unter Berücksichtigung der Kosten für Kapital, Arbeitskräfte und Material die Einsatzmengen der drei Produktionsfaktoren so wählen, daß (1) unter Berücksichtigung von (2) optimiert wird. Die Bedingungen für eine solche optimale Produktionsentscheidung werden mathematisch hergeleitet.

Im Zeitablauf können auch der Kapitalbestand, die Anzahl der Belegschaftsangehörigen und die Vorräte an Material verändert werden. Dies ist immer dann sinnvoll, wenn die Nachfrage steigt oder wenn es zweckmäßig erscheint, auf einen anderen technischen Produktionsprozeß überzugehen, weil sich die Produktionsbedingungen durch technischen Fortschritt und durch Änderung der Faktorpreise verändert haben. Es ist Aufgabe der Funktionen Investition, Personal und Lagerung, derartige Veränderungen optimal vorzunehmen. Die Betriebswirtschaftslehre hat in den letzten 25 Jahren Modelle entwickelt, mit denen derartige Entscheidungen optimal geplant werden können. Auf diesen Erkenntnissen bauen wir auf und formulieren, im Grundmuster ganz analog zu (1) und (2), mathematische Entscheidungsmodelle, aus denen die Optimierungsbedingungen für den jeweiligen funktionalen Bereich im Unternehmen hergeleitet werden. Schließlich muß berücksichtigt werden, daß die Beschaffung von Maschinen und Material und die Entlohnung von Mitarbeitern Geld kostet. Aus welchen Quellen dieses Geld beschafft wird, hängt von den Zinskosten für Fremdkapital und den Kosten für Eigenkapital ab. Die Funktion Finanzierung hat für einen von den anderen betrieblichen Teilbereichen vorgegebenen Finanzierungsbedarf die Deckung durch Eigenkapital, durch langfristiges und kurzfristiges Fremdkapital optimal zu bestimmen.

4.2 Die empirische Überprüfung des Modells

Einer am realen Erfahrungsobjekt „Unternehmen" orientierten Wissenschaft genügt es nicht zu wissen, was die Bedingungen für eine so definierte optimale Entwicklung in den einzelnen Teilbereichen des Unternehmens sind. Sie muß auch feststellen, ob die tatsächliche Entwicklung der Unternehmen mit dieser Theorie der Firmenentwicklung erklärt werden kann. Natürlich hofft man, daß dies der Fall ist, denn grundsätzlich sollte man ja unterstellen dürfen, daß die Unternehmen, die in hartem Wettbewerb miteinander stehen, gezwungen werden, sich möglichst rasch neuer Erkenntnisse der Theorie zu bedienen und die Instrumente einzusetzen, die die Entscheidungsmodelle der Betriebswirtschaftslehre und des Operations Research ihnen in den letzten Jahren zur Planung optimaler Entscheidungen an die Hand gegeben haben.

Die empirischen Daten, an denen die Theorie überprüft wird, können direkt in Interviews oder Fragebogenaktionen erhoben oder aus den veröffentlichten Jahresabschlüssen deutscher Industrieaktiengesellschaften, publizitätspflichtiger Nicht-Aktiengesellschaften sowie gegebenenfalls aus Konzernabschlüssen und Weltabschlüssen gewonnen werden. Interviews sind nicht nur teuer. Bei Langzeituntersuchungen, wie sie die Theorie der Firmenentwicklung erfordert, ist auch nicht gewährleistet, daß die Ergebnisse der Interviews zeitlich konsistent sind. Bei den Daten veröffentlichter Jahresabschlüsse ist dagegen gewährleistet, daß die Daten nach gleichen Regeln erhoben und daher intertemporal vergleichbar sind. Daher wurde in Bonn eine Datenbank mit den Zahlen aus den Jahresabschlüssen deutscher Industrieaktiengesellschaften angelegt. Diese „Bonner Stichprobe" umfaßt heute die Jahresabschlüsse von 407 börsennotierten Aktiengesellschaften für den Zeitraum von 1961 bis 1981. Für die empirischen Tests wird jedoch im allgemeinen nur der Zeitraum 1967 bis 1981 zugrunde gelegt, da das Aktiengesetz von 1966 Veränderungen in der Rechnungslegung der Aktiengesellschaften zur Folge hatte, die die Vergleichbarkeit früherer mit den späteren Daten beeinträchtigen.

Dieses außerordentlich reiche Datenmaterial ermöglicht es, die empirische Überprüfung mit Methoden vorzunehmen, die in Deutschland bisher nicht angewandt worden sind, nämlich kombinierten Zeitreihen- und Querschnittsanalysen. Abbildung 2 gibt einen Überblick über die Methoden, mit denen wir bisher gearbeitet haben. Am besten hat sich bisher die OLSDV-Methode bewährt.

4.3 Die Ergebnisse

Das Gesamtmodell, mit dem wir die Entwicklung der Industrieunternehmen in der Bundesrepublik Deutschland erklären, besteht aus insgesamt 24 Gleichungen, von denen 15 das Verhalten der Unternehmen beschreiben. Die übrigen sind Definitionsgleichungen. Im Vergleich zu den großen ökonometrischen Modellen, die die Entwicklung ganzer Volkswirtschaften in mehreren hundert Gleichungen zu erklären versuchen [18] [19] [20] [21], ist dieses Modell klein; gleichwohl stellt es einen ganz neuen Ansatz in der betriebswirtschaftlichen Forschung dar. Und in seiner empirischen Basis steht es an Umfang nicht hinter den makroökonomischen Modellen zurück.

Das Modell erklärt die Entwicklung der deutschen Industrieunternehmen sehr gut. Das zeigt Abbildung 3, in der die tatsächliche Entwicklung des Sachanlagevermögens und der Anzahl der Mitarbeiter der Unternehmen den mit dem Modell berechneten Werten gegenübergestellt wird.

Der Erklärungswert des Modells ist Voraussetzung dafür, daß mit dem Modell auch Prognosen der zukünftigen Entwicklung gemacht werden können. Wir haben bisher die Rentabilitätsentwicklung [6] [7] [11] und die Investitionstätigkeit der Unternehmen [10] vorausgeschätzt. Die Abbildungen 4 und 5 geben die Prognosen wieder.

Den Prognosen liegen bestimmte Annahmen über die Entwicklung der exogenen Faktoren zugrunde.

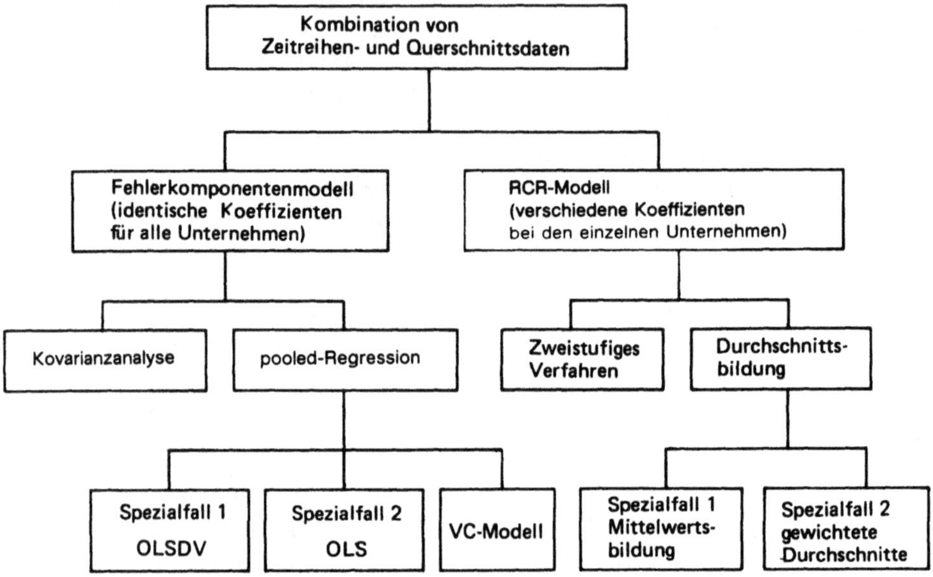

Abbildung 2. Gliederungsschema für die Schätzmethoden der kombinierten Zeitreihen- und Querschnittsanalyse

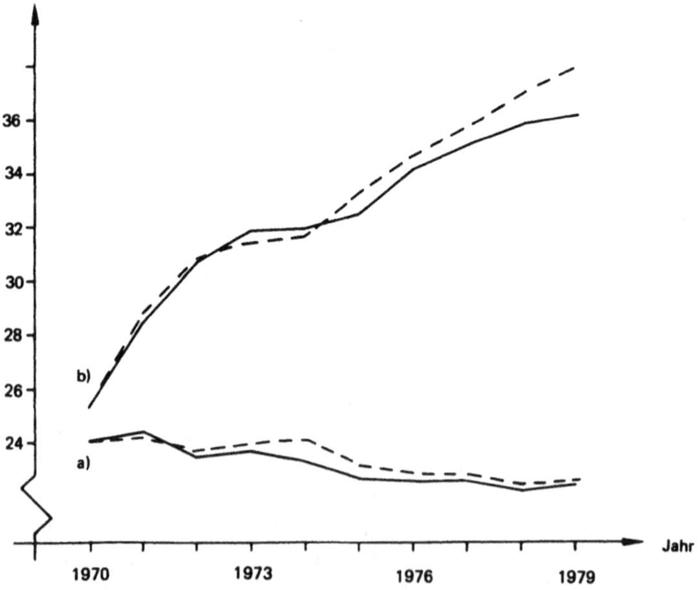

Abbildung 3. a) Index der Beschäftigten; b) Index der Entwicklung des Sachanlagevermögens
——— tatsächliche Entwicklung, - - - - - - - - geschätzte Entwicklung

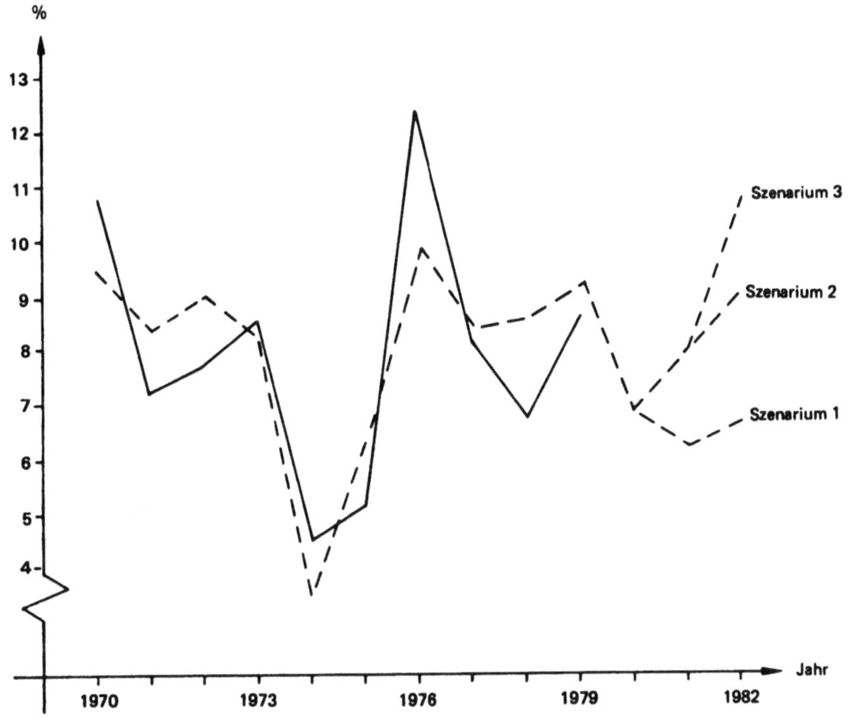

Abbildung 4. Eigenkapitalrentabilität nach Steuern (nominal)
——— tatsächliche Entwicklung, - - - - - - - - geschätzte Entwicklung
(1980-82 ex ante-Prognose)

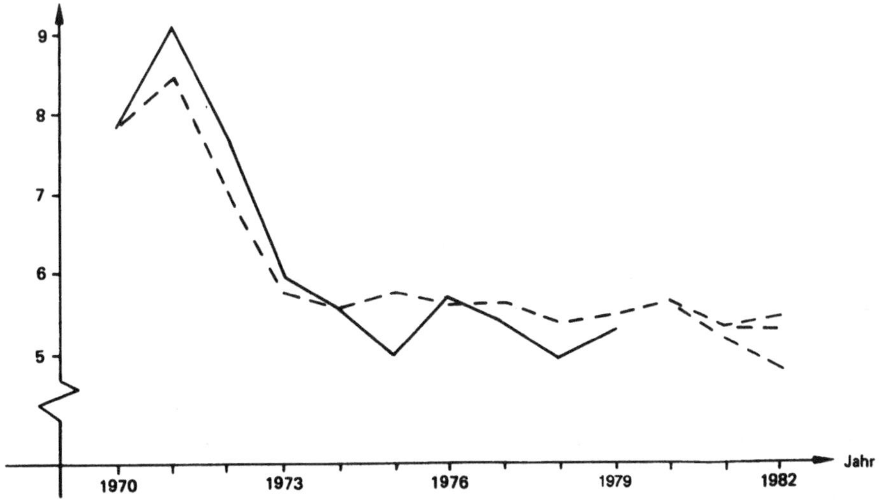

Abbildung 5. Index der realen Anlageinvestitionen
——— tatsächliche Entwicklung, - - - - - - - - geschätzte Entwicklung
(1980-82 ex ante-Prognose)

Besonders schön konnte nachgewiesen werden, daß die deutschen Industrieunternehmen ihre Produktionsbedingungen laufend optimieren [5]. Dabei sind einige Unternehmen während des gesamten Untersuchungszeitraums dauernd führend gewesen. Sie haben ihre Kapitalausstattung mit einer durchschnittlichen Rate des technischen Fortschritts von 10 % verbessert. Der Wettbewerb hat aber auch die weniger effizienten Unternehmen gezwungen, die Produktionsbedingungen ständig zu verbessern, um den Abstand zu den führenden Firmen nicht zu groß werden zu lassen. Diese Firmen weisen zwar nicht die gleiche Rate des technischen Fortschritts auf wie die effizientesten, sie konnten aber durch eine bessere Nutzung ihrer Sachkapitalausstattung ihre Wettbewerbsnachteile zum Teil kompensieren [22].

Da die Kosten der Anpassung der Belegschaft an veränderte Absatzmärkte höher sind als die Kosten der Anpassung des Lagerbestandes, passen die Unternehmen sich zunächst sehr schnell mit ihrem Materialeinsatz an. Die Anpassung der Zahl der Belegschaftsmitglieder an veränderte Produktionsbedingungen dauert fast viermal so lang wie die Anpassung im Lagerbereich [26].

Die Arbeitsproduktivität in der deutschen Industrie ist während des Untersuchungszeitraumes ständig gesunken. Diese Verlangsamung des Produktivitätswachstums ist bis 1975 durch die Investitionsschwäche in der Wirtschaft, seit 1975 aber durch den deutlichen Rückgang der Arbeitsqualität verursacht [25]. Die durchschnittlichen Verbesserungen der Arbeitsproduktivität in der Industrie wurden voll an die Belegschaften weitergegeben. Nur kurzfristig konnten die Unternehmen die Rentabilität des eingesetzten Kapitals verbessern, indem sie die Kapitalintensität der Produktion stärker als die Konkurrenz erhöhten und dadurch einen Produktivitätsvorsprung erzielten [12]. Die von den Unternehmen gezahlten Löhne sind sehr konjunkturreagibel. Das ist auf die Flexibilität der übertariflichen Lohnbestandteile zurückzuführen. Diese sogenannte Lohndrift reagiert sehr schnell auf Veränderungen der wirtschaftlichen Rahmenbedingungen.

Die Investitionen in Vorräte werden unter Kosten- und Sicherheitsgesichtspunkten bestimmt. Die Theorie der optimalen Lagerhaltung konnte damit bestätigt werden [16]. Darüber hinaus konnte aber auch die Bedeutung der Lagerhaltung für die Glättung der Produktionsschwankungen nachgewiesen werden. Da die Kosten von Veränderungen in der Produktion höher sind als die Lagerkosten, sind stärkere Schwankungen des Lagerbestandes im Konjunkturverlauf Ausdruck einer optimalen Produktionspolitik im Unternehmen. Die Anpassungsgeschwindigkeit der Lagerhaltung ist konjunkturabhängig. In Zeiten des Aufschwungs wird eine raschere Anpassung angestrebt als in Zeiten niedrigerer Kapazitätsauslastung.

Die Investitionen der Unternehmen in Sachanlagen hängen vor allem von der Gewinnsituation und von der erwarteten Nachfrage ab. Es läßt sich aber auch nachweisen, daß das Verhältnis der Kapitalnutzungskosten zu den Löhnen und zu den Materialpreisen einen Einfluß auf die Investitionen in der Industrie hat. Die gegenwärtig hohen Zinsen werden sich auch noch in drei Jahren nachteilig auf das Investitionsvolumen der Industrie auswirken [10].

Wir haben ferner zeigen können, daß die Besteuerung einen ganz erheblichen

Einfluß auf die Investitionstätigkeit hat [23]. Bei kleineren Unternehmen fallen steuerliche Investitionshemmnisse und steuerliche Maßnahmen der Investitionsförderung deutlich stärker ins Gewicht als die erwartete Nachfrage, bei Großunternehmen haben sie fast das gleiche Gewicht wie die Nachfragesituation. An Veränderungen der steuerlichen Rahmenbedingungen für Investitionen vermögen sich die kleineren Unternehmen sehr viel langsamer anzupassen als große, die doppelt so schnell reagieren.

Die Nachfrage ist für die Industrieunternehmen der Bundesrepublik nicht von vornherein gegeben. Sie können sie vielmehr in Grenzen beeinflussen, indem sie über Qualität und Informationspolitik Kundentreue schaffen. In den konsumnahen Bereichen ist allerdings die Kundentreue schneller vergänglich als in den Bereichen der Investitionsgüterindustrie. In den konsumnahen Bereichen muß daher der Marktanteil immer wieder neu erkämpft werden [14] [14a].

Die These der älteren Betriebswirtschaftslehre, daß Investitionen in Sachanlagen mit Eigenkapital finanziert werden müßten (die sogenannte Goldene Finanzierungsregel), läßt sich bei den heutigen Kosten für Eigenkapital und Fremdkapital nicht mehr aufrechterhalten. Mit Hilfe eines Portfolio-Ansatzes konnte gezeigt werden, daß Investitionen während des Untersuchungszeitraumes optimal nur zu 16 % mit Eigenkapital, zu 69 % mit langfristigem und zu 15 % mit kurzfristigem Fremdkapital finanziert wurden. Da jedoch die Finanzierung mit Eigenkapital und auch mit langfristigem Fremdkapital mehr Zeit benötigt als die Beschaffung von kurzfristigem Fremdkapital, wurden Investitionen zunächst kurzfristig vorfinanziert [15].

Die hohe Fremdkapitalquote ist um so beachtlicher, als gezeigt werden konnte, daß die deutschen Industrieunternehmen kaum Fremdkapital über den Betrag hinaus erhalten können, der ihnen zum Zinssatz für sichere Anlagen zur Verfügung steht. Fremdkapital übernimmt also nicht die Funktion von Risikokapital [24]. Daraus erwächst die Sorge, daß die hohe Verschuldung der deutschen Unternehmen den Einfluß der Fremdkapitalgeber und besonders der Bankenvertreter auf die Unternehmenspolitik verstärkt, mit der Folge, daß die Unternehmen eher in Bereichen geringeren Risikos investieren. Für die weitere Entwicklung der deutschen Industrieunternehmen, insbesondere für ihre Investitionen in neue Arbeitsplätze, ist es jedoch geboten, daß die Unternehmen Investitionen mit höheren Risiken tätigen. Der große Einfluß der Bankenvertreter in den Aufsichtsräten der deutschen Industrieaktiengesellschaften unterstreicht die Notwendigkeit, die Beziehungen zwischen Investitionsrisiko und Kapitalstruktur eingehender zu erforschen [13].

5. Die Bedeutung des Forschungsprojekts

An zwei Beispielen soll exemplarisch gezeigt werden, welche Bedeutung die Forschungsergebnisse über den Erkenntnisfortschritt in der Theorie hinaus gewinnen.

Für die Prognose des gesamtwirtschaftlichen Wachstums als Grundlage einer rationalen Wirtschaftspolitik ist die Voraussage der Ausrüstungsinvestitionen in der privaten Wirtschaft von besonderer Bedeutung. Umstritten ist, ob die Investitionen stärker von der Nachfrage bestimmt werden — der Keynesianische Erklärungsansatz — oder von den Gewinnen und damit von den relativen Preisen für die eingesetzten Faktoren, insbesondere den Löhnen — der neoklassische Erklärungsansatz. Gesamtwirtschaftliche Investitionsfunktionen, mit denen diese Erklärungsansätze empirisch überprüft werden konnten, haben sich insbesondere in den Jahren nach 1973 nicht mehr gut bewährt. Mit der aus dem Bonner Modell der Firmenentwicklung gewonnenen Investitionsfunktion konnten wir nicht nur die Prognose des Investitionsvolumens verbessern, sondern auch die Bedeutung der Nachfragekomponente und der Gewinnkomponente für die Investitionstätigkeit klären. Zudem gelang es, die Wirksamkeit steuerlicher Maßnahmen für die Investitionstätigkeit der Unternehmen zu bestimmen und daraus Schlüsse für eine wachstums- und beschäftigungsorientierte Steuerpolitik zu ziehen [8] [9].

In vielen Ländern der westlichen Welt wird mit Sorge beobachtet, daß die Rentabilität der Unternehmen rückläufig ist. Die Erklärungen für dieses Phänomen sind sehr unterschiedlich. Unter der Leitung von Professor Daniel Holland vom Massachusetts Institute of Technology hat sich daher eine Gruppe von Forschern aus einer Reihe von Ländern der westlichen Welt im „Rate of Return Project" zusammengefunden, um methodische Probleme zu lösen und Erklärungen für die Entwicklung der Rentabilität zu diskutieren. Wir konnten auf der Grundlage des Bonner Modells der Firmenentwicklung nicht nur methodische Wege zur Inflationsbereinigung von Nominalgewinnen aufzeigen, die bisher nicht begangen worden waren [17], sondern wir konnten auch inhaltlich zeigen, daß die sinkenden Gewinne der Unternehmen in der Bundesrepublik nicht so einfach erklärt werden können, wie es die zunächst von mehreren Gruppen vertretene Inflationstheorie oder die Risikotheorie tun, sondern daß sie das Ergebnis veränderter Bedingungen im Kampf um die Verteilung des Produktivitätsfortschritts sind. Es haben nicht nur deutliche Verschiebungen zugunsten der Arbeitnehmer stattgefunden, sondern auch nach der Freigabe der Wechselkurse zugunsten ausländischer Käufer, und auch die Fremdkapitalgeber haben sich institutionell besser gegen Inflationsverluste sichern können als die Eigenkapitalgeber. Diese Tendenzen werden nun auch auf ihre Gültigkeit für andere Länder überprüft.

6. Der Forschungsprozeß

6.1 Der Sonderforschungsbereich

Ein so umfangreiches Forschungsprojekt der Betriebsökonometrie läßt sich nicht erfolgreich durchführen ohne einen intensiven laufenden Kontakt zur Ökonometrie und zur Mikroökonomie. Diese Kontakte ermöglichte der Sonderforschungsbereich 21 an der Universität Bonn in geradezu idealer Weise, lagen doch bereits bei Beginn unserer Arbeiten umfangreiche Erfahrungen in der ökonometrischen Schätzung großer simultaner Gleichungssysteme und eingehende Analysen der Stabilität solcher Modelle in dem von Wilhelm Krelle geleiteten Teilprojekt „Makroökonomische Gleichgewichtsmodelle“ vor. Bei der Weiterentwicklung und im Einsatz der von uns verwendeten kombinierten Zeitreihen-Querschnittsanalysen war der kritische Dialog mit dem Teilprojekt „Ökonometrie“, das von Peter Schönfeld geleitet wird, von unschätzbarem Wert. Wenn auch das Schwergewicht der Arbeit in diesem Teilprojekt nicht auf der methodischen Weiterentwicklung kombinierter Zeitreihen- und Querschnittsanalysen lag, so war doch die Hilfe, die wir bei der eigenen Entwicklung dieser Methoden durch die ständige Diskussion erhielten, sehr wichtig. Wie fruchtbar der ständige Kontakt mit dem mikroökonomischen Teilprojekt unter der Leitung von Werner Hildenbrand ist, machen unsere Forschungsergebnisse in den Teilbereichen Produktion und betriebliche Lohnpolitik besonders deutlich. Die Zusammenarbeit auf dem Gebiet der Kapitalmarkttheorie zeitigt gegenwärtig erste Früchte.

Der Sonderforschungsbereich bedeutet jedoch mehr als nur Forschungskooperation innerhalb der Hochschule und Finanzierung durch eine Selbstverwaltungseinrichtung der Wissenschaft, die in ihrer Organisation hervorragend auf die Belange wissenschaftlicher Forschung ausgerichtet ist. Der Sonderforschungsbereich ermöglicht nicht nur wissenschaftlichen Austausch mit Wissenschaftlern im In- und Ausland, er institutionalisiert ihn. Besonders bewährt haben sich die Wissenschaftlichen Kolloquien, mit denen sich der Sonderforschungsbereich regelmäßig der Kritik der Gutachter und der Fachgelehrten stellt, sowie die Antragssitzungen, auf denen sich die Antragsteller kritischen Fragen der Gutachter gegenübersehen. Für unsere Forschungsarbeiten waren die Anregungen und Hinweise der Gutachter sehr wertvoll.

6.2 Die Rechnerausstattung

Ohne ein leistungsfähiges Rechenzentrum läßt sich eine empirische Theorie nicht entwickeln. Mein Institut verfügt über eine Dietz 621X2, die zugleich als RJE-Station für die IBM 370 des Rheinischen Hochschul-Rechenzentrums benutzt wird. Hervorzuheben ist die Unterstützung, die wir in der Hardware-Bereitstellung wie in der Software-Beratung durch das von Bernhard Korte geleitete Teilprojekt des Sonderforschungsbereiches erhalten haben.

6.3 Die Universitätsorganisation

Der ständige Dialog in der Forschung ist nach meinen Erfahrungen nur möglich, wenn nicht die Probleme der Hochschulorganisation ständige Aufmerksamkeit verlangen. Sicher haben auch wir in Bonn während der Zeit der Studentenunruhen die Reformdiskussion mit Ernst und Intensität geführt, und diese Diskussion hält an; aber das geschah auf der Basis einer Struktur der Universität, die die Gefährdungen der personellen und sachlichen Ausstattung der Institute durch wechselnde Abstimmungsmehrheiten ausschloß. Die Universitätssatzung verhindert das Auseinanderfallen von Entscheidung und Verantwortung, wie es für viele neue Universitätssatzungen so typisch ist. Die studentische Verantwortung liegt nicht in der paritätischen Mitentscheidung, sondern in der Kontrolle der Leistungen des Fachbereichs. Dieser Kontrolle haben sich die Lehrkräfte stets und rückhaltlos gestellt, nicht zum Schaden für die Effizienz von Forschung und Lehre an unserem Bonner Fachbereich.

Die Ausfüllung einer Universitätsverfassung, die Forschung erleichtert, ist allerdings nur möglich, wenn bei der Berufungspolitik auf die Bedürfnisse der Forschung geachtet wird. Der Fachbereich und die Universität müssen insgesamt einen Sonderforschungsbereich wollen und tragen und dies in ihren Berufungsentscheidungen zum Ausdruck bringen. Dies war bisher in einem nicht selbstverständlichen Maß der Fall. Aber auch das Wissenschaftsministerium muß eine solche Berufungspolitik unterstützen. Daß die Hochschulabteilung des Ministeriums für Wissenschaft und Forschung in Düsseldorf eine gelegentlich von Kritikern als allzu elitär bezeichnete Berufungspolitik unseres Fachbereichs befürwortet und mitgetragen hat, verdient hervorgehoben zu werden.

Aber auch dies muß gesagt werden: Ohne das uneingeschränkte Vertrauen, das jeder Hochschullehrer in die fachliche Kompetenz und die persönliche Integrität des Kollegen setzt, und ohne die Freundschaft, die aus solchem Vertrauen erwächst, ist Konzentration auf die Forschung in einem Maße, wie sie ein großes Forschungsvorhaben erfordert, auch nicht möglich. Wer weiß, daß er sich blind auf seine Kollegen verlassen kann, spart viel Zeit, die er für die Forschung nutzen kann.

7. Die Forschungsmittel

Für fruchtbare Forschung sind ausreichende finanzielle Mittel eine notwendige, wenn auch nicht hinreichende Bedingung. In den letzten zwei Jahren ist das bei den Sparauflagen, die die Deutsche Forschungsgemeinschaft machen mußte, besonders deutlich geworden. Der Zeitplan für die Fertigstellung von Teilabschnitten des Forschungsprogramms mußte gestreckt werden, die Kontakte mit Gastgelehrten aus dem Ausland und die Reisen zu Diskussionen im Ausland mußten eingeschränkt werden. Gleichwohl konnte es vorkommen, daß Stellen eine Zeitlang unbesetzt blieben, weil eine erfolgversprechende Besetzung bei den vorhandenen Stellenbewerbern unmöglich schien.

Die Verantwortung der Universität, ihren Teil der erforderlichen sachlichen und personellen Mittel im Rahmen der Grundausstattung der Institute bereitzustellen, war in der Vergangenheit unbestritten. Es ist nicht zu übersehen, daß die Sparmaßnahmen der Landesregierung es den Universitäten in Zukunft schwerer machen werden, dieser Verantwortung gerecht zu werden. Viel kommt darauf an, daß die Landesregierungen, sollten die Etatschwierigkeiten anhalten, ihre Prioritäten in den kommenden Jahren richtig setzen und nicht dort sparen, wo die Nachteile für Forschung und Lehre besonders gravierend sind: bei denjenigen Hochschulen und Instituten nämlich, die die höchste Effizienz in der Forschung und in der Lehre aufweisen.

8. Internationalisierung der Forschung

Empirische Unternehmenstheorie auf der Basis von Bilanzanalysen wird in der Bundesrepublik nur an ganz wenigen Stellen betrieben. Daher ist der Kontakt zu Forschergruppen im Ausland von zentraler Bedeutung für Fortschritte in der Forschung bei uns. Die Einladung von Gastprofessoren, die Teilnahme an internationalen Kongressen und längere Forschungsaufenthalte von Mitarbeitern des eigenen Forschungsteams an ausländischen Instituten sind Wege, diese Kontakte zu pflegen. Die Erfahrungen der letzten Jahre haben gezeigt, daß dies allein nicht ausreicht. Neue Wege zur Finanzierung einer grenzüberschreitenden wissenschaftlichen Infrastruktur müssen gefunden werden. Die Wirtschaftswissenschaften gehen in der Forschung einen Weg, der durch die Naturwissenschaften bereits vorgezeichnet ist: der internationale Forschungsverbund wird immer mehr zu einer Voraussetzung für weitere Fortschritte in der Forschung.

Literatur

[1] Albach, Horst: Der Einfluß von Forschung und Entwicklung auf das Unternehmenswachstum, in: Liiketaloudellinen Aikakauskurja (The Journal of Business Economics), 14 (1965) II, S. 111—140

[2] Albach, Horst: Zur Theorie des wachsenden Unternehmens, in: Krelle, Wilhelm (Hrsg.): Theorien des einzelwirtschaftlichen und des gesamtwirtschaftlichen Wachstums (Schriften des Vereins für Socialpolitik, NF, Bd. 34), Berlin (Duncker & Humblot) 1965, S. 9—97.

[3] Albach, Horst: Simulation Models of Firm Growth, in: The German Economic Review, 5 (1967) 1, S. 1—26.

[4] Albach, Horst: Steuerpolitik und Investitionsrechnung, in: IW-VDMA (Hrsg.): Investitionen — Element der Zukunftssicherung, Köln 1976, S. 153—182.

[5] Albach, Horst: Average and Best-Practice Production Function in German Industry, in: Journal of Industrial Economics, Vol. XXIX (September 1980), S. 55—70.

[6] Albach, Horst: The Rate of Return in German Manufacturing Industry, Paper presented to the International Rate of Return Project Conference in Cambridge, Mass., June 9—11, 1981.

[7] Albach, Horst: Zur Prognose der Rentabilitätsentwicklung deutscher Industrieaktiengesellschaften, in: ZfB 1981, S. 989—1015.

[8] Albach, Horst: Produktivitätsentwicklung und Risiko — Einzelwirtschaftliche und gesamtwirtschaftliche Aufgaben für die 80er Jahre, in ZfbF 1982, S. 213—224.

[9] Albach, Horst: Zur beschäftigungspolitischen Diskussion, in: Unternehmer Heft 3, 1982.
[10] Albach, Horst: Investment Forecasts for German Industrial Corporations, in: Festschrift, Rudolf Henn zum 60. Geburtstag (im Druck).
[11] Albach, Horst; Burg, Karl-Heinz; Schleiter, Manfred: Zur Erklärung der Rentabilitätsentwicklung deutscher Aktiengesellschaften, in: Der Betrieb, 1982, S. 709—713.
[12] Albach, Horst; Fues, Thomas; Geisen, Bernd: Approaches to a Theory of Income Distribution in the Firm, in: Griliches, Z.; Krelle, W.; Krupp, H.-J. und Kyn, O. (Hrsg.): Income Distribution and Economic Inequality, Frankfurt-New York 1978, S. 133—154.
[13] Albach, Horst; Kless, Heinz-Peter: Zum Einfluß von Bankenvertretern in den Aufsichtsräten deutscher Industrieaktiengesellschaften, in ZfB 1982, Heft 11.
[14] Bruse, Helmut: Der Absatzbereich von Unternehmen — Theorie, Methoden, Empirische Untersuchung (Bonner Betriebswirtschaftliche Schriften Nr. 8), Bonn 1980.
[14a] Bruse, Helmut: Investigation of a Firm Level Marketing Model Using Different Estimation Models, The Marketing Science Group of Germany, WPO5, Regensburg-Bielefeld 1982.
[15] Geisen, Bernd: Das Finanzierungsverhalten deutscher Industrieaktiengesellschaften (Bonner Betriebswirtschaftliche Schriften Nr. 5), Bonn 1979.
[16] Holzberg, Bernd: Das Lagerverhalten industrieller Unternehmen (Bonner Betriebswirtschaftliche Schriften Nr. 6), Bonn 1980.
[17] Koll, Willi: Eine theoretische und empirische Analyse von Preisschwankungen und Unternehmenserfolg in den Jahresabschlüssen deutscher Aktiengesellschaften, Dissertation, Bonn 1978.
[18] Krelle, Wilhelm: Modèles de Croissance et de Prévision. Cahiers de l'Institut de Science Economique Appliquée, Heft 144, Paris 1963.
[19] Krelle, Wilhelm: Das disaggregierte Prognosesystem, Forschungsplan, Dezember 1972 (vervielfältigt).
[20] Krelle, Wilhelm; Beckerhoff, Dirk; Langer, Horst; Fuß, Hans: Ein Prognosesystem für die wirtschaftliche Entwicklung der Bundesrepublik Deutschland, Meisenheim 1964.
[21] Krelle, Wilhelm; Pauly, Ralf: Konsum und Investitionen des Staates bis 1985, Göttingen 1976.
[22] Maltzan, Bernd Frh. von: ‚Average'-Produktionsfunktionen und Effizienzmessung über ‚Frontier Production Functions' — dargestellt an Bilanzdaten von Aktiengesellschaften der Chemie-Industrie aus der Bonner Stichprobe (Bonner Betriebswirtschaftliche Schriften Nr. 3), Bonn 1978.
[23] Schleiter, Manfred: Steuersystem und Unternehmenspolitik — Theorie und empirische Ergebnisse zum Einfluß des Steuersystems auf die Investitionsentscheidungen deutscher Industrieaktiengesellschaften, Dissertation, Bonn 1982 (Entwurf).
[24] Sieger, Gert: Die Finanzierung der deutschen Industrieaktiengesellschaften bei vollkommenem und unvollkommenem Kapitalmarkt, Dissertation, Bonn 1982 (Entwurf).
[25] Wanik, Bernhard: Die Lohnentwicklung deutscher Industrieaktiengesellschaften (Bonner Betriebswirtschaftliche Schriften Nr. 10), Bonn 1981.
[26] Werhahn, Michael: Kapazität und Arbeitsplätze — eine empirische Untersuchung (Bonner Betriebswirtschaftliche Schriften Nr. 2), Bonn 1978.

INVESTMENT IN INVENTORY

A. Introductory Remarks

In recent years inventories have become a focus of attention of management. This was partly due to the exorbitant interest rates on capital tied up in inventories, partly to the fact that the Kanban System seemed to provide Japanese firms with competitive advantages through inventory control. It may be a depressing experience to anyone who has worked in inventory management as an operations researcher that after so many years with stupendous advances in the theory of optimal inventory control (HOCHSTÄDTER, 1971) progress in practical inventory management should come not so much from the operations researcher within the company but rather through the competitive forces of the market place.

Martin Beckmann has made valuable contributions to the theory of optimal inventory control (BECKMANN/HOCHSTÄDTER, 1968; BECKMANN, 1964; BECKMANN, 1961; BECKMANN/MUTH, 1956). He has been fortunate also in applying his inventory decision models as an operations researcher in practical applications. He may thus have helped increase the pressure of competition on other firms to find ways of optimizing their inventories. There is certainly no reason for Martin Beckmann to be disappointed.

In this paper we advance the hypothesis that optimal stochastic dynamic inventory control has not yet become a standard routine in German corporations. Rather, static deterministic as well as stochastic models of inventory management can be applied to explain investment in inventories by German corporations. This hypothesis is tested against data from the financial accounts of German corporations for the period from 1968 through 1982. The paper reports on a part of a larger research project which tries to explain the growth processes of German corporations (ALBACH, 1983).

The paper may seem to Martin Beckmann as a step backward. Rather traditional and very simple models of inventory optimization are applied to derive the inventory investment function. But in presenting the paper I take comfort in Martin's words: "It has been customary to make the very simplest assumptions ... but to hopefully apply the results of simple models under more general conditions" (BECKMANN, 1961). Furthermore, the paper gives me an opportunity to express not only my congratulations on Martin's birthday but also my appreciation and happy memories of joint work when Martin did the hard empirical work and I did the more theoretical models of firms' investment behavior under the influence of changes in the structure of the German tax system (ALBACH/BECKMANN, 1970).

B. Optimal Investment in Inventories

1. Objectives of Inventory Management

Inventories shown in the financial statements of corporations are the result of many influences: the production manager wants to avoid interruptions of the production process through stock-outs, the inventory manager wants to balance fixed versus variable cost of inventories, the financial manager wants to free capital tied up in inventories, the tax accountant suggests to apply the lifo-method of valuation, and the cost accountant insists on marginal costing to be applied not only in costing but also in inventory valuation. And finally, the purchasing manager orders a large quantity in anticipation of a price increase.

In this paper we distinguish between two types of objectives for maintaining inventories

- to minimize total cost of inventories ("lot size inventories"),
- to avoid stock-outs ("safety inventories").

2. Types of Inventory Management

Three types of inventories have to be distinguished: raw materials inventories, in-process inventories, and finished goods inventories. The distinction between work in process and finished goods is difficult to draw. In many cases (as e.g. beer) it is impossible to make a clear distinction, and in other cases (as e.g. in the chemical industry) intermediate products can be sold on the market as finished products or used as input in further stages of production. The chemical industry does not even distinguish between semi-finished goods and finished goods in the financial statements. We will therefore distinguish only between

- raw materials inventories
- finished goods inventories (including in-process inventories).

All of the corporations in this study are multi-product, multi-plant companies. Decentralized inventory management systems delegate purchasing and inventory management to the individual plants. Total inventory is then simply the sum of all the inventory decisions made on the local level. In centralized inventory systems purchasing is controlled at headquarters, and the resulting inventories on the local level are part of the central inventory at the point of use. More complex hierarchical structures of inventories are combinations of the decentralized and the centralized types. We will reduce the complexity of inventory management in practice drastically. We will derive optimal investment levels of inventories on the basis of the one-plant, one-product assumption and then extend the results to the multi-product, multi-plant case.

3. Optimal Investment in Inventories

3.1. Lot Size Inventory

In the traditional lot size formula, it is assumed that annual demand is given and that the rate of inventory depletion is constant. Then the optimal lot size is a function of the fixed costs of purchasing and the variable costs of keeping an inventory (ALBACH, 1969).

$$(1) \quad B = (2Q)^{\frac{1}{2}} \cdot \left(\frac{F}{hp}\right)^{\frac{1}{2}}$$

with

B - quantity ordered

Q - real demand

F - fixed costs

h - real cost of keeping inventory

p - price of the goods stored.

Since in this model new stock-ins are made when the inventory level has fallen to zero, the size of the inventory kept V_L is on average

$$(2) \quad V_L = \frac{1}{2} B = \frac{1}{\sqrt{2}} \cdot Q^{\frac{1}{2}} \left(\frac{F}{hp}\right)^{\frac{1}{2}} \quad .$$

This is the real investment in lot size inventories.

3.2. Safety Inventory

So far we have assumed that real demand Q is a deterministic variable. We now assume that demand is uncertain. Let $\tilde{Q}$ be a normally distributed variable with mean Q and standard deviation σ. Then we can break up total inventory into a lot size inventory V_L as above in (2) with the expected value of $\tilde{Q}$ and a safety inventory. It is well known from inventory theory that the size of the safety inventory depends on the standard deviation of demand and on the acceptable probability of stock-outs. The safety inventory which has to be kept constantly is given by (ALBACH, 1969)

$$(3) \quad V_S = k \cdot \sigma$$

with k - normal deviate.

The value of k depends on stock-out costs g which are assumed to be given either by additional cost of procurement or by the opportunity cost of not being able to deliver

$$(4) \quad k = b_1 \left(\frac{g}{hp}\right)^d \quad .$$

We further assume that delivery time is deterministic and that the variance of demand increases linearly with expected demand (HOLZBERG, 1980).

$$(5) \quad \sigma^2 = b_2 \cdot Q \quad .$$

Safety inventories are then given by

$$(6) \quad V_S = c \, Q^{\frac{1}{2}} \left(\frac{g}{hp}\right)^d \; .$$

A comparison of (6) with (2) shows that lot size inventories and safety inventories have very similar formal structure.

3.3. Total Inventory

Total inventory is assumed to be the sum of lot size inventory and safety inventory

(7) $V_T = V_L + V_S$.

Using (2) and (6) we get

(8) $V_T = Q^{\frac{1}{2}} \cdot h^{-d} \cdot \left[(\frac{F}{2p})^{\frac{1}{2}} \cdot h^{d-\frac{1}{2}} + c\ (\frac{g}{p})^d \right]$.

There is very little empirical evidence for set-up costs F and for stock-out cost g. I shall assume that they increase in boom periods and decrease in depression for obvious reasons. The business cycle is measured by capacity utilization κ. Since all attempts to specify (F/p) and (g/p) in more detail have failed, let us assume that their development is constant over time at the level of normal capacity utilization. Therefore the term in parentheses may be approximated by

(9) $[\ ] = C \cdot \kappa^{\eta}$, $\eta > o$.

Combining (8) and (9) we can write for the optimal level of total inventories

(10) $V_T = C\ Q^{\frac{1}{2}}\ h^{-d}\ \kappa^{\eta}$.

Equation (10) applies to one product and one plant. We now turn to many products and many plants with many inventories.

If we assume all inventory costs and all opportunity costs of stock-outs constant we have for n inventories

(11) $V_T = C\kappa^{\eta}h^{-d} \sum_{i=1}^{n} Q_i^{\frac{1}{2}}$.

Since $\sum Q_i^{\frac{1}{2}} \geqq (\sum Q_i)^{\frac{1}{2}}$ we will write for (11) even though this may be considered too bold a simplification taking into account that γ is not independent of the Q_i

(12) $V_T = C\kappa^{\eta}h^{-d} (\sum_i Q_i)^{\gamma}$,

and we expect γ to lie between 1/2 and 1. The more decentralized inventories are, the closer γ will be to 1.

4. Optimal Adjustment of Actual Inventories

In theory it is frequently assumed that the speed of adaptation is infinite. In practice it takes time for management to adjust actual levels of inventories to the optimal level. This is particularly true with respect to inventories of finished goods because this may require a change in the rate of production.

I assume geometric adaptation

$$(13) \qquad V_t = V_t^{*\,\lambda} \cdot V_{t-1}^{(1-\lambda)}$$

with λ parameter of speed of adaptation. From (13) we get with (12)

$$(14) \qquad V_t = [C\, \kappa^{\eta}\, h^{-d} \cdot Q^{\gamma}]^{\lambda} \cdot V_{t-1}^{(1-\lambda)} \quad .$$

Equation (14) describes optimal policies for finished goods inventories. But the same general type of investment function applies for raw materials if we substitute materials input in production for the demand term.

From (10) one would deduce that inventories increase with capacity utilization. However, the speed of adaptation may not be independent of capacity utilization. In the theory of linear adaptation[1] the speed of adjustment depends on the cost of changing production and re-order policies. If we apply the same idea in the context of the model of geometric adaptation, we get the result that inventories might go down with an increase in capacity utilization because it may be less costly to reduce inventories than to increase capacity utilization further. A positive sign for capacity utilization will be expected if the set-up cost influence prevails over the production cost influence, and a negative sign will result if the reverse is true.

C. The Empirical Evidence

1. The Data

We test (14) against the data in the "Bonn Data Bank" of financial statements of German industrial corporations quoted on German stock exchanges. There are roughly 400 industrial corporations in the data

1) Models in the tradition of the HMMS-model

bank. However, since inventory policies are expected to be different in different branches of industry, we use the data of

- 21 corporations in the chemical industry
- 23 corporations in the machinery and equipment industry
- 13 corporations in the textile industry.

The financial statements provide the data for nominal output and for nominal inventories in raw materials and in finished and in semi-finished goods. All the other data required to test (14) have to be taken from elsewhere. The nominal values of materials inputs and of raw material inventories are deflated with input price indices computed from the input-output table of the Deutsches Institut für Wirtschaftsforschung (DIW), sales and finished goods inventories are deflated with the indices of producers' prices reported by the German Statistical Office. Real inventory cost was derived from the price indices of the goods stored. Moving two-period-averages of the rates of price increases were used for the chemical industry. Interest rates on promissory notes were used as short-term interest rates. Capacity utilization data were taken from the quarterly data published by the IfO-Institute, Munich. Moving three-years-averages of output were used in the machinery industry as the output variable in the estimation equation.

2. The Method

In order to test (14) against the empirical data we use the linear form

$$\text{(15)} \quad \ln V = \lambda \ln C + \lambda\eta \ln\kappa - \lambda d \ln h + \lambda\gamma \ln Q + (1-\lambda) \ln V_{-1}$$

We apply combined cross section and time series analysis using pooled regression techniques in order to estimate (15). The coefficients of the regression equation are taken as averages over time and across the firms, but the constant is estimated as a firm constant. The dummy variable in the ordinary least squares method can be interpreted as an indicator of the efficiency of the individual firm.

3. The Results[1)]

3.1. Investment in Finished Goods Inventories

The following estimates were derived from the empirical data

Chemical industry:[2)]

$$(16)\quad \ln V = \underset{(8.6)}{.400 \ln C} + \underset{(5.5)}{.400 \cdot .772 \ln Q} - \underset{(-\,2.3)}{.400 \cdot .291 \ln h} + \underset{(1.6)}{.403 \ln \kappa} + .600 \ln V_{-1}$$

$R^2 = .994;\quad DW = 1.90$

Machinery industry:

$$(17)\quad \ln V = \underset{(7.3)}{.370 \ln C} + \underset{(3.0)}{.370 \cdot .643 \ln Q} + \underset{(.29)}{.370 \cdot .078 \ln h} + \underset{(.63)}{.225 \ln \kappa} + .630 \ln V_{-1}$$

$R^2 = .975;\quad DW = 2.06$

Textile industry:

$$(18)\quad \ln V = \underset{(7.2)}{.470 \ln C} + \underset{(4.9)}{.470 \cdot .725 \ln Q} + \underset{(.60)}{.470 \cdot .014 \ln h} - \underset{(-1.9)}{.643 \ln \kappa} + .530 \ln V_{-1}$$

$R^2 = .972;\quad DW = 2.29$

The results for the chemical industry are satisfactory. The speed of adaptation is 1.5 years, somewhat shorter than for the machinery industry and about three months longer than for the textile industry. The power of Q is between .5 and 1 for all industries as expected. It is plausible that the chemical industry with its larger share of pipeline inventories should have a value of γ closer to 1 than the machinery industry. One would expect that the optimal inventory level decreases with increases of the real cost of keeping inventory. This is true for the chemical industry. In the cases of the machinery industry and the textile industry we have positive signs, but we note from the t-statistics that the regression coefficients are not significant. In the chemical and in the machinery industries the re-order cost term prevails whereas in the textile industry the production cost term seems to be the dominant influence factor. In fact capacity utilization carries a significant weight in the textile industry. When capacity utilization goes up, inventories of finished goods are run down very quickly.

---

1) Thanks are due to Diplom-Mathematiker Karl-Heinz Burg for carrying out the computations.

2) t-statistic in parentheses.

3.2. Investment in Raw Materials

The following estimation equations were derived from the empirical data described above.

Chemical industry:

(19)
$$\underset{(11.7)}{\ln V = .577 \ln C} + \underset{(8.2)}{.577 \cdot .834 \ln M} - \underset{(-1.7)}{.577 \cdot .065 \ln h} + \underset{(5.5)}{1.05 \ln \kappa} + .423 \ln V_{-1}$$

$R^2 = .991$; $DW = 2.01$

Machinery industry:

(20)
$$\underset{(10.7)}{\ln V = .393 \ln C} + \underset{(7.6)}{.393 \cdot .715 \ln M} - \underset{(-1.8)}{.393 \cdot .582 \ln h} + \underset{(5.2)}{1.27 \ln \kappa} + .607 \ln V_{-1}$$

$R^2 = .988$; $DW = 1.78$

Textile industry:

(21)
$$\underset{(7.1)}{\ln V = .441 \ln C} + \underset{(3.2)}{.441 \cdot .710 \ln M} - \underset{(-.77)}{.441 \cdot .427 \ln h} + \underset{(4.7)}{2.63 \ln \kappa} + .559 \ln V_{-1}$$

$R^2 = 0.855$; $DW = 2.01$

In the equations M is materials input in production.

Again we note that γ lies between .5 and 1 as expected.Since the chemical companies in the sample are larger and have more plants than the companies in the machinery and textile industries, it may not be surprising that γ should be a little closer to 1. It is interesting also that the speed of adaptation to optimal levels seems to be greater in the case of raw materials inventories, particularly in the chemical industry. A high speed of adaptation of raw materials inventories seems to be mandatory in the chemical industry because a change in capacity utilization requires a considerable increase in raw materials inventories as one would expect in cases of continuous production. In the machinery industry and in the textile industry increases in the variable cost of keeping inventories, particularly changes in the interest rate for capital tied up in inventories have a significantly stronger impact on inventories than in the chemical industry. This may be explained by the fact that in the case of continuous production there is less room for changing inventory levels than in the case of job-shop type production processes as are found in the machinery industry.

D. Concluding Remarks

Inventories are a fascinating subject for research. In national accounts they are sometimes treated as the "unexplainable rest", in operations research they show a myriad of aspects to be treated by a perplexing array of optimizing techniques, and in econometrics they more often than not seem to withstand satisfactory explanation. In this paper I have tried to use company data in a pooled regression approach not previously used on investment in inventories in order to find out whether they contradict the hypothesis that inventory managers have learned from operations researchers. I do hope that the econometrician Martin Beckmann accepts my thesis that what the operations researcher Martin Beckmann has taught in class has borne fruit. But maybe Martin's reaction will be a "typical Beckmann": "Some people say the thesis is right, others say it is wrong. In my opinion the truth lies in the middle".

REFERENCES

ALBACH, H.: Unternehmensforschung im Betrieb, in: Pack, L. (ed.): Unternehmensseminar I, Wiesbaden (1969), p. 69.

ALBACH, H. and M. BECKMANN: Zur Reform der direkten Steuern, Wiesbaden (1970).

ALBACH, H.: Empirische Untersuchungen der Firmenentwicklung, in: Deutsche Forschungsgemeinschaft (ed.): Forschung in der Bundesrepublik Deutschland, Weinheim (1983), p. 221.

BECKMANN, M.J. and R. MUTH: An Inventory Policy for a Case of Lagged Delivery, Management Science 2 (1956), p. 145.

BECKMANN, M.J.: An Inventory Model for Arbitrary Interval and Quantity Distributions of Demand, Management Science 8 (1961), p. 35.

BECKMANN, M.J.: Dynamic Programming and Inventory Control, Operations Research Quarterly (1964), p. 389.

BECKMANN, M.J. and D. HOCHSTÄDTER: Berechnung optimaler Entscheidungsregeln für die Lagerhaltung, JbfNuSt (1968), p. 106.

HOCHSTÄDTER, D.: Neuere Entwicklungen der stochastischen Lagerhaltungstheorie, in: Beckmann, M. (ed.) : Unternehmensforschung heute, Lecture Notes in Economics and Mathematical Systems Vol. 50, Berlin-Heidelberg-New York (1971), p.30.

HOLT, C.C., F. MODIGLIANI, J.F. MUTH and H.A. SIMON: Planning Production, Inventories and Work Force, Englewood Cliffs, N.J. (1960).

HOLZBERG, B.: Das Lagerverhalten industrieller Unternehmen, Bonner Betriebswirtschaftliche Schriften, Vol. 6, Bonn (1980) p. 42.

MACCINI, L.J. and R.J. ROSSANA: Investment in Finished Gcods Inventories: An Analysis of Adjustment Speeds, The American Econ. Rev. Papers and Proceed., Vol. 71 (1981).

WAGNER, H.M., M. O'HAGAN and B. LUNDH: An Empirical Study of Exactly and Approximately Optimal Inventory Policies, Management Science, Vol. 11, No. 7 (1965).

Quellenverzeichnis

Einleitung

1. Vertrauen in der ökonomischen Theorie. In: Zeitschrift für die gesamte Staatswissenschaft (Heinz Sauermann zu seinem 75. Geburtstag gewidmet) Bd. 136 (1980), S. 2–11
2. Über Loyalität in der Universität. Gedanken zum strategischen Management von Universitäten. In: Salier Nachrichten, Sommersemester 1987, Bonn 1987, S. 35–40

Erster Teil
Investitionstheorie

1. Zur Verbindung von Produktionstheorie und Investitionstheorie. In: Koch, Helmut (Hrsg.): Zur Theorie der Unternehmung. Festschrift zum 65. Geburtstag von Erich Gutenberg. Wiesbaden 1962, S. 137–203
2. Bemerkungen zur Theorie der Investitionsketten. In: Opitz, Otto: Rauhut, Burkhard (Hrsg.): Ökonomie und Mathematik. Rudolf Henn zum 65. Geburtstag. Berlin/Heidelberg/New York 1987, S. 375–380
3. Capital Budgeting and Risk Management. In: Albach, Horst; Helmstaedter, Ernst, und Henn, Rudolf (Hrsg.): Quantitative Wirtschaftsforschung. Wilhelm Krelle zum 60. Geburtstag. Tübingen 1977, S. 7–24
4. Mikroökonomische Investitionsfunktionen. In: Henn, Rudolf (Hrsg.): Operations Research-Verfahren III. Festschrift für Wilhelm Krelle zum 50. Geburtstag. Meisenheim 1967, S. 1–13
5. Investment Behavior in Greek Industry. In: Wirtschaft und Wirtschaftswachstum. Festgabe für D. E. Kalitsounakis. Athen 1971, S. 295–309
6. Investment Forecasts for German Industrial Corporations. In: Beckmann, Martin J., et al. (Hrsg.): Mathematische Systeme in der Ökonomie. Rudolf Henn zum 60. Geburtstag. Königstein 1983, S. 27–40.
7. The optimal Investment Process in German Industry. In: Beckmann, M./ Gopalan, N./Subramanian, R. (Hrsg.): Stochastic Processes and their Applications. Proceedings of the Symposium held in Honour of Professor S. K. Srinivasan on the Occasion of his 70th birthday. Lecture Notes in Economics and Mathematical Systems, Berlin/Heidelberg/New York 1991.

Zweiter Teil
Wettbewerbstheorie

1. Das Gutenberg-Oligopol. In: Koch, Helmut (Hrsg.): Zur Theorie des Absatzes. Festschrift für Erich Gutenberg zum 75. Geburtstag. Wiesbaden 1973, S. 9–33
2. Kosteneffekte auf stagnierenden Märkten. In: Bartels, Hans G./Beuermann, Günter/Thome, Rainer (Hrsg.): Praxisorientierte Betriebswirtschaft. Festschrift für Prof. Dr. A. Angermann zum 65. Geburtstag. Münster 1987, S. 21–33
3. Dynamischer Wettbewerb. In: Schmidt, Helmut (Hrsg.): Die Grenzen sprengen – Edzard Reuter zum Sechzigsten. Berlin 1988, S. 171–194
4. Innovatorischer und imitatorischer Wettbewerb in der Wirtschaftsordnung. In: FIW-Schriftenreihe Heft 50, Neuorientierung des Wettbewerbsschutzes, Jubiläumsschrift 25 Jahre FIW. Köln 1986, S. 95–106
5. Wettbewerb auf dem Markt für technische Sicherheit. In: Vereinigung der technischen Überwachungs-Vereine (Hrsg.): 100-Jahr-Feier der VdTÜV. Festakt am 14. Juni 1984 in Bonn. Essen 1984, S. 57–67
6. Gewinn und gerechter Preis. Franz Böckle zum 65. Geburtstag gewidmet. Später erschienen in: Zeitschrift für Betriebswirtschaft 57 (1987), S. 816–824
7. Zur Sortimentskalkulation im Einzelhandel. In: Handelsbetrieb und Marktordnung. Festschrift für Carl Ruberg zum 70. Geburtstag. Wiesbaden 1962, S. 13–40
8. Fusionskontrolle und Preisbildung von Unternehmen. In: Bartholomeyczik, H./Biedenkopf, K. H./Hahn, H. von (Hrsg.): Beiträge zum Wirtschaftsrecht. Festschrift für Heinz Kaufmann zum 65. Geburtstag. Köln 1972, S. 1–12
9. Umsatzsteuersystem und internationale Wettbewerbsneutralität. In: Jacobs, H. H./Knobbe-Keuk, B./Picker, E./Wilhelm, J. (Hrsg.): Festschrift für Werner Flume zum 70. Geburtstag Bd. II. Köln 1978, S. 3–19
10. Konzentrationstendenzen im wirtschaftlichen Prüfungswesen. In: Aschfalk, B./Hellfors, S./Marettek, A. (Hrsg.): Unternehmensprüfung und -beratung. Festschrift zum 60. Geburtstag von Bernhard Hartmann. Freiburg 1976, S. 55–65

Dritter Teil
Wachstumstheorie

1. Ein Beitrag zur Prognose der Arbeitsproduktivität des deutschen Steinkohlenbergbaus. Festschrift zum 50. Geburtstag von Jaakko Honko. In: The Finnish Journal of Business Economics vol. 21 (1972), S. 258–275
2. Kreativität und Produktion. In: Wirtschaft und Wissenschaft im Wandel. Festschrift für Dr. Carl Zimmerer zum 60. Geburtstag. Frankfurt a. M. 1986, S. 9–22

3. Kritische Wachstumsschwellen in der Unternehmensentwicklung. In: USW (Hrsg.): Das Universitätsseminar der Wirtschaft in Schloß Gracht. Festschrift zur Eröffnung von Schloß Gracht. Erftstadt 1976, S. 16–35
4. Das optimale Fördervolumen im Steinkohlenbergbau. In: Krelle, Wilhelm (Hrsg.): Operations Research-Verfahren XIV. Festschrift für Rudolf Henn zum 50. Geburtstag. Meisenheim/Glan 1972, S. 39–47
5. Empirische Untersuchungen der Firmenentwicklung. In: Deutsche Forschungsgemeinschaft (Hrsg.): Forschung in der Bundesrepublik Deutschland. Weinheim 1983, S. 221–234
6. Investment in Inventory. In: Hauptmann, H./Krelle, W./Mosler, K. C. (Hrsg.): Operations Research and Economic Theory – Essays in Honour of Martin J. Beckmann. Berlin/Heidelberg/New York/Tokyo 1984, S. 3–13

Verzeichnis der von 1962 bis 1991 verfaßten Festschriftbeiträge in alphabetischer Reihenfolge

ADOLF ANGERMANN (1987)

Kosteneffekte auf stagnierenden Märkten – Bemerkungen zum Verhältnis von Kapazitätsauslastung und Erfahrung –
in: Bartels, H. G./Beuermann, G./Thome, R. (Hrsg.): Praxisorientierte Betriebswirtschaft. Festschrift für Prof. Dr. A. Angermann zum 65. Geburtstag, Münster 1987, S. 21–33.

ERWIN VON BECKERATH (1964)

Zum Einfluß der Belegschaft auf die Willensbildung in den Betrieben der Bundesrepublik Deutschland und der sog. DDR
in: Kloten, N./Krelle, W./Müller, H./Neumark, F. (Hrsg.): Systeme und Methoden in den Wirtschafts- und Sozialwissenschaften. Festschrift für Erwin von Beckerath zum 75. Geburtstag, Tübingen 1964, S. 423–457.

MARTIN J. BECKMANN (1984)

Investment in Inventory
in: Hauptmann, H./Krelle, W./Mosler, K. C. (Hrsg.): Operations Research and Economic Theory – Essays in Honor of Martin J. Beckmann, Berlin/Heidelberg/New York/Tokyo 1984, S. 3–13.

REINHOLD BERGLER (1989)

Führungsdistanz und optimale Unternehmensführung
Festrede, gehalten anläßlich des 60. Geburtstags von Professor Bergler
in: Zeitschrift für Betriebswirtschaft 59. Jg. (1989), S. 1219–1228.

FRANZ BÖCKLE (1987)

Gewinn und gerechter Preis. – Überlegungen zur Preisbildung in der pharmazeutischen Industrie – Franz Böckle zum 65. Geburtstag gewidmet
in: Zeitschrift für Betriebswirtschaft 57 (1987), S. 816–824.

FRANZ BOEHM (1975)

Probleme der wissenschaftlichen Politikberatung
in: Sauermann, H./Mestmäcker, E.-J. (Hrsg.): Wirtschaftsordnung und Staatsverfassung. Festschrift für Franz Boehm zum 80. Geburtstag, Tübingen 1975, S. 45–76.

ERHARD BOUILLON (1982)

Prognose und Prophetie – Überlegungen zur Vorhersage der wirtschaftlichen Entwicklung –
in: Hoechst AG (Hrsg.): Mitarbeiter – Unternehmen – Gesellschaft – Ein Weltbild – Festschrift aus Anlaß des 25jährigen Dienstjubiläums von Erhard Bouillon –, Frankfurt 1982, S. 289–299.

FRANZ BROICH (1972)

Möglichkeiten und Grenzen langfristiger technologischer Prognosen
in: Der Lichtbogen August 1972, Nr. 165 (Festkolloquium zur Verabschiedung von Professor Dr. Dr. e. h. Franz Broich aus seinem Amt als Vorstandsvorsitzender der Chemischen Werke Hüls AG in Marl am 9. Juni 1972), S. 13–17.

BUNDESMINISTERIUM DER VERTEIDIGUNG (1965)

Das System der modernen betrieblichen Planung
in: Bundesminister der Verteidigung (Hrsg.): Verteidigungsplanung und Operations Research im Bereich des Bundesministers für Verteidigung. Festschrift des Bundesministeriums der Verteidigung, Bonn 1965, S. 22–37.

WALTHER BUSSE VON COLBE (1988)

Strategische Planung und strategische Führung
in: Domsch, M./Eisenführ, F./Ordelheide D./Perlitz, M. (Hrsg.): Unternehmenserfolg: Planung – Ermittlung – Kontrolle. Walther Busse von Colbe zum 60. Geburtstag, Wiesbaden 1988, S. 1–10.

DEUTSCHE BANK AG (1977)

Rationalisierungsinvestitionen und Beschäftigung
in: Festschrift zum 75jährigen Bestehen der Filiale Wiesbaden der Deutschen Bank AG. Schriftenreihe der Deutschen Bank. Band 1. 1977.

DEUTSCHE FORSCHUNGSGEMEINSCHAFT (1983)

Empirische Untersuchungen der Firmenentwicklung
in: Deutsche Forschungsgemeinschaft (Hrsg.): Forschung in der Bundesrepublik Deutschland, Weinheim 1983, S. 221–234.

DEUTSCHES INSTITUT FÜR JAPANSTUDIEN DIJ (1988)

Innovationen als Fetisch und Notwendigkeit
in: Festschrift zur Eröffnung des Deutschen Instituts für Japanstudien. Bulletin Nr. 1, Tokyo 1988, S. 20
in: ZfB-Ergänzungsheft 1/89, S. 97–107.

SIEGFRIED EICHHORN (1988)

Klinische Betriebswirtschaftslehre
in: Gronemann, J./Keldenich, K. (Hrsg.): Krankenhausökonomie in Wissenschaft und Praxis. Festschrift für Siegfried Eichhorn, Kulmbach 1988.

EUROPEAN INSTITUTE FOR ADVANCED STUDIES IN MANAGEMENT (1982)

Challenges Confronting the European Economy
in: Universidad de Alcala de Henares. Working Papers Nr. 71, Juli 1982.

FIW (1986)

Innovatorischer und imitatorischer Wettbewerb in der Wirtschaftsordnung
in: FIW-Schriftenreihe Heft 50, Neuorientierung des Wettbewerbsschutzes, Jubiläumsschrift 25 Jahre FIW, Köln 1986, S. 95–106.

WERNER FLUME (1978)

Umsatzsteuersystem und internationale Wettbewerbsneutralität
in: Jakobs, H. H./Knobbe-Keuk, B./Picker, E./Wilhelm, J. (Hrsg.): Festschrift für Werner Flume zum 70. Geburtstag, Bd. 2, Köln 1978, S. 3–19.

ERNST GESSLER (1971)

Aktienrechtliche Publizität und Börsenkursentwicklung
in: Ballerstedt, K./Hefermehl, W. (Hrsg.): Festschrift für Ernst Gessler zum 65. Geburtstag, München 1971, S. 61–68.

ERICH GUTENBERG (1962)

Zur Verbindung von Produktionstheorie und Investitionstheorie
in: Koch, Helmut (Hrsg.): Zur Theorie der Unternehmung, Festschrift zum 65. Geburtstag von Erich Gutenberg, Wiesbaden 1962, S. 137–203.

ERICH GUTENBERG (1973)

Das Gutenberg-Oligopol
in: Koch, H. (Hrsg.): Zur Theorie des Absatzes. Festschrift für Erich Gutenberg zum 75. Geburtstag, Wiesbaden 1973, S. 9–33.

ERICH GUTENBERG (1977)

Überwindung des Gegensatzes zwischen Volks- und Betriebswirtschaftslehre – ein Überblick über die Entwicklung der letzten 50 Jahre. Zum 80. Geburtstag von Erich Gutenberg
in: Frankfurter Allgemeine Zeitung Nr. 289 (1977), S. 12.

ERICH GUTENBERG (1982)

Organisations- und Personaltheorie
in: Koch, H. (Hrsg.): Neuere Entwicklungen in der Unternehmenstheorie – Erich Gutenberg zum 85. Geburtstag –, Wiesbaden 1982, S. 1–22
Japanische Übersetzung: Kuriyama, M./Nakahara, H. (Hrsg.): Die neue Entwicklung der Betriebswirtschaftslehre in Deutschland, Tokio 1987, S. 85–117.

ERICH GUTENBERG (1986)

Die Betriebswirtschaftslehre: Eine Wissenschaft – zum Gedenken an Erich Gutenberg –
in: Zeitschrift für Betriebswirtschaft 56 (1986), S. 578–631
in: Kölner Universitätsreden 68, Köln 1986.

BERNHARD HARTMANN (1976)

Konzentrationstendenzen im wirtschaftlichen Prüfungswesen
in: Aschfalk, B./Hellfors, S./Marettek, A. (Hrsg.): Unternehmensprüfung und -beratung – Festschrift zum 60. Geburtstag von Bernhard Hartmann –, Freiburg 1976, S. 55–65.

EDMUND HEINEN (1989)

Die mittelständische Industrie als Dienstleistungsmarkt
in: Kirsch, W./Picot, A. (Hrsg.): Die Betriebswirtschaftslehre im Spannungsfeld zwischen Generalisierung und Spezialisierung. Edmund Heinen zum 70. Geburtstag, Wiesbaden 1989, S. 413–431.

ERNST HELMSTÄDTER (1989)

Erfahrungen im Sachverständigenrat
in: Gahlen, B./Meyer, B./Schumann, J. (Hrsg.): Wirtschaftswachstum, Strukturwandel und dynamischer Wettbewerb, Ernst Helmstädter zum 65. Geburtstag, Berlin/Heidelberg/New York/London/Paris/Tokyo (1989), S. 403–420.

RUDOLF HENN (1972)

Das optimale Fördervolumen im Steinkohlenbergbau
in: Krelle, W.: Operations Research-Verfahren XIV. Festschrift für Rudolf Henn zum 50. Geburtstag, Meisenheim/Glan 1972, S. 39–47.

RUDOLF HENN (1983)

Investment Forecasts for German Industrial Corporations
in: Beckmann, M. J./Eichhorn, W./Krelle, W. (Hrsg.): Mathematische Systeme in der Ökonomie. Rudolf Henn zum 60. Geburtstag, Königstein 1983, S. 27–40.

RUDOLF HENN (1987)

Bemerkungen zur Theorie der Investitionsketten (mit Franke, B./Werhahn, M.)
in: Opitz, O./Rauhut, B. (Hrsg.): Ökonomie und Mathematik, Rudolf Henn zum 65. Geburtstag, Berlin/Heidelberg/New York/London/Paris/Tokyo 1987, S. 375–380.

JAAKKO HONKO (1972)

Ein Beitrag zur Prognose der Arbeitsproduktivität des deutschen Steinkohlenbergbaus. Festschrift zu Ehren des 50. Geburtstages von Prof. Jaakko Honko
in: Liiketaloudellinen Aikakauskirja, The Finnish Journal of Business Economics, 1972, 21. Vuosikerta, S. 258–275.

JAAKKO HONKO (1989)

Theorie der Fehlinvestition
in: Hochschulnachrichten aus der Wissenschaftlichen Hochschule für Unternehmensführung Koblenz 1/89, S. 19–21
als: Investitionen und Fehlinvestitionen. Laudatio auf Jaakko Honko. In: ZfB 59. Jg. (1989), S. 260–264.

DON JACOBS (1990)

Address on the occasion of the award of the degree of honorary doctor of economics by the Koblenz School of Corporate Management
in: Hochschulnachrichten aus der Wissenschaftlichen Hochschule für Unternehmensführung Koblenz 3/90, S. 31–33.

JAPAN-ZENTRUM MARBURG (1990)

Japanischer Geist und internationaler Wettbewerb
in: Festschrift zur Eröffnung des Japan-Zentrums der Philipps-Universität Marburg. Marburger Universitätsreden. Marburg 1990.

SVEN-ERIK JOHANSSON (1989)

International Management Leveraged Buy-Outs as Innovations in the Market for Corporate Control
in: Fridman, B./Oestman, L. (Hrsg.): Accounting Development – Some Perspectives. In Honour of Sven-Erik Johansson. Stockholm (Stockholm School of Economics. The Economic Research Institute) 1989, S. 105–115.

D. E. KALITSOUNAKIS (1971)

Investment Behaviour in Greek Industry
(unter Mitwirkung von N. Dimitriadis)
in: Wirtschaft und Wirtschaftswachstum. Festgabe für D. E. Kalitsounakis, Athen 1971, S. 295–309.

MATHIAS ERNST KAMP (1979)

Upturn with Unemployment – the European Community in 1979
in: Institut für Mittelstandsforschung (Hrsg.): Perspektiven der Mittelstandspolitik und Mittelstandsforschung, Festschrift für Mathias Ernst Kamp zum 70. Geburtstag, Göttingen 1979, S. 14–32.

HEINZ KAUFMANN (1972)

Fusionskontrolle und Preisbildung von Unternehmen
in: Bartholomeyczik, H./Biedenkopf, K. H./Hahn, H. v. (Hrsg.): Beiträge zum Wirtschaftsrecht. Festschrift für Heinz Kaufmann zum 65. Geburtstag, Köln-Marienburg 1972, S. 1–12.

WOLFGANG KILGER (1988)

Praxisorientierte Unternehmenstheorie und theoriegeleitete Unternehmenspraxis. Zum Gedenken an Wolfgang Kilger.
in: Saarbrücker Universitätsreden Nr. 27
in: Zeitschrift für Betriebswirtschaft 58. Jg. (1988), S. 630–647.

HELMUT KOCH (1989)

Global Markets: Opportunities and Threats for Small and Medium-Sized European Firms
in: Delfmann, W. (Hrsg.): Der Integrationsgedanke in der Betriebswirtschaftslehre. Helmut Koch zum 70. Geburtstag, Wiesbaden 1989, S. 23–32.

WILHELM KRELLE (1967)

Mikroökonomische Investitionsfunktionen
in: Henn, R. (Hrsg.) Operations Research-Verfahren III. Festschrift für Wilhelm Krelle zum 50. Geburtstag, Meisenheim/Glan 1967, S. 1–13.

WILHELM KRELLE (1971)

Peanuts Economics
in: Helmstädter, E. (Hrsg.): Nebenprodukte. Festgabe für Wilhelm Krelle zum 55. Geburtstag, Münster 1971, S. 81–86.

WILHELM KRELLE (1977)

Capital Budgeting and Risk Management
in: Albach, H./Helmstaedter, E./Henn, R. (Hrsg.): Quantitative Wirtschaftsforschung, Wilhem Krelle zum 60. Geburtstag, Tübingen 1977, S. 7–24.

WILHELM KRELLE (1983)

Strukturwandel in der Wirtschaft – eine Herausforderung an die Unternehmen Festvortrag, gehalten anläßlich des Dies Academicus der Universität Mannheim und der Verleihung der Ehrendoktorwürde an Professor Krelle in: Albach, H./Giersch, H./Jentzsch, W. H./Kloten, N. (Hrsg.): Probleme und Perspektiven der gegenwärtigen Wirtschaftspolitik. Mannheim/Wien/Zürich 1983.

GERHARD KRÜGER (1969)

Drevermann und Co. KG – eine Fallstudie in: Layer, M./Strebel, H. (Hrsg.): Rechnungswesen und Betriebswirtschaftspolitik. Festschrift für Gerhard Krüger zu seinem 65. Geburtstag gewidmet von Freunden, Kollegen und Schülern, Berlin 1969, S. 181–211.

HANS PAUL KÜNZI (1989)

Operations Research in der Unternehmenskrise in: Kall, P./Kohlas, J./Popp, W./Zehnder, C. A. (Hrsg.): Quantitative Methoden in den Wirtschaftswissenschaften. Hans-Paul Künzi zum 65. Geburtstag, Berlin/Heidelberg/New York/London/Paris/Tokyo 1989.

URSULA LEHR (1990)

40 Jahre Grundgesetz für die Bundesrepublik Deutschland: Für ein vereintes Europa in einer friedlichen Welt (Ursula Lehr zum 60. Geburtstag) in: Schmitz-Scherzer, R./Kruse, A./Olbrich, E. (Hrsg.): Altern: Ein lebenslanger Prozeß der sozialen Interaktion. Festschrift zum 60. Geburtstag von Frau Professor Ursula Maria Lehr, Darmstadt 1990.

KAZUO MIZOGUCHI (1981)

Energiesparen im Unternehmen in: Tetsuo Kobayashi und Takeyuki Tani (Hrsg.): Modelle kontrollierter Buchhaltungstheorie. Festschrift für Professor Mizoguchi zum 65. Geburtstag Tokyo 1981, S. 112–131.

REINHARD MOHN (1981)

Lob der autoritären Führung in: Mertz, W. (Red.): Ein Mann von sechzig Jahren – Gruß der Autoren, Reinhard Mohn zum 29. 6. 1981, Gütersloh 1981, S. 7–16

EDZARD REUTER (1988)

Dynamischer Wettbewerb in: Schmidt, H. (Hrsg.): Die Grenzen sprengen – Edzard Reuter zum Sechzigsten, Berlin 1988, S. 171–194.

CARL RUBERG (1962)

Zur Sortimentskalkulation im Einzelhandel
in: (o. Hrsg.): Handelsbetrieb und Marktordnung. Festschrift für Carl Ruberg zum 70. Geburtstag, Wiesbaden 1962, S. 13–40.

SALIA (1987)

Über Loyalität in der Universität. Gedanken zum strategischen Management von Universitäten
Festvortrag beim Festkommers der Landsmannschaft Salia zu Bonn
in: Salier Nachrichten SS 1987, S. 35–40.

HEINZ SAUERMANN (1980)

Vertrauen in der ökonomischen Theorie
(Heinz Sauermann zu seinem 75. Geburtstag gewidmet)
in: Zeitschrift für die gesamte Staatswissenschaft Bd. 136 (1980), S. 2–11.

C. F. SCHEFFER (1976)

Rate of Return on Equity and Capital Structure – the Negative Leverage Effect (mit Geisen, B./Scholten, Th.)
in: Bosman, H./van den Eerenbeemt, H./de Jong, S. (Hrsg.): Geld en Onderneming. Opstellen aangeboden aan Prof. Dr. C. F. Scheffer, Tilburg/Holland 1976, S. 159–168.

SCHLOSS GRACHT (1976)

Kritische Wachstumsschwellen in der Unternehmensentwicklung
in: USW (Hrsg.): Das Universitätsseminar der Wirtschaft in Schloß Gracht, Festschrift zur Eröffnung von Schloß Gracht, Erftstadt-Liblar 1976, S. 16–35
in: Zeitschrift für Betriebswirtschaft 46. Jg. (1976), S. 683–696.

WALTER SCHOLZ (1985)

Hat die Allgemeine Betriebswirtschaftslehre eine Zukunftschance?
in: Forster, K.-H. (Hrsg.): Beiträge zur Bankenaufsicht, Bankbilanz und Bankprüfung: unter Berücksichtigung der dritten KWG-Novelle. Walter Scholz zum 65. Geburtstag, Düsseldorf 1985, S. 9–34.

PETER VON SIEMENS (1981)

Weltwirtschaftliche Entwicklung und multinationale Unternehmen
in: Roessner, H. (Hrsg.): Rückblick in die Zukunft, Festschrift Peter v. Siemens zum 70. Geburtstag, Berlin 1981, S. 127–146.

LOTHAR SPÄTH (1987)

Innovationsförderung durch Technologieparks (mit Tengler, H.)
in: Henn, R. (Hrsg.): Technologie, Wachstum und Beschäftigung, Festschrift für Lothar Späth, Berlin/Heidelberg/New York/Paris/Tokyo 1987, S. 599–611.

S. K. SRINIVASAN (1991)

The Optimal Investment Process in German Industry
in: Beckmann, M./Gopalan, N./Subramanian, R. (Hrsg.): Stochastic Processes and their Applications.
Proceedings of the Symposium held in Honour of Professor S. K. Srinivasan on the Occasion of his 70th birthday. Lecture Notes in Economics and Mathematical Systems, Berlin/Heidelberg/New York 1991.

PANAGIOTIS STRATOUDAKIS (1971)

In memoriam Panagiotis Stratoudakis
in: Wirtschaft und Betriebswirtschaftslehre in Griechenland und Deutschland, Wiesbaden 1971, S. 7–10.

TREUVERKEHR (1971)

Die Fortbildung von Führungskräften der Wirtschaft – Theorie und Praxis der Managementbildung
in: Treuverkehr AG (Hrsg.): Treuverkehr 1921–71, Frankfurt/Main 1971, S. 27–69.

HANS ULRICH (1985)

Betriebswirtschaftslehre als Wissenschaft vom Management
in: Probst, G. J. B./Siegwart, H. (Hrsg.): Integriertes Management – Bausteine des systemorientierten Managements. Festschrift zum 65. Geburtstag von Prof. Dr. Drs. h. c. Hans Ulrich. Bern und Stuttgart 1985.
in: Wunderer, R. (Hrsg.): Betriebswirtschaftslehre als Management- und Führungslehre, Stuttgart 1985, S. 169–183.

UNIVERSIDAD DE DEUSTO (1988)

La Transformacion y Adecuacion de los Estudios Universitarios a las demandas cientificas y sociales en el area de las ciencias economicas y sociales
in: Universidad de Deusto (Hrsg.): Universidad y sociedad. Bilbao 1988.

UNIVERSITÄT DORTMUND (1983)

Probleme des Strukturwandels in der Wirtschaft – Aufgaben der Betriebswirtschaftslehre
Vortrag, anläßlich der 10-Jahres-Feier der Abtlg. Wirtschafts- und Sozialwissenschaften der Universität Dortmund
IfM-Materialien Nr. 6., Bonn 1983.

LUDWIG VAUBEL (1978)

Die Empfehlungen des Wissenschaftsrates zu Umfang und Struktur des tertiären Bereichs
in: Albach, H./Busse von Colbe, W./Sabel, H. (Hrsg.): Lebenslanges Lernen. Festschrift für Ludwig Vaubel zum 70. Geburtstag, Wiesbaden 1978, S. 165–182.

VEREINIGUNG ANGESTELLTER FÜHRUNGSKRÄFTE VAF (1989)

Der dispositive Faktor in Theorie und Praxis.
in: Union der Leitenden Angestellten (Hrsg.): 70 Jahre VAF. Der dispositive Faktor in Theorie und Praxis
Verleihung des Erich Gutenberg-Preises des VAF 1989. ULA-Schriftenreihe Nr. 26, März 1990

VEREINIGUNG DER TECHNISCHEN ÜBERWACHUNGS-VEREINE (1984)

Wettbewerb auf dem Markt für technische Sicherheit?
in: Vereinigung der Technischen Überwachungs-Vereine (Hrsg.): 100-Jahr-Feier der VdTÜV, Essen 1984, S. 57–67.

FRITZ VOIGT (1975)

Zur Finanzierung der beruflichen Bildung
in: Klatt, S./Willms, M. (Hrsg.): Strukturwandel und makroökonomische Steuerung. Festschrift für Fritz Voigt zum 65. Geburtstag, Berlin 1975, S. 247–265.

WESTDEUTSCHER VERLAG (1967)

Stand und Entwicklungstendenzen der Unternehmensforschung in Deutschland
in: Westdeutscher Verlag (Hrsg.): Wissenschaft und Praxis. Festschrift zum zwanzigjährigen Bestehen des Westdeutschen Verlages, Köln-Opladen 1967, S. 251–281.

GÜNTHER WÖHE (1989)

Zur Bestimmung von Koordinationseliten aus Jahresabschlüssen
in: John, G. (Hrsg.): Besteuerung und Unternehmenspolitik. Festschrift für Günter Wöhe (65. Geburtstag), München 1989, S. 7–22.

CARL ZIMMERER (1986)

Kreativität und Produktion
in: (o. Hrsg.): Wirtschaft und Wissenschaft im Wandel. Festschrift für Dr. Carl Zimmerer zum 60. Geburtstag, Frankfurt 1986, S. 9–22.

www.ingramcontent.com/pod-product-compliance
Lightning Source LLC
LaVergne TN
LVHW082024051026
849532LV00011B/3264
* 9 7 8 3 4 0 9 1 3 8 9 8 7 *